若羌年鉴

2022

RUOQIANG YEARBOOK

若羌县地方志编纂委员会
中共若羌县委员会办公室 编

图书在版编目(CIP)数据

若羌年鉴. 2022 / 若羌县地方志编纂委员会, 中共若羌县委员会办公室编.—北京 :方志出版社,2022.12
ISBN 978-7-5144-5687-5

Ⅰ.①若… Ⅱ.①若… ②中… Ⅲ.①若羌县—2022—年鉴 Ⅳ.①Z524.54

中国国家版本馆CIP数据核字(2023)第196732号

责任编辑:范锐超
责任校对:张玉霞
责任印制:梅中英
出 版 者:方志出版社
地　　址:北京市朝阳区潘家园东里9号(国家方志馆4层)
邮　　编:100021
网　　址:http://www.zgfzcb.cn
发　　行:方志出版社图书营销中心(010-67110500)
印　　刷:新疆金版印务有限公司
开　　本:889毫米×1194毫米 1/16
印　　张:26　插页:2.5印张　地图:1幅
字　　数:695千字
版　　次:2022年12月第1版
印　　次:2022年12月第1次印刷
定　　价:258.00元

《若羌年鉴(2022)》编纂委员会

名誉主任：黄新平

主　　任：热依木江·克里木

副 主 任：刘文春　吐尔逊·努尔东　周文辉　刘志庆
朱皓亮　张子扬　周　杰　张志全

委　　员：王喜强　宣德刚　高志强　孙小妍　雷宇航
韩松江　任红领　曾新江　张根涛　关建华
苏　强　卢宁海　曹志强　翟鹏甲　何华兵
谢小东　刘智育　石国海　李义宏　张志国
刘博林

《若羌年鉴(2022)》编辑部

主　编：张志全　王喜强

副主编：李中华　魏　鑫

编　辑：李中华　魏　鑫　张静雅　耿雪莲

《若羌年鉴(2022)》撰稿人员名单

（排名不分先后）

于江丽　马川　马艳梅　马静　王飞　王飞磊　王少聪　王玉琴
王行娟　王兆琴　王金尚　王建丽　王勇强　王莉　王爱丽　王曙光
牛黄甲　毛鑫海　文长斌　玉斯甫·艾买提　艾合买提·依明　古尼沙
左森磊　龙胜　卡依尔·吾布力　卢刚　叶帅　叶兆勇　田海洋
白昌鸿　尔建春　百合提亚尔·木合塔尔　达新强　吐尔逊·亚森　朱旭
朱晓艳　华道媛　伊帕尔古丽　向晓燕　刘圣超　刘向玉　刘阳阳　刘晓佩
刘彩婷　刘舒冰　刘强　刘新　闫陇琴　江波波　江晓伦　许瑞琪
孙雪　阳地宝　苏勇宏　杜佳刚　杜学义　李一哲　李中华　李丹丹
李文　李召　李欢　李金花　李学勤　李宜宣　李珍　李重慧
李娜　李艳辉　李晓娟　李娟妹　李强　李慧美　杨世豪　杨召雄
杨春霞　杨艳伟　杨瑞东　杨霞　肖华　吴小光　吴玉泉　吴晓勇
谷婷婷　汪橙　宋华　张二江　张少伟　张凤琴　张文达　张书萌
张东凯　张志明　张沅溪　张青峰　张国荣　张明明　张忠敏　张金奎
张朋举　张波　张莉　张莹莹　张猛　张清忠　张婷　张瑞
张蓓　阿力木江·麦麦提　阿力普·吾普尔　阿布来提·吾布力　阿兴木江·苏来曼
阿孜古丽·阿力木　阿迪力江·肉孜　阿依古丽·托合提尼亚孜　阿依古丽·吾守尔
阿依加马丽·肉孜　阿依努尔·艾麦尔　阿依夏木·阿西木　陈佳梦　陈禹希
陈慧　陈慧敏　陈聪　努尔古丽·外力　努尔尼萨·吐逊　青涛　青献东
欧小梦　罗亚男　罗莹莹　帕力旦·哈斯木　帕提古丽·艾麦　周大鹏　周佳璇
周春丽　周晓宇　於丽　郑强强　单世昌　房旦丽　赵明强　赵雪清
郝星海　胡小兵　胡婷婷　柳营　哈斯木·库尔班　钟静　段进仁
姜剑　姜艳玲　娄坤　洪艳艳　费晓峰　姚万里　袁玉海　热比古丽·尤努斯
热娜古丽·苏来曼　党虎　党泽生　党政山　徐百泉　徐香芹　徐菁
徐富强　徐瑞　高战战　郭丽娜　郭皓乾　唐振宇　黄懋卿　萨根古丽
梅腊梅　常小丽　常莉　崔海锋　康洁　康新典　梁宏艳　彭艳
董宇航　蒋晓辉　韩世杰　韩浩　韩楚　曾凤霞　曾亮　鄢卉平
蒲刚　蒙金刚　裴宏俪　管冬梅　管君　管凌云　熊静　黎江
颜权　潘存东　魏子维　魏中浩　魏军　魏明禄　魏金花

编辑说明

一、《若羌年鉴》是由若羌县地方志编纂委员会、中共若羌县委员会办公室组织编纂的综合性、资料性文献，面向全国公开发行。2012年后逐年编纂出版，《若羌年鉴（2022）》为第11卷。

二、《若羌年鉴（2022）》的编纂坚持以马克思列宁主义、毛泽东思想、邓小平理论、“三个代表”重要思想、科学发展观、习近平新时代中国特色社会主义思想为指导，坚持辩证唯物主义和历史唯物主义的立场、观点和方法。全面、客观记述2021年若羌自然、政治、经济、文化、社会、生态文明建设情况，为了解、研究、开发、建设若羌提供翔实资料和历史借鉴，为科学决策提供可靠依据，为经济社会发展提供信息服务，为编史修志积累宝贵资料。

三、《若羌年鉴（2022）》分类编纂，框架结构主要为类目、分目、条目三个层次，个别部分设四个层次，即类目、分目、次分目、条目。条目标题为黑体字加【】。

四、《若羌年鉴（2022）》设特载、专记、县情概览、大事记、中国共产党若羌县委员会、若羌县人民代表大会、若羌县人民政府、中国人民政治协商会议若羌县委员会、中国共产党若羌县纪律检查委员会 若羌县监察委员会、群众团体、法治、军事、经济管理、农业、水务、工业·建筑业、商贸服务业、旅游业、金融业、交通·邮政·通信、城市建设与管理、乡村振兴、生态环境与保护、教育、科学技术、文化·体育、卫生健康、社会生活、应急管理、乡镇、驻县单位、先进集体·人物、文献辑存、统计资料等34个类目，177个分目，12个次分目，1033个条目。全书，收录图片176幅（专题图片87幅，随文插图89幅），表格26张。

《若羌年鉴（2022）》框架较前一卷根据若羌县年度发展作了相应调整，增设专记、文献辑存、统计资料类目；原农业·水利类目改为农业类目，原水利分目提升为水务类目；原脱贫攻坚类目增加内容更名为乡村振兴类目，将乡村规划与建设内容并入乡村振兴类目；原城乡建设类目更名为城市建设与管理；原文化·传媒·体育类目更名为文化·体育类目。

五、《若羌年鉴（2022）》资料由若羌县各乡镇，县直各部门、单位、驻县单位提供，并组织有关人员整理收集，所有资料均经有关部门、单位审核。

六、《若羌年鉴（2022）》中的自治区、自治州、县一般在第一次出现时用全称，其他用简称。全书除特别说明外，“自治区”均指“新疆维吾尔自治区”，“自治州党委”“州委”均指中共巴音郭楞蒙古自治州委员会，“巴州”“自治州”均指巴音郭楞蒙古自治州，生产建设兵团或兵团均指新疆生产建设兵团。

七、《若羌年鉴（2022）》采用的国民经济和社会发展数据，均来自若羌县统计局统计公报。各部门、各单位提供的数据与《若羌县统计年鉴（2022）》有出入的，均以统计数据为准；统计公报无统计数据的，以各部门、各单位提供的数据为准。计量单位中农田用传统计量单位。

八、《若羌年鉴（2022）》编制索引。

若羌县城

（严志宏　摄于2021年11月4日）

若羌县城夜景

（陈国权　摄于2021年11月4日）

1
2
3

若羌县组织庆祝中国共产党成立100周年

❶ 2021年7月9日，若羌县庆祝中国共产党成立100周年座谈会召开

（李太才　摄）

❷ 2021年7月1日，若羌县财政局在新区学校开展庆祝中国共产党成立100周年快闪活动　（刘倩楠　摄）

❸ 2021年6月29日，若羌县吾塔木乡果勒艾日克村干部和村民制作党旗粘绣画庆祝中国共产党成立100周年

（县融媒体中心　供稿）

2021年6月29日，若羌县在楼兰影剧院举行“共庆百年辉煌·开启盛世新篇”庆祝中国共产党成立100周年文艺晚会

（县融媒体中心　供稿）

2021年7月9日，若羌县依吞布拉克镇居民在庆祝中国共产党成立100周年活动标识牌前合影

（李太才　摄）

1 2 3

❶ 2021年11月27日，若羌县委书记黄新平（左前三）在托格拉克村调研村级阵地建设工作

（县融媒体中心　供稿）

❷ 2021年6月5—16日，若羌县选派29名县直机关优秀党务干部赴井冈山开展党史学习教育专题培训

（县直机关工委　供稿）

❸ 2021年6月6日，吾塔木乡昆其村干部在田间地头开展党史学习教育宣讲　（吾塔木乡　供稿）

1 ❶ 2021年8月19日，中国共产党若羌县第十一次代表大会召开 （王勇强 摄）

2 ❷ 2021年8月20日，中国共产党若羌县第十一届委员会第一次全体会议召开 （王勇强 摄）

1 ❶ 2021年9月2日，若羌县第十八届人民代表大会第一次会议召开　（王勇强　摄）

2 ❷ 2021年9月1日，中国人民政治协商会议若羌县第十一届委员会第一次会议召开　（王勇强　摄）

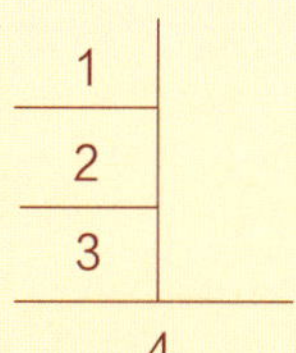

❶ 2021年11月6日，新疆若羌云上第十五届红枣节举办。图为县委副书记、县长热依木江·克里木在红枣节开幕式上作致辞（张达　摄）

❷ 2021年12月26日，若羌河水库首台水电机组发电成功。图为若羌河水库全景（韩蕾　摄）

❸ 2021年，若羌县委建设河北巴州（邢若）科技产业园。图为科技产业园园区（熊静　摄）

❹ 2021年，新疆西星牧业发展有限公司在铁干里克镇投资建设畜牧养殖基地。图为4月11日养殖场全景（董帅龙　摄）

中铁十四局集团
中铁十四局集团

若 羌
چاقىلىق

南疆交通枢纽建设

❶ 2021年8月1日，新疆乌尉公路包依吞布拉克至若羌段巴什考贡特大桥成功贯通（李太才 摄）

❷ 2021年9月27日，和田—若羌铁路铺轨合龙，世界首条环沙漠铁路正式闭合。图为若羌段铺轨现场（中国铁建 供稿）

❸ 若羌楼兰机场全年航空运输旅客吞吐量14.59万人次，比2020年增加4.41万人次，增长43.32%。图为雨中的楼兰机场（袁丰 摄）

❹❺ 2021年12月30日，G0612若羌至民丰高速公路、G0711尉犁至若羌高速公路建成通车。图❹为G0612若羌至民丰高速公路，图❺为G0711尉犁至若羌高速公路（李太才 摄）

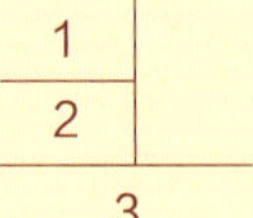

❶ 2021年5月31日，若羌县乡村振兴局挂牌成立　　（张达　摄）

❷ 2021年，若羌县完善乡镇基础设施建设，实现农村生活污水无害化处置。图为吾塔木乡依格孜吾斯塘村生活污水处理站　　（李毅　摄）

❸ 红枣是若羌县农业支柱产业。图为2021年，农民在晾晒红枣　　（王勇强　摄）

❶ 2021年，若羌县推进特色农业发展，提升农牧民收入。图为新疆羌晟牧业有限公司特色养殖基地骆驼圈舍　　（张达　摄）

❷ 玉米是若羌县播种面积最大的粮食作物。图为瓦石峡镇塔什萨依村农民在种植基地田间晒场晾晒玉米　　（李太才　供稿）

❸ 2021年，若羌县开发城郊乡镇高品质民宿。图为铁干里克镇果勒吾斯塘村民宿　　（王勇强　摄）

❹ 2021年8月11日，若羌县铁干里克镇努尔巴格村哈密瓜丰收（全世伟　摄）

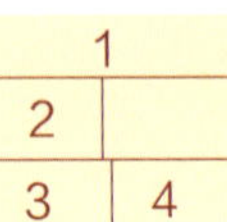

❶ 2021年4月3日，若羌县新时代"访惠聚"驻村工作会议在县党政大楼报告厅召开 （王勇强 摄）

❷ 2021年4月16日，若羌县委组织部驻吾塔木乡果勒艾日克村"访惠聚"工作队向群众宣传党和国家的优惠政策 （魏兴玄 摄）

❸ 2021年6月6日，若羌县财政局驻铁干里克镇努尔巴格村"访惠聚"工作队帮助大棚种植户采摘葡萄 （全世伟 摄）

❹ 2021年7月25日，若羌县教育和科学技术局驻吾塔木乡尤勒滚艾日克村"访惠聚"工作队组织"画说大美新疆 情系乡村振兴"庆祝建党100周年原创美术作品展 （何周财 摄）

1

2

3 4

❶ 2021年6月11日，若羌镇干部群众包粽子欢度端午 （张达 摄）

❷ 2021年，若羌县开展“我和亲戚游若羌·喜看家乡新变化”活动。图为4月18日，县委组织部干部与亲戚在若羌镇楼兰社区参观 （韩蕾 摄）

❸ 2021年10月28日，若羌县委办公室干部在依格孜吾斯塘村帮助亲戚收红枣 （王媛芳 摄）

❹ 2021年12月29日，若羌县新城社区干部与各族群众迎元旦 （杨菲菲 摄）

❶ 2021年12月16日，若羌县4个牧区易地搬迁群众在迁入地瓦石峡镇塔什萨依村合影　　（张恒　摄）

❷ 2021年4月10日，若羌县幼儿园开班　　（斯迪克　摄）

❸ 2021年3月24日，若羌县尼罗服有限公司开业。图为村民进厂学习技术　　（县融媒体中心　供稿）

❹ 2021年9月17日，若羌县铁干里克镇亚喀吾斯塘村村级邮政快递服务站点快递邮寄　　（张达　摄）

1
2
3

❶ 2021年4月4日，若羌县“清明祭英烈”活动在烈士陵园举行（阿迪力 摄）

❷ 2021年9月15日，若羌县消防大队于全国科普日前为小学生举办消防宣传讲座（艾柯代 摄）

❸ 2021年9月16日，若羌镇胜利小区新型地埋式垃圾箱投入使用（张达 摄）

1
2
3

❶ 2021年4月26日，若羌县政府和邢台技师学院合作办学签约仪式举行 （吐逊阿依 摄）

❷ 2021年8月25日，若羌县供销平价蔬菜超市在财富广场开业 （周丽 摄）

❸ 2021年4月28日，共享电动单车在若羌县首次投放 （李晓茹 摄）

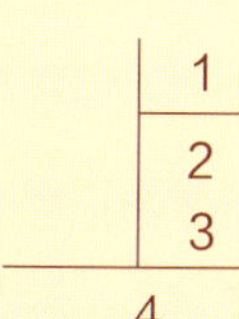

❶ 2021年5月28日，巴州人民医院托管若羌县人民医院暨干部任免大会召开 （张达　摄）

❷ 2021年6月16日，若羌县第七届“枣花节”之多彩生活“微视有你”微视频大赛暨“丝路楼兰、魅力主播”若羌县首届网红选拔赛 （刘雨娜　摄）

❸ 2021年1月27日，若羌县首批8辆城市公交车正式运营 （王勇强　摄）

❹ 2021年12月3—8日，若羌县气象局技术人员在南部山区新建智能焰炉 （鄢卉平　摄）

2021年1月，楼兰三间房遗址和佛塔遗址抢救加固工程完工。图为楼兰故城遗址
（王勇强　摄）

2021年10月18日，若羌县小河墓地入选中国“百年百大考古发现”。

2021年9月，若羌县投资建设米兰古城遗址旅游景点。图为米兰古城景点的陈列馆　（张文顺　摄）

2021年10月5日，游客在若羌县吾塔木乡果勒艾日克村楼兰古道体验坐毛驴车游古道项目　（县融媒体中心　供稿）

（县融媒体中心　供稿）

2021年3月16日，巴州探秘塔克拉玛干沙漠N40°首次穿越之旅发车仪式在阿拉干自驾游营地举办 （县融媒体中心 供稿）

车尔臣下游尾闾湖不仅是若羌县重要的生态湿地，也是若羌县人民出门旅游的重要景点。图为车尔臣湖下游尾闾湖

若羌县阿尔金山雪峰1号大本营星空 （陈忠泉 摄）

游客与当地居民在绿树掩映的民宿中尝美食、品歌舞 （县融媒体中心 供稿）

（县融媒体中心 供稿）

2021年，若羌县境内分布着超过3.2万公顷的胡杨林，为天然的摄影基地。图为胡杨树

（县融媒体中心　供稿）

1 | 2 / 3 / 4

塔里木河下游尾闾综合治理

❶ 2021年8月，启动第22项生态输水。图为生态输水后，塔里木河下游两岸植被恢复
（塔里木河流域管理局　供稿）

❷ 2000年，生态输水前的塔里木河下游
（塔里木河流域管理局　供稿）

❸ 2021年8月2日，塔里木河下游生态水流过干涸的河床
（塔里木河流域管理局　供稿）

❹ 2021年秋季，游客在塔里木河下游两岸胡杨林游览
（县融媒体中心　供稿）

1

2

❶ 2021年，枣林环绕下的吾塔木乡库尔贵村 （县融媒体中心 供稿）

❷ 2021年6月17日，枣乡新村铁干里克镇库尔干村 （县融媒体中心 供稿）

地方生产总值及人均生产总值

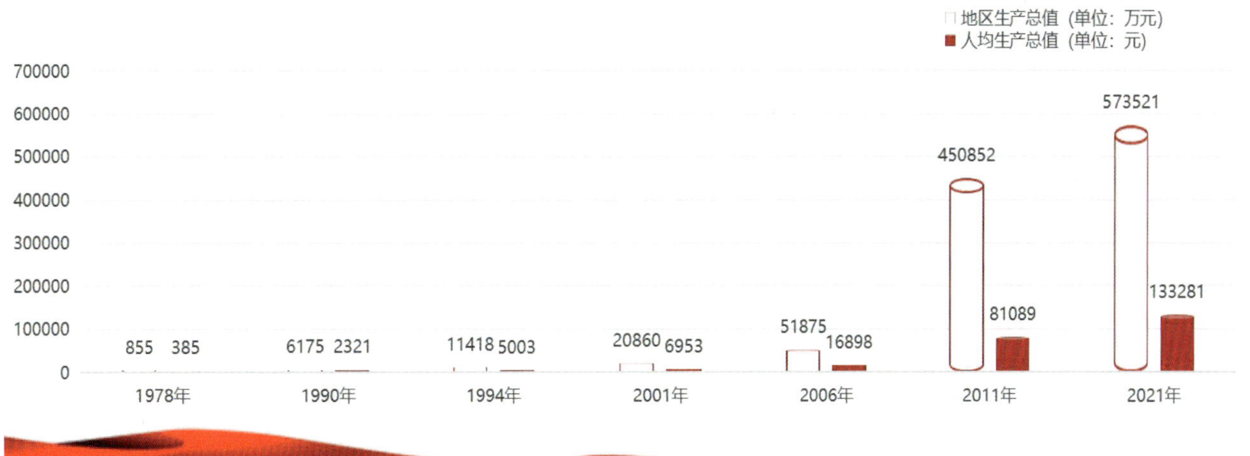

地方财政收入及支出

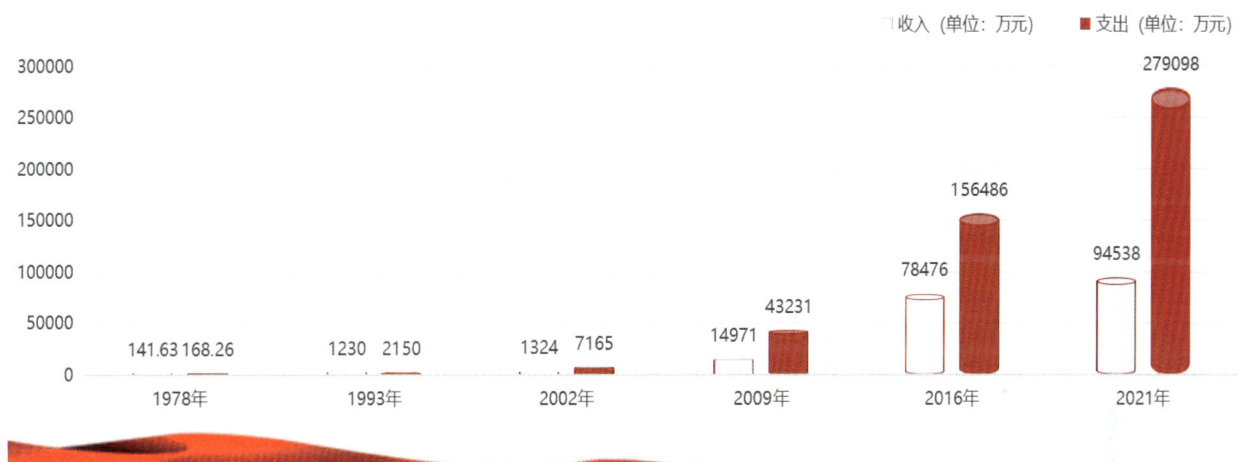

城镇及农村居民人均收入

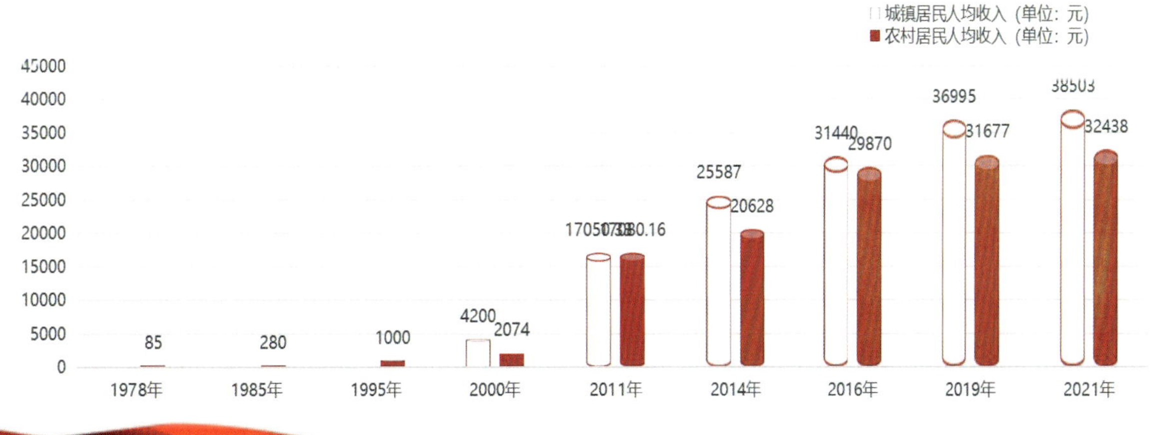

固定资产投资

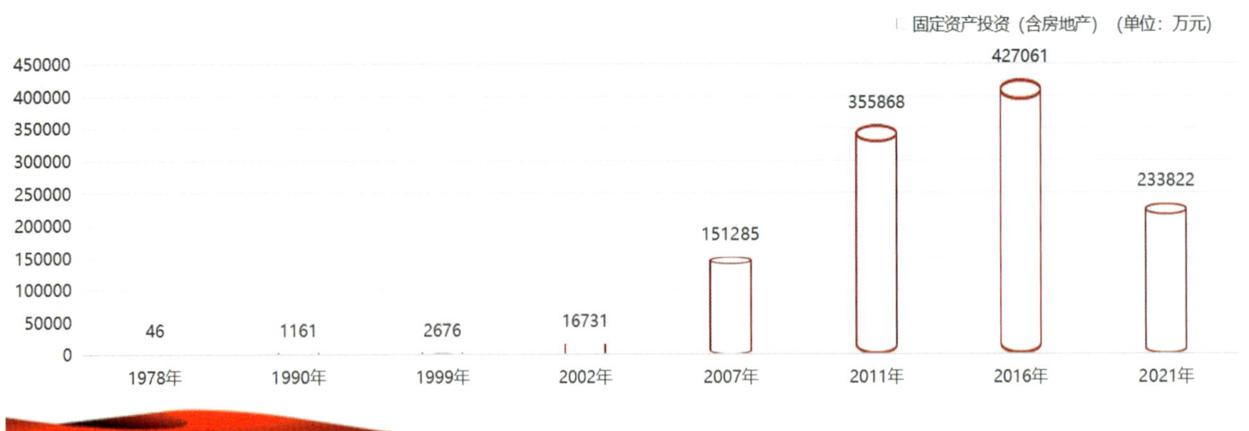

社会消费品总额

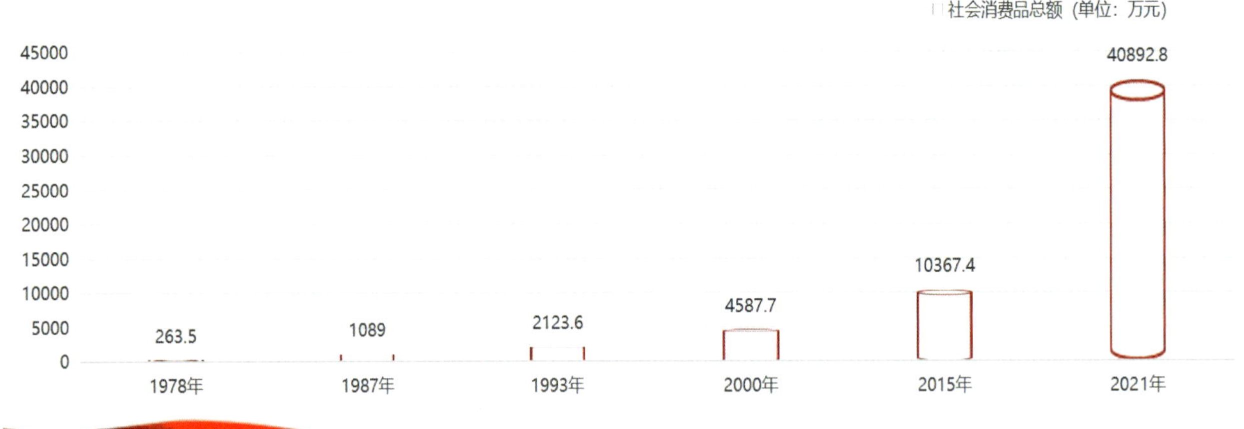

存款与贷款余额

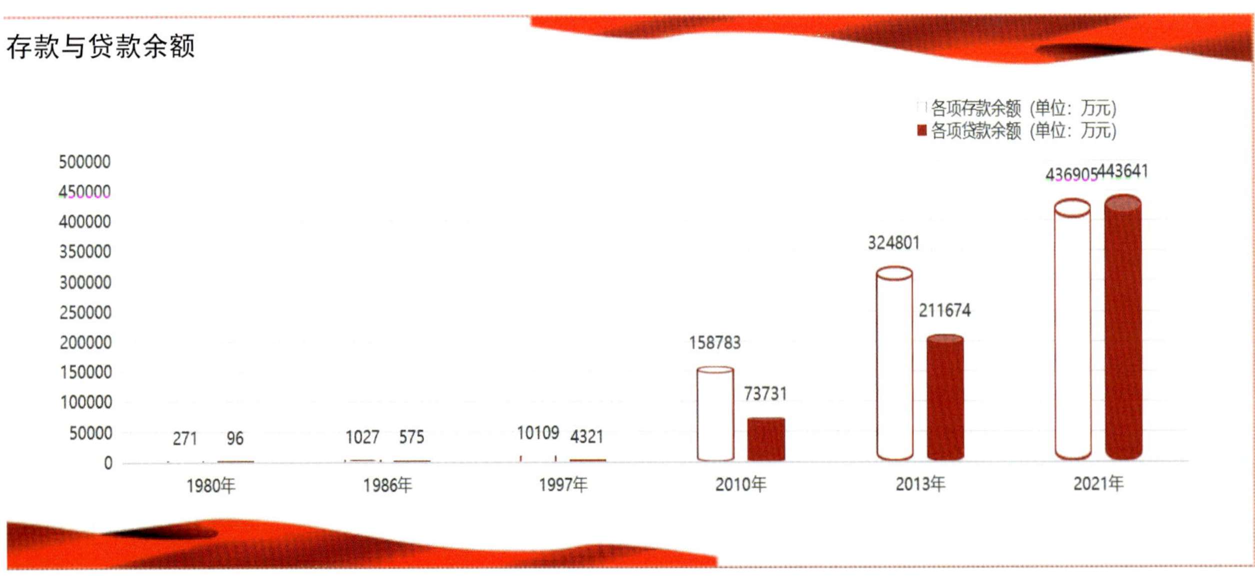

目录

特载

专记

县情概览

大事记

中国共产党若羌县委员会

若羌县人民代表大会

若羌县人民政府

中国人民政治协商会议若羌县委员会

中国共产党若羌县纪律检查委员会
若羌县监察委员会

群众团体

法　治

军　事

经济管理

农　业

水　务

工业·建筑业

商贸服务业

旅游业

金融业

交通·邮政·通信

城市建设与管理

乡村振兴

生态环境与保护

教　育

科学技术

文化·体育

卫生健康

社会生活

应急管理

乡　镇

驻县单位

先进集体·人物

文献辑存

统计资料

附　录

索　引

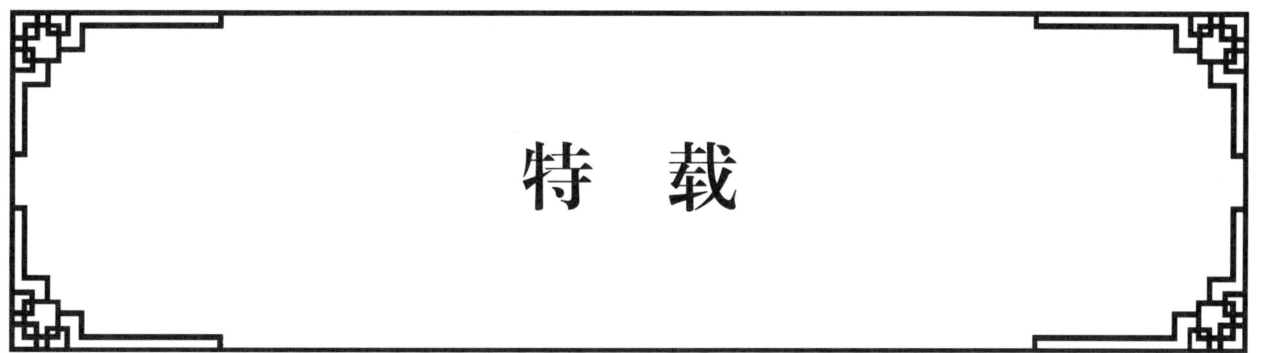

坚定政治方向　奋力后发赶超
在社会主义现代化新征程中率先领跑

——2021年8月17日在中国共产党若羌县第十一次代表大会上的报告

若羌县委书记　李绍忠

大会的主要任务是：坚持以习近平新时代中国特色社会主义思想为指导，深入贯彻落实习近平总书记系列重要讲话精神，全面贯彻落实第三次中央新疆工作座谈会精神，动员全县各族干部群众，完整准确贯彻新时代党的治疆方略，进一步解放思想、抢抓机遇，埋头苦干、奋勇争先，为实现社会主义现代化宏伟目标而不懈奋斗。

一、在新时代党的治疆方略引领下，若羌各项事业成效更加显著、基础更加坚实，站在后发赶超的新起点上

在实现第一个百年奋斗目标的光辉历程中，特别是县第十次党代会以来的五年，我们在党中央、自治区、自治州党委的坚强领导下，积极应对复杂严峻的内外环境和变化交织的各种挑战，勇敢地担负起时代赋予的光荣使命，一步一个脚印稳扎稳打，三步并作两步奋起直追，圆满完成县第十次党代会确定的主要目标任务，若羌工作已全面进入新时代、站在新的历史起点上。

一是发展质量稳步提升。经过五年的不懈努力，全县生产总值年均增长4.4%，一般公共预算收入年均增长3.3%，累计完成固定资产投资122.9亿元，今年上半年主要经济指标全面迈入全州前三。协同推进稳粮、强果、兴畜、扩饲、促特色，若羌红枣迈入绿色有机时代，畜牧业实现标准化、规模化、集约化发展，农业产业化步伐加快。钒钛磁铁、硅基新材料等项目加快建设，新能源装机规模达到40万千瓦，战略新兴产业成为新的经济增长极；文化旅游、商贸物流、交通运输等服务业迅猛发展，第三产业比重翻一番。尉犁—若羌220千伏输变电工程并网送电，米兰河山口水利枢纽工程供水发电，若羌河水库下闸蓄水，3个中型灌区相继完工。楼兰机场通航，格库铁路通车，公路里程达2600千米，2条国道、2条铁路、2条高速成为推动若羌发展的“大动脉”，若羌在发展大局中的地位越来越高、分量越来越重、优势越来越明显。

二是改革开放深入推进。“放管服”和“最多跑一趟”“最快送一次”改革初见成效，营商环境不断优化。抢抓机遇建立若羌现代工贸物流园，靖祥新丝路、果业集团、新岷江管业等26家企业入驻。在全州率先实体化运行招商服务中心，累计招引资金

1650亿元。

*三是人民生活持续改善。*坚持把公共财政预算支出的70%以上用于保障和改善民生。紧扣“两不愁三保障”脱贫标准，885户2632名建档立卡脱贫户全部脱贫，3个贫困村整村退出，如期完成脱贫攻坚目标任务，与全国同步迈入小康社会。弘扬伟大抗疫精神，以非常之举应对非常之事，牢牢守住新疆“东南大门”，确保各族群众身体健康和生命安全。坚持就业优先，累计新增城镇就业9300余人，转移农村富余劳动力2.29万人，实现有劳动能力的人全就业。农村居民人均可支配收入达到32026元，高出全国平均水平近一倍。率先通过国家义务教育均衡发展评估认定，连续5年高考本科上线率稳超80%。全民免费健康体检扎实开展，惠及各族群众12万人次。总投资2.3亿元的县医院整体搬迁工程即将完工。社会保障水平稳步提高，各项社会保险参保达到57.47万人次，低保发放标准处于全州最高水平。校校、校企、医医合作实现新突破，邢台技师学院若羌分院挂牌成立，校企“订单式”培训合作更加紧密，与华山中学联合办学持续深化，与河北眼科医院建立眼科专科联盟，巴州人民医院全面托管县医院，各族群众在若羌就业、就学、就医的愿望和信心明显增强。

*四是环境治理成效显著。*统筹山水林田湖草沙系统治理与保护，高标准实施防沙治沙、重点防护林等工程，新增人工造林1073.33公顷，治理水土流失面积483平方千米，发展高效节水农业20余万亩。万元生产总值综合能耗累计下降13%，年均下降2.6%。中央环保督察反馈的12条问题序时化解完毕，2个国家级自然保护区历史遗留的环保问题全面解决。

*五是党的建设不断加强。*坚持以政治建设为统领，持续推动“两学一做”学习教育常态化制度化，健全“不忘初心、牢记使命”主题教育长效机制，扎实开展党史学习教育。完成13个软弱涣散基层党组织整顿，实现各领域党组织有效覆盖。全面启动“三提升一改革”工程，实施“三创三目标”工作机制，推行“六步工作法”，各级党员干部想事、谋事、干事水平明显提高。深入推进“基层减负”，完善21项基层减负事项。落实巡察工作五年规划，完成9轮91个党组织巡察任务，覆盖率达100%。深入推进党风廉政建设和反腐败斗争，全县风清气正、政通人和、干事创业的良好政治生态进一步巩固。

这五年，全县各级党员干部肩负使命、勇攀高峰，收获一大批沉甸甸的荣誉。两度获得“全国文明城市提名城市”，2次通过“国家卫生县城”复检，荣膺“中国文化百强县”“全国十佳生态文明城市”“全国美丽乡村建设示范县”“国家园林县城”“国家级电子商务进农村示范县”“第二届全国民生改善十佳典范城市”，“楼兰文化·红枣节”入选首届“中国农民丰收节”，若羌镇获得“全国文明村镇”，果勒吾斯塘村、尤勒滚艾日克村、铁干里克村获得“中国十大最美乡村”提名奖，第一小学获得“全国文明校园”称号；若羌红枣获得“中国驰名商标”“一带一路”农产品商标品牌建设特殊贡献奖，成功入选中国特色农产品优势区。连续三次获得自治区“双拥模范县”称号，成功创建自治区优秀平安县、民族团结进步示范县、食品安全城市。这些荣誉是大家昂扬向上、奋勇争先得来的，是大家夜以继日、加班加点干来的，是大家冒严寒、战酷暑拼来的，我们要继续保持永不懈怠的精神状态和一往无前的奋斗姿态，见红旗就扛、遇第一就争，勇做排头兵、敢为先行者！

五年的奋斗历程，全疆上下坚定不移贯彻新时代党的治疆方略，特别是社会稳定和长治久安总目标，付出艰辛努力，推动新疆工作取得历史性成就，天山南北发生巨大变化。可以说，这五年是新疆也是若羌稳定发展形势最好的五年，是各族群众得到实惠最多的五年。实践证明，党中央关于新疆工作的方针政策是完全正确的，新时代党的治疆方略是完全符合新疆实际、符合各族群众意愿的，自治区、自治州党委落实总目标的决策部署是坚强有力、富有成效的,需要我们始终不渝坚守,并不断延伸拓展。

五年的奋斗成绩,是新时代党的治疆方略光辉指引的结果,是历届县委继往开来、接续奋斗的结果,是全县各族党员干部群众艰苦奋斗、苦干实干的结果,也是各方面关心和支持的结果。在此,我代表中共若羌县第十届委员会,向全县广大党员干部、援疆干部和各族群众,向离退休老干部,向驻县人民解放军指战员、武警部队官兵、公安干警和消防救援队伍指战员,向所有关心、支持、参与若羌稳定改革发展的朋友们,表示衷心的感谢,并致以崇高的敬意!

五年的砥砺探索,我们积累一些弥足珍贵的实践经验,奋战下一个五年。我们必须做到:一是必须坚持强化理想信念。心中有信仰,脚下有力量。必须深入学习领会习近平新时代中国特色社会主义思想,筑牢信仰之基、补足精神之钙、把稳思想之舵,不断提升政治判断力、政治领悟力、政治执行力,永远信党爱党为党,不断把为崇高理想奋斗的实践推向前进。二是必须坚持在大局中谋划若羌工作。不谋全局者,不足以谋一域。必须进一步解放思想,克服眼界不宽、固守本土的封闭观念,摒弃墨守成规、故步自封的狭隘思想,以更加宽广的视野、更加高远的目标、更加卓越的胆识,敢于摆脱束缚、打破框框,自觉把若羌放在全疆和全国的大局中定位,做到既为一域争光、更为全局添彩。三是必须坚持以凝聚人心为根本。若羌稳定改革发展的成效,离不开各族群众的艰苦付出、离不开各族群众的团结奋斗。必须坚持以铸牢中华民族共同体意识为主线,推进新疆伊斯兰教中国化,培育和践行社会主义核心价值观,做好新时代群众工作,使每个民族、每个公民都为实现新疆工作总目标贡献力量。四是必须坚持紧贴民生推动高质量发展。发展的根本目的是增进民生福祉。必须坚持以人民为中心的发展思想,多在改善民生上下功夫,多办一些顺民意、惠民生、聚民心的好事实事,解决好各族群众最关心、最直接、最现实的利益问题,不断增强各族群众的获得感、幸福感、安全感。五是必须坚持科教兴县、人才强县。当今世界的竞争说到底是人才竞争、教育竞争。必须在全县营造尊重劳动、尊重知识、尊重人才、尊重创造的环境,形成崇尚科学的风尚,在全国范围吸引人才、留住人才、用好人才。必须大力发展各类教育,提高全民素质,逐步走上依靠科技进步和提高劳动者素质的发展道路。六是必须坚持弘扬精神伟力。习近平总书记精辟归纳"坚持真理、坚守理想,践行初心、担当使命,不怕牺牲、英勇斗争,对党忠诚、不负人民"的伟大建党精神。全县各级党员干部必须弘扬伟大建党精神,弘扬民族精神、时代精神和胡杨精神,用一流业绩为党旗增辉、为群众谋利、为祖国添彩。七是必须坚持加强党的建设。实现新疆工作总目标,最重要的是把党建设得更加坚强有力。我们必须增强全面从严治党永远在路上的政治自觉,推深做实"三提升一改革"工程,用好"三创三目标"机制,为实现社会稳定和长治久安总目标提供坚强组织保障。

五年的奋起直追,我们始终不忘习近平总书记的亲切关怀和殷殷嘱托,坚持"干"字当头、"实"字为先,咬定目标不动摇,努力奋斗不懈怠,战胜一个又一个困难,攻克一个又一个险阻,取得一个又一个胜利。五年的巨大变化告诉我们:"华夏第一大县",大要有大的格局、大要有大的担当、大要有大的作为!在若羌这片充满希望、前景广阔的热土上,我们必将在顽强奋斗、开拓创新中实现后发赶超!

二、抢抓机遇、迎接挑战,在后发赶超中走在全州前列、走向全区一流

今后五年,若羌面临的机遇与挑战并存,总体上机遇大于挑战。

今后五年,我们面临多重叠加的重大机遇。一是科学理论的机遇。以习近平同志为核心的党中央高度重视新疆工作，作出一系列重大决策部署，形成新时代党的治疆方略，将为我们在新起点上推进稳定改革发展指明方向，提供科学的理论指导和坚强的政治保证。二是国家战略的机遇。随着以国内大循环为主体、国内国际双循环相互促进的新发展格局加快形成，公路、铁路、航空为一体的综合交通网络加快完善，若羌从全疆相对封闭的区域已变成引领区域发展的前沿。三是稳定红利的机遇。近年来，县委带领全县各族群众，综合施策、标本兼治，巩固和发展稳定和谐的大好局面，夯实各民族间融合的基础，人人思稳、人人求进成为共识，为安居乐业、投资兴业营造良好环境。四是历史积累的机遇。若羌区位突出、资源丰富、山河壮美，素有“华夏第一大县”“历史文化长廊”“新疆的聚宝盆”美称，经过数十年的改革发展，积累坚实的物质、产业、技术基础和丰富的发展经验。五是蓄势勃发的机遇。新世纪以来，若羌发展跨越“三大阶段”：2000年以来，我们大规模发展红枣产业，让全州援助若羌成为历史；2010年以来，我们大力实施城市建设和“幸福乡村”建设，城乡面貌和基础设施发生翻天覆地的变化；2020年以来，我们坚持补短板、拉长板，全方位推进高质量发展，全县产业结构调整步伐加快、发展环境明显改善，人民生活水平日益提高、各族群众更加团结奋进，现在的若羌已经成为全疆产业目录最齐全、发展势头最强劲、精神状态最饱满的地方，迎来天时、地利、人和的黄金发展期。

党的十八大以来，习近平总书记统筹国内国际两个大局，首倡“一带一路”。在第二次中央新疆工作座谈会上提出，把新疆建设成为丝绸之路经济带核心区；在第三次中央新疆工作座谈会上提出，要做好丝绸之路经济带核心区建设这篇大文章。从丝绸之路经济带国内段三条大通道的空间格局看，南通道起于“珠三角经济圈”，自广东经湖南、重庆、四川、青海，由若羌进入新疆，再经和田、喀什，南下印度洋沿岸的瓜达尔港，是一条极具战略意义的新通道；从丝绸之路经济带核心区的战略布局看，若羌位于新甘青藏的交界点、处于南北疆和进出疆的交汇点，是新疆的东南大门，是疆内疆外循环的必经节点，也是构建面向中亚、西亚、南亚和欧洲的国际物流大通道的重要节点，自治区将若羌定位为综合交通枢纽和商贸物流节点城市。基于战略、政策和发展机遇，我们提出将若羌建设成为丝绸之路经济带南通道的重要支点和丝绸之路经济带核心区的战略支点。这两个支点，是引领区域稳定发展的重点、支撑点和着力点，需要我们在稳定发展方面好于、快于、优于其他地区，在辐射力、带动力、影响力方面重于、强于、特别于其他地区，全力打造“一个增长极、七个示范区”，将若羌建设成为全疆经济高质量发展的重要增长极，打造乡村振兴示范区、生态治理示范区、民生改善示范区、民族团结进步示范区、文化润疆示范区和基层社会治理示范区，成为全区的“样板县、标兵县”。

今后五年，我们还面临不少困难和挑战。随着世界格局“东升西降”、中美实力此消彼长的趋势变化，美国等西方反华势力“以疆制华”“以恐遏华”变本加厉，在推动由“稳”向“治”的关键阶段，将面临更为严峻的外部挑战。社会治理水平与新形势、新矛盾、新变化还不相适应，社会稳定、疫情防控和安全生产风险隐患不容忽视，夯实长治久安基础的任务依然繁重。农业现代化、产业化、集约化程度低，工业经济尚处于起步阶段，服务业功能不全、档次不高，资源富集区基础设施短板突出，科技、人才的驱动和支撑能力不强。从相对封闭的区域到改革发展的前沿，部分干部依然保守僵化、安于现状，精神状态转变和能力素质提升跟不上形势变化。我们一定要本着对人民高度负责的态度，尽心竭力克服困难、解决问题、做好工作，不辜负各族群众的重托！

面对机遇和挑战，我们要接过历史的接力棒，发扬革命先辈和老前辈“自力更生、艰苦奋斗”的光荣传统，在新时代大力践行创新、攻坚、担当、严谨、求实、高效的“若羌精神”。一是创新。要坚决破除思想上的因循守旧、故步自封，告别“等靠要”、走出“舒适区”，敢想敢干、敢创一流、敢为人先，不断探索新路径、释放新活力，让创新成为常态、超越成为常态，实现直道冲刺、弯道超车、换道领跑，贡献更多“若羌方案”。二是攻坚。要发扬斗争精神、钉钉子精神，争当“拼命三郎”，逢山开路、遇水架桥，敢啃“硬骨头”，敢挑“硬担子”，敢攻“硬任务”，做到矛盾面前不绕道、问题面前不回避、困难面前不退缩，拼出一席之地、干出进位跃升。三是担当。要以功成不必在我的胸怀、功成必定有我的担当，肩负起我们这一代人的历史使命，提升能力、丰富知识、锻造本领，不讲难不难、只讲该不该，撸起袖子、甩开膀子，一以贯之、一抓到底，干出新业绩、树立新形象。四是严谨。要强化“工匠精神”“精品意识”，保持严谨的工作态度和精细化管理意识，下足“绣花功夫”，敢于“背水一战”，做到每一项工作、每一个环节都瞄准最高标准、付出最大努力、争取最好效果。五是求实。要实事求是、务求实效，认真研究政策、全面盘活政策、真正用好政策，做到上接天线、下接地气，做到情况在一线了解、问题在一线解决、工作在一线落实、成效在一线检验，做到知实情、说实话、出实招，争当崇尚实干、狠抓落实的标杆和典范。六是高效。要坚持稳中求快、以快求效，发扬事不过夜精神，锤炼闻风而动、马上就办、办就办好的执行力，对县委部署要求，跟踪到底、销号清零，做到件件有着落、事事有回音，让高效落实在全县蔚然成风。

今后五年的总体要求是：高举中国特色社会主义伟大旗帜，坚持以习近平新时代中国特色社会主义思想为指导，深入贯彻党的十九大和十九届二中、三中、四中、五中全会精神，全面贯彻党的基本理论、基本路线、基本方略，统筹推进“五位一体”总体布局，协调推进“四个全面”战略布局，贯彻落实第三次中央新疆工作座谈会精神，完整准确领会新时代党的治疆方略，牢牢扭住社会稳定和长治久安总目标，坚持依法治疆、团结稳疆、文化润疆、富民兴疆、长期建疆，坚定不移贯彻创新、协调、绿色、开放、共享的新发展理念，坚持稳中求进工作总基调，以推动高质量发展为主题，以深化供给侧结构性改革为主线，以改革创新为根本动力，以满足人民日益增长的美好生活需要为根本目的，以推动治理体系和治理能力现代化为保障，统筹发展和安全，加快建设现代化经济体系，加快融入新发展格局，实现经济行稳致远、社会安定和谐，为将若羌建设成“丝绸之路经济带”上一颗璀璨明珠而努力奋斗！

今后五年的奋斗目标是：经济发展取得新成效，地区生产总值、固定资产投资、一般公共预算收入增幅处于全州前列，产业转型升级取得重要进展，若羌在全疆高质量发展中发挥重要增长极作用。改革开放创新迈出新步伐，干部人才、农业农村、社会治理、生态环境等重点领域改革取得重大进展，对内对外开放不断扩大，引进资金、技术、人才取得更大成效。民生福祉达到新水平，高质量就业更加充分，科学、教育、文化、卫生、托老、托幼等事业加快发展，全县人民共同富裕迈出坚实步伐。党的建设取得新进展，党员干部理想信念更加坚定，党组织的创造力、凝聚力、战斗力进一步增强，党群干群关系更加密切。

三、深入贯彻新发展理念，打造全疆经济高质量发展的重要增长极

深入贯彻落实习近平总书记关于发展是新疆长治久安的重要基础的重要指示，坚持优化结构、提升质量、扩大总量并举，抓住机遇、释放潜力，全面实施“六大基地、七大工程”建设，着力打造一批十亿企业、百亿产业、千亿园区。

（一）打造新疆重要的农副产品加工基地。依托南疆原材料市场，推进特色农产品多途径综合开发利用，推动“粮头食尾”“农头工尾”发展提速。重点打造特色农产品、林果产品、肉制品加工产业链，提高产业集中度和核心竞争力，培育年产值亿元以上龙头企业10家。扶持合作社发展保鲜、储藏、分级、包装等延时类初加工，发展粮变粉、枣变汁、肉变肠、菇变酱等食品类初加工。推进种养加、产供销、贸工农有机结合，做优做强馕、葡萄酒、枣粉枣醋、膳食纤维、香菇酱等三次融合产业，推动就地加工转化增值。

（二）打造全疆新能源开发输出基地。抢抓环塔750千伏输电线路和新疆与西北电网联网，以及“第四条疆电外送”通道规划建设机遇，做好新能源产业规划，打造千万千瓦级新能源产业基地。启动罗布庄、拉配泉、祁曼等新能源园区建设，加快布局以光伏、风能发电为主，光伏、风电设备组件、装配、制造、储能、新能源制氢协同发展的新能源产业，积极拓展延伸新能源产业链。实现源网荷储一体化国家试点落地，推进风光水储一体化、地热能、生物质能、氢能、分布式光伏、天然气等清洁能源开发利用，建成环塔清洁能源供应保障基地。到2025年，力争新能源装机规模达到1100万千瓦。

（三）打造新材料加工制造基地。坚持绿色开发、规模开发、科学开发，建设绿色矿山，实现可持续发展。根据国家战略方向，规范矿权设置和矿权交易，加大可控区域矿产资源勘探，促进优势资源有序逐步转化。加快设立氟硅锂新材料产业园（一园三区），围绕氯化钠、萤石、锂辉石、石英石、煤炭等优势矿产资源，瞄准氟基、硅基新材料、锂电及盐化工、煤化工“五大主导产业”，加快矿产资源下游产业建链工程。重点推进硅基新材料产业链一体化项目，构建源网荷储一体化、新材料新能源一体化、硅基绿色全链低碳循环一体化“三位一体”产业格局，积极培育全国最大的“石英矿—高纯硅—多晶硅—硅基新材料—光伏新能源”一体化产业示范基地。抢抓自治区政策窗口期，高位推进特变电工100万吨高纯硅、10万吨多晶硅项目，持续推进新疆中科年处理2000万吨钒钛磁铁矿综合选冶项目，力争早日开工。力争到2025年，矿业年产值达到80亿元。

（四）打造国家级商贸物流产业基地。聚焦商业、交易、生产、流通“四大环节”，坚持“物流+产业+基地”发展模式，围绕“一园、三个产业集群、十大产业板块”，加快推进现代工贸物流园建设，积极申报综合保税区，实现通道经济向经济通道转变。深入推进自治区物流集散枢纽中心建设，加强航空港、铁路港、公路港建设，促进多式联运、现代仓储、物流配送、城乡配送等一体发展，打造辐射区域更广、集聚效应更强、服务功能更优、运行效率更高的综合性区域物流枢纽。加快建设100万立方米冷藏库、肉制品低温处理中心、农副产品储备库，建成南疆活畜交易市场，打造新疆最大的外向型肉制品加工集散区，以及粮油、棉花等国家储备基地和大型战略应急物资储备基地、国家猪肉羊肉等畜产品应急储备基地。

（五）打造全域旅游基地。深入实施文旅兴县战略，打响“丝路楼兰·秘境若羌”旅游品牌，将若羌建成进疆旅游第一站、南疆旅游集散地和新疆高端特种旅游目的地，力争年接待游客量突破300万人次。搭建文化旅游平台，实施“引客入疆、送客出疆”工程，加强旅游对外宣传，构建覆盖全媒体、多渠道的旅游推广营销网络。加强景点景区建设，建成楼兰故城、米兰古城文化园，建设游客集散中心、汽车营地、高品质民宿，建成五星级酒店2个、四星级酒店8个，支持铁木里克村等5个村创建“乡村旅游重点村”。坚持在保护中开发、在开发中保护，完成米兰古城遗址公园、阿尔金山国家公园建设，有序开发阿尔金山、祁曼塔格山、罗布泊、车尔臣下游尾闾湖等独特资源，创建AAAAA级景区1个、AAAA级景区2个、AAA级景区5个。推进小河墓地、海头古城保护研究，加快楼兰相关商标注册工作，依法授权使用楼兰文化元素，扩大《楼兰千古恋》《梦回楼兰》等巡演，持续提升楼兰文化影响力。围绕楼兰、米兰等文化品牌，持续办好楼兰文化节、楼兰音乐节、楼兰美食节、若羌红枣节、枣花节等活动，积极承办各级各类会展、赛事、节庆、论坛、科研、学术交流等活动，举办旅游产业发展大会、楼兰学术研讨会、楼兰文化艺术原创作品大赛等系列活动。

（六）打造绿色生态基地。坚持绿色先行、生态优先，严格执行国家绿色产业指导目录标准，完善生态环境保护、节能减排约束性指标管理，着力调整和优化产业结构、能源结构，支持绿色技术创新，加快发展绿色循环农业、绿色工业。全力创建国家农业绿色发展先行示范区，争创全国有机肥替代化肥示范县。大力发展绿色建筑，城镇新建公共建筑全面执行65%强制性节能标准，新建居住建筑全面执行75%强制性节能标准。围绕碳中和、碳达峰发展目标，积极参与碳交易。

（七）实施现代服务业提升工程。推动生产性服务业向专业化和价值链高端延伸，促进生活性服务业向高品质和多样化升级，提升现代服务业集聚人流、物流、资金流、信息流，拉动经济、激发活力、保障民生、促进就业等综合服务功能。建设电子商务孵化中心，深入实施国家电子商务进农村综合示范项目，将若羌（兵地）电子商务产业园打造成网红直播基地，推动“大众创业、万众创新”。规范发展快递产业，推进农村物流体系建设，搭建城区、乡镇级电子商务服务中心，促进电商平台与农村物流整合，发展产运销一体化物流供应链服务。支持京东、顺丰、德邦等企业在若羌分仓转运，建设南疆地区及跨境电商智能分拨中心。加快发展健康、养老、育幼、家政、物业等服务业，探索推进医养结合发展模式，促进托育产业安全、合规、良性发展，加强家政服务规范化和职业化建设，实施便利消费进小区、便民服务进家庭“双进工程”，提高物业服务质量，加快健康美容等高端生活服务业发展。

（八）实施融合发展促进工程。促进兵地融合发展，牢固树立兵地“一盘棋”思想，完善落实组织领导、统筹协调、现场办公、督查指导、宣传引导等5个方面机制，推进战略规划、产业发展、国企改革等15个方面融合，积极推动兵地优势互补、设施共建、资源共享。促进地方与兵团高端装备制造产业集群。通过“储一扩四”代储模式，加快建设粮油储备库、中央厨房配送中心，努力形成多领域、高效益的发展格局。促进产教融合发展。推进职业院校和企业联盟与行业联合、同园区联结，创新校企合作、工学结合的办学模式，吸引社会资本参与建设产教融合实训基地，提升职业教育与产业需求的适配程度。组建产教联盟和产教集团，打通产业链、教育链、人才链、创新链，增强产业核心竞争力。促进产城融合发展。促进产业和城市建设协同发展，推动现代商贸物流、电子商务和信息服务、金融业、文旅产业发展，多元化提升城市经济发展空间。促进城乡融合发展。推动城乡基本公共服务普惠共享、基础设施一体化发展，加快形成工农互促、城乡互补、协调发展、共同繁荣的新型工农城乡关系。

（九）实施新型城镇化精品工程。围绕巴州副中心城市定位，丰富城市元素、完善城市功能、提升城市品质，继续争创全国文明城市，加快“撤县设市”步伐，着力打造“丝路历史名城、文化旅游重镇”。推动城市向南向东发展，向南提升城市承载力，把城南区、城西区建设成为基础设施和公共服务设施完善、功能布局合理、生活便捷的城市片区；向东实现主城区同现代工贸物流园有机衔接，拉开城市框架，全面提高人口、产业的聚集能力，增强辐射带动能力。补齐休闲、娱乐、餐饮、康养等功能短板，提升改造商业街，规划建设星级酒店，开发建设商业综合体、保障性住房小区、高档住宅，打造集休闲、娱乐、购物、美食于一体的特色街区，促进城市经济发展。建设奥林匹克公园、主题公园、森林公园，以及城市历史博物馆、地质地理博物馆、阿尔金山博物馆、红枣博物馆、罗布泊博物馆、矿产博物馆等各类会展、展馆中心。实施城市特色和景观风貌提升行动，加快老旧小区改造、地下管网改造、市政道路改扩建、供水供暖供气提质工程，提升城市美化、亮化、绿化水平，建设休闲、宜居、绿色、优美的“园林式若羌”。建设环城水系、人工湖泊，加快羌河、若水生态治理工程，把若羌打造成充满灵气和活力的山水林融合精品小镇。

（十）实施深化改革激活工程。深化国资国企改革，依法依规管理交通、城建、金融、农牧业、矿产开发、园区开发等九大国有平台公司，力促落地1家上市公司。抓好农业农村、教育医疗、服务业等有利于增强民生福祉的改革，抓好防灾减灾等有利于推进治理现代化的改革。持续深化“放管服”改革，落实市场准入负面清单制度，全面推行“网上审批、并联审批”，打造智慧审批政务服务。着力激发民营经济活力，做好“妈妈式”“店小二式”服务，落实“一网通办”“一窗受理”“一次办好”等服务举措，大力整治不作为、慢作为、乱作为问题，全力打造“全州第一、全区一流”的营商环境。

（十一）实施招商引资一号工程。坚持“引进来”和“走出去”相结合，加强与发达省地市和战略合作伙伴的对接联络，吸引资金、技术、人才向若羌汇聚，至少与10个县市建立实质性合作关系。深入推进委托招商、园区招商、基金招商，发挥驻外招商服务组和异地商会作用，突出引进战略投资者，加强对世界500强、中国500强、民企500强，“国字号”、“央字头”、上市公司、行业龙头企业等“大块头”的招商引资，力争招引“三个500强”企业20家，落地十亿产业项目10个、百亿产业项目5个。各级干部要满怀对建设美好家乡的热情，满怀对投资者的热情，满怀对若羌高质量发展的热情，人人争当“宣传员”“招商员”“服务员”“战斗员”。打好精准招商、以商招商、亲情招商“组合拳”，进行全方位对接、全流程帮办、全周期保障，力争5年内完成招商引资到位资金900亿元。

（十二）实施新要素和品牌引领工程。深入实施创新驱动战略，探索推出若羌新模式、新机制、新技术、新平台，发挥新要素的引领带动作用。要围绕红枣精深加工、农副产品加工、新材料、新能源等重点产业科技需求，推进关键核心技术攻关和基础研究，建设一批重点实验室以及企业技术中心、产学研示范基地。加强与国内知名院校、科研院所交流合作，筹划建设“楼兰红枣研究院”和产品研发孵化中心，加快科技成果转化，提升产业发展科技含量。突出原产地概念，加大品牌建设保护力度，打响“楼兰文化”“米兰文化”“若羌红枣”“楼兰甜瓜”“米兰鲜果”“羌都”“若兰富硒水”等品牌，提高影响力、吸引力、竞争力。

（十三）实施基础设施建设工程。区位资源优势是若羌最大的优势，基础设施短板是若羌最大的短板，必须主动融入新发展格局，加快构建“四大支撑体系”。完善交通枢纽支撑体系，围绕“东联西出、多点扩线、内部通达”，建设南疆铁路、公路、航空的交通枢纽。配合做好若羌—罗布泊铁路规划建设，完成工业园区铁路专用线建设，推进若羌、瓦石峡、依吞布拉克火车站配套附属设施建设，建成贯通南北、连接西东的铁路大动脉。加密与国内大中型城市直飞航线，推进依吞布拉克、瓦石峡、祁曼塔格通用机场，以及车尔臣下游尾闾湖、拉配泉、白干湖等直升机停机坪建设。配合做好高速公路建设，推进巴什考贡—拉配泉—阿克塞高速公路前期工作，做好S235、S339沙漠公路等项目前期工作，加快推进资源路、旅游路、环城路和218国道拓宽、新增高速公路互通、铁路穿越等项目。推进农村公路提档升级，加强城市综合交通枢纽建设，打造便捷、安全、绿色、智能的交通网络。完善水利支撑体系，完成若羌河水库、若羌干渠向建材园供水、城乡居民饮水第二水源地引水工程，开工建设瓦石峡河水库、塔什萨依河水库、3个山前小水库和阿拉库里河引水工程，推进若羌河水库、米兰河水库、瓦石峡河水库和塔什萨依河水库联网输水，积极推进车尔臣河、古尔嘎赫德河调水工作，着力提高水资源调蓄能力。完善能源支撑体系，全力配合“疆电外送”第四条通道建设，加快环塔750千伏电网和新青电力外送通道建设，推进电网向罗布泊、白干湖、拉配泉等资源富集区域延伸。实施“电气化若羌”工程，加快布局新能源汽车充电设施，推进农村电网改造升级和农村煤改电，实施长输天然气管道工程。强化煤炭资源勘探，提升接续保障能力。支持应急储气库、成品油库建设，打造全疆大型石油化工中转、仓储、交易中心。完善新基建支撑体系，加快第五代移动通信、大数据、云计算、人工智能等新一代信息技术融合创新和发展应用，促进数字技术在各个环节的集成应用，建成智慧若羌。

四、推进农业农村现代化，全力打造乡村振兴示范区

深入贯彻落实习近平总书记全面实施乡村振兴的重要指示，以创建自治区乡村振兴示范引领县为目标，坚持乡村产业、人才、文化、生态、组织“五大振兴”一起抓，全面实施“8大示范行动”，加快补齐农业农村短板，激发农业农村发展活力，促进农业高质高效、乡村宜居宜业、农民富裕富足。

（一）抓好脱贫攻坚成果巩固拓展。落实“四个不摘”，做到“八个衔接”“八个不变”“八个确保”，保持5年过渡期内主要帮扶政策总体稳定，逐步实现由集中资源支持脱贫攻坚向全面推进乡村振兴平稳过渡。健全完善防止返贫监测和帮扶机制，动态监测、及时预警，用好脱贫攻坚防风险基金，坚决守住脱贫攻坚成果。

（二）加快农业产业结构调整。坚持以水定地、以水定产，发展高效节水农业，确保节水灌溉面积达到40万亩。以保障粮食安全为根本，以红枣产业提质增效和畜牧业高质量发展为突破口，以农牧民增收为主线，加快推进农业规模化、集约化发展。开展测土配方，强化地力保护、恢复，科学确定地块种植类别和规模，提升种植效益。紧盯周边及南疆市场，加快设施农业发展，引进龙头企业带基地、基地连农户，5年内全县日光温室达到2000座，建成羌园设施农业基地。积极发展陆地蔬菜，实现年供应蔬菜总量1万吨以上，蔬菜自给率达到70%。支持发展庭院经济、林下经济，建设田园综合体、农家乐、采摘园，多渠道促进农牧民增收。适度发展黄恰玛古、中草药、牦牛、骆驼、肉驴、麻雁等特色农畜产品，促进“高端、小众”特色农业发展，力争特色种植面积达到1.5万亩、特色养殖13万羽只。推进“甜蜜事业”，打造“红枣+蜂蜜”全产业链，提升蜂产品市场竞争力。

（三）抓好粮食安全和饲草料供给。加强耕地数量、质量、生态“三位一体”保护，建设优质粮食基地10万亩，粮食综合生产能力达到5万吨，保障区域粮食安全。抓好台特玛湖区域、车尔臣河流域、县城和瓦石峡周边80万亩荒漠化治理，新增饲草料基地40万亩，建成西北地区饲草料加工基地。大力实施“种子工程”，建设区域性畜禽、林果、蔬菜、小麦、杂交玉米、特色农作物等品种繁育基地，把现代种业打造成又一重要产业。开展粮食节约行动，坚决制止餐饮浪费。

（四）抓好特色林果产业。突出有机化、优质化、特色化、品牌化，推进基地化布局、标准化生产、产业化经营，巩固国家特色农产品优势区创建成果。实施优质红枣标准化工程、有机红枣示范工程，建立分级定等、精品示范园，打造全国最优有机红枣生产基地、全国红枣产业新“三品一标”示范县，创建绿色有机红枣基地4个，发展有机红枣10万亩、绿色红枣14万亩，确保林果业标准化率达到85%以上。发展甜瓜、桃子、杏李等特色瓜果5万亩，建成南疆优质瓜果基地。到2025年，全县林果面积稳定在30万亩，果品产量达到15万吨。

（五）抓好现代畜牧业发展。以促进农区畜牧业振兴为抓手，加快推进“兴猪、扩羊、增牛”战略，构建现代畜禽养殖、动物防疫和加工流通“三大体系”,实现标准化、规模化,打造高标准现代畜牧业示范区,培育形成2个产值10亿元、1个产值5亿元的畜牧产业集群。促进山区畜牧与农区畜牧优势互补,合理确定牧区载畜量,确保草原生态与畜牧业可持续发展。推进羌都年出栏20万只肉羊养殖项目。支持生猪繁育基地建设,向全国“生猪养殖大县”目标迈进,打造生猪供种基地和商品猪生产基地。以鸡、鸽、鸭、鹅等家禽为主,推进家禽标准化规模化养殖,增加市场供给。到2025年,年出栏生猪450万头、羊50万只、牛4万头,畜牧业产值达到85亿元。

(六)推动一二三产融合发展。高质量、高标准编制《若羌县国家现代农业产业园规划》,健全园区管理机构,不断增强投资服务平台作用。大力创建七星羌都农牧国家级一二三产融合发展示范园,围绕农区3个乡镇积极创建国家级农业产业强镇。按照“一村一品”“一乡一业”的定位,促进产业差异化、特色化发展,争创一批全国“一村一品”示范村镇,形成一村带数村、多村连成片的发展格局。大力实施“两张网”建设,推进“十城百店”“临空经济”“互联网+”经销行动,加快打造新疆红枣加工交易集散中心。发展订单农业,建立健全农副产品从田间地头直供商超的销售机制,创建生产、供销、信用“三位一体”示范县。深入推进电子商务进农村和农产品出村进城,重点实施“千户枣农做电商”工程。

(七)激发乡村发展活力。坚持规划引领,推进“多规合一”实用性村庄规划,启动实施现有5个乡镇和新增4个管委会住房设计及基础设施规划建设,优化乡村生产、生活、生态空间。实施乡土人才培育工程,加快建设农技推广、经营管理、实用专业人才队伍,培育产业发展带头人和农户生产技术型人才。围绕乡村文化发展定位,培养秧歌、戏曲、麦西莱普、绘画木雕、刺绣、楼兰牧歌等特色团队,形成“一乡一品牌”“一村(社区)一团队”的文化发展格局,丰富群众精神文化生活。扎实开展农村人居环境整治提升五年行动,巩固庭院整治“四区分离”成果,加大农村厕所改造提升和“拆旧用新”力度,确保农村生活垃圾和污水处理率达到98%以上。实施新型农业经营主体培育工程,完善利益分享机制,推行“企业+合作社(家庭农场)+农户”和“农牧民股金+土地流转金+返聘务工薪金”等方式,支持农户以土地、资金、产权、产品、劳动、技术为纽带开展多种形式的合作,推进农业适度规模经营。强化农业科技和物质装备,大力推广应用先进农业机械,力争大宗农作物综合机械化水平达87%以上。

五、加强生态文明建设,全力打造生态治理示范区

贯彻落实习近平生态文明思想,践行绿水青山就是金山银山的理念,坚持节约优先、保护优先、自然恢复为主的方针,坚定走生产发展、生活富裕、生态良好的文明发展道路,努力建设天蓝地绿水清的美丽若羌。

(一)严守生态底线。若羌生态系统脆弱,环境承载能力低,自然修复能力差,要像保护眼睛一样保护生态环境,像对待生命一样对待生态环境。严格执行环境保护“一票否决”制度,严禁“三高”项目进若羌,全面推行河长制、湖长制、林长制。以国土空间规划为依据,把城镇、农业、生态空间和生态保护红线、永久基本农田保护红线、城镇开发边界作为调整经济结构、规划产业发展、推进城镇化不可逾越的红线。

(二)持续强化环境治理。聚焦构建现代环境治理体系的重点任务和关键环节,建立健全环境治理的领导责任、企业责任、全民行动、监管、信用和法律法规“七大体系”,形成导向清晰、执行有力、激励有效的环境治理体系。坚决打好蓝天保卫战,强化联防联控、同防同治,明显减少重污染天数、明显改善大气环境质量。坚决打好碧水攻坚战,统筹节水、蓄水、调水,统筹生产、生活、生态用水,加大地下水超采专项整治力度,推进节水型社会达标建

设，争创国家节水型城市。科学开发利用空中云水资源，开展阿尔金山飞机增雨(雪)作业，保障米兰河水库和若羌河水库蓄水量。坚决打好净土保卫战，推进垃圾分类处理，加强一般工业固体废物、医疗废物、农业面源污染防治，让老百姓吃得放心、住得安心。

(三)加强生态保护修复。深入实施山水林田湖草沙冰一体化生态保护和修复，抓好车尔臣下游尾闾湖和台特玛湖周边绿洲等重要生态系统修复工程，集中力量开展荒漠化治理、沙源地治理、引洪抚育、植树造林、种草等工作，注重生态效益和经济效益相统一，逐步构筑百万亩绿色生态屏障。加快农区外围防护林、国道绿化工程建设，持续推进"380"绿色长廊工程，改善区域生态环境。高位推进石棉尾矿地质环境恢复治理项目，争取列入国家项目库。推进绿进城、水进城，使城镇内部的水系、树木、绿地同城市外围河湖、森林、耕地形成完整的生态网络，努力形成"城在林中、路在绿中、房在园中、人在景中"的大绿化格局。加强乡村原生植被、自然景观、古树名木、草原牧场、小微湿地保护，推动农田防护林修复改造建设和村庄绿化美化，让秀美乡村成为若羌的靓丽名片。

六、推动民生持续改善，全力打造民生改善示范区

深入贯彻落实习近平总书记关于不断满足人民对美好生活的需要的重要指示，坚持以人民为中心的发展思想，办好利民惠民实事，让各族群众的获得感成色更足、幸福感更可持续、安全感更有保障。

(一)多措并举促就业稳增收。突出抓好城乡富余劳动力、高校毕业生、退役军人、困难群体就业，不断提升保就业、稳就业工作成效，实现年均新增城镇就业1000人以上。五年内，城镇居民人均可支配收入年均增长4%，农村居民人均可支配收入稳定在36000元。办好技工学校，打造双创中心、人力资源市场，强化劳务派遣、职业中介和人力资源跨省合作，不断壮大高素质劳动者和技术技能人才队伍。发展劳动密集型企业、卫星工厂，支持马路经济、夜间经济、跳蚤市场，带动更多就业创业。

(二)打造区域教育高地。坚持兵地融合、联合办学、区域协作办学，健全托育、学前、基础教育、中职教育有序衔接、相互补充的教育体系，打造四省交界的教育高地。加强教科研能力和师德师风建设，实施好"名师、名校、名校长"工程，到2025年，专任教师学历合格率达到100%，教师专业对口率达90%以上。学前阶段，创建自治区级示范性幼儿园3所以上，自治州级示范性幼儿园5所。义务教育阶段，调整优化学校布局，新增义务教育学校6所，在校生达到10000人，各学科合格率达到90%，初中毕业生升入普通高中率稳定在70%。打造普通高中教育品牌，力争高考本科上线率达到92%，一本上线率达到70%。加快职业高中建设，不断扩大办学规模，力争到2023年在校生达到1200人，到2024年建成面向四省的中等职业学校。

(三)提升医疗卫生水平。推进县域内医共体建设，完善县、乡、村三级医疗卫生服务网络，实现瓦石峡镇、依吞布拉克镇卫生院独立开展二级手术，每个行政村建设不低于100平方米的标准化卫生室，乡村就诊率提高至70%。深化区内外医疗合作，借助巴州人民医院托管、河北眼科医院专科联盟优势，引培一支拥有5名学科带头人、6名高级职称、12名中级职称的医学人才队伍，提升基础医学专业能力，大力发展眼科、保健、皮肤等特色专科，打造区域医疗高地。着力提升妇幼保健能力，开展孕期DNA遗传病检测、三级四维彩超、孕晚期唐氏筛查等诊疗服务，到2025年实现全孕周期健康保健不出县。

(四)完善社会保障体系。持续深化全民参保工作，重点将进城务工人员、新就业形态人员、灵活就业人员等群体纳入社会保障范围，稳步提高保障水平。以基本生活救助、专项社会救助、急难社会救助为主体，社会力量补充参与，建立健全分层分类的救助制度体系，在全疆率先建成充分保障体系。完善养老保障和兜底性养老服务制度，统筹推进敬老院、农村幸福大院等持续运行。健全退役军人工作体系和保障制度，维护军人及其家属合法权益。

（五）实施人口增长计划。深化户籍制度改革，全面取消落户限制，拓宽落户通道，简化落户手续，鼓励举家落户。坚持流动人口迁入一批、公职人员落户一批、较高层次和技能型专业技术人才引进一批、外来农业人口转移一批、发展产业吸引一批、发展旅游吸引一批、打造教育高地吸引一批“七个一批”措施，用好3项47条落户政策，力争到2025年总人口达到15万人。

（六）务实推进援疆工作。贯彻落实第八次全国对口支援新疆工作会议精神，继续深化城建、教育、医疗、文化、人才援疆以及人才智力共享、交往交流等12项合作机制，加强与河北邢台的市场对接、产品对接、产业链对接。全力推动河北巴州（邢羌）科技产业园企业入驻，承接装备制造、矿产品加工、商贸物流等产业转移。

七、构建多元化乡村治理体系，打造基层社会治理示范区

深入贯彻习近平总书记关于加强和创新基层社会治理的重要指示，建立健全基层治理体制机制，推动政府治理同社会调节、居民自治良性互动，建设人人有责、人人尽责、人人享有的社会治理共同体，打造市域社会治理“若羌”模式。

（一）加强基层政权治理能力建设。党委居于社会治理体系的核心领导地位，是引领并统合多元利益诉求、聚合力量的支柱。要整合现有执法力量和资源，依法赋予乡镇综合管理权、统筹协调权和应急处置权。坚持和发展新时代“枫桥经验”，完善信访制度和各类调解联动工作体系，把矛盾风险解决在基层，推动平安若羌建设迈上新台阶，建成和谐社会。

（二）提升基层群众自治能力。依托村民会议、村民代表会议、村民议事会、村民理事会、村民监事会等基层协商机制，提高基层群众主动参与村级公共事务的积极性、主动性。完善党务、村务、财务公开制度，及时公开权力事项，接受群众监督。依法制定村规民约、居民公约，健全备案和履行机制，引导群众自我管理、自我教育、自我监督。

（三）加强智慧治理能力建设。以线上AI+市域社会治理中心和线下一站式便民服务大厅为基础，线上线下联动，促进社会沟通，改进管理服务。开发网上办公系统、专门应用程序平台，形成微端融合、服务联动的智慧政务网，让群众通过手机、电脑等终端参与讨论、投票、监督等活动，不断提高基层社会治理效能。

八、坚定不移全面从严治党，为新时代实现率先领跑提供坚强组织保证

深入贯彻落实习近平总书记关于做好新疆工作，必须坚持和加强党的全面领导的重要指示，坚定不移全面从严治党，坚定不移推进党风廉政建设和反腐败斗争，把党建设得更加坚强有力。

（一）加强党的政治建设。推动各级党组织和广大党员干部进一步增强“四个意识”、坚定“四个自信”、做到“两个维护”，坚定坚决地做到在思想上认同核心、政治上维护核心、组织上服从核心、行动上紧跟核心，坚定捍卫核心、衷心爱戴核心、绝对忠诚核心。认真落实《关于新形势下党内政治生活的若干准则》，严格执行党的组织生活制度，加强党支部标准化建设，提高“三会一课”质量，让党员干部在严肃党内政治生活中淬炼初心、体悟使命。

（二）强化理论武装。坚持把学习贯彻习近平新时代中国特色社会主义思想作为首要政治任务，深入学习贯彻习近平总书记关于新疆工作的重要讲话和重要指示批示精神，学习贯彻习近平总书记在庆祝中国共产党成立100周年大会、第三次中央新疆工作座谈会上的重要讲话精神，常态化开展学习、宣讲、培训、宣传、普及、研讨等“六项活动”，不断学习、不断实践、不断领悟，切实把思想伟力转化为干事创业的强大力量。

（三）加强各级领导班子和干部队伍建设。坚持能者上、优者奖、庸者下、劣者汰的选人用人导向，把敢不敢扛事、愿不愿做事、能不能干事作为识别干部、评判优劣、奖惩升降的重要标准，大力选拔想干事、能干事、干成事的干部，推动干部能上能下、能进能出，让不作为慢作为的干部让位子、受警醒。对政治过硬、敢于担当的优秀少数民族干部，要充分信任、坚定团结、大胆选拔、放手使用。长期以来，全县各族干部群众以高度的政治觉悟和奉献精神，忠诚坚守、超常付出，许多默默奋战在一线，非常辛苦，为推动实现社会稳定和长治久安总目标作出突出贡献。各级党组织要带着感情、满腔热情地关心爱护干部、关怀激励干部，为敢于担当的干部撑腰鼓劲，增强干部的荣誉感、归属感、获得感、成就感。

（四）加强基层组织和基层政权建设。贯彻落实加强村党组织和村干部队伍建设“1+2”文件精神，加强新时代“访惠聚”驻村工作，推进村党组织规范化建设，推动村党组织带头人整体优化提升行动。开展“十个一、十一个好”评比创建和“模范机关”创建工作。夯实群团工作基层基础，不断增强政治性、先进性和群众性。实行村干部发展壮大村级集体经济效益奖励政策，当年经营性收入增收的20%，用于奖励村干部。

（五）实施干部素质提升工程。持续推进党员干部理想信念、能力素质、基层组织建设提升和编制外工作人员队伍改革“三提升一改革”工程，进一步激发各级干部奋斗精神、进取精神、奉献精神，提升领导能力、落实能力和统筹能力。深化运用“三创三目标”工作机制，坚持创建、创造、创新，紧盯横向目标、纵向目标、重点目标，进行常态绩效考评，强化流程质量考评，力促各级干部去暮气增朝气、去官气增亲气、去惰气增硬气。今年重点激励党员干部积极主动开展工作，2022年重点激励党员干部敢于担当负责，到2023年要形成各级党员干部勇于开拓、奋力拼搏的生动局面。要逢旗必扛、逢一必争、逢冠必夺，有评比的工作争第一，没有评比的工作创经验，确保各项工作在全国全区大局中有地位、有位次。

（六）加强党的作风建设。持续深化中央八项规定精神及其实施细则，真正管出习惯、抓出成效、化风成俗。持续落实减负措施，改进领导方式和工作方法，重点纠治装样子、做选择、搞变通，落实工作重“形”不重“效”、重“痕”不重“绩”等问题，最大限度减轻基层负担。各级干部要牢记：若羌要率先领跑，唯靠实干。实干，方能后发赶超，方能成就梦想。要大力弘扬求真务实作风，崇尚实干、力戒空谈，干就干成、干就干好，将好作风弘扬在新时代。

（七）加强党风廉政建设和反腐败斗争。坚持利剑高悬、震慑常在，重点严查政治问题和经济问题交织的腐败案件，深入查处群众身边的不正之风和腐败问题，持续巩固发展反腐败斗争压倒性胜利。坚持挺纪在前，综合用好“四种形态”，特别是“第一种形态”，教育引导党员干部时刻自重自省自警自立，慎独慎初慎微慎友，做政治信念坚定、遵规守纪的明白人。深化政治巡察，坚持有形覆盖和有效覆盖相统一，坚持发现问题和整改落实并重，推动建章立制、补短板、防风险，切实发挥巡察监督的治本功能。

风鼓云帆航道阔，乘风破浪正当时。让我们更加紧密地团结在以习近平同志为核心的党中央周围，在自治区、自治州党委的坚强领导下，深入贯彻落实新时代党的治疆方略，紧紧聚焦社会稳定和长治久安总目标，以只争朝夕的进取精神、不胜不休的决战气魄，顺应历史潮流，迎接时代挑战，以“再出发”的豪情“再起宏图”，以“奔跑者”的姿态“走在前列”，用激情和热血在20万平方千米的热土上谱写新的华章！

若羌县人民政府工作报告

——2021年9月13日在若羌县第十八届人民代表大会第一次会议上

若羌县人民政府代县长　热依木江·克里木

五年征程 栉风沐雨 硕果累累

过去的五年，是极不平凡的五年。五年来，面对错综复杂的稳定发展形势，我们在以习近平同志为核心的党中央坚强领导下，坚持以习近平新时代中国特色社会主义思想为指导，深入学习贯彻落实党的十九大和十九届二中、三中、四中、五中全会精神，贯彻落实第二次、第三次中央新疆工作座谈会精神，贯彻落实新时代党的治疆方略，聚焦社会稳定和长治久安总目标，坚持稳中求进工作总基调，全面贯彻新发展理念，按照自治区党委工作部署和自治州党委工作要求，扎实做好"六稳"工作、全面落实"六保"任务，新时代脱贫攻坚目标任务如期完成，与全国同步迈入小康社会，圆满完成县第十次党代会和十七届人大一次会议确定的主要目标任务，经济社会发展和民生改善取得前所未有的历史性成就，全县呈现出社会稳定、人民安居乐业的良好局面，为迈向长治久安奠定坚实基础，若羌工作已全面进入新时代、站在新的历史起点上。

过去五年，稳定基础更加牢固，社会大局持续稳定。坚定不移把维护稳定作为压倒一切的政治任务，扫黑除恶专项斗争三年目标顺利实现，顺利通过中央政法队伍整顿督导检查验收。群众工作持续深化，深入开展"民族团结一家亲"。扎实推进依法治县，顺利完成"七五"普法。市域社会治理体系实践不断深入，信访形势总体平稳，安全生产持续向好，疫情防控取得阶段性成效。成功创建自治区优秀平安县、民族团结进步示范区。全县上下呈现出一派安定祥和、蓬勃发展的大好景象，展现出人心稳、心气顺、合力足的新气象，为经济社会发展提供最有力保障！

过去五年，经济发展稳中向好，综合实力持续增强。全县生产总值年均增长4.4%，一般公共财政预算收入年均增长3.3%，累计完成固定资产投资122.9亿元。农业综合生产能力稳步提高，乡村振兴战略深入实施，粮食种植面积稳定在5万亩以上。红枣提质增效成果显著，红枣期货成功上市，2家交割库落地若羌，仓单注册量位居全国前列，若羌红枣获得"国家驰名商标""一带一路"农产品商标品牌建设特殊贡献奖，成功入选中国特色农产品优势区。工业强基增效取得重要进展，国投罗钾年产160万吨、天山水泥年产120万吨生产线稳产达产，新能源装机规模达到40万千瓦。现代服务业优化提升，编制完成若羌现代物流和供应链发展实施规划，靖祥新丝路、果业集团、新岷江管业等26家企业入驻现代工贸物流园。获得"国家级电子商务进农村示范县"。旅游兴县战略全面实施，获得"中国文化百强县"，楼兰博物馆创成AAA级景区，召开"一带一路"与楼兰文化座谈会，成功举办4届"楼兰文化·红枣节"，罗布泊与阿尔金山环境与古文明院士专家工作站挂牌成立，建成楼兰文化公园、8个乡镇综合文化站、8个乡村主题科普馆、18个乡村文化大舞台，基层文化阵地覆盖率达100%。经济发展持续呈现齐头并进、量质并举的良好态势！

过去五年，基础设施突飞猛进，城乡面貌持续改观。累计实施道路交通、能源各类项目294个，有力支撑经济社会建设。楼兰机场建成通航，格库铁路正式通车，和若铁路、三十五团至若羌、依吞布拉克至若羌、若羌至民丰高速公路即将通车，立体化交通体系逐渐成型。米兰河水库、若羌河水库、羌河生态治理(一期)、3个中型灌区等一批重点水利工程建成投用。尉犁至若羌220千伏输变电工程投用，塔什萨依河二三级水电站、国电投、中船重工等新能源相继并网发电。所有行政村通硬化路、通动力电、通邮站快递、通光纤宽带。基础设施、城乡面貌、人民群众生产生活发生历史性变化！

过去五年，社会事业全面提升，人民生活持续改善。累计投入民生资金69亿元，占全口径财政支出72%。累计新增城镇就业9300余人，转移农村富余劳动力2.29万人次，零就业家庭保持动态清零。脱贫攻坚取得决定性成就，建档立卡脱贫户885户2632人全部脱贫，3个贫困村全部退出。农村幼儿园实现“应建尽建”“应入尽入”。高标准通过义务教育均衡发展复验，第一小学获得“全国文明校园”称号。中高考成绩连续六年稳居巴州前三位。县人民医院住院综合楼和传染病楼、依吞布拉克镇进出疆疫情防控中心建成投用，县乡村三级诊疗体系逐步完善，乡镇卫生院标准化率达100%，免费健康体检惠及各族群众12万人次。社会保障应保尽保，城乡特困人员基本生活标准提高至900元/月·人，城市低保标准提高至675元/月·人，低保发放标准处于全州最高水平。邢台技师学院若羌分院挂牌成立，与河北眼科医院建立眼科专科联盟，巴州人民医院全面托管县医院。两度获得“全国文明城市提名城市”，两次通过“国家卫生县城”复验，荣膺“第二届全国民生改善十佳典范城市”，成功创建自治区食品安全城市。各族群众的日子一天更比一天好！

过去五年，改革开放不断深化，发展活力持续释放。党政机构改革和经营类事业单位改革全面完成。农村集体产权制度改革稳步实施，农村承包地确权登记颁证工作圆满完成。“放管服”改革稳步推进，政务服务事项实现全流程网上办理，企业群众办事更加方便快捷。国企改革“宝塔式”模式初步建立，组建九大集团公司，逐步实现“管资产”向“管资本”转变。在全州率先实体化运行招商服务中心，累计招引项目129个、资金1650亿元。在全疆率先实行十五年免费教育，实施药品“零差率”制度和“先住院后缴费”服务。城乡居民水、电、气实行财政直补，让各族群众最大限度享受改革发展成果！

过去五年，绿色发展深入践行，生态环境持续好转。蓝天、碧水、净土和农村人居环境“四场标志性战役”有序推进，2个国家级自然保护区地质生态恢复治理和勘界立标历史遗留问题妥善解决，中央环保督察反馈意见整改任务对账销号，农村“电采暖”改造工程稳步实施，县城垃圾填埋场二期、瓦石峡镇垃圾填埋场、若羌工业园区工业固体废物处置场、污水处理厂建成投用。投资2850万元新建25个农村生活污水处理站，污水管网覆盖率达92%。河(湖)长制、林长制责任体系实现全覆盖，台特玛湖300平方千米湖面重现碧波。新增人工造林1.61万亩，治理水土流失面积483平方千米。全县优良天数达176天。获得“全国十佳生态文明城市”“全国美丽乡村建设示范县”“国家园林县城”。循环经济发展模式加快建立，县域环境质量稳步提升，天蓝地绿水清的美丽若羌正在呈现！

过去五年，军地兵地援疆联动，融合发展持续升级。积极推进兵地深度融合发展，全力支持三十六团建镇和行政区域划分调整。发挥援受双方积极性，累计争取援疆资金5600万元，实施援疆项目25个，177名援疆干部与若羌各族群众风雨同舟、并肩作战，为若羌社会稳定和经济发展作出突出贡献。持续深化国防动员和双拥共建，扎实做好退役军人服务保障，军政军民团结更加巩固，连续四次获得“自治区双拥模范县”。第四轮行政区域界线联检顺利完成。全方位拓展同铁路、民航、金融、电力、通信等驻县单位合作交流，形成团结联创、资源共享、优势互补、共同发展的生动局面!

过去五年,从严治党深入推进,政府效能持续提升。坚持用习近平新时代中国特色社会主义思想武装头脑、指导实践、推动工作,深入推进“两学一做”学习教育常态化制度化,健全“不忘初心、牢记使命”主题教育长效机制,扎实开展党史学习教育,全面启动“三提升一改革”工程,实施“三创三目标”工作机制,推行“六步工作法”,全县各级党员干部想事、谋事、干事水平明显提升。大力推进法治政府建设,累计办理人大代表议案、建议和政协委员提案874件。畅通群众诉求渠道,解决群众各类诉求3100余件。严格执行中央八项规定及其实施细则,严控“三公”经费和一般性支出,持续推进基层减负,坚决按要求完成国务院大督查、审计督查反馈意见整改任务,努力营造风清气正的政治生态。

五年来,全县各级部门、单位勠力同心、开拓奋进,在平凡的岗位上做出不平凡的业绩。广播电视、气象服务、食品药品、应急救援、妇女儿童等各项事业都取得新的成绩!

总结过去的五年,我们深刻体会到:

一是必须坚持社会稳定和长治久安总目标,是我们一切工作的出发点。把社会稳定和长治久安作为新疆工作总目标,是习近平总书记和党中央从新疆实际和国内外大局出发作出的重大战略判断。必须坚持把社会稳定和长治久安作为新疆工作的总纲、着眼点和着力点,时刻聚焦总目标、贯彻总目标、落实总目标,努力保持安定团结的政治局面、和谐稳定的社会局面。

二是必须坚持强化理想信念,是我们一切工作的基础。心中有信仰,脚下有力量。必须深入学习领会习近平新时代中国特色社会主义思想,筑牢信仰之基、补足精神之钙、把稳思想之舵,不断提升政治判断力、政治领悟力、政治执行力,永远信党爱党为党,不断把为崇高理想奋斗的实践推向前进。

三是必须坚持在大局中谋划若羌工作,是我们一切工作的着眼点。不谋全局者,不足以谋一域。必须进一步解放思想,克服眼界不宽、固守本土的封闭观念,摒弃墨守成规、故步自封的狭隘思想,以更加宽广的视野、更加高远的目标、更加卓越的胆识、更加充足的干劲、更加扎实的作风,自觉把若羌放在全疆和全国的大局中定位,坚决做到既为一域争光,更为全局添彩。

四是必须坚持以凝聚人心为根本,是我们一切工作的立足点。若羌稳定改革发展的成效,离不开各族群众的艰苦付出、离不开各族群众的团结奋斗。必须坚持以铸牢中华民族共同体意识为主线,推进新疆伊斯兰教中国化,培育和践行社会主义核心价值观,做好新时代群众工作,使每个民族、每个公民都为实现新疆工作总目标贡献力量。

五是必须坚持紧贴民生推动高质量发展,是我们一切工作的落脚点。发展的根本目的是增进民生福祉。必须坚持以人民为中心的发展思想,多在改善民生上下功夫,多办一些顺民意、惠民生、聚民心的好事实事,解决好各族群众最关心、最直接、最现实的利益问题,不断增强各族群众的获得感、幸福感、安全感。

六是必须坚持科教兴县、人才强县,是我们一切工作的根本点。当今世界的竞争说到底是人才竞争、教育竞争。必须在全县营造尊重劳动、尊重知识、尊重人才、尊重创造的环境,形成崇尚科学的风尚,在全国范围吸引人才、留住人才、用好人才。必须大力发展各类教育,提高全民素质,逐步走上依靠科技进步和提高劳动者素质的发展道路。

七是必须坚持弘扬精神伟力,是我们一切工作的支撑点。习近平总书记精辟归纳“坚持真理、坚守理想,践行初心、担当使命,不怕牺牲、英勇斗争,对党忠诚、不负人民”的伟大建党精神。全县各级党员干部必须弘扬伟大建党精神,弘扬民族精神、时代精神和胡杨精神,用一流业绩为党旗增辉、为群众谋利、为祖国添彩。

八是必须坚持加强党的建设，是我们一切工作的关键点。实现新疆工作总目标，最重要的是把党建设得更加坚强有力。我们必须增强全面从严治党永远在路上的政治自觉，推深做实“三提升一改革”工程，用好“三创三目标”机制，为实现社会稳定和长治久安总目标提供坚强组织保障。

各位代表，在肯定成绩的同时，我们也清醒地认识到若羌县在发展进程中依然存在一些亟待解决的问题：社会稳定、疫情防控和安全生产风险隐患不容忽视，夯实长治久安基础的任务依然繁重。农业产业结构单一，农业现代化、产业化、集约化程度低。工业经济尚处于初级阶段，没有形成产业链、供应链、价值链。服务业功能不全、档次不高，不能满足市场多层次消费需求。基础设施短板突出，水资源匮乏，天然气长输管道急需建设，矿区资源路、电力、通讯仍然制约开发进程。生态极度脆弱，资源环境约束的压力越来越大，绿洲风沙危害问题依然严峻。教育医疗资源不均衡，公共服务能力较弱，保障和改善民生责任重大。体制机制僵化，营商环境不优，重审批、轻监管，重处罚、轻服务的问题还有不少。我们一定要本着对人民高度负责的态度，正视困难，直面问题，认真履职尽责，尽心竭力工作，不辜负各族群众的重托！

不忘初心 牢记使命 砥砺前行

今后五年，是开启全面建设社会主义现代化国家新征程、向第二个百年奋斗目标进军的第一个五年，是若羌巩固社会稳定成果、推动高质量发展、迈向长治久安的关键五年。当前和今后一个时期，若羌经济社会发展尽管面临不少困难和挑战，但同时也具有一系列机遇和优势：我们要看到，以习近平同志为核心的党中央高度重视新疆工作，把新疆工作摆在事关党和国家工作全局的重要位置，召开第三次中央新疆工作座谈会，习近平总书记发表重要讲话，为做好新时代新疆工作指明方向、提供根本遵循。我们要看到，党中央在统筹推进全国改革发展进程中，把新疆作为丝绸之路经济带核心区、西部开发重点地区、向西开放桥头堡、“三基地一通道”，给予一系列特殊支持政策，为我们优化经济结构、厚植发展优势创造极为有利的条件。我们要看到，党中央确定的新时代治疆方略，特别是社会稳定和长治久安总目标经过实践充分证明十分正确、完全符合新疆工作实际，为做好新时代新疆工作注入不竭动力。近年来，县委带领全县各族群众，综合施策、标本兼治，巩固和发展稳定和谐的大好局面，夯实各民族间融合的基础，人人思稳、人人求进成为共识，为安居乐业、投资兴业营造良好环境。我们要看到，随着河北对口援疆持续升级加力，兵地发展共同体加快形成，民航、铁路等驻县单位与地方共建共享机制全面构建，已经形成新时代全县一盘棋、各方力量共促稳定发展改革的全新工作格局，推动长治久安和高质量发展的合力更加强大、动能更加充足。我们要看到，若羌区位突出、资源丰富、山河壮美，经过数十年的改革发展，综合实力大幅提高，现有2个自治区级工业园区，航空、铁路、公路的立体化交通体系正在成型，承北启南、东联西出的交通区位优势十分突出，为实现后发赶超、争先进位提供坚强有力的保证。我们还要看到，自治州召开推动若羌高质量发展调研座谈会，为若羌县加快实现高质量发展进一步理清思路、明确目标、确立重点、提供方法路径，充分体现对若羌工作的高度重视和关心厚爱，各族干部群众齐心协力搞建设、一心一意谋发展的愿望更加强烈。今后五年的总体要求是：高举中国特色社会主义伟大旗帜，坚持以习近平新时代中国特色社会主义思想为指导，深入贯彻党的十九大和十九届二中、三中、四中、五中全会精神，全面贯彻党的基本理论、基本路线、基本方略，统筹推进“五位一体”总体布局，协调推进“四个全面”战略布局，贯彻落实第三次中央新疆工作座谈会精神，完整准确领会新时代党的治疆方略，牢牢扭住社会稳定和长治久安总目标，坚持依法治疆、团结稳疆、文化润疆、富民兴疆、长期建疆，坚定不移贯彻创新、协调、绿色、开放、共享的新发展理念，坚持稳中求进工作总基调，以推动高质量发展为主题，以深化供给侧结构性改革为主线，以改革创新为根本动力，以满足人民日益增长的美好生活需要为根本目的，以推动治理体系和治理能力现代化为保障，统筹发展和安全，加快建设现代化经济体系，加快融入新发展格局，实现经济行稳致远、社会安定和谐，为将若羌建设成团结和谐、繁荣富裕、文明进步、安居乐业、生态良好的新时代中国特色社会主义若羌和“丝绸之路经济带”上一颗璀璨明珠而努力奋斗！

今后五年的奋斗目标是：社会稳定开创新局面，运用法治思维和法治方式防范风险、打击犯罪、处理问题、化解矛盾的能力显著提高，社会治理体系建设取得重大进展，具有若羌特色的社会治理模式基本形成。疫情防控夺取新胜利，牢固树立大卫生大健康理念，从以治病为中心向以人民健康为中心转变，改革完善疾病预防控制体系，深入推进健康若羌行动。安全生产取得新成效，扎实推进安全生产治理体系和治理能力现代化，实现事故总量和较大事故持续下降，重特大事故零发生，安全生产整体水平明显提升。经济发展实现新突破，全县地区生产总值达到300亿元，投资规模达到990亿元，一般公共预算收入突破25亿元，工业增加值达到165亿元，社会消费品零售总额达到13.5亿元，支撑县域经济持久稳定发展的产业体系基本形成。改革创新迈出新步伐，干部人才、农业农村、社会治理、生态环境等重点领域改革取得重大进展，对内对外开放不断扩大，引进资金、技术、人才取得更大成效。社会文明得到新提高，民主法治更加健全，人民权益得到切实保障，全县人民思想道德素质、科学文化素质和身心健康素质明显提高。生态文明实现新进步，节约资源和保护环境的空间格局、产业结构、生产方式、生活方式基本形成，污染防治攻坚战成果得到全面巩固提升。民生福祉达到新水平，高质量就业更加充分，科学、教育、文化、卫生、托老、托幼等事业加快发展，多层次社会保障体系更加健全，全县人民共同富裕迈出坚实步伐。民族团结实现新进步，始终坚持铸牢中华民族共同体意识，平等团结互助和谐的社会主义民族关系巩固发展，各民族交往交流交融更加密切，民族团结的思想基石更加坚实。政府建设取得新进展，职责明确、依法行政的政府治理体系日益健全，行政执法体制机制基本完善，行政执法质量和效能大幅提升，突发事件应对能力显著增强。

围绕上述工作思路和发展目标，我们将着重做好以下工作。

一、深入抓好“三件大事”，营造团结稳定和谐的社会环境

（一）聚焦社会稳定和长治久安总目标。（略）

（二）驰而不息抓好常态化疫情防控工作，坚决守护好人民群众生命健康。始终绷紧疫情防控这根弦，强化“外防输入、内防反弹”各项措施，守好“三道门”，严格落实八项监测预警机制，抓好“五支队伍”建设，强化重要关口、关键部位和重点人群精准防控，在依吞布拉克镇、瓦石峡镇、县城建设集中隔离点，坚决守住新疆东南大门。健全常态化疫情和重大传染病防控应急处置机制，建立全县平战结合的疫情防控、医疗处置、物资保障、监测预警“四位一体”的公共卫生应急管理体系和医疗融合服务体系，提高应对突发公共卫生事件能力。加强疾病预防机构设施和能力建设，县级疾病预防实验室达到生物安全二级水平，强化监测预警、风险评估、流行病学调查、检验检测、应急处置等职能，加强新冠肺炎、结核病、艾滋病等重大传染病防控以及鼠疫等地方病控制行动。深入开展新时代爱国卫生运动，广泛普及疫情防控和传染病防护知识，提倡文明健康、绿色环保生活方式，推进城乡环境卫生整治，夯实社区、农村防控基础，增强各族群众科学防护和自我防范意识。

（三）牢固树立“人民至上、生命至上”理念，始终把维护人民群众生命财产安全摆在首位。严格落实“党政同责、一岗双责、齐抓共管、失职追责”，坚决做到“三个必须”。加大安全生产监管执法力度，建立纪检监察、司法机关参与生产安全事故调查机制，实行生产安全责任事故“一案双查”。强化安全风险防控能力，加快安全基础设施建设，推动应急指挥中心、应急救援物资储备库、安全生产教育培训基地等建成投用。持续开展安全生产专项整治三年行动，充分发挥12个专业委员会作用，深化重点领域风险隐患排查治理，突出危险化学品、非煤矿山、煤矿、消防安全、道路交通等重点领域，坚决遏制重特大事故发生，确保安全生产形势良好，保障各族群众生命财产安全。强化食品药品监管，牢牢守住食品药品安全底线。健全农村公共安全体系，强化综合气象监测预警、精准气象服务，提升农业防灾减灾能力。

二、深入贯彻新发展理念，打造全疆经济高质量发展的重要增长极

坚持把发展经济的着力点放在实体经济上，聚焦县委十一次党代会明确的“六大基地、七大工程”发展思路，推进产业基础高级化、产业链现代化，打造一批十亿企业、百亿产业、千亿园区，推动经济体系优化升级。

（一）打造新疆重要的农副产品加工基地。围绕“粮头食尾”“农头工尾”，实施农副产品加工提质升级行动，支持新疆果业、羌都枣业等企业加大红枣、蜂蜜、恰玛古、香菇精深加工、新产品研发和规模化生产，创建“乡字号”“土字号”小众特色高端农副产品加工产业集群，铁干里克镇建设红枣、蜂蜜加工产业集群，吾塔木乡建设香菇加工产业集群，瓦石峡镇建设特色农副产品加工产业集群。做优做强馕、枣粉枣醋、香菇酱、香肠等产业，培育年产值亿元以上龙头企业10家，发展全产业链价值超30亿元，打造新疆重要的农副产品加工基地。围绕百万头生猪养殖上下游产业链，做强肉制品精深加工，以集中屠宰、冷链流通、品牌经营、冷鲜上市为主攻方向，推进福润德牛羊肉深加工项目建设，建成国家猪肉、羊肉等畜产品应急储备基地。

（二）打造新材料加工制造基地。围绕氯化钠、萤石、锂辉石、石英石、煤炭等优势矿产资源，依托自治区地矿局、河北地矿局、西南地矿局、河北地质大学等战略合作伙伴，每年争取国家矿产资源风险勘探资金不少于3000万元，县级财政配套不少于1000万元的杠杆资金，设立亿元矿产资源风险勘探基金，达成风险共担、利益共享机制。完成国投罗钾年产10万吨水溶肥、金岳矿业矿热炉及附属配套设施建设，积极开展罗布泊钾盐尾矿资源综合开发利用，巩固和提升国内重要的硫酸钾生产基地。积极推动特变电工年产100万吨高纯硅、10万吨多晶硅、玖鑫硅业15万吨工业硅、新疆有色集团吐格曼锂铍红柱石资源、新疆中科年处理2000万吨钒钛磁铁矿综合选冶等重大项目建成投产，推动苏吾士杰、黄土泉铁矿30万吨铁精粉、5000吨氢氧化锂、2万吨碳酸锂等项目实现重大突破。重点发展氟基、硅基、锂基、煤化工、盐化工、钒钛新材料等新兴产业，推进硅基新材料产业链一体化项目，构建源网荷储一体化、新材料新能源一体化、硅基绿色全链低碳循环一体化“三位一体”产业格局，积极培育全国最大的“石英石—高纯硅—多晶硅—硅基新材料—光伏新能源”一体化产业示范基地。力争到2025年矿业总产值达到80亿元。

（三）打造全疆新能源开发输出基地。围绕“三基地一通道”定位，实现源网荷储一体化国家试点落地，推进风光水储一体化、地热能、生物质能、氢能、分布式光伏、天然气等清洁能源开发利用，构建清洁低碳、安全高效的能源体系，建成环塔清洁能源供应保障基地。抢抓环塔750千伏输电线路和新疆与西北电网联网，打通疆电外送第四通道。启动罗布庄、拉配泉、祁曼等新能源园区建设，加快布局以光伏、风能发电为主，光伏、风电设备组件、装配、制造、储能、新能源制氢协同发展的新能源产业，积极拓展延伸新能源产业链，打造千万千瓦级新能源产业基地。全力推进煤炭资源勘探开发，加快实施火电机组开发，提升疆电外送第四通道保障能力，打造全疆新能源开发输出基地。建设“风电+光伏”荒漠化治理示范基地，争创国家级新能源利用创新示范区。力争到2025年新能源装机规模达到1100万千瓦。

（四）打造全域旅游基地。围绕“丝路楼兰·秘境若羌”品牌，推动旅游业高质量发展。打造进疆旅游第一站，建设依吞布拉克特色小镇，与青海、甘肃等兄弟省市合作开发精品旅游路线，实施“引客入疆、送客出疆”工程，加强旅游对外宣传，构建覆盖全媒体、多渠道的旅游推广营销网络。建成南疆旅游集散地，打造楼兰故城、米兰古城文化园等历史文物景点，“两弹一星”展陈馆、骑兵团革命遗址等红色景点，工贸物流园、军民共建示范区等融合发展景点，万亩红枣示范园、香菇产业园等乡村振兴景点，穿点成线形成若羌旅游线路。在台特玛湖区域规划开发游客集散中心、羌河规划开发汽车营地、近郊乡镇规划开发高品质民宿，建成五星级酒店2个、四星级酒店8个，支持铁木里克村等5个村创建“乡村旅游重点村”。建设新疆高端特种旅游目的地，完成米兰古城遗址公园、阿尔金山国家公园建设，有序开发阿尔金山、祁曼塔格山、罗布泊、车尔臣下游尾闾湖、台特玛湖等独特资源，创建国家AAAAA级旅游景区1个、国家AAAA级旅游景区2个、国家AAA级旅游景区5个。大力推进“旅游+”，完善和提升旅游综合智慧平台功能，不断丰富旅游业态，推动旅游业高质量发展。完善旅游基础设施，在国道沿线、景点景区规划建设15个旅游公厕。紧密结合本地产品打造特色旅游商品，开设旅游纪念品、玉石、民族乐器等购物专区，打造“若羌吉祥物”“楼兰礼物”等旅游纪念品50个。力争到2025年接待旅游人数达到300万人次以上。

（五）打造商贸物流基地。围绕自治区定位若羌商贸物流节点城市和区域冷链物流中心，聚焦商业、交易、生产、流通“四大环节”，坚持“物流+产业+基地”发展模式，将若羌县现代工贸物流园建成辐射东南沿海各大港口、西达新疆各大口岸的重要国际转运中心。推进航空港、铁路港、公路港、信息港“四港联动”，积极申报综合保税区，实现通道经济向经济通道转变。加快建设100万吨原粮仓、150万吨保税仓、100万立方米冷藏库、肉制品低温处理中心、农副产品储备库，建成南疆活畜交易市场，打造新疆最大外向型肉制品加工集散区，建设粮油、棉花等国家储备基地、大型战略应急物资储备基地、农副产品供应保障基地。吸引史丹利、心连心、钵施然等国内知名农资农机企业入驻，打造区域性农资农机交易中心。

（六）打造绿色生态基地。大力发展绿色低碳循环产业，积极推进煤炭、建材等传统产业绿色、循环、低碳发展，推动企业清洁化升级转型和绿色工厂建设。大力推进节能降耗，实施能源消耗总量和强度“双控”制度，完成能源消费总量、单位GDP能耗、二氧化碳排放下降目标任务，围绕“碳中和、碳达峰”，积极参与碳交易。持续推进工业、建筑、农业农村等领域节能减排，城镇新建公共建筑全面执行65%强制性节能标准，新建居住建筑全面执行75%强制性节能标准，推动重点用能单位节能管理。

（七）实施现代服务业提升工程。积极稳妥开展金融创新发展试点，研究出台扶持性政策，加大对中小微企业、实体经济和创业创新的金融支持。建设电子商务孵化中心，深入实施国家电子商务进农村综合示范项目，将若羌（兵地）电子商务产业园打造成网红直播基地。发展总部经济，实现中央企业、大型民营企业在若羌设立地区总部、研发中心、销售中心等零的突破。发展5~10家规划设计、咨询评估、人力资源等专业服务业和中介服务业企业。提升现代服务业集聚人流、物流、资金流、信息流，拉动经济、激发活力、保障民生、促进就业等综合服务功能。支持京东、顺丰、德邦等企业在若羌分仓转运，建设南疆地区及跨境电商智能分拨中心。加快发展健康、养老、育幼、家政、物业等服务业，探索推进医养结合发展模式，促进托育产业安全、合规、良性发展，加强家政服务规范化和职业化建设，实现所有小区便民服务站全覆盖。强化居民需求导向，推行精细化管理、人性化服务，提升物业服务水平和质量。加快健康美容等高端生活服务业发展，不断满足各族群众对美好生活的需要。

（八）实施融合发展促进工程。促进兵地融合发展。牢固树立“一盘棋”思想，推进战略规划、产业发展、交通体系、电力网络等15个方面融合，全力推进打造若羌红枣区域品牌、兵地融合产业园规划建设、石棉尾矿联合整治综合利用等方面衔接协调，共同挖掘楼兰文化、米兰文化、军垦文化旅游景点，推动形成兵地发展共同体。做好若羌至罗布泊220千伏输变电工程、国防公路等项目规划建设。围绕后勤保障和社会服务等领域，加快发展军用服装、畜禽养殖、蔬菜种植、副食品加工等生活配套产业，建设粮油储备库、中央厨房配送中心。扎实做好双拥和优抚安置工作，不断巩固自治区“双拥模范县”创建成果。促进产教融合发展。推进河北职业院校、疆内高校与国投罗钾、中交、中铁等企业联盟，创新校企合作、工学结合的办学模式，吸引社会资本参与建设产教融合实训基地，提升职业教育与产业需求的适配程度。促进产城融合发展。立足红枣产业、畜牧养殖、商贸物流、文化旅游、矿产开发等基础产业，推进吾塔木乡、依吞布拉克镇、祁曼塔格乡变景区，铁干里克镇、瓦石峡镇、罗布泊镇、铁木里克乡变园区，努力打造百亿产业强镇。促进城乡融合发展。强化若羌镇中心城镇地位，带动铁干里克镇、吾塔木乡组团发展，打造区域生产、生活中心；突出瓦石峡镇、依吞布拉克镇区位优势，打造商贸物流、矿业开发副中心；依托米兰古城，在米兰区域建设罗布泊镇群众服务中心，同步规划设施农业、休闲观光农业，打造旅游集散地；立足铁木里克乡、祁曼塔格乡独特生态环境，打造国内外知名的高端探险、高原生态特种旅游“打卡点”。健全农业转移人口市民化长效机制，力争每年常住人口城镇化率提高2个百分点以上。引导社会资本培育15个以上城乡融合典型项目，率先实现城乡一体化发展。

（九）实施新型城镇化精品工程。优化城市布局。加快“撤县设市”步伐，着力打造“丝路历史名城、文化旅游重镇”。以强化主城区辐射带动作用、推动县城扩容提质为主攻方向，推动城市向南向东发展，向南提升城市承载力，把城南区、城西区建设成为基础设施和公共服务设施完善、功能布局合理、生活便捷的城市片区；向东实现主城区同现代工贸物流园有机衔接，拉开城市框架，全面提高人口、产业的聚集能力，增强辐射带动能力。加快城南企业搬迁、土地流转等工作，推进众硕置业、楼兰华府等城市经济项目建设，多元化提升城市经济发展空间。完善城市功能。推动楼兰印象、楼兰壹号、如家酒店、羌源酒店、楼兰之星等10家商住项目完工投用，打造3个集休闲、美食、娱乐、购物一体的多功能城市综合体。补齐休闲、娱乐、餐饮、康养、保育、托幼等功能短板，增加1000个停车位，新建改建15个公共卫生间。建设奥林匹克公园、主题公园、森林公园，以及城市历史博物馆、地质地理博物馆、阿尔金山博物馆、红枣博物馆、罗布泊博物馆、矿产博物馆等各类会展、展馆中心。启动楼兰故城复原项目。提升城市品质。用好若羌被确定为自治区县城城镇化流通设施补短板强弱项试点发展机遇，完成胜利路、枣乡路等市政道路提升及胜利花园等10个老旧小区改造。实施农业及绿化用水调节池、羌河二期生态治理工程、若水河生态治理工程等项目建设，全力构建城市生态骨架，逐步实现水润若羌。加强城市风貌整体性管控，留住城市特有的地域环境、文化特色等“基因”。提升园林绿化水平和保洁能力，实施园林式单位创建，打造生态、美丽、宜居若羌。

（十）实施深化改革激活工程。健全现代企业体系，完善薪酬分配制度，实现企业经理人市场化选聘。依托九大集团公司，在能源开发、文化旅游、交通运输、基础设施等重点领域培育壮大一批具有核心竞争力的国有投资集团，推动国有资本投资、运营公司合并、组建，增强国有经济竞争力、控制力、影响力。加强财政资源，增强重点领域和战略任务的财政保障。强化预算约束，建立全方位、全过程、全覆盖的预算绩效管理体系，提高财政资源配置效率和使用效益。落实高质量发展财税政策，健全政府债务管理制度，完善债务管理和风险预警机制。完善政府投资管理制度，深化投资报建审批改革，健全完善投资运行监测预警、监管执法体系，营造有利于各类投资主体公平、有序竞争的市场环境。发挥政府投资对社会资本尤其是民间资本的引导带动作用，采取资本金注入、运营补贴、以奖代补等投融资方式，提高政府投资资金的使用效益。全面实行政府权责清单制度，实施涉企经营许可事项清单管理，全面推行证明事项和涉企经营许可事项告知承诺制、容缺办理，解决市场主体和群众办事难问题。开展营商环境专项整治，持续开展专项清欠行动，着力解决政府部门和国有企业拖欠民营企业资金问题。推动建立若羌大数据中心，重点围绕物联网、大数据、区块链等新兴产业发展。

（十一）实施招商引资一号工程。聚焦全县“三个产业集群、十大产业板块”，打好驻点招商、产业招商、以商招商、委托招商、援疆招商“组合拳”，加强对世界500强、中国500强、民企500强，“国字号”、“央字头”、上市公司、行业龙头企业等“大块头”的招商引资，力争招引“三个500强”企业20家，落地新能源、铁路专用线、天然气管道等十亿元以上项目10个，中科楼兰钒钛、特变电工高纯硅、新疆有色红柱石等百亿元以上项目5个。继续强化招商引资3个中心11个驻外招商分队及驻自治区厅局干部能力建设，争取人才引进、项目落地、产业谋划取得重大突破。实施投资项目全程代办制，全力推行“妈妈式”“店小二”“123”服务机制，建立“一企一策三人小组”服务团队，强化企业先期投资决心，增强企业续投信心。落实县级领导包联企业机制和重点项目专班机制，推进“一线工作法”，实行“当场办结、一次办结、限时办结”，以“三创三目标”考核倒逼责任落实，加快招商项目落地转化。力争到2025年完成招商引资到位资金900亿元。

（十二）实施新要素和品牌引领工程。围绕农副产品加工、新材料、新能源等重点产业科技需求，鼓励国投罗钾、羌都、新疆果业、中科楼兰与各类科研院所、高等院校特别是中国科学院、河北地质大学、西北农林科技大学组建一批自治区工程（技术）研发中心、企业技术中心、重点实验室等创新平台。加快创业孵化示范基地建设，筹划建设“楼兰红枣研究院”和产品研发孵化中心，推动产学研协同创新。大力实施人才强县战略，做好若羌急需领域高层次人才引进工作。集中打造“若羌红枣”区域品牌，构建以楼兰红枣、羌都参枣、楼兰村尚等子品牌的“若羌红枣”品牌体系联合体，建立品牌培育评价体系和考评机制，加快若羌红枣有机产品认证工作。

（十三）实施基础设施建设工程。完善交通枢纽支撑体系。围绕“东联西出、多点扩线、内部通达”，强化引领南疆、辐射全疆，建设南疆铁路、公路、航空的交通枢纽。和田—若羌、若羌—罗布泊铁路建成通车，完成工业园区铁路专用线建设，完善若羌、瓦石峡、依吞布拉克火车站配套附属设施建设,建成贯通南北、联接西东的铁路大动脉。加密与国内沿海和主要城市直飞航线,车尔臣下游尾闾湖、拉配泉、白干湖等低空飞行服务站建成投用,加快推进依吞布拉克、瓦石峡、祁曼塔格通用机场项目建设。配合做好高速公路建设,G0711尉犁—若羌高速公路、G0612依吞布拉克—若羌—民丰高速公路建成通车,推进S336巴什考贡—拉配泉—阿克塞高速公路、S235、S339沙漠公路等项目开工建设,G315岔口(瓦石峡)—瓦石峡牧业村(康图盖)—白干湖村建成通车,加快建设G315岔口(依吞布拉克镇)—白干湖村—干沟泉村—且末吐拉牧场、康拉克村—塔什萨依村等一批资源路、旅游路。推进农村公路提档升级,加强城市综合交通枢纽建设,打造便捷、安全、绿色、智能的交通体系。完善水利支撑体系。完成若羌河水库、若羌河东支生态治理、若羌干渠向建材园供水、城乡居民饮水第二水源地引水工程,开工建设瓦石峡河水库,启动塔什萨依河水库和塔特勒克布拉克河、吐格曼塔什萨依河、加汗萨依河3个山前小型水库前期工作,积极推进车尔臣河、古尔嘎赫德河调水工作,着力提高水资源调蓄能力。加强若羌河东支下游东塔提让村段防洪工程、瓦石峡河东支防洪工程等项目建设,开展山洪灾害防治,完善山洪灾害监测预警系统和群测群防体系。完善能源支撑体系。围绕环塔750千伏电网和新青电力外送通道建设,加快若羌河抽水蓄能、2×35万千瓦热电联产项目落地建设,推进电网向罗布泊、白干湖、拉配泉等资源富集区域延伸。实施"电气化若羌"工程,加快农村电网改造升级和农村煤改电,推动长输天然气管道项目建成投运,完成阳光煤矿90万吨扩能改造。支持应急储气库、成品油库建设,打造全疆大型石油化工中转、仓储、交易中心。提高电力参与全疆市场配置比例,打造低电价专区,全面提升发展支撑力、生态竞争力、民生保障力、风险抵御力。完善新基建支撑体系。加快5G基站规划建设,实现城区免费网络全覆盖,推进国省道路通讯补盲工作,完成车尔臣下游尾闾湖、阿拉干、红柳沟等通信基站建设,持续推进重点区域深度覆盖和各区功能性覆盖、形成有规模效应的应用。加快大数据、云计算、人工智能等新一代信息技术融合创新和发展应用,促进数字技术在各个环节的集成应用,建成智慧若羌。

三、优先发展农业农村,打造乡村振兴示范区

深入推进农业产业现代化、人才服务乡村振兴、乡风文明、美丽乡村建设、农村治理能力现代化、农民共同富裕、基本公共服务优质共享、城乡融合发展"八大示范"行动,积极推进铁干里克镇、吾塔木乡、瓦石峡镇等5个乡镇20个行政村打造自治区乡村振兴示范乡镇、示范村,建成自治区乡村振兴示范引领县,打造乡村振兴新疆样板。

(一)抓好脱贫攻坚同乡村振兴有效衔接。落实"四个不摘",做到"八个衔接""八个不变""八个确保",保持5年过渡期内主要帮扶政策总体稳定,逐步实现由集中资源支持脱贫攻坚向全面推进乡村振兴平稳过渡。健全完善防止返贫监测和帮扶机制,设立200万元防止返贫致贫风险基金,对因病因灾或重大变故等造成返贫致贫风险的脱贫户和一般农户进行生活救助或资助发展生产,最大化发挥救助效果,到2025年确保脱贫人口无返贫,贫困发生率动态清零。建立解决相对贫困长效机制,健全完善责任、工作、帮扶和监督体系,着力解决新形势下的相对贫困问题。有序推进脱贫攻坚与乡村振兴项目衔接,积极争取中央预算内投资项目、自治区和自治州乡村振兴基金,加快推进塔什萨依村客运站、祁曼塔格村光伏供电系统、铁木里克乡阳光村道路等基础设施建设项目,以及西塔提让村环境整治、吾塔木乡发展庭院经济"四区分离""以奖代补"等人居环境整治项目,开发建设乡村休闲旅游"夜经济"、农家宴、乡土菜等新项目,实现乡村宜居宜业、农民富裕富足。

（二）抓好农业产业结构优化调整。坚持以水定地、以水定产，发展高效节水农业，确保节水灌溉面积达到40万亩。坚持藏粮于地、藏粮于技，增强粮食综合生产能力和供给调控能力，建设优质粮食基地10万亩，粮食综合生产能力达到5万吨，保障区域粮食安全。稳定优质棉花面积3万亩。大力实施现代种业提升工程，建设区域性林果、蔬菜、小麦、爆裂玉米、特色农作物等品种繁育基地。持续发展设施农业和特色种植，全面扩大田间复播蔬菜面积，推进陆地蔬菜基地化、规模化、市场化发展，建成羌园设施农业基地，5年内建成日光温室大棚2000座，实现年供应蔬菜量1万吨以上，蔬菜自给率达到70%。加快建立类型多样、互补平衡的特色经济作物种植优势区，实现甜瓜、桃子、杏李等特色瓜果种植5万亩以上，花生、板栗南瓜、卡瓜、黄玉米、胡萝卜、洋葱、红皮土豆等“小众”作物种植面积达到1.5万亩以上。持续推进“红枣+蜂蜜”甜蜜事业，力争到2025年养殖蜜蜂10万箱以上。

（三）抓好若羌红枣提质增效。加强林果业标准化生产和精细化管理，打好枣园疏密、有害生物防控、技术服务培训、科技示范带动“四张牌”。按照标准进行红枣疏密，力争基本农田达到100%。继续推行红枣“五统一”管护模式，坚决杜绝红蜘蛛等病虫害发生蔓延。按照绿色、有机生产要求，开展科技培训，提高枣农枣树管理技术水平。壮大乡土人才队伍，确保每个村至少有5名农业科技服务人员，打造3个红枣技术培训基地、观摩学习基地和推广服务基地。创建全国有机肥替代化肥示范县，规模畜禽粪污（沼渣沼液）综合利用率达95%以上，每亩施用有机肥不少于5立方米。建立分级定等、精品示范园1.8万亩，打造全国最优红枣生产基地、全国红枣产业新“三品一标”示范县。创建国家农业绿色发展先行示范区，建成4个绿色有机红枣基地，确保绿色红枣“优等区”10万亩以上，到2025年全县林果面积稳定在30万亩以上，果品产量达到15万吨，建成南疆优质瓜果基地。

（四）抓好畜牧业高质量发展。稳定牧区畜牧业，突出农区畜牧业，着力做大肉牛肉羊产业、做优做强猪禽产业，打造高标准现代化畜牧业示范区。抓好台特玛湖区域、车尔臣河流域、县城和瓦石峡周边80万亩荒漠化治理，新增饲草料基地40万亩，推动60万吨饲料加工项目建成投产，建成西北地区饲草料加工基地。推进羌都140万头生猪繁育基地建设，建成“全国生猪养殖大县”，建设生猪供种基地和商品猪生产基地。推进羌都畜牧20万只肉羊养殖、羌晟牧业2000峰骆驼、2000只驴养殖及深加工项目落地。开展畜牧良种工程，改良土羊5万只、土牛3000头，完成良种率达到90%以上。以鸡、鸽、鸭、鹅等家禽为主，推进家禽标准化规模化养殖，因地制宜发展合作社，打造10个养殖小区，实现有条件有意愿的农户畜禽养殖全覆盖，增加市场供给。完成依吞布拉克省际公路动物卫生监督检查站下移及南疆活畜交易市场建设，健全动物防疫社会化服务体系，推进畜牧业高质量发展。到2025年，年出栏生猪450万头、羊50万只、牛4万头、特色畜禽13万头（只、羽），畜牧业产值达到85亿元。

（五）抓好现代乡村产业体系培育。实施新型农业经营主体培育工程，推行“企业+合作社（家庭农场）+农户”和“农牧民股金+土地流转金+返聘务工薪金”等方式，将农户分散经营的红枣地进行整体流转或托管，转移农村劳动力从事设施农业、畜牧养殖、庭院经济或投身二、三产业。按照1000亩流转标准成立合作社，推进规模化、集约化、标准化生产和经营，到2025年打造精品合作社（家庭农场）200个。支持羌都、羌鑫农业创建现代农业产业园，科学编制《若羌县乡村振兴战略规划》，高标准、高质量谋划和推进“一乡一品”“一村一业”。实施农产品市场开拓行动，做好“供销社、合作社、信用社”三位一体试点，实现所有乡镇供销服务站全覆盖。实施“千城百店”市场开拓工程，发挥县域内羌都枣业、靖祥物流园红枣期货交割库作用，引导更多枣农参与电商销售，逐步形成“千户枣农做电商”格局，建成新疆（南疆）红枣特色干鲜果品交易集散中心。

（六）抓好乡村建设行动。高标准推进“多规合一”实用性村庄规划，完成5个乡镇20个行政村和新增4个管委会23个村庄（社区）住房设计、基础设施建设规划，优化乡村生产、生活、生态空间。实施乡村建设规划许可管理，严肃查处违规乱建行为，完善农村住房长效管护机制。推进乡村公共基础设施提档升级，加快供排水、供暖、公共文化设施等一体化改造，提升乡村旅游、生态民宿体验、健康养老等服务功能。深入开展农村人居环境整治五年提升行动和“百村示范、村村整治”工程，常态化开展村庄清洁行动，推进农村改厨改厕提升工程、污水治理工程，生活垃圾处理率达98%以上，创建自治区农村人居环境整治先进县。通过土地、资本等要素使用权、收益权大幅增加农民财产性收入，确保全县农牧民人均可支配收入年均增加1500元，力争到2025年所有行政村集体经济年收入均达50万元以上。

四、坚持绿色发展，努力建设美丽若羌

高质量完成国土空间规划编制和“三区三线”划定工作，让若羌天更蓝、山更绿、水更清，使经济社会在资源的永续利用中良性发展，全力打造生态治理示范区。

（一）健全生态保护机制。实行最严格的生态保护制度，守住生态保护红线、环境质量底线和自然资源利用上线。创新河湖、林草保护治理体制机制，完善河（湖）长制、林长制管理。围绕实施的生态保护补偿制度，积极开展上下游生态补偿试点。整合行业及兵地监测资源，建立统一的山水林田湖草沙监测网络，开展县城建成区、工业园区、重要河流及水源地等重点区域资源环境承载能力评估，构建资源环境承载能力监测预警长效机制。健全领导干部绩效考核制度，实施主要领导干部自然资源资产离任审计与责任追究制度。

（二）抓好生态治理和修复。强化水污染治理，完成若羌河生态环境综合治理、两镇一乡一体化污水处理站、污水处理厂污泥处置、城镇餐厨垃圾处理、依吞布拉克国有独立工矿区污水处理厂等项目建设。强化土壤污染治理，加快医疗废物处置能力建设，健全医疗废物集中收集处置体系。完善生活垃圾收运处置体系，全面实施生活垃圾分类处置。强化大气污染防治，完成瓦石峡镇、依吞布拉克镇、工业园区自动监测站建设，加快推进重点生态走廊山水林田湖草生态保护修复工程、中央森林生态效益补偿基金建设工程、“三北”五期防护林工程、退耕还林还草工程、防沙治沙工程、台特玛湖周边百万亩绿洲建设等生态修复项目，构筑20万亩生态屏障。加大水泥、露天矿山等工业污染防治，确保工业污染源全面稳定达标排放。加强阿尔金草原荒漠化防治国家级生态功能区保护和修复及地质环境沙坑治理。

（三）推动绿色低碳发展。严格执行国家绿色产业指导目录标准，实施环境准入负面清单管理。实施清洁能源行动，严把新燃煤锅炉市场准入关，科学合理推进“煤改电”，提高清洁能源比重。加强矿产资源循环利用，加快依吞布拉克国有独立工矿区固体废弃物填埋场和石棉尾矿综合利用、铁木里克乡锅炉煤改电等项目建设，建设绿色矿山和绿色矿区发展示范区。

五、坚持以人民为中心，持续推动民生改善

（一）强化就业优先政策。突出抓好城乡富余劳动力、高校毕业生、困难群体就业。注重扶持民营企业、小微企业、卫星工厂等劳动密集型企业，带动一批农村富余劳动力转移就业。办好邢台技师学院若羌分校，针对县域内规模以上企业、电商、快递、休闲农业、餐饮服务等开展“订单式”培训，提高培训就业率。打造双创中心、人力资源市场，健全高校毕业生就业创业服务体系，用好创业贷款、就业补贴等扶持政策，强化劳务派遣、职业中介和人力资源跨省合作，满足一二三产业发展用工需求。完善扶持退役军人就业创业政策体系，鼓励退役军人自主就业创业，吸引更多退役军人留在若羌、建设若羌。实现年均新增城镇就业1000人以上，城镇居民人均可支配收入年均增长4%，农村居民人均可支配收入提高至3.6万元。

（二）坚持教育优先战略。持续巩固国家通用语言文字教学成果。完善教师待遇保障和评价激励机制，实施好“名师、名校、名校长”工程，到2025年专任教师学历合格率达到100%、专业对口率达90%以上。推进学前教育普及普惠发展，构建县乡村三级学前教育公共服务网络，推动建立农村幼儿园与城市优质幼儿园“城乡联盟共同体”，到2025年学前教育入园率达100%。坚决落实“双减”意见，推动义务教育均衡发展向优质均衡迈进，新增义务教育学校6所，在校生达到1万人，到2025年九年义务教育巩固率达到100%。加快高中阶段教育普及攻坚，推动普通高中和职业高中融通发展，推进高级中学建成投用，深化教育援疆、区域协作办学，促进示范性高中、职业教育发展，构筑开放式办学新局面，力争高考本科上线率达到92%，一本上线率达到70%。加快职业高中建设，不断扩大办学规模，力争到2023年在校生达到1200人，到2024年建成面向四省的中等职业学校，全力打造区域教育高地。

（三）推进健康若羌建设。完成县人民医院整体搬迁、中医院建设，依托巴州人民医院托管和河北眼科医院专科联盟优势，引培一批医学人才队伍，发展骨科、心血管科、眼科等特色专科，力争2025年每万人口全科医生达3人，打造区域医疗专科中心。巩固和完善基层医疗标准化建设，促进医疗卫生服务均等化，实现瓦石峡镇、依吞布拉克镇卫生院独立开展二级手术，乡村就诊率提高至70%。完善全民健康服务保障体系，加快推进医疗信息化和互联网+医疗健康服务，完善健康医疗大数据应用体系建设，建成统一高效、系统整合、互联互通的卫生信息共享系统。着力提升妇幼保健能力，开展孕期DNA遗传病检测、三级四维彩超、孕晚期唐氏筛查等诊疗服务，到2025年实现全孕周期健康保健不出县。

（四）深入推进文化润疆。坚持以社会主义核心价值观为引领，铸牢中华民族共同体意识。深入开展“习近平新时代中国特色社会主义思想进万家”活动，持续推进“中华经典诵读工程”“广电精品润疆工程”“网络视听作品创作工程”。围绕楼兰、米兰等文化品牌，推进楼兰故城、壁画墓等安防工程落地实施。坚持举办楼兰文化节、红枣节、楼兰学术研讨会等活动，积极承办各级各类会展、赛事、论坛交流等活动。每个乡镇打造1支以上农牧民文艺演出队，每年创作一批有浓郁乡村特色的文艺作品。文明村镇、文明家庭、星级文明创建户达90%以上，果勒吾斯塘村、果勒艾日克村建成自治区级以上优秀村规民约村。广泛开展全民阅读、书画摄影作品展等活动，厚植共同的精神家园和文化根基。推动中华文化元素和标志性符号进文化馆、科普馆、图书馆等公共文化机构，建设一批具有中华文化特征和中华民族视觉形象的重点工程和项目。不断繁荣发展文化事业，全力打造文化润疆示范区。

（五）健全社会保障体系。完善社会保险制度，持续推进全民参保计划，重点将进城务工人员、新就业人员、灵活就业人员等群体纳入社会保障范围，稳步提高保障水平。健全社会救助体系，完善最低生活保障、特困人员供养、受灾人员救助及医疗、教育、住房等临时救助制度和社会力量参与的政策措施。促进社会福利事业发展，统筹推进敬老院、农村幸福大院等正常运行，以扶老、助残、救孤、济困为重点，逐步拓宽社会福利保障范围，推进医养护一体化和康养联合体建设。落实按比例安置残疾人就业政策，建立残疾人“两项补贴”动态调整机制。拓展未成年救助保护机构服务功能，提高儿童福利保障水平。全面完成妇女、儿童发展规划（2021—2025年）编制和实施工作。

（六）实施人口增长计划。深化户籍制度改革，全面取消落户限制，拓宽落户通道，简化落户手续，鼓励举家落户。坚持流动人口迁入一批、公职人员落户一批、较高层次和技能型专业技术人才引进一批、外来农业人口转移一批、发展产业吸引一批、发展旅游吸引一批、打造教育高地吸引一批“七个一批”措施，用好3项47条落户政策，力争到2025年总人口达到15万人。

（七）务实推进援疆工作。深化城建、教育、医疗、文化、人才援疆以及人才智力共享、交往交流等12项合作机制，争取一批好项目、大项目纳入河北省援疆“十四五”规划，加快实施河北养老院附属工程、县乡村三级卫生站点建设等重点项目。支持“智慧红枣”云平台和购销“两张网”项目建设。全力推动河北巴州（邢羌）科技产业园产业导入、企业入驻、产生效益，积极探索发展飞地经济，实现优势互补、合作共赢。深化教育、医疗人才等“组团式”援疆，激励引导援疆干部人才留若工作。

六、全面加强自身建设，打造人民满意政府

（一）全面加强党的全面领导。把党的全面领导贯穿政府工作始终，坚持用习近平新时代中国特色社会主义思想武装头脑、指导实践、推动工作，不断增强政治判断力、政治领悟力、政治执行力，坚定坚决、不折不扣完整准确贯彻落实新时代党的治疆方略，牢牢扭住社会稳定和长治久安总目标，确保上级党委、政府和县委的部署要求落实到位、落地见效。

（二）全面加强法治政府建设。落实《法治政府建设实施纲要（2021—2025年）》，坚持法治若羌、法治政府、法治社会一体推进，加快构建职责明确、系统完备、科学规范、运行有效的政府治理体系，严格按照法定权限和程序履行职能、开展工作、发挥作用，坚持科学、民主、依法决策，深化“三项制度”执行，主动接受各级各类监督，习惯在受约束的环境中工作生活，让权力真正在阳光下运行！

（三）全面加强重大决策社会风险评估机制建设。坚持把法治思维和法治方式贯彻到重大决策社会稳定风险评估工作全过程，实现重大政策（举措）、重大项目、重大活动、重大决策事项应评尽评、全程管控，从源头上防范化解社会矛盾风险，确保政府所有工作都在法治轨道上运行。

（四）全面加强政府作风建设。严格执行中央八项规定及其实施细则精神，驰而不息纠治“四风”“四气”，反对一切形式主义和官僚主义。坚持政府带头过紧日子，严控新增支出，严格压减一般性支出，确保“三公”经费只减不增。坚决惩治各类腐败行为，严肃查处损害群众利益的突出问题，努力营造风清气正的良好政治生态。

各位代表！蓝图已绘就，奋进正当时。我们要紧密地团结在以习近平同志为核心的党中央周围，在习近平新时代中国特色社会主义思想的科学指引下，紧紧围绕新时代党的治疆方略，牢牢扭住社会稳定和长治久安总目标，认真落实自治区、自治州党委各项决策部署和县委工作要求，不忘初心、牢记使命，迎难而上、不负韶华，为奋力夺取全面建设社会主义现代化若羌新胜利、谱写好中华民族伟大复兴中国梦的若羌篇章而努力奋斗！

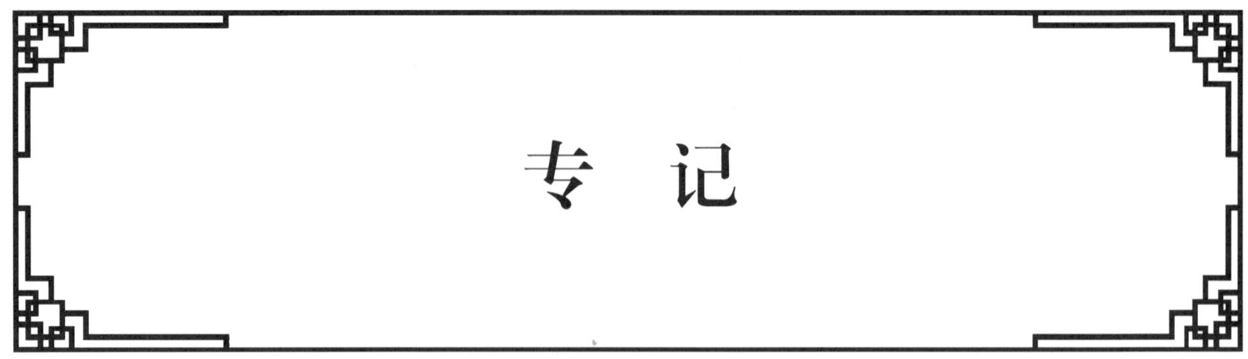

塔里木河流域治理20年　下游台特玛湖重现生机

塔里木河是我国最长的内陆河，也是世界著名的内陆河之一，被誉为新疆南疆地区的“生命之河”“母亲河”，在维吾尔语里意为“无缰之马”和“田地、种田”，位于新疆塔里木盆地北部，发源于天山山脉及喀喇昆仑山之中，由叶尔羌河、和田河、阿克苏河等汇合而成。河流沿塔克拉玛干沙漠北缘，穿过阿克苏、沙雅、库车、轮台、库尔勒、尉犁等县（市）的南部，全河干流来水主要靠阿克苏河、和田河、叶尔羌河、开都—孔雀河（以下简称“四源一干”）供给，河流主干最早曾注入罗布泊，尾水可达若羌县城北区域，与车尔臣河流来水汇聚形成台特玛湖湖泊。塔里木河流域全长2486千米，干流全长1321千米，恰拉至罗布庄附近的塔里木河归宿地台特玛湖的一段为塔里木河下游，其主河道长360千米左右，在地貌上属于塔里木河下游冲积平原区，面积4240平方千米，属典型的温带干旱大陆性气候，流域内干燥多风，日气温差较大，降水稀少，蒸发强烈，生态环境脆弱。民国10年（1921），塔里木河上游来水量较多，水中夹带大量泥沙淤积于中游，使河床升高，再加上人为堵坝23道，致使塔里木河在英曼里村附近改道北流，大部分水经拉衣河汇入孔雀河，注入罗布泊，只有少量水经群克流至铁干里克。1949年中华人民共和国成立后，新疆省人民政府为了扭转塔里木河下游这种严重缺水的局面，从1952年起，让尉犁县人民在塔里木河中游建筑轮台大坝，迫使塔里木河水仍回旧河道，再经铁干里克入若羌县阿拉干流入塔里木河下游台特玛湖。20世纪50年代时期，喀什噶尔河终止向塔里木河主干来水。60年代期间，巴楚小海子水库修建完成，叶尔羌河下泄水量锐减，以及阿克苏修建塔里木拦河闸和上游水库以及其他引水工程后，阿克苏河向塔里木河下泄水量也逐步减少，和田河上游也修建许多水利工程，除大洪期下泄水量外，其他时期和田河无水下泄。1967年，国家投资资金在塔里木河干支流下游，建设大（2）型平原灌注式水库——恰拉水库，蓄水灌溉塔里木河下游团场农田。1970年，在塔里木河下游末端修建一座专门用于生态供水的水库—大西海子水库，水库能够调节天然来水量，促使水头顺利流向塔里木河尾闾的台特玛湖。下游大西海子水库建成，河道流水彻底拦断，大西海子水库至台特玛湖河道彻底断流，两岸植被大面积退化、死亡，下游天然绿洲不断萎缩，绿色走廊濒临消失。1972年，车尔臣河流水量锐减，台特玛湖面积急剧减少，1974年，位于若羌境内的塔里木河尾闾台特玛湖干涸，下游区域大片胡杨林死亡，植被枯死，生态环境日趋恶化。1979年10月，若羌县从乡镇抽调150名劳动力，前往塔里木河下游的英苏地区河道堵坝5处，截水浇灌濒临枯死的胡杨灌木林和草场，堵坝时间历时45天，浇灌胡杨林和草场3333公顷。为改变这种状况，自90年代中后期起，党中央、国务院和自治区党委、政府着手对塔里木河流域进行综合治理。

一、塔里木河下游生态环境恶化引起党中央、国务院和自治区党委、政府的高度重视

塔里木河流域特别是下游的生态环境问题得到党中央、国务院的高度重视和全国人大、政协的关心支持。1992年1月8日，新疆塔里木河流域管理委员会及塔里木河流域管理局（简称塔管局）在新疆库尔勒市成立。塔里木河流域管理局充分利用世界银行贷款和水利资金，在塔里木河干流水资源开发利用和生态环境保护研究、塔里木河干流整治、塔里木河干流水政水资源管理、塔里木河治理前期准备工作等方面做了大量工作。1994年4月，自治区颁布了《塔里木河流域水政水资源管理暂行规定》。1997年12月，经自治区八届人大常委会第三十次会议审议并通过的《新疆维吾尔自治区塔里木河流域水资源管理条例》颁布，成为我国第一部地方性流域水资源管理法规。1998年8月，成立塔里木河流域水利委员会常委会和塔里木河流域水利委员会、执委会、管理局，并通过五年工作计划和水利委员会章程。1999年12月，由自治区人民政府组织、自治区计委牵头，水利、农业、林业、牧业、气象等部门和中国科学院新疆分院、兵团、巴州、农二师等专家组成的考察组对塔里木河中下游进行实地踏勘，完成《塔里木河干流水利工程建设与流域生态环境建设一期项目的项目建议书》。2000年4月24日，自治区计委和水利厅通过塔里木河干流生态治理抢救工程可行性研究报告，经国家计委和水利部审查后，被列入国家基建计划。2000年5月27—28日，水利部水利水电规划设计总院及水利部有关司局在北京审查通过塔里木河流域综合规划纲要任务书。

随着西部大开发的启动，为加快塔里木河的综合治理，国家多次派水利部有关领导和专家来塔里木河进行实地考察，对塔里木河的治理提出建议和意见。其中，1999年10月24日至11月1日，时任全国政协副主席的钱正英率全国政协人口资源委员会及中国工程院水资源战略研究项目组对塔里木河上、中、下及源流进行考察，钱正英副主席到达若羌县后，重点听取了若羌县委对塔里木河治理的意见建议，结合对塔里木河的综合考察，再次加深了她对塔里木河下游生态治理紧迫性和重要性的认识。调研结束后，调研组向国务院上报了对塔里木河治理建议意见的考察报告，该报告引起党中央和国务院主要领导的高度重视。2000年9月，国务院总理朱镕基视察新疆时，提出要用5到10年时间使塔河生态环境建设取得突破性进展。根据这一指示精神，自治区在水利部、黄河水利委员会的帮助下，用近半年时间，完成《塔里木河流域水资源和生态环境问题及其对策》报告，并于2001年2月28日经国务院第95次总理办公会批准。2001年3月，新疆维吾尔自治区、水利部在问题及对策研究的基础上编写《塔里木河流域近期综合治理规划报告》。为贯彻国务院第95次总理办公会议精神，2001年3月30日至31日，新疆维吾尔自治区召开“塔里木河流域近期综合治理工作会议”，对实施塔里木河流域综合治理工程作了具体部署。由此，塔里木河流域综合治理拉开了序幕。

二、塔里木河全流域综合治理

2001年6月27日，国务院批准实施《塔里木河流域近期综合治理规划报告》（简称《规划报告》），塔里木河流域近期综合治理项目正式启动。项目提出以生态建设和环境保护为根本的指导思想，计划用5-6年时间，投资107亿元，通过节水工程建设和加强流域水资源统一管理调度等工程与非工程措施，增加各源流汇入塔里木河的水量，水流到达台特玛湖，初步改善下游生态环境。《规划报告》明确：通过实施灌区节水改造、平原水库节水改造、地下水开发利用、河道治理、博斯腾湖输水系统、生态建设保护、山区控制性水利枢纽、流域水资源统一调度管理、前期工作和科学研究等九大类工程与非工程措施，决定投资107亿元，实施包括节水改造、地下水开发利用、河道治理、控制性枢纽工程建设、流域水资源调度管理等一系列工程的流域治理，以遏制塔河流域生态恶化，造福当地各族人民。实现“四源一干”总节水量26.6亿立方米，在多年平均来水条件下，塔河干流阿拉尔来水量达到46.5亿立方米，开都河向塔河干流供水4.5亿立方米，向大西海子水库以下下泄生态水3.5亿立方米，使干流上中游林草植被得到有效保护和恢复，下游生态环境得到初步改善。依据《规划报告》指导，有关单位编制《塔里木河工程与非工程措施五年实施方案》（以下简称《实施方案》），《实施方案》经水利部审查通过，确定547个单项工程。2009年，全面启动“塔里木河全流域水资源统一调度”管理工程，建成全流域水量调度远程监控系统，并对流域上游水量调度实行“双指标”考核。2010年底，大西海子水库移交塔管局直接调度和管理，博斯腾湖东泵站等重点工程已相继建成，非汛期应急调水工作展开，并在2010年5月22日首次实现非汛期干流水量到达塔里木河干流下游恰拉断面。2011年，塔里木河流域管理局首次在全流域开展全年水量统一调度，流域水资源利用率显著提高。塔里木河向下游生态输水工作日趋常态化，下游绿色走廊地下水水位持续抬升，生态受益面积不断扩大。2015年，塔里木河流域近期综合治理全部完成。近期综合治理规划所确定的节水目标、三源流向塔河干流输水目标、大西海子水库下泄水量目标基本实现，水流到达台特玛湖，塔里木河干流上中游林草植被得到部分保护和恢复，下游生态环境得到改善。

三、塔里木河下游生态输水

塔里木河开展综合治理以来，坚持边治理边输水，先后多次向塔里木河下游生态输水。1999年以后，由于博斯腾湖上游的开都河持续处于丰水年，湖水水位持续上涨。鉴于此，自治区决定通过将博斯腾湖的水调往塔里木河下游的输水方式，遏制那里的生态环境继续恶化。博斯腾湖输水主要通过博斯腾湖输水系统把水从博斯腾湖向塔里木河下游的大西海子水库输送，由大西海子水库调节生态用水量，直到将水送到塔里木河尾闾台特玛湖区域。2000年第一次输水从5月开始，至7月结束，从大西海子水库泄洪闸向下游河道下泄生态水0.98亿立方米，水头到达下游河道106千米处的喀尔喀依附近。2001年9月开始，塔里木河上中游结余的水也流入了下游，使下游的天然植被也得到修复。2001年第三次输水累计下泄3.82亿立方米，下游水头到达台特玛湖，并形成10余平方千米水面。从塔里木河应急输水来看，博斯腾湖调水量仍占59.8%，塔里木河下泄的水量占总输水量的41.1%，其中，第3、4、5、6、7、8次输水，塔里木河下泄的水量占总输水量的比重分别为9.16%、25.98%、61.41%、29.94%、81.56%和87.24%，呈明显上升趋势。2005年的塔里木河输水是塔里木河干流下游输水逐步由博斯腾湖到塔里木河自身向下游输水转变的一个新起点，输水分为两个阶段进行，第一阶段输水于春种间歇期从博斯腾湖输水1亿立方米，第二阶段输水于从8月30日开始至10月中下旬完成，由塔里木河下游大西海子水库向下游输水1.83亿立方米，目的是进一步扩大下游生态植被的受水面积。

2010年以后，为巩固扩大生态修复成果和天然植被受水范围，塔里木河管理部门在总结单双河道输水经验的基础上，利用河道两侧自然分布的汊河和新建的生态闸进一步扩大输水范围，淹灌植被覆盖面从近河两岸各1千米宽，扩大至9.3千米宽，基本实现生态输水目标。2011年，实施第12次输水，输送生态水8.52亿立方米，在尾闾台特玛湖形成超过340平方千米的水面，这是塔里木河流域近期综合治理实施以来生态输水中下泄水量最多、受水面积最大的一次，也是2011年塔里木河干流断流以来实现的首次全年不断流；下游恰拉水库断面来水量达13.14亿立方米，比近10年平均同期增加9.4亿立方米。2016年，实施全流域胡杨林保护区生态补水，连续6年开展向孔雀河中下游生态输水。2017年6月，塔里木河干流下游植被恢复面积达1000多平方千米，植物物种增加29种。对比2000年6月和2017年6月同期的遥感影像，在大西海子水库到台特玛湖范围内，植被总面积从2000年的1922平方千米增长至2284平方千米，新增植被面积达到362平方千米。2020年9月5日，第21次向塔里木河下游进行生态输水工作启动，共计输水2.81亿立方米。从2000年首次应急输水至2020年塔里木河流域累计输送生态水逾84.45亿立方米，累计向胡杨林区输送生态水逾50亿立方米。

通过实施源流灌区节水改造、塔里木河干流河道整治疏通及生态输水工程，下游大西海子水库平均每年下泄4亿立方米水，保护恢复塔里木河下游360千米“绿色走廊”天然植被，多余水量流入尾闾台特玛湖，保障河湖的连通性及生态系统的完整性和稳定性。中国科学院新疆生态与地理研究所专题研究成果表明：同输水前相比，塔里木河下游两岸1千米范围内地下水位明显抬升，由治理前的8—12米逐步恢复到治理后的2—4米；地下水质明显改善，各监测断面近河道区域地下水矿化度由输水初期的4—5克/升下降至治理后的1—2克/升；两岸天然林草植被和胡杨林重现生机，甘草、骆驼刺、白刺、罗布麻、猪毛菜、沙枣等物种重新大片的出现，一些耐旱的乔灌木也重新复苏，下游植被物种类由治理前的9科13属17种增加到治理后的15科35属46种；胡杨林种群结构也出现明显变化，治理前塔里木河下游基本都是过熟林，种群更新和繁衍功能基本丧失，治理后随着水分条件好转，使得胡杨林种群更新能力有所恢复；沙化面积逐渐减少，植被恢复和改善面积达2285平方千米，其中新增植被覆盖面积362平方千米。塔里木河下游“绿色走廊”两岸经常可见黄羊、狐狸、野猪等野生动物出没，在台特玛湖的蓝天白云下，上万只各类水鸟在此栖息、觅食，芦苇、胡杨、红柳等植被也焕发出勃勃生机，植被绿度增加，中、高植被覆盖度的面积呈现增加趋势，低植被覆盖度呈现出向中、高覆盖度植被转变的变化特征，塔克拉玛干、库鲁克塔格两大沙漠合拢趋势得到有效遏制。

四、塔里木河尾闾台特玛湖再现生机

台特玛湖又称喀拉布朗海子，位于塔里木盆地南缘，巴音郭楞蒙古自治州若羌县以北约50千米，处于塔里木河、车尔臣河（且末河）及阿尔金山诸河3个水系形成的冲积平原。车尔臣河是新疆巴音郭楞蒙古自治州境内昆仑山系、阿尔金山系中最大的河流，发源于昆仑山北坡的木孜塔格峰，全长约813千米，年径流量达8亿立方米，是塔里木盆地东南部径流量最大的河流，最终注入塔里木河尾闾台特玛湖。车尔臣河年径流量达8亿立方米，是塔里木盆地东南部径流量最大的河流，历史上，台特玛湖主要补给来源为塔里木河，同时接纳了车尔臣河以及瓦石峡河、若羌河及米兰河等阿尔金山诸河水量，入湖水量大时，台特玛湖湖水可循塔里木河古道东入罗布泊。根据资料记载，20世纪50年代初至1972年，在大西海子水库以下的塔里木河再度断流前，是塔里木河下游自然生态环境转好的恢复时期（近20年）。1963年以前，塔里木河余水经阿拉干、罗布庄，除去沿途蒸发渗漏之后，尚有水量4亿—5亿立方米流入台特玛湖，车尔臣河每年亦有水汇入，罗布庄一带尚有摆渡业务，阿拉干一带还经常有10多群羊（合3000多只）在那里放牧，塔里木河沿岸一些地段还有闯田，绿色走廊的胡杨树枝叶繁茂，一派生机盎然的景象。国道218线从湖中穿过，将湖分为东西两部分，东侧湖水主要由塔里木河供水，西侧来水主要是车尔臣河，东西两湖（不含西侧的康拉克湿地水域）水域面积合计可达183平方千米。紧邻湖西的康拉克湿地面积400平方千米以上，水域面积约200平方千米，湖水最深之处可达9米以上，由大小面积不等的13个湖泊组成，各湖泊四周被沙漠环绕又相互连通。20世纪70年代中期台特玛湖完全干涸，湖中心在国道218公路以东约20千米的地方，干涸后的台特玛湖中心很快被沙漠所掩埋，成为一块平地，原先生长在湖区的植被日益枯死，整个湖泊蜕变为一个巨大的盐壳，只剩下残存的红柳、胡杨根系固定的一个个沙土包。2002年，车尔臣河和塔里木河水从不同方向汇入台特玛湖，形成了湖区补水丰枯相济的格局，提高了台特玛湖生态输水的保证率。2010年入夏以来，受周边地区强降雨以及车尔臣河、若羌河上游泄洪等因素影响，台特玛湖湖面面积不断增加，初步形成300平方千米水面，随着多次供水，至2017年，台特玛湖的湖面面积已经达到511平方千米，超过1959年的面积。湖区周边红柳、胡杨、芦苇等植物面积明显增加，新增植被覆盖面积达到362平方千米，沙地面积减少854平方千米，植物物种由17种增加到46种，水草丛生的湖泊里，白鹭悠闲踱步，野鸭自在憩息。湖泊湿地取代了沙漠，曾经盐碱壳遍地的湖床重归平整，铁路、高速公路和国道从湖区平安穿过，邻近的若羌县也有了一道坚实的生态屏障，若羌县的沙尘天数总体降低，大风强度也明显降低。2016年格库铁路建设时，考虑到台特玛湖的水面太宽阔，修建了台特玛湖特大桥，全长近25千米的台特玛湖特大桥成为新疆最长铁路桥。康拉克湖区在四面被沙漠环绕，碧波粼粼的湖水与金色的沙漠起伏变幻，湖泊及河道周围生长着的红柳、胡杨、梭梭、骆驼刺等十几种植物，植被分布区域初步估计有36000公顷，湖泊周围区域还经常有野鸭、狐狸、白鹭、水鸡、野猪、黄羊、印度鸭等野生动物出没，曾是塔里木河“霸主”、几乎处于濒危边缘的塔里木裂腹鱼也在湖中被发现，成群的野生水鸟变化着各种姿势在台特玛湖水域自由飞翔，构成了塔克拉玛干沙漠独特的美丽风光。

2020年11月1日至10日，新疆水产科学研究所集中在台特玛湖增殖放流440万尾鱼苗，用来改善湖区生态环境和物种多样性，其中首次放流了2万尾国家I级保护水生野生动物——扁吻鱼。一些有眼光的旅游公司计划依托台特玛湖的水域资源，计划申报成立沙漠湖泊潜水俱乐部，为旅游爱好者在沙漠湖泊里提供一个良好的旅游基地。为确保台特玛湖生态环境用水，塔里木河流域管理局和若羌县逐步加大对台特玛湖周边环境的监管，加大河长制工作力度，开展常规化巡河，严禁截水开荒或其他非法用水，彻底破坏整体生态环境行为，坚持走生态优先、绿色发展之路，让台特玛湖的天更蓝、水更清、环境更优美。（胡孟华）

大红枣儿甜又香　红枣产业富若羌

——若羌红枣产业发展纪实

若羌红枣产业崛起之路，是一条理想、信念、坚持、忍耐和智慧浇筑的实践之路，奋斗之路和成功之路。它是新世纪若羌共产党人全心全意依靠各族干部群众，紧紧抓住发展战略机遇期，努力践行科学发展观的结果，体现了对党、对祖国、对人民无限热爱的忠诚品质。记录若羌红枣产业发展的艰辛历程，再现各族干部群众在若羌县委、县人民政府的坚强领导下托起红色希望的难忘岁月，是党赋予我们的历史责任和使命。

一、若羌红枣产业发展环境

（一）独特的光热资源

若羌属典型的暖温带荒漠干旱气候。具有冬

季寒冷少雪，夏季酷热少雨，蒸发量大，多风沙，气温日较差大的气候特征。是世界同纬度最干旱地区之一，也是中国沙尘暴的策源地和必经之地之一。北部为塔里木盆地，东部为罗布泊洼地沙漠，海拔高程在846—1200米，最低点海拔780米，最高点海拔6973米。南部山区为阿尔金山和昆仑山，封闭性的山间盆地是山地草原，平均海拔4500米，最高点为县境昆仑山西端的木孜塔格峰，海拔7723米。查阅近十年来年平均气温12℃，夏季35℃以上高温日多达65天，年平均蒸发量2902毫米，年日照时数3103.2小时，≥10℃积温4396.8℃。枣树适宜生长的条件是气温高、光照充足、温差变化大，果实成熟期光照时间长、气候干燥。全年太阳辐射总量为6500兆焦/平方米，光合辐射全年为3200兆焦/平方米，在我国农业区中名列前茅，仅次于青藏高原，居全国第二位。4月到10月累计日照时数达2027小时，可以充分满足红枣果实的光照植物生理需求。最大日较差可达27.8℃，气温日较差在15℃以上的天数可达81天，极有利于枣果干物质的积累。境内得天独厚的气候光热资源和地理优势，使若羌的红枣含糖量高，色泽好，加上地域封闭，高温干燥，枣树少有病虫害侵袭，成为生产优质红枣的最佳地理和自然条件地域。

（二）千载难逢的发展机遇

20世纪70年代初，塔里木河下游断流，若羌绿洲周边荒漠化不断加剧，生态环境变得极其脆弱，粮食、棉花种植等传统农业受天气等自然灾害的影响比较突出，农业增效、农牧民增收十分困难。枣树是生态、经济林兼用树种，大力发展红枣产业，积极实施退耕还林，是抓住西部大开发的历史机遇，践行国家优化农业区域布局和自治区关于在南疆环塔里木盆地形成1000万亩以上的特色优质林果产品产业带战略部署的重大举措。2001年1月，温家宝总理在新世纪中央农村工作会议上进一步指出："新世纪新阶段的中心任务是对农业和农村经济结构进行战略性调整。"这一阶段，对我国农业来说是一个需要付出艰苦努力的爬坡阶段，但也是一个充满希望的转折阶段。面对新的形势和严峻挑战，若羌农业能不能突破传统，走出徘徊，敢不敢带领成千上万群众和农民朋友走上艰难的攻坚爬坡之路，最终实现改善绿洲生态与农民大幅度增收双赢目标，已经成为若羌县委、县人民政府工作的重中之重。

二、艰辛探索，理清思路，科学决策

（一）若羌县对农业产业结构调整的探索

20世纪八九十年代，若羌县农业产业结构比较单一，主要从事传统的粮食、棉花等农作物种植。历届县委、县政府根据若羌县自然资源条件不断实践和尝试调整、优化农业产业结构，曾经适度发展过葡萄、桃、杏、香梨、苹果、甜瓜等园艺作物，但都未得到大面积推广和发展。1978年初，若羌县从巴州林业局调进400株山西骏枣枣苗，分发给村民在果园和房前屋后种植。1987年，县政府引进赞皇大枣和灰枣苗1.1万株，在10.33公顷农田和果园内进行种植。1988年，若羌县以若政发〔1988〕10号、若政发〔1988〕94号文件，向巴州政府上报若羌红枣商品生产基地项目建设的请示，寻求上级党委、政府对发展红枣产业的支持。1989年至1993年，若羌县每年都从外地调入红枣苗木2万株左右，在全县果园和农田地埂边种植。1997年11月，中共若羌县委六届三次全委（扩大）会议提出，若羌县林业建设要着力实施"221"造林工程，即九五期间建成2000亩红枣园，2000亩防护林，1000亩巴旦木园，造林结构要加大经济林比重，经济林种植以无核白葡萄、红枣、毛桃为主。1998年9月1日，中共若羌县委六届四次全委（扩大）会议召开，会议提出特色农业"五个五"奋斗目标，即推广无核白葡萄5000亩，红枣5000亩，毛桃500亩，酸梅500亩，葡萄长廊50千米。1999年3月4日，县委制定并下发《关于加强若羌县红枣产业的实施意见》，对红枣的发展规模、资金筹措、组织管理、苗木引进和培育、奖惩办法都作出明确规定,将1999年列为“红枣发展年”。据档案记载,1978年至2000年,全县累计调进红枣苗木约120万株种植,存活枣树为14.1万株,存活枣树零星分散在百果园、农田地埂边,只有在县苗圃有近百亩成片、成规模红枣种植园地。

(二)统一思想,明确目标,确立并实施红枣发展战略

2000年5月,县委领导班子深入开展“三讲”(讲学习、讲政治、讲正气)教育活动,对全县农业产业结构进行广泛调研,深入分析若羌农业面临的现状,充分领会自治区党委、政府“建设粮、棉、果、畜四大基地”的文件精神,抓住自治区提出的“在南疆环塔里木盆地建设1000万亩以上特色优质林果产品产业带”基地的重大机遇,在2001年2月召开的县委六届七次全委(扩大)会议上,明确作出加快特色经济、狠抓红枣产业,把红枣产业作为农业产业结构战略性调整的重大决策。2001年2月28日《若羌红枣产业发展纲要》(简称《纲要》)正式印发。《纲要》对红枣产业发展的总体思路、发展目标、组织领导、宣传发动、优惠政策、奖罚机制、责任追究、生产模式、科技投入、龙头企业、品牌抢注、出口创汇等内容进行明确阐述,并作出了具体发展规划。同时,成立了以县委书记张亚平为组长,县长吉利力·阿不都热依木等9名四套班子县级领导任副组长,由22名各乡镇及有关部门一把手任成员的若羌县红枣产业发展领导小组。自此,以《纲要》出台为标志,若羌县农业产业结构全面调整到以红枣种植为主的特色林果业规模种植上来。2001年8月,中共若羌县第七次代表大会召开,大会提出:各级党委、政府要按照“狠抓红枣林果、发展农区畜牧、提高棉花品质、辅以瓜果蔬菜”的农业发展思路,大力推进农业和农村经济结构的战略性调整,向农业的深度、广度进军,全面提高农业的综合素质和比较效益,力争到“十五”末农牧民人均收入30%来源于林果业,30%来源于畜牧业,40%来源于种植业。在红枣产业方面,主栽品种为灰枣,辅以骏枣、冬枣等品种,提出“要在两年内形成666.67公顷(100万株),5年达到1333.33公顷(200万株)的规模,使其成为农村经济发展和农牧民增收的重要增长点”。在县委、县政府全力推进下,2001年红枣种植面积达646.67公顷(76万株),农村人均种植红枣近80株,实现了质的突破。到2005年,全县红枣种植得到大面积推广,种植面积达5333.33公顷(855万株),提前完成“十五”计划任务的2.7倍,是“九五”期末全县枣树总量的70倍。其中2001年定植76万株,2002年定植254万株,2003年定植258万株,2004年定植155万株,2005年定植100万株,实现了红枣产业种植三大战役的全面胜利,红枣种植规模实现了以最少人口创造五年红枣栽种量名列全国前茅、位居新疆第一,分年度红枣栽植量位居新疆第一,农民人均拥有枣树位居全疆第一的三项创举。在若羌县红枣产业发展的20年历程中,历届县委、县人民政府紧紧抓住国家实施退耕还林并将红枣作为生态经济林兼用树种的有利时机,咬紧红枣产业不放松,一届接着一届干,切实按照农业“四化”要求,努力做到红枣产品标准化、生产规范化、经营方式产业化和生产者知识化专业化。同时,强化红枣质量意识,对劣质品种进行全面嫁接改造,推广红枣摘心、抹芽、环割等高产技术,实施红枣疏密和提质增效工程,不断提升若羌红枣的品质。至2020年,全县红枣种植面积累计达15586.67公顷,其中:绿色原料供应基地6666.67公顷,有机红枣基地认证6666.67公顷。

三、完善政策机制,形成发展合力

(一)加强组织领导,制定目标责任,健全工作机制

发展红枣产业是迎难而上,谋求跨越式发展,造福人民艰难而坚定的抉择。若羌县委、县政府高起点谋划、精心组织实施,初步实现了从红枣零星

种植到建设中国西部大规模枣区，从粗放种植向科学管理的重大转变。为确保红枣产业发展战略顺利实施，全县实行县级领导包乡镇、县直部门包村、科技人员分片承包责任制和乡镇党政领导一把手负责制。2001年，红枣产业发展之初，县财政在极其困难的情况下，多方筹措资金，建立100万元的红枣产业发展基金，对自愿发展红枣产业的单位、村、专业户及农民在连片种植的基础上，2年内通过验收成活率达到90%以上的，进行每亩40元至150元的奖励。2001年12月，为确保2002年红枣种植任务得到全面落实和红枣苗木的质量，县委提前谋划，统筹安排，制定并印发《若羌县2002年红枣优质苗木调运方案》，成立以县委书记为组长，县四大班子成员为副组长的苗木调运领导小组，2002年2月，由1~2名县领导带队，各乡镇抽调3—4名骨干人员，先后前往河南新郑、陕西佳县、河北赞皇等地调运优质红枣苗木。2001年原计划调60万株枣苗，种植333.33公顷的计划，经过县乡两级党委、政府的广泛宣传发动，与农牧民签订种植责任书，逐村逐户逐地块落实种植任务，农牧民种植红枣积极性日渐高涨，县委、县政府本着遵从人民群众的意愿和选择，最大限度地加快发展红枣种植的原则，及时调整计划，组织协调调苗工作，最终决定2001年度调运红枣苗为106万株，县财政拨款30万元给予补助。2003年1月，县委下发《关于若羌红枣产业发展纲要优惠政策兑现有关问题的补充通知》，进一步调动了广大农牧民种植红枣的积极性，将原红枣成活率奖补标准从90%以上调整到85%以上，并将优惠政策延长到2003年底。在2001年至2005年红枣种植的关键5年里，县委、县政府每年都同各乡镇和农林、科技部门签订《红枣管理目标责任书》，层层签订军令状，并成立综合督导、技术、宣传3个小组，加强对红枣种植的监督检查、技术服务和动员宣传工作，确保红枣种植任务全面完成。2002年至2004年，县委连续三年对各乡镇落实《纲要》情况进行综合排名，对表现优秀的单位和个人给予资金奖励，并下发文件通报表彰。2008年8月26日，县委召开红枣产业发展工作会议，就切实抓好红枣产业发展提出具体要求，为支持红枣产业发展，决定从2009年开始，县财政每年安排500万元资金用于红枣灾害综合防控体系建设、标准化示范基地建设、技术服务体系建设和技能培训补助。2017年，全县开始实施以红枣疏密、间伐为主的红枣提质增效工程，连续3年制定印发《若羌红枣进一步提质增效实施意见》，制定红枣提质增效优惠政策，安排预算资金3450万元，用于枣树疏密改造、枣树施农家肥、绿肥油菜种植、红枣示范园建立、石硫合剂喷洒、红枣展销推介等方面奖励补助，对达到验收标准的农户给予奖励，促进红枣产业持续健康发展。

20年来，县委、县政府及相关部门联合印发指导性文件和政策文件600余份，直接督促和指导红枣产业发展。历届县委理论学习中心组在红枣生长、管护的关键时期，都定期把枣园作为县委理论学习中心组学习的课堂，研究布置任务、学习红枣管护知识，有力地促进了若羌县红枣产业的发展。

（二）建立专门机构，明确工作职责，筑牢红枣产业发展根基

为进一步健全红枣技术管理和服务机制，2002年，县委决定成立红枣科技服务中心，正科级建制，属全额拨款的事业单位，主要负责制定红枣发展规划和计划，开展栽培技术推广、科研、植保、果产品加工等服务工作，设主任、副主任各1人，技术人员4人，首次实行干部全员竞聘上岗。2003年，由若羌县科委等部门牵头与河南新郑枣树研究所合作，组建若羌枣树研究所。2009年，成立若羌县红枣管理协会。若羌红枣管理协会主要任务是，在企业和政府之间起桥梁和纽带作用，发挥服务和自律功能，协助政府推行经济政策、法令，推动红枣行业技术与管理进步和可持续发展，协助相关部门规范红枣收购、加工、销售的合作社、个体收购商的行为，并

做好若羌红枣地理产品证明商标和绿色食品、有机产品认证标志的授权使用工作。至2021年底,若羌县红枣管理协会成员单位增至56家。

(三)组织发动,典型引路,全民参与共促红枣产业大发展

发展红枣产业之初,广大农民朋友担心产业失败,种植红枣头三年没有受益,心里都有抵触情绪。为了发动广大农民群众积极参与,提高农民群众种植红枣的积极性,县乡领导带头深入农村发动群众,到乡村召开各种形式的动员会、座谈会、沟通交流会,逐村逐户对若羌县委制定的红枣产业发展政策进行广泛宣传。各乡镇按《纲要》要求,在乡村醒目显著位置书写如"致富道路有多少,若羌首选是红枣""精心管护前三年,枣树肯定挣大钱"这样浅显易懂的永久性标语50多条,电视台不间断地播放红枣专业户访谈录像,广播电视频频传送中央、自治区关于农业结构调整的政策宣传,目的是让广大农牧民在抬头举目、往返穿行间,就能接受红枣种植的宣传,在潜移默化间逐渐入脑入心,做到红枣发展战略家喻户晓,人人皆知。铁干里克镇枣农郭凯1998年在自家地里试种4亩地的红枣,2000年他家红枣亩收入达20000元;维吾尔族枣农买买提·依明家8分地的红枣卖了2000元。县、乡干部通过郭凯、买买提·伊明等一批种红枣致富典型专业户的典型事例现身说教,有针对性地开展宣传教育,用比较、分析的方法,让农牧民充分认识种植红枣的好处和能够获取的收益,把红枣种植与种粮、种棉以及甜瓜等作物的种植相比较,说明若羌种植红枣的独具优势和良好市场前景,以及能给若羌农牧民以丰厚回报的道理,极大地激发了农民朋友种枣的积极性。

支持红枣产业的发展是全县各族干部群众的共识,各行政企事业单位普遍实行包联制,分头到农村进行宣传发动,帮助解决实际困难和问题。2001年4月,若羌县委组织各族党员干部群众纷纷捐款捐物价值达600多万元,为全县枣农赠送红枣科技书籍13500册,红枣修枝剪、锄头等新式工具18500把。县委组织部、科技局联合摄制红枣专题片5部,累计播放7650分钟。2004年,县委召开若羌红枣产业发展专题会议,向全县各行政企事业单位发出倡议,号召全县干部职工关注若羌红枣产业发展,以实际行动为广大农牧民发展红枣产业出资出力。县委办公室以若党办发〔2004〕251号文件印发《关于红枣施肥包联帮扶工作的通知》,采取枣树施用的油渣和钾肥,以购买价的半价进行补贴的办法赠送给农民施用,县委、县政府还积极组织干部职工根据春耕时节农事繁忙、施肥任务重的情况,到田间地头参加义务劳动进行帮扶,确保施肥任务的顺利完成,通过这一系列活动的开展,促使红枣管护上台阶收实效,一定程度上进一步增进了干群感情,凝聚了人心。通过周密细致的工作安排,经常性地督促检查,有针对性地解决突出矛盾和问题,在全县上下营造"真抓、真干、实干"的发展环境氛围,进一步把宣传发动做到农牧民心坎上,调动起积极性,促进红枣产业发展。

2001年至2005年,若羌县委组织动员各族干部群众捐款捐物,助力红枣产业发展,县委领导带头捐款每人1000元,教育、公安、建设等系统人均捐款都在200元至400元之间,离退休老干部、个体从业者、宗教人士也踊跃捐款,全县有84个单位,1822人捐款捐物价值达864.77万元。2007年3月,县政府印发《关于认真开展红枣管护帮扶工作的意见》,要求全县各基层党支部结合红枣实用技能素质工程培训和包乡驻村工作,明确红枣管护帮扶对象,相互配合,认真研究和解决红枣管护帮扶过程中遇到的问题。2007年4月1日,国投新疆罗布泊钾盐有限责任公司为若羌县发展红枣产业捐赠钾肥120吨。自国投罗钾公司建厂投产后,按照中央"以工促农,以城带乡"的要求,逐年加大"三农"帮扶力度,在每年春耕备耕之际为若羌农民无偿捐赠优质

钾肥，累计为若羌红枣产业发展捐赠钾肥440吨。

四、强化科技武装，打造双强干部，培育新型农民

（一）狠抓科技管理，打造全国最优红枣基地

规模种植红枣，没有现成的经验可学，只能摸着石头过河，自己去实践去探索。针对以往红枣种植当中种植模式不切合实际，不利于产业化生产和经营的问题，县委在制定《纲要》过程中，广泛征求农牧民群众、各族干部及农林技术人员的意见，认真总结以往经验教训，反复对比论证，先后推广“连片种植，提高种植密度”模式。2001年推行2米×3米、2米×4米、2米×5米等栽植模式，2002年结合退耕还林要求，大力推行1米×4米、1.35米×4米模式，每亩定植120株左右，符合国家退耕还林标准的要求。经统计，2002年、2003年红枣栽植成活率提高到85%以上。2003年6月10日至14日，自治区党委在阿克苏地区召开加快南疆经济发展工作会议，在观摩会上向南疆各地县推广矮化密植、开沟种植等技术，与若羌2年前实行的技术相同，其中东西向开沟、向阳坡定位种植的技术规范是若羌的独创，阿克苏地区发展林果种植开沟走向随地势而定，树木定植在沟中央，与若羌红枣种沟、定位种植技术极有利于枣树充分吸收光热资源，促进其存活和实行的开沟、定植模式有不同。生产实践证明若羌红枣的定向开沟，定位种植能充分吸收太阳光照，提高地温，促进枣树成活率和生长。2003年开始，若羌县开始狠抓红枣修剪、定干、施肥等科技管护工作。2003年9月，召开全县经济工作会议，对若羌红枣产业发展如何坚持“四化”标准提出具体要求，会议要求大力推广以“春季定植促生长，夏季喷水保花果，摘心拉枝增产量，秋季追施农家肥，冬季定干整树形，四季修剪防病虫”为主的红枣实用新技术，农林科技部门及广大农牧民，为实现以上“42”字红枣管理技术要诀，做了大量扎实有效的工作，其中最主要的是对127万株劣质红枣进行全面的嫁接改造。为此，县政府从内地采集调运155.3万芽优质接穗对红枣进行品种改良。2004年3月，若羌县在各乡镇全面开展的“施肥大会战”中，从外县调运油渣1032吨、钾肥30吨，为全县22公顷372万株红枣统一加施有机肥，促进红枣快速生长。自2005年起，若羌县高度重视红枣病虫害防治工作，成立病虫害防治工作领导小组，突出强调工作责任要落实到工作机构、落实到人，并制定严格的责任追究制度。在每年春季红枣病虫害防治关键时间，全县枣农统一选用县红枣科技服务中心研制的石硫合剂防治方法，石硫合剂生产由县供销社统一负责，全县开展统防统治工作。为保证防治效果，成立林业工作监督组，监督检查统防统治工作开展情况，确保防治率达100%。

2007年，若羌县全面推进红枣标准化基地建设。5月28日，县委、县政府印发《若羌县林业（枣树）标准化示范区建设工作实施方案》，力争到2009年底在全县建成2000公顷红枣标准化生产示范基地。2007年7月9日，自治区科技富民强县项目“若羌县红枣标准化生产规范建设项目”正式启动，项目总投资450万元，建设红枣标准化示范基地2000公顷。为进一步提升若羌红枣品质，2017年2月，若羌县委印发了《若羌红枣进一步提质增效实施意见（试行）》，引导枣农逐步向4×2（每亩80—85棵）、4×3（每亩55—60棵）模式进行间伐。2018年，县红枣科技服务中心技术员对3个农业乡镇申报枣树间伐面积进行实地验收，全县基本农户枣树疏密（间移）达到25株/亩以上的农户482户 。2019年经县红枣科技服务中心技术员验收，兑现枣树疏密面积1.56万亩，发放补助资金780万元。鼓励枣农学科学，用科学，制定科学奖励办法，枣农施农家肥奖励棉饼655.1吨，折合资金151.1万元；熬制石硫合剂500吨，财政石硫合剂补助1元／千克，补助资金50万元；统一采购调运优质绿肥油菜种子23370千克，种植绿肥油菜1600公顷，奖励补助资金43.23万元；其

他奖励支出25.67万元。2020年1月，若羌县举行“红枣提质增效攻坚年”推进会，观摩学习枣树疏密、科学修剪、打草积肥、清园等，总结推广红枣提质增效有效举措，提出实施“科研机构+企业”的产品研发创新机制，多措并举，为进一步打造南疆绿色有机种植生态体系、提高红枣品质继续发力，为全县红枣提质增效奠定坚实基础。

(二)打造双强干部，培育新型农民

红枣产业是惠及若羌95%以上农牧民的致富产业，是功在当代、利在千秋的大业。努力培养“科技素质强、生产技能强、市场意识强、经营能力强”的四强枣农，是红枣产业又好又快发展和农民快速持续增收的治本之策。若羌县委、县政府高度重视农牧民科技素质的提高工作，从红枣发展战略实施的一开始，就把它作为做好、做强、做精红枣产业的基本条件之一，狠抓落实。县委以“带着农民干、做给农民看”为有效的工作方法，通过利益引导，现身说法吸引农民投身产业发展。首先是加强干部红枣管护技术的培训，县委提出“熟知掌握创新枣树栽培技术，是若羌共产党员支持农业、关心农民的基本功，是若羌各族农民朋友快速、长久致富的看家本领”，全面推行素质提升工程，积极培养“本职能力强、支农服务技能强”的双强型干部。在抓好干部红枣技术培训的同时，若羌县全面开展对农牧民群众的红枣实用技术培训工作。积极发挥专业技术骨干和农村技术能人的引领带动作用，各村成立技术娴熟、动手能力强的专业化修剪队伍，在农业技术人员带领下，深入田间地头“一帮一、手把手、面对面”，技术人员做给农民看、带着农民干，积极引导枣农开展间伐、间移、摘心、抹芽、拉枝、扭枝、科学修剪等科学管护技术，推进红枣标准化管理。在红枣嫁接季节，农林技术人员深入田间地头，逐一宣传发动、现场指导帮扶，从红枣一枝一芽嫁接到后期管理的浇水、放芽、除萌、摘心、松绑、绑扶、解绑等环节工作，进行全面技术指导和培训。在冬季“科技之冬”农闲时节，大力开展以红枣种植管理为主要内容的科普宣传和培训，2001年至2020年，全县通过县乡党校、乡镇农牧民学校集中培训与“科技之冬”“科技下乡”等活动，举办科技培训班5000余期，培训近20万人次，发放红枣科技资料5万余册，培养红枣管护高素质枣农2000名。

(三)学习借鉴先进经验，走产学研相结合发展之路

县委、县政府高度重视红枣科研和标准化建设。为加快破解红枣产业发展过程中的难题，避免走弯路，采取走出去、请进来的方式加强红枣产业的交流与科学研究。2004年以来，县政府先后配备3名科技副县长，全县5乡2镇均配有科技副乡长，有效发挥科技副职在班子中的作用。采取送出去请进来的办法，先后选派13名科技副职赴河北农大进修深造，学习内地的先进经验和办法，以及生产经营理念，提高干部素质、开阔他们的视野，选培都已成为各乡镇的中坚力量。其间，先后聘请20名区内外红枣方面的专家来若羌考察交流，先后在全县机关及3乡举办20场次红枣专题报告会，听取他们建设性的意见和建议，为若羌红枣产业发展注入新生力量，进一步地启发农牧民发展红枣产业，推广先进的管理技术和方法，取得良好的效果。

2003年，若羌县人民政府与新疆大学签订技术指导合作协议，依据科学种植原理，推广普及育苗、架植、开沟、覆膜、抹芽、摘心、拉枝、防虫、施肥等科学种植技术，极大提高了枣树种植成活率和树冠成型效果。同年，县气象局完成《若羌红枣与气候》科研课题研究。2004年，县红枣科技服务中心主任张文新主编的《若羌红枣栽培技术规程》完成出版，该规程全面科学总结若羌多年红枣种植经验，借鉴新疆其他地县和全国老枣区好的做法，结合若羌生产实践，从若羌红枣的育苗、枣园建设、枣树管理、病虫害防治、枣果采摘等方面，详细介绍了红枣栽培管理的技术要点，是广大农林技术人员和农牧民群

众的重要工具图书和首选科普读物，对标准、规范地进行红枣种植管理的指导和培训，起到了重要作用。2005年，巴州质监局、巴州林业局与若羌质监局、科技局联合制定出《若羌红枣标准化体系》，并通过自治区、自治州相关专家组的审定验收，该标准体系由26项标准组成，其中，国家级行业标准11个、自治区农业地方标准13个、自治州农业地方标准2个，标准体系涵盖若羌红枣从种苗到栽植，从田间管理到采收制干，从收购加工到包装销售的全部环节，是巴州地区屈指可数的农产品质量标准体系，对实现若羌红枣产品优质化，开展"楼兰红枣"的原产地域保护认证，做大做强若羌"楼兰红枣"这一精品名牌具有重大现实意义。

2013年10月，为进一步加快红枣科技推广和人才培养，河北农业大学中国枣研究中心若羌工作站成立。至2020年，若羌县先后完成《若羌红枣转型升级提质增效关键技术研发与示范推广》《若羌红枣新品种选育及标准化技术集成与推广》《若羌红枣提质增效栽培技术规范》《若羌红枣标准化体系》《若羌红枣标准化管理规程》等科研课题。其中《若羌红枣新品种选育及标准化技术集成与推广》荣获农业农村部2016—2018年全国农牧渔业丰收三等奖。2018年若羌楼兰文化红枣节被纳入首届"中国农民丰收节"系列活动。

五、实施品牌战略，推进红枣产业高质量发展

（一）树立品牌意识，培育优势特色产业

高度重视若羌红枣品牌建设，重点选树和培育"若羌红枣"区域品牌，解决红枣品牌"多、小、杂、乱"症结，提高品牌影响力、吸引力、竞争力。以枣为媒、牵引搭线，着力推介若羌红枣品牌，充分展示中国优质红枣之乡独特魅力，连续多年组织县域红枣企业参加疆内展销会，打通"远销内地"渠道。2004年11月，"若羌红枣"在首届中国优质鲜枣及枣加工品评选会上被评为优质产品一等奖。2008年11月23日，中国果品流通协会主办的2008年全国果品产业经验交流暨先进典型表彰大会上，若羌县被评为"中国红枣之乡"。若羌红枣凭借独特的品质先后获得新疆农业名牌产品、全国优质红枣一等奖等多项荣誉称号。2010年6月，县供销社下属新疆楼兰庄园枣业有限公司完成666.67公顷有机红枣种植基地有机产品转换工作，并取得南京国环有机食品认证中心颁发的"有机产品认证证书"。2014年12月，若羌县再次荣获"中国红枣之乡"殊荣。若羌县注重"若羌红枣"品牌保护工作。2010年7月，县政府召开"若羌红枣"创品牌保品质工作会议，会议安排部署进一步加强"若羌红枣"创品牌保品质工作，全力打造全国著名、驰名商标品牌，建设世界级最优红枣生产基地工作。2010年11月，国家质量监督检验检疫总局2010年第133号公告《关于批准对增城迟菜心、派潭凉粉草、忠县柑橘、都匀毛尖茶、若羌红枣实施地理标志产品保护的公告》，批准对"若羌红枣"实施国家地理标志产品保护，公告对若羌红枣产地范围规定为：新疆若羌县若羌镇、铁干里克乡、吾塔木乡、瓦石峡乡、塔什萨依开发区和农二师36团现辖行政区域。2013年8月，县政府召开规范若羌红枣原枣包装箱工作会议，会议确定继续使用由县红枣管理协会确定的商标图案和包装装潢设计，决定通过公开招标方式确定生产厂家，对违规使用原枣包装的行为严厉打击。2014年12月，县政府召开"若羌县红枣"二维码推广使用工作会议。会议听取相关部门就若羌红枣赴内地维权打假和二维码溯源工作开展情况汇报，分析发现当前若羌县红枣产业发展形势，安排部署做好红枣二维码推广使用工作。2015年2月，若羌县666.67公顷"全国绿色食品原料（红枣）标准化生产基地"创建经农业部绿色食品管理办公室、中国绿色食品发展中心批准通过，正式进入创建期，2015年8月，若羌县创建全国绿色食品原料（红枣）标准化生产基地通过国家验收。至2021年，若羌县先后被授予"中国红枣产业发展龙头县""中国红枣之乡"

"中国果品区域公用品牌50强"等近100项殊荣,若羌红枣先后通过国家"地理产品证明商标""地理标志产品保护",以及"新疆著名商标""中国驰名商标"认证,成功入选中国特色农产品优势区。

(二)全面开放红枣营销市场,开发延伸产业

若羌县按照培植龙头、壮大基地、打造品牌、带动农户的思路,不断培育和发展壮大红枣精深加工业,重点打造特色农产品、林果产品等加工产业链。2001年开始,若羌县通过招商引资陆续引进好想你枣业有限公司,七星羌都、胜杰枣业等一批建设规模大、带动能力强、科技含量高、品牌优势明显的红枣企业,初步形成"龙头企业+农民专业合作组织+基地+农户"的农业产业化经营模式。2005年,新疆若羌县好想你枣业有限责任公司和若羌县楼兰特色果蔬综合市场有限责任公司经自治州农业产业化领导组认定为第一批自治州级农业产业化龙头企业。2008年7月,新疆楼兰果业股份有限公司被评为国家级农业产业化重点龙头企业。2009年8月30日,若羌县奇兰果品开发有限责任公司年产200吨红枣酒生产项目开工。该项目投资320万元,占地总面积7700余平方米,年产高中低档红枣酒200吨。2010年5月19日,由新疆七星枣业股份有限公司与新疆大学生命科学与研究院合作,投资1亿元建设红枣多糖提纯暨红枣加工建设项目在若羌县塔东工业园开工。2019年5月,全国第一个干果类期货品种——红枣期货在郑州商品交易所上市。新疆羌都枣业股份有限公司和若羌靖祥新丝路物流有限公司被确定为指定红枣期货交割仓库。红枣期货上市后,枣农可以根据期货价格走势确定是否卖现货,收益可实现最大化。至2021年,若羌县建成红枣保鲜库、仓储库房5万立方米,冷库2万吨,引进和培育新疆果业、羌都枣业、靖祥、羌鑫、米掌柜、富润德等农副产品加工企业22家、合作社156家,研发枣泥、枣酱、枣酒、枣蜜、红枣保健品等产品32类,特色农副产品年加工能力达到2.5万吨。同时,积极与河北农业大学、新疆大学等科研机构、院校合作,加快成立"新疆红枣研究院",设立红枣科研基地,搭建红枣产业精深加工产品研发平台,研发多糖、加硒等科技含量高、经济效益高的红枣产品,不断提升产品附加值。

六、红枣产业结硕果,枣业富民奔小康

若羌红枣产业发展道路,经过了全县各族干部群众的艰辛探索与努力实践,自2000年确立实施红枣发展战略以来,历届县委、县政府发扬真诚团结、真抓实干,排除万难的革命精神,咬定青山不放松,一届接着一届干,使得这一红色富民工程加快了全县农牧民家庭财富的积累,繁荣了若羌农村经济,引领广大农牧民走上了生产发展、生活富裕、生态良好的文明发展道路,实现了若羌经济社会各项事业的和谐发展。

(一)红枣产业发展惠及了全县农牧民群众,积累了家庭财富,为全面建成小康社会建设奠定了坚强的物质基础。2001—2004年,全县红枣产量1200吨,产值达180万元。2005年,全县红枣挂果面积达4000公顷,年产红枣2900吨。农民人均纯收入从2000年的2074元增加到2005年的4342.58元。2005—2010年,红枣种植规模持续增加,达到7423.40公顷,红枣逐年进入盛果期,在产量大量增加。若羌红枣因为品质优,原枣及枣制品的市场价格一直在全国、新疆市场上比其他枣区价格高。在产量逐年增加的拉动下,2010年红枣总产量3.33万吨,农牧民人均纯收入增加到14115.26元,其中红枣所占比例为77%—80%。2015年,红枣种植规模达到14813.33公顷,若羌红枣总产量9.53万吨,农牧民人均纯收入达到28502元,其中红枣收入所占比例为80%以上。2020年红枣总产量11.73万吨,红枣产值8.23亿元,从2001年的农牧民人均纯收入2216元增长到2020年农民可支配收入32247元,仅红枣一项收入就达21793.85元。红枣产业成为农民的"摇钱树"和"绿色银行",最终破

解了“三农”难题，保障了若羌县脱贫攻坚目标的高标准完成，为若羌县全面建成小康社会奠定了坚强的物质基础。

（二）红枣产业发展除了显著的经济效益和生态环境效益外，在一定程度上还缓解了工农业用水紧张的矛盾。若羌缺水由来已久，长期受水的困扰和制约。历史上由于缺水的原因，很多想开展的工作做不了，很多想干的事干不好，在用水问题上时常发生顾此失彼的无奈，而枣树是所有果树中的较耐旱树种之一，枣树进入结果期的亩均用水量是传统果园的70%，在同等面积棉花、小麦等农作物灌溉定额减少15%—40%的情况下，仍然能保持正常的结果量。若羌种植红枣的节水意义不仅仅在于节约了有限的农业用水资源，使红枣扩大规模种植或其他作物的种植，还在于使有限的现有水资源发挥出最大的效益，在现有水资源条件下，使红枣田每年按800立方米／亩灌溉定额，能取得5000—10000元的收入，是种棉花种瓜收益的5—10倍。

（三）红枣产业发展实现了经济和社会效益的双赢。若羌县在“红枣富民”发展战略思路引领下，经过20多年的努力，红枣种植实现零星至规模化生产，从传统的粗放型管理到科学管护，从原枣生产到精深加工，从无人知晓到中国西部最优红枣核心区，红枣产业的发展社会成效显著。县域综合经济实力总量显著增长，城乡基础设施建设不断完善、城乡居民生产生活条件明显提升，社会各项事业全面进步。同时，县城周边生态环境也得到极大的改善，增强了抵御风沙灾害的能力。红枣产业致富，加快若羌富民安居和新农村建设进程，为建设幸福乡村，实现全面小康贡献了物质财富。红枣种植业具有高效性，把它作为一种产业发展，有利于迅速扩大形成产业规模，并在这一进程当中，起到辐射、吸收、提升、拉动的作用，红枣产业不仅广泛地辐射到农林科研服务、劳动就业、市场营销、农产品分级精选加工的行业和领域，还广泛地吸引了资金、人才、信息等市场要素在若羌汇聚。新疆羌都枣业股份有限公司、新疆若羌好想你枣业发展有限责任公司、羌都林牧科技有限责任公司、若羌果叔农业有限公司等一批龙头企业落户若羌，经历了创立、吸纳、壮大的发展历程，宣传壮大了若羌红枣的品牌优势，提升了若羌的知名度，促进了若羌经济社会的全面发展，加快了若羌县脱贫攻坚目标的完成和全面建成小康社会建设的进程。

（四）若羌绿洲生态环境得到极大改善，生态效益凸显。枣树具有抗旱、耐寒、抗病毒、耐贫瘠、耐盐碱的特性，具有防风固沙、改善生态的作用；种植和生长能适应若羌气候、水土条件，病虫害不易发生，是平原绿化、荒漠治理的首选树种。2003年，国家将红枣经济林种植列入退耕还林工程项目经济树种以来，在“三北”防护林、退耕还林等林业重点工程的带动下，全县种植红枣14813.33万公顷，开垦新增加防风林建设0.28万公顷，建设农田防护林0.18万公顷，乡镇农田林网化率达95%以上，绿洲森林覆盖率达到83%，使农区森林覆盖率达到2.7%，实现生态和环境效益双赢。县城周边防护林体系日趋完善，有效阻挡了沙漠对绿洲的侵袭。农区小气候得到明显的改善，实现了生态效益和经济效益“双赢”。

（胡孟华）

县情概览

自然环境

【位置与面积】 若羌县位于新疆维吾尔自治区东南部,隶属巴音郭楞蒙古自治州(简称巴州),地处巴州东南部,塔克拉玛干沙漠东南缘,地理坐标为北纬36°05′—41°23′,东经86°45′—93°45′。辖区东西最大距离600千米,南北最大距离580千米,总面积20.23万平方千米,为全国辖区总面积最大的县。若羌县东与甘肃、青海两省相交界,南依昆仑山脉与西藏自治区接壤,西面与且末县毗邻,北与尉犁县及鄯善县和伊州区相连。县城距新疆维吾尔自治区首府乌鲁木齐市公路里程894千米,巴州首府库尔勒市444千米,西距和田市888千米,东距青海省茫崖市351千米。若羌县是中国通往中亚和新疆通往其他省市的第二条战略通道,作为新疆的“东南大门”,也是“古丝绸之路”中道、南道必经之路和连接东西方的重要枢纽。 (县委办公室)

【地质地形】 若羌县地质十分古老,二级大地构造单元有塔里木地台、东昆仑褶皱系及松潘—甘孜褶皱系的一小部分。县域基岩出露约占五分之二,其余为第四系覆盖。

若羌县境内高山、盆地相间,地形多样。山地5.92万平方千米,平原8.75万平方千米,沙漠5.56万平方千米。全县地势南高北低,由西南向东北倾斜。整个地貌大致分为四个部分:东南部和南部为昆仑山阿尔金山山地。阿尔金山是青藏高原的一部分,山势陡峻,阿尔金山自然保护区是中国最大的自然保护区,位于阿尔金山南部,为县内的主要牧业基地;中部冲积平原,分瓦石峡、若羌绿洲、新疆生产建设兵团第二师三十六团场绿洲3块绿洲,各自呈点状分布,为农业种植区;东北部为罗布泊风蚀湖积平原与库木塔格沙漠;西北部为塔克拉玛干沙漠冲积平原。沿塔里木河与车尔臣河下游的河漫滩、河阶地广阔地带,生长着天然胡杨树、红柳、梭梭等乔木、灌木、棘草荒漠植被,是若羌县的平原林牧区,形成一条横贯南北长达160余千米、宽5—10千米的著名荒漠天然绿色走廊。境域内海拔最低点为罗布泊洼地,海拔780米;最高点为县境内昆仑山西端的木孜塔格峰,海拔6973米,周围海拔6000米以上的高峰多达50余座。

(县委办公室)

【气候】 若羌县属暖温带大陆性荒漠干旱气候,总体可分为南部山区(高原气候)、北部平原(平原气候)两大气候分区。

南部山区(高原气候):若羌县自阿尔金山至昆仑山的广大地带为南部山区,海拔3000—5000米,属寒冷干燥气候区,年平均气温在-2℃—2℃,没有明显的四季之分。一般每年5—10月为暖半年,当年10月到次年4月为冷半年。北部阿尔金山降水量50毫米,中部祁曼塔格山年降水量100—200毫米(一半以上为固态降水),南部接近昆仑山麓降水量200—350毫米(绝大部分为固态水),最南端的昆仑山降水量约400毫米(固态降水),降水由北向南递增,由西向东递减,终年有降雪。整个山间谷地和平川为干旱、半干旱高寒荒漠草场。

北部平原(平原气候):若羌县北部平原区属暖温带大陆性干燥气候,年平均温度12.10℃,极端最高温度43.80℃,极端最低温度-22.60℃,7—9月,平均气温日较差为17.30℃;年平均相对湿度41%,年平均无霜期197天,暖季平均日较差16.30℃以上,最大日较差28.10℃,年平均降水量35毫米,年平均蒸发量2902.20毫米,最大蒸发量是降水量的167倍。常见风向为东北,年平均风速2.30米/秒,极端极大风速32.70米/秒。罗布泊风区是新疆九大风区中风能资源最为丰富的地区,位于东天山末端和阿尔金山山脉之间,是"东灌"气流的必经之地。

若羌县春季冷空气活动频繁冷暖多变,升温快而不稳,多大风和风沙天气,降水稀少,空气干燥,河水流量较小而用水量大,故常有春旱。夏季平原炎热干旱,是全年降水最多的一季,山区气候凉爽,降水多,牧草生长快。秋季秋高气爽,降温快,微风少雨。冬季平原区寒冷,降雪积雪少,山区严寒。2021年,若羌县浮尘天气117次,比2020年减少6次,下降4.88%;扬沙天气35次,比2020年减少1次,下降2.78%;沙尘暴天气5次,比2020年减少12次,下降70.59%。年平均气温11.7℃,夏季35℃以上高温日达58天,年平均降水量27.6毫米,年合计日照时数2805小时,≥10℃积温4454.3℃,年平均无霜期203天,年平均相对湿度为43%。（县委办公室）

【水文】 若羌县气候干旱少雨,地表径流贫乏,具有河流数量多、流程短、水量小等特点。各河流的补给主要靠山地降水和高山冰雪融化的水量。受冰川调节作用,年径流量比较稳定,变化甚小。因气候关系,水量季节变化大,形成春秋缺水,夏洪冬闲的特征。若羌县境内共有大小河流14条,全部属于内陆性河流。2021年,总年径流量为11.48亿立方米。其中,属于罗布泊水系的河流有若羌河、瓦石峡河、塔什萨依河、米兰河、塔特勒克布拉克河、车尔臣河、塔里木河、孔雀河,属南部山区水系河流有玉素甫阿里克河、阿特阿特坎河、依夏克帕提河、阿孜力克河、赛斯克雅尔河、哈沙克里克河。（县水利局）

自然资源

【土地资源】 2021年,若羌县行政总面积20.23万平方千米。其中,耕地面积4486.67公顷,县城建成区面积7.46平方千米,建成区绿地率36.71%,建成区绿地覆盖率39.79%,人均公园绿地面积12.9平方米。林业用地面积45.58万公顷。若羌县境内各类土壤的分布受生物、气候、地貌、水文及其他地质条件的影响,其土壤类型有灌淤土、潮土、草甸土、棕漠土、沼泽土、盐土、风沙土等。其中,灌淤土主要分布在冲积扇缘带河流两岸古老灌溉绿洲,为农区主要耕作土壤,面积4146.67公顷,占总面积的0.02%。潮土主要分布在冲积扇缘灌溉绿洲和瓦石峡博孜也尔村一带,面积286.67公顷,占农用地总面积的0.001%。草甸土主要分布在塔里木河、孔雀河和车尔臣河冲积平原,呈带状分布,在扇缘地带有零星分布,面积6.82万公顷,占农用地总面积的0.34%。棕漠土分布在阿尔金山山前倾斜平原,低山残丘和戈壁地区,面积471.33万公顷,占总面积的23.3%。沼泽土类分布在封闭性洼地内,面积101万公顷,占总面积的4.99%。风沙土主要分布在沙漠地带，在扇缘与洪积扇过渡地带有零星分布，面积557.73万公顷，占农用地总面积的27.57%。盐土是仅次于棕漠土的一个较大的自然土类，分盐土、残余盐土2类。主要分布在塔里木河、孔雀河和车尔臣河冲积平原，面积27万公顷。山地棕钙土分布在阿尔金山海拔2500—3500米的地段，面积1041公顷，占总面积的0.005%。亚高山草原土类以干草原为主，分布在阿尔金山海拔3500—4000米的地段，面积143.2万公顷，占总面积的7.08%。高山漠土类分布在昆仑山、阿尔金山内部，面积328.8万公顷，占总面积的16.25%。（县委办公室）

【水资源】 若羌县各河流的补给形式主要靠山地降水和高山冰雪融化的水量。全县开发利用河流有若羌河、瓦石峡河、塔什萨依河、米兰河，其中米兰河为兵团第二师三十六团场和罗布泊地区国投罗布泊钾盐公司开发利用。境内冰川集中分布在昆仑山系和阿尔金山系，海拔5000米以上的高山区，共有现代冰川388条，是若羌县主要的淡水资源，若羌平原地区较大的泉水有阿瓦提泉水带和巴什布拉克泉，若羌县境内湖泊众多，主要有台特玛湖、罗布泊湖、阿雅克库木库勒湖、阿其格库勒湖、鲸鱼湖。2021年，全县水资源总量25.34亿立方米。其中，地表水24.23亿立方米，地下水1.11亿立方米，农业灌溉总用水量1.31亿立方米。自来水受益村（社区）26个。（县水利局）

【植被资源】 若羌县的植被以干旱荒漠原始植被为主，覆盖率为0.28%。植被的分布变化因地势的高低和气候、水分诸因素的差异而不同，分南部山区原始植被区、中部平原区栽培植被区。其中南部山区原始植被区以青藏高原或帕米尔—青藏高原—亚洲中部高山成分占显著地位，有盆地荒漠化草原和典型高寒草原的紫花针茅、羽柱针茅、垫状驼绒藜、硬叶苔草等植物。中部亚洲草原成分主要在盆地北部半灌木荒漠和荒漠草原群落，如蒿叶猪毛菜、刺叶柄棘豆、沙生针茅等。中部草原农区栽培植被区植被带植物主要有杨树、榆阔叶林、桑树、枣树、核桃树、红柳、红拐枣、芦苇等，及一年生农作物，如小麦、玉米、棉花等。北部荒漠天然原始植被区植被分布在塔里木河和车尔臣河下游沿岸两侧广大山地带，呈荒漠植被，主要有大根茎和耐旱植物群落，有乔、灌、亚灌木和沙生植物等类型。在天然原始植被中，生长着许多野生药用植物，主要有甘草、麻黄、锁阳、大芸、车前子、列当等。（县委办公室）

【动物资源】 若羌县境内野生动物资源丰富，高等野生脊椎动物有65种。其中，国家一级保护野生动物有野牦牛、野骆驼、雪豹、藏野驴、藏羚羊、黑颈鹤、胡兀鹫、猎隼、金雕等，国家二级保护野生动物有棕熊、猞猁、盘羊、藏原羚、藏雪鸡等。新疆阿尔金山国家级自然保护区分布着动物204种，其中，国家一类保护动物17种，国家二类保护动物31种，有近11万头高原珍稀大型有蹄类野生动物。新疆罗布泊野骆驼国家级自然保护区分布有脊椎动物45科261种。其中，有国家一级保护动物8种，国家二级保护动物43种。（县委办公室）

【矿产资源】 若羌县是一个拥有巨大开发潜力的矿产资源区域，矿产资源丰富，储量大、分布广，已发现49种矿产，累计发现的矿产地为281处，广泛分布于全县境内，优势矿产主要有钾盐、镍、铜、钨、锡、铁、铅、锌、黄金、石棉、玉石、石油、天然气等，多数是我国稀缺或重要的矿产。按矿产资源划分，若羌县主要有能源矿产、金属矿产、非金属矿产3类。是新疆乃至全国重要的矿产资源富集区，全县主要矿藏资源储量丰富，其中钾盐、铜镍、钨锡、萤石、石棉等矿产资源在全国所处的地位非常突出。

（县自然资源局）

【旅游资源】 若羌境内自然景观有雅丹地貌、魔鬼谷、阿尔金山和库木塔格大峡谷等。

雅丹地貌："雅丹"是罗布泊地区一种典型的地貌，在罗布泊西岸有"楼兰雅丹"和"龙城雅丹"，东北有"白龙堆雅丹"，东部有"三垅沙雅丹"。龙城雅丹是一片东西走向的盐碱地土台群，呈长条土台，远看为游龙，故称为"龙城"。龙城雅丹被誉为"最神秘的雅丹"，也称魔鬼城，是最全面的地质资料宝库。

神秘莫测的魔鬼谷：魔鬼谷地处阿尔金山自然保护区东端，西起库木库里，东到布仑台。全长100千米，宽约30千米。南有东昆仑山主脊，北有祁曼塔格山，两山夹峙，一河中通，雨量充沛，气候湿润，牧草茂密，鲜花遍布。在"魔鬼谷"探险，会遇到指南针等定位设备受强磁干扰而紊乱。

现代冰川——木孜塔格峰：该地是现代冰川集中发育地域。冰川面积占保护区冰川总面积的77.50%，厚度在100米以上。木孜塔格峰坐落在阿尔金山自然保护区，是世界级的冰雪探险考察基地之一。

阿尔金山景观：阿尔金山自然保护区南部的阿喀山中有古老的岩溶地貌，该地貌东起布喀达坂峰，西至阿其克库勒一带，长350千米，宽20—30千米，面积约1万平方千米。石灰岩山体经过风吹雨打、腐蚀溶解，呈现出千奇百怪的形状。

蓝色明珠——鲸鱼湖（阴阳湖）：湖区在阿尔金山自然保护区的东南部，东西长37千米，南北宽7.6千米，面积250平方千米。湖面海拔高达4708米，主要由玉浪河及沿线的泉水汇集而成。该湖形状似一条横卧的大鲸，故而名曰"鲸鱼湖"。湖的东段七分之一处形成一道长7.5千米的自然砂砾堤，将湖水分隔成东西两部分，中间有缺口，两侧之水可以互通。东半湖由玉浪河大量的冰川融水注入形成淡水湖，西半湖天长日久，蒸发强烈，湖水含盐量几乎达到饱和状态，是一个没有生命的死湖。东西半湖水质差异明显，是世界内陆高山湖泊中的一种罕见的湖泊类型。

库木塔格大峡谷：峡谷位于若羌县境内阿尔金山北麓的库木塔格沙漠。峡谷呈南北走向穿越整个沙漠，全长约20千米，平均谷深约80米，谷宽约30米。阿尔金山洪水的长期冲刷，使峡谷两侧形成千姿百态、诡谲多端的柱状雕塑群，构成举世罕见的壮观奇景，素有"中国第一大沙漠峡谷"美名。

天然绿色走廊：在塔里木盆地北缘，塔里木河中下游，生长着大面积的胡杨林，形成一道天然的"绿色走廊"。胡杨林西起尉犁县的卡拉，东南延伸到若羌县的罗布庄，全长400千米。它阻挡着库木塔格沙漠与塔克拉玛干大沙漠合拢的进程，成为连接库尔勒与若羌、且末，以及新疆与青海、甘肃的重要通道。绿色走廊218沿线有"吉尼斯纪录砖铺公路"。1966年，兵团3000多名建筑工人在运力及原料极

木孜塔格峰　　（县融媒体中心　供稿）

端困难的条件下，创造性地烧砖砌路，历时7年，用6000万块砖筑成长百余千米、宽7米、时速可达80千米以上的公路。

“死亡之海”——塔克拉玛干大沙漠：塔克拉玛干大沙漠位于塔里木盆地中央，东西长约1000千米，南北宽约400千米，面积33.76万平方千米，仅次于非洲撒哈拉大沙漠，为世界第二大流动沙漠。塔克拉玛干沙漠流动沙丘面积广大，在东北风作用下，形成南北向巨大复杂多样的沙垄，长1—2千米，高100—200米，最高达300米左右。

罗布泊：罗布泊位于若羌县境东北部，地势由南向北倾斜，平均海拔900米，最低海拔756米。罗布泊曾是我国第二大内陆湖，新疆境内最大湖泊。由于形状宛如人耳，罗布泊被誉为“地球之耳”。罗布泊昼夜温差极大，年平均气温比同纬度地区高出5℃。每年6、7月，气温在40℃以上，地表温度常在70℃以上。年降水量通常为0，年蒸发量高达2600多毫米，平均空气湿度1%。

奇泉绝景——沙子泉：沙子泉位于阿尔金山自然保护区境内的世界海拔最高的沙漠库木库里沙漠北麓，分布3个巨大的泉眼。最大的泉眼泉口直径达200米，面积超过31416平方米；另外两个泉口直径均为50米。三泉一线，形成一个总面积3.5万平方米的小盆地。三大巨泉横向排列，开口向北，汇为一流，宽约1000米，水流交错，形态各异，颇为壮观。

台特玛湖：湖区距若羌县城50千米，是塔里木河流域的尾闾湖泊，也是塔克拉玛干沙漠边缘的咸水湖，周围被沙漠和戈壁包围，1972—1999年曾完全干涸。处于尾闾低洼盆地的湖泊水位变化较为敏感，湖泊来水量的变化状况记录着区域气候环境变化的历史。塔里木河一度断流，自2000年4月开始，国家先后22次向塔里木河下游实施生态输水，结束下游河道断流近30年的历史。水过之处，湖面面积不断增加，地下水位提升，湖区周边柽柳、芦苇等植物面积明显增加。台特玛湖天水相接，云霞作衬，入湖的一面，被天然植被丛林裹包，其余三面被荒漠环绕。湖区周边红柳、胡杨、芦苇等植物面积明显增加，野鸭、野兔、水鸟等野生动物数量也呈增多趋势，生态环境得到改善。

车尔臣河下游尾闾水域：湖区位于塔克拉玛干沙漠、库木塔格沙漠和罗布泊之间，由13个大大小小的湖泊组成，区域内有500多平方千米的湿地。湖区就在湿地内，湖泊水源来自车尔臣河，湖泊水质清澈，水草丰茂，浮游生物丰富，十分适合野生水产品的生长。（县委办公室）

库木库里沙漠沙子泉（孙亨文 摄）

人口 民族 宗教

【人口数量】 2021年，若羌县有人口5.2万人（不含兵团第二师三十六团），其中户籍人口28731人，流动人口23269人；全年出生

269人,比2020年末减少2人,人口出生率6.60‰;死亡107人,比2020年减少27人,人口死亡率2.62‰,人口自然增长率3.98‰;兵团第二师三十六团米兰镇人口10111人,出生人口23人,人口出生率2.31‰,死亡人口43人,人口自然增长率-2.01‰。

（李金花）

【人口分布】 2021年,若羌县人口分布不均,呈点状分布。人口主要集中在若羌河、瓦石峡河、米兰河绿洲,少部分人口分布在祁曼地区各个矿区和牧区。若羌人口大体可划4个人口分布区:若羌河流域包括若羌镇、铁干里克镇、吾塔木乡3个乡镇,人口占全县总人口的近60%;瓦石峡河流域主要是瓦石峡镇人口和塔什萨依河下游人口;米兰河流域的兵团第二师三十六团米兰镇;矿区和牧区的依吞布拉克镇、铁木里克乡、祁曼塔格乡、罗布泊镇,主要以流动人口为主。铁木里克乡和祁曼塔格乡因地处阿尔金山自然保护区,除牧场和少数牧民游牧及流动性较大的矿山企业工人外,基本无人居住。（县委办公室）

【民族】 2021年,若羌县有汉族、维吾尔族、回族、东乡族、柯尔克孜族、蒙古族、满族、锡伯族、藏族、苗族、土族等22个民族。其中,汉族人口24960人,其他少数民族27040人。（朱鹏飞）

【宗教】 2021年,若羌县有伊斯兰教、基督教两大宗教。若羌县信奉伊斯兰教的为维吾尔族、回族和东乡族的部分群众,信奉基督教的为汉族的部分群众。

（县委统战部）

楼兰文化

【楼兰故城遗址】 楼兰故城遗址位于若羌县境内塔里木盆地东部、罗布泊西北岸的荒漠。1988年1月,楼兰故城遗址被列入国务院公布的第三批全国重点文物保护单位。其南部是阿尔金山,北部为库鲁克塔格山,西北距巴州首府库尔勒市约350千米,西南部距若羌县城约230千米,东距甘肃敦煌400千米、阳关约360千米,哈密市和若羌县均有公路通往罗布泊镇。

楼兰故城遗址大致呈正方形分布。城墙为夯土建筑。城周长为1316.5米,总面积108240平方米。城内建筑布局主要有佛寺区、官署区和住宅区。由于千百年来劲风的作用,城墙和城内的建筑破坏严重,遗址地表被风力下切3—6米不等,形成许多沟壑凹地。城中重要建筑物是佛塔和“三间房”的木构宅院。城内散落着许多木质建筑构件。城内外陶片、炼渣散布。楼兰故城遗址是丝绸之路上西域段最著名的城市之一,是东西方交通的重要枢纽,经济、文化交汇的十字街头,边防、军屯的重镇。通过考古调查、发掘资料研究,楼兰故城建于西汉之后,是东汉至魏晋时期丝绸之路“楼兰道”上驻兵军屯,实施行政管理、垦地屯粮和维护丝路安全的一处重要设施,曾是魏晋时期西域长史府的治所。

随着古代丝绸之路的改道,管理机构的撤离,“楼兰道”逐渐萧条。至公元4世纪中叶,楼兰故城遗址逐渐废弃。在出土文物方面,出土的汉文木简和纸文书的纪年大多数在曹魏后期和西晋前期,其中《李柏文书》与《晋书·西域传》记载的前凉西域长史李柏相符。此外,城内和城郊还出土丝绸品、钱币、铜铁器、料器、海贝等文物。

（楼兰博物馆）

【罗布泊南古城遗址】 罗布泊南古城遗址位于若羌县东北方向,楼兰故城遗址以南50千米的荒漠中,罗布泊南古城遗址被国务院核定为第五批全国重点文物保护单位。遗址南部远至阿尔金山,北部是库鲁克塔格山,西北距巴州首府库尔勒市约400千米,西南部距若羌县城约200

千米，正东部距甘肃玉门关约450千米。罗布泊南古城遗址由LK、LL古城和住宅遗址组成。分布范围约64平方千米。以LK古城为中心，西北3千米是LL古城、8千米住宅遗址。城址城墙为夯土(间红柳和胡杨枝)建筑，营造形式与楼兰故城遗址及敦煌汉长城墙相似。住宅遗址主要为木柱框架编排红柳枝外抹草泥的“木骨泥墙”式建筑。自然破坏严重，大部分遗址被半埋在沙漠里。

罗布泊南古城遗址是楼兰—鄯善重要的城市之一，陆上丝绸之路中段著名的重镇，是汉晋时期罗布泊地区仅次于楼兰的第二大城，楼兰城被废弃后，西域长史府治所即迁于此，古城于公元400年废弃，1909年被发现。罗布泊南古城遗址的发现对研究汉晋经营西域史、丝路交通史、地理、气候变迁、城市建设、环保等方面价值极高。

（楼兰博物馆）

【米兰遗址】 米兰遗址位于若羌县东北70千米的荒漠中。遗址东南为米兰河，是当地的主要水资源，2001年米兰遗址被国务院核定为第五批全国重点文物保护单位。遗址西距兵团第二师三十六团团部约3千米，南距阿尔金山约30千米，东北距库尔勒市约370千米(均为直线距离)。遗址保护区西侧建有砖木结构的平房，为“米兰遗址保护工作站”站址。米兰遗址东西长11.4千米、南北宽4千米，分布于45.6平方千米的范围。由米兰古城、佛寺、古灌溉渠道、烽燧等组成。古城1座为土块建筑，距米兰河3千米。城西南及东北残存土块建筑的佛寺3处、佛塔8座和古灌溉渠道，城西、北部分布烽燧2座，年代为汉代至唐代。米兰古城城墙东西长约70米，南北宽约56米，残高6—13米。夯土(间红柳枝及土块)建筑。西墙残留5—6米的缺口，疑为城门。城中北部和东部房屋集中，均为土块建筑。其房间大小一般在12—17平方米。曾出土陶器、铁器、毛织品、皮革甲片、小麦、青稞等文物。

米兰遗址是一组不同年代的跨文化遗址群，其米兰古城遗址中有伊循城遗址、汉代屯田、唐代古戍堡遗址等。古代米兰是塔克拉玛干沙漠南面的一个古代绿洲城市，坐落于丝绸之路上罗布泊与阿尔金山脉的交汇处，是丝绸之路南道的一个繁忙贸易中心，是进出中亚的重要通道。商队为避免横渡塔克拉玛干沙漠及塔里木盆地，他们往往会选择从米兰南北两边绕过。它曾是当时中央王朝经营西域的重要根据地。西汉时此地为伊循城，元凤四年(前77)，鄯善王尉屠耆请求汉王朝派一将领兵到此屯田积谷，汉即派一司马和吏士40人屯田伊循。西汉至魏晋时期，相继由西域都护府及西域长史府统辖。佛教传入西域后，这里佛教兴起，佛寺遍布，佛塔林立。唐朝前期委派首领康艳典管辖。公元675年隶属沙州(今敦煌)。775年吐蕃势力进入，为吐蕃控制区。唐朝以后，遗址逐渐废弃。

米兰遗址的古城、寺院、佛塔、烽燧、古灌溉渠道等遗迹，表现出汉唐时期楼兰—鄯善国的城堡建筑、佛教文化、军垦屯田

罗布泊南古城遗址LK古城东墙及城内木构建筑　（楼兰博物馆　供稿）

米兰遗址佛塔　　（楼兰博物馆　供稿）

等特征，在研究汉唐经营西域史及西域民族、文化等诸多方面价值较高。遗址中出土的具有希腊罗马艺术风格的米兰“有翼天使”壁画、佛教寺院遗迹，是东西方文化碰撞、融会、结合的产物。水利灌溉系统（即古灌溉渠道）与《汉书·西域传》记载相符，为汉朝军垦屯田基地。它对研究丝绸之路东西方文化交流、新疆屯田史、汉唐佛教史、绘画艺术等方面价值极高。　（楼兰博物馆）

【楼兰墓群】　楼兰墓群位于若羌县境内的罗布泊西北，南部是阿尔金山，北部为库鲁克塔格山，东距干涸的罗布泊湖岸线5—20千米。墓群分布范围广，延续使用时间长，文化内涵丰富，是中国新疆塔里木盆地东部一处重要的古人类埋葬地，上限年代距今约3800年，下限年代为汉晋时期，是新疆早期古人类文化遗存之一。2006年，楼兰墓群被国务院核定为第六批全国重点文物保护单位。楼兰墓群墓葬点多分散，主要分为2个分布区：铁板河墓葬区和楼兰城郊墓葬区。每墓葬区由若干个墓地组成。分布面积约250平方千米。铁板河墓葬区西南至楼兰故城20—30千米，东北至土垠遗址约10千米，南至LE古城4千米；城郊墓葬区西南距楼兰故城4—9千米。遗存墓葬500余座；墓葬均分布在独立的雅丹顶部，1—20余座皆有。墓葬形制主要为长方形竖穴土坑墓、单墓道长方形竖穴棚架土坑墓、斜坡墓道洞室墓等。共清理发掘墓葬20余座，出土文物300多件。随葬品主要有丝、毛、棉织品，钱币、铜镜、木器、漆器、铜器、铁器、草编篓等，该地特殊的少雨干燥气候使部分墓葬还出土干尸等文物。保存完整的3800年的干尸（称楼兰美女）、精美的丝织品，以及墓室绘制的彩色壁画等，融合浓厚的东西方文化因素，在全国罕见。楼兰墓群对于研究楼兰古代人类活动，汉晋王朝经营西域史、丝绸之路开发史、古代

楼兰墓葬中的壁画　　（楼兰博物馆　供稿）

民族史、东西方经济文化交流史等方面具有很高的价值。

（楼兰博物馆）

【小河墓地】 小河墓地位于若羌县北部，孔雀河下游南流的一条支流“小河”东侧约4千米的荒漠中。小河墓地东至敦煌510千米，至楼兰故城107千米；西北距库尔勒市265千米；西南至阿拉干34千米，至若羌县城152千米。于2013年5月3日被国务院核定为第七批全国重点文物保护单位，于2021年被评为“中国考古百年百大考古发现”之一。小河墓地的外观为一座椭圆形的大沙丘，大致呈东北—西南走向，高7余米，长74、宽35米，总面积约2500平方米。墓葬实行单人葬，有木质棺具，分层埋葬。根据统计，墓地原有墓葬约300座。地表散落着数百件人为或自然破坏的棺木残件以及尸骨和其他遗物；地面上矗立着密密丛丛的经过加工的圆形、多棱形和桨形木柱，多数高出地表2—4米，有的通体涂红。墓地在荒野中显得格外瞩目，远在数千米外即可看到突兀高大的沙丘和笼罩着神秘色彩的“死神的立柱殿堂”。罗布泊区域是新疆境内发现早期文化遗存最丰富的地区之一。考古调查资料显示，距今6000—5000年前，罗布泊洼地中就已有从事狩猎、采集经济生产方式的人群活动，根据同时期遗物的分布来看，其活动范围北至库鲁克山，南至阿尔金山区；距今4000—3500年前，数个较大的以畜牧经济为主的生产群体，分布在孔雀河下游一带，并创造出灿烂的地方文明。小河墓地即为这一时期最具有代表性的一处文化遗存。

小河墓地有宏大的规模、奇特的葬制、数量众多的干尸文物、丰富的罗布泊早期文明信息。小河墓地是新疆史前墓葬中年代早、规模宏大、形制特殊、内涵丰富的重要遗存，具有典型的考古文化特征，对构建新疆区域性考古文化体系有着重要价值。墓地发现的史前宗教遗存极为丰富，从墓葬的地表标志到葬俗葬制均表现出强烈的文化特征，是研究原始宗教信仰极为珍贵的第一手资料。墓地出土的大量铜片和少量的铜器，为中国境内青铜文化的起源、发展问题的研究提供重要线索。墓葬资料中蕴含着远古罗布泊居民物质、精神文化的众多信息，为东西方经济交流、西域与中亚古代文明以及诸多学科领域的探索和研究提供珍贵的实物资料。

（楼兰博物馆）

【汉代“君宜高官”铜镜】 汉代“君宜高官”铜镜于2002年在若羌县楼兰故城北墓地出土，是国家一级文物。铜镜年代为东汉，直径约10.6厘米、厚0.3厘米，镜上有云纹、连弧纹、星纹、变体云气纹、对鸟纹，用隶书铸“君宜高官”铭文，意指希望被赠予的人仕途顺畅。随着汉武帝大一统政治局面的巩固和发展，文化艺术方面也趋于统一，这使得铜镜的形制和花纹也在全国范围内一致化。汉式铜镜反映出楼兰是汉中央政权各项政策进入西域的一个重要站点。

（楼兰博物馆）

【魏晋“张币千人丞印”】 魏晋“张币千人丞印”于2015年新疆文物考古研究所考古人员在楼兰地区南部发现。该印为红铜铸造，通高2.25厘米。上部是一只站立的动物形象，头部尖圆，五官轮廓不明显。头向左转与左腿相连，颈下部有一小孔。细腰，背部正中施数道横短线，两侧各刻画一、二道纵向凹弦纹。四足立于四角，尾垂于两腿间。整体形象略显简略，写意较强，可能是羊或橐驼的变体；下部方形基座边长2厘米，一角稍有残缺。印面阴刻二行三列6个篆字，为“张币千人丞印”。考古人员初步判断为一枚魏晋时期的官印，属于西域长史营下的一位中下级军官，秩在三百石左右（即俸禄）。“张币千人丞印”的发

张币千人丞印

（吴勇　供稿）

5	3	1
6	4	2

张币千人丞印

丞	千	张
印	人	币

（吴勇　供稿）

现，填补了楼兰历史研究文物资料上的空白，对进一步补充和完善魏晋时期西域长史营的职官体系、深入研究两汉至魏晋时期西域职官制度，以及实证中央政府对新疆地区的有效管治，都具有重要的学术价值和意义。

（楼兰博物馆）

【汉代钱币】 汉代钱币于楼兰故城遗址出土，有五铢、货泉、小泉直一、榆荚半两等，大量来自中原地区的钱币的发现，说明它已经成为这一地区的流通货币，数量巨大，说明它已经被楼兰人视为财富。说明中原地区的货币可能曾是丝绸之路上流通货币的一种，或者是财富的象征；也是中原王朝经略西域和文化交流的重要实物证据。

（楼兰博物馆）

【汉代铜弩机】 汉代铜弩机是楼兰故城遗址出土的文物。作为汉代射箭工具的弩机，是戍边将士的配备武器，一方面反映汉晋之时中原王朝派驻军队对西域的经略，另一方面也反映中原地区对这一地区的影响。

（楼兰博物馆）

【《李柏文书》】 《李柏文书》是前凉西域长史李柏写给焉耆王龙熙的信稿，又名《李柏尺牍稿》。据《晋书》记载，李柏作为前凉西域长史，给焉耆王龙熙等写信反复斟酌措辞，多次易稿保留下的草稿，主要信稿留存下两份。《李柏文书》的大致内容为李柏准备出兵攻打占据高昌、控制西域北部的戊己校尉赵贞，希望龙熙不要恐慌，也不要跟着赵贞逃跑。其意在善言问候，表示关心与尊重，先取得焉耆王对讨逆的支持，庶免腹背受敌之虞。《李柏文书》是一份重要的官方文书，不仅证明至少在328年的时候，楼兰故城驻有重兵把守，而且李柏是一位忠诚于华夏统一大业的有胆有识之士。它的发现为了解以及认识前凉王朝如何经营西域这一重大事件，补充极为珍贵的第一手细节资料。文书的书法笔意对研究行书发展的历史也具有很高的参考价值。

（楼兰博物馆）

建置区划

【建置沿革】 汉代至清代中晚期，包括新疆天山南北在内的广大地区统称为西域。自汉代开始，新疆地区正式成为中国版图的一部分。“若羌”原称“婼羌”，最早见于西汉建昭三年（前36），为西域“三十六城郭”之一。汉文帝前元四年（前176），为楼兰城。汉武帝元封三年（前108），汉朝首次对西域用兵，俘楼兰王，破车帅，楼兰归汉。西汉元凤四年（前77），更名为鄯善，迁都扜泥城（今若羌镇）。西汉神爵二年（前60），控制东部天山北麓的匈奴日逐王降汉，西汉统一西域，设西域都护府作为管理西域的军政机构，新疆，包括今若羌在内的广大地区正式纳入中国版图。

东汉建武十二年(36)降附匈奴。永平十六年(73)至延平元年(106),鄯善为东汉属地。东汉永初元年(107),鄯善为匈奴重新统治,汉安帝延光三年(124)至西晋建兴四年(316),鄯善臣属于西晋。东晋太宁二年(324)底,鄯善先后属前凉、前秦、后凉、西凉、北凉控制之地。北魏太平真君六年(445),鄯善为魏之郡县。北魏兴安元年(452)至隋大业四年(608),鄯善为吐谷浑占据。隋大业五年(609),隋设鄯善郡,同年废郡置鄯善镇。隋末,鄯善为吐谷浑重新统治。

唐代,中央政权对西域的管理大为加强,先后设置安西大都护府和北庭大都护府统辖天山南北,鄯善归安西大都护府管辖。唐上元二年(675),鄯善城改名石头镇(又称典合城),隶属于沙洲辖。贞元元年(785)至唐末(906),石头镇为吐蕃地方政权所统治。五代十国(907)至北宋(1127),前期石头镇属西州回鹘,后期属于阗国。南宋绍兴元年(1131),石头镇为西辽王朝所统治。元代,中央政府在西域设北庭都元帅府、宣慰司等管理军政事务,加强了对西域的管理。1251年,元在西域实行行省制,石头城属别失八里行省辖。元至元十三年(1276)石头镇改名为罗布镇。明洪武二十一年(1388),罗布镇为察合台汗国统治。

清康熙十七年(1678)由清朝取代统治。清光绪十年(1884),新疆建省,时今县域属阿克苏道喀喇沙尔直隶厅辖地。光绪二十五年(1899),设卡克里克县丞,隶新平县辖。光绪二十九年(1903)改升为婼羌县,隶焉耆府辖。

民国2年(1913),婼羌县直属阿克苏道辖,民国9年(1920),由阿克苏道辖划归焉耆道辖。

1949年10月1日,中华人民共和国成立,婼羌隶属焉耆专区。1954年,焉耆专区撤销,婼羌县隶属库尔勒专区。1959年,经国务院批准,将"婼羌"简写成"若羌"。1960年起,若羌县隶属新疆维吾尔自治区巴音郭楞蒙古自治州。

"若羌"名称的来历有多种说法。著名考古学家黄文弼认为,"婼"是部落名称,"羌"是族名,"婼羌"是由古代羌人的一个部落名称而形成的地名。1959年,经国务院批准,将"婼羌"改为"若羌"并沿用至今。

《御览》引《说文》:羌,西戎牧羊人,从人牧羊。据史书记载,尧、舜时期,江淮、荆州一带的三苗部落,被尧迁到甘肃河西走廊与敦煌三危山一带,与当地民族融合成为羌人的祖先,其中的"弱水羌"后因受乌孙和大月氏的侵袭被迫西迁,定居县境内东南部放牧而得名"婼羌"。

若羌,在古代有两个名称,婼羌和鄯善。在鄯善之前,又称楼兰。后来,废弃楼兰这个地名。清代,置婼羌县的同时,又置鄯善县,把鄯善作为与婼羌相邻的另一个县的名称,使这两个古地名都保存下来。

(县委办公室)

【行政区划】 1985年12月,若羌县下设1镇1区(辖1镇2乡)3乡,即若羌镇、祁曼区(辖依吞布拉克镇、铁木里克乡、祁曼塔格乡)、铁干里克乡、吾塔木乡、瓦石峡乡。

2002年1月,经新疆维吾尔自治区政府批准,若羌县罗布泊镇成立。镇政府驻地位于罗布泊镇罗中村。2005年3月,若羌县祁曼区公所撤销,原祁曼区公所并入依吞布拉克镇,铁木里克乡、祁曼塔格乡由若羌县政府直接管理。2006年7月,若羌县依吞布拉克镇搬迁至新青315国道交界处。2007年3月,经自治区政府批准,巴州祁曼管理委员会成立。为州政府派出机构,规格为正县级。驻地依吞布拉克镇。2010年10月,巴州罗布泊地区管理委员会成立。为州人民政府派出机构,规格为正县级。驻地罗布泊镇。2012年6月,撤销瓦石峡乡，成立瓦石峡镇。2015年8月，撤销铁干里克乡，成立铁干里克镇。

2017年，若羌县下辖5镇3乡，即若羌镇、铁干里克镇、瓦石峡镇、依吞布拉克镇、罗布泊镇，吾塔木乡、铁木里克乡、祁曼塔格乡。行政村26个、村民小组59个、社区10个。

2018年，若羌县下辖5镇3乡，行政村25个、村民小组48个、社区10个。2018年12月，罗布泊镇迁移至驻地米兰村。

2021年，若羌县下辖5镇3乡，行政村43个、社区11个、村民小组76个。境内驻有兵团第二师三十六团、巴州祁曼管理委员会、巴州罗布泊地区管理委员会。（县民政局）

2021年经济社会建设

【经济建设】 2021年，若羌县地区生产总值57.35亿元，比2020年增长9.1%，年平均增长7.08%。其中，第一产业增加值121169万元，比2020年增长18.4%；第二产业增加值317108万元，比2020年增长8.8%；第三产业增加值135244万元，比2020年增长2.0%。第一产业增加值占国内生产总值比重为21.13%，第二产业增加值比重为55.29%，第三产业增加值比重为23.58%。第一产业较上年同期增长13.3个百分点，第二产业较上年同期增长19.8个百分点，第三产业较上年同期下降3.4个百分点。完成固定资产投资23.38亿元，同比增长29.65%；一般公共预算收入8.29亿元，同比增长6.51%；社会消费品零售总额4.09亿元，同比增长12.32%；城镇居民人均可支配收入和乡村居民人均可支配收入达到38503元和32483元，同比分别增长4.69%、1.29%。

2021年，若羌县列入州重点项目7个，项目总投资724.1亿元。3月，拉配泉—若羌高速公路项目列入自治区重点项目计划；6月，新疆羌都天厚羊业年出栏10万只育肥羊项目开工建设；8月，若羌河抽水蓄能电站项目纳入国家抽水蓄能规划，并列入“十四五”期间开工项目；8月，罗布泊至若羌铁路项目可研性报告报乌鲁木齐铁路局审查；11月，瓦石峡水库项目完成工业用水指标、供水指标调整，可行性研究报告提交自治区水利厅审查；12月，特变电工高纯硅、多晶硅新材料项目完成可研、节能报告编制和选址；12月，国网综合能源10万千瓦光伏发电项目实现并网发电。（张忠敏）

【文化事业】 2021年，若羌县深入实施文化润疆工程，办好各类群众文化活动，推进“我的中国梦，文化进万家”送文艺下乡活动，继续发挥“石榴籽”文艺小分队作用。县文化馆、楼兰艺术团、若羌镇、吾塔木乡文艺人才348人，组建19支队伍，演出场次达274场，创作文艺作品数量达140个，受益人数达到10030人次。县体育馆延长开放时间至23时，惠及群众1.6万人次；博物馆免费开放接待各族群众12.6万人次；文化馆举办舞蹈、乐器、声乐等公益培训共9次，参训人员150余人，场馆免费开放惠及群众1500人次。（县委办公室）

【社会事业】 2021年，若羌县粮食安全得到有效保障，种植面积稳定在3333公顷以上、产量稳定在3.5万吨左右。积极培育新型农业经营主体，创成州级以上农民专业合作社示范社18家。充分利用110座日光温室大棚，实现年供应蔬菜3100吨。最低生活保障、特困人员供养、受灾人员救助及教育、医疗、住房等救助制度和社会力量参与的政策措施不断完善，城乡特困人员基本生活标准提高至每人900元/月、城乡低保标准提高至每人675元/月。累计新增城镇就业700人，转移农村富余劳动力6115人次，城镇登记失业率控制在3%以内。持续巩固国家通用语言文字教育教学成果，实施“310”星火计划，第四轮兵地联合办学深入推进，高考成绩稳居巴州前列，第四小学、职业学校加快建设，新疆工程学院乡村振兴学院若羌分院揭牌，若羌县技工学校开班招生1731人次，教育教学基础设施逐步完善。医疗服务水平方面，完成县人民医院“三楼一区”、医疗废物处置中心、吾塔木乡卫生院和2个乡镇卫生院中医馆建设。县人民医院与河北眼科医院建立眼科专科联盟，巴州人民医院全面托管县医院。推进“互联网+”医疗健康工作，乡镇卫生院远程会诊平台覆盖率达到100%。编制完成若羌氟硅锂新材料产业发展规划，楼兰之星、楼兰印象、楼兰壹号商业综合体项目加快推进。

举办“云上红枣节”，米兰古城国家AAAA级旅游景区创建通过验收，依吞布拉克特色小镇成功创建AAA级景区。全年累计接待游客总数89.72万人次。

（颜权）

【生态治理】 2021年，若羌县完成若羌河生态环境综合治理、两镇一乡一体化污水处理站、污水处理厂污泥处置、城镇餐厨垃圾处理、依吞布拉克国有独立工矿区污水处理厂等项目建设，实施农村“电采暖”改造工程。实施河湖整治行动，加大地下水超采区治理，加快1608眼机电井“井电双控”信息化建设，加强饮用水水源地保护，持续推进节水型城市建设。投资2850万元新建25个农村生活污水处理站，污水管网覆盖率达92%。罗布泊盐化工工业园区污水处理厂建成并投入使用，完成国家地表水“塔里木河下游入台特玛湖”水质监测断面桩埋设。强化土壤污染治理，加快医疗废物处置能力建设，健全医疗废物集中收集处置体系。完善生活垃圾收运处置体系，实施生活垃圾分类处置。强化大气污染防治，完成瓦石峡镇、依吞布拉克镇、工业园区自动监测站建设。完成人工造林567.93公顷，引洪灌溉6666.67公顷，固沙压沙105公顷，治理水土流失面积4.83万公顷。新疆阿尔金山国家级自然保护区和新疆罗布泊野骆驼国家级自然保护区地质生态恢复治理和勘界立标历史遗留问题解决，中央环保督察反馈意见整改任务对账销号。天气优良天数达176天，全年浮尘天气117次，比2020年减少6次，下降4.88%；扬沙天气35次，比2020年减少1次，下降2.78%；沙尘暴天气5次，比2020年减少12次，下降70.59%。

（县委办公室）

【立体化交通体系建设】 2021年，若羌楼兰机场有航线4条，全年航空运输旅客吞吐量达到14.59万人。县域内铁路3条，分别由哈密—罗布泊线（哈罗铁路）、格尔木—库尔勒线（格库铁路）、和田—若羌线（和若铁路）组成，其中建成铁路2条（哈罗铁路、格库铁路），在建铁路1条（和若铁路）。有国道2条分别为218国道和315国道；高速公路3条，分别为三十五团—若羌高速、依吞布拉克—若羌高速、若羌—民丰高速。2021年，若羌县农村公路路网逐步完善，新建农村公路51千米。12月30日，G0711尉犁—若羌高速、G0612若羌—民丰高速正式建成通车投入试运营，若羌县“两纵两横”公铁交通，网格初步成型，补齐若羌县无高速公路的短板。

（县委办公室）

大事记

1 月

1日，若羌县水土保持补偿费(水利局征收)和防空地下室异地建设费(住建局征收划)转至税务部门征收。

13日，若羌县公交公司开通“机场专线”大巴，结束若羌楼兰机场不通公交车的状况。

15日20时，若羌县315国道石头沟至红柳沟路段突降大雪，导致车辆滞留。若羌县委、县政府召开会议，迅速组建由应急管理、交警、路政等部门的专业救援工作队。出动救援车辆300余次，参加救援人员200余人。使用挖掘机、装载机、平地机、清雪车等大型机械21辆，融雪剂490余吨，救护车3辆6人，储备急救药品13类500盒，医疗保障服务人员30余次，发放口罩、洗手液等防疫物资500余个，发放饮用水、火腿肠、面包、馕、方便面、鸡蛋等保障物资7.6万余份。移动通信保障车2辆，调配对讲机60部，卫星电话8部，10个短波电台。该次极端天气事件无交通事故，无人员伤亡。

15—16日，中国人民政治协商会议若羌县委员会第十届委员会第六次全体会议在若羌县召开。

15—17日，若羌县第十七届人民代表大会第六次会议在若羌县召开。

18—19日，巴州巡回宣讲团在若羌县开展党的十九届五中全会精神和第三次中央新疆工作座谈会精神宣讲活动8场，推动党的路线方针政策走进基层、贴近群众、落地生根。

19日，全国首次投用的铁路货运装卸线侧移式移动接触网在格尔木—库尔勒铁路依吞布拉克站货场投入使用，由42162次列车装运石棉运往青海格尔木。

27日，若羌县首批8辆城市公交车开始运行。公交采用无人售票模式，支持现金、微信、支付宝等多种支付方式，共设立公交路线3条。

是月，若羌县获评2021年全国村庄清洁行动先进县，入选2021—2023年创建周期全国文明城市提名城市。

是月，若羌县楼兰故城三间房和佛塔遗址抢险加固工程完工。通过抢险加固，消除因自然环境影响导致楼兰故城重要遗址三间房和佛塔濒临坍塌的安全隐患，保障文物安全、延长文物寿命。

2 月

1日，若羌县技工学校挂牌成立。学校位于若羌县阿尔金山路200米处，占地面积5.4万平方米，校舍面积1.6万平方米、实习实训场所1.5万平方米。教职工79人。

7日，若羌县辖区内218国道1033千米处其文阔尔苇区发生森林草原火灾。由若羌镇、应急管理、林草、消防大队、公安、自然资源、铁干里克镇等部门组建救援队灭火。该次火灾过火面积6.7公顷，无人员伤亡。

9日，中共若羌县第十届纪律检查委员会第六次全体会议在若羌镇召开。若羌县委常委、纪委书记、监委主任汪树洪主持会议。

是月，若羌县建立“车管服”一站式业务平台。办理车辆落户、车辆临牌、审车业务、违章查询、扣分等业务均可实现“一站式”服务。

3 月

5日，若羌县党史学习教育动员大会召开。该次会议全面启动党史学习教育，成立党史学习教育领导小组及办公室，下设5个专项工作组，协作高效推进党史学习教育。

7日，若羌县、乡两级代表选举工作启动，若羌镇、铁干里克镇、吾塔木乡、瓦石峡镇4个乡镇各党支部召开第一次党员大会。

9日，巴州“2021年3月份项目集中开工仪式”若羌分会场举行，共涉及7个项目，总投资8.44亿元。

16日，若羌县文旅产业推进会暨2021巴音郭楞蒙古自治州探秘塔克拉玛干沙漠N40°首次穿越之旅发车仪式在阿拉干自驾游营地举行。

22—29日，若羌县开展2021年第一轮脊髓灰质炎疫苗补充免疫活动。全县0—4岁接种儿童1242名，接种率100%。

24日，河北邢羌（新疆）物流园与邢羌建筑板材产业园项目奠基仪式在若羌县现代物流产业园区举行。该项目由新疆京航致远新型建材有限公司及新疆邢羌物流有限公司共同建设，总投资2.5亿元。

27日，巴州祁曼管委会举办“若羌县阿尔金山旅游探险首发仪式”。活动由巴州祁曼管委会主办，若羌县文化体育广播电视和旅游局、依吞布拉克镇政府、铁木里克乡政府、祁曼塔格乡政府承办，若羌县楼兰文化旅游有限责任公司、新疆险峰探险文化发展有限公司、州新昆仑探险旅游公司、若羌县第一秘境旅行社有限公司、新疆若羌N39°探险旅游公司参与。

30日，若羌县“3+1”工作启动会召开。

31日，山东省寿光市三元朱农业科技有限公司到若羌县调研洽谈，成功签约引进新疆现代农业科技示范园项目，总投资2.4亿元，占地66.67公顷，主要建设农业种植区、育苗区、培训区及仓储、物流、住宿、冷库等配套设施。

是月，若羌县建立小河文物保护站。驻站员4人，实行每月换站制度，小河墓地实现长期建站驻站工作。

4 月

12—23日，若羌县举办“我要上全运”群众篮球项目选拔赛。该篮球赛共12支代表队1300人参加，共举办70场比赛。

16日，若羌县入选品牌时代国际传媒联合大学研究机构2021（第二届）“中国文化百强县”。

16日，巴州阿尔金山国家级自然保护区管理局工作人员利用红外摄像机在海拔4050米的祁曼塔格山山脉处拍摄到3只雪豹同框画面。经核实，该3只雪豹曾于2019年被工作人员在保护区拍摄观察。

26日，若羌县政府和邢台技师学院签订合作办学协议。邢台技师学院若羌分校举行揭牌仪式。

27日，若羌县庆祝中国共产党成立100周年红歌比赛活动举办。

28日，若羌县引进哈啰出行、人民出行两家企业进行投放试点。首批投放500辆共享电动车和1000辆共享自行车。

是日，若羌县劳动模范和先

进工作者表彰大会举行。

是月，第四届塔东南兵地基础教育校际交流活动由若羌县牵头、农二师市教育局和若羌县教科局主办、若羌县中学和第二师三十七团中学承办。活动覆盖19所成员学校，12名专家列席活动，180余名教师参与活动。

5　月

1日，若羌县总工会举办2021年“讴歌时代担当礼赞劳动最美”庆五一劳动节全县职工文艺晚会。

9日，若羌县铁木里克乡第一家农家乐铁木里克村土窑洞牧家乐营业。

18日，若羌县总工会与铁干里克镇农村信用社首次采用合作联社联合共建的方式，成立全县户外劳动者服务站点一号站。

23—30日，若羌县举办第九届全民运动会，分田径类、球类、趣味类、棋艺类4个大项40个小项比赛，参与人数200余人。

25日至6月30日，若羌县委宣传部开展“纪录小康工程”工作，重点记录中华人民共和国成立以后，特别是党的十八大以来，推进经济建设、政治建设、社会建设、生态文明建设等方面的重大事、重大决策部署、重大活动。

28日，巴州人民医院托管若羌县人民医院暨干部任免大会在若羌县召开。

31日，若羌县乡村振兴局挂牌成立。

是日，若羌县医疗保障局与第二师三十六团医院签订定点医疗机构协议，相互进行医保结算，保障地方和兵团患者在所有定点医院均能享受医保政策。

是日，若羌县科技馆开馆试运行。县科技馆建设地点位于市民科技文体综合活动中心三区三层，总面积1311.08平方米。

是月，若羌县新设立楼兰故城文物保护站，驻站员4人，实行每月换站制度；保留原有楼兰文物工作站，驻站员4人，实行每月换站制度。

是月，若羌县广播电视台在自办频道RQTV—1推出《乡村法制》《健康面对面》《致富故事会》《生活视觉》等栏目。

6　月

6日，依吞布拉克至若羌高速阿尔金山段路面试验段沥青摊铺完成。

10日，若羌县在依吞布拉克镇苏拉木220千伏变电站举行国综能源若羌县10万千瓦光伏和储能设施项目奠基仪式。

11日，若羌县文化馆在万亩红枣基地举办第七届“枣花节”之传承文化“枣园赛乃姆”活动。

12日，若羌县羌都天厚羊业20万只羊标准化养殖项目暨若羌县羌都昆仑60万吨饲料厂项目开工仪式举行。

是日，青海茫崖、新疆若羌文化旅游战略协作框架协议签约仪式在依吞布拉克镇旗帜博物馆举行。

15日，若羌县“光荣在党50年”纪念章颁发仪式举行。

是日，巴州生态环境局若羌县分局成立。

16日，若羌县举行第七届“枣花节”之多彩生活“微视有你”微视频大赛暨“丝路楼兰、魅力主播”若羌县首届网红选拔赛。

18日，若羌县举办“探秘楼兰玩转民宿”幸福乡村游活动。该活动主要采取“云端网络直播+自媒体传播带动”的形式，展示若羌的文化底蕴、风土人情及乡村文化旅游项目。

22日，若羌县举行党史学习教育专题报告会。长江韬奋奖获得者、全国百佳新闻（记者）工作者王喜民作题为《传承红色基因，走好新的长征路——庆祝中国共产党成立100周年》的党史专题报告。

29日，若羌县在楼兰影剧院举行“共庆百年辉煌·开启盛世新篇”庆祝中国共产党成立100

周年专题文艺晚会。

是月，若羌县不动产登记中心实现商品房预售、抵押涉及的不动产预告登记、信息查询、抵押登记3项业务“跨省通办”。

7 月

1日，若羌县医共体总院在巴州人民医院的指导下开展首例尿道前列腺等离子电切术、腹腔镜下脾脏切除、床旁纤维支气管镜治疗、脾切除手术。

9日，若羌县庆祝中国共产党成立100周年座谈会举行。

10日，若羌县迎来首个新东方快车专列旅游团。来自山东、上海等地的百名游客，到阿尔金禹龙山庄、楼兰博物馆、楼兰文化公园观光旅游，欣赏若羌县的风土人情和自然风光。

11日，河北省眼科医院与若羌县人民医院建立眼科专科联盟揭牌仪式在若羌县人民医院举行，补齐若羌眼科领域空白。

是日，若羌县人民政府与新疆自驾旅游协会、中交交旅投资控股有限公司签订若羌县特种旅游集散服务体系开发建设框架协议。

18日，青海省西宁市召开新疆若羌招商引资暨文化旅游青海推介会，重点介绍若羌县楼兰故城、女儿湖、罗布泊等旅游资源。签订部分合作协议，两地旅游业行业人员近200人参加推介会。

24日，国家林业和草原局、国家林业和草原局驻乌鲁木齐森林资源监督专员办事处、自治区林业和草原局与巴州林草局一行到若羌县调研座谈。

26—28日，巴州党史学习教育第八巡回指导组一行5人到若羌县检查指导党史学习教育工作。

是月，若羌县被自治区列为全疆乡村振兴示范引领县之一。

是月，若羌县在巴州率先实现统一城乡低保标准并进行调标，由每年每人5004元统一提高至每年每人8100元。

是月，河南省发生洪涝灾害，若羌县向河南省周口市扶沟县捐赠白条猪肉16458千克，价值35万元；组织爱心商会和爱心人士向河南省红十字会捐款2.7万元。

是月，若羌县落实全国第三次畜禽遗传资源普查。9月，参加巴州现场培训会。11月底，完成巴州验收工作。

8 月

1日，巴州阿尔金山国家级自然保护区管理局联合中国科学院西北高原生物研究所在阿尔金山保护区东部开展动植物调查，首次发现新疆的植物新纪录种三脉梅花草。

是日，若羌县12个消费扶贫专柜投放在县城内各大超市、行政事业单位公共区域等地，专门销售产自若羌的扶贫产品。

是日，依吞布拉克—若羌高速公路关键控制性工程巴什考贡特大桥贯通。

4日，中国若羌县第十届纪律检查委员会第七次全体会议召开。

16—19日，中国共产党若羌县第十一次代表大会在若羌县召开。

17日，若羌县境内的依吞布拉克至若羌高速公路控制性工程巴什库尔干二号隧道贯通。

19日，中共若羌县第十一届委员会第一次全体会议在若羌县召开。

30日，若羌县若羌河东支下游提让村段中小河流工程建设完工。

是月，若羌县入选为住房和城乡建设部发布评选的全国2021年乡村建设评价样本县。

9 月

1—5日，若羌县第十八届人民代表大会第一次会议召开。

1—4日，中国人民政治协商

会议若羌县第十一届委员会第一次会议召开。

2日，三十五团—若羌高速公路沥青路面全线贯通。

是日，自治区民族事务委员会评委命名若羌县为2021年自治区民族团结进步示范区示范单位。

6日，若羌县举行学习贯彻习近平总书记“七一”重要讲话精神宣讲报告会，邀请新疆大学党委常委、副校长王占仁为全县党员领导干部作宣讲报告。

9日，中共三十六团米兰镇第一届人民代表大会召开，选举产生米兰镇第一届人民政府领导班子成员。

是日，首届邢台技师学院若羌分校会操表演暨开学典礼举行。

10—14日，自治区党史学习教育第七巡回指导组一行到若羌县对党史学习教育第二阶段工作开展情况及利用红色资源开展党史学习教育的情况进行调研指导。

12日，巴州开放大学若羌分校挂牌成立。秋季在籍学生684人，其中专科415人、本科269人。

13—15日，巴州地厅级离退休干部一行22人到若羌县开展“我看建党百年新成就”活动。

19日，若羌县政府与新疆果业集团有限公司战略合作签约仪式举行。若羌县委副书记、县长热依木江·克里木出席签约仪式。签订《若羌县产业融合发展示范园（一期）运营管理协议》《若羌县产业园融合发展示范园（二期）项目投资协议》和《产业融合示范园红枣精深加工项目招商引资框架协议书》。

20日，若羌县政府与三十六团召开兵地融合发展工作座谈会。

23日，若羌县第四届中国农民丰收节庆祝活动在若羌县铁干里克镇果勒吾斯塘村举行。

是日，若羌县评选出首批民族团结进步好学生、好居民、好员工144名，命名好楼栋（巷道）16个。

27日，和田—若羌铁路完成全线铺轨，标志着环绕塔里木盆地、包围塔克拉玛干沙漠的世界首条环沙漠铁路线正式“闭环”。

30日，若羌县在阿尔金山自然保护区边界首建高海拔山区自动气象站。

是日，若羌电信在铁木里克乡搭建信号设施，完成祁曼塔格乡政府4G信号覆盖，解决该地多年没有网络的困扰。

是月，若羌县气象局组织技术人员在平均海拔4000米的山区新建7套区域自动站，进一步弥补南部山区气象资料的空缺。

是月，自治区民族事务委员会评选若羌县为自治区民族进步示范县，中共若羌县委员会和帕太姆罕·巴拉提（维吾尔族）分别获得自治区第八次民族团结进步模范集体和模范个人称号。

10 月

2—3日，若羌县出现风沙、降温、降雨天气过程，平原大部普遍风力5—6级、阵风9—10级，局部风力10—11级。受极端天气影响全县红枣受灾面积约1988公顷，受灾约计产量1770吨，累计涉及农户2112户4811人，造成经济损失约885万元。全县无红枣树折断情况；3座大棚抢修完成。各中小型水库等无异常情况，218国道、315国道线道路畅通，水电气供应正常，工业企业生产正常，未造成人员伤亡。若羌县组织领导干部、公安干警、联户长等救援力量人数320人次，出动车辆22台次，政府联系3家企业收购风吹落地的红枣。

6日，若羌县在楼兰博物馆举行新疆大学历史学院与若羌县宣传文化系统文旅合作座谈会。

13日，若羌县楼兰体育广场修建首个新能源汽车快速充电站，共安装4台充电桩。

14日，若羌县劳动人事争议仲裁院与司法局法律援助中心签订“法律援助协议”。在司法局法律援助工作点挂牌成立若羌县劳动人事争议法律援助工作站。

15日，2021年若羌红枣产销对接暨营销推广活动举行。若羌县与新疆果业、河南好想你健康食品、新疆羌都枣业股份有限公司等8家企业签订红枣订购协议，共订购若羌红枣10.22万吨。活动邀请各省客商来到若羌观摩考察。

15—17日，若羌县首次参加在广西桂林国际会展中心举办的中国-东盟博览会旅游展开幕会。

17日，青岛同方药业与若羌县塔里木专业合作社在铁干里克镇托格拉克勒克村举行有机大枣直采基地揭牌仪式。

18日，若羌小河墓地项目入选第三届中国考古学大会“百年百大考古发现”。

19—22日，巴州党史学习教育第八巡回指导组一行4人到若羌县检查指导党史学习教育第二阶段工作开展情况及“回头看”问题整改情况。

21—22日，巴州“习近平新时代中国特色社会主义思想进万家”巡回示范宣讲团到若羌县开展宣讲。

26日，若羌县烈士陵园列为“州级烈士纪念设施”。

是月，若羌县气象局装备保障技术人员在平均海拔4000米的山区建设自动气象站7套，对温度、湿度、风向、风速、气压和固态降水等气象数据采集和传输及时率100%。

11 月

1日，若羌县冬季集中供热点火运行，全年集中供暖面积110万平方米。

2日，若羌县胜利路升级改造工程完工通车。

是日，若羌县群众工作服务中心由若羌县城西新区环保局大楼2楼搬迁至若羌县青年路36号市民活动中心三楼。

4—6日，若羌县接连出现大风、扬沙、沙尘暴及小到中雪天气，气温下降明显，最小能见度300米，极大风风速每秒23.4米，破历年同期极大风风速极值。5日21时，若羌累计降雪量5.0毫米，积雪导致路面结冰湿滑。6日，若羌县最低气温降到-15.7℃，破历年同期最低气温极值。

6日，新疆若羌第十五届红枣节开幕。该届红枣节以网络直播形式举办。

10日，若羌县6个单位获得巴州第十一次民族团结进步模范集体，8人获得巴州第十一次民族团结进步模范个人。

11日，“若羌好地方”手机App上线。该客户为群众提供“一站式”政务服务，打造指尖上的政务服务中心。

13日，若羌县文旅局和且末县文旅局在若羌县楼兰博物馆举行文化旅游合作互动推介会。

15日，若羌县户口迁移业务开通“跨省通办”。

20日，2021年巴音郭楞蒙古自治州渔业资源增殖放流项目台特玛湖放流活动在若羌县举行，放流的鱼苗有草鱼、鲢鱼、鲤鱼等，数量达20万尾。

26日，巴州党委决定黄新平任中共若羌县委委员、常委、书记，免去李绍忠中共若羌县委委员、常委、书记职务。

26—28日，自治区乡村振兴战略实绩交叉考核组一行16人对若羌县乡村振兴战略实绩进行考核。

27日，中国共产党若羌县第十一届委员会第二次全体会议在若羌县召开。若羌县委书记黄新平主持并讲话。

29日，若羌县红枣提质增效专题培训会召开。巴州人大常委会原党组书记、副主任，若羌县委原书记张亚平为若羌各族干部群众作红枣提质增效专题讲座。

是月，若羌县入选2021—2025年度第二批全国科普示范县(市、区)创建单位。

是月，依吞布拉克镇生态景区成功创建国家AAA级旅游景区。

是月，若羌镇新城社区安全生产体验馆建成，免费向大众开放。该馆是若羌县第一个安全生产领域实景模拟体验的教育场馆。

是月，依吞布拉克镇红十字应急救护站建成投用。

12 月

1日，若羌县委书记黄新平在县农牧民技工学校为各族党员干部群众宣讲党的十九届六中全会精神和自治区第十次党代会精神。

3—14日，巴州阿尔金山国家级自然保护区管理局（简称巴州阿管局）联合中央电视台新疆站，在阿尔金山保护区东部首次开展直播采访活动。该活动在央视新闻频道、财经频道和央视新闻客户端完成3天6场次的新闻直播活动，完成《飞跃阿尔金山》等3个新闻短片的拍摄，并在央视新闻频道、财经频道、中文国际频道、CGTN等频道滚动播放。

2—5日，若羌代表队9名队员参加2021年巴州青少年拳击锦标赛。获得1个冠军，2个亚军，2个季军。

3—8日，若羌县气象局技术人员在南部山区新建5座智能焰炉，并于12月10日在若羌县气象局完成远程遥控人工影响天气焰炉的联网调试工作。

5日，315国道、218国道入选“中国最美公路”。

9日，若羌县召开“自治区民族团结进步示范县”授牌仪式暨创建“全国民族团结进步示范县”动员部署会。

是日，若羌县举办冬季长跑比赛。全程7.5千米，参加人数400余人。

14日，若羌县召开2021年“三创三目标”工作机制流程质量考核会。通报《若羌县2021年度“三创三目标”工作机制流程质量考核情况》。

16日，若羌红枣入选国家知识产权局第一批地理标志运用促进重点联系指导名录。

17日，2021年第七届中国农业品牌年度颁奖盛典在成都举行。若羌县羌都枣业入选“2021中国农产品百强标志性品牌”。

18日，和若铁路采用智能化农业灌溉系统防沙治沙。

22日，河北对口支援合作项目“若羌·楼兰风情”新疆农特产品旗舰店在邢台市信都区举行开业庆典仪式。

22日，新疆工程学院与若羌县政府举行战略合作协议签约仪式，挂牌成立新疆工程学院乡村振兴学院若羌分院。

25日，“丝路楼兰杯”篮球比赛在楼兰体育馆开幕，共有12支代表队144名运动员、教练员参加。

26日，共青团若羌县第十六次代表大会召开。

是日，若羌河水库首台发电机组顺利完成调试，开始试运行发电。

27日，共青团若羌县第十六次代表大会在若羌县政府召开，大会回顾总结过去五年若羌县共青团工作，研究部署新形势下若羌县共青团工作重点。

是日，若羌县工商联入选全国工商联办公厅公布2020—2021年度全国“五好”县级工商联。

28日，若羌县召开第二次归侨侨眷代表大会，30名归侨侨眷代表出席会议。

29日，若羌县组织抗美援朝老战士、退役军人观看电影《跨过鸭绿江》。

30日，若羌县在0612国道若羌—民丰高速公路若羌西服务区南区举行通车仪式。0711国道尉犁—若羌高速、0612国道若羌—民丰高速建成通车投入试运营。

中国共产党若羌县委员会

综述

【概况】 2021年，中国共产党若羌县委员会(简称若羌县委)坚持以习近平新时代中国特色社会主义思想为指导，深入学习贯彻党的十九大和十九届历次全会精神，全面贯彻落实第三次中央新疆工作座谈会精神，完整准确贯彻新时代党的治疆方略，特别是社会稳定和长治久安总目标，贯彻自治区第十次、州第十一次党代会精神，县第十一次党代会选举产生的新一届县委常委会团结带领若羌县各级党组织和各族干部群众，全力以赴抓稳定，集中精力谋发展，县委统筹能力进一步强化，形成县委靠前指挥、各级班子齐心协力、乡镇部门真抓实干、干部群众同心同德，各级党员干部真抓实干、攻坚克难的精气神不断增强，县域改革发展稳定各项事业取得新成就。全面抓好自身建设，完善《县委常委会议事规则》，全力推动"两学一做"学习教育常态化制度化，建立"不忘初心、牢记使命"主题教育长效机制，扎实开展党史学习教育，确保改革发展稳定各项事业始终沿着正确方向砥砺前行。 (黄懋卿)

【经济高质量发展】 2021年，若羌县委牢固树立新发展理念，紧扣自治区"十大产业"和州"一区一中心一枢纽五基地"发展布局，全面推进"农牧业富民、工矿业强县、服务业活县"三大战略，加快推进"四大基地、八大行动"建设，高质量发展取得良好成效。坚持农牧业富民，抓实抓细"三项工程"。以打造新疆南疆特色种养业基地为目标，全面抓实红枣提质增效、畜牧业振兴、农副产品加工转化"三项工程"，持续优化农业产业结构。粮食安全得到有效保障。围绕"农头工尾"，打造特色农产品、林果产品、肉制品加工产业链，推动就地加工转化增值，羌晟牧业和福润德恒畜牧养殖及深加工项目实现落地，香菇产业园逐步投产。坚持工矿业强县，抓好"三大基地"建设。建设新材料加工、新能源输出、国家级商贸物流产业"三大基地"，推动产业升级。构建南疆商贸物流圈。实施区域通道经济建设、物流集散枢纽中心建设、龙头企业培育"三项工程"，聚焦商业、交易、生产、流通"四大环节"，推进航空港、铁路港、公路港、信息港建设，靖祥新丝路公路物流港(二期)、新疆能源公铁联运、新疆四运物流服务、中矿集团物流港等项目建成投运，150万吨保税仓、100万立方米冷藏库、肉制品低温处理中心、农副产品储备库加快建设，仟佰汇疆仓储物流和北方冷库集团等品牌连锁配送企业入驻。持续抓好安全生产，实现全年较大以上生产安全事故零发生。 (黄懋卿)

【军兵地援协同推进】 2021年，若羌县与三十六团签订融合发展战略合作意向书，推动产业发展、交通体系、干部人才等15个方面融合发展。若羌县连续三次创建自治区“双拥模范县”。深化“邢若”战略伙伴合作关系，深化城建、教育、医疗、文化、人才支援以及人才智力共享、交往交流等12项合作机制，签约对口支援合作协议8项，邢羌物流园、建筑板材产业园、新能源发电、生物有机肥生产、车尔臣下游尾闾湖旅游开发、集装袋生产等7项实体投资项目有序推进。“若羌·楼兰风情”新疆农特产品旗舰店落地邢台。（黄懋卿）

【民生改善】 2021年，若羌县投资2800万元建设双创中心，与全国15个地市县达成人力资源合作意向，引进落地劳务派遣公司3家、民办职业培训机构2家。成立技工学校，设立新疆工程学院乡村振兴学院若羌分校、邢台技师学院若羌分校，强化“以工代训”“产学联合”“校企合作”，实现城乡富余劳动力转移就业6115人次。实施“名师、名校、名校长”工程，持续开展联合办学，设立若羌河北名师工作站，教学质量稳步提升。提升卫生医疗水平。与河北眼科医院建立眼科专科联盟，巴州人民医院全面托管县医院。推进“互联网+”医疗健康工作，乡镇卫生院远程会诊平台覆盖率100%。实施社保扩面工程。建立县、乡两级医疗机构医养结合协作机制，完善政府购买养老服务、养老服务评估等基本养老服务制度，统一城乡居民基本医疗保险和大病医疗保险，大病救助自费率控制在30%以内。巩固发展民族团结。完成2个州级、5个县级民族团结教育阵地建设，成功创建自治区民族团结进步示范县。

（黄懋卿）

2021年4月16日，自治区党委第二巡视组巡视若羌县情况反馈会议在县党政大楼召开（县融媒体中心 供稿）

【固农强基】 2021年，若羌县委实施固农强基行动，持续巩固拓展脱贫攻坚成果同乡村振兴有效衔接。持续抓好防止返贫致贫动态监测预警，建立200万元防贫风险基金，常态化开展集中排查，872户建档立卡户籍监测户无一返贫致贫。深入推进“十大巩固拓展工程”“八大示范引领行动”，现代农业产业园开工建设，新疆果业、羌都枣业等16家农产品加工企业入驻若羌；打造培育“乡字号”“土字号”小众特色农副产品加工和劳动密集型企业24家，大力发展乡村夜市、乡村旅游等产业，积极推进庭院经济，9060名农村劳动力实现全就业，同比增长14%。县财政拿出100万元支持2个村发展壮大村集体经济。常态化开展乡村清洁行动，主攻院内院外“六件事”，农村生活垃圾无害化处理率达到100%、卫生厕所达标率达到93%。（黄懋卿）

【履行党要管党主体责任】 2021年，若羌县常委会班子及成员认真履行党风廉政建设主体责任、监督责任、“一岗双责”，带头向常委会述职，抓实下级党组织向县纪委全会述责述廉。加强警示教育,强化以案促改,常态化开展作风纪律整顿培训班。深入推进"基层减负",基层干部队伍工作主动性持续提升。加强干部队伍建设。强化实践锻炼,先后选派355名干部到招商、园区等岗位、"访惠聚"等基层一线和疫情防控最前沿锻炼。强化培训提升,选派31名科级以上干部参加相关培训班。推进基层组织建设。持续推进"星级化"创建,加强"访惠聚"驻村工作,党的基层组织政治功能和服务功能全面提升。完成县委、县人大、县政府、县政协及乡镇人大、政府和26个村(社区)"两委"换届工作,实行"三创三目标"工作机制流程质量考核,及时传导压力,管党治党主体责任和"第一责任人"责任进一步压实。

(黄懋卿)

重要会议

【中国共产党若羌县第十一次代表大会】 2021年8月16—19日,中国共产党若羌县第十一次代表大会在若羌县党政大楼召开,应到代表110人,实到代表108人。县委书记李绍忠代表中国共产党若羌县第十届委员会作题为《坚定政治方向奋力后发赶超在社会主义现代化新征程中率先领跑》的报告。报告对过去五年的工作进行回顾,对未来五年发展形势进行分析,奋斗目标和重点工作进行安排部署。大会同意报告提出的未来五年若羌经济和社会发展的奋斗目标和工作部署。大会书面审议通过中共若羌县第十届纪律检查委员会作工作报告。会议选举产生中国共产党若羌县第十一届委员会委员39名,候补委员9名;选举产生中国共产党若羌县第十一届纪律检查委员会委员23名。

8月19日,中共若羌县委第十一次代表大会,选举产生22名若羌县出席州第十一次党代会代表,选出的代表中,党员领导干部14名,占63.64%,生产和工作一线党员8名,占36.36%;女党员9名,占40.91%;少数民族党员10名,占45.45%;50岁以下党员19名,占86.36%,35岁以下党员2名,占9.09%。应到会110人,实到会108人,有效票108张。

(吴玉泉)

【中共若羌县第十一届委员会第一次全体会议】 2021年8月19日,中共若羌县第十一届委员会第一次全体会议在若羌县党政大楼召开。县委委员39名、候补委员9名出席会议。李绍忠受中国共产党若羌县第十一次代表大会主席团的委托,主持中国共产党若羌县第十一届委员会第一次全体会议。会议选举出中国共产党若羌县第十一届委员会常务委员会委员、书记、副书记;李绍忠当选为若羌县委书记,热依木江·克里木(维吾尔族)、周文辉、艾克来木·阿不来(维吾尔族)提为副书记,朱皓亮、吕振江、梁国泉、张子扬、艾斯卡尔·买买提(维吾尔族)、刘红(女)当选为中国共产党若羌县第十一届常务委员会委员。通过中国共产党若羌县第十一届纪律检查委员会第一次全体会议选举产生的书记、副书记和常务委员会委员人选;吕振江当选为若羌县第十一届纪律检查委员会书记。通过《中国共产党若羌县第十一届委员会工作规则》;通过中国共产党若羌县第十一届委员会第一次全体会议公报。

(吴玉泉)

【中共若羌县第十一届委员会第二次全体会议】 2021年11月27日,中国共产党若羌县第十一届委员会第二次全体会议在若羌县党政大楼召开。县委委员31名出席会议。会议以习近平新时代中国特色社会主义思想为指导,深入学习领会贯彻落实党的十九届六中全会,学习贯彻自治区党委十届二次全体会议、州党委十一届二次全体会议精神,切实把全县各级党组织和党员干部群众的思想和行动统一到党的十九届六中全会精神上来，把智慧和力量凝聚到实现新时代党的治疆方略，特别是社会稳定和长治久安总目标确定的各项任务上来，把全会精神转化为推动全县稳定改革发展的强大动力，以优异成绩迎接党的二十大胜利召开。若羌县委书记黄新平出席并讲话。会议审议通过《中国共产党若羌县委员会关于认真学习宣传贯彻落实党的十九届六中全会精神的实施方案》。（吴玉泉）

【县委常委会（扩大）会议】 2021年，若羌县委严格执行党委议事规则，坚持和健全集体领导制度和民主集中制，建立科学的决策机制，全年共召开县委常委会会议、常委会扩大会议68次，其中第十届党委召开会议52次、第十一届党委召开会议16次。李绍忠主持十届党委常委会、十一届党委常委会1—6次会议；黄新平主持十一届党委常委会7—16次会议。

1月3日，若羌县第十届党委第164次常委会会议召开。会议传达学习第三次中央新疆工作座谈会精神，并结合实际，研究若羌县贯彻落实细化措施。

1月22日，若羌县第十届党委第165次常委会会议召开。会议研究若羌县人大换届不提名人选，拟推荐可晋升职级事宜和乡镇党政正职可列入近期提拔担任副县推荐人选事宜。

1月25日，若羌县第十届党委第167次常委会会议召开。会议研究推荐可提拔担任副县级领导职务考察建议人选和人大领导换届到年龄不提名可晋升一级、三级调研员职级考察建议人选。

1月29日，若羌县第十届党委第168次常委会会议召开。会议专题讨论若羌县2020年度民主生活会。

2月1日，若羌县第十届党委第169次常委会会议召开。会议传达学习2020年中央经济工作会议精神，习近平总书记在中共中央政治局第二十七次集体学习时的重要讲话精神，习近平、胡春华在中央农村工作会议上的讲话，习近平在十九届中央纪委五次全会上的重要讲话精神，关于加强巡视巡察上下联动的意见、新疆维吾尔自治区关于落实药品安全党政同责实施意见（试行）。研究拟推荐2020年度自治区“民族团结一家亲”和民族团结联谊活动先进集体和先进个人、生态环境保护责任清单、实施若羌县楼兰大道城西段K1568+570处至K1579+685处绿化项目、若羌县城乡环卫一体化项目调价、启动若羌县全域旅游规划编制工作、若羌县融媒体中心招录事业性岗位工作人员、若羌县卫生系统招聘编外专业技术人员、实施若羌县若羌河生态综合治理项目（二期）、实施依吞布拉克镇一线防疫人员集中住宿点维修改造项目、关于实施依吞布拉克镇防疫卡点喷淋消杀通道建设项目、实施依吞布拉克镇防疫卡点硬隔离设施及315国道隔离栏项目、实施依吞布拉克镇防疫卡点电力设施改造项目、申请实施若羌县双创中心建设项目、签订航线定额包舱合同、通报干部处分决定，研究干部违纪处理事宜。

2月3日，若羌县第十届党委第170次常委会会议召开。会议研究解决疫情防控期间集中医学观察点住宿费、伙食费补助资金、若羌县引导就地过年优惠政策、召开中共若羌县第十届纪律检查委员会第六次全体会议等事宜。

2月4日，若羌县第十届党委第171次常委会会议召开。会议研究招商引资项目投资协议书审查、山西一建集团有限公司与若羌县政府关于且末至若羌油气长输线项目招商引资战略合作协议、若羌县非若羌户籍公职人员落户政策（试行）、若羌县非若羌户籍个体工商户经营者和从业人员落户政策（试行）、若羌县非若羌户籍务农人员落户政策（试行）及干部任免和退休事宜。

2月22日，若羌县第十届党委第173次常委会会议召开。会议研究《关于在若羌县开展党史学习教育的实施方案》等事宜。

2月28日，若羌县第十届党委第174次常委会会议召开。会议传达学习习近平总书记在党史学习教育动员大会上的重要讲话精神、习近平总书记在全国脱贫攻坚总结表彰大会上的重要讲话精神、《自治区党委关于深入贯彻第三次中央新疆工作座谈会精神进一步加强新时代"访民情、惠民生、聚民心"驻村工作的意见》、《自治区党委审计委员会办公室、自治区审计厅关于2020年度自治区党政主要领导干部和国有企事业党委主要领导人员经济责任审计结果通报的通知》等，研究审议相关议题以及干部人事工作。

3月4日，若羌县第十届党委第175次常委会会议召开。会议传达学习《自治区党委统一战线工作领导小组关于坚持新疆伊斯兰教中国化方向的实施意见》《关于落实〈自治区党委统一战线工作领导小组关于坚持新疆伊斯兰教中国化方向的实施意见〉重点任务分工方案》等，研究审议相关议题。

3月5日，若羌县第十届党委第176次常委会会议召开。会议研究拟推荐表彰若羌县抗击新冠肺炎疫情优秀共产党员和先进基层党组织、拟表彰新冠肺炎疫情防控工作先进集体和先进个人等事宜。

3月9日，若羌县第十届党委第177次常委会会议召开。会议传达学习《自治区纪委机关、自治区党委组织部、自治区监察委员会关于印发〈严肃换届纪律加强换届风气监督工作的实施方案〉的通知》，研究《关于中国共产党吾塔木乡第十四届委员会委员和纪律检查委员会委员人事安排问题的请示》及干部人事工作。

3月16日，若羌县第十届党委第178次常委会会议召开。会议传达学习全国政法队伍教育整顿动员部署会议精神、《自治区党委关于开展全区政法队伍教育整顿的实施意见》、州政法队伍教育整顿动员部署会议精神，研究《若羌县委关于开展若羌县政法队伍教育整顿的实施方案》《关于成立若羌县开展政法队伍教育整顿工作领导小组的请示》等。

3月23日，若羌县第十届党委第179次常委会会议召开。会议研究干部处分以及干部任免配备事宜。

3月27日，若羌县第十届党委第180次常委会会议召开。会议传达学习杨晓渡、杨晓超在十九届中央第六轮巡视反馈会议上的讲话、《中央第六巡视组关于巡视新疆维吾尔自治区的反馈意见》、陈全国在中央第六巡视组巡视新疆维吾尔自治区情况反馈会议上的表态发言、陈全国在自治区党委贯彻落实中央第六巡视组反馈意见整改工作动员会上的讲话、邹令春在自治区党委巡视组巡视巴州所属6个县市区反馈大会上的讲话、《自治区党委第二巡视组巡视若羌县情况反馈意见》于永生在自治区党委第二巡视组巡视若羌县情况反馈会议上的讲话，研究成立若羌县落实自治区党委第二巡视组巡视反馈意见整改工作领导小组，落实《自治区反馈选人用人专项检查整改方案》《自治区党委第二巡视组对若羌县委巡察工作开展专项检查反馈意见的整改方案》《关于对专项检查若羌县委落实意识形态工作责任制情况反馈意见的整改方案》《关于自治区党委第二巡视组巡视若羌县情况反馈意见的整改方案》等事宜。

3月30日，若羌县第十届党委第181次常委会会议召开。会议传达学习任广鹏对《当前新疆稳定发展形势和工作情况调研访谈问卷（送审稿）的说明》上的批示精神，研究其他相关事宜。

4月12日，若羌县第十届党委第182次常委会扩大会议召开。会议研究《关于中央第六巡视组向新疆维吾尔自治区反馈意见的整改方案》《关于自治区党委第二巡视组巡视若羌县的反馈意见整改责任分解方案》及有关专项整改方案，研究部署若羌县委常委班子召开巡视整改专题民主生活会相关事宜。

4月13日，若羌县第十届党委第183次常委会会议召开。会议传达学习中共中央关于加强对“一把手”和领导班子监督的意见、陈全国在自治区党委常委(扩大)会议上的讲话、《州第十届党委第180次常委(扩大)会议纪要》等文件精神，研究审议相关议题，安排部署有关工作。

4月15日，若羌县第十届党委第184次常委会扩大会议召开。会议传达学习《国务院安全生产委员会办公室关于近期重大及典型事故情况的通报》、陈全国在自治区党委常委(扩大)会议上的讲话、任广鹏在州安全生产工作会议上的讲话等精神，研究部署若羌县安全生产工作。

4月16日，若羌县第十届党委第185次常委会会议召开。会议专题研究部署换届工作相关事宜。

4月21日，若羌县第十届党委第186次常委会会议召开。会议传达学习习近平在博鳌亚洲论坛2021年年会开幕式上的视频主旨演讲(全文)、习近平对职业教育工作作出重要指示等，研究《关于建设村(社区)科普馆、主题馆的方案》及干部处分、任免配备事宜，安排部署有关工作。

4月22日，若羌县第十届党委第187次常委会会议召开。会议专题研究干部任免配备事宜。

4月29日，若羌县第十届党委第188次常委会会议召开。会议研究评选2021年若羌县劳动模范和先进工作者、若羌县“三创三目标”工作机制奖惩办法(试行)、《若羌楼兰机场委托管理协议书》及若羌县“五四”表彰事宜。

5月2日，若羌县第十届党委第189次常委会会议召开。会议研究“三创三目标”、“五四”表彰事宜。

5月7日，若羌县第十届党委第190次常委会会议召开。会议专题学习换届考察工作。

5月11日，若羌县第十届党委第191次常委会召开。会议研究干部任免配备事宜。

5月16日，若羌县第十届党委第192次常委会会议召开。会议传达学习重要文件精神，研究相关议题。

5月17日，若羌县第十届党委第193次常委会会议召开。会议专题研究换届考察工作。

5月17日，若羌县第十届党委第194次常委会会议召开。会议通报换届考察相关情况，传达学习自治区党委关于加强技工学校建设有关文件精神，并安排部署若羌县技工学校建设事宜。

5月27日，若羌县第十届党委第195次常委会会议召开。会议传达学习习近平在中央全面深化改革委员会第十九次会议上的讲话精神，研究相关议题。

6月8日，若羌县第十届党委第196次常委会会议召开。会议传达学习《习近平：加强和改进国际传播工作展示真实立体全面的中国》《中华人民共和国机构编制条例》《自治区党委关于贯彻落实〈中共中央关于加强对“一把手”和领导班子监督的意见〉的实施意见》等，研究相关议题。

6月8日，若羌县第十届党委第197次常委会会议召开。会议专题研究自治区党委第二巡视组巡视若羌县反馈意见整改进展情况。

6月17日，若羌县第十届党委第198次常委会会议召开。会议传达学习习近平对湖北十堰张湾区艳湖社区集贸市场燃气爆炸事故作出重要指示、《纪检监察机关报告党委(党组)主要负责人和领导班子重要情况规定(试行)》，研究呈报若羌县人民政府与三十六团兵地产业融合发展战略合作意向书，审议《关于配齐配全若羌县消防救援力量装备器材及人员的请示》

《若羌县脱贫攻坚总结表彰方案及推荐人选情况报告》《若羌县公务接待管理办法》，研究干部任免配备事宜。

6月22日，若羌县第十届党委第199次常委会会议召开。会议传达学习《田湘利在全区巡视巡察工作会议上的讲话》，专题研究巡视整改相关事宜。

7月2日，若羌县第十届党委第200次常委会会议召开。会议传达学习中共中央、国务院印发的《关于新时代加强和改进思想政治工作的意见》、陈全国在自治区脱贫攻坚总结表彰大会上的讲话等，研究深化邢台对口支援若羌框架协议、祁曼塔格乡人民政府驻地4G网络信号覆盖、硅基新材料产业及源网荷储多能互补项目投资协议、金润房地产楼兰印象步行街项目、楼兰宾馆改造、核减国有土地水费、在瓦石峡建设卫星工厂、与中矿英均（重庆）实业公司投资合作、党建带群团组织赋能、成立乡村振兴局党组、推荐与表彰先进、干部任免与处分等事宜，听取党代会工作报告起草说明。

7月4日，若羌县第十届党委第201次常委会会议召开。会议研究关于召开中国共产党若羌县第十一次代表大会相关事宜。

7月11日，若羌县第十届党委第202次常委会会议召开。会议研究上半年党风廉政建设相关事宜。

7月17日，若羌县第十届党委第203次常委会会议召开。会议传达学习《习近平总书记在庆祝中国共产党成立100周年大会上的讲话》、《习近平总书记在“七一勋章”颁授仪式上的讲话》、中央全面深化改革委员会第二十次会议等精神，研究换届等有关事宜。

7月25日，若羌县第十届党委第204次常委会会议召开。会议传达学习《习近平：全面贯彻新时代党的治藏方略谱写雪域高原长治久安和高质量发展新篇章》《新疆各民族平等权利的保障》白皮书，研究有关事宜。

8月4日，若羌县第十届党委第205次常委会会议召开。会议听取《若羌县出席中国共产党巴音郭楞蒙古自治州第十一次代表大会代表候选人推荐酝酿考察情况的说明》，审议《若羌县出席中国共产党巴音郭楞蒙古自治州第十一次代表大会代表候选人预备人选圈选办法（草案）》等，研究《若羌县出席中国共产党巴音郭楞蒙古自治州第十一次代表大会代表候选人预备人选建议名单》。

8月4日，若羌县第十届党委第206次常委会会议召开。会议听取十一届县委委员、候补委员和纪委委员候选人推荐情况，研究确定十一届县委委员、候补委员和纪委委员候选人初步人选等，审议《关于成立中共若羌县工业园区委员会的请示》。

8月4日，若羌县第十届党委第207次常委会会议召开。会议听取十一届县委委员、候补委员和纪委委员候选人初步人选考察情况报告，表决十一届县委委员、候补委员和纪委委员候选人预备人选，审议县第十一届委员会常委、书记、副书记和第十一届纪律检查委员会常委、书记、副书记候选人预备人选等。

8月9日，若羌县第十届党委第208次常委会会议召开。会议研究换届工作相关事宜，审议《关于政府外包购买园林管养服务的请示》等有关议题。

8月15日，若羌县第十届党委第209次常委会会议召开。会议研究确定村（社区）党支部书记候选人人选，审议《2021年若羌县实施农业节水灌溉水费计征方案》等。

8月18日，若羌县第十届党委第210次常委会会议召开。会议研究审议关于巴音郭楞蒙古自治州出席中国共产党新疆维吾尔自治区第十次代表大会代表候选人推荐人选建议名单。

8月18日，若羌县第十届党委第211次常委会会议召开。会议研究第二次审议关于巴音郭楞蒙古自治州出席中国共产党新疆维吾尔自治区第十次代表大会代表候选人推荐人选建议名单。

8月26日，若羌县第十一届党委第1次常委会会议召开。会议听取并审议换届工作有关事宜，研究乡村振兴局人员配备事宜，以及干部处分事宜。

9月8日，若羌县第十一届党委第2次常委会会议暨州党委巡察组向若羌县委通报巡察情况会议召开。会议专题听取州党委巡察组向若羌党委通报巡察。

9月10日，若羌县第十一届党委第3次常委会会议召开。会议学习习近平在中央党校（国家行政学院）中青年干部培训班开班仪式上发表重要讲话、《中共中央办公厅、国务院办公厅关于印发〈涉密人员保密管理办法〉的通知》、习近平总书记关于档案工作的重要批示精神，研究项目建设、干部人事等事宜。

10月11日，若羌县第十一届党委第4次常委会会议召开。会议学习习近平总书记在陕西榆林考察时的重要讲话精神、中央全面深化改革委员会第二十一次会议精神、习近平总书记在中央人才工作会议上的重要讲话精神、自治区经济高质量发展现场会精神、任广鹏在中国共产党巴音郭楞蒙古自治州第十一次代表大会上的报告、《州第十届党委第207次常委（扩大）会议纪要》，研究审议普法宣传、项目协议、农用地备案、干部处分等事宜。

10月16日，若羌县第十一届党委第5次常委会会议召开。会议学习习近平总书记关于粮食安全工作的重要论述、《中华人民共和国安全生产法》，研究审议统战民宗工作情况、“十四五”规划、项目协议、干部人事等事宜。

10月26日，若羌县第十一届党委第6次常委会会议召开。会议原文传达学习自治区党委书记陈全国代表中共新疆维吾尔自治区第九届委员会向大会作的报告，专题学习中国共产党新疆维吾尔自治区第十次代表大会精神。

11月27日，若羌县第十一届党委第8次常委会会议召开。会议传达学习陈全国在县级技工学校建设上的重要批示精神，研究部署若羌县技工学校培训事宜，审议若羌县第十一届党委第二次全体会议相关事宜，审议《若羌县进一步深化拓展村（社区）级组织“星级化”创建工作实施方案》。

12月6日，若羌县第十一届党委第9次常委会会议召开。会议审议《若羌县红枣进一步提质增效的实施意见（试行）》《若羌县红枣提质增效冬春季管理工作实施方案》等，专题安排部署紧贴民生推进高质量发展，全力推进红枣提质增效相关事宜。

12月9日，若羌县第十一届党委第10次常委会会议暨州党委涉粮巡察组向若羌县委通报巡察情况会议召开。

12月11日，若羌县第十一届党委第11次常委会会议召开。会议学习习近平总书记重要讲话，学习党中央和自治区、州重要会议精神，研究有关议题。

12月19日，若羌县第十一届党委第12次常委会会议召开。会议专题学习《中国共产党党内法规执行责任制规定（试行）》等，研究党内法规执行工作。

12月19日，若羌县第十一届党委第13次常委会会议召开。会议传达学习12月6日中共中央政治局会议精神以及《党委（党组）落实全面从严治党主体责任规定》《中国共产党纪律检查机关监督执纪工作规则》《中华人民共和国监察法实施条例》等，听取常委班子成员汇报分管领域党风廉政建设情况，审议干部处分事宜，专题研究党风廉政建设和反腐败工作。

12月25日，若羌县第十一届党委第14次常委会会议召开。会议专题研究审议“两会”相关事宜。

12月25日，若羌县第十一届党委第15次常委会会议召开。会议传达学习习近平总书记关于党内法规重要指示精神、习近平总书记对老干部工作作出重要指示精神、习近平总书记在中央人大工作会议上的重要讲话精神、自治区党委人大工作会议精神等,研究有关议题。

12月25日,若羌县第十一届党委第16次常委会会议召开。会议传达学习《中国共产党宣传工作条例》《党委(党组)意识形态工作责任制实施办法》,听取《关于报送若羌县文明村镇、文明单位、文明家庭、文明校园动态管理核查的报告》《关于当前若羌县意识形态领域形势的通报》等,安排部署意识形态领域工作。（高战战）

组织工作

【基层党组织及党员构成概况】2021年,若羌县有各级党组织228个。其中,州委派出党工委2个,县委派出党工委4个,乡镇党委8个,政府工作部门党委6个、事业单位党委1个,系统党委2个,综合党委2个,党组34个,机关党委1个,党总支4个,党支部164个。共有党员3580名。其中,女党员1265名,占比35.34%;少数民族党员1531名,占比42.77%;农牧民党员839名,占比23.44%;离退休党员465名,占比12.99%。30岁以下党员624名,占比17.43%;31岁至35岁党员671名,占比18.74%;36岁至40岁党员467名,占比13.04%;41岁至45岁党员407名,占比11.37%;46岁至50岁党员451名,占比12.60%;51岁至55岁党员327名,占比9.13%;56岁至60岁党员248名,占比6.93%;61岁至65岁党员130名,占比3.63%;66岁至70岁党员102名,占比2.85%;71岁及以上党员153名,占比4.27%。研究生党员19名,占比0.5%;大学本科党员952名,占比26.59%;大学专科党员1443名,占比40.3%;中专学历党员330名,占比9.21%;高中、中职学历党员339名,占比9.47%;初中及以下学历党员497名,占比13.88%。（韩楚）

【发展党员概况】2021年,若羌县共发展党员500名。其中,女党员222名,占发展党员总数的44.4%;少数民族党员174名,占发展党员总数的34.8%;农牧民党员83名,占发展党员总数的16.6%。25岁以下党员72人,占发展党员总数的14.4%;26岁至30岁党员155人,占发展党员总数的31%;31岁至35岁党员133名,占发展党员总数的26.6%;36岁至40岁党员62名,占发展党员总数的12.4%;41岁至45岁党员42名,占发展党员总数的8.4%;46岁至60岁党员36名,占发展党员总数的7.2%。大学本科及以上学历党员138名,占发展党员总数的27.6%;大专学历党员256名,占发展党员总数的51.2%。（韩楚）

【基层组织建设】2021年,中共若羌县委组织部(简称县委组织部)把“党校到支部”、“党费日+”、巴州党员网上活动室等作为严格执行“三会一课”制度的有力抓手,按照“点评审推”程序,形成制度性措施58项。落实组织生活会规定程序11项,先后组织召开党史学习教育、农村感恩教育和干部作风整顿专题组织生活会324场次。党员队伍作风转变明显。组织基层党组织书记抓党建述职评议52场次,开展各级组织互学互评互检27场次,反馈问题629条,搭建相互交流、借鉴经验的平台。落实“党旗映天山”主题党日“十个一”活动,颁发“光荣在党50年”纪念章25枚,慰问困难党员群众169名,评选推荐县级以上“两优一先”表彰对象135个,有效激发党员干部干事创业动力。

县委组织部制定《若羌县抓党建促乡村振兴任务分解方案》,明确细化37项工作任务。以“星级化”创建统领村(社区)各项事务规范运行,评选村级组织“八星级”3个、“七星级”14个、“六星级”3个;社区党组织“八星级”1个、“七星级”3个、“六星级”

2个，其中八星级以上村(社区)党组织报州党委组织部复核。对若羌县各村(社区)、“访惠聚”驻村工作队、村集体经济股份制合作社、农牧民专业合作社党组织情况进行摸排，对16个党员人数较少、组织生活开展不正常的党支部采取联合组建、撤销的方式进行优化，撤销村(社区)党总支部15个。全县26个村(社区)党组织按照一村(社区)一支部的标准规范化设置。进一步优化村(社区)组织架构，按照“一支部三中心”的组织架构，在村党支部领导下设立党群服务中心、维稳综治中心、农村发展中心；在社区党组织领导下设置党群服务中心、综治中心、新时代文明实践站，会同社区警务室(站)，形成社区党支部领导下的“两站两中心”组织架构。制定下发“一支部三中心”“两站两中心”运行规范，制定人员配备图模板，26个村(社区)全部上墙公示并实体化运行。

(韩楚、苏立群)

【县乡(镇)换届】 2021年，县委组织部配合州党委换届考察组完成县四套班子以及纪委监委、法院、检察院的换届考察工作。2月，若羌县成立换届工作领导小组，组建乡镇换届、“两代表一委员”考察组，全面参与指导和组织县、乡两级换届选举工作，共组织调整干部7次，提拔重用109人，提拔人员中30岁及以下干部17人，31岁至35岁45人，提拔任用女干部22人，提拔任用少数民族干部33人。5月，各乡镇党政班子配备到位，乡镇党政班子中30岁及以下年轻干部14人，女干部12人，少数民族干部38人，35岁以下党政正职3人。严肃换届纪律，开展谈心谈话3592人次，发放换届纪律提醒函803份，开展公开承诺践诺1207人次，观看警示教育片3662人次。

(张少伟)

【党代表选举】 2021年3月7日，若羌县、乡两级代表选举工作。若羌镇、铁干里克镇、吾塔木乡、瓦石峡镇4个乡镇党支部召开第一次党员大会，提出乡镇代表候选人初步人选提名名单。各党支部召开第二次支委会，审议乡镇代表候选人初步人选提名名单，并根据党员提名，综合多数党员意见，形成乡镇代表候选人初步人选意向性名单，报乡镇党委审议。乡镇党委召开代表选举第二次党委会，听取推荐情况汇报，审议确定乡镇代表候选人初步人选意向性名单，按程序推送至各党总支、党支部酝酿。各党支部召开第三次支委会，按照多于代表名额30%以上的比例，研究提出乡镇代表候选人初步人选建议名单，报乡镇党委审核。乡镇党委召开代表选举第三次党委会，从预分名额、代表条件、构成比例等方面，审核各党支部上报的乡镇代表候选人初步人选建议名单，按照不少于代表名额30%的差额比例，提出乡镇代表候选人初步人选名单。研究提出乡镇代表候选人初步人选考察对象名单。各党支部配合乡镇党委考察乡镇代表候选人初步人选。乡镇党委召开代表选举第四次党委会，听取乡镇代表候选人初步人选考察情况汇报，安排乡镇代表候选人预备人选圈选工作。各党支部根据乡镇党委的安排，召开第四次支委会，按照多于代表名额20%的比例，提出乡镇代表候选人预备人选圈选名单。通过采取圈选方式，研究确定乡镇代表候选人预备人选名单。

乡镇党委对各党支部上报的乡镇代表候选人预备人选名单进行审核，召开代表选举第五次党委会，听取出席乡镇党员代表大会代表候选人预备人选圈选情况的汇报，审议通过乡镇代表候选人预备人选名单，并下达批复。根据乡镇党委的批复，各选举单位召开第三次党员大会，酝酿代表候选人预备人选进。无异议，召开第五次支委会，研究确定代表正式候选人(差额不少于应选人数的20%)，提交党员大会，以无记名投票方式，最终选举产生出席乡镇党员代表大会代表165名,代表差额考察比例达到39.39%,差额选举比例达到27.88%。其中,各级领导干部代表85名、占51.52%;各类专业技术人员代表32名、占19.39%;先进模范人物代表48名、占29.09%,较上次增加1.82个百分点。各选举单位坚持自下而上、上下结合、反复酝酿、逐级遴选推荐提名乡镇党员代表大会代表,保障选举工作具有广泛的群众基础。

7月,若羌县共有基层党支部168个,党员人数3168人。按照自治区换届最新要求和机构改革现行情况,对比2016年换届选举单位划分,合理划分该届选举单位17个。各选举单位精心部署,认真组织实施。候选人预备人选从党支部开始推荐提名,经组织考察把关,集体研究确定候选人初步人选,在一定范围内公示后,召开党(工)委会议研究确定,报县委审查同意后,严格按照《中国共产党章程》和党中央有关规定办理,采用无记名投票方式,先实行分组差额预选(差额不少于应选人数的20%),后进行大会等额正式选举产生出席县党代会代表。8月9日,全县各选举单位共推选产生县第十一次党代会代表110名,党组织和党员参与率均为100%,当选代表得到的赞成票均为100%。其中,各级领导干部代表63名、占57.27%,较上届降低0.91个百分点;生产和工作一线代表45名、占40.91%,提高0.91个百分点;解放军和武警部队代表2名、占1.82%。少数民族代表62名、占56.36%,女代表37名、占33.64%,均高于少数民族党员和女党员占党员总数的比例。45岁以下代表75名,占68.18%。一线代表中,工人3名,增加1名;农民6名,与上一届持平。代表人选覆盖经济、文化、教育等各个领域,兼顾驻县单位、驻县部队等各个层次,各项结构也都符合《中国共产党地方组织选举工作条例》规定和州党委要求。

8月4日,若羌县确定出席中国共产党巴音郭楞蒙古自治州第十一次代表大会代表。县委召开十届十二次全会,按照不少于20%的差额比例,以无记名投票方式圈选确定若羌县出席州第十一次党代会代表预备人选24名,并向州党委呈报《关于若羌县推荐提名州第十一次党代会代表候选人预备人选情况报告》。经巴州党委批复同意,若羌县出席州第十一次党代会的代表候选人预备人选中,各级党员领导干部代表14名、各类专业技术人员代表5名、先进模范人物代表5名,汉族11名,少数民族13名(维吾尔族13名),女同志11名。代表覆盖县党政领导班子成员、乡镇干部、事业单位的专业技术人员、获得州级以上表彰的先进模范人物等。

(郝鑫磊)

【党员积分制管理和无职党员岗位认领制】 2021年,若羌县实施党员积分制管理和无职党员岗位认领制。党员积分制管理将党员参加组织生活、村级事务等情况进行量化积分,根据积分将党员确定为先锋党员、模范党员、本色党员和褪色党员4个等次,各村根据实际确定具体的党员积分制度标准,并根据党员实际表现按月登记到党员积分手册。党支部每季度对党员的积分进行统计公布。实施无职党员认领岗位制,设置就业创业帮扶岗、环境卫生整治岗、矛盾纠纷调解岗等岗位,发动村(社区)无职党员主动认领,全县各乡镇498名村(社区)无职党员全覆盖认领岗位。

(苏立群)

【基层干部能力素质建设】 2021年,县委组织部落实自治区党委加强村党组织和村干部队伍建设"1+2",提升村干部整体素质。持续抓好村(社区)干部普通话在岗学习。组织少数民族村(社区)干部参加普通话等级考试。举办若羌2021—2022年冬季大轮训村(社区)"两委"干部、村级后备干部集中培训班，对不能熟练掌握使用国家通用语言文字的村“两委”干部进行集中培训。实行村干部和后备干部能力素质提升培训，采取线上+线下，集中授课+外出考察的模式培训，先后举办村干部及后备干部线上视频培训班、乡村党建干部培训班、新进“两委”干部及后备干部培训班、赴其他省市考察培训班等，共培训乡镇干部、乡村党建干部、村干部、村级后备干部520余人次。（苏立群）

【基层基础保障】 2021年，县委组织部完成村干部报酬和农村“四老”人员生活补贴增长工作。村“两委”正职每月生活补贴在原基础上提高180元，村“两委”成员每月提高114元，农村“四老”人员每月提高60元。大力推行村集体经济“代账制”，规范村集体“三资”管理，推动村股份经济合作社市场化实体化运营，5个村实现股民分红。县财政预算的100万元村集体经济项目扶持资金，支持2个薄弱村发展壮大村集体经济。争取到4个社区服务中心项目、4个村民服务中心建设项目、5个乡镇干部周转宿舍建设项目、4个村级组织活动场所建设项目，总投资3862万元。县委组织部研究制定《关于建立乡村人才工作室助推乡村振兴的工作方案》，建立5个乡村人才工作室，组织93名农技人员下基层服务农村农民，助力乡村人才振兴。制定《若羌县党建引领农村信用体系整村推进实施方案》，组织开展“信用户、信用村”创建评定工作，共评定3个AAA级信用村、15个AA级信用村、3552户AAA级信用户，解决农村贷款难贵问题。（苏立群）

【社区“大党委”建设】 2021年，县委组织部构建“村（社区）点单，全县各部门单位的在职党员接单”的新工作机制，实行积分量化考核制度，规定各单位党组织、党员干部到社区“双报到”工作。每季度单位党组织不少于2.5分、党员干部不少于6分。全年全县1124名在职党员干部在单位驻地所在社区进行报到，共建基层党建工作的新格局。

（苏立群）

【党建带群团赋能】 2021年，县委组织部通过对基层群团组织赋职能、赋权力，群团组织依法参与社会事务管理，制定《若羌县党建带群建赋能工作操作规范》，把适合群团组织承担的一些社会管理服务职能按照法定程序转由群团行使。按照“建立专兼挂干部任用制度”要求，选派人员在团县委挂职副书记，在县妇联挂职副主席。县民政局、县司法局、县卫健委3个部门的10项职能转移县妇联，全县配备承接赋能工作的妇联干部（执委）30人；将县市监局、县医保局、县退役军人事务局的9项职能赋予团委。建立责任清单，签订委托书，各乡镇、村（社区）选派40余名青年团员承担赋能工作。通过“党建引领+群团赋能”，切实打通群团组织联系群众的“最后一公里”。（韩楚）

【两新组织建设】 2021年，县委组织部按照“条块结合、归口管理”的工作思路，建立非公和社会组织党建台账，采取派员组建、联合组建、挂靠组建、行业组建、党群共建等方式，选派22名党员，34名党建指导员到各企业指导，推动党组织有形有效覆盖。围绕生产经营任务制定党建工作目标，启动发展党员“火种计划”，以本级留存党费、财政预算加大经费保障力度。采取“走出去，请进来”的方式，结合“两新”组织党建工作重点任务，突出政策理论、党务知识和实际操作能力提升，解决“不会干”问题。选派2名“两新”组织党务工作者参加巴州举办的“两新”组织党务干部素质提升班；8名“两新”组织党务工作者纳入若羌县党务干部培训班。对照“两新”组织党组织“五个基本”标准和党建工作指导员“四个要求”，逐企逐社逐人过筛子，反馈问题29条，有力推动党组织工作规范化、制度化。建立党组织和“两新”组织管理层双向互动的工作机制,创新党员教育管理服务方式,通过免费法律服务、募捐救灾、参与疫情防控等工作,增强党员归属感、荣誉感。（韩楚）

【党校到支部】 2021年,若羌县委“党校到支部”学习培训采取党校实地学习培训、巴州党员网上活动室专题课程学习、各支部组织集中学习、自主学习等四种方式适度弹性组合,督促各支部组织完成全年不少于4期共32学时的培训任务;依托巴州党员网上活动室,要求县机关党员每月按时上传“党费日+报告”,并将“党费日+报告”撰写情况作为干部日常考核、年度考核的重要参考依据。持续深化“党校到支部”工作。若羌县共有1477名机关党员干部完成“党校到支部”党课学习。1060名机关党员通过“巴州党员网上活动室”微信公众号上传“党费日+报告”1万余篇,干部平均学习时长40.9学时。（韩楚）

【党员干部教育培训】 2021年,县委组织部选派31名正科级及以上领导干部参加上级各类培训班;举办中青年干部培训班2期,培训优秀年轻干部80人;举办乡镇干部培训班1期,培训乡镇领导班子成员64人;常态化举办每周干部夜校16期,培训科级干部4800余人次;举办4期外出考察学习培训班,组织132名党员干部赴上海、江苏泗洪、福建福州、广州和深圳等地开阔视野,提升创新意识。组织开展《党政领导干部选拔任用工作条例》学习宣传活动,通过集中学习、撰写心得、专题讨论、考核测评等方法,提升干部职工的理解和自觉贯彻意识。（张少伟）

【农村党员干部现代远程教育】 2021年,若羌县农村党员干部现代远程教育施行ABCD岗管理模式。按季度为30个基层党员(远程)站点A岗管理员发放绩效工资,全年共发放站点管理员绩效工资59500元。举办若羌县党员(远程)教育站点管理员培训班1期,点对点培训10场次,全覆盖指导检查4轮以上,站点维修设备5次,组织开展党员(远程)教育集中学习2590场次,参训人数42020余人次,时长58480分钟。开展“党员教育之星”展示活动,受自治区表彰5人。若羌县建设党员(远程)教育示范基地,党员中心播放户、示范户建设12个,提升辐射作用,推动党员(远程)教育工作规范化、长效化。拍摄制作优秀共产党员先进事迹纪录片《高原卫士》《小村故事》2部;录制《党课开讲啦》27节;“初心志”微视频11部;“四微”学用活动微视频10部;“讲党史、诵经典”微视频2部;“倾情大地”微视频1部;“爱我中华”微视频1部;党建工作汇报片2部。

建设党员教育资源库,收集整理《榜样6》《光荣在党50年》等各类党员事迹纪录片10余部,并上传至若羌县党建网,方便党员干部日常学习教育。完成新疆党员教育服务管理系统的新系统的安装、信息统计、人员录入工作,更好地发挥党员(远程)教育站点的学习阵地作用。若羌县安装完成31台视联网设备,确保各点位视联网正常使用、管理规范。指定专人负责后台维护,建立信息上传台账,审核上传各类信息942篇、学习资料25套、视频课件71部。做好“巴州党员网上活动室”微信公众号的转隶和删除调整等工作,每月督促县直各党(工)委开展“党校到支部”、远程教育推送培训课程的学习及党费交纳、“党费日+报告”上传工作。（刘阳阳）

【公务员管理】 2021年,若羌县党群系统招录2名公务员派往南疆开展学前双语教育支教工作。对符合条件的6名干部进行公务员调任,落实公务员辞职、调动、退休审批制度。晋升四级主任科员及以上职级67人。其中,乡镇级干部22人,“访惠聚”等干部

8人，疫情防控一线4人，维稳一线5人，脱贫攻坚一线1人，招商一线3人，占晋升职级总数的64.18%。综合评估处分期满干部，先后提拔晋升处分期满干部20人。完成公务员统计和公务员管理信息系统的统计维护上报工作。（张少伟）

【干部监督】 2021年，县委组织部开展党员领导干部在企业、社会团体兼职（任职）清理工作，对违规在企业兼职的2名退休领导干部、1名在职领导干部进行清退。建立完善干部监督联席会议制度，组织召开干部监督联席会议1次，充分与各部门单位共享干部监督信息。严格落实任职回避制度，对15名在同一单位存在亲属关系的干部进行调整。（张少伟）

【干部选拔任用】 2021年，若羌县共调整干部11次，提拔干部128人（30岁及以下干部20人，31岁至35岁干部52人；女干部26人；少数民族干部36人），交流干部63人。各级领导班子年龄结构、民族结构得到进一步优化。选派120名干部前往依吞布拉克疫情防控卡点开展疫情防控工作；选派39名优秀干部到招商服务中心、上市办帮助工作；选派81名干部参与“访惠聚”驻村工作；选派480余名优秀年轻干部在支委（党小组长、召集人）岗位上锻炼。（张少伟）

【人才引进】 2021年，县委组织部制发《若羌县编制外事业岗队伍改革实施方案》，选拔任用相关职员级别和领导岗位，提高政治待遇和工资待遇，打通编制外事业岗晋升通道。结合县域人口增长计划，实施引进高级人才住房、购房安家费政策，对引进的高级人才落户若羌并在本县购买住房的，按照购房款的80%—100%的比例标准发放购房补助。实施干部人才购房安家费政策，对非若羌户籍的干部人才在若羌落户且购买首套商品房的，每人发放安家费2万元，全年共有153名非若羌户籍干部人才落户若羌，首次发放安家费153万元。2021年春节前夕，定制新春大礼包发放给全县家在外地不能回家过年的干部人才；大力实施“红娘”工程，把干部人才婚恋问题作为拴心留人的头等大事。全年举办交友联谊活动8次，参与人数800余人次。向州党委组织部推荐12名各行业领域有突出贡献的干部人才为州新一批优秀专家人选；争取支援项目，选派医疗卫生、住建、经济口等部门领域表现突出的干部前往河北对口业务部门开展培养锻炼，激励干部干事创业担当作为。（张少伟）

【干部档案管理】 2021年，若羌县干部人事档案管理中心对若羌县所有在职在编干部人事档案进行专项审核回头看，对“三龄两历”信息进行审核认定，对组织部门管理人事档案进行查漏补缺。共认定各级领导干部“三龄两历”579人，发放补充档案资料函73份，查缺反馈单1090份，完成人事档案材料补充500余人。指导县教科局、县人社局做好所管理干部人事档案的专项审核和档案补充工作。加快推进干部人事档案数字化工作，与上级组织部门和数字化公司沟通对接，初步形成合作意向，做好数字化前期准备工作。严格按照干部人事档案查借阅流程要求，配合县纪委监委等部门因组织处理、党纪政务处分、涉嫌违法犯罪的调查取证、案件查办等情况进行档案查阅。按照干部人事档案转递工作有关要求，完成对调入调出人员的档案转递20余本。（康新典）

【老干部服务】 2021年，若羌县有离退休干部847人。其中，副县级以上36人，乡科级及以下418人，专业技术人员393人；若羌县居住465人、驻库干休所及库尔勒散居离退休干部312人、异地定居离退休干部70人，老干部工作人员3人，驻库干休所老干部工作人员2人，离退休干部党支部8个，管理退休党员干部232人。若羌县离退休干部工作室不断丰富离退休干部文体活动，组织举办第十一届“红枣杯”门球邀请赛、开展2021年太极拳健身推广展示、健步走、迎新春、“三八”妇女节、端午节党史知识答题等活动，征集“新疆红色印记”史料。组织25名退休干部赴湖南江西等地开展红色之旅活动，组织18名巴州地厅级离退休干部赴若羌开展“我看建党百年新成就”活动。做好节日期间及日常离退休干部走访慰问、电话询访，做好个性化服务和困难帮扶。春节期间对县级离退休干部和遗属、遗孀等进行慰问，发放慰问金2.8万元。“七一”庆祝建党100周年活动期间，县委组织部对在党50年的退休干部、县级干部、遗孀遗属进行慰问，共发放慰问金6.32万元。

（于江丽）

【关心下一代】 2021年，县委组织部在清明节等传统节日开展党史学习教育活动，激发孩子们爱国热情。开展“从小学党史 永远跟党走”党史学习教育活动，参观红色教育基地，推出课前三分钟学党史、“学百年党史 放飞红色梦想”为主题的放风筝比赛、举办“诗词大会”、“经典诵读”打卡行动等系列活动，传承中华文化。开展“学党史 守初心 争做劳动小能手”活动。在世界读书日开展“书香伴我成长、阅读圆我梦想”主题活动。注重中华孝道，感恩父母，母亲节、父亲节期间，组织青少年进行感恩教育活动，增强孩子的感恩意识。 （于江丽）

2021年6月24日，县委组织部在文化广场举办若羌机关百名新党员入党宣誓仪式

（县委组织部 供稿）

【访民情 惠民生 聚民心】 2021年，若羌县20个村、6个社区共选派“访惠聚”驻村（社区）工作队25支103人。围绕落实主体责任，健全完善工作机制。县委、县政府高度重视“访惠聚”驻村工作，县委研究驻村工作会议4次。召开若羌县新时代“访惠聚”驻村工作会议，表彰先进集体18个、先进个人51名、优秀组织单位9个。提拔重用、晋升职级“访惠聚”驻村干部55人，职称评定2人。政策轮换、调整88名驻村干部岗位。解决驻村干部困难事件64件、走访慰问驻村干部家属670人次。在新疆“访惠聚”平台刊发综编23篇、单条1篇，中国组织人事报2篇。

深入开展“第三次中央新疆工作座谈会精神进万家”活动。累计开展十九届五中全会和第三次中央新疆工作座谈会精神宣讲3143场次，受教育群众7.6万人次。累计宣传民族团结教育政策法规、民族团结故事等内容1475场次。依托新时代文明实践站，向各族群众宣讲习近平总书记、党中央对新疆工作的高度重视和对新疆人民的关怀，用身边的事教育和感染身边的人。累计开展感党恩教育活动782场次，受教育党员群众2.75万人次。

常态化开展风险隐患排查化解机制，累计化解各类纠纷矛盾532件，解决群众困难诉求233件，排查安全隐患2307个。成立“文化润疆群艺小分队”，切实用居民群众喜闻乐见的优秀文化作品感染身边群众。

摸清农村富余劳动力、低收入群体底数，因人施策，分批次有序引导符合条件的群体到辖区企业就近务工。累计转移农村富余劳动力798人，实现就业1678人。

落实自治区党委加强村党组织和村干部队伍建设“1+2”文件要求，指导村（社区）做好换届工作。累计开展换届培训39场次，培训629人次。进一步挖掘、宣传、推广新时代“访惠聚”驻村工作中涌现出的先进典型、模范事迹。

健全关心机制，落实关爱措施。每逢节日期间，县委以及各派出单位领导通过走访慰问和座谈交流，动态了解掌握队员的思想状况和实际困难并及时帮助解决。走访慰问工作队及队员家属154人次，送去价值约11.63万元的慰问品。帮助驻村工作队解决问题249个。乡镇党委每季度落实辖区工作队员的体检制度。组织体检412人次。县财政承担驻村（社区）工作各类经费558.72万元。其中，驻村干部补贴189.72万元、为民办实事经费75万元、驻村第一书记为民办实事经费44万元，为工作队拨付其他工作经费（含办公经费、食堂经费等）250万元。

（叶秀娟）

【“三创三目标”工作机制】 2021年2月4日，若羌县召开学习党的十九届五中全会和第三次中央新疆工作座谈会精神成果暨三创三目标工作机制交流会。会议要求若羌县各部门各单位全面对标若羌县“十四五”规划和2035年远景目标，开展以“创新、创建、创造”+“横向工作目标、纵向工作目标、重点工作目标”+“绩效考核机制、流程质量考评机制”的“三创三目标”工作机制流程质量考核工作。采取“月考核、季评估、半年预警、全年总结”评价机制，4个考核组对若羌县59个乡镇、县直部门以个别谈话、实地查验为主，查阅档案资料为辅的方式对各乡镇、部门单位工作完成情况进行考核评价。对实绩突出、超额完成指标任务的乡镇、部门、单位进行表彰，启动表彰奖励、提拔任用程序。对低于基准分值、排名靠后、工作滞后、未完成指标任务的乡镇、部门、单位进行通报批评，启动追责问责、干部调整相关程序。

（叶兆勇）

【“光荣在党50年”纪念章颁发】 2021年6月15日，若羌县委在县党政大楼举行“光荣在党50年”纪念章颁发仪式。若羌县主要领导为若羌县25名符合条件的老党员颁发“光荣在党50年”纪念章。仪式上，8名优秀青年党员分别向老党员献花。

（郑强强）

宣传工作

【理论学习中心组学习】 2021年，若羌县委理论学习中心组通过集中学习、交流研讨等方式开展党史学习教育、第三次中央新疆工作座谈会精神等专题学习22次。征订党史学习书籍2996套。各党委、党组开展理论学习中心组专题学习138场次，参与1242人次；开展读书班83场次，交流研讨400余场次，参与党员干部14500余人次；参观红色教育基地159场次；开展上门送学服务2800余次，确保党员学习教育全覆盖。印发《关于组织做好2021年若羌县各级党委（党组）理论学习中心组学习的通知》《关于规范党委（党组）理论学习中心组学习的通知》《关于进一步加强和改进党委（党组）理论学习中心组学习的通知》，指导各级党委（党组）按照年度专题学习的要求，列出详细学习计划，稳步推进“一学一主题”“一学一讨论”，落实“一学一报”制度。党委（党组）中心组理论学习21次，引导各级党委（党组）注重研讨交流式学习、现场体验式学习、开放共享式学习。每月下发中心组学习情况通报，推进全县各级党委(党组)中心组学习制度化、规范化。(李宜轩)

【理论宣讲】 2021年，中共若羌县委宣传部(简称县委宣传部)制作“第三次新疆工作座谈会精神宣传手册”“第三次新疆工作座谈会精神宣传单”1.1万余份。组建若羌县第三次中央新疆工作座谈会精神宣讲团，进机关、进乡村、进社区、进学校、进企业、进军营开展示范宣讲活动773场次，参与人数4.94万人次。采取干部带头讲、宣讲团全面讲、党员干部层层讲的模式，开展党史、第三次中央新疆工作座谈会精神、习近平新时代中国特色社会主义思想等专题宣讲活动113场次，参与人数4186人次。统筹基层党组织和便民警务站、“访惠聚”驻村工作队、驻村第一书记、入户干部等力量，走进基层群众开展面对面宣讲。各乡镇、各部门单位开展第三次中央新疆工作座谈会精神专题宣讲1.06万场次，覆盖群众3.28万余人次，开展党的十九届六中全会精神宣讲6100场次，覆盖群众1.9万余人次。(李宜轩)

【文化润疆工程实施】 2021年，若羌县深入实施文化润疆工程。县委宣传部制定下发《2021年若羌县推进文化润疆工程工作方案》，统筹推进“十大工程、二十六项举措和四十项特色活动”取得实效。办好各类群众文化活动，推进“我的中国梦，文化进万家”送文艺下乡活动，继续发挥“石榴籽”文艺小分队作用，创作更多贴近群众、贴近生活的文艺节目。实施楼兰博物馆文物数字化和预防性保护项目，开展流动博物馆、《阿尔金山岩画》等文物主题宣传，录制“让历史发声、让文物说话”节目。完善文物管理、服务功能，确保国家三级馆前期申报工作顺利开展。完善非物质文化遗产保护项目公示县级名录，继续深挖非物质文化遗产。邀请专家到若羌县进行培训指导，派遣优秀文艺工作者到外省、市学习，提升精品文艺创作能力。(李宜轩)

【新闻宣传】 2021年，县委宣传部在有关乡村振兴、生态文明、民族团结、党史学习教育、疫情防控等宣传报道方面，开设专题专栏40余个，在中央、自治区、州主流媒体平台刊发稿件10000余篇。以“若羌的红枣熟了”为主题，举办新疆若羌第1十五届红枣节，20余个媒体平台全程直播，观看人数超3亿人次。组织本土主播、抖音达人开展网络直播活动20余场次，推出《秘境若羌》等4部宣传片。(王勇强)

【党史学习教育】 2021年3月5日，若羌县委召开党史学习教育动员大会。全面启动党史学习教育，成立党史学习教育领导小组及办公室，下设专项工作组5个，协作高效推进党史学习教育。紧盯党史学习教育动员大会、庆祝中国共产党成立100周年、中华人民共和国成立72周年、党的十九届六中全会、党史学习教育总结大会等重要时间节点，准确把握“主学主线”，采取专题学习、专题研讨、专题辅导、专题讲座、专题培训、专题党课等形式，开展“学习、培训、宣传、宣讲、普及、研讨”等活动，学好用好指定教材，邀请专家学者到若羌县作党史专题报告。开展各类活动9000余场次、受众6万余人次。深入挖掘本土红色资源，建成红色教育长廊、党史馆、科普馆等多个红色资源“打卡地”，有近万人打卡。依托县域内部门户网站、微信公众平台、“若羌好地方”APP等信息化平台，开设党史学习教育专栏7个，印发《党史学习教育工作简报》375期，刊登党史题材稿件4800余篇(条)，新媒体作品80余部，实现党史学习教育资源精准共享。高标准、严要求、高质量开展党史学习教育专题民主生活会和专题组织生活会，作为检验学习效果的重要方式。深入开展“我为群众办实事”实践活动，投入5.45亿元，兑现新建医院、学校、公租房、老旧小区改造等为民办实事项目70项。全面推行在职党员“双报到”和志愿服务活动，形成良好机制。

（唐振宇）

【庆祝中国共产党成立100周年】 2021年，若羌县委全面开展庆祝建党100周年系列活动。投入5.5亿元完成城区市政设施改造等一大批民生工程，带动各级党员干部为民办实事1824件，惠及群众7.8万余人次，各族群众满意度不断增强，党群干群关系更加密切。开展庆祝中国共产党成立100周年“永远跟党走”群众性宣传教育活动，大力唱响共产党好、社会主义好、改革开放好、伟大祖国好、各族人民好的时代主旋律。举办若羌县“千名党员升国旗重温入党誓词”活动、“清明祭英烈”主题活动、“光荣在党50年”纪念章颁发仪式活动、“十一”国庆升旗仪式活动、“唱支山歌给党听”主题快闪活动、“歌声嘹亮献给党”红歌比赛活动、“共庆百年辉煌·开启盛世新篇”专题文艺晚会等中国共产党成立百年庆祝活动500余场次。

7月9日，若羌县举行庆祝中国共产党成立100周年座谈会。会上对全县涌现出的优秀共产党员、优秀党务工作者和先进基层党组织进行表彰，号召全县各级党组织和党员干部赓续红色血脉，争当时代先锋，努力在实现第二个百年奋斗目标的新征程中创造更多辉煌、做出更大贡献。县委宣传部印发若羌县《中国共产党成立100周年庆祝活动宣传报道方案》，转播和宣传报道中国共产党成立100周年大会、颁授“七一勋章”和表彰全国“两优一先”、文艺晚会等重大庆祝活动。开设“牢记初心使命 争取更大光荣”“奋斗百年路 启航新征程”等专栏12个，刊发转载各级各类报道320余条。

（黄懋卿、古尼沙）

【学习贯彻第三次中央新疆工作座谈会精神】 2021年，县委宣传部印发《第三次中央新疆工作座谈会学习宣传提纲》《第三次中央新疆工作座谈会精神学习汇编（一）》《第三次中央新疆工作座谈会学习宣传手册》和第三次新疆工作座谈会精神宣传单1.1万余份。组建若羌县第三次中央新疆工作座谈会精神宣讲团，进机关、进乡村、进社区、进学校、进企业、进军营开展示范宣讲活动773场次，参与人数4.94万人次。开展党史、第三次中央新疆工作座谈会精神、习近平新时代中国特色社会主义思想等专题宣讲活动113场次，参与人数4186人次。各乡镇、各部门单位开展第三次中央新疆工作座谈会精神专题宣讲1.06万场次，覆盖群众3.28万余人次。

（李宜轩）

【学习贯彻党的十九届六中全会精神】 2021年，县委宣传部制定印发《党的十九届六中全会精神若羌县媒体宣传工作方案》《若羌县贯彻党的十九届六中全会精神学习、宣传、宣讲、普及、研讨工作方案》等方案。在若羌零距离、若羌政府网、抖音等媒体转载党的十九届六中全会精神宣传报道。同时，开设“学习贯彻党的十九届六中全会精神”专题专栏，刊播发布若羌县深入学习宣传党的十九届六中全会精神新闻稿件310余篇，全县各部门单位所属微信公众号、抖音、网站等平台同步转发转载。开展十九届六中全会精神专题学习522场次，专题研讨211场次，撰写研讨材料342篇。组建若羌县“党的十九届六中全会精神专题宣讲团”，通过宣讲团示范宣讲、领导干部带头宣讲、党员干部入户宣讲等形式，开展面向基层党员干部群众的对象化、分众化、互动化宣讲，通过“宣讲+文艺”“宣讲+新时代文明实践”等形式，全面宣讲解读好党

2021年12月1日，若羌县自然资源局驻瓦石峡镇乌塔木村“访惠聚”工作队队员在田间地头宣传党的十九届六中全会精神　　（全世伟　摄）

的十九届六中全会精神，开展专题宣讲361场次，参与人数1.29万次。　　（李宜轩）

【“三个一百”工程】 2021年，县委宣传部在全县26个行政村新时代文明实践站重点培育打造新时代文明实践示范站8个，组建专业宣传队7支、基层“草根”宣讲队37支，开展各类宣讲1.74万场次，覆盖群众6.33万人次；结合党员“双报到”工作，组建志愿服务队173个、5850名志愿者开展疫情防控、交通劝导、人居环境整治、帮扶解困等主题志愿服务活动3600余场次，覆盖群众2.07万人次；组建以驻村第一书记为负责人，驻村干部、返乡大学生、科技致富带头人、养（种）殖大户等组成的11支志愿服务讲解队，培养专业讲解员16名、草根讲解员612名，开展各类科技培训参观6323场次、覆盖群众4.7万人次，科普宣讲2850场次，覆盖群众1.8万人次。

（刘向玉）

【纪录小康工程】 2021年5月25日至6月30日，县委宣传部组织开展“纪录小康工程”工作。重点记录中华人民共和国成立以后，特别是党的十八大以来，推进经济建设、政治建设、社会建设、生态文明建设等方面的重大事、重大决策部署、重大活动。同时做好全面建成小康社会大事记、有关系列志书年鉴、理论文章和理论著作、新闻报道、典型人物、课题报告、专题片、出版物、各类文艺作品、电影、重大工程项目、个人作品、经济社会发展统计书籍、重要实物资料等15项内容的收集、录入、审核工作。

（古尼沙）

【社会主义核心价值观教育】 2021年，县文明办印发《关于树立和培育“好乡风、好村风、好家风”活动的通知》，把社会主义核心价值观融入村组、家庭，融入村规民约、基层党组织建设，融入群众性文化活动，融入村容村貌整治等工作中，形成“海拔高工作标准要更高、氧气少奉献精神不能少、环境苦更要苦干不苦熬”“勤劳淳朴、团结和谐、民慧村兴、文明致远”“好学力行”“勤劳致富”等一批具有示范引领作用的好乡风、好村风、好家风，实现每个乡镇、村组、家庭全覆盖。常态化开展“民族团结一家亲”“干部下基层”、农牧民夜校、文明实践大讲堂等活动，加强社会主义核心价值观宣传，促进社会主义核心价值观深入人心。

（刘向玉）

【未成年人思想道德建设工作】 2021年，县委宣传部广泛开展社会主义核心价值观进校园、进课堂、进头脑活动，组织文明校园创建评选活动。选树州级和县级“新时代好少年”40余名，评选优秀“每课三分钟”课件1150余件，开设社团200多个，开展未成年人思想道德教育培训活动276场次、覆盖未成年人5500人次。

组织爱心生日会15场次，开展社团活动，不断丰富校园生活。线上线下家长会40余场次，实行以学校为主体、社会教育为辅助，家校携手共建的教育模式。

（刘向玉）

统战工作

【无党派人士统战工作】 2021年，中共若羌县委统战部（简称县委统战部）认真贯彻中央统战部《关于健全无党派人士政治引导长效机制的意见》的精神，加强无党派人士的政治引导。到各乡镇开展党外人士走访调研工作，对党外代表人士的思想状况、工作情况和社会影响进行实地考察调研，确定重点联系的党外代表人士，完善党外代表人士动态管理信息库。召开无党派人士座谈会，宣讲党的十九届六中全会精神，做好州、县政协委员的推荐和考察工作。（阿迪力江·肉孜）

【“民族团结一家亲”活动】 2021年，若羌县坚持把“结亲周”做成“为民服务周”，各级干部采用喜闻乐见的形式宣传党的法律法规、惠民政策，排查隐患、帮助干农活、环境整治、解决群众急难愁盼问题，累计开展“我为群众办好事”活动3.1万余件，捐助物资价值11.5万元，为3826名群众购买保险价值76.5万元。结合民族团结教育月开展民族团结教育主题宣讲、青少年民族团结教育主题班（队）会、“我为群众办实事”实践活动、民族团结慰问、共看民族团结电影、共吃团圆饭等各类主题活动100场次，受教育群众3229人次。以“看历史、游景区、办实事、叙成就、感党恩”为主题，创新开展“我和亲戚看乡村振兴”等活动，参与人数1.5万人次，进一步激发各族群众就业创业激情，带动群众共同勤劳致富。表彰结对认亲活动效果显著的先进集体和个人，共评选出自治区“民族团结一家亲”和民族团结联谊活动先进集体2个、先进个人6名；州级先进集体6个、先进个人12名。

（玉斯甫·艾买提）

【民族团结进步创建与巩固】 2021年，若羌县有3个单位和5名个人被评选为州第十一次民族团结进步模范集体和个人；28个单位被选为州民族团结进步示范区、示范单位，开展县级创建工作，共4批98个单位；县楼兰博物馆、吾塔木乡尤勒滚艾日克村爱国主义教育基地被命名为州民族团结教育基地。9月，若羌县成功创建为自治区民族团结进步示范县；中共若羌县委员会和帕太姆罕·巴拉提分别获得自治区第八次民族团结进步模范集体和模范个人。（杨世豪）

【民族团结进步宣传教育】 2021年，若羌县打造“一街两厅四长廊五基地”宣传教育阵地。制作宣传板52面，刊登宣传口号312条，设置展板、标语、提示等1700余条，绘制文化墙2300米，累计组织各族干部群众参观13万人次，营造加强民族团结的浓厚氛围。开展学习217场次，参加交流研讨776人次。全年开展宣讲3.27万场次，受教育群众11.28万人次。（韩世杰）

网信管理

【网络信息服务】 2021年，中共若羌县委网络安全和信息化委员会办公室（简称县委网信办）以党史学习教育“我为群众办实事”为抓手，构建服务群众“快车道”。全年，召开网络民生问题座谈会2次，网络舆情专题研讨现场会1次。协调解决若羌县网络民生问题64起。其中，地方领导留言板讨薪信息52起，其他诉求类信息12起，留言板及时回复率和好评率均为100%。采用“走出去、请进来”的方式与若羌县网络达人实地会见4次、组织开展座谈会4次、协助开展网红大赛1次。（张文达）

【网络安全保障】 2021年,县委网信办扩大互联网企业党组织的覆盖面,履行属地行业监管和党建指导双重职责。召开党建工作视频座谈会2场次,组织互联网企业党建指导员开展主题党日活动2次。实地走访互联网企业2次,修复网站漏洞4起,依法依规约谈相关负责人6次。县委网信办推动网络安全保障制度体系建设,对关键信息基础设施和重要信息系统进行风险评估和监督检查,进一步筑牢网络安全屏障,现场检查3次、基础设施检查2次,调研指导若羌县重点网站和基础设施运行单位4次,发现整改问题隐患4起。

(张文达)

【网络传播活动】 2021年,县委网信办组织开展"万人说新疆"重大主题网络宣传活动。该活动精心打造若羌宣传名片,以真人真事真说的多维立体视角对外宣介好大美若羌。组织若羌县群众、网络达人发布话题作品4.3万部,浏览播放量2152万余次。10月,组织开展国家网络安全宣传周活动,开展网络安全"进万家"宣传活动、网络安全"六进"活动,根据校园日、电信日、法治日、金融日、青少年日等,开展六大主题日活动,通过手机短信等方式推送系列科普信息和网络安全知识,营造"网络安全为人民、网络安全靠人民"的良好氛围。

(张文达)

机构编制管理

【机构编制委员会会议】 2021年,中共若羌县委员会机构编制委员会共召开会议3次,研究20项机构编制议题,为若羌县中心工作提供机构编制保障。

(郭丽娜)

【机构编制调整】 2021年6月15日,巴州党委编办将巴州环保局若羌县分局及所属事业单位若羌县环境监察大队、若羌县环保局罗布泊分局、若羌县环保局祁曼分局人员编制上划,统一管理。7月,批准新设立机构全额预算事业机构3个:若羌县旅游发展服务中心、若羌县技工学校、若羌县残疾人康复中心;撤销全额预算事业机构4个:若羌县文化市场稽查大队、新疆农业广播电视学校若羌县分校、若羌县农业机械技术学校、若羌县农业综合行政执法队;撤销差额预算事业机构1个:若羌县残疾人康复中心。9月,撤销自收自支事业机构2个:若羌县楼兰宾馆、若羌县物业管理中心。编制调整114名。其中,行政31名,参照公务员管理编制4名,全额预算管理编制44名,差额预算管理编制35名。巴州党委编办根据巴州党委编办审核公务员招录及事业单位招考编制使用计划,上报若羌县招考人员使用编制计划112名。

(郭丽娜)

【编制实名制管理】 2021年,中共若羌县委员会机构编制委员会办公室(简称县委编办)实行机构编制实名制管理,制定《若羌县机关事业单位用编计划管理办法》,落实部门及人员办理入编、减员手续。结合第二次机构编制核查工作,通过党组织、财政、人社部门对人员信息进行审核,及时更新机构编制实名制管理系统,做到信息真实准确。

(张国荣)

【第二次机构编制核查】 2021年,县委编办开展第二次机构编制核查工作。该次核查工作包括机构批复和设置情况、编制核定及实有在编人员情况核实、领导职数核定及配备情况、实名制数据等内容。根据机关事业单位成立、撤销、调整隶属关系、职能调整、编制增加与减少等变化情况,理顺完善各部门单位历年机构编制演变情况。以机构编制实名制数据为基础,在财政、人社、审计部门的大力支持下,通过数据比对、查漏补缺,确保人员信息的准确无误。

(张国荣)

【机构改革后评估】 2021年，若羌县开展党政机构改革评估工作。县委编办对若羌县32个部门、8个乡镇的“三定”规定执行情况进行检查评估，对各部门、各乡镇转变政府职能、理顺职责关系、强化部门职责、调整优化结构、综合执法队伍改革、机构改革纪律执行等情况作出评估，巩固改革成果。 （郭丽娜）

【事业单位法人登记】 2021年，县委编办按照《事业单位登记管理暂行条例》及其实施细则、《事业单位法人年检报告公示办法（试行）》相关要求，全面开展事业单位依法登记工作。若羌县登记法人事业单位102个，新设立登记事业单位9个，变更登记事业单位28个，注销登记事业单位5个。办理事业单位法人年检的单位96个，完成1个行政单位部门赋码工作，变更15个行政单位部门赋码工作。 （张凤琴）

县直机关党建

【县直属机关党组织概况】 2021年，若羌县直机关工委的党组织60个。其中，机关党委1个，党总支4个，党支部55个（含临时党支部1个）。共有党员911名，其中在职党员666名，离退休党员245名。 （张东凯）

【思想建设】 2021年，中共若羌县委直属机关工作委员会（简称县直机关工委）以庆祝中国共产党成立100周年为主题，深入推进党史学习教育活动。一是结合县委三创三目标工作机制，召开县直机关学习党的十九届五中全会、党的十九届六中全会和第三次中央新疆工作座谈会精神学习成果交流会，5名党组织书记从推进新疆伊斯兰教中国化、弘扬中华优秀传统文化、铸牢中华民族共同体意识等方面进行大会交流发言。二是对各单位选派的52名党员干部进行党史知识闭卷测试，在县融媒体中心演播大厅组织“明理增信崇德力行”党史知识竞赛活动。6个参赛队18名选手参赛组织300余人在楼兰影剧院观看党史题材电影《金刚川》，并同步在融媒体中心演播室开展观影赏评活动。组织9个县直机关25名优秀青年开展“诵读红色经典、献礼建党百年”活动。三是印发《若羌县直机关党务干部理想信念提升工程实施方案（试行）》，指导所属党组织诵读“红色经典”、追寻“红色足迹”，接受革命传统教育，激发干事创业热情。四是组织29名县直机关优秀党务工作者赴井冈山红色教育基地开展为期12天的学习培训，召开外出学习培训成果交流会，进一步深化扩展学习培训效果。五是深入学习贯彻落实习近平总书记在庆祝中国共产党成立100周年大会上的讲话精神，为所属党组织党员干部购买讲话单行本500册。六是对所属51个党支部党史学习教育开展情况进行实地督导2次，反馈问题40余条。指导所属党组织召开专题组织生活会，审核专题组织生活会议材料，指导所属51个党支部扎实召开党史学习教育专题组织生活会，不断推动党史学习教育走深走实。

（张东凯）

【机关党组织建设】 2021年，县直机关工委制定下发《若羌县直属机关2021年党建工作要点》。制定并印发《中国共产党党员档案转递清单》，规范发展党员各阶段人员档案转递流程。借鉴州直机关工委《党支部工作手册填写规范》，印制《发展党员工作手册》《基层党组织换届选举工作手册》210册，发放至县属各支部，提高党支部标准化规范化建设水平。召开2021年度意识形态工作部署会议和三个季度意识形态研判会，落实意识形态工作责任制。审核发展党员档案233份，审批积极分子82人，发展对象59人，预备党员64人，预备党员转正26人，延期转正1人，取消预备资格1人。举办发展对象培训班2期，对60名发展对象开展集中培训。为庆祝中国共产党成立100周年举办“薪火相传、永葆初心”百名机关新党员集体入党宣誓活动。

指导51个党支部开展党旗、党徽管理使用情况自查，为所属党组织购买3号标准党旗41面。完善工委干部联系支部制度，通过电话沟通等方式，指导后进党支部工作30余次。与县委组织部、党校联合举办若羌县干部素质提升工程之机关党员干部培训班，所属100余名党组织书记和组织委员参加培训。进一步提高机关党务干部业务能力和工作水平，压实机关党建主体责任。对所属党组织光荣在党50年老党员、生活困难党员、因公牺牲党员家属等进行走访慰问和关心关爱。（张东凯）

【机关作风建设】 2021年，县直机关工委贯彻落实述职评议考核、互学互评互检相关工作要求，进行党建述职评议考核，扎实开展互学互评互检，聘任2021年度党建工作指导员24名，表彰2020年度优秀党建指导员7名。先后开展机关党建工作互学互评互检2次，汇总反馈问题180余条，并印发通报。运用监督执纪“第一种形态”，对2020年度定等为“一般”的8名书记、第二次互学互评互检评定为“一般”的5名党组织书记进行提醒谈话，督促机关党组织书记扛起主责，抓好主业，种好“责任田”。（张东凯）

【机关党代表推选】 2021年，县直机关工委按照若羌县委党代表推选工作安排部署，完成各级党代表大会代表推选各项工作。举办2021年党内统计培训班，完成41个直属党组织党内统计数据的汇总和上报。统计汇总所属党组织各类先进模范党员和中级以上职称人员158名。县直机关工委制定党代表会议代表推选工作流程，与县换届办强化沟通联系，完成各级党代会代表推选推演材料。组织党组织书记及业务骨干80余人对各级党代会代表推选工作流程以及相关注意事项开展2次集中培训。指导53个党支部召开支委会、党员大会推荐各级党代表会议推荐人选，先后召开9次工委会确定县党代会代表推荐人选27人。对27名县级党代表大会代表考察对象和31名工委党代表会议代表各条战线优秀共产党员进行考察，确定县党代会代表初步人选25人、预备人选25人，召开工委党代表会议选举产生县党代表23人。制定推选各级党代会代表档案资料目录，印发工作提示，指导各支部规范整理相关档案资料。对所属51个党支部推选各级党代表工作中存在的问题整改情况组织“回头看”活动，完成问题整改。完成推选各级党代表大会代表工作档案，并通过县换届办审核验收。（张东凯）

【机关党建示范点创建】 2021年，县直机关工委按照《若羌县机关党建示范点创建工作实施方案》的相关要求，及时下发工作提示，指导41个党组织创建机关党建示范点。先后进行全覆盖指导督促党建示范点工作2次，对与业务结合紧密、运行机制较好、发挥作用明显的10个机关党建示范点进行实地验收，给予经费补助，不断完善和改进示范点建设，促进其进一步发挥示范带动作用。（张东凯）

巡视巡察

【概况】 2021年，中共若羌县委员会巡察工作领导小组办公室（简称县委巡察办）完成若羌县市场监督管理局党组、若羌县驻库办事处（干休所）党总支、若羌镇团结社区党支部、若羌镇文化社区党支部、铁干里克镇亚喀吾斯塘村党支部、铁干里克镇铁干里克村（古力巴格社区）党支部、铁干里克镇托格拉克勒克村党支部、铁干里克镇果勒吾斯塘村党支部、若羌县交通运输局党组、若羌镇胜利社区、若羌镇新城社区、若羌镇楼兰社区、县农牧民技工学校、吾塔木乡依格孜吾斯塘村、铁干里克镇英苏牧业村、铁干里克镇努尔巴格村、铁干里克镇库尔干村等17个党组织的巡察工作。

完成十届县委91个巡察党组织巡察全覆盖工作，共发现问题2005个，移交领导干部个人问题线索361件，追回违规资金1000余万元。完成自治区党委第二巡视组巡视若羌县，巴州党委巡察组巡察铁干里克镇、若羌镇2个乡镇13个村的巡察上下联动工作。完成巴州党委巡察组向县委常委会提级反馈罗布泊镇、若羌镇、铁干里克镇工作，做好沟通协调州党委巡察组提级巡察县公安局工作，做好巴州党委涉粮问题专项巡察组对若羌县粮食系统开展专项巡察工作。按照“金纪三期巡视巡察信息系统”推广部署会精神，组织巡察干部开展金纪三期巡视巡察数据的系统培训，全面开展十一届县委第一轮对4个党组织的巡察工作。（李强）

【县委巡察领导小组会议】 2021年1月15日，县委常委、纪委书记、监委主任、巡察工作领导小组组长汪树洪主持召开十届县委第八轮巡察工作领导小组会议。会议传达学习王鸿津在巡视指导督导工作专题培训会上的讲话精神、中央第六巡视组巡视新疆维吾尔自治区工作动员会精神、自治区党委书记专题会议精神、杨鑫在九届自治区党委第十二轮巡视工作动员部署会上的讲话精神，听取十届县委第八轮3个巡察组巡察工作情况报告，研究讨论十届县委第九轮巡察相关事宜。

2021年4月2日，吕振江主持召开十届若羌县委第九轮巡察工作领导小组会议。会议坚持以习近平新时代中国特色社会主义思想为指导，深入学习中央、自治区、州党委巡视巡察相关会议文件精神，听取十届县委第九轮4个巡察组巡察情况汇报。县委副书记、组织部部长、县委巡察工作领导小组副组长林小彬，县委巡察工作领导成员出席会议。

2021年10月27日，李绍忠主持召开十一届若羌县委巡察工作领导小组第一次会议。会议坚持以习近平新时代中国特色社会主义思想为指导，深入学习领会赵乐际在十九届中央第八轮巡视工作动员部署会上的讲话精神、自治区党委书记专题会议精神、自治区巡视巡察工作会议精神。会议听取十届县委巡视巡察整改情况汇报，审议十一届县委巡察五年规划，研究十一届县委第一轮巡察工作。（李强）

【自治区党委巡视组巡视若羌及问题整改】 2020年12月20日至2021年2月8日，自治区党委第二巡视组巡视中共若羌县委员会。4月16日，巡视组向若羌县委反馈巡视情况问题，反馈问题90个（自治区党委第二巡视组反馈问题39个、选人用人检查问题21个、意识形态检查问题14个、巡察专项检查问题16个），若羌县委制定整改措施418条（自治区党委第二巡视组反馈255条、选人用人66条、意识形态53条、巡察专项监督检查44条），完成整改83条，其中巡视反馈问题39条、整改完成34条。选人用人专项检查反馈问题21条，整改完成21条。意识形态专项检查反馈问题14条，2021年整改完成13条。巡察专项检查反馈问题16条，整改完成15条。

（李强）

【自治州党委巡察组巡察若羌及问题整改】 2021年，县委巡察办召开县委巡视巡察整改推进会暨培训会1次，对若羌县90余名党组织负责人巡视巡察整改进行业务培训；组织召开巡视巡察现场推进会1次，教育引导若羌县各级党组织负责人提高政治站位，做实巡视巡察整改“后半篇”文章。组织成立3个巡视巡察整改督导组，对巡视巡察整改任务突出的84个重点单位进行督查检查,发现问题400余条,下发督办通知9份,发放立行立改通知书95份,配合县纪委监委向分管县领导呈送监督提醒函36份,对整改有差距的27名党组织负责人开展集体约谈,压实各级党组织巡视巡察整改主体责任,确保巡察反馈的问题得到高质量解决。 (李强)

【巡察发现问题线索移交转办】 2021年,县委巡察办完成十届县委任期内巡察全覆盖任务,以“三个聚焦”为抓手,按照《若羌县委巡察工作规划(2017—2021年)》工作要求,全面完成第八轮、九轮巡察17个党组织工作,发现问题612个,移交问题线索51件。 (李强)

党校工作

【干部教育培训】 2021年,中共若羌县委党校(简称县委党校)举办若羌县第十六期青年干部培训班,共培训38人。举办若羌县第十七期青年干部培训班,培训40人;若羌县2021年度新进村(社区)“两委”成员、村级后备干部培训班2期,参训100人;开展干部夜校学习培训班,根据防疫要求,控制人员数量,将每期培训分成2周6次,每期培训350余人,共培训20期6000人次。联合县委宣传部举办若羌县2021年宣讲员培训班,培训34人;乡镇干部培训班2期,培训84人;党务干部培训班,培训173人; 2021年入党积极分子暨发展对象培训班,培训60人;作风建设专项整治教育培训班2期,培训44人;事业岗优秀人员专题培训班,培训28人。将党史学习教育进行备课,形成4个党史授课专题。 (姜剑)

【教学科研资政】 2021年,县委党校推行党校学习“两带来”制度的新内涵和新功能。坚持“一个中心、四个方面”教学布局,优化教学内容,改进教学方法,将“两带来”制度结合主体班培训,通过开展“微党课”“学员论坛”“读书会”等形式,深化对问题的理解,聚焦“我为群众办实事”找方法、找答案,并转化为“我为群众办实事”的实际行动,实事求是办实事、开新局;向服务单位发放调查问卷,征求各乡镇、各部门单位意见建议等方式,由干部“点单”形成集中培训和外出学习考察的培训菜单;推出“精品党课”探索、党建智慧图书室2项党建品牌试点工作,并列入党校党建“品牌栏”;通过教研活动,提炼出现场教学流程。现场教学分成AB岗,全体教师进行现场教学授课,进一步对“红枣精神”总结提炼,增强干部理想信念教育。县委党校开发楼兰历史文化,提炼若羌新时期精神谱系的新课题,注重若羌“弱—强精神”、“罗钾精神”、“两弹一星”精神等精神提炼,形成“不朽的楼兰”课题,为若羌县党性教育基地铸魂添彩。完成教学模式的创新。创新教学方法、完善教学模式,推行研讨式、案例式、情景模拟式、现场体验式教学,增强教学吸引力和感召力,进一步进行研讨,探讨交流教学方式方法,形成现场教学课备课流程。在主体学员培训班,开展“微论坛”进行讨论交流,促进学习吸收效果。 (姜剑)

【送教上门调研】 2021年,县委党校组织开展对各乡镇党校工作情况的调研,开展送教下基层活动,进行学、帮、促建设。对乡镇党校场地、人员、兼职师资、作用发挥情况开展摸底调查,结合摸底情况进行调研活动,找准乡镇党校工作短板,按需制定帮扶计划、方案。赴乡镇及各企事业单位开展送教上门、宣讲活动30余场次,受众干部、居民1100余人,发挥县级党校帮带引领作用,促进乡镇党校教学工作的开展及各级党员干部的思想觉悟水平的提升;完成主体班赴其他省市考察学习工作。结合党史学习教育活动，带领主体班学员深入井冈山革命根据地、八一南昌起义纪念馆、上海四行仓库纪念馆等红色教育基地考察，使红色基因薪火相传、赓续共产党人精神血脉。考察结束后开展圆桌考察成果交流会，每人撰写考察心得一篇。（姜剑）

【师资队伍建设】 2021年，县委党校选派1名教师参加全疆党校（行政学院）系统教学骨干培训班。争取1名大学生志愿者帮助党校工作；对1名后勤岗位人员进行调整；与中国科学院大学签订干部交流协议，协调1名研究生学历人才到县委党校开展工作，签订为期5年的服务期。参加巴州党校系统暨第二师党委党校组织的秋季党史主题精品课活动，县委党校洪晶《不朽的楼兰——让文物说话让历史发声》被评为精品课程。（姜剑）

【教育培训保障】 2021年，县委党校投入资金29万余元对单位硬件设施进行升级改造。其中，智慧党建图书室投入1万余元，展示党的最新理论成果、治国理念、决策部署、指示精神等，营造浓郁的文化氛围。

建设县委党校学员宿舍楼项目；收集中国科学院与“两弹一星”纪念馆罗布泊分馆建馆布展文字、图片和视频资料，与中国科学院“两弹一星”纪念馆主要领导对接规划设计，并邀请到若羌县开展实地调研，为“两弹一星”纪念馆巡展布展工作奠定基础；完成党校信息化建设。借助综治视联网培训平台接入，有效地改善教学条件，全面达到全区视联网授课要求，实现全部教室同步视频线上授课模式；完成智慧党建图书室的初期建设工作。利用党校教学场地，设置图书室，建筑面积54平方米，完成图书室的书架购置、装修、部分图书的陈列，并创新学习形式，在智慧党建图书室增设主体班教学内容“经典书籍阅读课”。（姜剑）

群众工作

【组织架构】 2021年，若羌县成立以县委书记为主任，政法委书记、组织部部长为常务副主任的群众工作委员会。该委员会下设11个工作小组，全面梳理17个职能单位工作权责、明确工作职责，形成权责清单，做到既各司其职，又相互配合，形成工作合力。8个乡镇全部成立群众工作领导小组并设立群众工作办公室，由乡镇党委书记牵头，分管党建、政法工作的副书记兼任办公室主任，配备工作人员137名，实现工作有人干、办公有场所。22个村（社区）设立群众工作站，由驻村第一书记担任站长，党支部书记担任副站长，1名“访惠聚”工作人员、1名村（社区）干部为群众工作专干，实行AB岗　轮值。（陈慧）

【运行机制】 2021年，县委书记

2021年9月15日，若羌县第十七期中青年干部培训班在县委党校开班

（姜剑　摄）

每月抽查不少于2名乡镇党委书记、3名驻村(社区)党组织第一书记走访4名群众,及时发现问题,精准安排部署解决;县委政法委书记、组织部部长常态化入户走访,每周抽查不少于2个乡镇,建立调研台账,对发现的问题短板、风险隐患制定解决措施,推动群众工作落实落细;乡镇党委书记每周抽查不少于3名村(社区)第一书记、3名干部、10名群众,建立抽查台账,对发现的群众工作的问题短板制定解决措施,有针对性地做好工作安排和力量统筹;村(社区)党组织第一书记结合"访惠聚"日常走访,每日抽查不少于2名干部、2名群众,并结合各方面工作掌握情况,利用会议进行点评和通报批评。若羌县群众工作委员会办公室(简称县群服办)定期下发工作提示,指导全县各职能部门、乡镇、村(社区)做好各项群众工作,定期督导检查,形成月排名。(陈慧)

【群众工作暖心工程】 2021年3月15日起,县群服办组织若羌县70余名退休老干部成立暖心工作专班,以小分队的形式,走街串巷,深入田间地头、百姓炕头,用最贴心的话语、群众最容易接受的形式,宣传党的各项惠农惠民政策、广泛听取群众意见建议、了解群众所急所盼所想,传递各项惠民政策,把群众的愿望和诉求很好地反映上来,成为畅通社情民意、疏导群众情绪的重要渠道。(陈慧)

【群众困难诉求化解】 2021年,县群服办紧盯"无人管、无人盯、无人照顾、无人过问"等问题,建立困难诉求收集、研判、推送、办理、反馈、回访"六步工作法"。按照"六步工作法"明确谁来收集、谁来化解、多长时间研判、谁回访、谁督导机制,网格员、村(社区)干部、"访惠聚"工作队队员等通过入户走访、微信群反映、热线电话接听、干群连心会收集、群众工作暖心专班常态走访等方式,掌握群众最关切的问题,通过现场协调化解、会议研判化解、部门协调化解、多方会商化解。共收集群众困难诉求2690件,其中村级解决839件、乡镇解决356件、县级解决1495件,满意率100%。(陈慧)

【队伍建设】 2021年,县群服办建立"传帮带"工作机制和干部月考核工作机制,发挥领导班子"传帮带"作用,每名班子成员带培2—3名一般干部,每月开展一次谈心谈话,了解近期思想状况及工作状况,指出当前工作中存在的问题,有针对性地制定下一步培养方向,助力干部提高思想认识,提升理想信念。通过评选理想信念标兵、优秀干部,鼓励干部进一步激发干事创业劲头,激励干部主动担当作为,不断夯实思想根基。坚持每周一次的业务学习制度,确保每名干部全面掌握群众工作重点、难点,并分析下一步群众工作方向,有效提升干部业务能力素质。(陈慧)

【"我带亲戚游家乡活动"】 2021年,若羌县组织开展"我带亲戚游家乡、共叙成就感党恩"10+N系列融情活动。通过带亲戚参观楼兰博物馆了解新疆历史;带亲戚瞻仰烈士陵园缅怀先烈;带亲戚参观爱国主义教育中心,增强爱国情怀;带亲戚游楼兰古道旅游消费;带亲戚游乡村,激发致富热情;带亲戚游民族团结展馆,增进干群关系;带亲戚游米兰古城,了解历史;带亲戚参观卫星工厂,激发群众就业热情;带亲戚参观飞机场、火车站感受家乡变化;带亲戚参观科普馆,学先进技术、破除陈规陋习;和亲戚吃团圆饭,聊家常、品民俗菜肴,开展文化交流交融等活动。全县干部群众累计参与16万余人次,举办联谊活动1.3万场次。(陈慧)

对口援助

【支援队伍建设】 2021年,河北省邢台市援疆工作前方指挥部（简称邢台援疆前指）结合有关精神，修订《援疆干部人才管理服务工作制度》《宣传方案》等15项制度，为支援工作提供有力保障。强化政治素养。充分发挥党建引领作用，组织举办党史学习教育、"庆国庆，助脱贫"、"党旗映天山"等主题党日活动6次，进一步密切各族群众之间的党群、干群关系。在全体支援干部队伍中深入开展"来疆为什么？在疆干什么？离疆留什么？"大讨论活动，形成调研报告28篇，为若羌高质量发展提供借鉴经验。开设支援夜校，每周安排两节课程，系统学习党中央治疆方略，新疆历史文化、民俗风情等内容。坚持安全、消防、消杀、撰写工作日志等制度，确保全体支援干部人才的安全。邀请王其和太极协会定期到若羌县开展文化润疆活动，对全体支援干部人才和广大干部群众开展现场教学，形成近300人的太极拳爱好团体。（张斌）

【人才支援】 2021年，邢台援疆前指赴全国11个省份62个市，招录教师、医护人员等共463名；落实若羌人口增长计划，出台48项落户优惠政策，促进若羌新增户籍人口2000余人。选派7名若羌县基层组织干部和专业技术人才赴省统计局和河北省邢台市相关单位挂职学习、组织若羌县教育系统45名教师到邢台各中小学、幼儿园交流学习。河北省邢台市第九批支援干部人才共计26名（女9名）于10月圆满完成中期轮换工作。该批支援干部平均年龄43.2岁，共产党员13名；研究生学历9名，本科学历17名，专科学历1名；党政机关7名（县处级3名，乡科级4名）占全体支援干部人才的26.9%，专业技术人员19名（高级职称8名，中级职称11名）。（张斌）

【项目支援】 2021年，邢台援疆前指落实若羌县"十四五"支援项目60个，三十六团支援项目1个，总投资1.33亿元，较"十三五"时期增长133%。2021年，实施支援项目共17个，固投类5个，非固投类12个。总投资4324.35万元，其中支援资金1750.952万元。外出考察、招商引资9次，与33家企业达成合作意向，成功签约项目15个，计划总投资35亿元。京航致远板材项目部分建成，总投资2.5亿元，解决就业100人。邢羌科技产业园6栋标准厂房完工。在邢台市举办若羌县招商引资推介会、"助扶贫·促增收"农超对接会等大型对接活动，达成招商引资合作、人才智力共享、交往交流等12项合作机制。（张斌）

【教育支援】 2021年，邢台援疆前指邀请河北地质大学、河北农业大学与若羌县达成合作机制，为若羌县的产业发展提供技术支持；举办以"邢羌情、诗路谊"为主题的"文化润心诗画润疆"活动，提升全县中小学生诗词水平。发挥传帮带作用，帮带当地教师14人。开展送教下乡、青蓝工程、上示范课、教研讲座、教研活动120余场次。8月，邢台技师学院若羌分校（若羌县技工学校）正式开学，招收全日制学生162人，结束若羌县没有全日制职业教育的历史，实现若羌县职业教育零的突破。（张斌）

【医疗支援】 2021年，河北支援医生团队开展"组团式"爱心义诊、送药下乡活动18次，服务群众2000余人次，对当地业务骨干和各族群众进行培训教学，帮带各族医务人员600余人次，首次开展无痛胃镜、无痛肠镜、纤维支气管镜、传授股静脉临时透析导管置管术、眼球异物取出术、癔症性盲诊治新技术疗法8项，救治危重病人30多人，远程会诊疑难病症100余例。与河北眼科医院建立眼科专科联盟，全力支持若羌县眼科专科建设。邢台支援干部寻求获得防控物资的渠道和途径，在邢台市委、市政

2021年12月22日,“若羌·楼兰风情”新疆农特产品旗舰店在邢台市信都区举行开业庆典仪式 （毛爱鹏 摄）

府和市援疆办、市卫生健康委的支持下,向若羌县捐赠疫情防控资金200万元和价值85万元的医疗防控物资,并选派医疗专家团队到若羌县指导开展核酸检测工作。 （张斌）

【交流交往】 2021年,邢台援疆前指利用实施若羌县基层各民族、各领域交往交流融合项目的机会,组织两地基层乡村干部、致富带头人、民族团结模范、社会各界人士在两地进行参观学习;推动邢台市平乡县文化交流考察团、巨鹿县政协考察团到若羌开展交流活动;对接若羌县考察团赴邢台关于农业、教育医疗交流交往工作;构建邢台市与若羌学校之间开展文化交流交往,推进中华诗词进校园,弘扬中华传统文化,推动若羌县文化润疆发展;开展名师团手拉手送教育进若羌活动,把先进的教育教学及团队建设经验送到若羌,加强教育方面的交流、交往、交融。

（张斌）

【民族团结】 2021年,邢台援疆前指号召全体支援干部人才参与“民族团结一家亲”等活动,与50户民族家庭结成亲戚,并为结对亲戚购买保险,累计入户走访1200余人次,帮助解决实际困难120件;在红枣推介会上为若羌县签订1500吨的红枣收购协议,促进农户增收致富;打造1家新疆特色馕店和1家新疆农特产品专卖店,为若羌农产品走出新疆搭建新平台。 （张斌）

【助力乡村振兴】 2021年,邢台援疆前指在邢台市委组织部的支持下,确定邢台3个经济强县、3个市直单位、3个村组团对口帮扶若羌县铁干里克镇果勒吾斯塘村、吾塔木乡果勒艾日克村、瓦石峡镇乌都勒吾斯塘村三个村的发展、规划和建设。完成三个村的发展规划调研工作。

（张斌）

若羌县人民代表大会

综　　述

【概况】 2021年，若羌县人民代表大会常务委员会（简称县人大常委会）召开常委会12次、主任会议12次。开展执法检查、专题询问和专项视察6次，听取和审议专项工作报告18项，形成执法检查报告5篇、调研报告8篇、审议意见18项、视察意见6件；协助自治区人大、州人大制定和修改地方性法规6部，调研论证6部，规范性文件备案审查6件；做出决议决定24项，依法任免地方国家机关工作人员98人次，督办代表意见建议17件，高标准完成若羌县、乡两级人大、政府换届选举工作。

（吐尔逊·亚森）

【县乡人大代表选举】 2021年4月，县人大常委会经过准备、选民登记、提名协商确定代表候选人、投票选举县人大代表工作，召开新一届人大第一次会议和检查验收与总结等阶段的工作，并于9月20日依法顺利地完成县、乡两级人大、政府换届选举工作任务。若羌县按每选区选出1—3名代表划分选区的原则，若羌县共划分县级代表选区71个。其中，农村选区56个，城镇选区15个。划分乡（镇）代表选区93个。其中，农村选区74个，城镇选区19个。

全县应登记选民数20688人。经确认有选民资格并依法登记的选民20113人，占总人口数的72.98%。参加投票选举的选民18737人，参选率94.84%（不含驻县部队），应选县人大代表145名，实选出145人，较上届增加30名，应选乡（镇）人大代表262名，实选出262人，较上届增加23名。县级代表选举一次成功71个选区，成功率100%。乡镇级代表选举一次成功93个选区，成功率100%。

若羌县下设8个乡（镇）人民代表大会，有乡镇人大主席8人，乡镇人大代表名额262人。7月12日，若羌县8个乡镇通过召开选举大会和使用流动票箱进行投票选举，71个县级代表选区全部完成投票选举工作。

（吐尔逊·亚森）

【县人大代表构成】 若羌县第十七届人民代表大会代表名额115人。其中，工人代表8名，农牧民代表48名，干部代表18名，知识分子及专业技术人员代表38名，宗教人士代表2名，解放军代表1名；无党派及爱国人士43名，少数民族代表63名，妇女代表30名，与上届持平。

若羌县第十八届人民代表大会代表名额145人，其中少数民族84名（维吾尔族76名、回族5名、东乡族3名）。党政领导干部16名，工人12名，农牧民62名，知识分子及专业技术人员52名，企业负责人1名，解放军1名，宗教人士1名。当选的145名代表中，非中共党员55名，妇女代表41名。（吐尔逊·亚森）

2021年3月19日，新任命干部任命书领取仪式　　　　(刘学文　摄)

【干部任免】 2021年，县人大常委会坚持党管干部原则与依法任免相统一，按照干部政策和法律规定，对提请县人大常委会任命的人员，严格会议审议、集体表决、宪法宣誓等程序。全年，依法任免干部98人(次)。

(吐尔逊·亚森)

重要会议

【若羌县第十七届人民代表大会第六次会议】 2021年1月15—17日，若羌县第十七届人民代表大会第六次会议召开。应到代表104人，实到82人。会议听取并审议《若羌县人民政府工作报告》《县人大常委会工作报告》《县人民法院工作报告》《县人民检察院工作报告》。依次表决通过《若羌县人民政府工作报告的决议(草案)》《若羌县国民经济和社会发展第十四个五年规划和二〇三五年远景目标》，批准《若羌县国民经济和社会发展第十四个五年规划和二〇三五年远景目标》《关于2020年若羌县国民经济和社会发展计划执行情况及2021年若羌县国民经济和社会发展计划的报告(草案)》《关于2020年若羌县财政预算执行情况》和《2021年若羌县财政预算的报告(草案)》《若羌县人大常委会工作报告的决议(草案)》《若羌县人民法院工作报告的决议(草案)》《若羌县人民检察院工作报告的决议(草案)》。大会选举产生监察委员会主任1名、县人大常委会委员1名。

(吐尔逊·亚森)

【若羌县第十八届人民代表大会第一次会议】 2021年9月2—5日，若羌县第十八届人民代表大会第一次会议召开。应到代表145人，实到145人。会议听取并审议《若羌县人民政府工作报告》《县人大常委会工作报告》《县人民法院工作报告》《县人民检察院工作报告》。依次表决通过关于《若羌县人民政府工作报告的决议(草案)》《关于若羌县2016—2020年国民经济和社会发展计划执行情况的决议(草案)》《关于若羌县2021年国民经济和社会发展计划执行情况的决议(草案)》《关于若羌县2021年财政预算执行和调整情况的决议(草案)》《关于若羌县人大常委会工作报告的决议(草案)》《关于若羌县人民法院工作报告的决议(草案)》《关于若羌县人民检察院工作报告的决议(草案)》；选举产生若羌县人大常务委员会主任1名、副主任4名，常务委员会委员21名；选举产生若羌县人民政府县长1名、副县长5名。选举产生县人民法院院长1名、县人民检察院检察长1名、县监察委员会主任1名。

(吐尔逊·亚森)

【若羌县人大常委会会议】 2021年，县人大常委会举行常委会会议12次，李占举主持第十七届人大常委会会议；库德来提·托合提主持若羌县第十八届人大常委会1—2次会议。

2月7日，若羌县第十七届人大常委会第37次会议召开。会议补选州第十四届人民代表大会代表1名。

3月19日，若羌县第十七届人大常委会第38次会议召开。会议听取和审议若羌县人大常委会2021年工作要点（常委会会议方案、执法检查和调研提纲）；交办若羌县十七届人民代表大会第六次会议代表提出的议案、建议、批评、意见；审议和批准若羌县人民政府《关于将若羌县梦幻楼兰文旅综合整合提升开发PPP建设项目可行性缺口补助分年度列入若羌县财政预算的议案》《关于将若羌县若羌河西支河道生态综合治理PPP建设项目可行性缺口补助分年度列入若羌县财政预算的议案》《关于将若羌县城乡居民饮水第二水源地饮水工程及塔什萨依末级渠系PPP建设项目可行性缺口补助分年度列入若羌县财政预算的议案》《关于将若羌县水利资源一体化整合运营PPP建设项目可行性缺口补助分年度列入若羌县财政预算的议案》。

4月11日，若羌县第十七届人大常委会第39次会议召开。会议审议和批准《若羌县人大常委会关于确定乡镇人民代表大会代表名额的决定（草案）》；审议和批准《若羌县人大常委会关于县乡两级人民代表大会代表选举时间的决定（草案）》。

4月30日，若羌县第十七届人大常委会第40次会议召开。会议审议和通过《关于调整县乡两级人民代表大会选举时间的报告》；表决通过《若羌县人大常委会关于调整县乡两级人民代表大会代表选举时间的决定（草案）》；表决通过《若羌县人民代表大会常务委员会关于确认终止个别代表的代表资格的决定（草案）》；审议和通过《关于设立若羌县选举委员会（草案）的报告》；表决通过《若羌县人大常委会关于设立若羌县选举委员会的决定（草案）》；审议和通过《关于设立若羌县各乡镇选举委员会（草案）的报告》；表决通过《若羌县人大常委会关于设立若羌县各乡镇选举委员会的决定（草案）》；会议审议和表决通过干部任免议案。

5月25日，若羌县第十七届人大常委会第41次会议召开。会议审议和通过《若羌县县乡两级人民代表大会换届选举工作实施方案》《若羌县人民代表大会常务委员会关于县人大代表名额分配的决定》《若羌县第十八届人大代表选举的各选区代表名额分配方案》《各乡镇新一届人大代表选举的各选区代表名额分配方案》《关于确定若羌县县乡新一届人民代表大会第一次会议召开时间的报告》。

5月28日，若羌县第十七届人大常委会第42次会议召开。会议审议《若羌县人大常委会关于调整县级人大代表中各民族代表名额的决定》《若羌县人大常委会关于调整乡（镇）人大代表中各民族代表名额的决定》；审议和通过关于调整若羌县第十八届人大代表名额分配总表；审议和通过关于调整若羌县2021年乡（镇）人大代表名额分配总表；听取和审议《若羌县人民政府关于贯彻实施〈新疆维吾尔自治区宗教事务条例〉的情况报告》；听取和审议《县人大常委会执法检查组关于检查若羌县贯彻实施〈新疆维吾尔自治区宗教事务条例〉的执法检查报告》；听取和审议《若羌县人民政府关于若羌县旅游产业发展工作开展情况的报告》；会议审议和表决通过干部任免议案。

6月29日，若羌县第十七届人大常委会第43次会议召开。会议审议通过县、乡（镇）选举委员会部分组成人员辞去选举委员会组成人员职务的事项；会议审议和表决通过干部任免议案。

7月14日，若羌县第十七届人大常委会第44次会议召开。会议表决通过党国军任若羌县人民政府副县长；会议审议和表决通过干部任免议案。

7月28日，若羌县第十七届人大常委会第45次会议召开。会议听取和审议《2021年若羌县上半年国民经济和社会发展计划执行情况的报告》;审查《关于2020年若羌县财政决算和2021年上半年财政预算执行情况的报告》;审查《关于2020年若羌县本级财政预算执行情况和其他财政收支情况的审计工作报告》;审查《关于2020年若羌县财政决算和2021年上半年财政预算执行情况(草案)审查结果的报告》;表决《若羌县第十七届人大常委会关于2020年若羌县财政决算和2021年上半年财政预算执行情况的决议(草案)》,批准2020年若羌县财政决算;听取和审议《关于2021年若羌县财政预算调整方案(草案)的报告》;审查《若羌县第十七届人民代表大会常务委员会关于2021年若羌县预算调整方案(草案)审查结果的报告》;表决《若羌县第十七届人大常委会关于批准调整2021年财政预算的决议(草案)》;听取和审议《关于若羌县第十七届人民代表大会第六次会议代表议案、建议办理情况的报告、关于若羌县人民政府第十七届人民代表大会第六次会议代表议案和建议、批评、意见办理情况的调研报告》《若羌县人大常委会代表资格审查委员会关于若羌县第十八届人民代表大会代表资格的审查报告》;表决《关于若羌县第十八届人民代表大会代表资格审查报告的决议(草案)》;听取和审议《若羌县商贸物流工作开展情况专题报告》。

8月28日,若羌县第十七届人大常委会第46次会议召开。会议讨论提请若羌县第十八届人民代表大会第一次会议审议《若羌县人大常委会工作报告(征求意见稿)》;审议拟提请若羌县第十八届人民代表大会第一次会议的有关事项;会议审议和表决通过干部任免议案。

10月17日,若羌县第十八届人大常委会第1次会议召开。会议审议通过若羌县第十八届人民代表大会常务委员会主任、副主任、委员分工及议事制度、组成人员守则、主任会议议事规则、人事任免办法、加强自身建设的决定、决定重大事项的暂行规定、加强对法律法规实施情况检查监督的若干规定、组成人员联系县级人大代表工作制度、代表联系人民群众制度、议案和建议、批评、意见办理规定、代表履职管理办法。表决通过《若羌县第十八届人民代表大会常委会代表资格审查委员会主任委员、副主任委员、委员名单(草案)》;听取和审议若羌县人民政府贯彻实施《中华人民共和国反恐怖主义法》的情况报告;听取和审议若羌县人大常委会关于对若羌县贯彻实施《中华人民共和国反恐怖主义法》情况执法检查的报告;听取和审议《若羌县2020年度本级财政预算执行和其他财政收支情况审计工作整改报告》《若羌县重点项目建设工作情况报告》《若羌县人民法院2021年执行工作报告》《若羌县人民检察院2021刑事检察工作情况的专题报告》;会议审议和表决通过干部任免议案。

12月25日,若羌县第十八届人大常委会第2次会议召开。会议听取和审议《若羌县人民政府巩固拓展脱贫攻坚成果同乡村振兴有效衔接工作的报告》;听取和审议《若羌县人大常委会调研组关于若羌县巩固拓展脱贫攻坚与乡村振兴有效衔接工作开展情况的调研报告》;听取和审议《若羌县贯彻落实〈中华人民共和国未成年人保护法〉情况工作报告》;听取和审议《县人大常委会执法检查组关于若羌县贯彻实施〈中华人民共和国未成年人保护法〉情况的执法检查报告》。听取和审议《若羌县2021年预算绩效管理工作情况的报告》《若羌县2020年国有资产管理工作情况的报告》《若羌县人民政府债务管理工作情况的报告》《若羌县2021年环境状况和环境保护目标完成情况的报告》。讨论提请若羌县第十八届人民代表大会第二次会议审议《若羌县人大常委会工作报告(草案)》;审议拟提请若羌县第十八届人民代表大会第二次会议的有关事项；审议通过《关于召开若羌县第十八届人民代表大会第二次会议的决定（草案）》《若羌县第十八届人民代表大会第二次会议议程（草案）》《若羌县第十八届人民代表大会第二次会议大会日程（草案）》《若羌县第十八届人民代表大会第二次会议主席团和秘书长名单（草案）》《若羌县第十八届人民代表大会第二次会议关于设立议案审查委员会的决定（草案）》《若羌县第十八届人民代表大会第二次会议议案审查委员会主任委员、副主任委员、委员名单（草案）》《若羌县第十八届人民代表大会第二次会议列席、邀请人员名单》《若羌县第十八届人民代表大会常务委员会代表资格审查委员会关于个别代表的代表资格的报告（草案）》《若羌县第十八届人民代表大会常务委员会关于确认终止和补选个别代表的代表资格的决定（草案）》；会议审议和表决通过干部任免议案。（吐尔逊·亚森）

人大监督

【调研工作】 2021年，县人大对关于代表批评意见办理情况进行调研，确保人大代表批评意见及时有效办理。协助州人大开展乡村振兴立法调研，对巩固拓展脱贫攻坚与乡村振兴有效衔接工作进行专题调研，促进县人民政府对标对表完善脱贫攻坚保障机制。对县域旅游产业发展情况进行审查，助推提升城市生活品位。（吐尔逊·亚森）

【执法检查】 2021年，县人大常委会对县政府贯彻落实《中华人民共和国反恐怖主义法》工作情况进行执法检查，执法检查组针对存在的问题提出意见建议：认真组织开展《中华人民共和国反恐怖主义法》学习宣传，提高有效应对突发事件的处置能力，更好守护人民安康、维护社会和谐稳定。开展《宗教事务条例》执法检查，执法检查组针对存在的问题提出意见建议。进一步加大宣传教育力度，进一步加强基层民宗队伍建设，推进宗教事务长效机制建设，更好地保护正常的宗教活动和宗教界的合法权益。在全社会广泛宣传民族宗教政策和民族宗教知识。开展自治区《民族团结进步工作条例》执法检查，巩固加强民族团结，执法检查组针对存在的问题提出意见建议。进一步加强宣传教育，提高各族干部群众对条例重要性的认识，持续推进民族团结进步工作。对若羌县落实《中华人民共和国未成年人保护法》执法检查，执法检查组针对存在的问题提出意见建议。继续加大对《中华人民共和国未成年人保护法》知识的宣传覆盖面，继续加大对未成年人的监督、监护能力，继续加大对侵害未成年人犯罪的惩治力度。协助州人大常委会开展中小企业促进法及自治区实施办法执法检查。（吐尔逊·亚森）

人大专门委员会工作

【代表人事工作委员会工作】 2021年，若羌县人大常委会加强代表工作制度保障，推进制度建设精细化，提高工作科学化规范化水平。加强和规范“人大代表工作室”“人大代表联络站”建设，指导各乡镇按照“五规范”“十有”标准建成“人大代表联络站”7个。加大代表建议督办力度，对代表建议落实情况进行“回头看”，督办工作做得更细更实，保证代表的呼声有回应、人民的诉求有着落，转办代表提出意见建议17条，全部答复代表，代表满意率100%，推动解决一批实际问题，办成率和满意率进一步提升。组织全县各级代表常态化开展“百年辉煌感党恩，万名代表进万家”主题实践活动，为全县群众办实事好事500余件，兑现“人民选我当代表、我当代表为人民”的承诺，当好党和政府联系人民群众的桥梁和纽带，促进人大代表履职尽责。

（吐尔逊·亚森）

【法制委员会工作】 2021年，县人大常委会法制委员会加强宪法法律宣传，学习贯彻《中华人民共和国宪法》《中华人民共和国民法典》《中华人民共和国各级人民代表大会常务委员会监督法》等法律法规，引导干部群众做社会主义法治的忠实崇尚者、自觉遵守者、坚定捍卫者，开展“12·4”国家宪法日和自治区宪法法律宣传月活动，组织宪法宣传活动4场次；依法组织县人大常委会决定任命的国家工作人员进行宪法宣誓，组织宣誓仪式5场次，组织法律知识测试26人次，激励国家公职人员忠于宪法、维护宪法、履行法定职责。审查《若羌县法治宣传教育第八个五年规划(2021—2025年)》。

对县政府贯彻落实《中华人民共和国反恐怖主义法》工作情况进行执法检查，提出问题和整改意见7条。开展自治区民族团结进步工作条例执法检查，提出意见建议8条，巩固加强民族团结，跟踪监督自治区去极端化条例实施情况，持续推进去极端化，遏制宗教极端思想滋生蔓延和传播渗透。开展《自治区便民警务站条例》《自治区平安建设条例》《自治区警务辅助人员管理条例》《自治区促进政务服务便利化条例》等法规的征求意见和宣传，行政机关依法行政意识进一步增强，有效保障法律法规的贯彻实施。对县人民法院2021年执行工作和县人民检察院刑事检察工作进行审议，维护司法权威，确保宪法和法律法规有效实施。 （吐尔逊·亚森）

【财政经济委员会工作】 2021年，县人大常委会财政经济委员会听取和审议计划、预算(预算调整、执行)、决算、审计、国有资产管理等工作16项，进一步管好人民的共同财富，保证财政资金用在紧要处、发挥更大功效。对重点项目建设情况进行视察，累计视察项目8个，提出意见建议20余条；协助州人大常委会开展中小企业促进法及自治区实施办法执法检查，推进复工复产、优化营商环境。深入基层和部门做调研、当参谋、提建议、促落实，向全国人大、自治区人大和州人大提出经济高质量发展类意见建议30余项，形成关心若羌发展、支持若羌发展、关注若羌发展的良好态势。协助州人大开展乡村振兴立法调研，提出意见12条；对巩固拓展脱贫攻坚与乡村振兴有效衔接工作进行专题调研，提出意见建议10条，促进县人民政府对标对表完善脱贫攻坚保障机制。听取审议《若羌县环境状况和环境保护目标完成情况的报告》，提出整改意见3条，打好污染防治攻坚战。

（吐尔逊·亚森）

【教育科学文化卫生委员会工作】 2021年，县人大常委会教育科学文化卫生委员会审议县人大代表交付的有关教科文卫等方面的议案和法律草案、质询案；向人民代表大会提出人大职权范围内同教科文卫委员会有关的议案；依法对教科文卫等方面的法律进行视察和监督，对全县落实《中华人民共和国未成年人保护法》进行执法检查，累计检查14个单位，提出意见建议9条，对若羌旅游产业发展情况进行审查，提出意见建议6条，助推提升城市生活品位。

（吐尔逊·亚森）

人大议案建议

【概况】 2021年，县人大常委会向县政府交办县第十七届人大第六次会议代表议案和建议、批评、意见17件。其中，交通方面3件，市政建设方面9件，科教文卫方面2件，其他方面3件。截至12月31日，代表所提问题解决(A类件)15件，占承办总数的88.23%；列入计划、规划逐步解决的(B类件)2件，占承办总数的

11.76%（关于扩建停车场的建议：改造新型停车场项目列入若羌县“十四五”规划；关于若羌至瓦石峡国道区间修建公厕的建议：修建公厕项目列入“十四五”规划）。解决一批广大群众关心、关注的热点、难点社会问题，促进若羌经济社会发展及和谐社会建设。代表们均表示满意或基本满意。（吐尔逊·亚森）

【重要议案摘编】 2021年，若羌县人大第十一届第六次会议重要议案有《关于明确小区停车位权属问题的议案》《关于建设依吞布拉克镇垃圾处理厂的议案》《关于依吞布拉克镇建设干部周转宿舍的议案》等，县人大常委会积极协调县政府、县委组织部办理落实议案。

《关于明确小区停车位权属问题的议案》，若羌县私家车的数量迅猛增长，造成小区车位、车库的数量捉襟见肘，在小区内停放的车辆无论有车位还是没有车位，物业公司都收取同样的停车费，造成业主因为车位、车库、车棚的权属产生纠纷。小区物业收业主停车费是没有法律或行政法规依据的，小区公用场所属所有业主的共有财产，并非物业公司所有。未经审批，物业公司无收取停车费的权力，强行收费属于违法行为。

《关于建设依吞布拉克镇垃圾处理厂的议案》，若羌县依吞布拉克镇位于新疆东南部，与青海、甘肃、西藏三省区交界，是出入新疆第二条陆路通道上的桥头堡，来往人员和车辆多，长年日均车流量在4000辆以上，日均流动人口6000人以上，镇区每天产生大量的生产生活垃圾，同时因流动车辆数量大，难于管理。因依吞布拉克镇没有环卫部门，各处产生的垃圾各自处理，大量垃圾没有处理填埋。依吞布拉克镇地处高原，常年刮风，垃圾漫天，影响新疆“东南大门”形象，对本已脆弱的生态环境造成再次破坏摧残。

《关于依吞布拉克镇建设干部周转宿舍的议案》，依吞布拉克镇距若羌县城280千米，干部职工办公、食宿均在镇域。依吞布拉克镇干部职工宿舍建设时间久远（2007年修建），加之恶劣的生态环境，房屋及相关设施老化、破损问题突出，严重影响干部在山上工作的积极性，改善干部职工住宿环境，解决干部职工后顾之忧尤为重要。

（吐尔逊·亚森）

若羌县人大十七届六次会议重点议案及办复摘要一览表

表1

序号	议案标题	案由	案据	解决方案	办理情况
1	关于明确小区停车位权属问题的议案	若羌县私家车的数量迅猛增长，造成小区车位、车库的数量捉襟见肘，在小区内停放的车辆无论有车位还是没有车位，物业公司都收取同样的停车费，造成业主因为车位、车库、车棚的权属产生纠纷。小区物业收业主停车费没有法律或行政法规依据，小区公用场所属所有业主的共有财产，并非物业公司所有。未经审批，物业公司无收取停车费的权力，强行收费属于违法行为	依据《中华人民共和国物权法》第七十三条规定：小区内的道路、绿地、公用设施和物业服务用房，属于业主共有；第七十四条第三款规定：占用业主共有的道路或者其他场地用于停放汽车的车位，属于全体业主共有	县政府依据《中华人民共和国物权法》，就停车费收费问题制定具体管理措施（城建类）	县政府及时安排若羌县住房和城乡建设局依法办理。县住建局进行调查研究，根据《若羌县物业管理综合服务收费及停车收费标准》相关规定，于2022年4月24日向提出议案的代表给予答复、作出解释

续表1

序号	议案标题	案由	案据	解决方案	办理情况
2	关于建设依吞布拉克镇垃圾处理厂的议案	依吞布拉克镇位于新疆东南部，与青海、甘肃、西藏三省区交界，是出入新疆第二条陆路通道上的桥头堡。来往人员和车辆多，长年日均车流量在4000辆以上，日均流动人口6000人以上，镇区每天产生大量的生产生活垃圾，同时因流动车辆数量大，难于管理。因依吞布拉克镇没有环卫部门，各处产生的垃圾各自处理，大量垃圾没有处理填埋。依吞布拉克镇地处高原，常年刮风，垃圾漫天，影响新疆“东南大门”形象，对脆弱的生态环境造成再次破坏摧残	依吞布拉克镇作为其他省市进出新疆最近的桥梁纽带，随着高速及铁路贯通，人口和车辆流入流出，产生的垃圾会越来越多。依吞布拉克镇地处阿尔金山自然保护区，生态保护是工作的重中之重。因依吞布拉克镇没有垃圾处理厂，垃圾处理问题不能及时解决，必将破坏保护区的生态环境，垃圾处理迫在眉睫	建议县委、县政府相关部门针对依吞布拉克镇这一特殊情况，对生活垃圾的分类处理回收利用工程的建设和运营进行实地考察，详细论证，确保依吞布拉克镇作为新疆“东南大门”形象（城建类）	县政府及时安排若羌县住房和城乡建设局依法办理。县住房和城乡建设局与若羌县乡村振兴局沟通，于2021年10月申报依吞布拉克镇新建垃圾处理场项目
3	关于依吞布拉克镇建设干部周转宿舍的议案	依吞布拉克镇距若羌县城280千米，干部职工办公、食宿均在镇域。依吞布拉克镇干部职工宿舍建设时间久远（2007年修建），加之恶劣的生态环境，房屋及相关设施老化、破损问题突出，严重影响干部在山上工作的积极性，改善干部职工住宿环境，解决干部职工后顾之忧尤为重要	依吞布拉克镇现有在职在编干部职工共有53人，均在祁曼公寓住宿。该公寓为两人一间，每间面积约20平方米，达不到公寓标准，干部家属探望时住宿困难，且大部分房间设施陈旧破损严重，无法满足干部职工正常生活需求，结合依吞布拉克特色小城镇建设，计划新建干部职工周转宿舍	建设干部职工周转宿舍60间。每间建设标准45平方米（包括卫生间、客厅、卧室、厨房）。配套400平方米的公共场地，建筑面积2500平方米，初步预算建设资金500万元。建议县政府将依吞布拉克镇干部周转宿舍建设纳入县级重点项目建设（城建类）	县委组织部高度重视代表议案办理工作。依吞布拉克镇乡镇干部周转宿舍建设项目纳入“十四五”基层政权项目库，上报州委组织部。按照每间35平方米的标准，申报60套乡镇干部周转宿舍

（吐尔逊·亚森）

若羌县人民政府

综　述

【政府自身建设】　2021年，若羌县坚决履行管党治党政治责任，增强“四个意识”、坚定“四个自信”、做到“两个维护”，认真开展党史学习教育，广大党员干部政治判断力、政治领悟力、政治执行力持续提高。切实加强法治政府建设，严格按照法定程序履行职责，“三项制度”改革纵深推进，依法行政水平不断提升。坚决按要求完成巡视巡察和国务院大督查、审计督查反馈意见整改任务。扎实推进党风廉政建设和反腐败斗争，严格落实中央八项规定及其实施细则精神，持续整治群众身边的腐败问题和不正之风，形式主义、官僚主义集中整治取得实效，基层减负各项措施有序落实。全县干部作风明显改进，政治生态持续向好，干事创业氛围日益浓厚。

（颜权）

【“放管服”改革】　2021年，若羌县人民政府（简称县政府）全部按期完成“放管服”改革措施79项，该措施主要着手优化招商服务、提升政务服务效能、优化公共事业服务、提升市场监管水平、优化就业和人才引进服务等五个方面。通过制定惠企政策、推出帮办代办服务、建立政企联络机制、优化企业办事流程、设立融资担保发展资金、规范政务服务事项清单、推进政务事项“一门办理”、推进政务服务“一网通办”、提升基层政务服务能力、推出“一件事一次办”套餐服务、进一步提高“12345”市民热线服务质量、优化水电气暖报装流程、优化外线施工办理流程、优化升级“网上国网”线上办电功能、推行医疗机构“互联网+医疗健康”模式、推进城市基础设施智能化、实行“双随机、一公开”监管与企业信用风险分类管理相结合、加强重点行业事后监管、简化应届高校毕业生就业手续等措施，企业、群众办事方便快捷，群众生产生活便利，企业单位人才短缺和富余劳动力就业问题得到缓解，县域经济发展进一步提升。县行政服务中心完成标准化建设，打造现代化政务服务综合窗口60个、审批工位40个，实现718项政务服务事项全部进驻，政务服务一站式办结。涉及民生的29项高频事项下放至乡镇办理，41项事项授权乡镇、村（社区）受理，率先在巴州推出“我要开商超”“出生一件事”“高校毕业生落户一件事”等10个一件事一次办套餐服务，“我要开商超”上网运行办理。建设完成5G基站11座，实现县城人员聚集区域信号覆盖。

（颜权）

【兵地融合发展】　2021年，县政府全力支持三十六团向南发展，与三十六团签订《若羌县人民政府与三十六团兵地产业融合发展战略合作意向书》，深化15个方面重点工作，全面加强稳定改革发展各方面事务交流。召开

兵地联席会议2次，共同商议改革发展稳定工作。 （张忠敏）

【贯彻落实《巴州红枣产业促进条例》】 2021年3月25日，《巴州红枣产业促进条例》（简称《条例》）通过自治区第十三届人民代表大会常务委员会第二十四次会议。若羌县是巴州红枣的主产区之一，红枣种植面积占到全州的30.5%。根据《条例》，县委、县政府全力推进红枣提质增效，实施23.38万亩红枣地有机肥替代，打造“阳光健康枣园”，争取创建成全国最优红枣种植基地。推进若羌红枣区域品牌打造，加快若羌红枣有机产品认证，创建红枣标准化生产示范基地、绿色有机红枣基地、发展绿色红枣“优等区”，构建以楼兰红枣、羌都参枣等为主的“若羌红枣”品牌体系，全年申报完成全国绿色食品原料标准化生产基地6666.67公顷，创建若羌红枣国家特色农产品优势区。建立若羌县现代农业产业园，集中疆内外龙头企业共同推进红枣产业化发展进程。县司法局在全县范围内配合县农业农村局做好《条例》的宣传，利用入户和农牧民夜校等方式进行宣传，与县人大在全县范围内做好《条例》的解读工作，使《条例》在实际运用过程中有序推进。 （蒲刚）

重要会议

【若羌县第十八届人民政府第一次全体会议】 2021年12月22日，若羌县第十八届人民政府第一次全体会议召开。县政府党组成员、政府各单位负责人等51人参加会议。县长热依木江·克里木主持会议。会议对第十七届人民政府工作报告内容进行审议，并提出意见建议；对第十八届人民政府工作进行安排部署，进一步推进全县经济高质量发展。

（颜权）

【若羌县人民政府常务会议】 2021年，县政府共召开政府常务会议21次，周文辉主持第十七届人民政府第52次常务会议至第59次常务会议，热依木江·克里木主持第十七届人民政府第60次常务会议至第十八届人民政府第10次常务会议。

1月12日，若羌县第十七届人民政府第52次常务会议召开。会议原则同意《若羌县加强文物遗址保护利用工作实施意见》、《若羌县残疾人联合会改革实施方案》、设立若羌县职业高中、中国交建新疆乌尉公路包PPP项目SRTJ—02标段项目经理部临时用地等议题。会议要求，各单位要严格按照程序办理、下发、执行。

3月14日，若羌县第十七届人民政府第54次常务会议召开。会议原则同意成立行政村、《巴州人民医院托管若羌县人民医院服务协定书》、《若羌县创建“四号农村公路”示范县工作实施方案》、《若羌县瓦石峡镇塔石萨依牧民二期扶贫土地承包协议书》等议题。

4月2日，若羌县第十七届人民政府第55次常务会议召开。会议原则同意《巴音郭楞蒙古自治州若羌县人民政府第四师可克达拉市代管三十六团兵地产业融合发展战略合作框架协议》《若羌县全面推行林长制工作实施方案》等议题。

5月19日，若羌县第十七届人民政府第57次常务会议召开。会议原则同意《关于成立罗布泊镇雅丹村委会的实施方案》《若羌县公务接待管理办法》《若羌县森林草原火灾应急预案》等议题。

6月18日，若羌县第十七届人民政府第59次常务会议召开。原则同意《若羌县坚决遏制耕地非农化专项行动工作方案》《若羌县若羌河示范河湖建设实施方案》《若羌县有关部门生态保护责任清单》《硅基新材料产业及源网荷储多功能互补项目投资协议书》《金润房地产楼兰印象步行街项目投资协议书》《若羌县人民政府专家顾问聘用管理办法》《若羌县招商引资“123”

工作机制实施方案》《关于进一步规范若羌县国有农用地管理方案》等议题。

7月27日，若羌县第十七届人民政府第61次常务会议召开。会议原则同意《依吞布拉克镇新建游客接待中心、阿尔金旅游投资协议》《“丝绸之路”2021年中国·若羌物流发展大会方案》《若羌县贯彻落实〈州劳动密集型产业发展和促进就业补助专项资金管理办法〉的实施意见》《若羌县玉石管理实施意见》等议题。听取《若羌县根治拖欠农民工工资工作汇报》，会议要求进一步压实政府属地责任、行业部门监管责任和企业支付责任。

8月21日，若羌县第十七届人民政府第62次常务会议召开。会议原则同意《吾塔木乡西塔提让村新村提升改造项目（一期）实施方案》《吾塔木乡西塔提让村新村提升改造项目（二期）实施方案》《若羌县2020年预备费动用方案》《2021若羌县融入丝绸之路经济带核心区、建设中巴经济走廊承载中心的工作要点》等议题。

9月5日，若羌县第十八届人民政府第1次常务会议召开。会议原则同意《若羌县2021年度项目风险评估咨询服务工作方案》《农光风牧清洁能源示范基地等项目开发框架协议》《房屋征收决定通告》《若羌县固定资产投资考核管理办法》《若羌县“光伏设施农业”遵循生态经济科技示范园建设项目投资协议书》等议题，听取卫健委工作开展汇报，并作相关要求。

10月7日，若羌县第十八届人民政府第2次常务会议召开。会议研究《若羌县改进和规范基层群众性自治组织出具证明工作实施方案》《撤销若羌县设立县级楼兰市组织实施总体方案》《关于聘请新疆首邦律师事务所担任若羌县人民政府法律顾问的请示》《若羌县2020年项目绩效评价工作情况的报告》《若羌县生活垃圾分类工作方案》《若羌县城南搬迁企业再建优惠政策》《若羌县城南企业搬迁资金拨付方案》《关于启动若羌县乡镇行政区域界线调整工作的请示》等议题。

10月17日，若羌县第十八届人民政府第3次常务会议召开。会议研究《若羌县与中国诚通生态有限公司碳资产管理业务框架协议》《广东新世能科技有限公司锂电池项目投资协议》《江南欧亚非车业有限公司电动车组装项目投资协议》《若羌县打造教育高地人才引进优惠政策》《若羌县推进义务教育优质均衡发展实施方案》等议题。

10月28日，若羌县第十八届人民政府第4次常务会议召开。会议研究《若羌县镶文化产业园经营管理协议》《若羌县“科创中国”试点城市实施方案》《若羌县开展生产、供销、信用“三位一体”综合合作试点的实施方案》等议题。

11月7日，若羌县第十八届人民政府第5次常务会议召开。会议研究《新疆丝路乾元能源有限公司2万千瓦光伏并网发电项目用地租赁方案》《智慧若羌建设规划方案》《汇智兴业信息科技有限公司委托招商协议》等议题。会议要求其进一步修改完善后，按程序要求报审，批准后实施。会议听取2021年政府投资项目建设情况汇报。

11月20日，若羌县第十八届人民政府第6次常务会议召开。会议研究《若羌县“十四五”科技创新发展规划》《若羌县文旅局与新疆大学签订“政校战略合作”协议》等议题，听取2021年消防安全形势分析报告。

12月12日，若羌县第十八届人民政府第7次常务会议召开。会议原则同意《若羌县今冬明春煤矿安全生产集中整治及煤炭保供工作方案》《若羌县公共租赁住房运行管理办法》等议题，会议听取若羌县落实农村供水保障工作实施方案。会议要求，县水利局要突出“两不愁三保障”运营核心，针对供水运行机制完善、后期技术保障、专业人员配备等方面，进一步修改完善后，按程序要求报审，批准后实施。

12月18日，若羌县第十八届人民政府第8次常务会议暨涉粮巡视巡察专题会议召开。会议专题研究《州涉粮问题第十专项巡察组巡察若羌县反馈意见整改方案的报告》，会议要求，建立整改落实常态化机制；要把巡察整改和深化标本兼治有机结合，加强权力制约监督，构建不敢腐、不能腐、不想腐的体制机制。

12月22日，若羌县第十八届人民政府第9次常务会议召开。会议原则同意《巴州农发行—若羌县人民政府战略合作协议》、研究疾控中心等10宗临时用地相关事宜等事宜。

12月27日，若羌县第十八届人民政府第10次常务会议召开。会议原则同意《新疆新华水电投资股份有限公司与若羌县抽水蓄能电站项目投资开发合作协议》、若羌阿西农林开发有限责任公司等名下土地事宜，相关单位严格按照程序办理。（颜权）

县政府综合事务

【政府网站建设】 2021年，县政府网站公开发布各类信息共9549条，开设专题专栏4个，维护更新专栏27个；解读信息发布6条，回应关注热点12次；开展征集调查4期。县长信箱收到信件162封，办理答复162封，答复率100%。信息公开意见箱收到信件17封（7封为无效意见信），办理答复10封，答复率100%。进行网站安全评估2次。（颜权）

【政府信息公开】 2021年，若羌县各级部门通过县政府门户网站主动公开各类信息共9549条。其中，县级政府主动公开信息446条，各部门主动公开信息594条，各乡镇主动公开信息267条，政策法规18条，重点领域信息公开348条，财政公开217条，社会关切热点回应12条，“若羌发布”微博客户端发布信息318条，“若羌零距离”微信公众号发布信息2884条。留言办理17条，公开留言16条。（颜权）

【互联网+政务服务】 2021年，若羌县深化新疆一体化政务服务平台应用，开通跨省通办、一件事一次办平台应用功能，配置跨省通办事项120项，产生网上办件210件；梳理完成一件事一次办主题套餐事项10项，产生网上办件140件。指导若羌县各部门完成电子印章配置，印章备案部门覆盖率100%，实现资料网上传输、证照自动生成、数据共享共用，审批效率大幅提升。进一步规范事项服务指南，组织各审批部门及政务服务单位针对申请类718项事项逐个研究，压减事项办理时限和申请材料，申请类事项平均办理时限压缩度78%，精简申请材料1000多项；组织开展2次集中培训，逐个事项进行排查，全面规范办理地点、办理时间、办理环节、申报材料、网办地址等71项服务指南要素，使办事群众一目了然，找得更准、办得更快。县政务服务中心设置专人引导群众注册“新疆政务服务”手机App，协助群众网上申请办事，指导各乡镇及部门有序开展网办工作，提高群众网办意识和网办操作能力，为政务事项从“窗口办”逐渐转向“网上办”“掌上办”“在家办”奠定基础。“若羌县政务服务”App注册比例67.79%，位居巴州第1名。若羌县网办事件17422件，比2020年上升77.12%。（颜权）

【行政许可审批】 2021年，若羌县发布行政许可事项261项，落实国家取消事项1项，落实国家行政许可改为备案事项1项。大力推进行政审批事项“四减一优”改革，共计精简申请材料约20%，压缩办理时限约50%，办理环节精简10%以上，“最多跑一次”事项占比95%以上，即办事项72%。（颜权）

【办公用房和公务用车管理】 2021

年，若羌县机关事务中心完善公务车辆信息平台录入，建立若羌县公务车辆台账，公务车巡检覆盖率70%以上，安装公务车辆智能系统。确定权属统一登记试点单位5个，办公用房巡检覆盖率50%以上，对58个单位开展安全隐患排查整治。安装接入单位房产管理系统56个。机关事务中心对党政联合大楼视频监控等设备进行升级维护，为日常值班提供支持，投入近7万元对党政联合大楼停车场进出口道闸、阻车桩等设备进行改造。对党政大楼等负责楼栋设施检查维护，开展隐患排查12次，消除各类安全隐患6处，累计维修1266起、处理及报修420余起，应急发电5次。（魏军）

【办事处工作】 2021年，若羌县驻库尔勒办事处每月派1名工作人员依次轮流前往库尔勒市飞机场开展疫情防控重点人员排查工作，做好在库尔勒中转的返乡人员协调接送工作，开展返乡人员接送625人次。完成疆内外领导、专家、学者、客商在库尔勒地区的公务接待10次。及时做好县委、县人民政府交办的衔接事务的办理。协助配合县委、县人民政府及有关领导做好各类重大项目与州委、州政府及州直各有关部门的对接联系，做好信访工作。（李娜）

招商引资

【招商引资规划】 2021年，若羌县招商服务中心紧密结合自治区十大产业定位，依托若羌县资源、区位及交通等优势，细致分析产业，根据若羌县招商引资实际情况及资源优势等，谋划十大板块，精准梳理出440个产业项目，加强对驻外招商组的调度与频次，围绕谋划板块及项目及时互通信息，持续拓宽招商渠道，寻求新突破。（张婷）

【项目引进】 2021年，若羌县招商引资落地建设项目64个，总投资118.6亿元，累计到位资金36.26亿元，完成年度目标任务的55.76%，与2020年同期相比增加63.14%，到位资金率全州排名第2。其中，第一产业计划总投资29.9亿元，2021年计划投资22亿元，到位资金9.21亿元；第二产业计划总投资42.62亿元，2021年计划投资28.8亿元，到位资金16.1亿元；第三产业计划总投资46.07亿元，2021年计划投资2.97亿元，到位资金10.95亿元。其中总投资亿元以上项目23个，总投资10亿元以上项目2个。

招商引资项目涉及三大产业。第一产业包括特色种养殖项目、设施农业基地建设项目、红枣精深加工等项目；第二产业包括建材板材管材生产项目、食品生产项目、服装加工、氟硅锂开发利用项目、新能源发电场及装备制造等项目；第三产业包括房地产开发项目、商业综合体开发项目、加油加气站建设等项目。

2021年，签约若羌丝路羌鸿果业有限公司红枣精深加工项目、若羌县馕产业园项目、新疆西星牧业发展有限公司畜牧养殖基地建设项目、新疆羌晟牧业有限公司特色养殖示范基地建设项目、新疆砂梁矿业有限公司新疆若羌县砂梁西铁矿项目、靖祥物流园（二期）建设项目、特变电工楼兰新材料20万吨/年高纯硅项目（一期）、中交能源集团加油站及服务区建设项目、中石化加油加气站建设、若羌县公铁联运物流港等项目。

若羌丝路羌鸿果业有限公司红枣精深加工项目总投资3000万元，位于若羌县现代工贸物流园产业融合示范园内，占地面积9500平方米。项目建成后日加工枣泥产品40吨，年加工红枣原料1万吨以上。项目于2021年9月开工建设。

新疆砂梁矿业有限公司新疆若羌县砂梁西铁项目总投资5亿元，位于若羌县315国道1540处往南13千米处，距若羌县城55千米。项目新建破碎机、球磨机、磁选设备、过滤机等加工设备及电力接入、矿区道路等工程，达到年处理150万吨铁矿石生产能力。项目于2021年9月开工建设。

特变电工楼兰新材料20万吨/年高纯硅项目（一期）总投资32.79亿元，位于县工业园区。一期建设16台33000千伏安高纯硅矿热炉，建设周期1.5年。

（张婷）

【驻点招商】 2021年，若羌县招商服务中心派出驻外组10个，分别驻点北京、福州、重庆、甘肃、青海、和田、上海、广州、深圳等地。围绕若羌县23个主导产业面向行业、商会、企业上门招商，推介若羌优势资源，招引企业赴县考察投资。累计走访接洽企业2235家，落地项目5个，总投资金额2.55亿元，到位资金6630万元。开展上门招商推介，9位县领导分10次考察对接企业100余家、商协会3家，达成意向到县考察企业28家；派出35支140余人次招商队伍，促成636家企业赴县考察。参加各类展会，推介若羌资源，共参加氟化工展会、长沙第二届国际工程机械展、第十三届中国物流与供应链信息化大会、第五届丝绸之路国际博览会等各类展会8次。（张婷）

【招商引资新政策】 2021年，若羌县招商中心强化政策护航，先后印发《若羌县促进红枣产业深加工、聚集培育发展若干措施（试行）》《若羌县招商引资优惠政策（试行）》《若羌县委托招商工作实施办法（试行）》等系列文件，进一步完善招商政策体系。对往年优惠政策中的内容进行细化，新增《若羌县承接产业转移企业优惠政策》。委托招商对象范围广、标准要求高，要求专业招商机构、专业智库、科研院所和其他专业咨询机构，符合若羌县“重点产业板块”发展的重点行业内的重要专家学者或科研人员；在委托程序和方式方面，在县人民政府网站和“若羌零距离”微信公众号发布委托招商信息，具备条件的自然人、法人或其他组织即可进行申报；对委托招商对象每周、每月、每年的任务都进行具体量化。（张婷）

【优化营商环境】 2021年，若羌县发改委落实“全国一张清单”管理模式，执行《市场准入负面清单（2020年版）》，营造有利于创新创业创造的良好发展环境，进一步助推经济社会高质量发展。依托新疆投资项目在线审批监管平台，提高项目审批效率。实施项目审批容缺受理、先办后补，有效推动若羌县重大续建、新建项目的开工复工、储备项目的转化。指派专人协同办理公司注册、项目备案等前期手续。在项目建设阶段，成立3人项目服务小组，实现专人专企服务，促进项目如期建成投产。制定《若羌县招商引资“123”工作机制实施方案》，行业主管部门主动靠前服务，推行容缺办理和企业自主承诺制，提升涉企事项审批效率。制定《若羌县招商服务中心每日研判会机制》，对项

2021年12月11日，若羌县驻北京招商组与中关村新兴科技服务业产业联盟、中关村华戎军民装备新技术发展基金会负责人座谈（县招商服务中心 供稿）

目存在的问题、推进的措施等进行研判分析，制定解决举措，形成台账，进行销号管理，为企业解决困难400余件。兑现政府承诺，累计向羌鑫农业、羌都枣业、金銮生物科技等企业兑付红枣加工水电费、纸箱补贴339.13万元，进一步降低红枣加工企业生产运营成本，促进红枣产业健康发展。制定邢羌科技产业园区专项扶持政策，拨付招商引资优惠政策资金1000余万元。

（张忠敏、张婷）

信访

【信访受理】 2021年，若羌县信访局受理信访事项366件次，接待群众509人次。其中，受理群众来信9件次12人次，群众来访190批次497人次，网上信访167件。来访登记事项355件得到化解，案件化解率96.99%，11件未化解事件为2021年12月登记受理，列入下一年化解范围。

（欧小梦）

【网上信访】 2021年，若羌县网上信访信息系统共受理信访案件167件（国家级信访局转办56件64人、自治区级信访局转办15件18人、州级信访局转办96件96人），占全年信访总量的45.63%，比2020年上升25.23%，若羌县信访部门受理率100%、群众满意率100%，对责任单位受理率100%、满意率91.68%，按期办结率100%。（欧小梦）

【信访积案化解】 2021年，若羌县重点信访积案总量26件（2020年历史遗留积案19件，2021年新增7件），由县委、县人大、县政府、县政协、县法检的15名领导具体包案，进行挂图作战、限定工期，推动积案化解，通过实行专题会议研究、专项资金攻坚、提级挂牌督办等措施，成功化解重点积案21件。其中，2021年新增的7件信访案件全部得到化解，化解率和群众满意率均为100%。（欧小梦）

【完善信访工作责任体系】 2021年，若羌县主要领导和分管领导定期听取信访工作汇报，全域谋划分析信访形势，4次召开县委常委会会议研究工作措施，7次召开信访专题会议推进案件化解，有效压实信访工作责任。完善领导接访制度。每日1名县级领导在信访局公开接访，各乡镇、各单位每日1名党政领导同步开展信访值班和接访，在第一时间、第一地点解决群众反映的问题。全年，若羌县29名县级领导、115名乡科级领导参加接访，87件初信初访案件、134条矛盾隐患得到及时解决。建立乡镇（街道）信访工作联席会议制度。若羌县6个符合条件的乡镇全部建立信访工作联席会议，确立6名专（兼）职信访干部、26名村（社区）干部，扩大信访工作影响力。（欧小梦）

【重复信访专项治理】 2021年，中央信访工作联席会议办公室交办若羌县第二批重复信访事项专项治理案件1件。若羌县落实“五个一”工作机制，由县级领导包案，专题会议研判，形成工作专班，制定化解方案，按期化解。（欧小梦）

【中央巡视组移交信访件办理】 2021年1月3日，中央第六巡视组向若羌县集中交办案件线索8件。若羌县委、县政府主要领导和分管信访领导第一时间进行批阅，明确8件信访线索案件的包案县级领导和责任单位，逐案成立工作专班，认真落实“五个一”工作措施，采取有力措施，妥善化解中央第六巡视组交办的信访事项。2月13日，8件涉及若羌县的案件线索全部依照要求办理完毕。经州、自治区审核审查通过结案。（欧小梦）

中国人民政治协商会议若羌县委员会

综　述

【概况】 2021年，中国人民政治协商会议若羌县委员会常委会（简称县政协常委会）认真学习贯彻落实习近平新时代中国特色社会主义思想，牢牢扭住社会稳定和长治久安总目标，坚持团结和民主两大主题，认真履行政治协商、民主监督、参政议政职能，充分发挥协调关系、汇聚力量、建言献策、服务大局作用。全年，共开展党组中心组学习31次，主席会议学习、常委会会议学习、委员培训学习21次，不断增强政协委员和政协干部政治理论素养。共召开全体委员会议2次、常务委员会会议5次、主席会议8次，组织开展专题调研2次，充分发挥委员主体作用，增强政协履职实效。（谷婷婷）

【政协委员协商推荐】 2021年6月30日，县委组织部、县委统战部联合印发《关于做好若羌县第十一届政协委员会协商提名工作的通知》，明确县第十一届政协人事安排的指导思想、名额构成、安排对象、名额分配和推荐提名程序等原则意见。7月11日，中共若羌县第十届委员会2021年第202次常委会会议研究确定县第十一届政协人事安排的原则意见。

县委组织部、县委统战部分别对各推荐单位上报的党内、党外委员推荐人选进行研究，经反复酝酿、综合平衡后，从各推荐单位推荐的165名人选中，遴选出97名县第十一届政协委员建议人选，提名人选均符合相关要求，含各乡镇、县直相关单位、兵团等人选。县委组织部就委员建议人选分别征求县政协党组、县委统战部意见。按照县委组织部提出党内常委人员、县委统战部提出党外常委人选的要求，提出97名县第十一届政协常委会组成人员建议人选名单，委员名额与上届保持一致，其中新提名委员68名，占70%。组成人员原则上保持第十届的党内、党外，民族，性别构成比例，其中：中共党员47名，占48.45%；非中共党员50名，占51.55%；汉族53名，占54.64%，维吾尔族38名，占39.18%，回族3名，占3.09%，东乡族1名，占1.03%，藏族1名，占1.03%，蒙古族1名，占1.03%；妇女30名，占30.93%。（郝鑫磊）

【委员构成】 政协若羌县第十届委员会委员共97人（截至2021年8月底，空缺5人），常委会组成人员19人（截至2021年8月，空缺2人）。共设20个界别。其中，中共界别13人，工会界别1人，共青团界别1人，妇联界别1人，工商联界别1人，残联界别1人，非公经济界别5人，文化体育界别2人，经济界别14人，科技科协界别2人，社科界别8人，农林牧水界别16人，教育界别5人，新闻出版界别3人，医药卫生界别5人，少数民族界别4人，侨联界别1人，港澳台界别1人，宗教界别6人，特邀界别7人。领导干部45名，占委员总数46.39%；党外代表人士49名，占委员总数50.52%；妇女委员28名，占委员总数28.87%；少数民族委员44名，占委员总数45.36%；大专以上文化程度67人，占委员总数69.07%；新的社会阶层人士4名，占委员总数4.12%；基层一线委员26名，占委员总数26.8%，其中工人3名，占3.09%，农牧民7名，占总数7.22%，专业技术人员16名，占总数16.49%；非公有制经济人士8名，占委员总数8.25%。

政协若羌县第十一届委员会委员共97名，常委会组成人员共19名。共设20个界别。其中，中国共产党13人，无党派人士6人，共青团1人，工会1人，妇女联合会1人，工商业联合会6人，科学技术协会1人，文化艺术界1人，科学技术界1人，社会科学界6人，经济界12人，农业界11人，教育界5人，体育界1人，新闻出版界3人，医药卫生界5人，社会福利和社会保障界4人，少数民族界4人，宗教界6人，特别邀请人士9人。新提名委员68人，占委员总数70%；连任委员29人，占29.9%；领导干部45名，占46.39%；党外代表人士50名，占51.55%；妇女委员30名，占30.93%；少数民族委员44名，占45.36%；新的社会阶层人士9名，占9.28%；其他（国企管理层）6名，占6.19%；基层一线委员37名，占38.14%。基层一线委员中农牧民7名，占7.22%；专业技术人员18名，占18.56%；基层干部12名，占12.37%。（谷婷婷）

【委员教育培训】 2021年6月9日，若羌县政协组织驻县自治区、州政协委员和部分县政协委员座谈。7月19日，组织学习习近平总书记在庆祝中国共产党成立100周年大会上的重要讲话精神，学习严肃换届纪律和相关政策法规。8月31日，县政协常委会组织全体委员开展人民政协基本知识培训。11月5日，组织部分政协委员开展自治区第十次党代会精神专题宣讲。12月7日，组织部分政协委员开展红枣提质增效技术培训。12月18日，若羌县政协组织学习党的十九届六中全会精神、《中共中央关于加强和改进新时代市县政协工作的意见》和自治区政协“六中全会精神进万家”倡议书。（谷婷婷）

重要会议

【政协若羌县第十届委员会第六次全体会议】 2021年1月15—16日，中国人民政治协商会议若羌县委员会第十届委员会第六次全体会议召开。应到委员92人，实到72人。吐尔逊·努尔东主持会议。会议审议通过县政协十届六次会议议程、《县政协第十届委员会常务委员会工作报告》、《关于十届五次会议以来提案工作情况的报告》。会议听取并讨论若羌县人民政府工作报告，审议《若羌县国民经济和社会发展第十四个五年规划和二〇三五年远景目标》，协商讨论《县人民法院工作报告》《县人民检察院工作报告》及计划、财政报告。会议审议通过《中国人民政治协商会议若羌县第十届委员会第六次会议提案审查情况的报告》；审议通过《中国人民政治协商会议若羌县第十届委员会第六次会议政治决议》。（谷婷婷）

【政协若羌县第十一届委员会第一次全体会议】 2021年9月1—4日，中国人民政治协商会议若羌县第十一届委员会第一次会议召开。应到会委员97人，实到93人。会议由林小彬主持。会议审议通过县政协十一届一次会议议程、《县政协第十届委员会常务委员会工作报告》、《县政协第十届委员会常务委员会关于提案工作情况的报告》。会议列席若羌县第十八届人民代表大会第一次会议，听取并讨论

《若羌县人民政府工作报告》,协商讨论《县人民法院工作报告》《县人民检察院工作报告及计划、财政报告》。会议选举产生政协若羌县第十一届委员会主席、副主席和常务委员。会议审议通过中国人民政治协商会议《若羌县第十一届委员会第一次会议提案审查情况的报告》;审议通过《中国人民政治协商会议若羌县第十一届委员会第一次会议政治决议》。（谷婷婷）

【政协若羌县委员会常务委员会会议】 2021年,政协若羌县委员会共召开政协常务会议5次,吐尔逊·努尔东主持第十届政协常委会第25—28次会议,林小彬主持第十一届政协常委会第1次会议。

1月16日,政协若羌县第十届委员会第25次常委会会议召开。会议听取参加政协十届六次会议的各组讨论情况的汇报,审议《中国人民政治协商会议若羌县第十届委员会提案审查委员会关于政协十届六次会议提案审查情况的报告(草案)》和《中国人民政治协商会议若羌县第十届委员会第六次会议政治决议(草案)》。

4月12日,政协若羌县第十届委员会第26次常委会会议召开。会议传达学习全国及自治区、州两会精神;讨论通过《若羌县政协2021年工作要点》;表决通过有关人事事宜。

7月19日,政协若羌县第十届委员会第27次常委会会议召开。会议传达学习习近平总书记在庆祝中国共产党成立100周年大会上的重要讲话精神,学习严肃换届纪律和相关政策法规;听取县人民政府关于若羌县上半年经济高质量发展情况的通报、关于政协若羌县十届六次会议以来提案办理情况的通报;听取政协若羌县第十一届委员会委员提名情况的说明,协商讨论政协若羌县第十一届委员会委员建议名单;协商讨论《关于若羌县民族团结进步创建工作推进情况的调研报告》《关于若羌县优化营商环境的调研报告》;表决通过有关人事事宜。

2021年9月1-4日,政协若羌县第十一届委员会第一次会议召开。图为会议期间委员就相关议题进行投票 （谷婷婷 摄）

8月27日,政协若羌县第十届委员会第28次常委会会议召开。会议审议通过关于召开政协若羌县第十一届委员会第一次会议的决定;审议通过政协若羌县第十一届委员会第一次会议预备会议日程、《政协若羌县第十届委员会常务委员会工作报告》、《政协若羌县第十届委员会常务委员会关于提案工作情况的报告》和《政协若羌县第十届委员会常委会工作报告》、提案工作情况报告的报告人建议名单;审议政协若羌县第十一届委员会第一次会议有关事宜;授权主席会议决定未尽事宜。

12月18日,政协若羌县第十一届委员会第1次常委会会议召开。会议传达学习党的十九届六中全会精神、《中共中央关于加强和改进新时代市县政协工作的意见》和自治区政协“六中全会精神进万家”倡议书；审议通过召开政协若羌县十一届二次会议的决定；审议通过政协若羌县十一届二次会议有关事宜；表决通过政协若羌县第十一届委员会常务委员会关于内设机构设置的决定和关于内设机构领导成员任职的决定。（谷婷婷）

协商议政

【视察调研】 2021年6月26—27日，县政协组织部分州、县两级政协委员和相关单位负责人到若羌县调研。调研组分别召开职能部门座谈会、企业家座谈会，实地察看部分企业，重点掌握若羌县优化营商环境现状和成效，分析存在的问题困难，协商讨论提出解决和提升的办法和措施，为推动县域经济高质量发展献计献策。在若羌镇、铁干里克镇、吾塔木乡、瓦石峡镇及县民创办调研，通过座谈、走访等方式，对若羌县民族团结进步创建工作推进情况进行调研。（谷婷婷）

【政协委员建言献策】 2021年，政协若羌县第十届委员会第六次会议召开。政协委员对“一府两院”工作报告及其他工作报告进行广泛协商讨论，提出意见建议58条。政协若羌县第十一届委员会第一次会议召开，政协委员听取并审议县政协常委会工作报告和提案工作情况报告，对政协2021—2025年的工作重点进行广泛协商，统一思想；听取并讨论县政府工作报告、两院报告及其他报告，对若羌县未来五年经济社会发展的目标规划进行深入讨论，提出意见建议84条；6名委员就招商引资、乡村振兴、基层社会治理、新型城镇化建设、铸牢中华民族共同体意识和教育发展等议题作大会发言，提出的各项对策建议，受到县委、县政府主要领导的肯定和有关部门的重视。全年召开常委会会议5次、主席会议8次，就关系若羌县社会稳定、经济发展与民生改善等重要事项进行协商议政，部分协商意见和建议在县委、县政府的工作安排和落实中被采纳或得到体现。政协委员对若羌县优化营商环境情况、民族团结进步创建工作推进情况进行调研，形成调研报告2篇，提出意见建议30条，为县委科学民主决策提供有益参考。协助州政协调研若羌县推动构建互嵌式社会结构和社区环境情况，视察若羌县水资源保护利用、历史文化遗产保护和利用工作，全面客观地反映若羌县相关工作取得的成绩、存在的困难，努力争取更多支持。（谷婷婷）

政协专门委员会工作

【经济科技委员会工作】 2021年，若羌县经济科技委员会开展委员培训1次。针对县域经济发展开展“优化营商环境调研”，形成的调研报告。根据自治区政协办公厅《关于征集自治区十二届政协第十七次常委会会议发言稿的通知》提供题为《若羌县设施农业发展的现状及思考》发言稿。对《关于规范收取若羌县本小区居民停车费事宜的提案》《关于进一步规范住公租房人员的租房问题的提案》2个政协重点提案进行督办。（赵惠安）

【教育文化卫生体育委员会工作】 2021年，若羌县教育文化卫生体育委员会配合州政协做好水资源保护和利用、历史文化遗产保护和利用视察工作；切实抓好重新设置315国道若羌河西桥红绿灯、县电视台开办对农科普栏目2个提案的督办工作，确保落实到位。（赵惠安）

【民族宗教法制侨务委员会工作】 2021年，若羌县民族宗教法制侨务委员会坚持定期走访委员，充分利用委员联系群众优势，了解社情民意，主动发现问题，反映报送，为县委、县政府民主决策、科学决策提供参考。按照工作安排，完成《关于若羌县民族团结进步创建工作推进情况的调研报告》。（赵惠安）

政协提案

【概况】 政协若羌县第十届委员会第六次会议期间，县政协委员共提出提案63件。其中，市政建设方面16件，交通方面3件，科教文卫方面15件，农林水利方面7件，社会事业方面12件，其他方面13件。在县政协和政协委员关心支持下，经过政府系统各承办单位共同努力，至12月31日，所有政协提案均按期办理完成，面商率和办结率为100%。从办理结果看，委员所提问题得到解决或基本解决（A类件）58件、占比93.65%，部分解决或列入计划逐步解决（B类件）2件、占比3.17%（关于县人民医院搬迁后建设医护人员公寓楼的提案和关于推进老旧小区加装电梯的提案列入若羌县"十四五"规划，待项目资金到位后实施），因条件所限近期难以解决（C类件）2件、占比3.17%（关于将若羌火车站更名为楼兰火车站的提案：经与国铁局有关部门对接，火车站更名事宜停办）。

政协若羌县第十一届第一次会议，共收到委员提案113件，合并为94件，立案37件，作为意见和建议转送有关部门研究参考12件，不予立案的45件。立案提案中，经济发展方面7件，占立案总数的18.9%；社会民生方面15件，占立案总数的40.5%；社会稳定方面5件，占立案总数的13.5%；生态建设方面6件，占立案总数的16.2%；政策法规方面4件，占立案总数的10.8%。

（赵惠安）

【重要提案摘编】 2021年，政协若羌县重点提案有《关于规范收取若羌县本小区居民停车费事宜的提案》。若羌县各小区居住人员大多为若羌县户籍人口，且长期居住，规范收取以上人员停车费，能够进一步惠民利民。

《关于进一步规范住公租房人员的租房问题的提案》。2019年，若羌县政府出台《关于印发若羌县公共租赁住房运行管理办法（试行）》的通知，通过按收入等方式收取公租房房租费用，解决低收入家庭的安心住房困难。在实际工作开展当中业务主管部门向每个租房人员要求每年提供一次收入核定报告等资料，租房人员需要重新填写相关表格、申请、证明等。业务主管部门向已住房的年均收入高于3万元的租房人员要求退房，该要求给相关群众带来一定程度压力和困难。

《关于重新设置315国道若羌县县城段若羌河西支桥信号灯的提案》。315国道若羌县县城段若羌河西支桥信号灯设置在大桥东侧桥头，遇红灯时，车辆都需停在大桥上等待通行。随着大桥的拓宽，车流量逐步增加，该信号灯设置的位置将存在安全隐患。

《关于在县广播电视台开办对农科普栏目的提案》。若羌县广播电视台作为最基层的电视媒体，是距离农业、农村、农民最近也是最能反映"三农"问题的媒体。随着乡村振兴战略的不断推进，若羌县广大农民对信息、对科技的渴求日益增强。县广播电视台开设相应科普专栏，能为广大农民提供科技信息和致富渠道，便于基层群众了解科技知识，满足对科学文化的需要，为乡村振兴战略全面推进提供科技支撑等。（赵惠安）

若羌县政协十届六次会议重点提案及办复摘要一览表

表2

序号	提案标题	主要内容	意见建议	办复情况
1	关于规范收取若羌县本小区居民停车费事宜的提案	若羌县各小区居住人员大多为若羌县户籍人口，且长期居住，规范收取以上人员停车费，能够进一步惠民利民	有关部门协调规范收取若羌县本小区住户停车费用	2021年7月，县住建局按照《关于若羌县物业管理中心物业管理综合服务收费及停车费收费标准的批复》，完成各小区收费系统更新。停车费用仍按照2010年制定标准执行，固定停车费：60元/辆·月；临时停车费：2小时以内免费、2—5小时1元/辆、5—10小时2元/辆、10—16小时3元/辆、16—24小时4元/辆
2	关于进一步规范住公租房人员的租房问题的提案	2019年县人民政府出台《关于印发若羌县公共租赁住房运行管理办法（试行）》的通知，通过按收入等方式收取公租房房租费，解决低收入家庭的安心住房困难。在实际工作开展当中业务主管部门向每个租房人员要求每年提供一次收入核定报告等资料，租房人员需要重新填写相关表格、申请、证明等。业务主管部门向已住房的年均收入高于3万元的租房人员要求退房，这要求给相关群众带来一定程度压力和困难	为给群众提供便利，主要是对一年当中家庭收入、人口有变化的家庭要求提供相关的资料，对收入、人口没有变化的家庭只要求提供收入证明等方式，解决实际问题。出台或修改公租房方面的有关办法，明确有关管理办法的要求，向社会公开相关内容	作为行业主管部门，县住建局针对此类问题起草《若羌县公共租赁住房运行管理办法修订稿》，并向各单位征求意见修订，报县政府。待县政府常务会议决定后，报送县司法局进行法律审核。通过下发执行。行业主管部门向委员说明
3	关于重新设置315国道若羌县县城段若羌河西支桥信号灯的提案	315国道若羌县县城段若羌河西支桥信号灯设置在大桥东侧桥头，遇红灯时，车辆都需停在大桥上等待通行。随着大桥的拓宽，车流量逐步增加，该信号灯设置在此将存在安全隐患	通过调整信号灯的时长或位置，消除安全隐患	2021年7月，县住建局对新调整的信号灯安装完成。提出提案的委员满意，办复完毕
4	关于在县广播电视台开办对农科普栏目的提案	若羌县广播电视台作为最基层的电视媒体，是距离农业、农村、农民最近也是最能反映“三农”问题的媒体。随着乡村振兴战略的不断推进，若羌县广大农民对信息、对科技的渴求日益增强。县广播电视台开设相应科普专栏，能为广大农民提供科技信息和致富渠道，便于基层群众了解科技知识，满足对科学文化的需要，为乡村振兴战略全面推进提供科技支撑	在县广播电视台开设《科普与疫情防控科普》专栏，每天播放农业科技、畜牧养殖、电子商务、旅游信息、安全生产等方面科普宣传内容及新冠肺炎科学预防知识，普及知识，推广科学实用技术，引导群众学科学、用科学，提升全民科学素质，多渠道增加农民收入。同时，让广大公众掌握正确的疫病防控方法，确保人民群众身体健康	若羌县文化体育广播电视和旅游局组织相关责任部门负责人认真分析研判，在自办频道RQTV—1开办专栏，于2021年5月完善节目，开播《乡村法制》《健康面对面》《致富故事会》《生活视觉》等栏目。提出提案委员满意，办复完毕

（赵惠安）

中国共产党若羌县纪律检查委员会 若羌县监察委员会

综　述

【概况】 2021年，若羌县党风政风持续好转，政治生态不断优化。全县各级纪检监察机构坚持以习近平新时代中国特色社会主义思想为指导，增强“四个意识”、坚定“四个自信”、做到“两个维护”，围绕完整准确全面贯彻新时代党的治疆方略，持续深化政治监督，深入开展专项整治，保障脱贫攻坚同乡村振兴有效衔接，维护人民群众合法利益，做实做细日常监督，精准运用“四种形态”，持续深化派驻机构改革，推动形成各类监督合力，党风廉政建设和反腐败斗争取得新成效。 （徐百泉）

【纪检监察队伍建设】 2021年，若羌县纪委监委选优配强新一届纪委监委领导班子，优化年龄、文化结构，开展全员培训，每周举办2次“干部夜校”，常态化开展公文写作、监督执纪、审查调查业务培训，累计参与人数达到5000余人次。通过“一周一考、一月一练、一季一讲、半年一赛”综合评定选树标杆，推荐32名干部赴巴州跟案调训、跟组巡察、跟班学习。提拔纪检监察干部14人、职级晋升4人、系统内调整交流任职8人。处置纪检监察、巡察干部问题线索4起，给予党纪处分1人，第一种形态处置3人，召开警示教育大会2场次。

（王芝海）

重要会议

【中国共产党若羌县第十届纪律检查委员会第六次全体会议】 2021年2月9日，中国共产党若羌县第十届纪律检查委员会第六次全体会议召开。汪树洪主持会议。应到委员22人，实到18人。会议审议通过汪树洪代表若羌县纪委常委会所作题为《完整准确贯彻新时代党的治疆方略，坚定不移推进新时代纪检监察工作高质量发展》的工作报告，部分乡镇、县直部门党委（党组）书记向全会作述责述廉书面报告；会议表决通过《中共若羌县第十届纪律检查委员会常务委员会第六次全体工作报告》《中共若羌县第十届纪律检查委员会第六次全体会议公报（草案）》。 （徐百泉）

【中国共产党若羌县第十届纪律检查委员会第七次全体会议】 2021年8月4日，中国共产党若羌县第十届纪律检查委员会第七次全体会议在县城召开。吕振江主持会议。应到委员16人，实到12人。审议通过吕振江代表若羌县纪委常委会所作题为《完整准确贯彻新时代党的治疆方略，为推动若羌县经济社会高质量发展提供坚强保障》的工作报告；会议表决通过《中共若羌县第十届纪律检查委员会第七次会议工作报告》《中国共产党若羌县第十届纪律检查委员会第七次会议公报》。 （徐百泉）

【中国共产党若羌县第十一届纪律检查委员会第一次全体会议】 2021年8月19日，中国共产党若羌县第十一次代表大会选举产生第十一届中国共产党纪律检查委员会。是日，中国共产党若羌县第十一届纪律检查委员会第一次全体会议举行。吕振江主持会议。应到委员23人，实到23人。全会选举中国共产党若羌县第十一届纪律检查委员会常务委员会委员、书记、副书记，报中国共产党若羌县第十一届委员会第一次全会批准通过。（徐百泉）

【县纪委常委会会议暨监委委员会议】 2021年，若羌县纪委监委召开纪委常委、监委委员（扩大）会议34次。会议主要学习习近平总书记最新重要讲话和重要指示批示精神，以及党中央和自治区、州党委、纪委监委相关重要会议精神以及纪检监察业务文件，研究审议党员领导干部和国家公职人员监察对象涉嫌违纪违法立案审查调查以及案件查办审理工作，研究审议组织人事议题、重大项目、重要工作、财务支出等“三重一大”相关议题。（徐百泉）

纪检监察体制建设

【纪检监察双重领导体制】 2021年，县纪委监委坚持重大事项、重要工作及时向上级纪委监委和县委请示报告，加强上级纪委对下级纪委、派出机关对派驻机构在线索管理、监督检查、审查调查、处分处置方面的领导。坚持每季度召开乡镇纪委书记、派驻（派出）机构负责人例会，紧盯上级纪委监委和县委重点工作及时调整工作思路、调配监督力量、改进工作办法、完善工作流程。（徐百泉）

【派驻机构改革】 2021年，县纪委监委有派驻（派出）纪检监察机构7个：第一、二、三、四、五、六纪检监察组和县委直属机关纪检监察工委。实有在编人员51人。县纪委监委建立健全派驻机构与驻在单位会商机制，加强派驻机构之间的沟通联系，规范派驻运行机制，进一步明晰权责、规范程序、擦亮“探头”，构建集约高效的派驻监督体系。（徐百泉）

【健全完善制度机制】 2021年，县纪委监委坚持以党内监督为主导，推动人大监督、民主监督等监督有机贯通、相互协调。强化纪律监督、监察监督、派驻监督、巡察监督贯通协同。规范落实“室组地联动”运行机制，以制度保障监督同向发力。发挥反腐败协调小组职能作用，加强与政法、审计、统计等执法司法机关协作配合，受理移送问题线索29件，增强反腐败工作合力。（徐百泉）

2021年5月20日，若羌县纪委监委组织开展第四届“5·20”（我爱廉）廉政文化宣传周活动（县纪委监委 供稿）

廉政教育与作风建设

【警示教育】 2021年，县纪委监委召开若羌县警示教育大会，深入开展严重违纪违法案以案促改工作，注重“用身边事教育身边人”，督促指导各乡镇、部门单位召开以案促改警示教育活动128场次；组织41个乡镇、部门单位“一把手”召开以案促改现场观摩会，规范流程，提升以案促改成效;针对监督检查、审查调查发现的问题,下发纪律检查(监察)建议书29份,健全完善内控制度14项,全面从严治党氛围更加浓厚、成效更加明显。

(徐百泉)

【党风廉政建设】 2021年,县纪委监委贯彻落实《党委(党组)落实全面从严治党主体责任规定》,强化协助职责、监督责任,报请或会同被监督局单位党委(党组)召开党风廉政建设专题会议117次,参加被监督单位民主生活会或专题组织生活会188次,推动党委(党组)落实主体责任。回复组织人事等部门党风廉政意见11294人次,其中提出暂缓意见或否定意见514人次,严防党员干部"带病提拔"。

(徐百泉)

【廉政文化建设】 2021年,县纪委监委开展自治区第二十三个党风廉政教育月和巴州第四届"5·20"廉政文化宣传周活动,组织若羌县科级以上领导干部观看巴州警示教育片《黄粱一梦》11批次,督促各级党组织认真学习《巴州典型案件警示录》144场次,印发转发典型案例通报9期,打造县乡村三级廉政教育阵地。对拟提拔科级干部和职级晋升人员开展任前廉政测试119人次、廉政谈话8场326人次,1名领导干部主动上交礼金。

(徐百泉)

监督监察

【政治监督】 2021年,县纪委监委紧盯维护社会稳定、常态化疫情防控、安全生产和推进经济高质量发展等重点工作,开展清单式、常态化监督检查,发现贯彻落实党中央重大决策部署和习近平总书记指示批示不力问题356个,向县委报告监督检查情况118期,督促整改各类问题839条,追责问责65人。持续严明党的政治纪律和政治规矩,以"零容忍"态度严肃查处违反政治纪律案件3件3人。(徐百泉)

【统筹疫情防控和经济社会发展监督】 2021年,县纪委监委紧盯基层村社、卡点、机场、车站、学校、医院和集中医学观察点等重点场所,督促各级党委政府和有关部门抓好医疗救治、封闭管理、核酸检测、流调溯源和群众生活保障等工作。聚焦重点工作安排部署开展专项监督,深入开展粮食购销、农村合作社领域专项整治,开展专项监督检查17次,发现立查立改问题隐患15条;开展中央"环保大督查"反馈问题"回头看";助力政法队伍教育整顿,组建3个专项组进驻政法系统,立案查处4件4人,2名政法干警主动投案说明情况。

(徐百泉)

【"一把手"和领导班子监督】 2021年,县纪委监委加强对"一把手"监督和同级监督工作,细化20个方面54条措施,向分管县领导发放监督提醒函25份,督促50名县级领导填报家庭成员信息采集表、亲属经商办企业统计表,主动接受同级纪委监督。开展县纪委与下级党委班子成员集体谈话和纪委书记与下一级党委书记谈话,重点时间节点主动约谈被监督单位、领导班子成员、重点岗位人员529人次,查处"一把手"违纪违法问题11件次,给予党纪政务处分7件7人。

(徐百泉)

【日常监督】 2021年,县纪委监委持续完善基层监督体系,建立乡镇纪检监察协作区,实行村(社区)划片交叉监督机制,梳理92项乡镇职权和91项村级职权"小微权力"清单,绘制54张常用"小微权力"运行流程图,开展村(社区)集体"三资"问题整治,筛选6个重点村(社区)进行提级监督,有效破解熟人社会监督难、监督不聚焦等问题,发现并处置问题线索17件17人;综合运用个别谈话、检查抽查、列席民主生活会等方式进行"政治画像"和"廉政画像",动态更新、完善干部廉政档案1719份,监督效能得到进一步提升。 (徐百泉)

【换届监督】 2021年,县纪委监委全程监督换届纪律执行情况,进一步严明换届纪律、严肃换届风气，对8名乡镇党委书记进行约谈提醒，提出改进建议24条。

（徐百泉）

【派驻监督】 2021年，县纪委监委落实派驻（派出）机构“1+9”工作制度，通过压责任、建机制、严管理、抓规范、打基础、强培训，不断提升派驻机构履职能力，县纪检监察机关派驻机构处置问题线索65件、立案37件、结案43件、处分41人，发现派驻部门单位领导班子成员问题线索，并向派出机关报告8件。投入20余万元对7个派驻（派出）机构实施标准化阵地建设。（徐百泉）

【纠治“四风”“四气”】 2021年，县纪委监委立足监督职责定位，紧紧围绕党中央、自治区、州党委决策部署及县委中心工作，持续深入开展损害群众利益、优化营商环境、整治群众身边腐败和作风等专项整治，重点整治在落实疫情防控、维护稳定、安全生产及服务群众工作中存在的敷衍塞责、弄虚作假、推诿扯皮、消极应付及不担当、不作为、乱作为等形式主义、官僚主义问题。督促和协助县委认真履行主体责任，认真落实《若羌县关于进一步解决形式主义问题做好2021年为基层减负工作细化措施》要求，指导各级党组织开展形式主义、官僚主义自查自纠，全面整治文山会海，严格控制发文和会议数量，大幅精简文件数量，大力缩减会议场次，不断规范督查检查考核，提高调研质效，全面推行村（社区）党组织“一会制”，实现发文数量比2020年下降3.81%，会议数量比2020年减少5.81%，持续推动基层减负工作。全年共查处形式主义、官僚主义问题6件，给予党纪政务处分6人，印发案例通报2期16人。

坚决查处、严肃问责，知畏知止、收敛收手的态势得到巩固发展。坚持把纪律和规矩挺在前面，动辄则咎、从严惩处，纠治成果进一步巩固深化，“四风”问题得到有效治理，“不敢”的震慑、“不能”的约束、“不想”的自觉逐步形成。全年查处享乐主义和奢靡之风问题9件，给予党纪政务处分9人。针对部分单位审批权力集中、作风问题突出、内控机制不严等现状，组建专项整治工作组进驻单位蹲点监督。针对政治站位不高、规矩意识不强、纪法意识淡薄、服务效能低下、精神萎靡不振等问题的73名党员干部，本着严管厚爱、治病救人的原则，举办军事化脱产培训班3期，通过集中学习党规党纪、观看警示教育片、讨论交流等形式，达到教育干部、纠正问题、转变作风、促进工作的目的，党员干部懒散浮拖的不良风气得到进一步扭转。（徐百泉）

【办案安全与办案质量】 2021年，县纪委监委牢固树立“没有安全就没有审查调查”的红线意识和“100-1=0”的执纪理念，坚守案件审理“二十四字”方针，把好“关口”、守住“出口”，严格落实“走读式”谈话、执纪审查调查“十严禁”等安全措施，树立安全保密意识，公正文明执纪执法，坚决确保“双安全”“零事故”。

（徐百泉）

【民生领域侵害群众利益问题专项整治】 2021年，县纪委监委聚焦责任落实，集中纠治教育医疗、养老社保、安全生产、食品药品安全等领域群众反映强烈的突出问题，紧盯农村乱占耕地建房、惠民补贴发放、供热等涉及群众切身利益问题开展专项整治，发现并督促整改各类问题480余条；持续开展优化营商环境监督检查，发现并督促整改各类问题49条，有力推动职能部门靠前服务、主动作为；围绕信息网络、自然资源、交通运输、工程建设四大行业领域开展专项整治，累计查处民生领域腐败和作风问题9件9人。

（徐百泉）

信访举报

【信访受理】 2021年，县纪委监委坚持有案必查、有腐必惩，强化“不敢腐”的震慑。累计受理信访举报95件。其中，检举控告类37件，上级交办、转办16件。

（徐百泉）

【检举平台建设】 2021年，县纪委监委贯彻执行《纪检监察机关处理检举控告工作规则》，落实全国纪检监察系统检举举报平台推广部署工作要求，完成7个派驻（派出）纪检监察机构检举举报平台派驻办点位、6个乡镇纪委（监察办）基层办点位建设，完成县乡村三级信访举报网络和县级检举举报平台建设。配齐配全电脑、打印机等硬件设备，指定专人负责各点位检举举报平台日常运行管理。围绕系统运行维护、软件平台操作等方面，组织开展培训2次，确保平台运行高效。（徐百泉）

纪律检查和案件审理

【违反中央八项规定及其实施细则精神问题查处】 2021年，县纪委监委认真贯彻习近平总书记关于落实中央八项规定精神，督促若羌县各级党组织及领导干部每半年和全年开展贯彻落实中央八项规定精神情况自查工作；严格落实州党委“100条红线清单”要求，严格执行领导干部操办婚丧喜庆、公务接待饮酒备案等机制，坚持关键节点集中抓、日常时间经常抓，通过实地检查、明察暗访等方式，常态化开展违规收送名贵特产和礼品礼金、违规发放津贴补贴、公款吃喝、公款送礼、违规操办婚丧喜庆事宜、公车私用、私车公养、超标准配备办公用房监督检查，累计开展监督检查30余次，累计检查乡镇8个、村（社区）23个、部门单位45个、商超6家、餐厅20余家、娱乐场所9家，调阅发票40份，对享乐奢靡、隐形变异的苗头性问题抓早抓小、露头就打。全年查处违反中央八项规定精神问题14件、给予党纪政务处分14人。（徐百泉）

【监督执纪“四种形态”】 2021年，县纪委监委坚持惩前毖后、治病救人，惩戒与教育相结合的原则，运用监督执纪“四种形态”处理390人次，第一种形态246人次、占“四种形态”处理总人次的63.1%，第二种形态110人次、占“四种形态”处理总人次的28.2%，第三种形态27人次、占“四种形态”处理总人次的6.9%，第四种形态7人次、占“四种形态”处理总人次的1.8%，监督执纪从惩治极少数向管住大多数延伸拓展。（徐百泉）

【立案审查调查、党纪政务处分】 2021年，县纪委监委坚持不松劲、不停步、不减力，持续加大审查调查力度，保持正风肃纪反腐力度不减，持续巩固发展反腐败斗争压倒性胜利。全年若羌县纪检监察机关共处置反映问题线索317件，立案121件，结案148件，给予党纪政务处分141人，留置1人，涉嫌职务犯罪移送检察机关1人。（徐百泉）

【容错纠错、澄清正名】 2021年，县纪委监委严格坚持“三个区分开来”，落实容错纠错、澄清正名机制，对47名领导干部从轻减轻处分，对1名被诬告的干部予以澄清正名，旗帜鲜明地以组织担当保障干部担当、以组织作为带动干部作为。（徐百泉）

【巩固拓展脱贫攻坚成果同乡村振兴有效衔接专项监督】 2021年，县纪委监委围绕巩固拓展脱贫攻坚成果同乡村振兴有效衔接开展专题调研3次，走访8个乡镇、26个村（社区），访谈干部群众140余人、网络调查336人，充分发挥监督保障执行作用。紧盯重点帮扶、动态监测、项目资产管理、巩固脱贫成果后评估等政策措施落实情况，统筹县、乡两级监督力量，采取不发通知、不打招呼、不听汇报、不用陪同、直奔基层、直插现场的方式开展督导检查9轮次，发现督促整改问题46条，立案查处扶贫领域案件2件2人。（徐百泉）

【受处分党员回访教育】 2021年，县纪委监委开展纪律处分决定执行监督检查，对90余名受处分干部进行回访教育，帮助受处分干部认错悔错、纠错改过，促进惩治成果向治本成果转化。

（徐百泉）

群众团体

若羌县总工会

【工会基层组织建设】 2021年，若羌县共有基层工会组织144个，会员6264名。全年，若羌县总工会（简称县总工会）指导基层工会换届选举11次，会员1726名。组织新建基层工会组织选举筹备工作，新建基层工会组织22家，吸收会员1082名。其中，新就业形态劳动者建立的基层工会有3家，发展新就业形态领域工会会员151名。（马静）

【职工思想文化引领】 2021年，县总工会发挥职工思想政治引领作用，当好职工舆论宣传、观念更新、模范典型、文化活动的带动者。全年，制定学习宣传方案2份，开展集中政治学习42次，撰写心得体会40篇，制作2期弘扬社会主义核心价值观的宣传板报。成立劳模宣讲团并联合县文化社区大党委及天山水泥有限公司工会组建思想救援小分队，以舞台剧、诗朗诵等形式向职工宣传党的历史；投入资金4.19万元在百日文化广场举行“讴歌时代担当礼赞劳动最美”庆“五一”劳动节全县职工文艺晚会；举办第九届全民运动会，树立健康新理念，养成健康运动好习惯，为中国共产党成立100周年献礼。（马静）

2021年5月1日，县总工会在百日文化广场举行庆“五一”劳动节若羌县职工文艺晚会（县总工会 供稿）

【职工权益维护】 2021年，县总工会切实履行工会组织维护职工合法权益的基本职责，依法推动企业普遍开展工资集体协商，形成企业和职工利益共享机制，逐步实现劳动报酬增长和劳动生产率同步提高，构建和谐劳动关系。在全县企业中开展“工资集体协商集中要约行动月”专项活动，发出工资集体协商要约书39份，收回39份；开展工资集体协商企业38家，签订工资集体专项合同38份，签订集体合同38份；并指导天山水泥有限责任公司和羌都枣业有限责任公司，推进厂务公开、民主管理和职代会制度示范点建设，有效地维护职工的合法权益，激发职工的劳动积极性，促进企业和职工的互利共赢，提高企业职工的合法保护自身权益的意识。（马静）

【关爱职工】 2021年，县总工会开展各类慰问活动16次，慰问累计投入经费20.5万元，惠及职工4000余人次。联合基层工会购买1400杯“爱心”奶茶送往抗疫一线各隔离点、疫情指挥部，动员若羌县干部职工参与抗击疫情工作。开展工会进万家活动，慰问新就业形态劳动者、护边员、货车司机等300余人，慰问品费用计4.7万元。县总工会建立劳动者户外站点4个，使受惠人员充分感受到党和政府的关怀。建设女职工哺乳室2个，解决女职工在生理卫生、哺乳方面的困难。（马静）

【困难职工帮扶】 2021年，县总工会开展“精准帮扶送温暖，工会心系职工情”送温暖活动，累计发放金额10万余元，惠及职工300余人。其中以“生活救助”“金秋助学”等方式对3户困难职工进行帮扶；为25户困难职工及农民工发放煤50吨，计47500元；为10名困难职工、农民工发放取暖费补助金11687元。（马静）

【工会组织助力乡村振兴】 2021年，县总工会作为党委、政府乡村振兴小组成员单位，号召基层工会在采购节日慰问品时，优先采购脱贫群众的农产品，引导广大工会干部职工采取“以购代捐”“以买代帮”等方式助力乡村振兴。在国家级电商平台“832平台”购买农产品1万元，对城市困难职工进行慰问。（马静）

【劳动技能竞赛】 2021年，县总工会引导广大职工群众以诚实劳动成就梦想为目标，与县人社局、县农牧民技工、县住建局等单位围绕全疆发展的“十大产业”联合举办“匠心独具、馕获万千”美食行业劳动竞赛、“大国工匠”建筑领域劳动竞赛、“精心保育、与爱同行”家政行业劳动竞赛、核酸检测技能竞赛，通过比、学、赶、帮、超有效提升广大职工业务技能水平，有效地促进和培养职工爱岗敬业的意识和能力，参与技能竞赛人数300余人，为县域发展积蓄人才奠定坚实的基础。（马静）

【劳动模范先进典型培育选树】 2021年，县总工会开展评优选先工作。7名基层工作者获得巴州劳动模范和先进工作者、开发建设巴州奖章等称号，3个基层组织获开发巴州建设奖状和州工人先锋号荣誉。评选70名县级劳模和先进工作者。打造劳模示范基地1个，通过评先选优和劳模示范基地建设，倡导各级劳模发挥才智，成为经济发展路上的致富带头人。（马静）

【劳模关爱服务】 2021年4月，县总工会开展劳动模范和先进工作者表彰大会活动，向24名劳动模范和先进工作者代表颁发荣誉证书。6月，在若羌县铁干里克镇果勒吾斯塘村自治区级劳模哈丽代·伊布拉伊木家举行若羌县劳模示范基地揭牌仪式，将党的好声音带到各族群众家中。春节、肉孜节、古尔邦节、国庆节期间，慰问自治区、自治州劳模10人，发放慰问金4万元。（孙华徽）

【职工宣传教育】 2021年1—3月，县总工会开展“女职工维权月”活动，普及妇女健康知识。4月，联合县卫健委、若羌镇在县楼兰财富广场开展“爱国卫生月”集中宣传活动，向群众宣传关于疫情防控知识，发放《中华人民共和国安全生产法》宣传材料300余份。对6家企业开展“安全生产月”活动，对700余名职工开展安全生产和职业病防治知识的教育培训；动员2家企业开展“安康杯”竞赛，提升职工的安全意识和安全技能素质。（马静）

【劳动工资集体协商】 2021年，县总工会依法全面推进集体协商制度的建立，推动和谐劳动关系创建活动，邀请27家非公企业负责人，召开工资集体协商会议，重点协商解决职工工资年度增长比率，确保企业职工工资稳中有升。签订工资专项集体合同38家。其中，公有制企业12家，非公有制企业26家；25人以上的100人以下的企业20家、覆盖职工804人，100人以上企业4家、覆盖职工733人。25人以上正常生产经营的已建工会的企业工资集体协商签订率达到97.4%，覆盖职工1726人；工资集体协商覆盖率100%，履约率100%。建立两个"枫桥经验"维权服务站，协商解决3名职工劳资纠纷问题，涉及资金1.2万元，有效地维护职工合法权益。

（马静）

中国共产主义青年团若羌县委员会

【团组织建设】 2021年，若羌县共有乡（镇）团委（团总支）8个，县直团工委7个，团支部100个，团员1549名，其中若羌县基层团组织新发展团员105人。启动非公有制企业和社会组织开展团建"百日攻坚"行动，全力推动"两新"领域团的建设扩面提质增效，建立两新团组织4个、青年工作委员会7个。共青团若羌县委员会（简称团县委）组织开展"优秀团员青年向党组织递交入党申请书"活动，递交入党申请书696份，105名团员青年确定为入党积极分子，86名团员青年被确定为党员发展对象。

（魏中浩）

【党建带团建赋能】 2021年，团县委承接县市场监督管理局、医疗保障局、退役军人事务局3个单位9项职能，建立责任清单，并签订委托书，各乡镇、村（社区）选配40余名青年团员承担赋能工作。团县委与赋能单位协调沟通，通过培训会、推进会、汇报会等形式，明确赋能工作职能，共同推动赋能工作顺利开展。各基层团组织共组织集中宣讲、宣传活动100余场次，参与群众4000余人次。帮助跑办、代办业务100余人次，不断提升为民服务水平。

（魏中浩）

【青年先进典型选树培育】 2021年，团县委用心培育选树青年典型，全县2名团员评选为巴州级优秀共青团员、2名团干部评选为州级优秀共青团干部、3个团委（团工委）评选为州五四红旗团委、1个团支部评选为州五四红旗团支部、20名青年评选为"若羌县优秀青年"、10名青年被授予"青年五四奖章"。

（魏中浩）

【西部计划项目实施】 2021年，团县委招募西部计划志愿者179人。强化西部计划志愿者日常服务管理工作，将所有志愿者纳入支部管理，分片成立志愿者团支部5个，规范开展"三会两制一课"。组织志愿者参加"雷锋月""缅怀先烈""'6·26'禁毒宣传""普法宣传周""敬老月"各种志愿服务活动32场次。与县委组织部、县人社局等部门对接，完成志愿者转为事业岗12人。

（魏中浩）

【青年思想政治引领】 2021年，若羌县各级团组织广泛开展"请党放心·强国有我""青春心向党·建功新时代"等主题教育活动，引导青年团员牢固树立"四个意识"、增强"四个自信"、做到"两个维护"。组织选派99名团干部前往自治区、州参加党史学习教育和团务知识培训，组织选派5名团干部赴井冈山、河北等地学习考察。开展共青团系统党史学习教育座谈会300余场次，党史宣传900余场次，各类为民办实事400余件。全年，成立21支"青年宣讲队"，选派经验丰富的团干部担任宣讲员，常态化开展党团史、党的惠民政策及"五个白皮书"理论知识等各类宣传活动80余次，入户释法工作12次，累计覆盖1800余人次。

（魏中浩）

【从严治团】 2021年，团县委坚持用好“三级团干抓支部”制度，团县委每名干部包联1—2个乡镇团委，督促指导所包联团组织做好团员发展、“三会两制一课”等团组织活动，推进“学习总书记讲话、做合格共青团员”制度化常态化。充分利用建党100周年重大契机，组织团员深入学习习近平新时代中国特色社会主义思想，采用思想教育、实践教育、网络教育等形式，着力增强团员组织意识。 （魏中浩）

【青年就业创业服务】 2021年，若羌县成立青年创业协会，评选表彰“新时代农村创业致富好青年”10名，选树“乡村振兴好青年”63名，强化青年志愿者服务队建设，开展乡村志愿服务活动。深化“红领巾小课堂”项目，帮助学龄青少年假期“不放羊”，组织12名返乡大学生利用假期在村（社区）开展以思想引领、普通话学习、课业辅导为主要内容的社会实践活动。组建共青团“美丽庭院”志愿者服务队21支，以“四美三好一卫生”为基本标准，深入开展“美丽庭院”志愿服务活动。结合“千户枣农做电商”工程，运用抖音等新媒体平台，通过电商销售、直播带货等形式，助力农特产品销售，帮助农牧民增收。 （魏中浩）

【青年志愿者服务】 2021年，若羌县各级团组织开展宣传禁毒知识、“民族团结一家亲”、“关爱农民工子女”、“阳光行动”、清扫庭院卫生、扶贫帮困等各类志愿服务活动100余场次，志愿人数6000余人次。节日期间，在福利院、学校开展各类志愿服务活动10场次，230余人次参加。

（魏中浩）

【少先队工作】 2021年，若羌县有少先队员4052名，少先队大队5个、中队109个、小队223个、大队辅导员5名、中队辅导员109名，配备率为100%；配备校外辅导员53名，配备率为100%；共有红领巾广播站5个。若羌县各级少先队组织学习《新疆维吾尔自治区党委关于全面加强新时代少先队工作的实施意见》，履行“全团带队”的职责，不断完善党、团、队相衔接的育人链条，不断推进新时代少先队改革创新。每月组织少先队队会课，提升少先队员思想引领，深化“共青团爱心生日会”特色品牌，各村（社区）、若羌县中小学校每月开展一次“共青团爱心生日会”活动，服务需要特殊关爱儿童群体。选派1名总辅导员、4名大队辅导员赴自治区、州参加培训，河北省邢台市团委对若羌县少先队辅导员进行线上培训。实施全童“分批入队”措施。开展“红领巾奖章”争章活动，宣传教育引导广大少年儿童传承和弘扬中华优秀传统文化，自觉践行守望

2021年3月18日，若羌镇团委在胜利社区小朋友举办3月份共青团爱心生日会活动 （若羌镇团委 供稿）

相助理念，铸牢中华民族共同体意识。（魏中浩）

【青少年民族团结教育】 2021年，团县委组织4所小学开展“书信传递心声”手拉手活动，累计参与120名学生。若羌县在巴州率先开展巴州—河北省百万新疆各族少年儿童与其他省市少年儿童书信手拉手活动。对接邢台市团委，开展“同上一堂课·同唱一首歌”“同阅读·同成长”“情系千里外·共筑友谊桥”等网络、书信交流活动，累计开展融情实践营6场次，参与学生180人次。开展“共青团爱心生日会”、圆梦“微心愿”、寒暑期夏令营等各类活动36场次，各类活动受益少年儿童900余人。与上级团委对接，为若羌县8名学生发放河北助学金8000元。组织干部群众参与腾讯“9·9”公益日公益募捐活动，募集共青团爱心生日会活动资金8712.48元；开展圆梦“微心愿”募集活动，募集资金2570.81元。

（魏中浩）

【青少年法治宣传】 2021年，团县委开展“讲法制故事·强法治意识”青少年法治大讲堂活动，引导青少年学法、懂法、守法。扎实开展“青少年模拟法庭进班级”和“青少年模拟法庭大赛”等中小学法治教育活动，增强青少年法治意识。开展“社会主义核心价值观”进家庭活动，覆盖全县16所学校、4个乡镇。开展返乡学生活动，组织集中培训、专题教育座谈会、主题党团日教育活动、志愿服务、社会实践等各类主题活动83场次，参与返乡学生900余人次。（魏中浩）

【共青团若羌县第十六次代表大会】 2021年12月26日，共青团若羌县第十六次代表大会召开，出席会议代表105人。会议审议通过主题为《改革创新再出发 青春奋进谱新篇 团结带领若羌各族青年在推进若羌后发赶超进程中贡献青春力量》的工作报告。会议高举习近平新时代中国特色社会主义思想伟大旗帜，深入学习贯彻习近平总书记关于共青团和青年工作的重要论述，深入学习贯彻党的十九届六中全会精神，贯彻落实第三次中央新疆工作座谈会精神，贯彻落实自治区第十次党代会、州第十一次党代会、若羌县第十一次党代会精神，牢牢把握当代青年运动的时代主题，不忘初心，勇担青春使命，奋发进取，务实从严，团结带领若羌各族青年在推进若羌后发赶超进程中贡献青春力量。大会回顾总结过去五年若羌县共青团工作，研究部署新形势下若羌县共青团工作重点。大会号召若羌县共青团工作者、共青团员坚持不忘初心、牢记使命，继往开来，深入学习宣传贯彻习近平新时代中国特色社会主义思想，筑牢青年一代感党恩、听党话、跟党走的思想根基，不断加强团组织建设和深化共青团改革，通过为青年搭建干事创业的广阔舞台，为若羌发展作出青春贡献。会议选举产生共青团若羌县第十六届委员会委员17人，常务委员9人，书记1人，副书记3人。（魏中浩）

若羌县妇女联合会

【基层妇女组织建设】 2021年，若羌县妇女联合会（简称县妇联）下辖乡镇妇联8个，县直妇委会35个，村妇联20个，社区妇联5个。共有“妇女之家”23处，“儿童之家”21处，“妇女微家”32处，其中2021年各乡（镇）新打造“儿童之家”19处、“妇女微家”18处。通过换届选举，若羌县各乡镇妇联主席均进入乡镇党委领导班子，25个村（社区）妇联主席全部进入村（社区）“两委”班子。

（帕力旦·哈斯木）

【党建带妇建赋能】 2021年，县妇联结合工作提出岗位和人员条件，县民政局、司法局、卫健委协商各选派1名人员在妇联和授能单位的领导下履行挂职副主席，梳理适合妇联干部承担的10项职能。6月11日，县妇联启动党建带妇建赋能工作推进会。全县配备承接赋能工作的妇联干部（执委）30人，保障基层群团组织的利益。委托单位和被委托单位签订“委托书”。授能部门及选派人员负责将乡镇、村（社区）承接赋能工作的群团干部带会、传授好，对涉及赋能业务工作要全程指导把关、全程负责，督促指导村（社区）落实好赋能工作。6月11—13日，县妇联举办党建带群建赋能工作培训对承接的计划生育宣传员、民政救助协理员、退役军人事务协管员、市场监督协管员、医疗保障协管员、交通协管员工作的相关人员开展培训。全县各级妇联赋能人员参与人民调解工作35起，为群众宣传计划生育政策4432户，大病救助7人次。其中“司法调解员”和“民政助理员”岗位涉及财政补贴，按照赋能工作要求每季度将补助按月发放给承接相关工作群团工作人员，补助由授能部门承担。全县保障在村（社区）从事赋能工作“司法调解员”的相关补助（全县23人，按照“一案一补”原则，达成口头调解协议每起30元，达成书面调解每起100元），村（社区）从事赋能工作民政助理员相关补助（标准为每人200元/月，每月共计4600元，一年共计55200元）。 （帕力旦·哈斯木）

2021年3月8日，县妇联开展“插花品香诗情花艺”献礼百年华诞三八节活动 （县妇联　供稿）

【妇女权益维护】 2021年，县妇联编制《若羌县妇女发展规划（2021—2025年）》和《若羌儿童发展规划（2021—2025年）》，推进妇女群众工作向纵深发展。加大对《中华人民共和国宪法》《中华人民共和国民法典》《中华人民共和国反家庭暴力法》《中华人民共和国妇女权益保障法》等法律的宣传力度，开展宣传85场次，发放宣传单1800余份，持续关注合法权益受侵害的妇女儿童，大力引导妇女尊法、学法、守法、用法，成立心理咨询室，及时解决妇女群众心理及家庭方面的问题。及时化解矛盾纠纷，调解婚姻家庭矛盾纠纷14起，切实保护妇女的权利和利益。

（帕力旦·哈斯木）

【妇女创业就业服务】 2021年，县妇联组织各乡镇妇联配合县人社局、县技工学校、若羌（兵地）电子商务产业园开展妇女就业创业培训班，共计20期，共计培训人员711人。培训专业包括插花、服装裁剪、美容美发、电子商务、馕制作、缝纫、保育、客房服务等，通过培训不断提高妇女就业能力。开办交流会2场，参与人员76人次。利用“若羌靓丽女声”微信公众号发布就业信息，宣传就业技能，提供就业岗位，搭建就业平台，促进全县妇女就业。 （帕力旦·哈斯木）

【妇女思想政治引领】 2021年，县妇联利用“妇女之家”“家长学校”“妇女微家”等阵地，发挥各级妇联执委、巾帼志愿者、最美家庭、三八红旗手的作用,深入田间地头、百姓炕头,“妇女之家”开展宣讲“五个白皮书”、文明礼仪知识、家庭道德、创业就业、心理健康、卫生保健等知识85场次,引导广大妇女坚定不移听党话、感党恩、跟党走;利用“美丽女性·幸福家庭”系列丛书,开展赠书活动、妇女读书、知识竞赛、亲子阅读等活动15场,直接参加活动的妇女群众1700余人。

(帕力旦·哈斯木)

【困境妇女帮扶救助】 2021年,县妇联深入实施“家家幸福安康工程”,指导各单位妇委会建立“爱心妈妈(爸爸)”队伍。成立“爱心妈妈(爸爸)”志愿服务队58支,参加人数1020人(爱心妈妈684人、爱心爸爸336人,结对儿童863人)。开展“把爱带回家·巾帼在行动”关爱帮扶系列活动,做好农村妇女“两癌”免费筛查、救助,“爱心一元捐”等品牌项目,提升妇女儿童获得感、幸福感、安全感。为5名困难大学生、19名困难妇女儿童、3名困难创业妇女发放爱心救助金,共计4.6万元,帮助妇女儿童解决燃眉之急。 (帕力旦·哈斯木)

【家庭文明建设】 2021年,县妇联深化文明家庭创建是持续推进家庭家教家风建设的目标,积极弘扬家庭美德,引导妇女和家庭积极参与寻找“最美家庭”活动,共选出各类最美家庭190户,让群众在认知和参与中自觉进行家庭文明教育,促进全县家庭文明建设和修身提素工作。

(帕力旦·哈斯木)

【“美丽庭院”创建】 2021年,县妇联持续深化“美丽庭院”创建,按照优秀、良好、合格、不合格四个等级差异化动态评选出“美丽庭院”户184户、“美丽庭院”示范户114户。在创建“美丽庭院”基础上引导妇女发展庭院经济,动员各族妇女在庭院种花种树,绿化美化环境。因势利导农户利用自家庭院条件,发展牛羊鸡鸽养殖,种植果蔬,“美丽庭院”助推脱贫致富。全年,评选美丽庭院经济示范户132户。

(帕力旦·哈斯木)

【巾帼志愿服务】 2021年,县妇联为进一步弘扬“奉献、友爱、互助、进步”的志愿精神,更好发挥广大妇女群众作用,进一步服务大局、服务更多的妇女,成立巾帼红志愿服务队、巾帼心理咨询志愿服务队,在各乡镇成立环境卫生整治志愿服务队、学雷锋(困难帮扶)志愿服务队、“爱心妈妈(爸爸)”志愿服务队,发挥志愿服务队的作用,开展各类志愿服务活动143次。

(帕力旦·哈斯木)

若羌县科学技术协会

【科协基层组织建设】 2021年,若羌县成立乡村科普馆工作领导小组8个,乡村科普馆负责人16名,专职宣传员24名;乡村科普馆讲解员志愿者162名;志愿服务队11支,志愿队员302名。培育命名教育特色学校1所、州级科普示范基地10个,农村专业技术协会1个,州级科技小院3个,科普带头人1名。 (费晓峰)

【科普服务】 2021年,若羌县科学技术协会(简称县科协)联合相关部门单位开展“三下乡”(科技、文化、卫生)启动仪式,每月协调组织“农、林、畜、水、科、教、卫、应急、气象”等部门的专业技术人员,先后深入8个乡镇、26个村(社区)和6个企业、8所学校(幼儿园)等单位开展下乡服务和科普宣传、实用技术培训活动,为群众送去最新、最实用的知识、技术。

以“科技之冬”为契机,开展大宣讲活动。聘请州专家团赴若羌,通过结合理论培训和现场实操讲解开展科技下乡、科技培训为主要内容的系列活动。依托县科技馆、若羌县8个乡村科普馆、县科普示范基地为主阵地,持续扎实推进科普宣传活动，邀请媒体在科普馆通过现场直播帮助农牧民群众答疑解惑。通过持续开展系列活动，提升群众科学文化素质和科技致富本领。开展科技培训37场次，受益人次7890人次；科技宣讲10场次，受益人次3760人次。按照新时代文明实践工作目标任务招募科普志愿者，共注册科普志愿服务队11支；注册科普志愿者302人；科普志愿服务平台发布活动57场次。（许瑞琪）

【科普活动】 2021年，县科协开展各类科技培训230余场次，参与科技人员860人，受益人数20540人次；科技宣讲165场次，参与科技人员320人，受益18640人次；科技指导125场次，参与科技人员169人次，受益18750余人次。全县8个乡村科普馆组织广大人民群众参观活动300余场次，覆盖2.31万余人次；开展"六进"活动42场次，参与（受益）人数2.32万余人次；邀请专家提供大规模培训9场次，参与（受益）人数6540余人次；组织专业技术人才为群众开展培训38场次，参与（受益）人数6200余人次。

3月5日，县科协开展以"启迪青少年科普意识、激发青少年创新创造热情"为主题的科普进校园宣传活动。中学近1200名学生分批次进行参观。

3月8日，县科协在吾塔木乡尤勒滚艾日克村与牧业村开展"科学知识进乡村"系列科普活动。通过本次活动的开展，使科学知识更进一步贴近群众、联系群众，激发群众对科技的浓厚兴趣，营造科普促团结促乡村振兴的良好氛围，参与人数1300余人次。

4月12日，县科协与文化社区共同举办"科普活动进社区 宣传知识惠民生"活动。活动参与人数1730人次，通过此次科普进社区活动，普及科学知识，传播科学思想，提高社区居民的科学素养，引导居民形成良好健康的生活习惯，让科普知识走进社区、走进家庭，让居民相信科学，不造谣、不传谣、不信谣。在全社会营造出文明、健康、科学的良好氛围。

5月24日，县科协开展以"科普进校园 点亮科学梦"为主题的科普进校园宣传活动。全县各中小学1000余名学生分批次进行参观，为广大青少年搭建科普平台，扩大科普活动的覆盖面、参与度和影响力，通过与科技零距离接触，学生广泛了解和亲身感受科技的魅力，培养和激发他们学科学、爱科学的兴趣和热情，提升青少年科技创新意识和科技创新能力。

8月22日，若羌县科普大篷车在三十六团开展以"兵地融合大发展 科普助力勇当先"为主题的科普活动。参与人数580余人次，通过科普活动，让科普知识走进兵团，推动若羌县、兵团两地科普事业共同发展。

12月5日，县科协在全县各乡镇开展以"冬闲变冬忙，科技之冬暨三下乡"为主题的科普宣传活动。参与活动人数630余人次。县科协通过不断丰富"三下乡"活动科普宣传资料种类。形成关注科技发展、参与科技创新、共享科技资源的良好氛围。

（许瑞琪）

【若羌县科技馆】 2021年5月31日，若羌县科技馆开馆试运行。县科技馆建设地点位于市民科技文体综合活动中心三区三层，面积1311.08平方米。县科技馆以"探寻宇宙奥秘·解开生命之谜·体验科技成果"为脉络，设"宇宙探秘""生命密码""智汇创想"三主题展厅，常设展品40余件，展示宇宙天文、生命健康、前沿科技等相关知识，让观众在科学探索之旅过程中发现问题、解决问题、启迪智慧启迪心灵。开馆当日共有1000余人参加。该馆试运行后进行提升改造。全年暂停对外开放。

（费晓峰）

【百个乡村科普馆建设】 2021年，若羌县打造乡村科普馆8个，采购布展展品200余件（套）。8

个乡村科普馆全年累计参观人数约2.7万人次。乡村科普馆通过科技展品展示、志愿者宣讲、事实举证、操作体验等形式,引导群众崇尚科学文明生活。乡村科普馆科普主阵地采取“县科技馆+乡村科普馆+主题展馆”的模式,引领科学文明新风,弘扬社会主义核心价值观,满足群众文化需求,铸牢中华民族共同体意识。 (费晓峰)

若羌县工商业联合会(商会)

【概况】 2021年,若羌县有民营企业(合作社)1229家,新增规模以上企业4家,共计1230家。县工商联下属乡镇基层商会2个:若羌县吾塔木乡商会、若羌县瓦石峡镇商会;异地商会1个:新疆巴州河南商会若羌分会;行业商会4个:若羌县红枣行业商会、巴州卷烟零售行业协会若羌县分会、若羌昆仑宝玉石商会、若羌县餐饮商会。12月27日,若羌县工商业联合会(简称县工商联)获评2020—2021年全国“五好”县级工商联。 (赵明强)

【服务民营经济发展】 2021年,县工商联围绕服务民营经济发展,建立政企、银企合作机制,落实定期走访制度,召开恳谈会和座谈会,加强政府、金融机构与企业的联系沟通。一是落实《若羌县加快推进疫情防控期间经济社会发展扶持性政策落实工作方案》《若羌县贯彻落实〈自治区发展和改革委员会等八个部门关于进一步统筹推进疫情防控和经济社会发展各项扶持政策落实的意见〉的措施》等优惠政策,引导民营企业切实用好扶持政策,努力把疫情影响降到最低。二是制定《工商联党支部服务企业大走访活动实施方案》,县工商联领导班子成员走进企业,宣传疫情防控期间各类优惠政策落实情况,不断增强民营企业政策获得感。三是收集非公企业在融资、招聘员工、申报优惠政策等方面的困难诉求,加强与民营企业交流和沟通,协助巴州商会河南分会完成换届,一部分年轻企业家进入河南商会巴州分会。四是围绕“依托若羌发展,优化营商环境,促进民营经济健康发展”主题,开展民营企业、商会、银企座谈会2次,使部分民营企业取得贷款支持。组织召开优化营商环境、提振发展信心座谈会和实地参观3次,走访企业114家,帮助企业贷款179万元。8月24日,县工商联对5位“优秀民营企业家”、5位“突出贡献民营企业家”进行表彰。完成对15名非公有制经济人士若羌县十一届政协委员推荐人选推荐及考察工作。9月21日,县工商联对3家民营企业和商会开展走访慰问活动。 (何良一)

【非公有制组织党建】 2021年,若羌县筹集资金10600元,用于“党员之家”活动室建设。县委组织部拨付非公党委组织建设经费10000元,活动经费2400余元,配齐活动中心设施,保证党员活动正常开展。非公有制经济综合党委所属3个党支部32名党员,其中预备党员3名。发展对象1人,入党积极分子10人,入党申请人7人。县工商联选派3名干部担任所属3个党支部党建工作指导员,明确工作职责,构建政企共建的大党建格局。非公经济党委通过开展主题党日、党史学习活动,共召开支委会11次、党组会议6次,开展“党旗映天山”主题党日活动11次,讲党课2次,党员大会11次。开展警示教育活动3次,参观警示教育基地1次,参观红色教育基地等活动1场次。狠抓巡察整改,建立长效机制。针对县委第四巡察组反馈的7个方面21个问题,制定整改方案,压实责任,责任到人,全部整改落实。

(赵明强)

【非公经济法律服务】 2021年,县工商联为民营经济发展提供优质的法律服务,与县司法局、县检察院、县市监局、县税务局沟通协作，召开民营企业代表座谈会。利用相关单位法律维权保障平台、12315投诉平台维护企业和个体的合法权益。帮助巴州河南商会若羌分会追回欠款20万元。帮助民营企业完善治理结构，邀请县司法局律师讲解《中华人民共和国民法典》。帮助企业增强法律意识和了解法律知识，规范现代企业制度。

（赵明强）

【光彩事业】 2021年，县工商联作为县委、县政府联系非公经济组织，服务民营企业重要部门，充分发挥桥梁和纽带作用，引导民营企业扎实开展乡村振兴、光彩事业等公益事业，参与巩固脱贫攻坚成果。民营企业等为若羌镇5个社区的法律顾问和专职人民调解员提供服务。河南商会会长刘振山向县红十字会定向捐款5万元；民族团结教育月，向塔什萨依村脱贫户捐款880元；组织企业捐资助学2万元；开展“警民一家亲、炎夏送清凉”活动，向公安民警进行慰问，金额6800元；八一建军节企业党员向驻县部队进行慰问，慰问品金额1万元。组织党员及民营企业家为河南水灾捐款2.45万元。帮助解决群众实际困难事情8件次，走访慰问群众、部队、支持塔什萨依村环境整治等累计慰问金额6000余元。消费扶贫累计3万余元。组织单位4名在职党员干部与社区干部联合参与疫情防控工作，为抗疫捐款1100元。非公经济组织党员和民营企业家响应县委号召，为抗击新冠肺炎疫情捐款捐物约价值10万元。

（赵明强）

若羌县文学艺术界联合会

【概况】 2021年，若羌县文学艺术界联合会（简称县文联）第四届委员会有主席1名，副主席8名，秘书长1名；有作协、书画协会、音乐舞蹈协会、摄影协会、新闻通讯协会、曲艺协会、文艺评论协会等团体会员协会7个，会员178人。

（县文联）

【文艺活动】 2021年，县文联协助县委宣传部、楼兰艺术团等单位部门举办若羌县2021年春节联欢晚会、庆祝中国共产党成立100周年专题文艺汇演、新疆若羌云上第十五届红枣节等大型文艺活动。音乐舞蹈协会、摄影协会、新闻通讯协会、曲艺协会等20余名会员参与春晚录制工作，创作演出的戏曲《红灯记》、歌曲《阿尔金山》、小品《我脱贫》。音乐舞蹈协会参与排演的歌舞剧《楼兰千古恋》通过初审。作协创作《若羌简明地方史》等图书、《若集·若离》等诗词19篇。

音乐舞蹈协会举办“我们的中国梦——文化进万家”系列活动，组织文艺工作者成立8支州级乡村文艺特色文化小分队赴村（社区）开展活动120场次，服务群众2.8万余人。

书画协会开展“迎新春·送春联”活动，为机关企事业单位、各族群众送春联5000份，举办若羌文旅推介会、“我们的中国梦——文化进万家”系列活动书画展览2次，展出作品30余幅。

摄影协会联合新闻通讯协会拍摄宣传推介若羌宣传片5部、短视频130余部、图片1300余幅、VR作品24部、抖音短视频150余部，在“学习强国”学习平台上发稿165篇，中央、自治区主流媒体上稿累计3800余篇。

（县文联）

【文艺志愿服务】 2021年，县文联围绕“3+1”重点工作，开展采风创作，累计创作防疫、脱贫、经济高质量发展等为主题的书画作品10幅、语言类作品8个、新媒体作品350余个。深化“我们的中国梦——文化进万家”、万村千乡文化产品惠民活动、百日广场文化活动竞赛、乡村百日文体活动等群众文化活动，举办群众文化活动55场，参与人数5000人，观众人数2万人。深入开展非遗展示传承。若羌县有非物质文化传承人130人。其中,州级19人、县级111人。组织开展手工艺品、传统刺绣等各类展示活动10场次、参与人数1000余人。将文化活动与新时代文明实践相结合,持续开展送文化、送精神活动,为助力乡村文化振兴提供思想和精神支持。 (县文联)

若羌县残疾人联合会

【残联专门协会】 2021年,若羌县按照《残疾人基层组织规范化建设标准》,进一步规范健全若羌县、乡、村三级残疾人组织机构,为乡镇残联配备残疾人专职委员4名和康复指导员5名,落实21个村(社区)残协残疾人专职委员误工补贴,发放误工补贴3.15万元。加强专门协会的规范化建设,五个专门协会制定相应职责、任务、制度,建立专门协会的各项活动制度,并通过组织本辖区各类残疾人开展政治学习、文化娱乐、职业技术培训、为社会献爱心等活动,调动广大残疾人参与社会活动的积极性。启动残联机构改革工作,若羌县残疾人联合会(简称县残联)起草制定《若羌县残疾人联合会改革实施方案》,并组织召开工作动员部署会,从任务目标、工作措施、相关要求等方面,为专项改革提供认定依据,明确各有关单位及领导小组办公室职责。

(阿依努尔·艾麦尔)

【第二代残疾人证办理】 2021年,若羌县办理第二代残疾人证1162人(农村729人,城镇433人)。其中,若羌镇466人,铁干里克镇233人,吾塔木乡204人,瓦石峡镇259人;汉族390人,维吾尔族739人,其他民族33人;肢体残疾532人,听力残疾149人,视力残疾201人,精神残疾66人,智力残疾40人,言语残疾12人,多重残疾162人。

(阿依努尔·艾麦尔)

【残疾人康复】 2021年,县残联开展残疾人康复服务工作。一是实施自治区脱贫户残疾人儿童康复救助项目工程,投资6.8万元。二是依托县医院康复科为15名肢体残疾人进行康复训练,投资3万元。三是为22名符合条件的听力残疾人验配助听器,免费发放辅助器具142件。四是举办残疾人康复协调员培训班1期,培训25人。开展重度肢体、精神和智力残疾人远程会诊评残活动。对36名残疾人面对面进行评残鉴定。实施残疾儿童康复救助工作,争取上级资金6.8万元。3月1日,县残联组织4名符合条件的脑瘫儿童前往库尔勒宜家阳光康复中心进行为期3个月的康复训练。

(阿依努尔·艾麦尔)

【残疾人教育】 2021年,若羌县开展残疾人教育工作,将残疾儿童教育纳入“普九”规划,利用各村小学和幼儿园的办学条件,以随班就读形式开展义务教育。对不能随班就读的适龄残疾儿童少年,根据其自身特点,推荐其进入特教学校学习。全县42名适龄残疾儿童少年中有16名脑瘫患儿,生活不能自理无法入学,对他们实行送教上门;其余26名正常入学,入学率100%。入学残疾儿童享受“两补一免”政策,实行15年免费教育。与县教科局协调沟通,推进适龄残疾儿童少年学前和高中教育,落实减免学杂费和生活补助等政策。

(阿依努尔·艾麦尔)

【残疾人就业】 2021年,县残联与县域各企业联系沟通,推荐安置残疾人就业。全县就业残疾人454人,新增就业8人。其中,按比例安排残疾人就业150人,农牧业生产经营就业154人,自主就业38人,公益性岗位就业20人,特岗、护林员等岗位就业84人。开展残疾人就业基地和就业创业示范点扶持工作,共发放就业扶持资金10万元。逐步完善残疾人托养服务体系,对36名重度肢体残疾人、智力残疾人、

精神残疾人进行集中托养和供养。（阿依努尔·艾麦尔）

【残疾人关爱帮扶】 2021年，县残联建立残疾人帮困工作台账，结合民政、教育、财政等各相关部门，制定具体帮扶规划和措施，从残疾人医疗、教育、社会保障等顶层设计层面，为残疾人列出特殊优惠政策和帮扶措施。残疾人关心关爱工作方面，通过乡镇专委共摸排残疾人1166户，收集整理困难诉求27条，解决27条，发放残疾人辅助器具142件。（阿依努尔·艾麦尔）

【残疾人权益保障】 2021年，若羌县残联开展法制宣传活动，普及法律常识，发放法制宣传单400余份，维护残疾人合法权益，提高残疾人自我保护意识，避免和减少侵害残疾人权益的事件发生。接待残疾人来信来访12件(次)，办结率100%。县法律援助服务中心和各乡镇法律援助服务站免费为残疾人开展法律援助和维权服务，保证残疾人维权服务需求。争取上级资金25.55万元，以改造项目能够满足残疾人日常生活无障碍基本需求为标准，对73户困难、重度残疾人家庭实施家庭无障碍改造，主要包括配备移动坡道、厨房低位改造、卫生间改造、扶手等无障碍设施。（阿依努尔·艾麦尔）

【“助残日”活动】 2021年5月17日，若羌县开展第31次“全国助残日”系列活动，县残联邀请县人民医院评残专家在县群团大楼讲解残疾人康复培训，并为残疾人送去轮椅、毛巾、书籍等慰问品。县残联联合团县委、县红十字会等单位组织30余名扶残助残志愿者，在县社会福利中心开展以“全面建成小康社会 残疾人一个也不能少”为主题的扶残助残活动，宣传惠及残疾人的法律法规、惠民政策、保健知识等。通过座谈会进一步了解残疾人生产、生活中存在的问题和需求。（阿依努尔·艾麦尔）

若羌县归国华侨联合会

【概况】 2021年，若羌县归国华侨联合会组织开展侨情普查工作，对户籍在若羌县的留学生、归侨侨眷及其眷属的人数、分布、职业、家庭等基本情况进行逐项登记，建立若羌县归侨侨眷数据库，及时进行更新。若羌县有华人2人、华侨10人、归侨1人、侨眷55人，以出国留学、定居和涉外婚姻为主。在重要节庆日，县领导、各部门单位看望慰问归侨侨眷，帮助归侨侨眷解决难题。慰问人数4名、发放慰问金1200元。（热比古丽·尤努斯）

【若羌县第二次归侨侨眷代表大会】 2021年12月28日，若羌县第二次归侨侨眷代表大会召开。归侨侨眷代表30人出席会议。会议听取若羌县侨联第一届委员会工作报告，审议通过第二届归侨侨眷代表大会选举办法，选举产生若羌县侨联第二届委员会委员，热比古丽·尤努斯当选为若羌县侨联新一届委员会主席。新一届的侨联委员会领导班子将以该次大会为新的起点，以高度的责任感和使命感做好新一届侨联工作，掌握最新侨情，诚心诚意地办实事、做好事、解难事，多做广大归侨侨眷和海外侨胞需要的工作，多做稳侨心、暖侨心、得侨心的工作。（热比古丽·尤努斯）

若羌县红十字会

【概况】 2021年，若羌县红十字会(简称县红十字会)在职在编3人，均为党员。全县有红十字会会员3174人。（罗莹莹）

【社会募捐】 2021年7月，若羌县向河南省周口市扶沟县捐赠价值35万元胴体白条猪，共计16458千克，组织爱心商会和爱心人士向河南省红十字会捐款2.7万元。县红十字会接受定向募捐资金7万元，在团结社区建设红十字博爱驿站1个,8月建成投用;在依吞布拉克镇建设红十字应急救护站1个,11月建成投用。9月,若羌县红十字会创新社会捐赠方式,开通若羌县红十字捐赠二维码等捐款方式,捐款所得款项存入指定账号。

(罗莹莹)

【人道救助和救护活动】 2021年,县红十字会组织红十字志愿者向5个乡镇150户困难家庭和残疾人家庭送博爱物资,共计2.2万元。在乡镇社区开展大病救助政策宣传活动,对白血病、先天性心脏病、再生障碍性贫血、唇腭裂等疾病建立部门合作机制,协同宣传党的惠民政策。全年共组织7名先天性心脏病患儿参加"新疆天使之旅——先心病患儿筛查救助活动";为1名唇腭裂患儿申报"嫣然天使基金"救助项目,并完成手术治疗。普及应急救护知识,提高广大群众和职工意外伤害时科学的自救和互救能力,开展普及应急救护知识活动20余场次,累计惠及1800余人次。7月26日,县红十字会在县中学开展"红十字伴我成长——应急救护知识进校园"活动,培训学生700余人。

(罗莹莹)

2021年6月1日,若羌县红十字会为若民高速项目部职工开展应急救护知识普及活动 (县红十字会 供稿)

【红十字青少年活动】 2021年,县红十字会以红十字青少年为主线,开展红十字博爱系列活动。在县第二小学、第三小学组织开展以"关爱生命就在身边"青少年手抄报比赛活动和"传承经典新时代,童心向党庆百年"儿童节庆祝活动。为60名参赛学生颁发奖状和奖品,为20名特殊关爱儿童购买礼物。 (罗莹莹)

【红十字日纪念活动】 2021年5月8日为第74个世界红十字日,县红十字会开展以救护救助义诊、应急救护培训等为主题的宣传纪念活动,发放《中华人民共和国红十字会法》《红十字会运动基本知识》《红十字急救知识》《红十字大病救助政策》等宣传资料1万余份。 (罗莹莹)

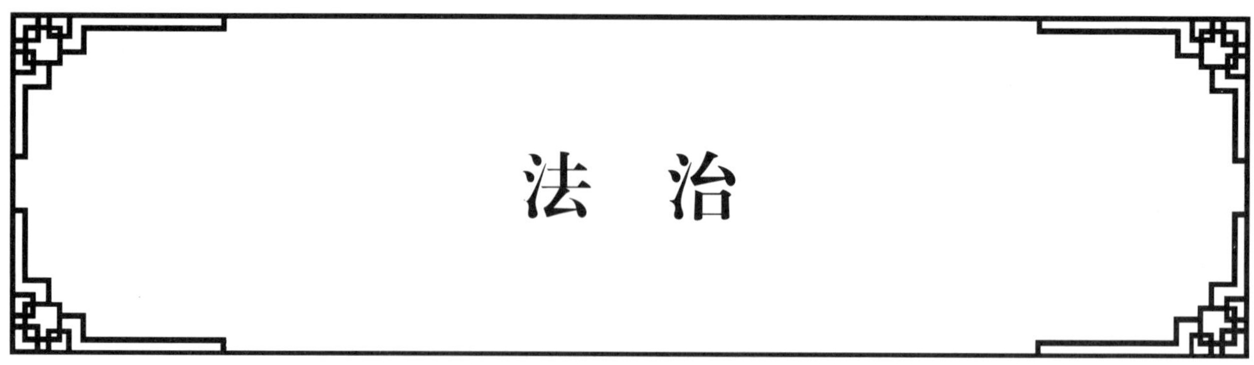

法 治

政法委与综治

【概况】 2021年,中共若羌县委员会政法委员会(简称县委政法委)推行困难诉求"123"办结机制,有效解决各族群众"急难愁盼"诉求2300余件次。整合群众服务中心、网格化服务管理中心、智慧城市智慧中心、流动人口管理办公室的工作职能,实体化成立网格化+智慧城市管理中心,打造可复制、可推广的"网格化+一五五"现代化基层社会治理若羌模式。协助完成中宣部《走进新疆》纪录片拍摄工作,若羌县2名劳动就业代表参加在乌鲁木齐举行的现场发布会。 (张蓓)

【政法队伍教育整顿】 2021年,若羌县开展政法队伍教育整顿,核查处理政法干警14人。在自治区政法队伍教育整顿第十督导组和州教整办的指导下,完成全国政法队伍教育整顿中央驻新疆第十六督导组验收工作。(张蓓)

【政法队伍建设】 2021年,县委政法委探索健全政法干警交流轮岗机制,制定政法系统干部管理办法、交流轮岗等6项制度,27名干警提拔任用、10人交流轮岗,队伍活力进一步激发,工作积极性明显增强。县委政法委、县公安局获评"三创三目标"2020年度考核先进单位称号;县法院在全疆99个法院综合排名从2020年的第75名升至全疆第5名、巴州第3名;县检察院获评自治区普法工作先进单位;县司法局各项工作较往年有提升。 (张蓓)

【维护社会稳定】 2021年,县委政法委坚持党对国家安全工作绝对领导,树牢总体国家安全观,加大全民总体国家安全观教育力度,筑牢反奸防谍人民安全防线。统筹反分裂、反恐怖、反渗透斗争,健全维护国家政治安全体系和工作机制,强化重点领域国家安全工作协调联动工作。深入研究斗争规律特点,周密制定应对方案,常态化开展实战演练3次、桌面推演2次,快速应对能力水平明显提升。选派15名少数民族县领导牵头,常态化到村(社区)开展政策形势、去极端化、移风易俗巡回大宣讲,中华民族共同体意识不断根植各族群众心田。采取"宣讲+释法""解读+释法"模式,由法检部门、司法部门组成县级专业释法队伍,每季度开展1轮全覆盖入户释法,帮助理顺情绪、消除隔阂、化解风险。常态化开展"进户、访企、走村、解难"工作,把等群众上门变为送服务上门,全年共收集化解群众"急难愁盼"问题2522件,化解矛盾纠纷240件,回访干部群众3512人,满意率100%。全面推进社会面硬隔离设施隐形美化、视频监看,值班应急处突、村级(居民)自治四大提升工程,社会面防控更加精准科学,实现全县社会稳定和长治久安。 (张蓓)

【平安建设】 2021年,若羌县不断推进平安若羌建设,完善党委领导、政府负责、民主协商、群团助推、社会协同、公众参与、联动指挥的社会治理体制，打造共建共治共享的社会治理格局。推进扫黑除恶常态化，四大重点行业领域整治效果良好，刑事、治安类案件数量实现大幅下降。深入践行新时代枫桥经验，县乡村一站式多元调解和诉讼服务体系基本形成，实现三级公共法律服务中心“一村（社区）一法官、一法律顾问”全覆盖，全年妥善化解矛盾纠纷606件，诉前调解排名全疆前列。县公安局率先建成执法办案管理中心，积极推广巴州执法管理监督平台，营造良好法治营商环境；投入70余万元建成反诈中心，实现三大运营商和各金融机构集中办公，切实守住群众的“钱袋子”。县检察院深入贯彻“少捕慎诉慎押”理念，不捕、不诉率提升至20%以上。县法院审执质效位居全州法院前列。县司法局推行“互联网+公共法律服务”实体平台建设全覆盖，各族群众知法懂法守法用法的意识明显提升。

全县各司法机构利用横幅标语、宣传单、海报、短视频等多种形式对平安建设工作进行宣传。全年，连续刊播平安建设、扫黑除恶、法律法规等方面宣传8万余次。深入推进“八五”普法；突出抓好智能化建设，不断提高政法综治工作核心战斗力。实行家庭申报、村民小组初评、村“两委”和群众代表总评、乡（镇）综治办检查验收、乡（镇）党委政府挂牌等程序。全年，平安户创建率达到95.2%，平安商铺创建率达到95.3%。平安若羌工作稳步推进，依吞布拉克镇被命名为自治区优秀平安乡镇，全县平安乡镇达100%。 （张蓓）

【县域治理现代化】 2021年，若羌县整合县群众服务中心、县网格化服务管理中心、县智慧城市中心、县流动人口管理办公室的工作职能，成立集三中心一办公室为一体的网格化+智慧城市管理中心，搭建若羌县市域社会治理大数据平台，打造可复制、可推广“网格化+一五五”现代化基层社会治理若羌模式。不断完善、创新社会管理措施，以网格化管理为抓手，以维稳双联户为细胞单元，构建三级指挥调度+基层基础信息应用平台+网格+三大体系（“网格+宣传引导”阵地、“网格+困难诉求+感恩教育”工作机制、“网格+矛盾纠纷+心理疏导+法律宣传”工作机制）。全年，平台录入人员、场所、物品、线索、组织等信息145455条，巴州市域治理平台录入各类信息55715条，基本实现基础信息系统管理常态化；各级干部群众通过“平安E家”报送诉求、反映、安全隐患、异常线索等信息7645条，发放奖励3万余元。（张蓓）

【网格化服务】 2021年，县委政法委不断强化网格化服务管理工作，加强对基层综治中心工作人员的业务指导，制发《若羌县网格化服务管理工作规范（试行）》，明确乡镇、村（社区）、网格长等五级网格工作职责、工作流程、奖惩措施，形成闭环管理体系，全面维护社会平安稳定。

（张蓓）

【扫黑除恶常态化】 2021年，若羌县常态化开展扫黑除恶斗争。结合全国和自治区扫黑办扫黑除恶常态化暨四大行业领域专项整治推进会精神，县扫黑办研究制定《若羌县常态化开展扫黑除恶斗争巩固专项斗争成果的实施意见》，先后4轮下沉各成员单位开展调研指导。持续强化线索案件倒查，结合政法队伍教育整顿，全面开展涉黑涉恶案件线索倒查，抽调人员组成线索核查专班，针对全县91条线索全覆盖开展复核，针对2起涉恶案件和4条群众不满意反复举报的问题线索，从案件办理流程、办理质量、群众不满意原因三个方面逐一倒查，未发现漏人漏线问题和新的问题线索。强化行业专项整治，针对网络信息、自然资源、交通运输、工程建设四大领域，分别由县委网信办、县自然资源局、县交通运输局、县住建局牵头制定专项整治方案，常态化开展线索摸排、问题整治，规范行业准入和日常监管，不断巩固行业专项整治成效。针对扫黑除恶常态化斗争形势，县扫黑办将扫黑除恶专项斗争中形成的好经验、好做法，逐步转化成固定机制，全面深入推动扫黑除恶常态化斗争，完成日常运转、工作联动、年度考核等5项规范机制。（张蓓）

法治政府建设

【依法治县】 2021年，若羌县调整全面依法治县委员会，健全依法治县委员会组织领导和工作推进机制，全面加强对法治建设的领导。细化全面依法治县委员会四个协调小组工作运行规范，完善工作制度，形成党委统一领导、责任分工明确、部门齐抓共管的工作格局。认真履行法治建设第一责任，县委常委会听取依法治县汇报6次，召开法治建设会议6次，对重要事项、关键问题主要领导跟踪问效。县委办公室制定下发《若羌县贯彻落实〈法治社会建设实施纲要(2020—2025年)〉实施方案》具体措施和《若羌县贯彻落实〈法治中国建设规划(2020—2025年)〉实施方案》具体措施；举行干部任前考试7场次、参加考试人员119人。通过以考促学，进一步提升干部运用法治思维依法行政的能力。

突出国家工作人员、青少年和基层群众重点普法对象，大力宣传党内法规、《中华人民共和国宪法》、《中华人民共和国民法典》等法律法规，开展法律讲座300场，受教育群众2万余人，发放各类宣传资料5万余份，惠及群众1万余人，进一步提高干部群众运用法律法规维护公民合法权益、化解矛盾纠纷、促进社会和谐稳定的能力。（蒲刚）

【法治建设制度落实】 2021年，若羌县建立县政府常务会学法制度，坚持用习近平新时代中国特色社会主义思想统领法治政府建设，利用政府党组理论学习中心组学习、专家辅导授课、主题党日党课，把学习宣传贯彻习近平总书记全面依法治国新理念、新思想、新战略作为加强法治政府建设的核心内容抓好抓实。严格落实重大行政决策制度及法律顾问制度。县政府法律顾问为重大决策提供法律风险评估、咨询、论证意见，政府法律顾问审查各类合同282件，出具法律意见书320件，为有效推进依法行政、依法执政提供法治保障。（蒲刚）

【行政执法监督】 2021年，若羌县有行政执法主体23个，行政执法人员259名，行政执法监督人员49名。全年，办理行政执法案件429件，受理行政复议案件1件，办结1件。组织开展执法人员培训3次，培训人员82人，对23个执法单位案卷进行检查并反馈问题42条。7名县处级领导受邀到县人民法院参加旁听庭审。（蒲刚）

【行政决策评估审查】 2021年，县政府外聘新疆首邦律师事务所、北京盈科(库尔勒)律师事务所为若羌县法律顾问。县政府与之签订法律顾问合同，法律顾问经费纳入年度财政预算。法律顾问积极参与党委、政府及部门的决策事项，依法审查县委、县政府规范性文件、重大合同、重大决策等事项，为重大决策提供法律风险评估、咨询、论证意见。全年政府法律顾问审查规范性文件、各类合同282件，出具法律意见书320件，为有效推进依法行政、依法执政提供法治保障，对全县旅游开发、旧城改造等项目，在招标咨询、合同审查等方面，提供专业化服务。（蒲刚）

【规范性文件审核】 2021年，若羌县司法局(简称县司法局)严格执行规范性文件“三统一”制度，进一步规范性文件的制定、发布程序。按有关规定及时将发布、修改、废止规范文件的结果报送县人大常委会备案，主动接受其指导和监督，对涉及行政处罚法的规范性文件进行专项清理，审核政府重大合同86件并出具法律意见书，指导人社局、农业农村局制定发布规范性文件3件，开展规范性文件清理5次，清除、废止文件18件。

（蒲刚）

【行政争议化解】 2021年，若羌县委依法治县委员会办公室牵头组织各执法单位以法治宣传、法律咨询、发放宣传资料、悬挂张贴宣传标语、摆放展板等多种形式，对《中华人民共和国行政复议法》有关知识进行宣传，共发放宣传品800余份，受教育群众1200余人。全年，受理行政复议申请1件，办结1件。若羌县长期坚持行政机关“一把手”亲自出庭应诉的制度，自觉履行人民法院的判决和裁定，未发生被各级法院判决撤销或变更具体行政行为的情况。（蒲刚）

【政务信息公开】 2021年，县政府加强依法行政，依托县政府门户网站政府信息公开平台公开政府信息1437条。其中，政策法规10条，重点领域信息公开249条，财政公开425条、社会关切热点回应129条。县政府自觉接受司法监督，受理办结行政复议案件1件。全年未发生被各级法院判决撤销或变更具体行政行为的情况。执行县人大常委会决定和决议，办结人大议案和代表的建议、意见17件。开通“县长手机热线”，方便群众投诉举报、反映问题。（蒲刚）

公 安

【治安管理】 2021年，若羌县公安局（简称县公安局）共受理行政治安案件320起，查结298起，处理373人。其中，警告96人，罚款125人，拘留109人，拘留并罚款43人。罚款11.34万元。

（张莹莹）

【刑事案件侦办】 2021年，县公安局刑事案件立案率较2020年上升44.4%，破案率较2020年上升44%。举办返赃大会10次，挽回经济损失83.2万元。（张莹莹）

【社会面防控】 2021年，县公安局开展服务群众2246次，抓获在逃人员8人，违法犯罪嫌疑人2人；检查企事业单位、重点行业场所3.05万次，发现隐患2298处，当场整改隐患1571处，下发整改通知书727份，单位处罚7家。罚款2.39万元。（张莹莹）

【公共安全管理】 2021年，县公安局对辖区九小场所、出租房屋等消防安全单位开展火灾隐患排查整治，共排查九小场所4.2万次，发现整改火灾隐患682处，警告139人，临时查封15家，查处违法行为98332起，排查安全隐患495处，督促整改隐患447处，整改率达90.3%。（张莹莹）

【网络安全管理】 2021年，县公安局网安大队每月定期联合县委网信办、县委宣传部、县民族委等部门对全县政府和企业单位网络安全进行检查，并就做好网络安全工作进行现场讲解。主动增强管理的预见性、前瞻性，配合相关部门，严厉打击利用互联网进行各种渗透破坏活动。全年，共检查政府和企业单位90余次，网络安全教育宣传73次，发放宣传单1200余份。（张莹莹）

【打击经济犯罪】 2021年，县公安局共立经侦案件11起，破案8起，抓获犯罪嫌疑人9人。严厉打击非法吸收公众存款案，7名首要犯罪嫌疑人均已到案，涉及若羌利益受损群体384人，涉及巴州参与投资资金1200余万元。抓好对若羌县各派出所辖区内涉及利益受损户籍人员的调查核实工作，统计涉及各类利益受损群体共588人。（张莹莹）

【打击电信网络诈骗犯罪】 2021年，若羌县累计安装“国家反诈中心”App 2万余人，安装“慧眼识诈”App 3.8万余人；印制宣传单5万余份，发放精准宣传手册1.5万余份，发放宣传单3.5万余份，制作反诈视频30部，直播15场，受教育群众3万余人，检查行

业单位160余次。共立电信网络诈骗案件18起，为群众挽回经济损失83.5万元，破案11起，抓获95人。（张莹莹）

【打击“黄赌毒”】 2021年，县公安局严厉打击“黄赌毒”领域违法犯罪活动，召开专项工作联席会议3次，开展统一行动8次，破获毒品案件4起，查处“黄赌毒”治安案件13起，处罚违法行为人72人。罚款3.56万元。

（张莹莹）

【禁毒帮扶和宣传】 2021年，县公安局开展戒毒人员及其家属帮扶关爱活动，面对面走访316人次、电话访问160余人次，心理疏导80余次，帮助解决生活困难15次。开展各类宣传活动70余次，发放禁毒宣传资料2万余份，发放禁毒宣传小礼品2000余份，受众达2万余人。6月26日，若羌县禁毒委员会联合县委宣传部、县公安局、县文旅局等38家禁毒成员单位在若羌县百日文化广场举行国际禁毒日集中宣传活动，号召大家珍爱生命、远离毒品，受众1000余人。

（张莹莹）

【禁赌宣传】 2021年，县公安局“122”机制办按照“打击跨境赌博”专项工作要求，梳理近5年来涉赌博案件底数，涉及若羌县涉赌人员92人，逐一签订拒赌承诺书。开展“拒绝跨境赌博”社会宣传教育30次，张贴通告1.2万余份，受教育群众2.8万余人。

（张莹莹）

【户政管理】 2021年，县公安局结合“我为群众办实事”第一批28项、第二批26项便民利民措施、优化营商环境服务企业发展措施12项。全面放开放宽落户限制条件，压缩审批时限，简化审批材料，实行“一窗受理、一站办结”，推行户政业务委托办理、容缺受理及送证上门等服务，提供周六周日及节假日延时、错峰服务，办理完成的户政管理电子证照通过邮局寄递到群众手中，提供更便捷的户政服务，优化群众办事体验。全年，共向群众寄递证照54件。全面推行“四个零门槛”落户，为保障无固定住所群众落户需求设立集体户15个，共计落户1380人，购房租房落户296人，投靠亲属落户242人。

（朱崴）

【“净边”专项行动】 2021年，县公安局按照落实全国“净边2021”专项行动要求，开展各项工作，核查流入若羌县边境省份流动人员累计4360人，联合开展查缉行动10余次，背景审查757人，累计开展各类联合检查7次，检查易制毒企业5家，娱乐场所39家，旅店业45家，药店诊所16家。（张莹莹）

【道路交通安全管理】 2021年，县公安局推行“四班三运转”运行机制，联合多警种共同参与交通秩序维护工作，共查处违法行为98332起。其中，准驾不符24起，超载165起，强超强会2151起，不系安全带11550起，伪造变

2021年6月26日，县公安局组织民警参加国际禁毒日宣传签名活动

（娄芳芳　摄）

造驾驶证1起,疲劳驾驶3367起,违法载人102起,超速1568起,危化品运输车违法行为5636起,其他违法73768起。 (张莹莹)

【派出所等级评定】 2021年,若羌县评定二级派出所3个(保级),三级派出所3个(保级);评定一级警务室7个,二级警务室10个,三级警务室9个。

(张莹莹)

【矛盾纠纷排查化解】 2021年,县公安局结合"百万警进千万家"活动,组织警力强化流动人口服务管理,排查矛盾纠纷775起,化解687起,移交相关部门88起,落实人民调解"一案一补"363起18140元。累计清查出租房屋5877间次,发现整改安全隐患1424处。 (张莹莹)

【便民警务服务】 2021年,县公安局持续加大46项公安业务"一站通办"的宣传力度,推进"便民警务站+",更好发挥便民利民作用,创新发挥"警校联动"机制,累计发放便民措施宣传单1.8万余份,12项利企措施8000余份,全民核酸检测开展宣传活动5500余场次。受理户籍业务6709笔,办理机动车业务3341笔、驾驶证业务2380笔,开展"流动车管"下乡24次,送证上门服务102次,送出牌证380余件。

(张莹莹)

【出入境与往来港澳台管理】 2021年,县公安局共受理各类出入境证件7人次,其中普通护照2人次、往来港澳通行证4人次、往来台湾通行证1人次;受理外国人签证2件次。外籍46人,其中若羌县常住外籍人员1人,暂住、途经外籍人员45人;暂住、途经港澳台人员174人。 (张莹莹)

检 察

【立案监督】 2021年,若羌县人民检察院(简称县检察院)强化对应当立案而不立案、不应当立案而立案,非法查收经济纠纷等案件的监督,对立案和侦查活动同步监督。受理立案监督案件10件,其中,监督撤案7件、监督立案3件、提前介入案件51件。

(尔建春)

【刑事检察】 2021年,县检察院以做优刑事检察、实现精准监督为工作目标,对立案、侦查、审判等环节进行全覆盖监督。发现侦查活动中存在的违法情形22件,提起抗诉案件1件1人。办理涉财产刑案件判决生效后,对未及时立案执行问题,向相关单位制发检察建议11份。共受理审查逮捕案件51件92人,审查逮捕案件无捕后判无罪、捕后不诉情况。受理公益审查起诉案件156件194人。 (尔建春)

【刑事执行检察】 2021年,县检察院驻所检察室依法保障在押人员的权益,办理羁押必要性审查案件1件,改变强制措施1件1人;对刑事执行活动中发现的违法情形和社区矫正活动中存在的违规情况及社区矫正服刑人员再犯罪等问题,发出纠正违法通知书1份,制发检察建议书16份,并督促整改。 (尔建春)

【民事检察】 2021年,县检察院办理民事监督案件128件,其中,对民事执行程序监督69件,制发综合检察建议3份,对民事审判程序监督59件,制发综合检察建议5份。与相关执法部门联合开展建筑领域保障农民工工资专项执法行动。办理支持起诉案件95件,其中支持起诉至法院3件,经调解终结审查92件,帮助农民工讨回工资226万余元。

(尔建春)

【行政检察】 2021年,县检察院办理行政审判活动监督案件、行政执行监督案件和土地执法查处领域行政非诉执行监督专项案件31件,制发检察建议书31份。结合办案发出促进行政机关依法行政检察建议书27份。

(尔建春)

【公益诉讼检察】 2021年,县检察院开展"雪山冰川""野生动物""文物古迹"保护三项专项行动，重点聚焦生态环境和资源保护、食品药品安全、公共安全等领域开展公益诉讼监督，向相关职能部门制发诉前检察建议64份。履行公益诉讼崇高使命，助力政府依法行政。（尔建春）

【控告申诉检察】 2021年，县检察院注重畅通信访举报渠道，及时解决群众合理诉求，办理申诉案件8件8人；接待群众来信来访8件8人，直接予以答复。召开不起诉案件听证会8场次36件、司法救助听证会1场次。

（尔建春）

【未成年人检察】 2021年，县检察院严格落实未成年人刑事案件诉讼程序，实行"捕诉监防教"一体化模式。受理审查逮捕涉未成年人犯罪案件4件4人，提前介入2件。6名检察官被聘任为中、小学法治副校长，开展送法进校园活动8场次。与教科局及各中小学座谈交流3次，开展制度机制专项巡查2次，社会调查1次，法律援助2人次，帮助教育1人次，制发检察建议书1份。

（尔建春）

【阳光检察】 2021年，县检察院邀请自治区、巴州、县三级人大代表、县政协委员参加检察开放日活动2次，公开听证会9次。依托互联网对外发布案件程序性信息76件，对外公开法律文书76份，重要案件信息公开1件，接待律师阅卷、辩护人申请会见12次。依托"12309"检察服务中心，群众可随时随地通过网站、电话等渠道，获得全方位全覆盖立体式检察服务。（尔建春）

【认罪认罚从宽制度推行】 2021年，县检察院落实认罪认罚从宽制度，适用认罪认罚从宽案件141件146人，适用率100%，案件比为1:1.04。（尔建春）

【检察工作服务经济社会发展】 2021年，县检察院选派4名干警参加驻村工作，8名党员参与开展社区双报到志愿服务，全院开展"民族团结一家亲"联谊活动6场172人次，解决困难诉求12件。坚持常态化入户释法89户175人，模拟法庭7场550人次，7名干警充实农牧民技工学校师资队伍，随时为在校学员开展法律讲解。（尔建春）

法 院

【刑事审判】 2021年，若羌县人民法院（简称县法院）受理刑事案件86件，审结85件，结案率98.84%，比2020年上升13.95%，判处刑事被告人91人，有效打击黑恶势力犯罪。深入开展严打专项行动、禁毒工作、环境资源问题、涉枪涉爆案件等各类专项工作。（刘彩婷）

【民事审判】 2021年，县法院受理民商事案件783件，结案732件，结案率93.49%，一审民商事调解率91.39%。审结全县买卖合同纠纷、民间借贷纠纷等案件253件，标的额5267.94万元，办理各类涉企纠纷案件达到438件，标的额7725.27万元。

（刘彩婷）

【行政审判】 2021年，县法院受理各类行政案件10件，结案10件，其中，行政非诉审查7件，政府公开信息1件，森林、林木所有权登记2件；以原告撤诉方式结案以及撤销、变更行政行为方式结案3件。（刘彩婷）

【立案受理】 2021年，县法院共受理各类案件2988件，比2020年上升103.78%；审执结2892件，比2020年上升96.94%；为经济困难的当事人减免缓诉讼费17695.31元，发放司法救助金116000元。做好"一站式"多元解纷和诉讼服务体系建设工作，形成从源头预防到矛盾纠纷前端解决，再到诉讼终局裁判的分层递进、繁简结合、衔接配套的"一站式"纠纷解决机制格局。网上立案共2406件，跨域立案11件，县法院移动微法院、网上立案、跨域立案工作全面开展，不断满足人民日益增长的司法需求。（刘彩婷）

【审判改革】 2021年，县法院深化诉源治理，完善“分调裁审”机制运行，优化审判执行团队，制定审判岗位人员权责清单，建立诉前调解“1+1快审”、审判“1+1+1精审”模式，让少数速裁法官办理多数简单案件，实现案件效率提升。将“万人成诉率”全覆盖纳入地方平安建设考评体系，发挥人民法庭和巡回审判点职能作用，推动实现订单式普法、零距离解纷，助力打造共建共治共享社会治理格局。健全专业法官会议和审判委员会工作机制，按照专业法官会议工作规则开展专业法官会议工作。制定审判岗位人员权责清单，完善审判监督管理职责，形成实施细则，完善“四类案件”识别监管机制，贯彻落实法官惩戒工作机制。2021年，法院有员额法官10人，法官助理15人，聘用制书记员13人。 （张莉）

【法院信息化建设】 2021年，县法院推进网上办公和移动办公，强化文书纠错、类案检索、聚法平台等深度应用，持续深入推进电子卷宗随案同步生成，提升诉讼服务、优化法官办案，加大司法公开力度，深化审判流程公开、裁判文书公开、执行信息公开和庭审公开“四大平台”建设，推进“一站式”多元解纷和诉讼服务体系建设，深度应用中国移动微法院、人民法院律师服务平台、人民法院调解平台、满意度评价等平台，在中国裁判文书网公布生效裁判文书829篇，庭审直播15场次，公布案件流程信息千余条，减轻群众诉累，促进司法活动更加全面地接受人民的监督。 （董宇航）

【乡镇法庭】 2021年，县法院有派出法庭瓦石峡人民法庭（中心法庭）和依吞布拉克人民法庭（巡回法庭）。县人大常委会任命2名庭长，每个法庭配备1名员额法官、1名法官助理、1名书记员、1名安保。全年，瓦石峡人民法庭审结案件数量为186件，依吞布拉克人民法庭审结案件44件。瓦石峡人民法庭被州依法治州办公室授予“枫桥式人民法庭”称号。

（百合提亚尔·木合塔尔）

【法官工作室】 2021年，县法院成立25个法官工作室，建立《若羌县人民法院法官工作室工作职责》《若羌县人民法院关于一村（社区）一法官工作实施考核办法（试行）》等制度。将司法触角延伸到社区、农村、基层。重点开展入户释法、法律咨询、矛盾预防、调解培训、协同化解、委托调解、判后答疑、司法建议、普法宣传、服务群众等十项工作任务，让人民群众在家门口就能享受到“一站式”司法服务。法官工作室线上联系1400余次，线下联系1200余次、入户释法累计302户1256人次、化解矛盾纠纷576件、法律咨询1700余次、普法宣传3200余人次。通过法官工作室引导群众司法确认案件155件，为群众节约诉讼成本10万余元，创建无讼乡村18个。 （刘彩婷）

司法行政

【公共法律服务】 2021年，若羌县司法局（简称县司法局）充分利用“互联网+服务”公共法律服务模式，公共法律服务自助机使用率、点击率达到5000人次，免费发放红枣土地承包、劳务用工等合同100份。县司法局“以党建引领助推公共法律服务提质增效”，以“党建+业务”深度融合的方式，助力加快整合律师、公证、司法所、人民调解等法律资源，延伸打造乡镇、村（社区）公共法律服务工作室全覆盖，创建党建引领公共法律服务党建品牌，服务群众解民忧。全年，建设公共法律服务中心1个、公共法律服务站6个，推行“互联网+服务”公共法律服务模式，在各乡镇及行政服务大厅配置9台公共法律服务自助机，在各乡镇、村（社区）张贴“12348”中国法网、“12348”新疆法网的二维码，方便各族群众下载使用，印制10000余份含有“12348”中国法网、“12348”新疆法网的二维码名片发放到各族群众家里，实现乡镇法律服务全覆盖。

（蒲刚）

【公证服务】 2021年，县公证处有公证人员3名。全年，办理公证案件988件。其中，民事类735件（委托公证425件，声明178件，法定继承68件，小额继承公证23件，保全证据公证11件，赠与合同公证10件，文本相符公证1件，其他合同协议类公证19件），经济类公证案件253件（赋予强制执行效力247件，出具执行证书6件）。公证服务收费54298元。（蒲刚）

【法律宣传】 2021年，县司法局组织开展宪法和疫情防控法律法规专题理论学习，参加“智慧普法依法治理云平台”学习与专题考试，组织参加法治新疆“学法达人”月月赛、中国普法宪法知识学习竞赛活动，深入推进宪法的学习宣传教育。开展4月15日国家安全法法治宣传活动。完善县、4个乡镇、23个村（社区）三级法治宣传阵地建设。利用1个法治文化广场、1个法治园地、1个法治宣传一条街、20面法治文化墙、2处宣传大屏进行广泛宣传，增强群众法治观念。通过“法治楼兰”微信公众号发布宪法、国家安全法、禁毒、扫黑除恶专项斗争法治宣传及其他法律法规知识、法律常识、以案释法典型案例信息600余条。（蒲刚）

2021年4月15日，若羌县司法机关在“全民国家安全教育日”向群众宣传国家安全知识（蒲刚 摄）

【法律援助工作】 2021年，县法律援助中心累计受理各类法律援助案件97件。其中，民事73件（非诉讼案件66件，诉讼案件7件），刑事案件24件。挽回经济损失17.7万元。（蒲刚）

【律师工作】 2021年，若羌县有律师事务所1家，律师7名。全年代理各类案件65件。其中，非诉讼案件59件，诉讼案件6件，律师参与认罪认罚具结书121件。（蒲刚）

【人民陪审】 2021年，县司法局配合县法院对若羌县36名人民陪审员进行考核，所有人民陪审员均能够配合县法院各项工作，全部合格。（蒲刚）

【人民调解】 2021年，若羌县有人民调解委员会33个，调解员137名，专职调解员19名。其中，乡镇人民调解委员会6个，调解员28名；村（社区）人民调解委员会23个，调解员103名；行业性专业性人民调解委员会4个，调解员6个。受理矛盾纠纷802件，调解成功787件，发放调解补贴98320元。组织人民调解员培训3场，参加培训人员210人，调解员能力水平有较大提升。成立巴州首个重大疑难复杂矛盾人民调解委员会，与相关部门沟通，收集重大矛盾，化解若羌县重大信访、工亡、工伤、医疗事故等疑难复杂矛盾纠纷。全年，共调解重大案件9起，涉及群众45人，涉及金额达220万元。（蒲刚）

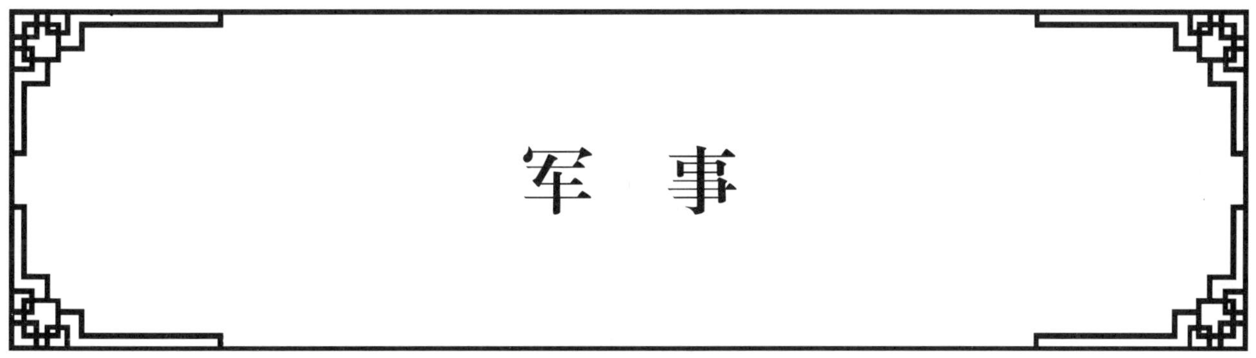

军事

县人民武装部

【学习贯彻强军思想】 2021年，若羌县人民武装部(简称县人武部)始终坚持用习近平强军思想武装官兵，落实习近平主席重要讲话随到随学和党委中心组学习机制；以党史学习教育为主轴，统筹推进“传承红色基因、担当强军重任”主题教育、基础教育和经常性思想教育，突出动员部署大会、“七一”重要讲话、党的十九届六中全会精神的学习；严密组织民主生活会和专题组织生活会，确保部队纯洁性。学习宣传贯彻陆军、军区、军分区党代会精神，围绕能战胜战“十种能力”和备战强能“九项工作”制定落实措施。开展“学强军思想、当打赢先锋”“向新时代卫国戍边英雄群体学习”等主题教育实践活动，选拔培养树立先进典型，立起为战育人的鲜明导向。 (杜佳刚)

【民兵预备役工作】 2021年，县人武部学习贯彻《基层人民武装部建设要则》《民兵基层建设要则》，坚持“任务牵引、建用一致、人装结合、便于动员”的原则，按照“军队提报需求、政府主导推进、行业归口落实”模式，形成“军地共同领导、政府统一协调、各行业密切配合”的运行机制，按照民兵整组方法步骤，狠抓民兵整组工作落实。通过召开部署会、推进会和阶段讲评会等形式，统一思想认识，增强各级政府职能部门和社会行业团体履行国防义务的职责意识。专题召开总结表彰会，组织乡镇党管武装工作述职，军地联合表彰先进单位4个、优秀个人26名，审查任命24名专武干部，组织5名专武干部资格认证，新建2支铁路护路分队，组织专武干部和民兵集训轮训，投入25万余元用于后备力量建设。 (杜佳刚)

【国防动员】 2021年，县人武部充分发挥地方党委、政府军事部门作用，认真落实国防动员各项工作。坚持平战一体融合推进动员准备和后备力量建设，定期召开国防动员工作会议，滚动修订国防动员方案，常态组织实战背景下动员演练，认真收集整理分析潜力数据，圆满完成多次演训部队保交护路任务。主动协调相关部门单位，及时解决和保障各部队大项演训任务需求，发挥桥梁纽带作用。组织民兵战备执勤担负联防治安、重大节日巡逻配合公安机关遂行重大任务保障等，为维护驻地社会稳定发挥重要作用。组织县中学500余名学生军训，多次与驻地学校开展联欢活动，组织参观营区，发挥全民国防教育基地作用。

(杜佳刚)

【国防教育】 2021年，县人武部利用军训学生、进军营参观、联建联创、乡村振兴等活动时机，大力开展国防教育，组织官兵进村入户宣传国防知识，让国防教育进党课进课堂进教案，讲述我党我军光荣历史和英雄人物先进事迹,尤其是新时代卫国戍边英雄群体光荣事迹,大力弘扬英雄精神,营造崇尚英雄、缅怀先烈、尊崇军人的良好社会氛围,厚植爱国尚武的国防观念。 (杜佳刚)

【征兵宣传】 2021年,县人武部通过悬挂标语、散发传单、播放视频等方式宣传征兵政策,发放宣传单500余份,悬挂横幅20余条。通过"若羌零距离"、微信、手机短信等方式开展精准宣传;组织大学生专场宣传活动4场,点对点对在外大学生推送征兵政策。向若羌中学2022年高中毕业生开展宣传活动,提高大学生参军热情。 (杜佳刚)

【双拥工作】 2021年,若羌县人武部党委把拥政爱民工作当作头等大事,发挥部队特有优势,在民族团结、脱贫攻坚、平安创建等活动中勇争"排头兵"。协调县人民政府投入360余万元,建设民兵靶场,改善民兵训练条件;全年投入20余万元,慰问驻县部队,融洽军政军民关系。县人武部投入经费10余万元,援建果勒吾斯塘村道路亮化工程,美化村容村貌,吸引游客观光,促进乡村振兴,巩固脱贫攻坚成果。 (杜佳刚)

武警中队

【武警执勤四大队若羌中队】 2021年,武警巴音郭楞支队执勤四大队若羌中队严格勤务管控,规范执勤秩序,不断强化官兵的忧患意识、责任意识、使命意识。开展遂行多样化任务针对性训练,随时准备"上一线,打头阵",圆满完成以执勤处突为中心的各项任务。8月,武警中队抽调部分官兵承担瓦石峡镇武装工作队工作。全年,协同县公安局对县城重要路段、人员密集区域进行联勤武装巡逻,全力维护社会稳定。 (马川)

【武警执勤四大队执勤九中队】 2021年,武警巴音郭楞支队执勤四大队执勤九中队按照习近平主席训令训词要求,加强推进完善训练场地建设,立足高原环境,真打实备,突出实战化练兵,叫响"高原缺氧不缺志气,矢志练兵谋打赢"。结合驻地形势,拓展任务研究,圆满完成一级安保勤务10次,做好疫情防控工作,为维护社会稳定、保障人民群众生命财产安全作出贡献,在阿尔金山脚下构建起一道钢铁长城。 (马川)

退役军人事务

【双拥工作】 2021年,若羌县退役军人事务局(简称县退役军人事务局)组织退役军人参观火车站、烈士陵园、吾塔木乡红色教育基地,开展"畅谈家乡变化、讲好若羌故事"活动。在春节、端午、"七一"、"八一"、国庆等重要节日,对驻县部队、优抚对象开展走访慰问,累计慰问优抚对象和退役军人,"三属"共129人次、发放慰问金和慰问品价值7万元。协调驻县部队常态化参与巡逻防控、卡点值守任务,守好新疆东南大门,落实好疫情防控措施;投身植树造林、环境卫生整治、文明城市创建等工作,促进军民关系深度 融合。

(梅腊梅)

【优抚优待】 2021年,县退役军人事务局对辖区内符合条件的60周岁及以上农村籍退役士兵进行全面摸排,按照工作程序和申报流程逐级申报,享受待遇的有26人,新增3人。落实优抚待遇发放,及时向若羌县53名优抚对象兑现政策,先后两次提标,落实按月发放优抚资金要求,保障优抚对象按时享受待遇。发放优抚资金96.4万元,为优抚对象缴纳医疗补助金3.3万元。对全县符合条件的38名退役士兵,开展材料收集、信息录入、社保核算等工作,完成社保缴费39万元,保障退役士兵的合法权益。

(梅腊梅)

【退役军人服务中心(站)建设】 2021年,若羌县有退役军人服务站17个。其中,县级1个,乡(镇)、村(社区)16个。县退役军人事务局组织开展"全国示范型退役军人服务中心(站)”创建工作,采取视频调度、实地走访等形式,对若羌县各乡镇、村(社区)服务站创建工作进行督导,提升各服务站站长能力水平,推动服务站政治文化建设和体制机制建设。组织若羌县退役军人服务站站长、业务骨干参加局组织的“全国示范型退役军人服务中心(站)”创建工作观摩推进会,邀请分管县领导全程指导,提升各服务站创建水平。组织5个乡镇服务站进行自查,并对自查情况开展初审,完成与库尔勒市互检工作,5个服务站均互检达标。

(梅腊梅)

【待遇保障】 2021年,县退役军人事务局拨付123万元用于军队转业干部2008年1月至2019年12月公务员医疗补助补缴工作,拨付88万元用于缴纳2021年度自主择业军转干部基本医疗费,保障自主择业军转干部的合法权益。 (梅腊梅)

【退役军人就业创业】 2021年,县退役军人事务局以县域内事业岗招聘为契机,向未就业退役军人发送招聘信息200余条,为未就业退役军人搭建就业平台;联合县人社局组织招聘会3次,其中,现场招聘2次、网络招聘1次,达成就业意向的退役军人20余人。组织2名退役军人参加消防设施初级操作员培训,成绩合格并领证,组织2名退役军人参加创业创新大赛。 (梅腊梅)

2021年9月30日,退役军人事务局组织全县各界人士开展2021年烈士纪念日公祭活动

(县退役军人事务局 供稿)

【烈士陵园建设与管理】 2021年清明节和“9·30”烈士纪念日,县退役军人事务局分别组织开展“清明祭英烈”和公祭活动,利用“若羌零距离”、若羌政府网站等平台发布倡议书,引导若羌县干部群众开展“网上祭英烈”活动,其中参与网上祭祀活动4000余人;在烈士陵园举行祭扫纪念活动44场,参加祭扫人数1336人。开展烈士陵园维护修缮工作,申请经费10万元对烈士陵园进行修缮维护、翻新钢护栏、修缮屋顶、改造厕所、建设焚烧池,发挥烈士陵园爱国主义教育基地的社会效应和政治功能。

(梅腊梅)

经济管理

宏观经济管理

【若羌县“十四五”规划编制】 2019年底，若羌县按照巴州的统一安排部署及时成立以县主要领导为组长，各有关部门为成员单位的县“十四五”规划编制工作领导小组，负责统一领导、协调和组织推进若羌县国民经济和社会发展第十四个五年规划和二〇三五年远景目标编制工作，统筹协调规划编制研究中的重大问题，依托县发改委建立领导小组办公室，具体负责“十四五”规划编制的日常工作。各乡镇、各部门也均成立专门的领导机构和工作班子，在全县上下努力营造聚力谋发展、齐心编规划的良好氛围。深化对重点领域发展的战略研究，及时制定印发《若羌县“十四五”规划前期研究工作方案》。《若羌县“十四五”规划纲要》(简称《纲要》)委托新疆经济研究院交通所进行编制。该院接受委托后，组织有关专家成立起草组，集中时间、集中人力开展起草工作。起草期间，该院与县委、县政府领导及有关部门多次衔接沟通，研究确定“十四五”发展指导思想、基本要求、目标任务和重大举措。县政府办印发《关于印发若羌县“十四五”规划编制工作方案的通知》，要求各乡镇政府，县政府各部门、各直属机构贯彻执行《若羌县“十四五”规划编制工作方案》。初稿形成后，2020年9月中下旬，征求有关部门意见并进行修改。2020年10月下旬，在深入学习领会中央十九届五中全会精神、第三次中央新疆工作座谈会精神，学习领会“十四五”规划总体部署和要求的基础上，结合第二次征求意见反馈意见，形成征求意见稿。县委召开专题会议对征求意见稿进行研究，根据各部门反馈意见多次进行修改、完善，形成讨论稿。2021年1月16日，若羌县第十七届人民代表大会第六次会议对《纲要》进行审议。根据州规划对若羌的定位及县委第十一次全体会议精神，分别于2021年8月、9月、10月就《若羌县“十四五”规划纲要》再次征求相关部门的意见建议，形成《若羌县国民经济和社会发展第十四个五年规划和2035年远景目标》定稿，并于10月在县人民政府网站上发布。

(张忠敏)

【全面深化改革】 2021年，若羌县委改革办传达学习中央、自治区、州党委全面深化改革委员会会议精神，承接落实2021年州改革工作要点，结合若羌工作实际制定下发《若羌县委全面深化改革委员会2021年工作要点及责任分工方案》，明确66项改革任务、责任领导、责任单位和所属专项小组。上报自治区政研室(改革办)调研报告《若羌县多措并举绘就高质量发展新画卷》1篇，并刊登于《新疆工作》第九期。根据《关于做好州2021年全面深化改革试验、示

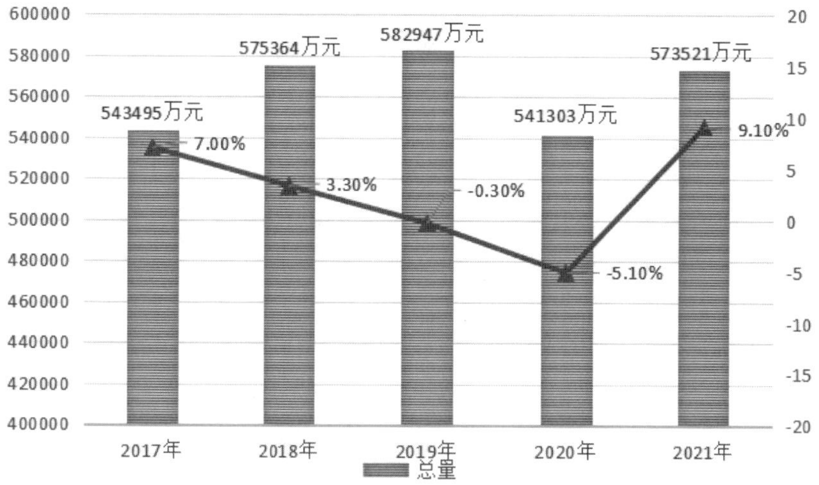

图1　2017—2021年若羌县地区生产总值及增长速度

（县统计局　供稿）

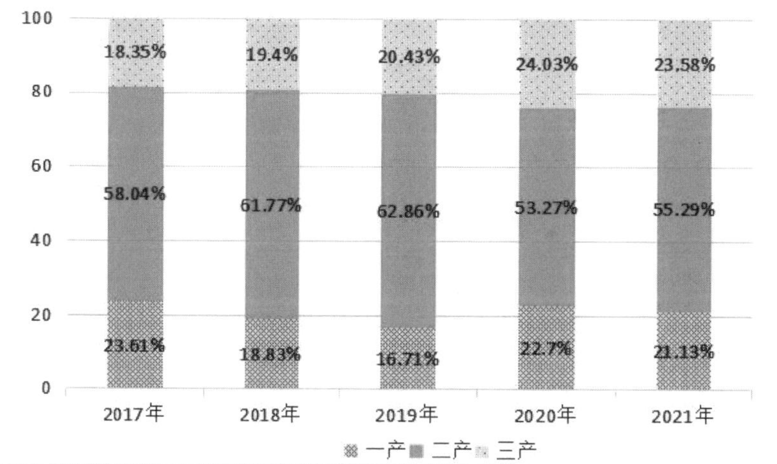

图2　2017—2021年三次产业增加值占地区生产总值的比重

（县统计局　供稿）

范、试点工作的通知》文件精神，建立激励编制外事业岗担当作为、爱岗就业、拴心留人新机制新办法的改革方案，即若羌县编外事业岗队伍改革方案。高效落实2021年度州改革绩效考核各项工作，推动县域经济高质量发展。　（王爱丽）

【经济社会发展执行情况】　2021年，若羌县实现地区生产总值57.35亿元，比2020年增长9.10%，三大产业比重为21.13∶55.29∶23.58。其中，第一产业增加值12.12亿元，比2020年增长18.49%，第二产业增加值31.71亿元，比2020年增长8.8%，第三产业增加值13.52亿元，比2020年增长2%。地方固定资产投资23.38亿元，比2020年增长29.65%；一般公共预算收入8.29亿元，比2020年增长6.5%；全县社会消费品零售总额3.93亿元，比2020年增长8%；城乡居民人均可支配收入分别为36995元、32147元。　（张忠敏）

【投资和项目管理】　2021年，巴州下达若羌县投资任务增长20%以上的目标。根据目标要求，投资金额应达到21.6亿元。若羌县超额完成投资目标，投资金额23.38亿元，比2020年增长28.7%。若羌县把推进“三个一批”项目建设作为扩投资、稳增长的重要举措，切实抓好协调，优化服务，强化要素保障，促进建设进度。　（张忠敏）

【重点项目服务管理】　2021年，县发改委做好年度项目投资计划，围绕投资导向，编制2021年度若羌县项目指导性计划，为后期项目建设推进夯实基础。与中星明略、人民金服合作，签订合作框架协议，为县提供项目咨询服务和资金保障。组建项目专班，帮助项目单位解决实际问题，确保项目建设顺利推进。

（张忠敏）

【固定资产投资】　2021年，若羌县实施各类固定资产类投资项目86个，完成投资23.38亿元。其中，政府投资完成15.53亿元，占总投资66.42%；社会投资完成7.85亿元，占总投资33.58%。

（张忠敏）

【价格认定】 2021年，若羌县物价局受理涉案物品价格认定案件5件，价格认定金额5.99亿元。（张忠敏）

【棉花目标价格改革】 2021年，若羌县落实棉花目标价格改革政策，推进棉花供给侧结构性改革，稳定棉农收入，保持棉农种植积极性。交售籽棉总量为1.36万吨，其中农户交售88.8吨，农业生产经营单位交售1.35万吨，补贴标准1.18元/千克，若羌县受益棉民97户，兑现棉花目标价格补贴1598.3万元。（张忠敏）

【新能源发展规划及项目建设】 2021年，若羌县委委托西北勘测设计研究院编制完成《若羌县新能源基地规划》，规划场址主要分布在县城周边和依吞布拉克镇祁曼塔格乡周边两大区域，总装机容量3380万千瓦。其中，规划风电装机容量380万千瓦，规划光伏装机容量3000万千瓦（集中式光伏容量1600万千瓦，风光同场开发光伏容量1400万千瓦）。实施总投资4.5亿元的国网综合能源10万千瓦光伏发电项目，实现并网发电。（张忠敏）

自然资源管理

【测绘地理信息管理】 2021年，若羌县自然资源局（简称县自然资源局）根据自治区测绘成果中心提供的自治区境内各类测绘成果资料，对若羌县各类测量标志（包括布设在辖区兵团范围内的测量标志）进行实地普查，填写测量标志普查登记表，拍摄普查维护现场照片，建立测量标志普查档案。（李文）

【国土空间规划】 2021年，县自然资源局完成2019年国土空间规划编制工作启动后的“双评估”“双评价”工作，完成主体功能定位、空间发展目标战略、空间总体格局、资源环境底线、城市功能布局和空间结构、公共服务体系、历史文化资源保护、基础设施体系、国土整治、“三线”划定初步方案等，及若羌县国土空间规划文本初稿。完成若羌县20个村庄的规划编制初稿；召开若羌县城乡规划建设领导小组会议7次，审查审议项目议题120余项；核发建设项目用地预审与选址意见书34件，建设用地规划许可证29件，建设工程规划许可证24件，核发建设工程规划竣工认可书11件。（李文）

【土地供应】 2021年，若羌县完成供地11宗，出让国有土地面积24.34公顷，其中商业用地1.92公顷，住宅用地5.18公顷，工业用地16.95公顷，公共设施用地0.29公顷。（张猛）

【土地收储与征收】 2021年，县自然资源局加大国有土地出让金收缴力度，助力一般公共财政预算收入增长。完成国有土地出让金非税收入4435.61万元。其中，收缴新增建设用地出让金4071.27万元，催缴楼兰特色果蔬综合市场有限责任公司欠缴国有土地出让金152.83万元。收缴临时用地管理费111.52万元。（张猛）

【耕地和永久基本农田责任目标】 2021年，若羌县推进永久基本农田划定工作，上级未下达保护指标，根据2020年底耕地保有量保护。2021年，若羌县实有耕地面积4486.67公顷，超出规划下达面积686.67公顷；永久基本农田面积3500公顷，超出规划下达面积53.33公顷。完成2021年度永久基本农田划定外业、内业工作，永久基本农田划定成果数据、资料及数据库成果报自治区自然资源厅审核审批，未发生因农业结构调整、自然灾害损毁等造成耕地面积减少情况。（哈斯木·库尔班）

【矿政管理】 2021年，县自然资源局推进石英岩矿、大理岩矿等优势矿产资源的招拍挂工作，完成地州、县级矿业权出让12个，出让价款4.8亿元，完成自治区级矿业权出让4个、出让价款20.3亿元。完成2020年度矿业权信息公示工作，采矿权信息公示48家，探矿权信息公示107家，公示率100%。办理探矿权项目延续76个、采矿权项目延续13个、上报招拍挂新立采矿权项目8个、探矿权项目5个、采矿权抵押1个、完成自然资源资产清查8家、国情调查37个、地质勘查项目开工报告备案登记72个。按时完成自然资源部下发的历史遗留矿山图斑798个、增补新疆维吾尔自治区自然资源厅下发的39个图斑的外业核查、网上填报、上传工作。（蒋晓辉）

【不动产登记】 2021年，若羌县不动产登记中心共登记和办理颁发各类不动产权证书1897本；不动产登记证明349本；共落实2100件；现场业务咨询2000余人次；办理首次登记155件；转移登记1463件；抵押登记244件；更正登记59件；预告登记1件；预告抵押登记104件；注销登记579件；变更登记85件；查解封登记66件；补换证登记135件；协助上级部门及县委组织部、县法院、县公安等部门进行不动产登记查询116次1820人；完成不动产登记档案资料整理归档6397本（其中宅基地和集体建设用地4145本）。推进不动产登记业务"一窗受理、并行办理""跨省通办"，加快实现不动产登记"一件事一次办"的目标。6月，实现商品房预售、抵押涉及的不动产预告登记、不动产信息查询、抵押登记3项业务"跨省通办"，完成"跨省通办"业务预告登记44件，抵押登记150件，登记资料查询149次；运用"新疆维吾尔自治区不动产一窗受理服务平台"为全县企业和群众办理不动产登记，共计106件。推进不动产抵押登记全程电子化系统建设，实现"抵押登记不见面办理"。5月，实现与县农村信用联社、邮政银行、中国人民银行、住房公积金中心等各金融机构不动产"不见面抵押登记"业务，将登记服务场所延伸至银行网点，申请人可在银行现场签订抵押合同的同时提交抵押登记申请材料，通过网络传输至不动产登记机构，无须当事人再到登记机构提交申请。申请事项3个工作日内办结，实现不动产抵押登记"不见面办理"。6月，开通微信、支付宝等扫码支付不动产非税收入业务缴费，让办事群众少跑腿，为群众办事提供便利。（李丹丹）

【自然资源执法监察】 2021年，县自然资源局完成国家下发土地卫片图斑2719个的外业举证和内业填报，其中移交执法大队3个图斑。查处国土资源违法案件16件（其中土地案件13件，矿产案件3件），共计收缴罚没款996.92万元。联合执法4次，动态巡查39次，涉及矿山企业90家，实地核查矿山卫片图斑11家，共点位146处。因点位在三十六团行政范围内的移交三十六团。矿产清查自然保护区内无证开采、无证勘查等违法行为，扣押相关设备及盗窃的矿石880.05吨，大力打击无证采矿、以探代采、越界开采等违法行为。开展"非农建设占用耕地清理"摸排工作。若羌县共下发摸排图斑611个，摸排清理611个，外业摸排完成率100%。（蒋晓辉）

【矿山地质灾害管理】 2021年，县自然资源局编制《若羌县2021年度地质灾害防治方案》《若羌县地质灾害防灾预案》并报县政府批准执行，将工作分解到责任单位，巡查排查地质灾害隐患点20余次，开展地质灾害防治演练1次，与矿山企业签订地质灾害防治目标责任书28份。

（蒋晓辉）

金融监管

【概况】 2021年，若羌县金融机构各项存款余额436905万元，同比下降4.96%，降幅较2020年同期下降5.57个百分点。其中，城乡居民储蓄存款余额217179万元，同比增长9.63%；企业存款余额219726万元，同比下降

16.02%。全县金融机构各项贷款余额443641万元，同比增长20.67%，增幅较2020年同期提高12.3个百分点。其中，短期贷款余额119675万元，同比下降5.70%；中长期贷款余额304566万元，同比增长40.99%；贴现余额19400万元。（李全花）

2021年末若羌县金融机构存贷款余额及增长速度表

表3

指标	年末数(万元)	比上年增长(%)
各项存款	436905	-4.96
城乡居民储蓄存款	217179	9.63
企业存款	219726	-16.02
各项贷款	443641	20.67
短期贷款	119675	-5.70
中长期贷款	304566	40.99
贴现	19400	

（李全花）

【支付结算】 2021年，中国人民银行若羌金融服务站（简称人行若羌金融服务站）指导和管理若羌辖区金融机构票据交换工作，提出业务5479笔，提入业务5503笔，退票业务375笔。联合若羌县公安局和辖区金融机构开展防范跨境赌博、新型电信网络诈骗、非法集资、断卡行动等宣传活动，按上级行要求开展对若羌县、且末县辖区各金融机构为跨境赌博、电信网络诈骗等违法违规活动提供支付结算服务风险进行现场核查工作。加强银行结算账户管理，切实落实银行账户实名制，规范账户的开立和使用，全年取消行政许可结算账户开立1025户、变更234户、撤销272户，开立单位银行结算账户105户、变更201户、撤销25户。（张清忠）

【征信管理】 2021年，人行若羌金融服务站规范征信系统查询用户及管理员名单，升级征信前置二代系统，做好企业和用户报告查询工作。组织辖区金融机构在“3·15”“6·14”集中开展征信线上宣传活动。对且末县农村信用合作联社、若羌县农村信用合作联社开展自助查询及合规现场检查。全年，办理企业征信查询111家，个人查询征信报告1370份。（张清忠）

【反洗钱】 2021年，人行若羌金融服务站组织辖区反洗钱业人员业务培训，按月向上级行反洗钱科报送金融机构大额交易和可疑交易报告及辖区金融机构开展反洗钱工作情况。配合巴州中支反洗钱科对且末县三家保险公司开展约见谈话和现场走访。配合巴州中支开展若羌县、且末县辖区金融机构反洗钱评估工作。（张清忠）

【反假货币宣传和纪念币发行】 2021年，人行若羌金融服务站以“3·15”活动为契机，组织辖区金融机构业务人员开展形式多样的线上反假币宣传。开展反假货币宣传月活动，组织开展小面额人民币服务暗访活动，按时上报月报。开展整治拒收人民币现金工作，人行若羌金融服务站指导辖区农业银行若羌县支行、邮政储蓄银行若羌县支行完成2021年贺岁普通纪念币发行工作，完成第24届冬季奥林匹克运动会普通纪念币、第24届冬季奥林匹克运动会纪念钞发行工作，开展人民币图样专项整治和宣传工作。（张清忠）

【货币信贷】 2021年，人行若羌金融服务站加强对中小微企业的货币信贷政策引导支持，扎实做好企业优惠政策传导，指导金融机构加大对小微企业信用贷款支持力度。巩固拓展脱贫攻坚成果同乡村振兴有效衔接，对中小微企业贷款实施阶段性延期还本付息开展调研。持续做好“我为群众办实事”存款保险宣传工作,打通存保宣传“最后一公里”,增强人民群众对金融的安全感。配合人行巴州中心支行货币信贷管理工作,加强对法人社的金融管理,按时、准确报备各类利率监测报表、下岗失业人员小额担保贷款报表、存款保险报表等30余项月报、季报和年报。 (张清忠)

【银企合作】 2021年,人行若羌金融服务站贯彻落实国家五部委联合出台《关于加大小微企业信用贷款支持力度的通知》和人行巴州中心支行《关于继续做好企业融资对接工作的通知》,要求辖区各金融机构针对企业按照市场化、商业可持续原则开展对接,自主决策选择能够支持的具体企业开展信贷支持。进一步细化中小微企业不良贷款容忍度和授信尽职免责的要求,对有良好信用暂时遇到困难的小微企业做到应延尽延,且不纳入征信体系。建立健全小微企业信用贷款支持政策落实情况考核通报机制,对落实政策优秀的金融机构给予1个百分点的资金奖励,对政策落实不到位的给予通报批评。 (张清忠)

【金融宣传】 2021年,人行若羌金融服务站依托若羌辖区各金融机构营业网点,按照中国人民银行巴州中心支行统一部署,组织若羌各金融机构开展“3·15”消费者权益日线上宣传活动,组织全辖金融保险机构开展反假货币、洗钱犯罪、征信管理、账户实名制等金融法规宣传,深化金融普法教育和金融知识宣传工作。组织金融机构开展防范打击电信诈骗、守护个人财产安全线上线下系列宣传活动。

(张清忠)

国有资产管理

【概况】 2021年,若羌县国资委(简称县国资委)依托财政部资产管理系统及若羌县固定资产管理系统,加强对行政事业单位国有资产购置、调拨、维护、处置等流程监管,年内组织各预算单位开展资产清查、清理等工作。实现固定资产二维码、实名制、手机盘点等管理,实现固定资产从购置到处置全流程、全生命周期溯源管理,不断提高国有资产管理水平和效益。纳入财政部资产系统管理的行政事业单位97户。年初,若羌县行政事业单位资产总额13.13亿元,折旧4.74亿元。年末若羌县行政事业单位资产余额8.39亿元。若羌县政府公物仓管理系统实现公物仓物品入库、出借、出库、报废等全流程监管。 (张波)

【政府融资平台建设】 2021年3月,县国资委按照国有企业改革三年行动方案,完成8家平台公司组建工作。其中,政府融资平台5家,分别是若羌县楼兰投资经营有限责任公司、若羌县恒源资产管理有限公司、若羌县工业园区塔东建设投资开发有限责任公司、若羌县阿尔金建设投资开发有限公司、若羌县金信融资担保有限公司。由县国资委牵头成立德恒国投公司,为八大平台融资提供担保,确保融资工作有序推进。9月,转入资产8亿元,划转股权企业所涉及资产总额17.42亿元。 (党泽生)

【国有企业简介】 2021年,若羌县楼兰投资经营有限责任公司由县国资委监管。有职工13人,公司资产总额5.22亿元,净利润为24.46万元,同比增长17.49万元。完成若羌县43家县属国有企业的代理记账业务。

若羌县工业园区塔东建设投资开发有限责任公司由县国资委监管。2021年,该公司有职工5人,资产总额4014.06万元,负债总额685.55万元,所有者权益3328.51万元,营业收入758.50万元,亏损13.46万元,上缴税金99.47万元。

若羌县金信融资担保有限公司由县国资委监管。2021年该公司有职工6人。公司资产总额1.24亿元，负债总额687.25万元，所有者权益1.17亿元，营业收入238.80万元，净利润56.77万元，上缴税金39.25万元。

若羌县阿尔金建设开发投资有限公司主要负责若羌县市政设施建设、房地产开发等工程建设，公司由县国资委监管。2021年，该公司有职工16人，资产总额9.02亿元，2020年同期8.95亿元，比2020年增长725.58万元，增长0.81%；负债总额6.37亿元，2020年同期6.25亿元，比2020年增长1152.68万元，增长1.84%；所有者权益总额2.65亿元。收入总额220.82万元，亏损11.18万元。（党泽生）

财　政

【财政收入】 2021年，若羌县全年完成全县全口径财政收入150257万元，比2020年增长2.96%，完成地方财政收入94538万元，比2020年增长1.25%，完成公共预算收入82915万元，比2020年增长6.51%，完成税收收入60298万元，比2020年增长5.52%，其中，增值税15285万元，比2020年增长7.55%；企业所得税7275万元，比2020年增长12.11%；资源税28415万元，比2020年增长12.91%。完成基金预算收入11547万元，比2020年下降25.32%。完成国有资本经营预算收入76万元，比2020年增长26.67%。（周大鹏）

【财政支出】 2021年，若羌县完成地方财政支出27.91亿元，比2020年增长20.17%。完成公共预算支出19.84亿元，比2020年增长13.88%。其中，教育支出2.37亿元，与2020年同期持平；社会保障和就业支出1.4亿元，比2020年增长14.02%；卫生健康支出17571万元，比2020年下降4.99%；农林水支出3.75亿元，比2020年增长6.91%。完成基金预算支出8.06亿元，比2020年增长39.04%。国有资本经营预算支出76万元，比2020年增长26.67%。（朱晓艳）

【财经工作制度建设】 2021年，若羌县委财经工作委员会制定下发《若羌县财经委员会会议制度》《关于严格做好财政资金审批事宜的通知》，规范资金申请报告内容（附件资料）、研究事项、审批程序等，提高办事效率并科学决策。组织召开7次财经会议，研究审议财经相关议题。开源节流，清理规范各类项目支出，健全和完善资金监管制度，强化专项资金的监管措施，切实管好、用好各类资金。（王爱丽）

【深化预算管理制度改革】 2021年，若羌县财政局（简称县财政局）推进预算管理一体化改革，预算编制进一步细化，预算编制质量逐年提高；把全面实施预算绩效管理作为贯彻新发展理念的重要举措，持续推进信息化建设，提升预算绩效管理信息化水平。全县资产管理制度日益完善，资产管理信息化水平不断提升，实现对全县行政事业单位国有资产的合理配置和有效利用。（周大鹏）

【预算一体化系统】 2021年，县财政局按照分工完成预算一体化系统设置、权限分配、单位基础信息导入、2022年预算编制初始化等工作，结合若羌县和各单位实际预算执行情况，完成人员类基础信息和项目的定义，公式编审工作，为全面开展2022年部门预算编制工作打好基础。加大对预算单位财务人员的培训力度，确保各单位财务人员熟练掌握预算管理一体化的操作和应用。（周大鹏）

【预决算公开】 2021年，若羌县在政府网站预决算公开专栏中公开2020年政府预算、政府决算和部门预算、部门决算信息。全面公开财政总预算、总决算、部门预算、部门决算和“三公”经费，自觉接受人大、审计和群众监督。完成90个部门及所属单位预算公开、82个单位(除3个涉密单位)的决算公开工作,公开率100%,保障公民知情权。

(周大鹏)

【预算绩效管理】 2021年,县财政局对1个新增项目进行事前绩效评估,涉及预算金额1368.03万元;规范绩效目标设置。将全县61个部门所有项目支出纳入绩效目标管理,覆盖项目数46个,涉及资金5.17亿元;61个部门整体支出和205个直达、财政衔接推进乡村振兴补助、专项和本级项目支出预算执行情况和绩效目标实现程度进行“双监控”,及时纠正偏差;实施财政绩效评价工作,引入3家第三方机构对选取的5个县本级重点项目开展绩效评价,涉及资金2643.56万元。 (周大鹏)

【政府采购管理】 2021年,县政府采购工作按照《中华人民共和国采购法》及《中华人民共和国采购法实施条例》等相关规定,结合《新疆维吾尔自治区2021—2022年度政府集中采购目录及标准》,进一步规范政府采购管理,落实“放管服”改革,促进政府采购更加公平、透明、高效,县人民政府采购基本实现在政采云平台全流程线上采购。全年,政府采购总额为12182.3万元。其中,货物5377.35万元,工程2598.88万元,服务4206.07万元。节约采购资金379.43万元。

(张波)

【财政统发工资】 2021年,县财政局完成若羌县机关事业单位工作人员基本工资标准调整、机关事业单位离退休人员增加离退休费的工作。实行财政统发工资单位有170家,64610人次(其中行政在职13511人次,事业在职17111人次,同工同酬21218人次,离退休11127人次、支援干部520人次、遗属生活费1123人次)。全年,累计发放工资(含地方津贴补贴)4.3亿元。(王飞磊)

【国库集中支付】 2021年,若羌县国库集中支付完成35805笔,共计355153.2万元。其中,直接支付完成18562笔,320591.61万元;授权支付完成17225笔,31777.58万元;实拨完成14笔,1602.01万元;转账不拨款完成4笔,1182万元。 (朱晓艳)

【支持经济发展】 2021年,若羌县化解债务7261.17万元,超额化解1536.92万元;安排各级乡村振兴衔接资金15138万元,涉及产业发展、人居环境整治等项目,持续巩固脱贫攻坚产业基础等21个项目,极大地提升3特色种植业、养殖业基础和农村人居环境;大力支持生态建设,其中,投入7057万元用于林业草原生态保护,投入765.73万元实施城乡绿化,投入236.2万元提升污水改造处理,投入116.1万元实施若羌河西支生态治理,投入1119万元购买城乡环卫一体化服务。

争取9.8亿元债券资金,涉及15个项目。其中,支持乡村水电路及供排水等基础设施改造4.1亿元,高效节水建设3000万元,瓦石峡镇有机肥专用施肥管道建设2600万元,农村人居环境整治2300万元,进出疆新冠肺炎疫情防控中心建设2000万元,315国道岔口(瓦石峡)—瓦石峡牧业村公路建设8000万元;产业园基础设施建设1.8亿元,城乡居民饮水第二水源地引水工程1亿元,建材园区供水工程2000万元,城东新区基础设施建设1亿元,公共租赁住房建设2000万元,农产品加工园区基础设施建设3亿元,职业学校及实训基地建设4000万元。 (周大鹏)

【民生保障】 2021年,若羌县民生投入19.55亿元,占总支出70.23%,民生社会事业取得全面进步。拨付军队转业、自主择业、残疾人失业就业等补助资金2021万元,助力城乡富余劳动力、高校毕业生、困难群体等就业创业工作稳步推进。全年,累计新增城镇就业700人,转移农村富余劳动力6115人次，城镇登记失业率控制在2.75%以内，零就业家庭保持动态清零。全额保障扶贫小额信贷、创业担保财政贴息资金38.4万元，惠及受益人群183人；教育、医疗、住房等投入12.34亿元。

持续巩固国家通用语言文字教育教学成果，教育教学基础设施逐步完善。保障若羌县人民医院项目建设县级配套资金，若羌县医疗信息化和互联网+医疗健康服务持续推进，免费健康体检惠及各族群众，医疗服务水平显著提升。全民参保扎实推进，进城务工人员、新就业人员、灵活就业人员等群体应保尽保。最低生活保障、特困人员供养、受灾人员救助制度和社会力量参与的政策措施不断完善，城乡特困人员基本生活标准提高至900元/月、城乡低保标准提高至675元/月，处于巴州最高水平。全年，城乡居民人均可支配收入分别为3.7万元、3.21万元。

（周大鹏）

【化解政府债务风险】 2021年，若羌县建立年度政府债务化解工作台账，将政府债务化解任务对应到每个项目上，落实到具体责任单位和责任人，明确化解方式、资金来源、完成时间，完成债务化解7261.17万元，稳妥化解存量。

（张志明）

【会计管理】 2021年，县财政局注重对若羌县财务人员"滴灌式"教育培训，充分利用会议培训、发放学习资料等形式，加强对《政府会计准则》等系列制度的学习；抽取行政事业单位1户、代理记账机构3户、国有金融企业1户开展重点监督检查。做好年度会计职称考试、资格认证等各项工作，不断提高会计业务人员数量、质量。

（张波）

【地方政府债务管理】 2021年，根据中央、自治区批复的2021年新增地方政府债务限额9.8亿元（一般债券限额2.2亿元，专项债券限额7.6亿元），县政府性债务限额增加至20.7亿元。其中，一般债务限额8.8亿元，专项债务限额11.9亿元。在2021年新增地方政府债务限额内，申请自治区代理发行债券10.04亿元，较2020年的4.13亿元增加5.91亿元、增长243.04%。其中，新增债券9.8亿元（一般债券2.2亿元，专项债券7.6亿元），再融资债券0.24亿元。年底，若羌县地方政府债务余额19.49亿元。其中，一般债务7.69亿元，专项债务11.8亿元。

（张志明）

【惠农补贴】 2021年，若羌县财政局发放惠农惠民补贴项目16个，金额7855万元，惠及群众4110户5606人次、发放完成率97.54%。全县实施惠民惠农财政补贴资金"一卡通"管理，系统覆盖若羌县所有乡镇7441户12167人。

（管冬梅）

【脱贫衔接乡村振兴资金管理】 2021年，若羌县累计投入各级巩固脱贫攻坚成果衔接乡村振兴资金1.51亿元。其中，地方政府新增一般债券转贷用于巩固拓展脱贫攻坚成果同乡村振兴有效衔接部分1.2亿元，2021年中央财政衔接推进乡村振兴补助资金2752万元，自治区财政衔接推进乡村振兴补助资金26万元，州财政衔接推进乡村振兴补助资金360万元。主要加快支持特色产业发展、农村环境治理、安全饮水工程、乡村水电路基础设施等项目21个。其中，农村水电路基础设施6个，支持特色产业发展项目9个，乡村旅游项目3个，农业基础设施项目3个。

（伊帕尔古丽）

【金融投资管理】 2021年，若羌县财政局（金融办）加强对金融投资业务监督管理，注重发挥财政资金导向作用，推动区域金融服务业发展，不断盘活区域市场经济。发挥融资担保杠杆作用，累计担保金额1.1亿元，带动各行业发展。

（周大鹏）

税　务

【税收收入】 2021年，若羌县完成税收收入入库12.17亿元，比2020年增长10.85%，增收1.19亿元，两年平均增长10.21%。

（徐瑞）

【社保非税征收】 2021年，若羌县完成非税收入2.82亿元，比2020年增长14.57%，增收359万元；社会保险费收入2.24亿元，比2020年增长57.42%，增收8187万元；代征工会经费1013万元，比2020年增长14.26%，增收126万元。（艾合买提·依明）

【税源管理】 2021年，若羌县税务局（简称县税务局）摸排重点项目税源情况，按照事前、事中、事后分阶段开展重点项目税源管理，防止税款流失。对县域内成立的机械租赁等行业开展摸排，建立一户一册；对各类农产品收购行业及时跟进，按照管理要求收集资料建立成册。在全县推行"点线面式管理、不间断式服务"的工作机制，实现税收动态化、常态化跟踪管理。（汪橙）

【减税降费政策落实】 2021年，县税务局成立减税降费专项工作小组，明确职责和工作机制，确保所有减税降费政策措施全面落实到位。在对2021年出台的新政策开展全覆盖、多轮次宣传辅导的基础上，针对落实中暴露出来的弱项、短板，采取网格化管理的方法，开展减税降费政策宣传辅导6轮次，合计覆盖若羌县纳税人500余户企业，1500余户个体工商户，务求高质量、好效果。1月，实施个体工商户年应纳税100万元以下减半征收个税政策，按照企业名单，加深纳税人对政策的知晓度和掌握度。对在执行中反映优惠适用范围、系统填报操作等问题，辅导企业加深对政策的理解，推进政策更好地落实落地。深入分析减税降费政策执行情况反馈。安排人员及时跟踪新政策实施情况，对疑点问题逐户开展调研，根据企业经营情况深度剖析、分门别类查找原因，使优惠政策享受率100%。（青涛）

2021年4月20日，县税务局干部向纳税人宣传惠民政策　（银花　摄）

【税收风险管理】 2021年，县税务局利用税控系统等应用系统开展数据分析，依托"一户式"平台（2.0版）加强对发票开票、受票企业的监控，及时发现风险疑点并按规定核查处理。全年，共计完成风险应对任务47户次，风险应对完成率100%。加强发票管理，依法依规开展税务协查工作。按照《异常增值税扣税凭证处理操作规程》对异常增值税扣税凭证进行规范管理，异常扣税凭证认定准确，能够及时推送异常扣税凭证，按规定对异常扣税凭证进行税务处理。接收异常抵扣凭证税务协查案件共

6户次，按协查要求依法依规开展调查取证工作，向稽查局如实反馈移交。（黄峰）

【纳税服务】 2021年，县税务局与县行政服务中心、县不动产登记中心、县自然资源局配合，打通各项业务办理渠道，实现涉税不动产登记“一窗办理”，有效精简资料报送程序，实现以窗口整合促进服务融合。实行容缺办理，按照容缺办理有关规定，对特定事项进行容缺受理，在规定时间内提醒纳税人及时补齐资料，实现简化流程，保证必要资料完整性。同时为纳税人提供网上办理跨区域涉税事项报告、检验、反馈以及增值税预缴申报等服务，实现企业涉税事项全面网上办、跨区域涉税事项当日办结。推广“非接触式”办税模式，倡导同“屏”共振、远程帮办、问办结合的便民服务举措。通过电话、微信、钉钉等方式对纳税人进行政策宣讲、远程协助、操作指导，形成“网上办税为主、自助办税为辅、实体大厅兜底”的办税模式。（张朋举）

统　计

【统计法宣传】 2021年，若羌县统计局（县统计局）以“12·4”宪法宣传日和“9·20”统计开放日为契机，深入街头、企业人员密集场所进行统计法宣传和解读，营造良好的法制宣传氛围，悬挂横幅2条，发放宣传单200余份、《中华人民共和国统计法》宣传手册100余本。发放“执法检查通知书”42份，开展“双随机”专项检查1次，下发“处罚决定书”13份，维护统计权威，弘扬法治精神，坚持依法统计依法治统，切实提高统计数据质量。（李金花）

【常规统计调查、专项调查和抽样调查】 2021年，县统计局完成23个专业的2020年和2021年年报工作，落实“企业一套表”制度，“企业一套表”联网直报率和审核率均为100%。加强基本单位名录库更新维护，执行一套表管理制度，按照“要报数、先入库，要有数、走程序”的原则，做好业务指导、审核把关、分析跟踪，提高“四上”企业入库率，健全完善与相关部门信息共享机制，确保名录库准确、及时、动态更新。全年，若羌县有规模以上工业企业13家，限额以上批发业1家，零售业3家，住宿餐饮业企业2家，房地产开发企业8家，500万元以上投资项目86个。执行国家统计报表制度和联网直报各项规定，严守“四条红线”，加强主要指标逻辑性、关联性的对比审核，确保统计数据按时报送率、审核率“两个100%”；按照《若羌县统计数据质量评估及发布使用办法（试行）》，对各部门、企业各专业上报数据开展评估反馈；各专业完成人口变动和城乡劳动力划分等专项调查以及妇女儿童“两纲”监测工作。（李金花）

【统计管理体制改革】 2021年，县统计局贯彻《巴州防范和惩治统计造假、弄虚作假督查工作实施意见》，把防范和惩治统计造假、弄虚作假工作继续纳入年度绩效考核与若羌县委管理的领导班子和领导干部年度考评考核中，实行领导干部统计造假、弄虚作假“一票否决制”。建立《跑数要数记录台账》《领导干部违规干预统计工作记录台账》制度。贯彻执行《关于推进巴州地区生产总值统一核算改革工作的实施方案》及巴州地区生产总值统一核算改革工作。（李金花）

【统计服务】 2021年，县统计局印发《2020年若羌县统计年鉴》《2020年领导干部手册》，发布《2020年国民经济和社会发展统计公报》及《若羌县经济要情参考》第2期至第11期。每月10日前召开经济运行分析研判会议，提早捕捉经济运行趋势性、苗头性问题，密切关注地区和人均生产总值、工业增加值、固定资产等主要经济指标的预测分析，每月月终对11项重要指标进行汇总分析，以全年为时间节点撰写经济运行情况分析，提出统计建议和统计观点，服务县域高质量发展，形成有价值的参考建议，为县委、县政府提供决策依据。全年撰写统计分析40余篇、统计信息300余篇。（李金花）

【重点抽样调查】 2021年，县统计局按照上级统计部门部署，以第七次全国人口普查数据为基础资料，分步骤开展人口变动调查工作，对228个住房单位进行人口变动抽样调查摸底、建筑物核实、正式登记工作。按照城乡划分工作要求，对若羌县5镇3乡新增的18个村委会和1个社区进行录入上报工作。采用抽样调查的方法，对若羌县城乡居民就业状况进行住户抽样调查，被抽中的古力巴格社区居委会每月调查16户，对调查户每月在该居(村)委会范围内进行轮换。（李金花）

【城乡一体化住户调查】 2021年，县统计局在巴州统计部门的指导下，按照《城乡住户调查制度汇编》要求，对被抽中的自治区级100户调查户进行收支调查，不定期开展培训和指导，按时完成数据收集、录入、审核和上报工作。城镇居民人均可支配收入38503元，比上年增长4.7%，农村居民人均可支配收入32438元，比上年增长1.3%。（阿尔曼·卡合曼）

【统计法治建设】 2021年，县统计局通过参加上级统计部门的统计执法培训班，选派执法业务骨干参加上级统计执法部门开展的案件评审工作，执法水平不断提高。制定各专业标准化统计执法模板，将专业检查与执法流程紧密融合，做到统计执法事前筹备、事中检查和执法、事后结案和公示的全流程规范化。从一年一次的巡查转变为半年一次统计核查，加大日常深入企业单位走访的力度，及时指导工作、发现问题、消除隐患，提升统计干部鉴别统计数据质量的能力，检查单位42个，依法对8家提供不真实或不完整统计资料、3家迟报统计资料、2家未按照国家有关规定设置原始记录、统计台账的统计对象给予警告的行政处罚。推动统计法律法规进党校活动，为2期青年干部培训班和1期事业岗骨干培训班开展统计法律法规专题讲座。（李金花）

【升规入统】 2021年，县统计局按照“先入库、后有数”“要入库、走程序”的原则，与发改、商工、税务部门对接，获取企业经营状况，对若羌县达到“四上”标准但尚未入库的单位进行“准四上”动态监测。加大宣传指导力度，印发《工业、固定资产投资、社会消费品零售总额统计制度及入库申报指南》，利用局内、外网站、微信公众号宣传“四上”企业入统标准、所需资料、入库流程。全年，固定资产投资项目入库41个，工业企业入统4家，房地产企业入统5家，商业单位2家(其中，批发业单位1家，大个体1家)。（李金花）

审计

【审计规划和审计报告】 2021年，若羌县委审计委员会召开县委审计委员会会议3次，研究审议《若羌县审计工作“十四五”规划》《若羌县委管理的党政主要领导干部和国有企事业单位主要领导人员经济责任审计工作规划(2021—2025年)》《若羌县2021年度审计项目计划》等重大审计事项。按照重大事项请示报告制度要求，向巴州党委审计委员会报告重大事项5项，报备重大事项6项。（房旦丽）

【政策跟踪审计】 2021年，若羌县审计局(简称县审计局)完成新冠肺炎疫情防控专项、农村学前三年免费教育政策落实情况、巩固拓展脱贫攻坚成果同乡村振兴有效衔接、就业政策措施落实情况、招商引资、优化营商环境政策落实情况等政策跟踪审计。（魏明禄）

【财政审计】 2021年，县审计局完成新疆维吾尔自治区税务局2020年度税收和非税收入征管及部门预算执行审计、2020年度若羌县本级预算执行及决算草案审计、一级预算单位大数据审计及3个单位预算执行审计。推动审计监督“关口前移”，每季度对若羌县各部门预算执行情况开展审计监督。（魏明禄）

【经济责任审计】 2021年2月26日，县委审计委员会第三次会议审议通过并印发《若羌县委管理的党政主要领导干部和国有企事业单位主要领导人员经济责任审计工作规划（2021—2025年）》。县审计局完成1个乡镇及9个单位16名党政主要领导干部经济责任审计。（魏明禄）

【政府投资审计】 2021年，若羌县审计局对若羌县第二水源地、若羌河西支生态治理等涉及民生、公共卫生服务的重大项目开展跟踪审计。完成若羌县靖祥新丝路物流园基础设施工程、和若铁路（若羌段）建设项目电力迁改工程等政府投资审计项目12个。（魏明禄）

2021年9月14日，若羌县委审计委员会召开审计查出问题整改专题会议

（县审计局 供稿）

【民生及专项资金审计】 2021年，县审计局完成社会保险、公共卫生、基金、就业、旅游等专项审计项目，配合巴州审计局完成若羌县2020年保障性安居工程资金投入和使用绩效审计。（魏明禄）

【自然资源及生态环境审计】 2021年，县审计局完成乡镇自然资源资产审计1个，重点关注领导干部履行自然资源资产管理和开发利用责任、贯彻落实党中央重大决策部署、遵守法律法规、自然资源资产实物量与生态环境质量状况变化情况等。（魏明禄）

【支援资金项目审计】 2021年，县审计局对若羌县2021年支持新疆发展资金和项目开展跟踪审计。对5个工程类、12个非工程类项目实施审计调查，审计调查资金850.95万元。（魏明禄）

【审计成果运用】 2021年，县审计局完成审计项目31个，督促被审计单位建章立制27项，追回资金128万元，清退资金55.51万元，促进资金拨付238.82万元。为纪检监察机关提供审计报告20份，向县纪委监委、县委组织部送达经济责任审计结果报告16份，自然资源资产审计报告1份。（魏明禄）

【审计能力建设】 2021年，县审计局按照“以审计精神立身、以创新规范立业、以自身建设立信”的要求，坚持党建引领，实行

“审计组+临时党小组”新模式，建立党员“一带一”机制，成立业务骨干“一帮一”小组。选派干部参与巡视巡察、交叉审计、外出交流学习，参加各类审计业务培训，全面提升审计人员的政治素养和专业能力水平。

（魏明禄）

市场监督管理

【市场主体建设】 2021年，若羌县共有登记在册市场主体4441户，注册资本139.17亿元，总数比2020年增长21.21%。其中，企业1260户，占总数28.37%，比2020年增长23.65%；农民专业合作社157户，占总数3.56%，比2020年增长11.39%；个体工商户3024户，占总数68.07%，比2020年增长20.81%。市场主体发展有序平稳。（李重慧）

【市场秩序整顿】 2021年，若羌县市场监督管理局（简称县市监局）先后开展若羌县商品交易市场（含农贸市场）规范整治工作、两证经营和明码标价活动、“联合双打”专项执法行动、打击野生动物违规交易专项执法行动。除捕捞水产品外，严禁农（集）贸市场、超市、餐饮单位、电商平台等经营场所开展任何形式的野生动物交易活动，对相关经营者一律关停。开展打击整治非法制售口罩等防护产品专项行动。重点打击六类违法行为，对囤积居奇、哄抬价格、串通涨价、价格欺诈的行为立案查处，查处哄抬价格案件1起，收缴罚没款1万元。对药店实行包保管理，重点检查零售药店退烧、止咳、抗病毒类药品的“沃填报”“四要、四还要”落实情况，处方药品销售管理情况，药品及防护用品价格情况，每周监督检查药店140余家次。立案查处违反《中华人民共和国药品管理法》案件7起，收缴罚没款3.2万元。（李重慧）

【文化市场监管】 2021年，县文化市场执法队共出动检查人员459人次，检查各类经营单位967家次，发现安全隐患问题34处，全部整改，疫情防控问题348处，全部整改，清理问题歌曲61首。

（党秀碧）

【监督抽检】 2021年，县市监局开展食用农产品、餐饮食品的质量安全检测等整治工作，强化若羌县食用农产品领域的安全监管，落实食用农产品经营个体的责任与把控工作。全年，抽检工作共完成县级抽检食用农产品231批次（完成率100%），完成餐饮食品抽检任务2批次（完成率100%），其中县级食用农产品不合格3批次，合格率98.71%，餐饮食品不合格零批次，合格率100%，完成国家药品抽检工作。

（李重慧）

【信用监督管理】 2021年，县市监局对未履行2020年度信息公示的企业、农民专业合作社开展列入经营异常工作，90家企业、29家农民专业合作社列入异常名录。对218户个体工商户进行标记工作。对被列入经营异常的公司、农民专业合作社申请单位进行移出经营异常工作。对符合移出异常名录的9家企业、4家农民专业合作社依法进行异常名录移出工作，8户个体经营户修复经营异常工作。

（李重慧）

【价格监督管理】 2021年，县市监局开展粮食购销、行业协会收费、涉企收费、物业服务收费、转供电收费、天然气价格、煤炭市场价格、节日市场等专项治理工作，共下达责令整改通知书2份，约谈企业、单位负责人30余人次，召开提醒告诫会3次，无涉及价格违法的案件发生。（李重慧）

【食品安全监管】 2021年，县市监局加大校园周边、旅游景区、集贸市场、城乡接合部等食品经营主体整治力度，并推进“互联网+明厨亮灶”工程。若羌县学校食堂执行“互联网+明厨亮灶”

建造率100%。深入推进食品经营风险分级评定工作。全年,完成859家食品经营者的风险分级工作,调整风险等级37家,风险分级完成率98.3%。其中,食品销售户573家,餐饮服务单位272家。全年,检查食品销售、餐饮服务、校园及周边等食品经营主体1150户次,取缔无照经营主体3户,责令整改180家。立案查处各类食品违法案件34件,结案34件。（李重慧）

【消费者权益保护】 2021年,县市监局开展"12315"投诉举报处置工作。全年,受理各类消费者投诉举报126起,为各类投诉举报挽回经济损失3.59万元,累计办结反馈12345平台各类投诉21起,办结率100%,投诉举报满意率100%。3月15日,县市监局联合农业农村局、文旅局、烟草局、卫健委、司法局等部门,举办"3·15"国际消费者权益日宣传咨询活动,接受群众的咨询和投诉,开展消费维权宣传,免费提供各项服务,在户外现场销毁假冒伪劣商品价值1.24万元。（李重慧）

【网络交易监督管理】 2021年,县市监局开展网络市场监测,建立线上线下一体化监管工作机制,加强对网络交易商品和服务质量的监督检查,约谈网络经营户2家次。加强消费维权体系建设,开展化妆品"线上净网、线下清源"风险排查处置工作。实现投诉热线"双线双通","12315""12345"共同对外服务,受理投诉举报147件,消费者满意率95.6%,更好地保障了消费者的知情权、参与权和监督权。（李重慧）

2021年3月15日,若羌县"3·15"假冒伪劣商品销毁现场（县市监局 供稿）

【广告监督管理】 2021年,县市监局建立健全《若羌县广告监管应急处置方案》,指导涉改媒体广告单位依法建立完善广告审查制度,履行广告审查责任。对违法广告数据情况进行通报,并及时处理下发案件线索。开展非法集资、互联网、医疗等广告专项整治行动,严查虚假违法广告。开展网上巡查13次,监测网站、网店227家次,整改网站、网店商品广告2条次,对5家微信公众号平台进行巡查,共监测各类广告107条次,发现问题广告5条,责令整改完成。（李重慧）

【反垄断和反不正当竞争】 2021年,县市监局深入开展打击传销专项行动,检查经营主体532户次,发现传销线索1件,移交乌鲁木齐市市场监管局1件。重点整治保健市场乱象,检查保健类店铺628户次,受理消费者申诉举报4次,为消费者挽回经济损失3.59万元。（李重慧）

【质量标准化】 2021年,县市监局推进质量强县工作,全面提升若羌县产品、工程、服务和环境质量供给水平,召开质量工作中期工作推进会,明确职责分工,落实质量工作责任制。强化质量、计量监督检测服务。共备案63家,出动执法人员50余人次,共为108家铁路、公路路标段、个体工商户及其他企业使用的计量器具开展计量检定服务工作，共检定各类计量器具332台（件），出具证书132份，共免收检定费用18.99万元。全年，完成县级抽检食用农产品231批次（完成率100%），不合格3批次，合格率98.71%；完成餐饮食品抽检任务2批次（完成率100%），不合格零批次，合格率100%。

（李重慧）

【冷链食品溯源管理】 2021年，县市监局开展进县货物报备、采样检测工作，设置冷链食品采样全覆盖抽样检测、推进冷链食品监管常态化。加强冷链食品销售各个环节的日常监管，通过运用“查安康”App追溯系统，组织辖区内65家冷链食品销售商户进行专题培训。对县域内18家自建冷库的冷链食品进行一周两次的常态化核酸采样。对进县的253辆冷链运输车采样4223管36593份，检测结果均为阴性。全年，共出动工作人员284人次，检查冷链食品经营使用单位546家次，发现物码不符商户58家次，对物码不符冷链食品下架封存，完成整改。采样自建冷库1729管8609份，检测结果均为阴性。冷链食品应急处置桌面推演10场次，参与演练76人次。制定每周一演练、每周一研判工作机制。开展现场演练42场次，参与256人次，组织召开研判会32次。

（李重慧）

【知识产权促进与保护】 2021年，县市监局开展知识产权专项执法行动，严厉打击重复侵权、恶意侵权等严重违法行为，共查办案件19起，罚没款3.8万元；持续开展知识产权代理行业“蓝天”专项行动，进一步加大专利、商标代理违法违规行为打击力度，核实整改非正常专利申请。

（李重慧）

【特种设备安全监管】 2021年，县市监局结合特种设备使用状况、重点监管时间节点、隐患排查风险管控等实际情况，先后制定《特种设备安全专业委员会特种设备安全检查方案》《若羌县市场监管局关于开展全覆盖、拉网式特种设备安全大排查大整治实施方案》及《若羌县电梯安全监管专项整治实施方案》，并将特种设备使用单位细化至每月检查计划，对使用单位重点设备、重点部位、重点环节实施拉网式、全覆盖检查，确保检查取得实效。发现各类问题隐患123项，整改123项，下发《特种设备安全监察指令书》36份，约谈提醒24人，封停设备21台，立案查处特种设备违法安全1起，结案1起，罚没款1万元。

（李重慧）

【药品化妆品医疗器械监管】 2021年，县市监局开展中药饮片、疫苗监督检查、药品零售企业执业药师“挂证行为”、儿童化妆品、集中带量采购药品质量安全、含兴奋剂药品、医疗器械风险隐患排查、药品医疗器械线上线下清源、医疗美容非法填充物专项排查、节日期间药品化妆品质量安全检查等专项整治工作。对所有药店执业药师在岗、执业药师远程审方工作进行核实，查处立案违法行为8起。督促零售药店加盟零售连锁企业，动员县域内药品零售企业规范经营，全县20家药品经营企业中，取得加盟连锁许可的共有14家。执法人员对检查中发现漏登、登记信息错误等实名登记存在问题的药店共责令改正16起，一次性停业整顿3天以上的商家共11家，进行处罚的2家。全年，共查办药品、医疗器械、化妆品违法案件14起，罚没款14.5万元。（李重慧）

【纤维质量监督管理】 2021年，县市监局强化棉花质量事中、事后监管，开展校服、儿童服装、毛绒玩具、絮用纤维制品专项监管。对棉花厂、宾馆、学校、母婴店、大型商场、超市的服装、床上用品等纤维质量进行检查。对若羌县纤维制品进行抽检，掌握产品pH值、甲醛含量、可分解致癌芳香胺染料、色牢度等技术指标是否超标，标识标注是否正确、规范、符合有关规定等情况。全年，检查絮用纤维制品总量1.37吨，抽检全县中小学校服、被褥、纸尿裤、卫生巾，合格率为100%。（李重慧）

【地理标志产品培育】 2021年，县市监局加大地理标志商标培育和申报力度。加强对地理标志申请服务指导工作，加大地理标志培育力度，组织业务科室负责人及企业代表参加巴州市监局举办的地理标志专题培训班。深入企业开展调研走访，充分挖掘若羌地理标志资源，不断培育地理标志。（李重慧）

【连锁品牌引入工作】 2021年，县市监局制定《若羌县加快推动连锁品牌特色店发展实施方案》，出台连锁品牌店入驻优惠政策，从喀什、和田引进美食大师傅12人，指导各餐饮推出楼兰特色美食，评选发放“楼兰文化菜品研究优秀店铺”5家，征集制作楼兰美食食谱28份。全年，共引进各类店铺50家，其中引进连锁品牌店铺24家。（李重慧）

【楼兰特色美食城建设】 2021年，县市监局根据《若羌县关于促进现代服务业发展的二十一项优惠政策（试行）》，对梳理出的存量10项、增量50项任务清单进行精准招商。探索楼兰美食文化，引导连锁品牌店入驻，推进“楼兰特色美食”创建工作，指导各餐饮推出楼兰特色美食。通过网络宣传，搭建若羌早市、夜间消费平台，完善出台《关于推进市场经济发展的措施建议》和《关于进一步激发市场活力促进消费提升的若干措施》（简称“22条”），做好早市、夜间经济规划和跳蚤市场业态布局，以满足群众多种消费需求，丰富各族群众生活品质。（李重慧）

【夜间经济示范区】 2021年，若羌县大力发展夜间经济，活跃地摊经济和路边经济，搭建夜间消费平台。县市场监督管理局出台《关于推进市场经济发展的措施建议》，做好夜间经济规划和业态布局。楼兰夜市共有小摊贩30家（食品销售户21家，销售儿童玩具、经营气垫床等商户9家），从业人员62人，日经营额为5000—8000元；投入使用小餐车9辆，各类小摊贩16家；发放宣传围巾、纸盒、一次性杯子、宣传小册等宣传物品200份，督促规范索证索票、工作衣帽等摊贩46家，签订安全生产承诺书46份。

（李重慧）

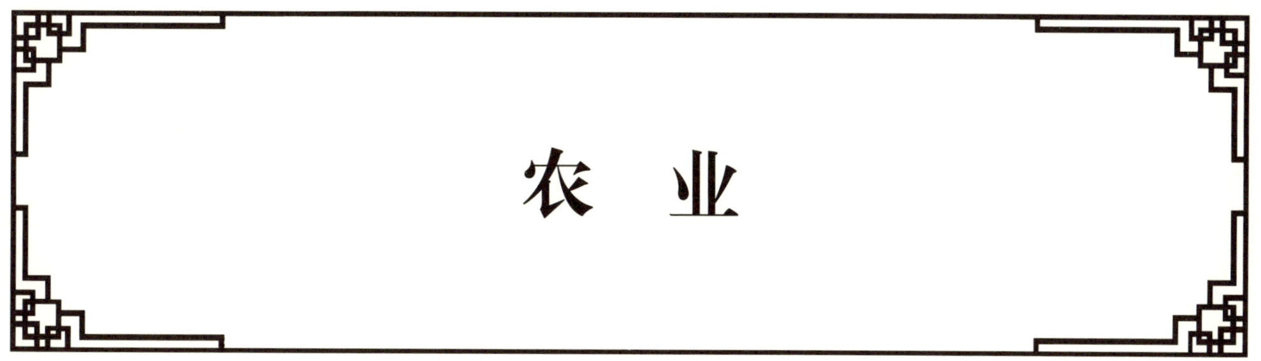

农业

综述

【概况】 2021年，若羌县粮食安全得到有效保障，种植面积稳定在耕地面积4486.67公顷、产量稳定在3.5万吨左右。持续实施红枣提质增效，完成枣园疏密433.33公顷、有机肥积造16万吨、高效节水灌溉1333.33公顷，建成高标准农田3333.34公顷，若羌红枣荣获“国家地理标志产品”称号。培育新型农业经营主体，创成州级以上农民专业合作社示范社18家。充分利用110座日光温室大棚，实现年供应蔬菜3100吨。镶产业园、产业融合发展示范园建成投产。畜牧业加速发展，羌都畜牧10万只肉羊、140万头生猪繁育基地项目持续推进，羌晟牧业和福润德恒畜牧养殖及深加工项目落地，阿尔金生猪核心种源场、活畜交易市场项目即将投产。在全疆首批建成非洲猪瘟无疫小区，并顺利通过国家评估验收。 （颜权）

【农业产业结构优化】 2021年，若羌县农业产业以种植业、养殖业和林果业为主，为高质量推动县域农业提档升级，实现农业增效、农民增收、农村繁荣稳定，实施“一主三辅”农业产业优化发展道路。“一主”即坚持以红枣为主导产业发展不动摇。稳定红枣种植面积15586公顷，重点在提升红枣品质与拓展销路上下功夫。坚持实施红枣提质增效各项举措，继续推行红枣“五统一”管护模式。大力实施间移、间伐奖励政策，完成枣园疏密改造；鼓励施用农家肥，力争实现有机绿肥无套种地块全覆盖。推进红枣产业转型升级，不断提高红枣精深加工能力。大力扶持重点龙头企业及合作社发展，延伸产业链。乡村注重培养科技示范“带头人”，县城注重培养引进交易“经纪人”。加快促进红枣加工产业集聚，依托若羌(兵地)电子商务产业园、红枣专业合作社和电商网店，全力构建若羌红枣网上销售平台，实现“千户农民做电商”格局。深入提炼和宣传“红枣文化”，坚持“走出去”和“引进来”相结合，探索发展“红枣+旅游”等新兴业态。

“三辅”即以发展畜牧养殖业、设施农业、特色种养业为辅，补充完善若羌县当前产业发展体系，实现农业产业结构优化调整和全面发展。大力倡导种草养畜，解决饲草料短缺问题，实现畜牧业发展。建设南疆乃至全新疆重要生猪供种基地和商品猪生产基地。鼓励休耕地农户在红枣疏密改造后套种冬麦和复播玉米，开展打草运动，增加饲草供给能力。大力发展规模化养殖，引进规模化养殖企业落户若羌，鼓励落地企业升级扩规模。大力推行“公司+基地+农户”产业化经营模式，鼓励农区基本农户饲养多胎肉羊，企业、合作社开展托养。坚持农牧结合，创建特色畜产品品牌，不断拓展国际国内消费市场。稳步提升设施农业，促保障稳供应。研究出台推进设施农业新一轮发展的促进办法，制定相应扶持政策推进设施农业发展，同时加大招商引资力度。成立蔬菜行业协会，重视中介组织和经纪人队伍建设，提高设施农业组织化程度，构建市场供需网络，实现生产环节和市场的对接和连通，促进订单农业发展。建立“供销合作社+农民专业合作社”联合发展模式，通过与市场建立统一购销关系，逐步提高若羌县蔬菜市场供应量。

发展特色种养，实现“三特”产业高质量发展。适度发展甜瓜、桃子、冬枣等，继续扩大蜜蜂养殖规模，招商引资，建设蜂蜜加工厂、合作社，实现规模化、专业化养殖，做大做强“甜蜜产业”。大力发展特色养殖，力争使若羌县特色养殖业呈现规模化、良种化、市场化。利用生猪产业剩余内脏等供给下游产业发展，提升生猪养殖副产品利用率，大力发展田园生态旅游和大漠胡杨一日游，引进骆驼养殖企业，在基础上适当增加养殖规模。

（颜权）

【农业综合执法】 2021年，若羌县农业综合行政执法大队累计出动执法人员1502人次，检查经营场所393个。全年办案7件，其中，简易程序案件1件，结案1件；一般程序案件6件，结案6件。行政处罚金额1.126万元，没收违法财物0.56万元。

（王磊）

种植业

【粮食作物种植】 2021年，若羌县粮食作物播种面积3554.6公顷，比2020年增加40公顷，增长1.25%，产量为21358.54吨，亩产400.58千克。其中，小麦面积播种1493.9公顷，比2020年减少460公顷，下降23.55%，产量5214.82吨，比2020年减少3315.88吨，下降38.87%，亩产232.72千克；玉米播种面积2030.5公顷，比2020年增加513.33公顷，增长33.96%，产量15724.2吨，比2020年增加5224.1吨，增长49.75%，亩产232.72千克；薯类播种面积23.2公顷，产量412.89吨，亩产1186.48千克；豆类播种面积7公顷，产量6吨，亩产63.08千克。

（苏勇宏）

【经济作物种植】 2021年，若羌县经济作物（红枣种植另外计算）面积6500公顷，比2020年增加600公顷，增长10.19%。其中，棉花种植3720公顷，产量6802.41吨，比2020年增加2096.41吨，增长44.55%，产量121.97千克；中草药种植面积933.33公顷，比2020年增加113.33公顷，增长14.02%，产量2063.77吨；瓜果种植面积266.67公顷，比2020年增加1.27公顷，增长0.56%，产量5387.31吨，比2020年增加195.9吨，增长3.77%；其他作物种植（青贮玉米、苜蓿）面积1413.33公顷，比2020年减少580公顷，下降29.18%，产量6.91万吨。2021年，若羌县种植陆地蔬菜153.74

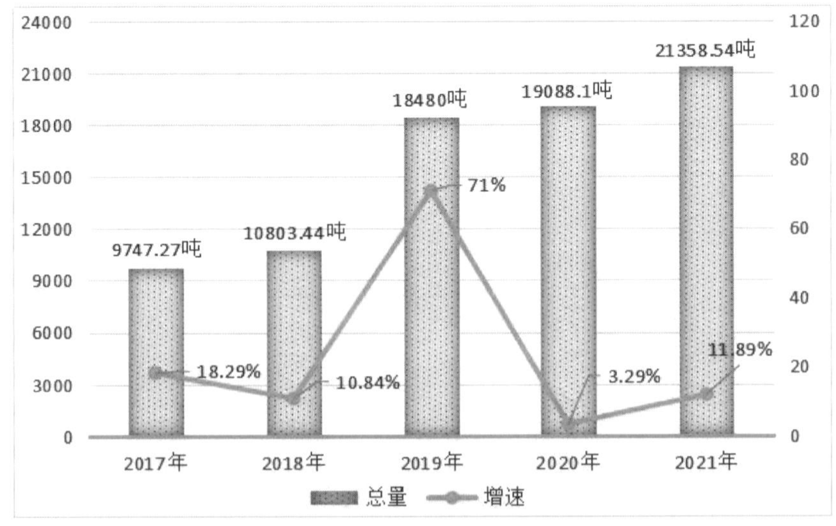

图3 2017—2021年若羌县粮食作物产量及增长速度

（县统计局 供稿）

公顷，设施蔬菜14.07公顷，生产的蔬菜全部用于本地销售或农户自给自足，保证了冬春季蔬菜稳产保供。鼓励农牧民发展庭院经济，搭建小拱棚265个，引导广大农牧民在房前屋后、田间地头空地种植大白菜、萝卜、恰玛古、皮牙子南瓜等冬储类蔬菜，冬储菜储备达2405.70吨，储备县域群众冬天的“菜盘子”。

（苏勇宏）

【种子管理】 2021年，若羌县种业发展服务中心共开展农资市场种子管理执法监督检查工作24次，发放宣传品2000余份。

（苏勇宏）

【新品种引进】 2021年，若羌县引进玉米品种12个。经试验，天玉808、新玉52、裕丰303、华农887四个品种抗逆性、丰产性较好，在全县大面积推广。

（苏勇宏）

【测土配方施肥】 2021年，若羌县农业农村局制定红枣、小麦、棉花、玉米、甜瓜区域配方施肥方案，在县推广应用测土配方施肥技术，红枣、小麦、棉花、玉米、蔬菜、甜瓜地块15333.34公顷，全县测土配方技术覆盖率92%，发挥增产节支、提质增效作用。

（苏勇宏）

【废旧地膜回收】 2021年，若羌县农业农村局加大农膜残留对土壤危害、农膜回收补贴政策的宣传力度，开展现场培训会23场次，发放“宣传明白纸”6000余份。引进废旧地膜回收机械6台，提高地膜回收工作效率。农田使用地膜545吨，回收452吨，农膜回收率83%。（苏勇宏）

【农药负增长行动】 2021年，若羌县病虫害统防统治覆盖率85%以上，高效、低毒、低残留化学农药普及率90%以上，化学农药使用量较2020年减少0.36吨，同比下降4.7%，实现化肥农药使用量零增长行动目标。（苏勇宏）

瓦石峡镇金胡杨村玉米水肥一体化配套机械化丰产高效节水综合栽培管理技术示范基地（县融媒体中心 供稿）

【化肥负增长行动】 2021年，若羌县农业农村局以测土配方施肥为技术手段，以耕地质量保护为目的，推进化肥减量增效。积造农家肥（有机肥）36.1万吨，施用面积1.53万公顷，2021年化肥施用量较2020年下降2.2%，实现化肥负增长目标任务。（苏勇宏）

【黑枸杞良种繁育】 2021年，若羌县农技中心推广良种繁育作物黑枸杞，依托特色作物（黑枸杞）制种基地建设项目，在铁干里克镇、吾塔木乡实施黑枸杞良种繁育的地块面积约117公顷，亩产优质枸杞果128千克，总产优质黑枸杞种果224.64吨。

（苏勇宏）

【玉米水肥一体化配套机械化丰产高效节能综合栽培管理】 2021年，若羌县玉米水肥一体化配套机械化丰产高效节水综合栽培面积2200公顷。其中，铁干里克镇460公顷，吾塔木乡206.67公顷，瓦石峡镇1533.33公顷，全面采用地面覆盖地膜滴灌措施种植。平均每公顷节约灌溉用水1500立方米，玉米每公顷平均产量达到10852.5千克。

（苏勇宏）

【棉花全程机械化种植栽培管理】 2021年，若羌县棉花种植面积3720公顷，棉花播种到收获田间管理机械化操作率90%以上，棉花机采率达到99%。推广棉花全程机械化种植栽培管理技术面积3669.87公顷，主要位于瓦石峡镇金胡杨村。采用干播湿出方法，利用卫星定位导航系统实现自动驾驶，一次性完成铺膜、播种、覆土等作业，运用水肥药一体化技术和化学封顶技术，不再需要人工打顶，运用无人机飞防、喷施叶面肥、脱叶，实行机械采收。（马晓静）

林草业

【退耕还林还草】 2021年，若羌县应兑现退耕还林工程补助资金462.14万元。其中，2021年补发2017年新一轮退耕还林工程第三批补助资金400万元，补发2006年完善退耕还林工程补助资金62.14万元。实际兑现资金459.1万元，资金支付率99.34%。其中，补发2017年新一轮退耕还林工程第三批补助资金399.18万元；补发2006年完善退耕还林工程补助资金59.92万元。（刘新、江晓伦）

【林木种苗】 2021年，若羌县林草局结合若羌县春季造林绿化工作，组织技术人员对造林绿化的林木种苗质量进行抽查，对苗木的林木种苗生产许可证、林木种苗经营许可证、林木种苗质量合格证，及林木良种使用情况、种苗标签使用情况等进行检查。3月29日至4月2日，县林草局组织技术人员对若羌县一乡二镇、单位及个体户苗木相继进行检查抽查，共抽查3个树种（密胡杨、胡杨、沙枣），9个苗批，抽查样株1850株，代表74.86万株用于造林的苗木质量，苗木总体合格率100%。其中，Ⅰ级苗率56%，Ⅱ级苗率44%，苗木质量综合合格。抽查内容包括苗木的苗龄、苗高、地径、胸径、根系、带土球等。分级依据《林木种子检验规程（GB/T 2772—1999）》《主要造林树种苗木质量分级（GB 6000—1999）》《新疆主要造林树种苗木质量分级（DB65/T 2201—2014）》。苗木质量抽查若羌县林业和草原局假植地、吾塔木乡造林地、铁干里克镇造林地3个单位，苗木总体合格率100%。其中，Ⅰ级苗率56%，Ⅱ级苗率44%，苗木质量综合合格。（刘新、江晓伦）

【造林绿化及防护林建设】 2021年，315国道绿化及米兰水库新造林面积66.85公顷（含补植）；城西新植造林地点：315国道以南1605+600千米至1608千米段处。造林面积12.67公顷；城东植树造林地点：315国道火车站岔路口至重化工业园区路口段两侧。造林面积58公顷，栽植各类苗木37.6万株。其中，胡杨35.18万株、沙枣1.92万株、梭梭500株。

若羌县新造农田防护林（胡杨、沙枣）面积141.54公顷。其中，铁干里克镇新造农田防护林面积65.42公顷；吾塔木乡新造农田防护林面积17.47公顷；瓦石峡镇人工新造农田防护林面积58.65公顷；成活率≥85%的面积120.6公顷，占新造林总面积的85.2%；成活率84%—70%的面积7.1公顷，占新造林总面积的5%；成活率69%—40%的面积7.75公顷，占新造林总面积的5.5%；成活率40%以下的面积6.12公顷，占新造林总面积的4.3%。（刘新、江晓伦）

【草原生态监测】 2021年，若羌县草原监测按照自治区统一部署，开展返青监测、生产力高峰期监测和秋季监测，主要采取地面调查和监测的方法，重点监测草原生产力、植被状况、生态状况、利用状况、灾害状况和保护建设等。4月至5月，受强冷空气的影响，气温急剧下降，草原返青期牧草长势仍处于干枯阶段，草种返青较晚。夏季草原生长期设15个调查监测点位、秋季枯黄期设6个调查监测点位。与2020年草原动态监测数据对比，2021年植被的种类、盖度、密度、生殖质、叶层高度、生活力、产草量及载畜量都有所增加。

（刘新）

【林业有害生物防治】 2021年，若羌县自然资源局在218国道设立林业有害生物检疫临时检查站，对调入若羌县的各类苗木及林产品进行严格的检疫检查，共检查67车、122.72万株；对调入若羌县的170.16万株各类造林苗木进行抽样复检，复检率100%；吾塔木乡、铁干里克镇、瓦石峡镇全面开展春尺蠖大球蚧，红蜘蛛、吉丁虫防治工作，完成防治面积约1005.13公顷；对315国道城东城西人工胡杨林进行喷药防治，总防治面积约220公顷；对若羌县4个自治区级监测（报）点及12个监测样地进行监测，发布测报信息8期。（刘新、江晓伦）

【若羌生态林建设与管理】 2020年，若羌县农田防护林建设面积2133.33公顷，在退耕还林、“三北”等林业重点工程的大力推动下，基本农田林网化96%，农田林网化格局基本形成，为若羌红枣产业的健康发展奠定良好的基础，促进县城周边防护林体系日趋完善。2021年，若羌县森林覆盖率2.07%，农田林网占地率10%，使若羌县抵御自然灾害的能力显著提高，当地严酷的自然环境得到有效改善。生态林的建设，将增加这一地带的植被，农田牧场防护林的实施将改善生态环境，有效阻止风沙对农田和农村的危害，减少水土流失，提高农区空气质量。农田牧场防护林建设可降低风速，提高空气湿度，减少县域内20%~40%的蒸发，增加20%左右的土壤含水量，使若羌县上空的空气湿度比周边地区高出5%～10%。春季田间气温提高0.7℃～3.5℃，秋季提高0.6℃～2.3℃，夏季具有降温作用，可使田间气温降低0.1℃～2℃。（刘新）

若羌红枣产业

【概况】 2021年，若羌县红枣种植面积15586.67公顷，其中2021年申报成全国绿色食品原料标准化生产基地6666.67公顷，红枣产量9.25万吨，受天气影响比上年减少24.8吨，干枣为6.48万吨。主要品种为灰枣（普通灰枣、羌灰1号、羌灰2号、灰枣新星），辅以骏枣、冬枣等，栽植模式为4×1米、4×1.5米、4×2米、4×3米、4×4米、6×2米、6×3米、6×4米、8×2米等，红枣种植面积1.56万公顷，比2020年减少133.33公顷，下降0.83%。至2021年，全县取得“绿色食品”“有机农产品”“无公害农产品”认证的合作社（企业）有8家。

（阿依古丽·吾守尔）

【若羌红枣品牌创建】 2021年，若羌县绿色食品原料（红枣）标准化生产基地入选2021年第二批全国绿色食品原料标准化生

2021年4月25日，铁干里克镇打畦节水高标准示范田现场观摩推进会现场，村民使用打畦机在枣林中起垄做畦（曹玥 摄）

产基地；若羌红枣上榜2021中国地理标志农产品（果品）品牌声誉评价报告；若羌红枣入选2021中国农产品百强标志性品牌。

若羌县红枣产业获得诸多荣誉。2005年，若羌县获得"中国红枣产业发展龙头县"称号；2006年，若羌红枣获得首届中国（国际）枣业博览会金奖；2008年，若羌县获得"中国红枣之乡"称号；2010年，若羌红枣通过国家"地理标志产品保护"；2015年，若羌红枣获得"2015中国果品区域公用品牌50强"称号，若羌红枣协会获得"果品行业区域品牌建设杰出贡献奖"；2016年，若羌县获"中国红枣之乡"称号，"若羌红枣"地理标志商标被认定为中国驰名商标；2020年，若羌县塔里木红枣合作社获得"特优"农产品气候品质认证。

（阿依古丽·吾守尔）

【红枣提质增效工程】 2021年，若羌县委、县政府印发《若羌红枣进一步提质增效的实施意见（试行）》《若羌县红枣提质增效冬春季管理工作实施方案》深入推进红枣提质增效。县农业农村局定期组织红枣科技服务中心专家到各农业乡镇开展培训。加大密植枣园疏密力度，按照"疏密间伐、更替改造、高接良种、精细抚育"为主的技术路线，指导枣农将种植模式由原来的4×1米模式、3×2米模式调整为4×2米模式、4×4米模式。完成枣树疏密改造433.33公顷。枣园施用有机肥53.8万立方米，每亩平均用量2.5立方米，施肥面积1.43万公顷次，完成率为92%。抓好枣树整形修剪，扎实开展枣园清园工作。推广红枣高效节水工作，实行定额供水。全年，若羌县在2.87万公顷集体土地果园，推广实施红枣地表水高效节水和打畦节水灌溉技术工程，通过节水灌溉实施，将实施前每亩灌水1060立方米减少到590立方米，降低枣园灌水成本，提高水资源利用率，节约水资源2000多万立方米。

红枣疏密采取科学渐进式的枣园疏密步骤和方法，长短兼顾，以长为主，对密闭枣园综合施策。对株行距的枣园疏密改造。确定隔株隔行疏密，株行距调整到2×5—6米。确定永久株和临时株。永久株提干、放枝、扩冠、更新结果主枝，临时株控冠、回缩、落头，给永久株腾让空间位置。3—4年，伐除临时株，株行距改造成4×5—6米模式，主干提高到1.2—1.4米，树高4.5—5米。对株行距1×4米模式的枣园疏密改造，先隔株疏密，利用1—2年的时间完成隔株疏密任务，使株行距达到2×4米的种植模式；3—4年，伐除临时株，株行距改造成4×4米模式，主干提高到1—1.2米，树高达到3.5—4米。在枣农自愿的前提下，开展株行距2×4米改造成为4×8米模式的试点工作。提高树干，培养结果主枝。2—3年，视主枝培

2021年6月21日，县红枣中心使用T30大疆植保无人机对吾塔木乡尤勒滚艾日克村万亩红枣林进行植保

（张达 摄）

养情况，逐年疏除主干1米以下大枝，完成提干工作。控制主枝（大枝）数量，做到大枝稀，小枝密，“大枝亮堂堂，小枝闹嚷嚷”的合理树体结构。对于临时株的修剪主要以控冠结果、为永久株腾让空间为目的，采取疏枝、回缩的方法从基部疏除株间结果大枝，给永久株放枝腾让空间，保留行间大枝，形成扇形结构；抹芽、放枝，适量向行间放枝，每株放3—5个枣头，达到缓和树势、增加产量的目的。

通过按照永久株、临时株管理，使枣园达到“行间能行车、株间可过人、枝枝都见光”的通风透光条件，减少病虫害发生，提高果品质量。

（阿依古丽·吾守尔）

2021年10月15日，新疆果业公司工人对若羌红枣生产加工

（县融媒体中心 供稿）

【红枣生产技术研究】 2021年，县红枣科技服务中心根据若羌县红枣产业发展实际情况，开展专业课题研究，完成《若羌红枣转型升级提质增效关键技术研发与示范推广》《若羌红枣新品种选育及标准化技术集成与推广》《若羌红枣提质增效栽培技术规范》《若羌红枣标准化体系》《若羌红枣标准化管理规程》等科研课题。

（阿依古丽·吾守尔）

【红枣生产科技服务】 2021年，县红枣科技服务中心与若羌县红枣专家团常态化到吾塔木乡、铁干里克镇、瓦石峡镇开展枣树修剪、施肥、夏季管理、病虫害防治现场技术指导，提升枣农枣树管理技术水平，提高红枣的品质。举办科技培训313场，参加9061人次，发放宣传资料6000份。

（青献东）

【红枣病虫害防治】 2021年，县红枣科技服务中心做好病虫害预测预报工作，按照“预防为主，综合防治”的方针，引导枣农开展农业、人工、物理、生物的防治。按照绿色有机食品生产技术规程要求，推广使用矿物源、植物源和生物源农药。做好枣树石硫合剂喷洒技术指导工作。统一熬制使用石硫合剂550吨，枣园喷洒石硫合剂达到100%全覆盖。通过招标，确定17种枣园允许使用的药品。编制发放枣树病虫害预测预报6期，开展红枣红蜘蛛飞机防治工作4次。

（阿依古丽·吾守尔）

【红枣采摘与仓储】 2021年，若羌县种植红枣品种主要分为鲜食枣（冬枣）、干枣（灰枣、骏枣）。根据不同的成熟期进行采收，鲜食枣（冬枣）采收时间为9月下旬至10月中旬，灰枣、骏枣采收时间为10月下旬至11月中旬。全县红枣严格按照分品种进行采收和销售。若羌县红枣主要由13家红枣企业、合作社库房、冷库（保鲜库）、县交割库储藏。仓储量约17550吨，平均销售价格12元每千克。

（阿依古丽·吾守尔）

【红枣深加工】 2021年，若羌县引进新疆果业、羌都枣业、羌鑫、米掌柜等企业开展枣红素、枣酵素、枣酒、红枣多糖、枣酱、速溶枣粉、枣饮料、冻干枣、红枣膳食纤维等红枣精深加工项目。从和田、喀什、阿克苏等地区邀请红枣经纪人到若羌投资建厂、租冷库，进行红枣期货交易。推进企业在红枣精深加工上推陈出新，抢占红枣精深加工产业高地。（青献东）

【枣地高效节水灌溉】 2021年，若羌县在2866.67公顷枣园推广实施红枣地表水高效节水和打畦节水灌溉技术工程。通过节水灌溉，将每亩灌水1060立方米减少到每亩590立方米，降低了枣园灌水成本，提高了水资源利用率，节约水资源2000多万立方米，节约的水资源相当于相同面积荒漠化土地治理所需要的水资源。（阿依古丽·吾守尔）

畜牧业

【概况】 2021年末，若羌县牲畜存栏32.3万头（只），比2020年增长73.47%，其中，牛存栏0.3万头，比2020年下降13.42%；生猪存栏10.18万头，比2020年增长1倍；羊存栏13.27万只，比2020年增长1.53倍；活家禽存栏8.35万只，比2020年增长62.68%；蜜蜂416箱。牲畜出栏23.47万头（只），比2020年增长77.26%，其中，牛出栏1000头，比2020年下降37.5%；猪出栏10.77万头，比2020年增长68.18%；羊出栏6.52万只，比2020年下降1.66%。家禽出栏6.04万羽，比2020年增长8.87%；全县肉类总产量9979.82吨，比2020年增长62.43%；奶类的产量为33.6吨；禽蛋的产量为188.14吨。（杨瑞东）

【牲畜品种改良与饲料储备】 2021年，若羌县牛改良2447头，羊改良48011只。若羌县良种畜比例达到85%以上，市场竞争力持续提升。（杨瑞东）

【饲料种植与补贴】 2021年，若羌县通过粮改饲项目，实现农牧业循环经济的可持续利用，推行牧草商品化生产，配套草牧业全产业链政策措施，全面放大土地系统效益，以健康稳定丰富的产业群来推动农村经济社会的全面发展。发展订单农业，促进种植业发展，对增加农民收入有明显的拉动作用。种植专用青贮玉米按平均4吨计算，每吨收购均价300元，每公顷收入1.8万元，比种植籽实玉米每公顷增收3750元左右。完成自种青贮玉米378.53公顷，收储青贮玉米11073吨，累计投入补贴48.9万元。资金来源为2021年中央农业生产发展资金（第二批）。（杨瑞东）

【畜牧项目建设】 2021年，若羌县先后实施羌都天厚70万头生猪养殖基地、新疆羌都天厚羊业有限公司年出栏20万只肉羊养

2021年8月22日，吾塔木乡昆其村召开若羌县科学养殖之青贮饲料制作现场会。图为昆其村农民现场加工青贮饲料 （林小芸 摄）

殖、新疆羌晟牧业特色养殖骆驼驴深加工项目、羌都年加工60万吨饲料厂、农业乡镇建设养殖小区、万头牛场基地养殖等项目。

羌都天厚70万头生猪养殖基地:基地位于瓦石峡镇塔什萨依村,总投资10亿元。项目用地面积117.5公顷,种猪场8个种猪圈舍投产,引进种猪2万头;公猪舍引进种公猪200头;6个保育舍投产,饲养仔猪6.6万头。2021年,投资8.05亿元。年末,出栏31万头,产粪20万吨。

羌都天厚羊业有限公司年出栏20万只肉羊养殖场:位于瓦石峡镇塔什萨依村,总投资3亿元。建设2个生产小区;2021年投资350万元,完成6个圈舍地基砌筑工作。

瓦石峡镇吾塔木村养殖小区:位于瓦石峡镇吾塔木村315国道1661千米南侧1.7千米处,完成投资392万元。该养殖小区总占地约3.33公顷,有羊圈2座,建筑面积约30630平方米,未养殖羊。养殖小区承包种植基地140公顷(其中,红枣园66.67公顷,饲草地66.67公顷)。

新疆福润德恒牧业有限公司养殖小区:养殖小区位于吾塔木乡牧业村以西、590专线以南。该养殖小区总占地约13.3公顷。2021年,完成投资681万元,建设完成羊圈6座,建筑面积约133094.54平方米,未养殖羊。养殖小区承包种植基地93.33公顷(其中,红枣园40公顷,饲草地53.33公顷)。

新疆羌晟牧业有限公司特色养殖基地:位于若羌县315国道1597千米以北。该养殖基地总占地约60公顷,建设标准化种驴、骆驼养殖基地1个,总投资2.26亿元。2021年,完成投资8600万元。10月,引进优质驴243头,骆驼181头,产粪10.6吨,未出栏。基地承包荒漠化治理草地266.67公顷,种植基地93.33公顷(其中,红枣园40公顷,饲草地53.33公顷)。

西星牧业发展有限公司养殖场:养殖场位于若羌县铁干里克镇5号闸以南200米处。该养殖场总占地约21.8公顷,建设牛养殖基地一个,总投资4亿元。2021年,完成投资1.5亿元,引进牛780头、羊2000只、骆驼400余峰,产粪60吨,未出栏。种植基地93.33公顷(其中红枣园40公顷,饲草地53.33公顷)。

羌都年加工60万吨饲料厂:饲料厂位于315国道原胜杰枣业旁,由羌都昆仑饲料有限责任公司建设,总投资1.5亿元。2021年,完成投资9800万元,完成主车间、实验室主体建设工作。

(杨瑞东)

【动物疫病监测】 2021年,若羌县畜牧兽医局合理安排春、秋动物应免疫工作,春季重大动物疫病强制免疫抗体水平达到国家标准以上,应免疫密度100%;秋季应免疫密度100%。(杨瑞东)

【产地和屠宰检疫】 2021年,若羌县有牛羊定点屠宰场1家、生猪定点屠宰场1家,禽类屠宰点5家。全年,屠宰牛385头、羊9565只、生猪3370头。县畜牧兽医局对口蹄疫、禽流感、布鲁氏菌病等进行采样监测和送检。其中,羌都畜牧400份;养殖生猪散养户20份;牛口蹄疫免疫抗体监测30份;羊口蹄疫免疫抗体监测240份;布病病原监测生猪420份;布病免疫抗体监测牛30份、羊240份;禽流感H5监测225份,禽流感H7监测225份;小反刍兽疫免疫抗体监测225份。

(杨瑞东)

【动物防疫补助】 2021年,若羌县发放基层动物防疫补贴1家企业(羌都畜牧)金额27.65万元;畜牧业贴息贷款补贴20万元,分别补贴新疆海辉畜牧有限责任公司(2.45万元),神犇养殖专业合作社(17.55万元)2家企业;生猪无害化处理补助1家企业(羌都畜牧),补贴30.41万元。

(杨瑞东)

【流通环节监管】 2021年,若羌县畜牧兽医局加强依吞布拉克省际公路动物检疫检查站的监

2021年9月9日，若羌县铁干里克镇畜牧兽医站的工作人员分别对牲畜和家禽按照逐畜逐针免疫工作要求进行免疫 （刘倩楠 摄）

督管理。严格按照程序查证验物，发现问题及时与产地动物卫生监督机构协调沟通，有力打击伪造、变造、倒卖证章标志以及违规出证等违法违规行为。对调入若羌县域内的动物及动物产品，按照“调运提前申请、及时备案、落地报检、隔离观察及消毒”等程序进行规范性检疫。共检查车辆5112辆，消毒5112辆，进疆实际查证验物有牛3195头60车次，羊30.86万只1265车次，禽38.1万羽29车次，其他动物1.05万（只、匹、峰）17车次，畜产品180.97吨11车次、禽产品1.34万吨549车次。出疆实际查证验物有猪45.59万头2408车次，牛778头18车次，羊400只、1车次，禽15羽1车次，其他动物23693（匹、只、峰）213车，畜产品3.01万吨417车次，禽产品3054.86吨126车次。依吞布拉克动物检查站无害化处理羊250只。

（杨瑞东）

【畜产品监管】 2021年，若羌县农业农村局向牛、羊、生猪定点屠宰场派驻官方兽医，严格产前检疫，落实两证两标制度。按照屠宰数量的3%抽查采样肉食品，进行“瘦肉精”检测，检测数量530份，均为阴性。开展14项专项整治活动，共出动执法人员32人次，出动车辆9台次，印发相关宣传资料480份。 （杨瑞东）

【动物卫生监管】 2021年，若羌县畜牧兽医局对1家兽药经营店和7家动物养殖大户使用兽药情况进行监督检查，宣传和发放畜牧兽药、饲料使用知识手册。共出动车辆8台次，出动执法人员46人次，通过执法检查，未发现有畜牧违法行为。 （杨瑞东）

【畜禽禁养区划定】 2021年，若羌县进一步调整完善畜禽养殖禁养区划定工作，由环保、畜牧部门牵头，国土、住建、水利、林业等多部门共同参与，开展禁养区划定情况排查，根据城镇现行总体规划，以地表水源保护区、自然保护区、居民区等区域为重点，综合考虑动物防疫条件、卫生防护和环境保护要求等，因地制宜，依法科学设置边界范围，划定4个禁养区，面积67521.49平方千米，促进环境保护和畜牧养殖业协调发展。对明确的饮用水水源保护区的一级保护区二级保护区、自然保护区的核心区和缓冲区，城镇建成区，文物保护和历史古迹保护区等禁养区禁止建设规模养殖场，做到该禁的坚决禁、能养的科学规范养，并对违反法律法规以及规定限制养殖业发展的情况进行整改。

若羌县两镇一乡饮用水水源保护区的一级保护区、二级保护区，瓦石峡镇饮用水水源保护区的一级保护区、二级保护区，塔什萨依农业开发区的一级保护区、二级保护区为禁养区，面积18750平方千米。城镇建成

铁干里克镇努尔巴格社区发展特色小尾寒羊养殖为乡村振兴注入活力。图为2021年4月17日，努尔巴格社区养殖户为小尾寒羊添加饲料 （艾柯代 摄）

区、人口聚集区，集镇所在地、学校、医院、商业区等公共场所500米以内区域，218国道、315国道、高速公路、铁路、飞机场两侧500米以内区域为禁养区，面积6803平方千米。

若羌县阿尔金山国家级自然保护区的核心区和缓冲区为禁养区，防止保护区受到养殖污染，面积41800平方千米。

楼兰故城遗址、米兰古城遗址、小河墓地、瓦石峡古城遗址、白头城、阿布旦古城等文物保护和历史古迹保护区为禁养区，面积168.49平方千米。 （杨瑞东）

【小尾寒羊饲养管理】 2021年末，若羌县小尾寒羊存栏1万余只，出栏800余只，分布在铁干里克镇、吾塔木乡、瓦石峡镇。小尾寒羊产羔1.8万余只。饲养以圈养为主，放养为辅。养殖以玉米、黑麦草、小麦秸秆为主的青饲料，舍饲棚圈里必备舔砖（盐砖）和水，舔砖用以补充维生素和无机盐，实行混合圈养。

小尾寒羊饲养要限制运动量，减少能量消耗，加快肥育速度；粗精饲料搭配，适当喂给尿素；备足越冬草料，如豆科作物的秸秆、树叶、麦草及青干草等，皆可作为干草储备喂羊。冬季，羊以舍饲干草为主，易造成维生素、无机盐及矿物质元素缺乏，所以适当供应青绿饲草有利于维持羊体内所需物质的平衡。青绿饲料以胡萝卜、黑麦草、大白菜叶等为好。冬季寒冷，羊体散热快，应适当补给精料。精料以玉米粉、豆粉、麸皮等为主，特别是公羊和怀孕母羊，补给精料尤为重要。冬季让羊多运动，增强体质。一般选择在天气晴暖、日照充分的避风向阳的田地进行适当放牧。 （杨瑞东）

渔 业

【农区池塘养殖】 2021年，若羌县农区共有池塘养殖3家，为荒地开发鱼塘，无永久性基本农田和高标准农业用地占用情况，总面积5.87公顷。水资源主要来源于地下水（井水），养殖方式为传统养殖，产鱼17吨。（杨瑞东）

【天然湖泊生态养殖】 2021年，若羌县湖泊渔业以增殖鱼苗放流为主，未开展其他养殖工作。若羌县域内有台特玛湖和车尔臣下游尾闾湖2个天然湖泊，总面积500平方千米。车尔臣下游尾闾湖水资源主要是车尔臣河，水域面积200平方千米、湿地面积400平方千米以上。湖水最深达9米以上，将大小面积不等的13个湖泊连接起来组成一个大湖区。湖区水质清新，浮游生物丰富，属于富营养性湖泊。湖里有国家一级保护动物扁吻鱼、国家二级保护动物塔里木裂腹鱼等水生野生动物，有草鱼、鲤鱼、鲫鱼等经济鱼类。台特玛湖水资源主要是塔里木河，湖面面积

280平方千米。台特玛湖、车尔臣下游尾闾湖属于禁止捕捞区域。（杨瑞东）

【渔业产业化生产】 2021年，若羌县有渔业养殖企业2家，养殖品种以草鱼、鲤鱼为主。2家渔业养殖企业均为自投资产。其中，巴州国军综合养殖有限公司养殖面积1.33公顷，年产鱼5吨；阿西农场渔业养殖合作社养殖面积1.67公顷，年产鱼10吨。（杨瑞东）

【渔政管理】 2021年，若羌县完善水产养殖许可证制度，依法核发养殖证，按照不动产统一登记的要求，加强水域滩涂养殖登记发证。共出动车辆12辆次，出动执法人员36人次，发放宣传单300余份，缴获非法捕捞工具渔网20张、小型游艇1艘，没收电锯1台、鱼竿17竿，共放生鱼苗300尾。对县域内的渔业养殖加强监督和管理，共检查养殖企业2家36次，下发整改措施4条。（杨瑞东）

【增殖鱼苗放流】 2021年11月20日，若羌县举行2021年巴音郭楞蒙古自治州渔业资源增殖放流项目台特玛湖放流活动。该次放流的有草鱼、鲢鱼、鲤鱼等经济类鱼苗，数量20万尾，分批次将鱼苗放入湖中。工作人员按照操作规程，从放流鱼苗检测检疫、放流数量、放流规定等方面进行全程监督。（杨瑞东）

【渔业生态资源保护】 2021年，若羌县持续加强对台特玛湖和车尔臣下游尾闾湖区域渔业资源保护和水域生态保护的综合治理，根据《巴音郭楞蒙古族州养殖水域滩涂规划（2018—2030年）》征求意见稿，切实加大对若羌县境内名贵、濒危野生鱼类（叶尔羌高原鳅、塔里木裂腹鱼、扁吻鱼）的保护力度。为确保若羌县渔业资源的永续利用，加强禁渔区和禁渔期的管理，保护渔业资源。（杨瑞东）

2021年11月20日，若羌县举行2021年巴音郭楞蒙古自治州渔业资源增殖放流项目台特玛湖放流活动 （李太才 摄）

农牧业机械化

【农业机械装备】 2021年，若羌县农业机械总动力为9.33万千瓦，拥有各类农机具5277部，耕整地机械有机引犁913台，旋耕机1923台，机引耙202台。种植施肥机械有小麦播种机135台，棉花铺膜播种机310台，玉米播种机19台；收获联合收割机8台、采棉机5台，外县来若羌跨区作业联合收割机6台、采棉机6台。全县农林牧渔综合机械化水平为68.1%，主要大宗农作物综合机械化水平为96.9%。植保机械有手持式喷雾机587台，风送喷雾机142台，植保无人机14台。畜牧机械有饲草粉碎机172台，牧草打捆机5台，青贮收获机4台，外县跨区作业玉米青贮收获机4台。有红枣捡拾机25台，汽油机吹风机1500台，风送式吹叶筛枣机1000余台，红枣收获基

2021年6月22日,县农业农村局工作人员在铁干里克镇古力巴格社区的麦地里对小麦的质量、麦草中麦子的残余度以及收割机的检修、消防措施等进行检查

(张达 摄)

本实现机械化。 (阳地宝)

【耕种收机械化】 2021年,若羌县完成机耕面积10500公顷,机耕率98.1%。完成小麦、棉花及玉米等农作物机播面积9632.1公顷,机播率90%。完成棉花机收面积7856.54公顷,机收率99%,小麦机收1737.34公顷,占小麦总播种面积的100%,玉米机收2449.38公顷,占玉米总播种面积的100%,棉花机收面积3669.87公顷,棉花机收水平达98.6%。 (阳地宝)

【林果业机械化】 2021年,若羌县完成机械种耕面积12547公顷,林果业种植面积15586.7公顷,机械化率达80.5%。各类开沟施肥机械127台,完成机械施肥面积9162.7公顷,机械化率达58.7%,完成植保面积15586.7公顷,机械化率达100%。全县有红枣捡拾机17台,林果业采收面积152公顷,机械化率1%,有小型转运挂车23台,机械田间转运产量1365吨,机械田间转运面积158公顷。林果业机械化水平为50.93%,有电动修枝剪550把,修剪面积2411公顷,林果业机械化修剪率达15.4%。 (阳地宝)

【牧业机械化】 2021年,若羌县机收饲草料(含干草)总产量达到12.7万吨,青贮玉米及玉米、小麦秸秆等全部进行机械化收割,收获饲草料11.18万吨,饲草料加工12.7万吨,机械化饲草料加工11.18万吨,牲畜放牧与设施养殖综合机械化程度为49.15%。 (阳地宝)

【农田水利建设机械化】 2021年,若羌县将1710眼机井配套潜水泵及压力罐设施,铺设管道至田间,农田水利灌溉机械化100%。主要分布国有土地农牧业种植区域,满足棉花、小麦、玉米及枣树等农林作物灌溉用水及节水推进工作,实施节水面积24460公顷。 (阳地宝)

【农机安全监理】 2021年,若羌县在册拖拉机3317台,在册驾驶证1096人,拖拉机挂牌72台。应参加年度审验1284台,实际审验1233台,检审率达到96%;反光膜粘贴率100%;辖区内未发生农机安全事故。县农业综合行政执法大队与县农机校对享受国家农机购置补贴的农机手进行农机安全知识培训;对新办驾驶证人员进行培训考试,受理驾驶证77人。加强农机执法人员和农机手的宣传教育培训工作,发放农机宣传资料1602份。与公安(交警)进行联合执法5次,联合执法过程中查车54台次,结合拖拉机"非法载人"专项行动,开展田间路查,检查农业机械154台次。结合拖拉机专项整治活动,开展老旧拖拉机报废工作,完成拖拉机报废113台,提升农机安全生产保障能力。

(阳地宝)

【大型工程机械设备监管】 2021年，县农业农村局注册登记大型工程机械设备878台。县域高速公路、铁路项目工段竣工，摸底离场转移外地的大型工程机械设备484台，县域内留存大型工程机械设备394台。4—5月，举办大型工程机械设备操作员培训班一期，共参加培训驾驶操作人员75名，63人取得驾驶操作资格。开展大型工程机械设备执法检查，共检查大型机械145台，纠正违规操作7起。 （阳地宝）

【农机购置补贴】 2021年，若羌县收到中央购置补贴资金187.5万元，2020年结余0.13万元，合计187.63万元，使用农机购置补贴资金187.59万元，实际录入购机个人及农业生产经营组织109户/个。补贴购置的农机具使用资金173.54万元，补贴购置的机具84台（架）。其中，动力机械32台，耕整地机械20台（架），播种施肥机械14台，田园管理机械6台，收获机械2台，农用北斗导航驾驶设备5套，植保无人机1架，果实捡拾机4台。补贴报废农机补贴资金14.05万元，户数49户、报废拖拉机49台。建立完善农机购置补贴监管制度，在县、乡、村三级进行公示，主动接受社会和群众监督。

（阳地宝）

【农机市场服务和监管】 2021年，若羌县有农机报废回收公司1家，负责开展报废的农业机械回收。县农业农村局成立农机市场监管专项行动小组，加强农机市场法规宣传及执法检查，与每个经销点、维修点及农机报废公司经营者签订责任书，依法加强农机市场监督管理。开展农机维修点、经销点、农机报废场所市场整顿工作，查处假冒伪劣农机、报废农机流入作业市场，保护农机使用者合法权益。若羌县有农机经销户（企业）6个；农机维修点4个，农机报废公司1个，从业人员25人。加强农机市场经销及维修秩序监督检查，全年，县农业农村局开展农机市场执法检查10次，出动执法人员43人次，规范农机市场作业秩序，全年未发生维修质量或配件质量引发的农机事故。 （阳地宝）

【平安农机创建】 2021年，若羌县铁干里克镇、瓦石峡镇、吾塔木乡被评自治区“平安农机”示范乡镇，创建率达60%；“平安农机”示范村有7个，农机户达到1329户，“平安农机”示范户584户，达43.7%。 （阳地宝）

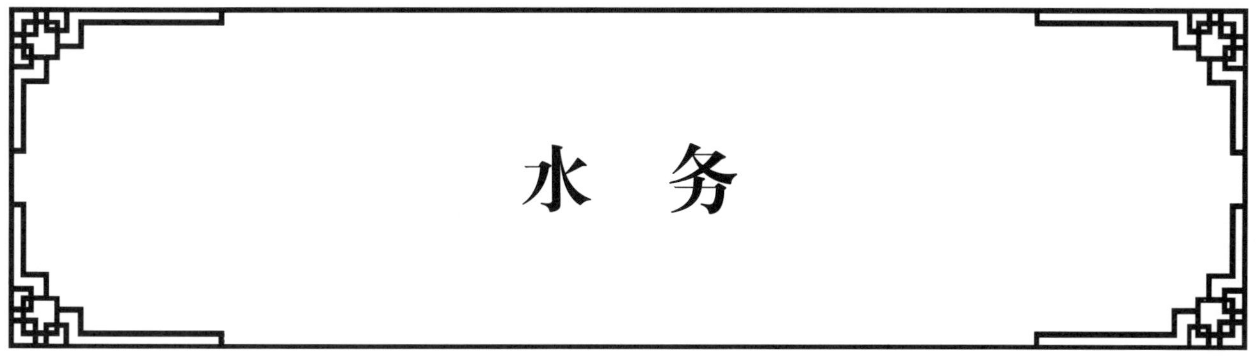

水　务

水利工程建设

【若羌河水库建设与管理】 2021年2月21日，若羌河水库达到第一阶段蓄水高程1615米。3月27日，溢洪道闸门试运行成功。12月26日，若羌河水库首台发电机组顺利完成调试，并发电成功。若羌河水库位于若羌河出山口上游8.4千米处，距离若羌县城约50千米，是新疆重点水利建设项目，也是若羌河上的控制性水利枢纽工程。该水库总库容1776万立方米，控制灌区灌溉面积5466.66公顷，是一座以防洪、灌溉、工业供水为主，兼顾发电的综合型水利工程。该水库主要由拦河大坝、溢洪道、导流兼泄洪涵洞、灌溉放水涵洞等组成，大坝为沥青混凝土心墙坝，最大坝高79米。（张沅溪）

若羌河水库大坝全景。摄于2021年9月15日　（县水利局　供稿）

【瓦石峡河水库建设】 2021年4月2日，瓦石峡水库可行性研究报告经自治区水利厅初步评审并提出修改意见。11月底，修改完善的瓦石峡水库可行性研究报告提交到自治区水利厅进行再次审查。瓦石峡河水库项目是《若羌县瓦石峡河流域规划报告》规划建设的控制性水利枢纽工程，是自治区“十四五”时期重点水利项目。（张沅溪）

【若羌县建材园区供水工程】 2021年3月1日，若羌县建材园区供水工程开工建设，总投资2658万元，其中申请债券资金2000万元，658万元由县财政资金解决。修建沉砂池1座、蓄水池1座，铺设输水管道11.5千米，配套附属建筑物23座、交叉建筑物18座。工程从若羌干渠富硒支渠渠水向若羌县建材园区供水，年供水量600万立方米，满足建材园区用水需求。该工程于12月10日完工。（张沅溪）

【若羌河东支下游若羌镇塔提让村段中小河流工程】 2021年5月15日，若羌河东支下游若羌镇塔提让村段中小河流工程开工建设，主要新建防洪堤7.54千

2021年1月28日，若羌县水利局在吾塔木乡组织开展节水灌溉培训
（艾尔肯·哈斯木　摄）

米。其中，右岸分为两段，长5.05千米；左岸分为两段，长2.49千米。实施该工程后，保证若羌县城区、规划新建物流园、若羌镇、铁干里克镇2066.67公顷耕地，以及3.5万人口的生命财产安全，减轻人民群众防洪负担。总投资1847万元，中央财政资金1293万元，地方自筹554万元。8月30日完工。（张沅溪）

【若羌县依吞布拉克镇农村供排水工程】　2021年7月29日，若羌县依吞布拉克镇农村供排水工程开工建设。主要新建日处理500立方米的自来水厂1座（包含1000立方米的蓄水池1座），配套净化消毒设备、厂房和6.2千米的供水管网等服务基础设施建设；新建1座日处理300立方米的污水处理厂，配套的污水处理设备及6.2千米的排水管网等服务基础设施建设。该工程保证供排水需求，满足依吞布拉克镇生产生活需求。总投资2300万元，其中地方政府一般债券资金1800万元，县财政配套500万元。2021年11月15日完工。（张沅溪）

【若羌河东支小流域水土保持综合治理工程】　2021年3月21日，若羌河东支小流域水土保持综合治理工程开工建设。总投资854.51万元，其中申请国家投资852万元，其余资金自筹解决。主要建设内容：建设护地堤工程3.42千米，封育天然林1700公顷，建设围栏15.84千米，制作封育警示牌20个、安全警示牌5个、宣传碑1座。实施该工程防治水土流失，进而改善项目区人民生活环境，促进小流域内经济和各项事业持续、稳定、健康地发展，9月15日完工。（张沅溪）

【若羌河西支生态治理】　2021年5月18日，若羌县实施若羌河西支生态治理综合治理建设项目第二部分开工建设。该项目以生态环境修复治理为主，突出建设“生态驳岸+碧水蓝天”景观，打造人与自然和谐共处的空间，羌河以“活力若羌·碧水华章”为主题，打造文化体验+生态+休闲相结合的滨河景观带。项目总投资38989.35万元，占地面积约160公顷（不含河道及岸坡），总长度4233米。建设包括水系拓展工程、硬质景观工程、生态绿化工程、景观照明工程、桥梁工程、景观构筑物工程、建筑工程、景观小品及其他配套服务设施工程等。年底完成投资17669万元，完成总工程量60%。（张沅溪）

水政管理

【生态输水】　2021年，若羌河、瓦石峡河、塔什萨依河、米兰河完成生态输水10219.29万立方

米。其中,若羌河612.93万立方米,瓦石峡河1459.15万立方米,塔什萨依河597.71万立方米,米兰河7549.5万立方米。

（张沅溪）

【农业水价】 2021年,若羌河灌区和瓦石峡河灌区农业水价综合改革实施面积2426.67公顷,完成占比100%。瓦石峡河、塔什萨依河中型灌区改造项目部分干渠、支渠、斗渠安装自动化量测水设施63套。以650立方米/亩灌溉定额确定村年用水总量,确定初始水权用水量,以村为单位颁发水权使用证49本,确定初始水权面积6020公顷。以2015年为成本年对水利工程供水成本和末级渠系供水水价进行测算,末级渠系供水水价为0.022元/立方米,完全成本水价为0.262元/立方米,2021—2025年执行阶梯水价,2025年以后执行完全成本水价。（张沅溪）

【水利设施产权制度改革】 2021年,若羌县将部分工程委托设计院依法组织完成。委托工程包括水库1座、水闸4座、堤防5处、干渠4条、支渠10条、引水枢纽3座、水源地供水工程3处的管理与保护范围的划定工作,并在县人民政府网站进行公示。

（张沅溪）

【河湖长制】 2021年,若羌县水利局联合塔里木河流域管理局、县自然资源局、县农业农村局、县生态环境局、相关乡镇等部门开展台特玛湖水域执法联动活动,巡查河道长度80余千米,出动车辆3次,人员10人次,对若羌县范围内4条河1个湖泊1条河沟开展巡河湖工作200次以上,未发现“四乱”问题。委托巴州水利水电勘测设计院编制完成《若羌河、瓦石峡河、塔什萨依河、米兰河岸线利用与保护规划》《若羌河、瓦石峡河、塔什萨依河、米兰河管理范围划定报告》《若羌县河湖管理范围划定成果上图》《若羌县水利工程管理与保护范围划定》。台特玛湖埋界桩60个,安装公示牌14个。

（张沅溪）

2021年11月,县水利局联合各单位对节水型企业进行初验 （杨耀辉 摄）

【水政水资源管理】 2021年,巴州下达若羌县用水总量控制目标为2.06亿立方米。若羌县实际用水量1.59亿立方米,控制在下达的目标之内,比目标值用水量减少22.74%。全年,征收水资源费1013.96万元,超额完成年度目标1000万元的任务。对全县井电双控IC卡计量设施运行巡察5轮,累计巡检机电井8040眼。完成地下水超采区面积332.25平方千米,完成率85%,地下水位得到明显控制。在巴州取用水突出问题专项整治工作中,对若羌县存在的368个取水口问题进行自查并完成整改工作。

（张沅溪）

【水质监测及地下水位监测】 2021年,若羌县域内有水质监测点8处,检测次数8次,饮用水源地水功能区水源处出厂水、末梢水实行日检；每季度对水源水、出厂水、管网水、末梢水进行44项常规检测；每年对出厂水进行106项年检。水质检测均符合《生活饮用水卫生标准》，达标率100%。若羌县安装地下水自动监测设备8套，与2020年10月的水位埋深平均值相比，水位埋深平均值变化上升幅度最大的是B065(若羌县塔什萨依开发区)，水位埋深平均值上升1.31米；水位埋深平均值变化下降幅度最大的是B071(若羌县铁干里克镇萨依靠巴格村)，水位埋深平均值下降2.035米。（张沅溪）

【水土保持】 2021年，若羌县水利局受理申报水土保持方案的项目23个，审批23个。紧盯421个水土保持疑似扰动违法违规图斑整改任务落实，对68个“未批先建”“未批先弃”违法违规图斑逐项查证核实，并督促建设单位限期整改，若羌县在巴州率先完成违法违规图斑整改销号。完成水土流失治理面积36.679平方千米。其中，防护林面积3.51平方千米，经济林面积2.169平方千米，林草补播改良6.667平方千米，封育治理面积7.333平方千米，水土保持重点工程治理面积17平方千米，水土流失得到有效控制。

（张沅溪）

【水政执法】 2021年，若羌县水利局开展水事执法检查巡查共计132人次，查处水计量设施安全运行不规范35处，下发催缴水费通知书416份，下发整改通知书35份，35处违规项均整改完毕，无立案查办案件。利用“世界水日”“中国水周”等，开展水事宣传8场次，悬挂横幅6条，发放宣传册、宣传单等共计12000余份。（张沅溪）

【米兰河流域管理】 2021年，若羌县水利局配合巴州车尔臣河流域管理处，开展塔什萨依河引水枢纽及干渠的试运行和工程项目土地利用手续等工作。推进米兰河河长制体系，全力参与配合州、县总河长全面落实河长制体系。与若羌米兰水电公司沟通、洽谈，明确行政部门与公司之间的责、权、利。协调好米兰河的两大用水户(三十六团和国投罗钾公司)，严格控制地下水的开采。制定罗钾应急用水预案，发挥米兰河水利用效率最大化，督促检查米兰河水库向米兰河下游生态放水，确保生态、农业用水，维护米兰河水资源可持续利用。（张沅溪）

【米兰水库管理】 2021年2月28日，自治区水利厅到若羌县米兰河山口水利枢纽工程大坝开展安全鉴定工作。4月20日，巴州水利局批准，米兰河水库取得取水许可证；8月，大坝通过水利厅安全鉴定。截至年底，米兰河水库工业供水1573.49万立方米，农业供水3159万立方米，完成年初工业供水计划的98.34%；电站发电总量为1446.13万千瓦时，完成年初计划的180.76%；主营业务收入共计7053.44万元，上缴税收394.93万元；集中下放生态水2次，结合日常生态放水，共计7549.5万立方米。

（张沅溪）

工业·建筑业

综　述

【概况】 2021年，若羌县规模以上工业企业15家。其中，在库观察企业2家，正常报送企业13家。规模以下工业企业168家，新增众力商混、龙达商混、鼎力杆塔、天汇路桥4家。全年，工业总产值552612万元，其中全年规模以上工业企业实现总产值520660万元，比2020年增长24.87%。全年，规模以上工业企业实现销售产值519863万元，比2020年增长14.79%。全年，规模以上工业企业实现增加值315706万元，比2020年增长8.6%。（李金花）

【主要工业产品】 2021年，若羌县生产钾盐863613吨（折纯），生产硅锰合金8875吨，生产水泥664831吨，生产混凝土211645立方米，生产道砟石67266立方米，能源企业完成发电量41656万千瓦时。（李金花）

【重点工业项目建设】 2021年，国投罗钾镁特种肥及全水溶硫酸钾工业性试验项目建成投产。特变电工硅基新材料产业链项目完成年产100万吨高纯硅、10万吨多晶硅项目可研，一期年产20万吨高纯硅项目完成初步选址。冷链物流设施项目、产业融合发展示范园项目部分建成投运，河北巴州（邢若）科技产业园项目进入收尾阶段，新材料产业园基础设施建设项目建成投用。（熊静）

2021年若羌县主要工业品产量及增长速度一览表

表4

产品名称	单位	产量	比2020年增长（%）
钾盐（折纯）	吨	863613	21.53
硅锰合金	吨	8875	25.53
水泥	吨	664831	-34.84
混凝土	立方米	211645	-58.45
道砟石	立方米	67266	-84.81
能源企业发电量	万千瓦时	41656	-3.79

（县统计局　供稿）

制造业

【概况】 2021年，若羌县有制造业企业64家，工业总产值499089万元，占全县工业总产值（552612万元）的90%。其中，农副产品加工企业13家，工业总产值6109万元；化学原料和化学制品制造企业3家，工业总产值446775万元；非金属矿物制造品企业20家，工业总产值40332万元；黑色金属冶炼和压延加工企业2家，工业总产值5873万元。（李金花）

【产业工人队伍建设】 2021年，若羌县有产业工人2129人，主要分布在罗布泊工业园区和若羌工业园区，其中80%从事制造业，其余为采矿业。主要从事钾盐、硅锰合金、水泥、混凝土生产和红枣加工。1月，县总工会组织3家企业136人进行产业培训，制定培训计划，聘请专业技术老师针对技术性工人、抹灰工、水电工、焊工等技能培训，促进产业工人全面发展。

（孙华徽）

【若羌县农产品加工产业园】 2021年，若羌县农产品加工产业园入驻新疆福润德恒牧业有限公司、新疆若羌县胜杰枣业有限公司、羌鸿菌业科技有限公司、新疆爆裂玉米、羌都饲料厂5家企业。截至2021年底，企业总投资28.4亿元，提供1124个就业岗位。该园区完成管理用房主体框架施工，展厅主体框架建设，园区内经十二路沥青铺设、路灯、锅炉设备及煤库钢结构彩钢板安装。该园区是以红枣产业为主、农区畜牧业和设施农业为辅，枣、草、畜、禽循环的现代农产品加工产业。园区位于若羌县315国道铁干里克镇辖区，总规划面积224.73公顷，基础配套设施投资10亿元，共分3期5年完成，2021年申请地方政府专项债券3亿元。园区分为综合服务展示、特色产业精深加工、干鲜果品加工、农副产品加工、农业加工、饲料加工、畜产品加工、冷库储存物流、中草药精深加工等九区七个板块。 （青献东）

【香菇产业园】 2021年，香菇产业园项目根据投资协议，由若羌县配套香菇种植区完成架设高压电缆550米、架设高压线路6千米、铺设给水管网主管道8766米、支管道15760米、修建检查井74座以及相关配套供水设施、6米宽主干道沥青路7千米、4米宽支干道沥青路3.3千米等水电路基础设施建设。香菇深加工区域建成4320平方米香菇酱生产车间、1761.44平方米办公用房、997.5平方米宿舍用房、1119.54平方米锅炉房、137.8平方米配电室、139.83平方米值班室、1097平方米供排水、349.5平方米地下消防工程、15032.37平方米绿化工程、40086.04平方米道路及硬化工程以及供水、绿化。新疆太一生物科技有限公司完成32座长30米宽10米的香菇种植拱棚建设、香菇酱加工车间设备安装调试、食品级净化车间装修材料的订购，完成烘干车间2个、冷库1个、库房1个基础混凝土浇灌，钢架结构搭建。完成投资1.24亿元。

2021年10月22日，若羌县香菇产业园区企业外景 （县融媒体中心 供稿）

产业园位于吾塔木乡西塔提让村，由新疆太一生物科技有限公司投资建设，总投资4亿元，香菇种植区占地面积181.14公顷，总规划建设香菇种植大棚2163个、养菌大棚55个，种植区水电路配套设施设备；香菇深加工区规划建设内容为香菇酱生产车间、育菌车间、菌包车间、烘干车间、冷库、水、电、道路、消防等配套附属工程。香菇产业园以若羌县红枣修剪、疏密后的枣木为主要原料,变废为宝,解决处理红枣修剪、疏密后的废料,改善农村人居环境。出菇后废旧菌棒再制成有机肥进行还田,形成"枣园+产业+枣园"的绿色农业循环模式。香菇产业园作为若羌县绿色循环经济试点,为探索经济效益、社会效益、生态效益和谐统一的循环经济发展提供实践平台。(马晓静)

【河北巴州(邢羌)科技产业园】 河北巴州(邢羌)科技产业园位于若羌县315国道塔东物流商贸综合园区内,项目占地66.67公顷,总投资12亿元,计划引进企业50余家,规划总建筑面积29万平方米。该园区于2020年10月12日开工建设,为河北邢台产业支援项目一期计划,入驻企业完成主体工程建设,完成投资6亿元。(张斌)

【河北巴州(邢若)科技产业园】 2021年,县委研究决定建设河北巴州(邢若)科技产业园。该园区位于315国道北侧若羌县塔东物流商贸综合园区。若羌县委、县政府围绕自治区丝绸之路经济带核心区建设五大中心等重点任务,加快融入"一带一路"综合承载区步伐,推进产业发展,统筹优化产业布局,完善产业园基础设施,增强园区公共服务功能和服务能力。产业园项目采取EPC+O的方式,设计建设厂房及公共服务中心10栋,总建筑面积69170.54平方米,其中标准化厂房总建筑面积61852平方米,公共服务中心设施总建筑面积73718.54平方米,20千米供排水管网,2.2千米道路等基础配套设施。该项目于2021年6月1日通过招投标形式进行公开招标,中标单位陕西建工第二建设集团有限公司。项目总投资1.2亿元。其中,申请地方政府专项债券9000万元,地方财政配套资金3000万元。完成办公楼、厂房建设与室外管网铺设,项目建成后将进行产业招商,发挥优势区位、资源优势,优化创新环境,完善科技成果转化模式,培育更多创新型企业,将园区打造成若羌高新技术装备制造园区。(熊静)

【若羌县新材料(氟硅锂)产业园】 2021年8月,若羌县委、县政府设立若羌县新材料(氟硅锂)产业园区。该园区位于县城区东南部,总建设面积约14平方千米。以"创新、协调、绿色、开放、共享"五大发展理念及国家产业政策为指导,依托若羌萤石、石英石和锂辉石资源,立足园区产业基础,通过资源精深加工实现延链和扩链,发展氟材料、硅材料、锂电池材料,发展循环经济。该园区产业结构由初级矿产品向新材料及专用化学品转型升级。形成氟材料、硅材料和锂电池材料三大产业板。(熊静)

2021年11月6日,红枣节期间若羌县农产品加工企业的商品在电子商务园区展出(曹玥 摄)

【重点农产品加工企业】 2021年，新疆七星羌都集团农牧有限公司在若羌县瓦石峡镇建立2000公顷种植基地，其中，有1333.33公顷通过绿色有机认证。该公司下辖新疆羌都枣业股份有限公司、新疆羌都天兆畜牧科技有限公司、新疆羌都楼兰林果专用肥有限公司、新疆羌都米兰猪业有限公司和新疆羌都绿源食品有限公司5家子公司，主要从事集畜牧养殖、红枣种植，加工销售、有机肥料加工销售为一体的产业循环经济。公司通过"企业+农户+基地"的利益联结方式，扩大当地农牧民家庭富余劳动力就业，每年带动1970多户农牧民发展乡村庭院经济，直接明确负责的脱贫户有736户，通过订单合同关系等方式带动251户，每年接收安置转移就业员工300人左右。公司资产总计24亿元，全年实现营业收入10.28亿元，产值12亿元，利润2亿元。

2021年，若羌羌鑫农业发展有限公司投入资金3000万元，收购若羌县混级原枣3000余吨。生产加工完毕1600多吨，销售量1500吨，混级原枣销量1000余吨，销售额1300余万元，入库加工完毕红枣400余吨。年销售额3000多万元，纯利润300多万元。带动若羌县2000余户枣农经济增长，收购资金3000万余元。公司自有研发团队，研发产品2款。自有红枣种植基地66.67公顷。带动当地居民稳定就业50余人，人均年收入5万余元。

2021年，该公司生产加工若羌红枣490吨，其中通货加工410吨，袋装成品若羌红枣出货量80吨，核桃17吨。加工其他新疆各类特色干果，如杏干、无花果、葡萄干、西梅干等合计11吨；销售红枣原酱22吨，红枣蓉3吨。

2021年，米掌柜农产品开发有限公司生产投资300万元，加工红枣2600吨，均为箱装通货。开展红枣、哈密瓜、香梨等农产品销售。全年，生产销售3200万元，带动就业80人。 （於丽）

【重点工业企业】 2021年，若羌县有国投新疆罗布泊钾盐有限责任公司、若羌天山水泥有限责任公司、若羌金岳矿业开发有限公司、若羌杰众道路材料有限公司等重点工业企业。

国投新疆罗布泊钾盐有限责任公司为国家开发投资集团有限公司投资控股企业，注册资本9.04亿元。公司生产基地位于若羌县罗布泊地区，以开发罗布泊天然卤水资源制取硫酸钾为主业。企业拥有完全自主知识产权的"罗布泊硫酸镁亚型卤水制取硫酸钾"工艺技术，建有年产150万吨硫酸钾生产装置及年产10万吨硫酸钾镁肥生产装置，为世界最大的单体硫酸钾生产基地。2021年，生产硫酸钾163.06万吨、销量164.36万吨；钾镁肥6.54万吨，销量6.90万吨，上缴税费10.21亿元。

若羌天山水泥有限责任公司（简称天山水泥）位于若羌县工业园区内，2021年公司拥有3000吨/天新型干法熟料生产线1条，3.2×13米水泥粉磨线（双磨双选）1条，设计能力年产熟料93万吨，水泥120万吨，生产水泥66.5万吨，实现工业总产值2.76亿元，工业增加值1.3亿元。

若羌金岳矿业开发有限公司(简称金岳矿业）位于若羌县工业园区内，注册资本为4610万元，经营范围包括：铁合金冶炼、货物进出口、选矿、金属矿石销售、矿山机械制造、非金属矿及制品销售、矿物洗选加工。2021年，公司生产硅锰合金8875吨，实现工业总产值5873万元，工业增加值289万元。

若羌杰众道路材料有限公司（简称杰众道路）是新疆天佑石化有限公司全资子公司，位于若羌县工业园区，是一家以非金属矿物制品业为主的企业，经营范围包括石油制品销售；新型建筑材料制造（不含危险化学品），建筑材料销售；仓储、装卸搬运服务。2021年，公司仓储沥青7.42万吨，加工沥青5.67万吨，实现工业总产值1570万元。

（熊静）

采矿业

【概况】 2021年,若羌县采矿业企业共92家,工业总产值2.16亿元。其中,煤炭开采和洗选业企业2家,工业总产值9970万元;黑色金属矿采选业企业共13家,工业总产值85万元;有色金属矿采选业12家;非金属矿采选业企业共60家,工业总产值1.15亿元;其他采矿业5家。

(阿力木江·麦麦提)

【矿业权属】 2021年,若羌县共有探矿权126个。其中,多金属矿1个、方解石矿3个、石灰石矿1个、铜矿74个、金矿17个、铁矿7个、铅矿4个、钛矿1个、煤矿3个、萤石矿2个、锰矿3个、镍1个、银矿1个、钨1个、锡矿3个、稀有金属(锂铍)4个;有采矿权49个,其中钨锡矿1个、煤矿1个、石棉矿3个、钾盐矿2个、铁矿1个、玉石矿24个、东陵石矿3个、建筑用花岗岩5个、水泥用页岩1个、建筑用砂矿8个。

(阿力木江·麦麦提)

【矿藏勘探】 2021年,若羌县有石英岩、稀有金属矿、铁矿钨(锡)矿等丰富的矿藏资源。若羌县境内发现康图盖石英岩矿、托盖里克石英岩矿两个勘查区域。其中康图盖石英岩矿由国家基金项目出资,新疆地矿局第三地质大队开展勘查工作,2021年9月6日,康图盖石英岩矿探矿权由若羌源鑫矿业有限责任公司以2300万元的成交价拍得。

(阿力木江·麦麦提)

【钾盐资源开发】 2021年若羌县钾盐有固相钾和卤水中的液相钾,分处于罗北凹地钾盐矿、新庆钾盐、腾龙、乌尊硝钾盐矿、米兰洼地钾盐矿等储地。储地为小型矿床。

(阿力木江·麦麦提)

【玉石开采】 新疆阿尔金山一带蕴藏着丰富的透闪石——阳起石软玉矿资源,主要为青玉、青白玉、白玉、黄玉。软玉以其温润、纯白、素雅的特色,具有吉祥、纯洁和高贵象征。玉雕艺术精湛绝美而被称为“东方之瑰宝”,具有较高的经济价值。除软玉外,还发现有蛇纹石岫玉。

其中,库如克萨依玉矿20世纪90年代重新开采。2021年,若羌县玉石矿共有26家个体和公司从事玉石开采和销售活动。

(阿力木江·麦麦提)

【若羌县探明萤石矿床】 2021年1月,新疆地质勘查工作者探明萤石矿床。萤石作为重要的基础原材料,广泛应用于新能源、新材料等战略性新兴产业和国防、化工、冶金、建材等领域。新疆天池能源有限责任公司通过投标获得岩矿探矿权,并委托新疆地质矿产勘查开发局第三地质大队开展勘查评价工作。

(何伟)

电力工业

【电力生产】 2021年,若羌县有规模以上发电企业7家,总装机容量36.19万千瓦,累计发电10.21亿千瓦时,比2020年增长6.39%,是巴州唯一火电、水电、风电、光伏发电齐全的县。其中,火力发电企业1家,装机容量14.1万千瓦,累计发电6.04亿千瓦时,比2020年增长14.75%。该火力发电厂为国投罗钾公司所有,供罗钾公司生产所用,作为罗布泊镇电力供应来源。水力发电企业1家,装机容量0.24万千瓦,发电1400万亿千瓦时,比2020年下降7.94%。风力发电企业2家,装机容量14.85万千瓦,发电2.9亿千瓦时,比2020年下降6.56%。太阳能发电企业3家,装机容量7.0万千瓦,发电1.12亿千瓦时,比2020年增长4.83%。

(胡玉琳)

【电力供应】 2021年,国家电网若羌县供电公司累计完成售电量5.66亿千瓦时，比2020年增长65.49%；综合线损率为3.2%，比2020年下降0.11%；供电可靠率99.56%，比2020年降低0.06%，综合电压合格率99.97%，比2020年上升0.35%。长周期安全运行天数3650天。全年，开展带电作业97次，减少停电16587时户。开展电力设施保护宣传6次，上报外破风险点16处，清理树障2373棵。全年，停电下降8976.35时户数，压降37.52%。“网上国网”App完成注册用户14445户，注册率63.61%，户号绑定13710户，户号绑定率60.39%。组织完成“网上国网”能效账单推广绑定高压用户1077户，能效服务e助手覆盖率92.59%。

（供电公司）

【社会用电】 2021年，若羌县用电量118775.9万千瓦时，比2020年增长32.45%。其中，第一产业用电量8384.61万千瓦时，比2020年增长63.14%；第二产业用电量81010.53万千瓦时（含罗钾用电量59701万千瓦时），比2020年增长9.06%；第三产业用电量26154.54万千瓦时，比2020年增长244.74%；城乡居民生活用电3226.22万千瓦时，比2020年增长20.92%。其中，城镇居民生活用电1078.97万千瓦时，比2020年增长14.30%；乡村居民生活用电量2147.25万千瓦时，比2020年增长24.54%。

（李金花）

2021年5月10日，县供电公司工作人员检查企业用电情况 （刘倩楠 摄）

【电力基础设施】 2021年，若羌县境内有220千伏变电站4座，容量1200兆伏安；110千伏变电站4座，容量343兆伏安；35千伏变电站5座，容量68兆伏安。110千伏线路14条，线路总长度为251.9千米；35千伏线路13条，线路总长为165.41千米；10千伏线路44条，线路总长为838千米。全县共有柱上变电站1663台，总变电容量为358.11兆伏安，其中公用柱上变电站192台，总变电容量为39.26兆伏安。

（张忠敏）

【区域电网建设】 2021年，若羌电网有220千伏变电站4座、110千伏变电站4座、35千伏变电站5座。110千伏线路14条、35千伏线路13条、10千伏线路42条。42条配网线路全部接入配电自动化，接入终端522台，配电自动化覆盖率为100%。

（张忠敏）

罗布泊盐化工工业园区

【概况】 巴州罗布泊盐化工工业园区位于若羌县东北部的罗中地区，南距若羌县城300余千米，北距哈密市近400千米，境内有235省道与外界连通，为自治区级工业园区。园区企业有国投新疆罗布泊钾盐有限责任公司（简称罗钾公司）1家。该公司2021年有资产总额80亿元，以开发罗布泊地区天然卤水资源制取硫酸钾为主业。

（裴宏俪）

【园区经济】 2021年，罗布泊盐化工工业园区不断强化服务意识，加快项目研发和园区建设，不断创新合作模式，强化品牌战略，加快科研成果转化，推动产业链延伸，不断推出系列化、高端化产品。园区有国投新疆罗布泊钾盐有限责任公司。2021年，该公司累计生产硫酸钾163.06万吨、钾镁肥6.54万吨，比2020年分别增长21.23%和40.34%；累计销售硫酸钾164.36万吨、钾镁肥6.9万吨，比2020年分别增长3.36%和51.32%；工业总产值44.68亿元，比2020年增长39.31%；销售产值44.58亿元，比2020年增长24.71%；工业增加值32.18亿元，比2020年增长64.82%；缴税金额10.21亿元，比2020年增长42.15%；利润总额14.07亿元，比2020年增长131.45%；固定资产投资2.26亿元，比2020年增长222.87%。企业从业人员2497人。全年共完成钾镁特种肥及全水溶硫酸钾工业性试验基建项目、硫酸钾厂粉尘治理回收工程等10个技术改造及生产维护项目。

（裴宏俪）

【重点项目建设】 2021年11月30日，罗钾镁特种肥及全水溶硫酸钾工业性试验项目建设完成。该项目2020年9月开工建设，建设单位为国投新疆罗布泊钾盐有限责任公司，建设地点在罗布泊盐湖，项目占地面积4.16万平方米，总投资1.16亿元，生产规模10万吨/年。其中，全水溶硫酸钾5万吨/年；钾镁特种肥5万吨/年。全水溶硫酸钾产品质量参考《水溶性肥料》化工行业标准（HG/T 4365-2012）固体粉状指标，主要指标为氧化钾≥53%，硫≥18%，水不溶物≤0.5%；钾镁特种肥主要指标为氧化钾≥40%，镁≥4%，硫≥18%，水不溶物≤0.5%。

（裴宏俪）

【安全生产】 2021年，罗布泊盐化工工业园区抓好安全生产，督促、协调各生产经营单位结合本行业、本领域的实际，制定相关应急预案。与辖区企业、施工单位商户签订《安全生产目标管理责任书》50余份。定期对辖区内的企业危化品储存、商户易燃易爆品使用、人员密集场所等进行安全检查、抽查，对发现的问题限期进行整改。对重点危险源要害单位进行重点监管，抓好本行业领域安全隐患工作。全年，开展安全大检查20次，查出隐患1处，下发整改通知书76份，全部整改完毕。

（裴宏俪）

【园区环境保护】 2021年，罗布泊盐化工工业园区考虑环境保护管理要求，推进高新技术、清洁生产、循环经济，结合环保治理要求，本着巩固环保治理成果的原则，加大对辖区清理矿山的巡查力度，巩固矿山恢复治理成果。生活污水提标改造、集中供暖项目建设均建成并投入使用，加气站整改工作移交县环保局。园区废水全部回收利用，无外排。全年，废气排放满足排污许可。工业固体废物产生量为469.6万吨，利用处置量为8.4万吨；危险废物产生量为100.403吨，合规委托处置量为86.424吨，规范暂存13.9791吨；二氧化碳排放总量为96万吨。

（裴宏俪）

若羌工业园区

【概况】 若羌工业园区位于县城东南侧，与315国道、格库铁路、和若铁路、高速公路相邻，距县城24千米，距若羌县火车站8千米，距机场30千米，为自治区级工业园区。园区定位为新疆重要的矿产资源生产加工基地，重点发展有色金属精深加工、黑色金属精深加工，大力发展新型建材业、化工、清洁能源、机械制造加工等。2021年，园区企业实现工业总产值3.56亿元，完成工业增加值1.3亿元，提供就业岗位289个。2021年12月，修编水资源论证报告通过自治区水利厅评审。

（熊静）

【园区基础设施建设】 2021年，若羌县工业园区道路、电力、环保基础设施日益完善，建成10余千米园区主干路线及园区支路，供水管网铺设至园区企业，建有日处理500立方米的污水处理厂，总库容6万立方米一般工业固体废物处置场。国家电网110千瓦奇兰变电站、220千瓦塔东变电站接入园区。若羌县加快推进若羌火车站至若羌工业园区铁路专用线项目建设。该线路全长14.305千米，截至2021年底，总投资35411.6万元。乌铁集团完成该铁路专用线技术审查，取得可行性研究报告技术审查意见，铁路专用线占用铁路用地协议、接轨合同、规划选址用地未办结。 （熊静）

【园区经济】 2021年，若羌工业园区共天山水泥、金岳矿业、玖鑫硅业、若羌杰众道路材料有限公司4家企业。天山水泥、金岳矿业、杰众道路3家企业实现正常生产，玖鑫硅业停产改造。

（熊静）

建筑业

【建设工程招投标】 2021年，若羌县共开展招投标业务32项，招投标金额19.32亿元，均为政府投资项目。其中，工程总承包项目9项、招标金额12.69亿元，施工总承包项目18项、招标金额6.5亿元，监理项目5项、招标金额1300万元。 （郭皓乾）

【建筑行业诚信体系建设】 2021年，若羌县借助自治区建设行业诚信体系，针对在县执业的24家建筑行业相关单位进行信用等级查询，协助6家企业通过业绩补录等方式提高信用评分。

（郭皓乾）

【建筑节能管理】 2021年，若羌县推广装配式建筑和绿色建筑，其中，装配率50%以上的装配式建筑工程6项，面积5.1万平方米，装配式建筑占比17.3%。新建住宅类建筑在设计时必须以一星绿色建筑标准进行相关设计。截至2021年底，新建绿色建筑9项。 （郭皓乾）

【建筑质量安全管理】 2021年，若羌县有建设项目16个（新建商品房项目5个，分别为楼兰壹号、楼兰之星、楼兰印象、众硕置业、财富公馆），总建筑面积27.8万平方米，总投资约6.8亿元。县住建局开展安全生产检查，包括安全生产、疫情防控、消防安全、扬尘治理、食品安全等方面。组织各建筑工地召开安全生产会议，学习传达习近平总书记关于安全生产重要指示批示和《中华人民共和国安全生产法》等文件精神10余次，开展安全生产培训5次，参观优质工地分享交流经验做法3次。全年未发生安全生产事故，安全生产形势平稳向好。加强在建工程基槽、基础、主体、竣工验收监督，确保工程质量符合强制性标准，推进智慧工地、文明工地建设，工程质量显著提升。全年，未发生工程质量投诉事件。 （王行娟）

【工程建设领域专项整治】 2021年，若羌县住建局开展建设工程安全生产专项整治三年行动，安全生产拉网式全覆盖大排查大整治，深入开展塔吊、深基坑、高支模等重大危险源专项检查、食品安全、消防安全、疫情防控专项整治等工作。全年，共检查建筑工地116次(项)，下发隐患整改通知书75份，停工整改通知书16份，发现隐患575条，整改率100%，以春节、“两会”、中秋、国庆等节假日为契机，与县消防大队、市场监督管理局、应急管理局、城市管理综合执法局等部门开展联合检查，坚决防范遏制安全生产事故，筑牢安全生产底线。 （王行娟）

商贸服务业

商业贸易

【概况】 2021年，若羌县有商贸流通企业60余家，规模以上企业3家。若羌县认真贯彻落实自治区党委、州委及县委“3+1”工作部署，紧贴经济高质量发展年产既定的工作目标，科学谋划三产服务业规划布局图和三产服务业存量、增量任务谋划清单，制定出台《若羌县关于促进现代服务业发展的二十一项优惠政策(试行)》，引导县域商贸服务业、电子商务、现代物流向城东新区工贸物流园集聚发展。加快推动楼兰之星、楼兰印象、如家、速8精选等7家星级高档酒店综合体项目实施。研究出台《关于推进市场经济发展的措施建议》《关于进一步激发市场活力促进消费提升的若干措施》，不断做好夜间经济规划和业态布局，形成夜间经济发展新格局。建立楼兰网络商城，推进实体店入驻美团等网络平台，网络营业额580万元。共吸引、鼓励疆内外投资商到县落地投资41家、连锁加盟实体店18家。 （熊静）

【批发零售】 2021年，若羌县有批发个体202户，批发企业249家；零售个体1225户，零售企业131家。全年，实现社会消费品零售总额40892.8万元，比2020年增长12.32%。其中，限额以上企业实现社会消费品零售总额6826.8万元，比2020年增长72.82%；限额以下企业实现社会消费品零售总额3.4亿元，比2020年增长4.96%。按消费所在地划分，城镇实现社会消费品零售总额2.8亿元，比2020年增长1.97%；农村实现社会消费品零售总额12761.30万元，比2020年增长44.72%。 （姚万里）

【住宿餐饮】 2021年，若羌县有住宿和餐饮业个体和企业465家，比2020年增加134家。全年，实现营业总额为5739.7万元。其中，住宿业1847.9万元，餐饮业3891.8万元。 （姚万里）

2021年10月15日，新疆·若羌红枣产销对接会举办 （王勇强 摄）

【新疆·若羌红枣产销对接会】 2021年10月15日，若羌县举行2021年新疆·若羌红枣产销对接会，40余家企业、合作社到县参加对接会。会上累计签订红枣收购总量10.22万吨。浙江嘉兴水果市场东旺果业、新疆果业集团、好想你枣业公司等8家企业与若羌红枣协会现场签订6.35万吨的红枣订购协议。

（刘倩楠）

【汽车流通市场】 2021年，若羌县引导领航汽车、吉利汽车等汽车销售维修市场向塔东商贸综合物流园集群发展，加快推进汽车服务综合体建设。

巴州领航汽车商贸有限公司位于若羌县铁干里克镇政府门面房一楼17号。公司占地面积2000平方米，办公及展厅面积1000平方米。2021年，公司下设综合服务部、销售部、财务部、售后部、车险部5个部门，职工14人，销售178辆汽车，比2020年增加36%，全年，销售金额622.97万元。2月，巴州领航汽车商贸有限公司和若羌县车管所达成协议，在若羌县建立“车管服”一站式业务平台，车辆落户、车辆临牌、审车、违章查询、扣分等业务均可在巴州领航汽车公司办理。

（熊静）

【成品油销售】 2021年，若羌县有成品油销售点17座。其中，中石油7座，中石化4座，私营加油站5座（中胜、中海油、塔什萨依加油站、依吞布拉克镇恒通加油站、宝暄加油站）。全年，县域加油站汽油总销售4000余吨，柴油总销售27000余吨。中国石化若羌分公司新建油库项目，初步设计通过内部审查，环评报告报县环保局审批。

（熊静）

若羌县成品油销售点一览表

表5

<table>
<tr><th>序号</th><th>销售点名称</th><th>企业所属</th><th>人数</th><th>销售点地址</th><th>所属乡镇</th><th>备注</th></tr>
<tr><td>1</td><td>若羌宝暄商贸有限公司依吞布拉克加油站</td><td>私营</td><td>9</td><td>若羌县依吞布拉克镇315国道1286千米处北侧</td><td rowspan="3">依吞布拉克镇</td><td rowspan="10">315国道(自东向西方向)若羌县—瓦石峡镇</td></tr>
<tr><td>2</td><td>恒通加油站</td><td>私营</td><td>14</td><td>若羌县依吞布拉克镇315国道南侧1298千米处</td></tr>
<tr><td>3</td><td>众和加油站</td><td>中石油</td><td>14</td><td>若羌县依吞布拉克镇315国道南侧1299千米处</td></tr>
<tr><td>4</td><td>若东加油站</td><td>中石化</td><td>9</td><td>若羌县315国道1565千米处</td><td rowspan="5">铁干里克镇</td></tr>
<tr><td>5</td><td>金雁加油站</td><td>中石油</td><td>6</td><td>若羌县315国道北侧楼兰服务区K1566+400米处</td></tr>
<tr><td>6</td><td>羌塘加油站</td><td>中石化</td><td>10</td><td>若羌县315国道K1569+130米处</td></tr>
<tr><td>7</td><td>新丝路加油站（油气合站）</td><td>中石油</td><td>11</td><td>若羌铁干里克镇靖祥物流园315国道以南1572千米处</td></tr>
<tr><td>8</td><td>中海加油站</td><td>私营</td><td>12</td><td>若羌县315国道北侧1573千米处</td></tr>
<tr><td>9</td><td>中胜加油站</td><td>私营</td><td>10</td><td>若羌县315国道南侧城西新区以西若楼兰大道西061号</td><td>吾塔木乡</td></tr>
<tr><td>10</td><td>米兰加油站</td><td>中石油</td><td>13</td><td>若羌县新315国道南侧1580千米处</td><td>若羌镇</td></tr>
</table>

续表5

序号	销售点名称	企业所属	人数	销售点地址	所属乡镇	备注
11	羌西加油站	中石化	7	若羌县315国道K1579+200米南侧	吾塔木乡	
12	瓦石峡加油站	中石油	8	若羌县瓦石峡镇315国道K1657+950米以南40米处	瓦石峡镇	
13	塔什萨依加油站有限公司	私营	14	若羌县瓦石峡镇315国道1680千米处		
14	罗布泊加油站	中石油	7	若羌县罗布泊镇235省道393千米处	罗布泊	罗布泊
15	枣乡加油站	中石油	7	若羌县218国道1193千米处	铁干里克镇	218国道沿线
16	雅丹加油站	中石化	8	若羌县218国道1192千米处向北173米处		
17	中航油新疆航空油料有限公司若羌供应站	中航油	3	若羌县315国道楼兰机场内	吾塔木乡	楼兰机场

物流业

【若羌靖祥新丝路物流园】2021年，若羌靖祥新丝路物流园完成总投资1.7亿元，建成汽车服务中心门面房1.3万平方米、加油加气站，1.2万平方米的物流服务中心（含交易大厅、红枣交易市场）、1.2万吨冷库和1万平方米的分拨中心。该物流园位于县城东8千米处若羌县现代工贸物流园内，一期项目于2017年3月开工，截至2021年二期项目总投资9600万元，占地面积1.7公顷，购置制冷设备，智能化温控系统，仓储标准货架、托盘、叉车设备，冷链物流信息平台及附属配套设施。项目所有前期手续办理完毕，一栋冷库厂房主体钢结构完成，一栋厂房封顶。

（熊静）

【若羌公铁联运物流港】2021年，若羌公铁联运物流港项目一期总投资4.05亿元。该项目位于若羌县现代工贸物流园南部、若羌火车站南侧，占地62.1公顷。主要根据若羌县丰富的矿石、煤炭等矿产资源及南疆进出疆大宗物资需求，建设为铁路运输大宗商品提供分类分区存放、展示、交易和大宗物资交割服务的铁路港和公路港。其中，公路港项目总投资9.28亿元，规划用地面积34.41公顷，总建筑面积169149平方米，位于若羌县城以东约8里，315国道以北。（熊静）

快递业

【快递配送】2021年，若羌县商务和工业信息化局（简称县商工局）制定《若羌县快递业高质量发展实施方案》，重点推进完善城乡快递末端基础设施建设、推进快递网络建设、实施快递进村、延长快递产业链和发展仓体一体化业务等六大工程，促进若羌快递业与电子商务协同发展的良好格局。全年，共投建快递末端网点28家，其中与邮储合作站网点22家。在城区各小区投放智能快递柜10组。全年，全县网络零售额达6487.36万元，网络交易额达

到2.7亿元,快递量350.30万件(上行量287.15万单,下行量63.15万单)。(田海洋)

【外卖配送】 2021年,若羌县从事外卖配送的企业为搜点外卖、美团外卖2家。搜点外卖入驻商家135家。其中,超市便利店7家、餐饮店125家、蛋糕店1家、花卉店1家、水供应店1家,配送骑手7人,订单10.28万件,营业额445.77万元。美团外卖入驻商家105家,其中,超市便利店6家、服饰鞋帽店1家、餐饮店93家、食材店1家、医药店1家、水果店1家、饮品店2家,配送骑手12人,订单5.97万件,营业额222.72万元。(李重慧)

【快递末端网点建设】 2021年,若羌县根据居民小区和人员集中区情况,在全县主城区投放使用智能快件箱10组,近1000个格口,覆盖城区内所有小区和商户,平均每天承载快件数量1300件。首批投放点在县人民政府院内,覆盖党政办公楼及周边单位;楼兰小区老一号小区客运路中段(改造后),覆盖一号小区、楼兰大厦、楼兰小区;祁曼花园门口右侧,覆盖祁曼花园及周边商铺;成雨超市附近,覆盖若羌大厦、县中学、县一小、农行等单位及周边商铺;二号小区入口右侧,覆盖二号小区帝豪大厦、客运站及二号小区周边商铺;三号小区入口右侧,覆盖三号小区及周边商铺;四号小区入口右侧(改造后),覆盖四号小区、七星家园、若羌大厦及周边商铺;五号小区入口左侧,覆盖五号小区及周边商铺;六号小区门口右侧,覆盖六号小区、商业街、信用联社等单位及周边商铺;新城区昆仑花园,覆盖昆仑花园。(田海洋)

电子商务

【国家级电子商务示范县建设】 2021年,若羌县建成县级电子商务公共服务中心1个,O2O体验馆1个,电商服务站点22个。其中,社区服务站点3个,乡级电商服务站5个,覆盖率100%;村级电商服务点14个,覆盖率80%。物流分拨(仓储)中心1个。推进农产品上行,完成公共品牌策划,确定公共品牌名称“楼兰村尚”,并注册完成。(田海洋)

【若羌(兵地)电子商务产业园】 2021年,若羌(兵地)电子商务产业园入驻快递企业8家(京东、顺丰、德邦、邮政、百世、中通、申通、圆通),快递上行业务量63.1万件,下行业务量287.14万件,总量350.29万件。(田海洋)

【电子商务营销培训】 2021年,若羌县累计组织电子商务营销培训125场次,培训人员12308人次。其中,基础电商知识培训6812人次;服务站长培训556人次;完成电商沙龙6届,累计参加人数365人;综合性培训完成18期,共计2103人次。其中,政府后备干部培训339人次,政府干部131人次,妇联培训二期,共58次,网红孵化人数496人。(田海洋)

烟草专卖

【烟草经销】 2021年,若羌县烟草专卖局(简称县烟草局)完成卷烟销量2769箱,与2020年持平;完成单箱销售收入29500元,比2020年增长2.92%。组织营销人员对巴州零售终端评价标准、视频解读评价标准通知等文件进行学习讨论。县烟草局与县各执法单位建立友好协作机制,开展联合“双随机”和联合执法专项行动。县烟草专卖局与县公安局、县市场监督管理局等开展各类联合执法专项工作20余次。统筹安排市场检查工作,整合专卖管理资源,通过日常检查和重点集中检查等方式,确保市场监管无盲区。(魏子维)

【烟草零售许可】 2021年8月,县烟草局采用市场实地测量和政府相关单位数据调取相结合的方式，对辖区内烟草零售点分布情况进行摸排，保持零售点稳定有序新办和退出，对新开发的区域设置合理的零售点容量，保持零售点合理有序地发展。9月27日，县烟草局联合县人大常委会、县司法局、县市场监督管理局、社会各界代表，在县局召开合理布局修订听证会。结合“互联网+政务服务”机制，建立“好差评”工作登记表，对建议人、建议内容、回复时间、回复情况等详细记录，并提供服务咨询、业务引导、跟踪反馈、意见收集等服务，受理行政许可153项。其中，线下办理1起，线上办理152起。县烟草局网上有效办件率为99.35%。（魏子维）

供销合作

【供销经营】 2021年，若羌县供销社设8个乡镇基层合作社、2个专业合作社（若羌县金羌红枣专业合作社、若羌县瓦石峡镇供销农业专业合作社），有若羌县供销商贸有限公司、若羌县永盛供销有限责任公司2家。其中，若羌县永盛供销有限责任公司下设3个生产厂（石硫合剂厂、若羌县天泉纯净水厂、供销洗车行）。若羌县商贸有限公司注册资金300万元，主要从事农产品的生产加工销售、政府采购代理服务等，2021年营业利润为120.35万元。永盛供销有限公司注册资金100万元，为两镇一乡生产使用石硫合剂550吨，营业收入为130万元。若羌县天泉水厂和供销洗车行对外承包，收取承包费7.3万元。（韩浩）

【发展现代经营模式】 2021年，若羌县供销合作社联合社快速推进农民合作社发展。围绕若羌县主导产业和特色产品，领办、创办、参办、合办、协办一批管理民主、制度健全、产权清晰、带动力强的农民合作社，发展生产合作，促进基层社与农民专业合作社产销结合、优势互补，夯实“三位一体”综合型基层社组织架构。发展农民合作社2个，采取“供销社+蔬菜合作社”模式，提升抱团发展能力。4家直营超市通过与县域内15座设施大棚产销对接，收购蔬菜、瓜果等农副产品，通过销售平价蔬菜、牛羊肉、水果等更好地起到平抑物价的作用，平均价格低于市场物价10%—15%。（韩浩）

【特产专卖店】 2021年，若羌县供销合作社联合社以“若羌红枣”地理标志认证为基础，打造“楼兰村尚”系列品牌，研发40余种产品投放市场，累计销售80余万元。12月，借助支援资金，在河北邢台建设“若羌·楼兰风情”新疆特产专卖店和新疆特色打馕店。（韩浩）

【“三位一体”综合合作试点建设】 2021年，若羌县供销合作社联合社以社有企业和基层社建设主体为依托，采取社有资本独资、吸收社会资本合作发展方式，建设规范化为农服务中心试点。为农服务中心规划建设在区域中心的乡镇所在地，重点开展土地托管、农资供应、农村电商、农技培训、医疗保健、合作金融等生产生活服务。以铁干里克镇果勒吾斯塘村为试点，按照“党建带社建、村（居）社共建”的基层组织建设模式，打造与基层党组织建设、村集体经济发展有机结合的农村综合服务社（中心），建成乡镇为农服务中心试点1个、农村综合服务中心1个。

与若羌县信用联社达成战略合作协议，由若羌县供销合作社联合社牵头开展农副产品统购统销业务，若羌县农村信用合作联社根据担保贷款用途给予利息优惠和减免手续费等优惠政策，以乡镇供销社及村级基层社为主体具体进行收购，深入推进“供销社+信用社+合作社”融合，申请信贷资金200万元。

针对县域内特色经济作物开展红枣园托管服务，不断创新服务方式，拓展服务领域。围绕破解农产品进城“最后一公里”问题，若羌县供销社持续打造“5+N”农产品市场体系，依托供销超市在三个农业乡镇建设农副产品收购点，着力提升传统服务网络流通效率。连通入驻“供销e家”“832”、新疆政采云等电商平台，打造网红直播间，建设高水平县级电商运营中心。建成5个农副产品购销配送网点，县域内连锁网络基本建成，发展网上供销，推行区域电商发展模式，建成1个县级运营中心。（韩浩）

【为农服务】 2021年，若羌县供销合作社联合社全力支持红枣提质增效工作，指导社属企永盛供销有限公司进行石硫合剂生产、加工和销售业务，销售石硫合剂。2021年，若羌县供销合作社联合社建立为农服务中心1个，农业社会化服务面积1133公顷。12月上旬，若羌县供销合作社联合社牵头开展“平价蔬菜到社区到乡村”活动，累计投放各类农副产品25吨，平均降价50%。（韩浩）

房地产业

【概况】 2021年，若羌县累计销售新建商品房2.11万平方米。其中，住宅1.42万平方米、非住宅0.69万平方米。截至年末，商品房累计可售5.88万平方米。其中，住宅2.86万平方米、非住宅3.02万平方米。新建商品房销售面积1.812万平方米、销售额5152.58万元；二手商品房销售面积2.86万平方米；商品房空置面积4.28万平方米。商品房项目5个（2个竣工，3个在建）总投资5633万元。受理产权产籍类业务4860件，网签备案544件，换证备案98件，商品房预告抵押备案65件，抵押注销166件，查封登记18件，查封注销登记24件，商品房预售许可证6件，个人房屋买卖证明1105件，个人房屋查询证明1134件，商业用房房屋租赁许可证19件，补录不动产权证书信息1200份，保障性住房开具不动产权发票53件。2021年，若羌县房地产开发项目4个，均为续建项目，总投资6201万元。其中住宅5480万元，商业用房721万元。（娄坤）

【房地产市场监管】 2021年，若羌县实施商品房预售资金监管制度，监管天勤家园和天富花园2个项目，监管资金1768.3万元，拨付工程款1500万元。（娄坤）

【房地产领域专项治理】 2021年，县住建局按照商品房预售许可和预售合同网签备案的管理，对取得商品房预售许可证的项目实行预售合同网签备案，对未取得商品房预售许可证的项目，坚决不允许售房。对未严格落实网签备案制度的房地产开发企业下发限期整改通知，并对整改情况进行跟踪回访。推进预售资金监管，要求开发企业严格执行，对收取的购房款未及时缴纳至资金监管账户的开发企业负责人进行约谈并限期整改。进行房地产市场专项检查3次，张贴通知12份，下发整改通知书16份，约谈房地产开发企业2次，维护消费者合法权益。（娄坤）

【物业服务管理】 2021年，若羌县物业企业共计3家，完成维修任务5335处，确保居民正常生活。在供暖前期，做好各小区的供暖设备养护，做好高层二次供水设备养护管理工作；春季种植树木300棵，修剪小区绿地内干枯树木、爬山虎、草坪，提高小区绿化质量；清理小区“僵尸车”及乱堆乱放杂物10次，清理垃圾300平方米，清除小广告，规划消防通道及停车位，确保小区道路畅通；按期做好小区高层电梯的养护管理工作。（娄坤）

【房屋专项维修资金】 2021年，若羌县归集维修资金211.9万元，利息2.3万元，总支出100.6万元。截至年末，维修资金账户余额864.5万元。（娄坤）

旅游业

综　述

【概况】 2021年，若羌县深入实施文旅兴县战略，打响“丝路楼兰·秘境若羌”旅游品牌，将若羌建成进疆旅游第一站、南疆旅游集散地和新疆高端特种旅游目的地。全年，接待游客总数89.72万人次，比2020年增加41.86万人次，增长87.46%。其中，普通宾馆30个，接待游客19.67万人次，比2020年增长11.07%；星级宾馆2个，接待6.20万人次，比2020年增长33.91%；农家乐10个，接待9.31万人次，比2020年增长168.20%；博物馆接待10.2力人次，比2020年增长340.38%；新业态接待21.82万人次，比2020年增长10.58%。旅游总收入5亿元，比2020年增长302.72%。其中，旅游直接收入2.54亿元，比2020年增长250.80%；旅游间接收入2.46亿元，比2020年增长375.50%。旅游企业总收入4019.54万元，比2020年增长9.88%。其中，普通宾馆营业收入2446.70万元，比2020年增长0.15%；星级宾馆营业收入817.73万元，比2020年增长1.37%；农家乐营业收入755.11万元，比2020年增长84.81%。（李金花）

【旅游兴县战略】 2021年，若羌县利用若羌综合交通枢纽上重要支点优势，努力推动若羌文化和旅游高质量发展，将若羌县定位为国际科考探险特种旅游目的地、南疆（进疆）游客集散中心第一站（自驾游第一站）和特种旅游基地，为若羌“南疆经济高质量发展试验区”建设贡献力量。将“丝路楼兰，秘境若羌”作为形象品牌定位。充分挖掘国内长距离、高端消费旅游市场需求，进行旅游客源定位。以巴州及新疆主要城市核心市场为基础市场，立足基础，充分发挥新疆、甘肃、青海三省汇合地的集散优势，深耕疆内核心本地市场

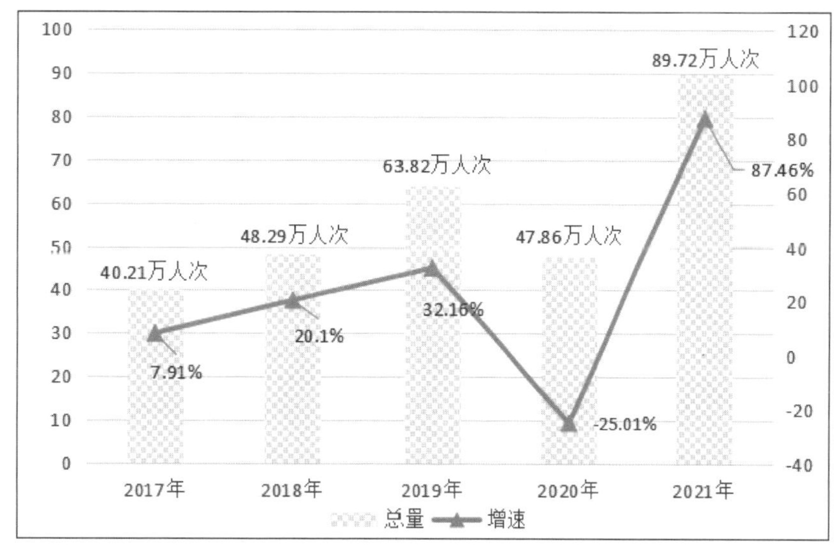

图4　2017—2021年若羌县接待游客人数及增长速度

（县统计局　供稿）

及进疆游市场，完善旅游基础配套，丰富休闲娱乐度假业态。以“一带一路”西部主要城市、珠三角、长三角、京津冀为重点拓展市场，以纵深化休闲旅游、多元产品组合为特色，打造一年四季24时全时旅游产品，提升产品质量，着力开发国内远程度假市场。以全国重要城市市场、新疆周边中亚等境外市场为机会市场，明确若羌全域旅游品牌，以文化旅游、特种旅游、生态旅游为基础，全力拓展全国及海外市场。若羌县文化体育广播电视和旅游局(简称县文旅局)招引5家其他省份旅游企业落地若羌，印发《若羌县托招商工作实施办法》《若羌县招商引资优惠政策》，加大财政对旅游产业的支持力度。（李一哲）

【文旅融合】 2021年，若羌县推动楼兰博物馆、图书馆、文化馆等一批重点文化场馆转型升级，将其打造成为知名文化旅游景区景点；文化事业向文化产业转化渗透不断深入，形成一批新的文化产业增长点；推进文化演出、文艺作品、非物质文化遗产、美术作品等进景区，景区文化内涵不断增强、文化体验更加丰富，文化旅游产业链逐步延伸，产业规模持续扩大，使中华优秀传统文化成为与现代社会相协调的各族人民主流文化，传统文化创造性转化、创新性发展取得成效。群众文化活动载体建立健全，中华传统文化精髓不断融入人民生活；艺术生产机制更加健全，彰显中华精神和中华审美风范的文艺精品力作不断涌现，各族人民的精神文化生活更加丰富；非物质文化遗产保护传承发展制度体系基本建立，各级非物质文化遗产代表性项目得到有效保护和活态传承。（李一哲）

2021年11月6日，若羌云上第十五届红枣节上表演“若羌赛乃姆”歌舞

（刘倩楠　摄）

旅游资源

【景点景区】 2021年，若羌县有依吞布拉克镇生态景区、若羌县楼兰博物馆、米兰古城、米兰河水库、楼兰历史文化公园、车尔臣河下游尾闾水域、台特玛湖、阿拉干自驾车营地、红砖路、英苏居民遗址等景点景区共10处。其中，国家AAA级旅游景区2家，分别是依吞布拉克镇生态景区（11月创建成功）、楼兰博物馆。

依吞布拉克镇生态景区：2021年建设，2021年5月开始接待游客。该景区位于若羌县依吞布拉克镇，处于阿尔金山、昆仑山区域（新青甘藏四省交界处）。风光秀丽、绮丽多彩的阿尔金山内千奇百怪的古岩溶地貌、奇泉绝景沙子泉、蓝色明珠鲸鱼湖、神秘莫测的魔鬼谷、“鸟类天堂”依协克帕提湖、“中国第一大沙漠峡谷”库木塔格大峡谷、现代冰川木孜塔格峰、高原沙漠奇观、象形石林，是人们探险旅游的胜地，有藏野驴、藏羚羊、野牦牛等各类野生动植物60余种。景区基础设施齐全，315国道贯穿全境，火车站、游客接待中心、旗帜博物馆、房车营地等一应俱全。

景区主要围绕阿尔金山国

家自然保护区、极限越野赛道、76号雪峰探险营地、旗帜博物馆等开发特色旅游景点。通过观赏高原野生动植物生态系统、独特的自然奇异风光和体验特色旅游探险项目丰富游客文化生活。旅游特色项目：第一篇章——观光之路，主要采取自驾方式，对独特的高原自然风光和人造旗帜博物馆进行游览；第二篇章——极限越野，以山地极限越野为主，让游客体验不一样的自驾感受；第三篇章——野外露营、观星，体验高原特色民宿，利用高海拔野外营地进行观星活动。

吾塔木乡楼兰古道：楼兰古道是以乡村振兴为依托、楼兰文化为主题的旅游景区。景区有特色民宿、特色美食夜市、健康绿色生态采摘园、红色文化小院等。特色民宿有16家、夜市特色美食种类有20余种、健康绿色生态采摘园3.33公顷，驴车1辆、骆驼4头、古树2棵，红色文化小院内有文物100多种（包括木质文物、石质文物、瓷器以及纺织品）。景区内资源丰富，视野开阔，风景层次突出，在不同的角度会有不同的视觉感受，四季景观富于变化。景区游客接待中心位于景区中部，视野开阔、标识醒目、方便游客咨询，游客中心功能完善，配备游客休息区、导游服务中心、购物中心、特色民宿、民族服装店等基础设施。

英苏居民遗址：遗址位于英苏村东南约6千米处的塔里木河北岸平滩地，遗址南200米为干涸的塔里木河道，其北部亦有多条塔里木河汊道，两岸胡杨林密；南部、西部为一望无际的塔克拉玛干大沙漠。北距218国道3.5千米；南距若羌县城154千米；西北距大西海水库37千米，距农二师三十五团场34千米。遗址几间分散的房屋建筑及一类“窑”的地面建筑，底部直径2.5米，顶部直径1.1米，高1.5米，内壁无草泥亦无烟烧痕迹。土坯建筑年代为清代。遗址为村落式的居住址，均为土坯砌筑，顶已无，仅存残垣断壁。一条南北向的土路将村落分为东西两个部分。路西之南端一组建筑规模最大，亦较特殊，外有院墙，其中地势高且最大的一间呈长方形，坐西朝东面积近100平方米。

米兰河水库：水库位于米兰河出山口的上游，库容4128万立方米，平均年径流量1.27亿立方米。水库周边有座楼兰子母河饮水点，拥有现代化的净水机器，直接抽取湖水经过八步净化操作，生产出可以供人饮用的矿泉水。

楼兰历史文化公园：公园位于若羌县铁干里克路与米兰路交叉口北280米处，占地面积56440平方米，分“楼兰之梦”“秘境寻梦”和“大漠遗梦”3个篇章。“楼兰之梦”主要包含“丝路上的楼兰”地图、“楼兰文化山门柱”以及“世界的楼兰”浮雕墙3个景观节点。黄铜花纹浮雕地图直观展现楼兰在古丝绸之路上的位置，重点展示楼兰作为东西方文化交流的重要中转站的历史地位；两侧文化柱上雕刻着汉唐

若羌楼兰历史文化公园中的楼兰美女雕像　　（县融媒体中心　供稿）

时期与楼兰文化相关的诗词歌赋;浮雕墙体现古代楼兰往来商队交织、驼铃响叮当、市集人群往来的繁荣景象。楼兰美女雕像材料采用鄯善红花岗岩,由广州美术学院院长设计。雕像以若羌地区典型的雅丹地貌为特点,通过风沙变成面纱、雅丹石头变成头冠等形式展现楼兰美女的动人之处。雕像的下方是以丝绸之路驼队为主题的岩画,象征西域文化的悠远与灿烂。楼兰美女的美丽、神秘与雅丹地貌巧妙融为一体,虚实结合,重点表现眼神,作品整体造型与若羌典型的雅丹地貌相吻合,以戈壁风沙的效果表现鬼斧神工的时空感。

开心村自驾车营地:位于铁干里克镇,若羌县590专线至萨热依路路口右转200米处,是集农家乐、民宿、自驾车营地的综合体。2021年,建成开心村农家乐,投资150万元。营地共有房车车位10余个,内设包厢6个,园内有采摘区、垂钓区、自助烧烤区,可给游客提供自采、自摘、自加工的休闲娱乐场所。

楼兰自驾房车驿站:位于楼兰体育馆停车场,是公益性服务点位。该驿站有停车位98个、充电桩4个、补水设备4个,功能定位为“自驾旅行,放松心情、家庭聚会,亲子活动、户外生活,扩展人脉”。

阿拉干自驾车营地:阿拉干曾是丝绸古道上的一个重要驿站。营地位于新疆巴州若羌县境内,地处218国道992千米处(库尔勒至若羌县之间),营地距库尔勒292千米,距若羌县城128千米,距三十四团96千米,距小河墓地34千米。营地毗邻塔里木河下游河道,开展沙漠汽车越野、骑行沙滩摩托车、户外徒步、沙滩排球、摄影、沙滩足球、滑沙、T3挑战赛、野外烧烤以及篝火晚会等娱乐项目。全年,接待游客4000余人次。2021年3月16日,新疆·巴州·若羌县文旅产业推进会暨2021巴州探秘塔克拉玛干沙漠N40°首次穿越之旅发车仪式在营地举行。(李一哲)

【特色美食】 若羌旅游特色饮食汇集川菜、湘菜等菜系,主要特色小吃有红枣菜肴、烤全牛、罗布泊库麦其、罗布泊烤肉、烤全羊、烤鱼、红柳烤肉、五彩包子、苞谷馕、薄皮包子、抓饭等百余种若羌特色。2021年7月28日,若羌县妇联在馕文化产业园举办“展巾帼力量·打造美丽俏厨娘”美食评比活动,现场展出多种若羌特色美食。

馕:馕是新疆各族喜爱的主要面食之一,有两千多年的历史。馕的品种很多,大约有50种,有肉馕、油馕、窝窝馕、芝麻馕、片馕、希尔曼馕等。油馕即为加羊油的馕;用羊肉丁、孜然粉、胡椒粉、洋葱末等拌馅烤制的为肉馕;将芝麻与葡萄汁拌和烤制的叫芝麻馕。馕因和面和添加剂成分、面饼形状、烤制方法等各不相同,馕名称也就相应不同。

烤羊肉串:烤羊肉串味道香辣可口,肉质软嫩,具有独特的风味,深受各族群众喜爱。

烤全羊:新疆独特的风味食品。将刚宰杀的羊涂抹调料后,放在火上炙烤,熟后即成。具体烤法有两种,一种是放在馕坑上烤熟;另一种是由铁棍串起放在铁槽内的火炭上烤熟。烤全羊其形完整大方,其色焦黄透亮,其味酥脆醇香,用于招待尊贵客人和至亲好友,是豪华宴席上的必备名品。

手抓肉:新疆一种羊肉食用法,因用手抓吃而得名。先将带骨的羊肉剁成块,入清水中煮熟,捞出后上面撒上洋葱末和盐,浇点滚汤即成。这种肉味道清纯软嫩,不油腻,既可吃肉,又可喝汤,是本地人招待客人的美食。

拌面:手工拉面配以炒菜而吃的一种面食,因其价廉实惠而受欢迎。熟练的拉面师傅一次可拉1—2千克面,供10人食用。这种面被称为“把子面”,粗细匀称,软硬适度,吃起来特别滑溜可口。如果再加上用羊肉片和

① 富民兴疆牛奶营养特色馕；② 楼兰迎宾特色烤全羊；③ 特色馕坑烤肉；④ 原味羊肉烤包子；⑤ 羊排富硒大米抓饭；⑥枣园椒麻土鸡（县融媒体中心　供稿）

辣椒炒出的菜，即所谓“过油肉面”，深受本地人和游客喜爱。

油塔子：顾名思义，形状似塔。它色白油亮，面薄层次很细，香软油多而不腻，是老少皆宜的美味食品。油塔子不仅是待客的一种上乘主食，也是街头的风味小吃。

馕焖肉：若羌特色食品之一。其兼有主食和菜肴的功能，不用另加主食即可饱腹。其味浓郁醇香，所以深受食者喜爱。

薄皮包子：选用上好的羊肉作馅制成，薄皮包子的特点是色白油亮，皮薄如纸，肉嫩油丰，伴有新疆皮亚孜（洋葱）浓郁的香甜味。

抓饭：由大米、羊油、清油、胡萝卜、羊肉、食盐等焖煮做成，也有加葡萄干、杏干、木瓜等做成的，因净手后抓吃而得名。抓饭营养丰富，味道香美，为喜庆宴会和招待贵宾所用。（王玉琴）

旅游景区建设与服务

【乡村旅游建设】 2021年，县文旅局依托若羌特色村寨基础设施及果园优势资源，与旅游合作社深度融合，改造提升民宿，重点打造完成吾塔木乡果勒艾日克村楼兰古道、铁干里克镇果勒吾斯塘村特色民宿一条街，依托阿尔金山特色旅游资源创建成国家AAA级旅游景区，即依吞布拉克镇生态景区；完成依吞布拉克旗帜博物馆建设并投入运行。依托红枣生态园、特色采摘园，打造完成红枣生态观光旅游等项目；通过实施建设游客服务中心，增建旅游厕所、停车场，完善旅游指引、导览牌等提升旅游基础设施的措施，加大旅游产业、文化产业投入力度。（王玉琴）

【“雪山探险+航空”特种旅游机场建设】 2021年，县文旅局招引的投资企业在车尔臣下游尾闾湖旅游景区、依吞布拉克旅游景区修建2个固定翼飞机跑道，在依吞布拉克景区修建直升机停机坪，具备直升飞机和固定翼飞机随时起飞的条件。（王玉琴）

【米兰古城游】 2021年，县文旅局推出米兰古城游项目，若羌文化旅游公司依托米兰古城资源伊循城遗址、汉代屯田遗址、唐代古戍堡遗址等文化遗产，打造旅游景点。其中，古戍堡是米兰古城遗址里具有代表性的建筑物，城垣为夯土筑、夯土层中夹有红柳枝，夯土层上用土坯砌成阶梯形大土坡，自低凹处至戍堡北墙依坡盖屋，其构造形式类似西藏布达拉宫。古堡的东西两

2021年11月1日，吾塔木乡楼兰古道民宿一条街首次开放，迎来第一批县内外游客　（吾塔木乡　供稿）

侧，排列着众多的佛塔和规模宏大的寺院遗址。常设项目包括古城及佛塔遗址游览、米兰古城陈列馆游览、篝火晚会、文化展演、沙漠星空拍摄等。米兰古城景区占地6.55万平方米，有工作人员10名（导游2名，管理人员3名，安保及环卫5名），接待游客6万余人次。9月，沙漠阳光国际旅行社推出若羌县城至米兰古城一日游路线。（王玉琴）

【米兰古城遗址景点建设】 2021年9月，县文旅局开展若羌县米兰古城遗址旅游基础设施建设项目（一期）。项目位于米兰古城遗址以南2.5千米，总投资6725万元，其中申请地方政府专项债券资金5000万元。建设一座1200平方米游客服务中心，位于游客服务展陈区停车场南侧，为游客提供旅游咨询、售票、导游、影视播放、休憩、医务、投诉、餐饮购物等综合服务。建设陈列馆占地面积1500平方米。陈列馆共设展厅三个，分别是丝路明珠·米兰古城展厅、屯垦戍边·古韵长歌展厅、千年古城·丝路要冲展厅。展厅陈列有米兰古城沙盘复原图、出土文物、玄奘塑像、骆驼标本等展品。景点建有停车场1500平方米、旅游厕所200平方米，设置指示牌30个，安装木栈道12222平方米及其配套设施。景区购入景区观光车8辆、巡逻车2辆、垃圾转运车1辆、皮卡小客车1辆，保障游客观光游览。景区安装有安防系统、售票系统及其配套设备各1套。（李一哲）

【乡村文化旅游提升项目建设】 2021年，若羌县近郊的吾塔木乡实施吾塔木乡果勒艾日克村文化旅游提升项目（烽火台改造、楼兰古道建设、民宿一条街建设），一期总投资342万元。包括在烽火台南侧建设木栈道、对烽火台东侧进行提升改造，新建围墙、景观大门，对烽火台防护栏、楼梯、观景台进行改造提升，并安装照明设施，打造一座20平方米的楼兰人家游客接待处，新建以当地特色木材及黄土为主材观光木栈道187米、微缩文化墙46米，产权归村委会所有。建设融入若羌县发展历史代表的标志建筑物，建设红色记忆墙612米，并安装照明设施，产权归属于村委会。新建仿生土城门一座，大门高7.2米、宽18.2米，产权归属于村委会。在果勒艾日克路打造楼兰风情街，立足原有条件，对沿线100户农户的房屋街融入楼兰文化要素，小规模改造部分沿街建筑风格，购置电动观光车3辆，购买双骑、三骑自行车。开工时间2021年7月30日，完工时间8月31日。

二期总投资157万元。包括在果勒艾日克村古街建设16家民宿，采用仿生土、木材、石块等原生建材，每户投资6万元，产权归脱贫户所有。对吾加布拉红色教育基地大门、围墙、房屋外墙及内部装饰进行提升改造，计

15万元。产权归农户所有，村委会进行监管。在果勒艾日克路新建钢架结构、架顶为木质结构葡萄长廊512米，采购品种葡萄500棵，安装照明设施，产权归属于村委会。购买特色小吃车20辆、抓娃娃机5台，大头贴照相机2台，购买彩钢板房2间。沿旅游精品路线在提木村烽火台、果勒艾日克路古街改扩建旅游卫生厕所3座，占地面积90平方米，安装电采暖配套设施。开工时间2021年7月25日，完工时间9月25日。（王金尚）

【乡村旅游专线提升改造】 2021年，若羌县在吾塔木乡实施乡村旅游专线提升改造工程。项目总投资338万元。该项目依托吾塔木乡楼兰古迹烽火台、特色农产品产业园、万亩红枣示范园的地域优势，结合古楼兰特色文化改造沿线13.1千米文化墙，全力打造集观光、民宿、商铺、夜市为一体且风景优美、内涵丰富的特色乡村旅游专线，用以提升沿线5个行政村第三产业发展，产权归村集体所有。开工时间2021年8月9日，完工时间9月9日。

（王金尚）

【依吞布拉克镇旗帜博物馆建设】 2021年2月，若羌县投资建设旗帜博物馆。旗帜博物馆位于依吞布拉克镇政府西南角旗帜山，总占地面积8000余平方米。建成的旗帜博物馆主要展现历朝历代战旗和王旗。其中，竖旗为王旗，横旗为战旗。按照年代顺序布置共计60面旗帜，每面旗帜下方设置说明，便于游客能更好地了解旗帜所在年代的历史。一期建设投资70万元，年接待游客10000余人次。

（李一哲）

【旅游厕所建设】 2021年，县文旅局在米兰古城、依吞布拉克镇、315国道塔什萨依公安检查站、218国道英苏建成旅游厕所4座。（李一哲）

旅游开发

【旅游线路】 2021年，县文旅局打造罗布泊探秘体验线路1条，精品极限徒步、汽车越野线路6条，楼兰文化深度体验线路1条，阿尔金山科考探险线路1条，若羌大地艺术打卡线路2条，若羌生态观光休闲线路1条，寻宝之旅线路5条，218国道沿线大众游线路1条，共计18条旅游线路。

（王玉琴）

【旅游宣传】 2021年，县文旅局开通运营智慧旅游“智游若羌”微信公众号和若羌旅游资源普查网站；开通楼兰博物馆线上预约功能，上传全县旅游景区、酒店、宾馆、农家乐、美食、旅游厕所等旅游“六要素”相关服务企业或场所，通过“楼兰文旅”“古丽话楼兰”等多个微信公众号、“抖音”短视频媒体平台常态化发布若羌旅游相关视频，开通楼兰博物馆和楼兰历史文化公园

2021年11月6日，楼兰艺术团在吾塔木乡楼兰古道表演楼兰婚礼情景剧

（李太才　摄）

等直播平台,对楼兰美女雕塑24小时不间断网络直播;前往青海西宁市、河北石家庄、广东深圳市、广西桂林市进行专题旅游推介;通过印制宣传单、制作旅游地图、制作文化旅游网站,宣传推介旅游线路产品,在各级各类媒体发布旅游宣传稿件2000余条。(王玉琴)

【乡村文化旅游】 2021年,若羌县推进"旅游+"战略,通过实施"旅游+集散""旅游+文化""旅游+民宿""旅游+生态""旅游+休闲"等模式共同发力,推动乡村文化旅游发展。在完善基础设施的同时通过"红枣节""枣花节"等大型活动,展示生态果园、若羌赛乃姆非遗文化,带动更多的人走进乡村,感受乡村文化。6月18日,若羌县举办"探秘楼兰 玩转民宿"幸福乡村游活动。该活动主要采取"云端网络直播+自媒体传播带动"的形式,向广大网友展示若羌的文化底蕴、风土人情及乡村文化旅游项目。(李一哲)

【游客招引协议签订】 2021年,县文旅局引进新疆沙漠阳光国际旅行社,鼓励旅行社加大客源引进力度,促进旅游消费。沙漠阳光国际旅行社与新疆兵团中国青年旅行、北京巨人旅游、上海传玺旅游、南京中侨国旅、广州大视野旅行社等50家旅行社签订游客招引协议。(王玉琴)

【新疆若羌与青海芒崖携手打造文旅名片】 2021年7月18日,新疆若羌招商引资暨文化旅游青海推介会在青海省西宁市召开,楼兰故城、女儿湖、罗布泊等旅游资源在市民面前揭开神秘面纱。签订部分合作协议会议,参加推介会的两地旅游业行业人员近200人。(李一哲)

【文化旅游节庆活动】 2021年,县文旅局开展非物质文化遗产展演活动、摄影活动启动仪式、2021巴州探秘塔克拉玛干沙漠N40°首次穿越之旅、阿尔金山探险首发仪式、"5·18"国际博物馆日暨"5·19"中国旅游日、第七届"枣花节"之传承文化"枣园赛乃姆"等活动共计590余场,吸引全国各地观众约25538人次。

(王玉琴)

【旅游纪念品开发】 2021年,县文旅局申请注册旅游商标20个,签约旅游纪念品设计开发企业3家,围绕"山海经"、楼兰文化、若羌红枣等文化资源,开发旅游纪念品,红枣伴手礼、木雕、玉雕、玩偶、纪念币、纪念封、服装等产品上市销售。(王玉琴)

【探秘塔克拉玛干沙漠N40°首次穿越之旅】 2021年3月16日,新疆·巴州·若羌县文旅产业推进会暨2021巴州探秘塔克拉玛干沙漠N40°首次穿越之旅发车仪式在阿拉干自驾游营地举行。若羌县和巴州藏羚羊俱乐部的13名车手,沿北纬40度,横穿塔克拉玛干沙漠。该行程约760千米。发车仪式上,若羌县民政局向县文化旅游体育协会授牌。县委常委、宣传部部长向N40°穿越探险队授旗,铁干里克镇领导向若羌县文化旅游体育协会授予N40°线路资源管理权,以规范管理若羌县境内N40°沙漠穿越路线。(赵倩)

【阿尔金山探险首发仪式】 2021年3月27日,阿尔金山探险首发仪式在若羌县祁曼管委会阿尔金山游客接待中心举行。该活动由巴音郭楞蒙古自治州祁曼管委会主办,若羌县文化体育广播电视和旅游局、依吞布拉克镇人民政府、铁木里克乡政府、祁曼塔格乡人民政府承办,若羌县楼兰文化旅游有限责任公司、新疆险峰探险文化发展有限公司、巴音郭楞蒙古自治州新昆仑探险旅游公司、若羌县第一秘境旅行社有限公司、新疆若羌N39°探险旅游公司共同参与。祁曼区域地处高原,蕴藏着多种丰富的矿产资源,栖息着204种野生动物,"76号雪峰"海拔5739米。首次亮相的攀岩项目吸引众多探险爱好者。首发仪式展示阿尔金山独特魅力。(李晓茹)

旅游行业管理

【旅游服务】 2021年，县文旅局持续开展微笑服务专项培训、制定“微笑新疆”服务公约(“微笑新疆”行动于2020年5月开始，在若羌县开展)，引导旅游景区及旅游相关企业开展微笑服务，提升服务质量。指导创建楼兰博物馆等6家“微笑新疆”示范单位，并举行授牌仪式。沿218国道、315国道沿线，建设旅游宣传牌11面、旅游提示牌22面，在218、315国道境内各公安卡点设立旅游宣传指引牌和免费热水供应站，并公布24小时旅游咨询。 (王玉琴)

【景区管理】 2021年，县文旅局完善景区游客咨询服务中心功能，为游客提供旅游产品、景点介绍、旅游线路、游客意见建议受理等综合性服务功能。建立完整的景区管理和接待服务标准体系，规范管理制度、工作标准和服务流程。制定《若羌县旅游突发公共事件应急预案》，引导景区定期开展应急保障和演练，指导各景区按照国家要求，落实安全生产责任健全安全保护机制，制定高峰期游客安全处置预案，及时配备消防、防火等设备，保障游客权益。畅通游客投诉通道，加强对景区的管理，提升服务管理能力。 (王玉琴)

【旅游从业人员管理培训】 2021年，若羌县有导游5名，旅游企业就业人数380人。县文旅局制定《若羌县导游管理制度》。按照制度对若羌县旅行社进行管理，未出现违规行为。县文旅局指导制定技能培训方案，设置年度考核。指导各乡镇的45家乡村民宿，并现场培训，采取线上、线下形式，组织开展旅游人才的专题培训、观摩、考察、研讨。参与4300余人次。 (王玉琴)

【旅游市场管理】 2021年，县文化市场综合行政执法队(简称执法队)每月对若羌县旅游市场进行全覆盖执法检查，对查处问题下发整改通知书。执法队对全县文化旅游市场安全隐患进行集中整治，及时发现和消除安全事故隐患，共发现安全生产问题34处，全部整改完毕。要求各景区景点开展“微笑服务”，未出现旅游安全生产事故及线上线下旅游投诉事件。 (王玉琴)

【星级宾馆(农家乐)管理】 2021年，县文旅局指导创建三星级宾馆2家，三星级农家乐8家，四星级农家乐1家，五星级农家乐1家。按照国家星级宾馆及星级农家乐评定标准进行管理，组织专人不定期检查，规范旅游经营行为。 (王玉琴)

若羌县旅游路线一览表

表6

序号	线路名称	具体行程
1	罗布泊探秘体验线路	若羌县城→米兰古城→罗布泊湖心→罗布泊、旱极、爆心→余纯顺墓地→罗布泊大峡谷→彭加木失踪地→丝路大海道→235省道返回若羌县城
2	若羌精品极限徒步、汽车越野线路	线路一：若羌县城→老315国道→依吞布拉克镇(汽车越野)； 线路二：若羌县城→阿拉干自驾营地→塔克拉玛干沙漠N40°线若羌段(汽车越野)； 线路三：若羌县城→车尔臣下游尾闾湖区(环湖沙漠越野)； 线路四：车尔臣下游尾闾湖→古丝绸之路→萨什萨依胡杨林(徒步越野)； 线路五：若羌县城→阿拉干自驾营地→小河墓地(徒步或汽车越野)

续表6

序号	线路名称	具体行程
3	楼兰文化深度体验线路	若羌县城→楼兰博物馆→楼兰历史文化园→米兰河水库→米兰古城→火烧阿不旦→圆心古城→楼兰故城楼兰保护站→楼兰墓葬群→龙城雅丹
4	阿尔金山科考探险线路	若羌县城→米兰河水库→米兰古城→315国道→依吞布拉克镇→铁木里克乡→阿尔金山
5	若羌大地艺术打卡线路	线路一:若羌县城→米兰古城→315国道(女儿国桥、罗布泊桥)→依吞布拉克镇→石头沟→木孜塔格峰; 线路二:若羌县城→瓦石峡古城→瓦石峡塔什萨依胡杨林→塔什萨依沙漠巴扎
6	若羌生态观光休闲线路	若羌县城→楼兰博物馆→果勒吾斯塘村→楼兰历史文化园→若羌河西支公园→提木村→果勒艾日克村→库尔贵村→万亩红枣园→吾塔木乡新村→新城区耳朵湖
7	寻宝之旅线路	线路一:若羌县城→235省道附近(寻玉点); 线路二:若羌县城→米兰水库→若羌水库→瓦石峡河水库→塔什萨依河水库(沿阿尔金山山前寻玉带); 线路三:若羌县城→若羌河(沿河寻玉); 线路四:瓦石峡镇→瓦石峡河(沿河寻玉); 线路五:塔什萨依村→塔什萨依河(沿河寻玉)
8	218国道沿线大众游线路	若羌县城→车尔臣下游尾闾湖→台特玛湖→大漠胡杨→阿拉干自驾营地→塔克拉玛干大沙漠→胡杨林(百里画廊)→世界最长砖铺公路→英苏民居旧址(罗布人最后生活过的地方)

(李一哲)

若羌县民宿地址一览表

表7

序号	民宿名称	详细地址
1	民族团结一家亲	铁干里克镇铁干里克路421号
2	特色民宿	铁干里克镇胡杨林路33号
3	特色民宿	铁干里克镇胡杨林路35号
4	特色民宿	铁干里克镇胡杨林路27号
5	特色民宿	铁干里克镇巴什托格拉克巷8号
6	特色民宿	铁干里克镇库提兰巷2号
7	达家民宿037	铁干里克镇果勒吾斯塘村安居路37号
8	达家民宿018	铁干里克镇果勒吾斯塘村安居路18号
9	羌调民宿	铁干里克镇果勒吾斯塘村风情园和谐路75号
10	幸福互助院民宿	铁干里克镇民乐路41号
11	巴郎驿站	铁干里克镇库尔干路11巷005号
12	哈丽代民宿	铁干里克镇果勒吾斯塘村健康巷13号
13	韩洒力亥民宿	铁干里克镇努尔巴格村永福路94号

续表7

序号	民宿名称	详细地址
14	幸福一家	铁干里克镇果勒吾斯塘村果勒吾斯塘路004号
15	一家人民宿	铁干里克镇英苏牧业村秋格塔勒路89号
16	军红农家乐	铁干里克镇古力巴格社区枣乡北路25号
17	美合日民宿	吾塔木乡吐孜勒克喀什西路3巷13号
18	新村民宿	吾塔木乡吐鲁番路028号
19	古道茗香居	吾塔木乡果勒艾日克路021号
20	古道繁星居	吾塔木乡果勒艾日克路035号
21	古道沧海居	吾塔木乡果勒艾日克路045号
22	古道海头居	吾塔木乡果勒艾日克路42号
23	古道念云居	吾塔木乡果勒艾日克路25号
24	古道扜泥居	吾塔木乡果勒艾日克路36号
25	古道石城居	吾塔木乡果勒艾日克路46号
26	古道苍茫居	吾塔木乡果勒艾日克路27号
27	古道密远居	吾塔木乡果勒艾日克路34号
28	古道米兰居	吾塔木乡果勒艾日克路48号
29	古道伊循居	吾塔木乡果勒艾日克路32号
30	古道鄯善居	吾塔木乡果勒艾日克路30号
31	古道楼兰居	吾塔木乡果勒艾日克路26号
32	古道丝路居	吾塔木乡果勒艾日克路10号
33	古道香惹居	吾塔木乡果勒艾日克路39号
34	古道瀚海居	吾塔木乡果勒艾日克路41号
35	艾力江农家乐	吾塔木乡枣乡路36号
36	巴格万农家乐	吾塔木乡依格孜吾斯塘村巴格巷003号
37	胡杨小院农家乐	吾塔木乡吾斯塘路009号
38	悦客之家	吾塔木乡吾塔木路13巷005号
39	美合日农家乐	吾塔木乡吐孜勒克喀什西路3巷13号
40	梁竹林民宿	西塔提让村吐鲁番路30号
41	一家亲民宿	吾塔木乡萨依勒克路016号
42	乌都勒斯村如则·约麦尔家庭民宿	瓦石峡镇胡杨路024号
43	白钻农家乐民宿	瓦石峡镇英吾斯塘路036号
44	梦之旅民宿	塔什萨依村楼兰路48号
45	凯旋之旅民宿	塔什萨依村罗布路57号

金融业

银行业

【金融机构存贷情况】 2021年，若羌县金融机构各项存款余额436905万元，比2020年下降4.96%，降幅较2020年同期下降5.57个百分点。其中，城乡居民储蓄存款余额217179万元，比2020年增长9.63%；企业存款余额219726万元，比2020年下降16.02%。全县金融机构各项贷款余额443641万元，比2020年增长20.67%，增幅较2020年同期提高12.3个百分点。其中，短期贷款余额119675万元，比2020年下降5.70%；中长期贷款余额304566万元，比2020年增长40.99%；贴现余额19400万元。

（张清忠）

【中国农业发展银行若羌县支行】 中国农业发展银行若羌县支行（简称农发行若羌支行）隶属中国农业发展银行巴州分行，属垂直管理体制，是全方位支持地方经济社会发展和新农村建设的政策性银行，内设办公室、信贷业务部、会计结算部。2021年，农发行若羌支行有在编人员11人，业务主要涉及若羌、且末两县粮棉油及支持县域城镇建设的中长期贷款。2021年末，各项贷款余额15.17亿元，较年初增加9.61亿元，增长172.66%；各项存款余额2.54亿元，较年初增加2.03亿元，增长396.72%。存款日均余额2.50亿元，创历史同期最高水平，无新增不良贷款。若羌县域内累放贷款3.55亿元。其中，城乡一体化贷款1.67亿元，购销企业粮油收购贷款0.02亿元，水利建设贷款1.86亿元。

2021年，农发行若羌支行支持保障国家粮食安全和重要农产品供给，累放粮棉收购贷款3.66亿元。巩固脱贫攻坚成果同乡村振兴有效衔接，加强产品工作和制度衔接，累放衔接贷款

2021年4月22日，农发行若羌支行在若羌镇新城社区宣讲金融知识

（徐香芹　摄）

3.63亿元，其中发放易地扶贫搬迁后续扶持贷款2.55亿元。支持农业农村基础设施建设。以“两新一重”新基建和涉农基础设施建设为着力点，加大对城乡一体化、棚户区改造、农村人居环境、水利工程等重点领域和薄弱环节信贷支持，累放城乡一体化贷款6.26亿元、水利贷款1.86亿元。服务兵团改革发展。发放贷款3.23亿元、支持农二师昆山棉业优质棉产业发展。存款余额2.54亿元、日存款余额2.50亿元，均为历史同期最高；对公存款日均、地方债营销日均超额完成任务161.29%、168.72%。持续落实小微企业信贷政策。贯彻党中央、国务院有关支持小微企业文件精神，落实监管部门及总行的相关政策要求，继续实施减费让利举措。（徐香芹）

【中国农业银行若羌县支行】中国农业银行若羌县支行（简称农行若羌支行）为县域一级支行。2021年，全行共有员工20人，其中党员8人。农行若羌支行配置超级柜台3台、叫号机1台、自助存取款一体机2台，设助农取款服务点11个，推广畜牧养殖贷、“惠农e贷”、“惠商e贷”、个人住房消费贷款等符合县域需求的业务产品。年末，农行若羌县支行各项存款余额66403万元，较年初增长2772万元。其中，个人存款余额47144万元，较年初增长2938万元；对公存款余额19259万元，较年初下降166万元。各项存款日均余额61302万元，较年初增长5503万元。其中，个人存款日均余额39843万元，较年初增长4147万元；对公存款日均余额21458万元，较年初增长1356万元。市场份额16.3%，较年初增加2.34个百分点。

2021年，农行若羌支行各项贷款余额31739万元，较年初增长18384万元。其中，对公贷款余额27662万元，较年初增长17108万元；个人贷款余额4077万元，较年初增长1276万元。市场份额10.7%，较年初增加6.48个百分点。实现中间业务收入275万元，较2020年同期增加10万元。

2021年，农行若羌支行打造网点向智能化转型的趋势，采取人员合理调配、优化服务功能分区、灵活营业、弹性排班等措施。配合上级行开展“服务升温”工程，设立“爱心驿站”，以“环境升温、服务升温、品牌升温”为目标，突出“用心服务常态化、升温服务品牌化”服务主题，通过改善服务环境，丰富服务内容，创新服务活动，营造服务氛围，做优网点厅堂服务，扩大网点服务半径，推动服务质效提升，创建升温服务品牌，打造有温度、人性化的客户体验。农行若羌支行在国家乡村振兴战略大背景下，开展“三农”工作，结合“深耕乡村”活动，开展农户建档立卡，推广农业银行“惠农e贷”产品。抓好惠农通取款服务点建设。农行若羌支行办理金穗惠农通

2021年7月29日，农行若羌县支行到县消防大队开展慰问活动（聂银静　摄）

银行卡助农取款服务点11个。“惠农e贷”累计投放175.29万元。（梁宏艳）

【中国银行若羌县支行】 2021年，中国银行股份有限公司若羌县支行（简称中行若羌支行）有员工11人，其中党员3人。主要办理人民币存款、贷款、结算等业务，人民币信用卡业务；办理票据贴现；代理兑付、销售政府债券；代理收付款项及代理保险业务；外汇存款、外汇贷款、外汇汇款、外汇兑换、国际结算、结汇、售汇，通过上级行办理代客外汇买卖、外汇信用卡的发行及付款等业务。全年，中行若羌支行各项存款余额53208万元，各项贷款余额51425万元，贷款不良率为零。（管凌云）

【中国邮政储蓄银行若羌县支行】 中国邮政储蓄银行若羌县支行（简称邮储若羌支行）位于若羌县胜利路570号。2021年，全行有职工14人，其中党员3人。设营业部、综合业务部、财务会计部、信贷业务部。主要办理人民币存取款业务、信用卡、理财、保险、基金、贵金属、农户小额贷款、个人商务贷款、农用地抵押贷款、个人综合消费贷款、个人信用消费贷款、个人住房贷款、小企业贷款等。开办对公存款业务，受理对公存取款、承兑汇票、贴现、公司贷款等公司业务。开通自助渠道服务POS机、商易通、手机银行、电视银行、ATM取款机、CRS存取款一体机等，实现全功能银行。年底，邮储若羌支行贷款余额4900.91万元；小企业贷款147万元；个人存款余额2.92亿元。

2021年，邮储若羌支行在服务“三农”、服务小微企业方面开辟绿色通道，累计惠及农户5274户，小微企业主及个体工商户592户。加大产品创新力度，小企业快捷贷、互惠贷、助保贷、增信贷、烟草快捷贷、土地抵押贷款等业务，青年创业担保贷款、畜牧业贴息贷款等产品获得开办权限。2021年，布放ATM自助取款机3台，CRS存取款一体机5台，POS刷卡机具32台，网上银行开户数1841户，手机银行开户数2138户，信用卡发放823张。（聂银静）

【若羌农村信用合作联社】 若羌农村信用合作联社（简称县农信社）位于若羌县若羌镇团结路470号。2021年，若羌县农村信用合作联社企业注册资本金14410.64万元，在岗职工97人。截至2021年末，县农信社资产总额为328881.82万元，较2020年末减少29912.87万元，降幅8.34%；负债总额为296201.79万元，较2020年末减少31305.50万元，降幅9.56%。其中，各项存款余额257323.84万元，较2020年末减少51417.5万元，降幅16.65%；各项贷款203998.34万元，较2020年末减少44941.36万元，降幅18.05%；所有者权益为32680.82万元，较2020年末减少1393.42万元，降幅4.45%。利润总额175.23万元，比2020年减少221.59万元，降幅55.84%。净利润170.29万元，比2020年减少112.99万元，降幅39.89%。

2021年，县农信社新增银行卡（不含社保卡）3700张，余额28720.72万元，比2020年同期分别增长11.68%和13.64%，新增社保卡1716张，余额4969.48万元，银行卡第三方支付签约15055户。净增手机银行（个人银行）3894户，累计13691户，比2020年同期分别增长40.17%、39.74%。累计交易5.71万笔，金额93170.8万元，比2020年同期分别增长72.38%、47.62%；净增企业银行144户，累计905户，累计交易6.7万笔，348008.20万元，比2020年同期分别增长41.41%、48.45%；净增微信银行2465户，累计7740户，比2020年同期分别增长7.12%、176.83%；手机号码转账新增510户，累计565户。新增收单（POS机+条码支付）商户191户。累计农信银扫码支付商户1468户，POS商户410户，其中助农取款商户16户。联社累计布放STM 6台，覆盖网点100%，累计发生交易28119笔，柜面业务替代率85.17%；累计布放ATM9台，累计发生交易203291笔，日均交易60笔；累计建设各类场景3个，涵盖居民生活领域；新增农信聚合间联支付商户41户。全年，县农信社与县政府签订15年期服务合作协议，农村信用合作联社派驻两名业务骨干驻若羌县行政服务大厅为居民提供金融、业务拓展等服务。（孙雪）

保险业

【中国人民财产保险若羌支公司】 2021年底，中国人民财产保险若羌支公司有员工12人。公司在若羌县米兰镇、瓦石峡镇设有保险服务网点。承保的各类保险险种保费3177.27万元，承担的风险保障数亿元。共赔款1989万元。为若羌县1774户村民提供保险保障2.15亿元，赔款53万元。2021年度中国人民财产保险若羌支公司向县税务局上缴税款437.98万元。（蒙金刚）

【中国人寿保险若羌县支公司】 中国人寿保险股份有限公司若羌县支公司（简称人寿若羌县支公司）位于若羌县胜利路137号。2021年，公司有干部员工3人、公司保险营销员16人。设客户服务部、营销发展部、收展发展部、机构业务部4个部门。公司主要经营各种人身保险业务，包括各类人寿保险、健康保险、意外伤害保险等，办理各种法定人身保险；在若羌县内中国银行、中国农业银行、中国邮政储蓄银行设代理网点。保费收入占若羌县寿险80%以上的市场份额。

2021年，人寿若羌县支公司收取保费1158万元（包含新办业务与续期业务），车辆保险17.65万元。合计赔付127笔，理赔金额84万元，其中重大疾病赔款37万元，医疗费用赔付20万元，单笔最大赔款22万元，理赔笔数较2020年增长30%以上，通过总公司搭建的云数据平台，理赔速度大幅提升。持续做好自治区“全民人身意外伤害保险”服务，与县委组织部、县委统战部共同为若羌县“访惠聚”工作队人员承保团体意外伤害保险业务，承保各类建筑工地安全保险，承保务工人员保险。承保若羌县幼儿园学生平安保险。重点推出快速理赔服务，理赔金额不到万元当日赔付，重大疾病赔付时效控制在一个工作日内。公司实现电子信息化模式，推广“中国人寿寿险”App，通过手机可以足不出户办理业务，如保单借款、续期缴费、信息变更等服务，通过App实现外地就医专家挂号、在线专科医生服务、垫付医疗费用等增值服务。（黎江）

【中华联合财产保险股份有限公司若羌县支公司】 中华联合财产保险股份有限公司巴音郭楞蒙古自治州分公司若羌县支公司隶属于中华联合财产保险股份有限公司库尔勒分公司，若羌县营销服务部位于若羌镇团结路428号，占地面积190平方米，正式编制及劳务派遣员工共5人。

公司经营险种有团体人身意外伤害保险（包括学生、幼儿平安意外伤害保险），借款人意外伤害保险、健康保险，女性安康保险、抗癌保、医疗事故责任险，城镇职工医疗补充保险，机动车辆保险，责任险、财产险，农业保险；种植业保险和养殖业保险，各类财产保险和上述业务的再保险业务以及经中国银保监会批准的其他业务。2021年，承保车辆保险保费收入70万元，理赔金额80万元；意健险保费收入8万元，理赔金额7万元；非车财险保费收入10万元，理赔金额4万元；农业保险保费收入122万元，理赔金额119万元。（李珍）

交通·邮政·通信

交　通

公路运输

【概况】 2021年，若羌县公路总里程3224.319千米，路网密度1.59%；国道2条，分别为218国道198千米、315国道402千米；高速公路3条，分别为三十五团—若羌高速190.3千米、依吞布拉克—若羌高速289.2千米、若羌—民丰高速（若羌境内）128千米；另有235省道303千米，590专线18千米，农村公路1695.819千米。　（赵鑫）

【乡村道路设施建设】 2021年，若羌县交通运输局实施交通建设项目7个。其中，农村公路建设项目6个，建设农村公路73.35千米，实施安全生命防护工程200.74千米，完成产值2753.37万元；建设重点资源道，若羌县G315岔口（瓦石峡）—瓦石峡牧业村（康图盖）公路项目，建设里程全长84千米，总投资3.1亿元，完成产值1.84亿元，完成项目总工程量75%。　（周晓宇）

2021年10月8日，尉犁—若羌高速公路若羌段航拍　（李太才　摄）

【尉犁—若羌高速公路建成通车】 2021年12月30日，尉犁—若羌高速公路建成通车，是若羌县境内第一条高速公路，0711国道尉犁—若羌高速在若羌境内长度为190.3千米，连接库尔勒至若羌，总投资56.57亿元，2017年开工建设。　（周晓宇）

【若羌—民丰高速公路建成通车】 2021年12月30日，若羌—民丰高速公路建成通车。0612国道建设全长530.2千米，若羌境内128千米，连接若羌至和田民丰县，若羌县境内总投资138.28亿元，2018年开工建设。　（周晓宇）

【依吞布拉克—若羌高速公路建设】 2021年7月19日，依吞布拉克—若羌高速公路关键控制性工程巴什考贡特大桥贯通。

依吞布拉克(新青界)至若羌高速公路工程全线位于若羌县境内,为《国家公路网规划(2013-2030年)》中315国道和国家高速公路展望线0612国道的重要组成部分,是新疆交通运输"十三五"规划"六横、六纵、七枢纽、八通道"高速公路主骨架网"第六横"的重要组成部分,是第三条进出疆高速公路大通道。项目全长293.62千米,共划分5个标段,由中交第二航务局集团承建,连接若羌至三十六团至青海交界处,项目总投资144.08亿元,2017年开工建设。(周晓宇)

【若羌公路养护】 2021年,库尔勒公路管理局若羌分局管养218国道133千米,315国道197千米,Z590专线18千米,共348千米。218国道、315国道共有桥梁61座,均为一、二类桥,涵洞255道。下设瓦石峡养护站和一个综合养护队。若羌分局开展路域环境整治、路容路貌恢复,路面、桥涵、沿线设施、路肩边坡以及沿线便民公厕等养护及保洁工作。

若羌分局管养路段315国道、218国道受车流量影响,处置工作在保证安全作业的情况下稳步推进,315国道处置路面病害5627.11平方米,218国道处置病害5277平方米。清扫路面128.3万平方米,路域环境整治35次,清扫停车带35处,打扫便民公厕2座并清扫30次。人工清理桥面泄水孔314个,桥面伸缩缝每月1次进行杂物清除,维修重度波形钢板166米。完成桥梁预防性养护计划项目,完成桥梁维修计划项目;218国道、315国道路面坑槽,于4月份安排机械队使用沥青热料进行修补。管养路段218国道K1104+000—K1121+500段、315国道K1718+000—K1731+000段为风积沙多发路段。4月25日,若羌分局组织安排机械队进行机械及人工清理。315国道K1603+000—K1649+000段为汛期洪水多发路段,K1620+400—K1620+600路段在山洪上路,若羌分局在各多发路段铺设防洪沙袋。对3处道口存在安全隐患情况,与路政和交警部门实地查看,并通知中铁按要求进行整改。

(王曙光)

【阿尔金山公路养护】 2021年,库尔勒公路管理局阿尔金山分局按时开展清洁路面、路肩、停车带、桥涵淤泥、波形护栏板、标志标牌等工作,开展春冬两季路况调查。对315国道K1506—K1511路段路肩边坡进行标准化整修;引进常温拌合剂、网裂修复剂和JY道路冷灌封胶3种新材料在示范路段使用。投入26.55万元实施巴什考贡保通点公厕无障碍改造及停车区标准化改造工程;投入7.77万元对米兰养护站厨房、餐厅进行维修;投入39万元实施巴什考贡保通点新建活动室维修;投入101.24万元对315国道K1352—K1425段典型病害进行处置;投入20.15万元实施315国道K1352—K1425段山区道路弯道标线施划工程。

2021年,阿尔金山分局以养

2021年4月22日,库尔勒公路管理局若羌分局工人在218国道修补路面

(王曙光 摄)

护站为基点成立除雪保通应急队伍，入冬前储备工业盐800吨、防滑沙200立方米、负35号柴油1吨等抢险物资。全年，除雪12次，投入抢险人员135人次，出动机械车辆18个台班，使用撒布融雪剂690吨，防滑沙180立方米，及时疏通临时滞留车辆1800余辆，疏散滞留人员3000余人。开展“情暖旅途，温暖回家路”服务，在巴什考贡保通点建立便民服务站，为来往司机提供临时休息场所，免费提供生活服务，包括手机充电设备5套、藿香正气水5盒、板蓝根颗粒15包、医用口罩20包、一次性手套3包、医用棉签5包、创可贴1盒、75%医用酒精2瓶；提供常用的修车工具、手机等。便民服务站为过往司机提供免费服务150人次，开展道路救援8次。（李艳辉）

【道路客运站点与线路】 2021年，若羌县有汽车客运站2个，设立招呼站21处。开通县际客运班线6条：若羌—库尔勒、若羌—且末、若羌—瓦石峡、若羌—依吞布拉克、若羌—塔身萨依、若羌—米兰。（周晓宇）

【城市公交】 2021年1月27日，若羌县城市公交车运营。公交运营由若羌县楼兰公交有限公司负责。有新能源公交车8辆，共设立公交路线3条：若羌镇—吾塔木乡，若羌县—铁干里克镇努尔巴格村，若羌镇—铁干里克镇库尔干村。设立专线2条：火车站专线和飞机场专线。其中机场专线全长15千米，票价10元，专线时间根据若羌机场每日早、晚出港航班时刻进行定时发车。公交线路的开通为当地老百姓提供更为便捷、实惠的出行选择。

公交线路一：新客运站—福利院—昆仑花园—党校—体育馆—七星家园—二号小区—楼兰小区—六号小区—博物馆—建材市场—昆仑花园—福利院—新客运站。全长7.9千米，往返所需时长0.45小时。

公交线路二：新客运站—第三幼儿园—建材市场—博物馆—三号小区—七星家园—二号小区—铁镇联社—提木村—果勒艾日克村村委会—库尔贵村—吾塔木乡乡政府—二小—依格孜吾斯塘村—依格孜吾斯塘村村委会—萨依村—吐鲁番村—西塔提让村。全长12.5千米，所需时长1.35小时。

公交线路三：新客运站—第三幼儿园—建材市场—博物馆—信合大厦—楼兰小区—文化广场—古丽巴格社区—土格村—托格拉克勒克村—牧业村—兰干村—十八家户—库尔干村。全长15.5千米，所需时长1.35小时。

专线一：新客运站—第三幼儿园—消防大队—特警大队—党校—燃气公司—电影院—七星家园—二号小区—农贸市场—铁干里克镇—果勒吾斯塘村—红星一队—亚喀巴格村—东塔提让—努尔巴格村—火车站。全长15千米，所需时长1.35小时。

专线二：新客运站—县城—机场。（周晓宇）

2021年10月5日，库尔勒公路管理局阿尔金山分局在315国道更换新的标志标牌（阿尔金山分局 供稿）

【城市出租车】 2021年,若羌县有城市出租车企业1家,为若羌县成渝运输公司,出租车辆89辆。通过对出租车公司落实车辆GPS监控管理、驾驶员培训和教育、隐患排查制度等日常安全生产工作进行检查,进一步督促运输企业落实安全生产主体责任。2021年,若羌县交通运输局对出租车行业服务质量开展专项整治活动2次,进一步规范出租车投诉电话、车容车貌、文明用语、收费等,提高出租车服务水平。 (周晓宇)

【交通监管】 2021年,若羌县交通运输局开展"危险化学品道路运输安全集中整治""全覆盖、拉网式隐患大排查、大整治""大干40天,安全隐患排查整治集中攻坚行动""安全生产月"等专项整治,开展各类检查共计350余次,每月对辖区"两客一危"行业重点企业安全检查至少一次。累计排查一般隐患185条,下达整改通知书,整改185条,落实安全生产隐患闭环管理,全部整改完毕。出动执法人员260余人次、执法车辆130辆次。查处各类违法案件77起。其中,停业整顿4起,非法营运案件12起,无从业资格证违法运输危险化学品案件7起,车辆年审逾期23起,其他违章行为31起。累计罚款31.05万元。 (周晓宇)

【道路客货运输】 2021年,若羌县共有营运汽车226辆,比2020年减少62辆,下降21.53%。其中,载运汽车116辆,载货汽车110辆。客运总量46844人,比2020年减少6171人,下降11.75%。客运周转量1544.27万人千米,比2020年减少286万人千米,下降15.61%。全县有客运企业2家,为新疆四运集团有限责任公司若羌车队、若羌县成渝运输有限公司;共有货运经营户(包含个体经营户)99家。 (周晓宇)

【客运服务保障】 2021年,若羌县有2家客运站实现联网售票,有客运车辆17辆,全部实现客运车辆动态监控设备安装。全县8个乡镇、21个建制村全部开通农村客运班线,对集中出行的农村务工人员采取定制化"点对点、一站式"直达包车运输,为富余劳动力转移就业提供安全便捷的运输服务保障。县交通运输局与道路旅客运输企业签订《安全生产承诺书》,定期督导检查辖区客运企业落实安全 生产主体责任情况。 (周晓宇)

【维修驾培机构与监管】 2021年,若羌县有驾培机构1家,为若羌县米兰机动车驾驶员培训学校,属三类驾校;维修业户117家,其中二类维修企业1家、三类维修企业116家。建立对维修驾培业户的巡查制度和监督机制,强化对维修驾培行业的管理,进一步规范市场经营行为。

(江波波)

铁路运输

【概况】 若羌县境内铁路由哈密—罗布泊线、格尔木—库尔勒线、和田—若羌线、罗布泊—若羌线组成,其中建成铁路2条(哈罗铁路、格库铁路),在建铁路1条(和若铁路),规划建设铁路1条(罗若铁路),初步形成"两纵一横"的铁路网构架。2021年末,若羌境内铁路营运里程740.4千米。其中,国家铁路营运里程366.6千米,合资铁路营运里程373.8千米,铁路旅客发送量4.9万人次,旅客下车4.49万人次;铁路发送货物3003辆92380.4吨,收到货物5388辆318747吨。

(张忠敏)

【哈密—罗布泊铁路运营】 2021年,哈密—罗布泊铁路旅客发送量8.6万人次,货物发送量完成164.36万吨。铁路正线全长373.8千米,设计技术标准为国家Ⅱ级单线铁路,内燃牵引。哈罗铁路的开通为加快罗布泊钾盐资源开发利用提供充足的运力保障,解决3区域钾肥出疆的

通道难题,使国投罗钾公司的运输成本由每吨150多元降到每吨70多元。（张忠敏）

【格尔木—库尔勒铁路运营】 2021年,格尔木—库尔勒铁路(若羌—库尔勒段)全年旅客发送量4.9万人次,货物发送量完成9.24万吨,货物周转量3834万吨。格库铁路正线全长1213.7千米。其中,青海境内505.6千米,新疆境内708.1千米。设计速度120千米/小时。格库铁路于2017年6月3日启动新疆段铺轨工作,2020年12月9日,全线开通运营,助推西部地区经济更好发展。全线通车后,格尔木到库尔勒将由原先的26个小时缩短至12个小时左右,实现“朝发夕至”。（张忠敏）

【和田—若羌铁路建设】 和田—若羌铁路是国家《中长期铁路网规划》的西部地区重要区域路网干线,是南疆地区沟通西北、西南地区的便捷运输通道。项目总投资221.5亿元,线路全长825.476千米,设计标准为国铁Ⅰ级,设计时速120千米,共设车站65处。于2018年12月20日正式开工建设,2020年5月开始全面铺轨,2021年9月27日完成全线铺轨,标志着环绕塔里木盆地、包围塔克拉玛干沙漠的世界首条环沙漠铁路线正式闭环。（张忠敏）

航空运输

【概况】 若羌楼兰机场位于若羌县城西侧,吾塔木乡西塔提让村西侧,315国道北侧,距县城中心直线距离15千米。占地161.28公顷,为国内小型支线机场。按照满足年旅客吞吐量12万人次,年货邮吞吐量480吨目标设计。若羌机场隶属于新疆若羌县楼兰机场有限责任公司,委托新疆机场(集团)有限责任公司库尔勒(且末、若羌)机场管理,飞行区等级为4C,消防救援等级为6级,围界全长10603米,现跑道长2800米、宽45米,跑道运行类别为04号跑道和22号跑道,其中04跑道为主降方向、22号跑道为次降方向,可满足A320(含)及其以下机型起降。停机坪长232.5米、宽138.5米,拥有C类机位3个、B类机位2个。机场航站楼面积6400平方米,拥有各类保障设施设备。其中,值机柜台5个,行李转盘1个,安检通道3条(含贵宾通道)。货站1个,设计年吞吐量为480吨。

2021年,若羌楼兰机场共有7个部门,综合管理部2名,安全质量管理部有人员2名,运行保障部人员(飞行区、特种设备、机务)有人员8名,空管业务部(管制、通导、气象)有人员12名,航空安全保卫部消防员15名,安全检查站安检员14名,地面服务部地服人员5名。若羌机场驻场单位有新疆航信天翼科创有限公司、楼兰机场派出所。若羌机场协议单位为县人民医院、县消防救援大队、中航油新疆公司若羌供应站。（袁丰）

2021年5月26日,若羌楼兰机场开展综合应急演练（袁丰　摄）

【生产经营】 2021年，楼兰机场航空运输旅客吞吐量为14.59万人次，比2020年增加4.41万人次，增长43.32%，货邮吞吐量为12.85吨，比2020年减少5.08吨，下降28.33%，航班起飞和降落的次数为2480次，比2020年增加170架次，增长7.36%。（袁丰）

【航线】 2021年，楼兰机场航线优化调整为4条，为若羌—库尔勒、若羌—乌鲁木齐、若羌—郑州、若羌—且末航线。（袁丰）

邮 政

【概况】 中国邮政集团有限公司新疆维吾尔自治区若羌县分公司下辖邮政营业场所9处，其中城市网点1处、农村团场8处，邮政服务网点覆盖全县所有乡镇团场，投递力量覆盖到行政村一级。全县邮路长度760千米（单程），委代办邮路总长660千米。若羌县邮政分公司服务总面积233平方千米，邮政车辆8辆。公司全面贯彻落实运营时限标准，切实提高全县重点业务寄递时限水平，做到当日收寄的邮件均能衔接有效出口干线邮路发运。（党虎）

【邮政业务量】 2021年，若羌县邮政分公司全年实现业务收入677.9万元，比2020年增幅6.4%。县邮政分公司加强专（兼）职揽收团队建设，配备专职揽收人员2人、兼职揽收人员6人。同时，开展身份证加急证、检察院文书、极速鲜寄递等业务。全年寄递出口快递业务量26.33万件，投递快递业务量8.4万件。全年，党报、党刊进口量125万份。若羌县邮政分公司以红枣、瓜果款项目为农村、团场网点的重点项目。全年，举办理财沙龙、客户答谢会等20余场次，吸引230余名客户参与。（党虎）

【邮票】 2021年，若羌县邮政销售通信邮票5700枚。若羌县集邮爱好者60余人。预订套票59册，小版票年册3册，方连票年册3册。（党虎）

【邮政普遍特殊服务】 2021年，若羌县邮政分公司推进普遍服务达标。落实《邮政普遍服务标准》，采取多种方式进行督导检查，运用视频远程查看以及实地查看的方式，对全县各普遍服务网点、村邮站的普服达标运营执行情况进行检查。全县9个普遍服务网点全达到普邮服务标准；23个建制村全部通邮，通邮率100%。普服网点开办4项普服业务，业务量全部破零。无机要通信失密、丢损、延误事故，用户满意度达到98%以上。（党虎）

通 信

【概况】 2021年，若羌县全年电信业务收入总量5022万元，比2020年减少38万元，下降0.75%。年末，共有固定电话用户3142户，固定电话业务收入55万元；移动电话用户46691户，移动电话业务收入3526.81万元；互联网用户20081户；专线用户342户。若羌电信一级国防通信光缆全长1108.91千米（一级干线955.30千米、二级干线153.61千米），联通一、二级干线777.18千米，电信本地城域网光缆6500千米，光缆通信无人站12站（电信6站，联通6站），移动网通信基站280站，光交89座，政企专线330条。（李金花）

【中国电信若羌分公司】 中国电信若羌分公司（简称若羌电信公司）位于若羌县文化路248号。2021年有干部职工20人。电信若羌分公司通过更换断裂、质差光缆、更换光皮线、整治一二级主干衰耗等方法将光衰提升至97.93%。2021年，若羌电信公司实现若羌县行政村通宽带、光纤普遍服务，家庭宽带接入能力为1000兆，县城70%的端口升级成千兆，所有村都通宽带网络，宽带覆盖率提升至99%，新建5G基

2021年5月29日，若羌电信工人在铁木里克乡阳光煤矿搭建卫星基站

（若羌电信公司 供稿）

2021年9月30日，若羌电信工人在铁木里克乡政府附近高地搭建信号设施

（若羌电信公司 供稿）

站11座。5月29日，公司在铁木里克乡阳光煤矿搭建卫星基站，6月14日，完成阳光煤矿生活区4G、5G信号覆盖，全程光缆约150千米，为日后智慧矿山项目实施奠定基础。9月30日，公司在铁木里克乡政府搭建信号设施，完成祁曼塔格乡政府4G信号覆盖。 （牛黄甲）

【中国移动若羌县分公司】 中国移动若羌县分公司（简称若羌移动公司）位于若羌县胜利路737号。2021年，有干部职工32人。若羌移动公司与13个合作运营商合作，遍布乡、镇团场及商业区，累计开通5G基站40个，实现县城核心区域室外连续覆盖，乡镇、团场有效覆盖。5G700M基站总建设35个，覆盖罗布泊、石棉矿、三十六团、瓦石峡、飞机场、火车站、重化工业园区等地区，传输干线900千米。

（陈禹希）

【中国联通若羌县分公司】 中国联通若羌县分公司（简称若羌联通公司）位于若羌县胜利路865号。2021年，有员工8人。若羌联通公司与中国邮政首次合作，分布县城、三十六团、瓦石峡及石棉矿区域，满足属地用户的业务办理及咨询需求。在县城、三十六团团部与中国电信实现部分5G基站共享，对一级干线进行改迁25千米，本地网光缆改迁18千米。 （闫陇琴）

城市建设与管理

城市规划

【城市规划实施】 2021年，若羌县自然资源局完成若羌县国土空间总体规划编制工作，规划编制《若羌县国土空间总体规划地区发展规划大纲》《若羌县资源环境承载能力和国土空间开发适宜性试评价报告》《专题一：若羌县生态保护与适度利用研究》《专题二：若羌县矿产资源开发利用研究》《专题三：耕地保护与土地整治研究》《专题四：城乡风貌塑造研究》《专题五：若羌县旅游发展研究》《专题六：若羌县改革开放多规融合试验区研究》。完成国土空间规划"双评估""双评价"工作，主体功能定位、空间发展目标战略、空间总体格局、资源环境底线、城市功能布局和空间结构、公共服务体系、历史文化资源保护、基础设施体系、国土整治、"三线"划定初步方案等内容及国土空间规划文本初稿。

（李文）

【建设工程规划审批】 2021年，县自然资源局通过优化办事流程、完善规划体系、提升审批效能等一系列措施，有效保障"工改"工作的顺利推进。明确改革的主要内容、重点任务和要求，建立工作台账，确保各项改革任务落到实处。形成材料清单，优化办事流程。根据规划部门职能形成申报材料，分阶段制作办事指南及申报事项清单，为办事人员提供清晰的材料清单，实行一次性告知。探索"多规合一""联合验收"，大幅提升审批效率。探索"联合验收"改革思路，大幅提升审批效率和服务水平。审批时限由120个工作日压减至75个工作日。全年，核发建设项目用地预审与选址意见书31件、建设项目用地规划许可证25件、建设工程规划许可证24件、建设工程规划竣工认可书11件。

（李文）

城市建设

【概况】 2021年，若羌县建设项目52个，总建筑面积132万平方米，总投资约43亿元。新建商品房销售面积1.81万平方米、销售额5152.58万元。通过加强工程建设全过程监管，监督管理23个房建和市政工程招投标，中标价27.63亿元，公开招标率均为100%；发放施工许可证21份；开展扬尘治理15次；下发各类整改通知书29份。解决建筑领域欠薪欠款问题19条，涉及人员64人，涉及金额260余万元。检查建筑工地216次，下发隐患整改通知书124份，停工整改通知书34份，发现隐患990条。开展塔吊、深基坑、高支模等重大危险源专项检查，下发隐患整改通知书14份，发现隐患75条。开展人防、消防工作，办理人防工程审批许可3个，收缴人防易地建设费75.16万元；发放人防相关宣传单1000余份,张贴海报48张,参与群众2000余人。排查整治40栋高层建筑消防安全隐患,建立隐患排查治理台账;受理房建、市政类工程消防设计审查27件,办结25件;消防验收备案受理8件,办结8件。强化行业监管,常态化落实督导检查,下发隐患整改通知书51份,发现隐患207条,整改落实207条。迎接自治区级安全生产检查1次,整改问题21条。(杨召雄)

【市政设施建设】 2021年,若羌县实施"电气化若羌",城市亮化提升21.5万平方米。完成胜利路扩建项目及主城区沿街35栋建筑进行外墙夜景氛围营造,安装楼兰大道至东支河桥及火车站片区站前路与鲸鱼湖路路灯476盏;规划停车位500余个;完成胜利路、团结路、文化路、建设路60套行人休息座椅安装;修复塌陷、破损市政人行道约2900平方米;完成西大桥、5号A区西侧围墙、博物馆木栈道氛围营造项目;更换老旧排水、供水热力及其他市政管网,道路照明设施及亮化设施等维修工作。更换县城内7个十字路口红绿灯线缆、配件;维修路灯2700余盏,更换故障电缆1800余米,亮灯率和路灯设施完好率均95%。新建改建10千伏配网线路39千米。

(韩鹏)

【老旧小区改造】 2021年,若羌县召开居民代表大会3次,利用手机开展城市更新问卷调查,收集关于小区困难诉求55条。实施老旧小区改造项目2个。其中,老旧小区改造项目总投资8000万元,完成投资6500万元;老旧小区改造内配套基础设施项目总投资1400余万元,完成投资1000万元。对5个小区3003户居民的地下供水、排水、供热、道路、绿化进行提升改造,改善9000余名群众的居住和生活条件。对楼梯间的墙面全部重新粉刷,电线、网线等线路进行规整,楼体外立面改造13万平方米;楼栋屋面防水重新改造1.8万平方米;对小区126个单元门进行更换。

2021年8月4日,实施城市亮化提升工程后的若羌夜景

(县融媒体中心 供稿)

老旧小区改造采用先地下后地上的原则,对小区内供排水、供热管道进行更换,管网重新规划。对小区内的绿地重新设计,重新铺设管网并增加树的种类。将34处垃圾屋全部更换为地埋式垃圾分类收集点,彻底解决污染源异味大、蚊虫多问题;增加小区停车位300个。为切实解决群众取快递难的问题,增加智能快递柜10组,通过微信扫码就能取快递;为丰富群众"15分钟生活圈",在小区大门口右侧打造一个小游园,小游园里有休息凉亭、小喷泉、人行步道,夏天将成为群众避暑纳凉的好去处。为解决群众洗车的问题,增设自助洗车机1处,每次洗车费用不足10元。通过对小区道路重新规划,对消防车无法通行的路段进行扩宽,并全部重新铺上沥青。改造共投资5000余万元,涉及32栋楼、719户,惠及群众1952人。(娄坤)

【胜利路改造】 2021年11月24日,若羌县胜利路改造工程完工。该工程于2020年11月25日开工建设,由中国化学工程第十

一建设有限公司实施，总投资5300万元。胜利路为县城主干道，北起原胜利路与米兰路交叉口，南至315国道与原胜利路交叉口。改造工程对1.98千米道路断面进行优化调整重新铺油，由原来的双车道扩建成双向六车道，人行道改加5厘米花岗岩人行道砖，给主车道增设排水系统并升级照明和热力供暖系统。（杨召雄）

【施工许可审批】 2021年，若羌县共办理施工许可17项。其中，政府投资8项，社会投资9项，建设面积28万平方米，合同金额5.74亿元。（郭皓乾）

【工程备案管理】 2021年，若羌县工程备案管理依托工程审批改革平台，受理备案项目50项。其中，施工许可17项，质量监督备案17项，消防设计审查16项。在前期审批中均采用并联审批相关模式压缩办理时限和办理流程。（郭皓乾）

城市公共事业与市政管理

【城乡供水】 2021年，若羌县两镇一乡用水户12627户（若羌镇8995户，吾塔木乡1579户，铁干里克镇2053户），比2020年同期增加679户。其中，居民用户11700户，比2020年同期增加588户，占总用水户93%；非居民用户927户，比2020年同期增加65户，占总用水户7%。全年，供水量318.7万立方米，比2020年同期的243.46万立方米增加75.24万立方米，日平均供水量0.87万立方米。

若羌县两镇一乡供水由若羌县楼兰水务有限责任公司负责。该公司隶属若羌县国资委，主管部门为县住房和城乡建设局。公司的主要职责是确保自来水厂供水设施的安全正常运行，负责若羌县“两镇一乡”（若羌镇、铁干里克镇、吾塔木乡）区域范围内机关、企业、事业单位、居住小区、学校、商业服务网点供水、排水供应服务管理，兼营供排水管网、水表安装及水暖建材。2021年，楼兰水务公司有职工32人。总收入706.15万元，比2020年增加293.44万元。全年，总支出691.38万元，比2020年增加164.58万元。净利润为14.77万元，比2020年减少114.09万元。资产总额年末数为2926.85万元，较2020年增加44.52.34万元；负债总额年末数为610.18万元，较2020年减少2641.86万元；所有者权益年末数为2316.67万元，较2020年减少1939.15万元。全年，若羌县楼兰水务有限公司组织安全隐患排查12次，排查隐患20处，编制《供水突发事件应急预案》，成立应急抢修队伍，配置各种物资和配件，强化城市供水应急管理的物资保障。全年，未发生一起安全事故。水源地保护方面，按照《集中式饮用水水源地规范化建设环境保护技术要求》，配合县环保局在饮用水水源区域做好防护措施，设立界标、交通警示牌和宣传牌，采用隔离栅进行物理防护。在水源

2021年8月27日，若羌县胜利路改造工程现场（张达　摄）

地保护区安装45个高清视频监控，实现监控无死角、全覆盖。完成水资源论证报告的编制工作。

2021年11月30日，若羌县城乡供水处理车间完成设备换膜、消毒设施更新改造、在线监测改造升级、运行设备的更新维护等工作。项目总计投资455万元。通过改造升级后设备的成新率99%，为确保若羌县城乡供水水质安全发挥保障作用。2021年，楼兰水务公司依据自治区水质督导及安全饮水规范要求，结合若羌县供水实际情况，在日检工作中提升水质化验水平，选派专业技术人员参加自治区水协会指派的重庆市水务行业职业技能培训中心学习，取得水质化验初级证书；采购先进、便捷、精准的水质化验设备，确保水质安全日检工作正常开展；月(季)水质检测工作，依据行业标准资质许可，委托库尔勒银泉水务公司水质化验中心、库尔勒市疾控中心每月(季)对若羌县水源水、出厂水、管网水、末梢水进行42项常规检测；水质年检工作委托乌鲁木齐博峰源水质监测站对若羌县出厂水进行106项检测。全年，累计送检水样7次，累计投入资金30余万元。各项检测指标均符合国家规定的饮用水卫生标准，达标率99%，并在政府网站进行公示。

（魏金花）

【污水处理】 2021年，若羌县进厂污水水量131.69万立方米，处理水量127.74万立方米，处理水量较2020年增加23.84万立方米，增长22%，达标处理率97%，日平均处理水量3500立方米，最高处理水量4223立方米。全年，污泥产量434.1吨，污泥生产较2020年增加98.35吨。格栅间污泥产量148.6吨、脱水车间污泥产量285.5吨，全部污泥储存在污泥晒场等待进一步有效利用。

若羌县污水处理由若羌县昆仑绿洁污水处理有限责任公司负责。该公司由若羌县国资委监管，经营范围包括若羌县污水处理及若羌镇、瓦石峡镇、铁干克镇、吾塔木乡排水设计、管网、污水提升泵站等相关设施维护管理，统筹城乡排水各服务项目所需进行配置。2021年，该公司有职工19名。总收入311.1万元、财务实际总支出302.17万元。共收取污水处理费140.67万元，较2020年增加20.17万元。其中，瓦石峡镇收取7.07万元，若羌镇、铁干里克镇、吾塔木乡收取133.6万元。财政拨付资金总额为311.1万元，污水处理费总征收额为140.67万元，财政补贴为170.43万元。（肖华）

【城市供暖】 2021年11月1日，若羌县冬季集中供热点火运行。全年，集中供暖面积110万平方米，用煤量6.7万吨，供热温度保持在75℃~85℃，压力保持在0.3兆帕，补水量60立方米/小时，抢修维护7次。若羌县惠众热力有限责任公司作为第三方，协调若羌恒温供热有限公司、亿隆热力有限公司保障若羌县冬季供暖事宜，督促亿隆热力公司和若羌恒温热力公司上报供热首站，1、2号换热站相关数据，以便核查比对当前供热情况。恒温热力公司组建冬季煤运车队解决冬季煤炭运输问题。设立煤炭运输费用共管账户，由惠众热力有限责任公司代为监管，保证冬季供暖用煤及时到位。配合县住建局协调解决供暖期间城镇居民反映供暖存在的有关问题。

2021年，若羌县惠众热力有限责任公司营业收入74.4万元，比2020年减少957.48万元。其中，城东新区公租房供暖费收入为3.65万元，城西新区供热管网管理费收入70.75万元。2021年，相关费用由亿隆热力负责收取。营业成本3.59万元，其中电费为2.65万元，热力管网监控平台监测费0.94万元。比2020年减少700.61万元。管理费用合计46.26万元，比2020年增加2.8万元。净利润为22.39万元，比2020年减少238.29万元。（吴小光）

【城市供气】 2021年，若羌县有城乡天然气开户数约10200户，其中县城7600户，覆盖率99%。农村(瓦石峡镇、铁干里克镇、吾塔木乡)总开户数为2598户。销售天然气158.8万立方米，合计平均月销售量为13.23万立方米，平均日销售量为0.44万立方米。面向企业办事次数469人次、面向个人办事57034人次，处理报修服务1350次，处理天然气门站、站点及配套管网设施隐患问题142处。开展全县城乡入户回访检查行动，成功入户7400户，入户率72%；全年共计通气200户，更换天然气表共计992户。全年，更换燃气一键报警器城乡总户数10200户，其中县城7446户（含开发商3746户、商户156户），农村2598户。

2021年，若羌县城镇供气由若羌县楼兰燃气有限责任公司负责。该公司由若羌县国资委监管，营业收入424.5万元，比2020年减少98.03万元。其中，居民销售天然气收入为279.77万元，商用销售天然气收入97.24万元，销售燃气表收入41.39万元，销售燃气报警器收入0.68万元，维修天然气管道收入3.83万元，补卡收入0.61万元，热力管网监测收入0.94万元。其他收益309.33万元，比2020年增加33.93万元。营业成本373.8万元，比2020年增加6.64万元。其中，天然气成本267.14万元；折旧费48.08万元；天然气管道维护成本18.66万元；房租费5.34万元；燃气表及报警器成本34.57万元。管理费用合计311.39万元，比2020年增加60.71万元。净利润为43.8万元，比2020年减少124.5万元。（胡婷婷）

【园林绿化】 2021年，若羌县园林绿化管护面积325.35万平方米。其中，一级管护绿地：公园、广场、街头绿地绿化面18.53万平方米；二级管护绿地：道路绿化带面积101.44万平方米；四级管护绿地：防护林绿化面积52.48万平方米；羌河景观带152.9万平方米。若羌县园林绿化管理处种植灌木、乔木共461670株，种植草花27万盆，种植草坪156974平方米。开展13次病虫害防治工作，进行集体园林修剪保洁2次、清洗城区绿篱106次，绿化浇水106次，更换新式花箱350组。在城北区新建游园2处，完成拆迁区绿化4000平方米，修建园路8000平方米。园林绿化管理处种植树木成活率和保存率均在95%以上。（彭艳）

【园林城市创建】 2021年，若羌县建成区绿地率36.79%，绿化覆盖率43%，人均绿地率14.53%。按照"增绿、提质、出精品"的总体思路，全方位完善服务功能，完成老城区、城西新区、工业园区绿化带、防护林为主的县城园林绿化植树面积466.67公顷，累计人工造林面积14833.34公顷，森林覆盖率由0.56%提高到1.16%，乡镇绿洲森林覆盖率从16%提高到83%。（彭艳）

【公园与广场管理】 2021年，若羌县有楼兰文化公园、楼兰生态广场、文化广场、拥军广场，占地总面积203070平方米，绿地总面积78894平方米，配备22名管护绿化工、9名清扫保洁员。管理措施方面，一是对公园、广场内古树名木的保护和管理，保证古树名木正常生长。二是对公园、广场设施进行维护和保养，保证设施完好。三是加强公园、广场内的环境保护。做好园林植物病虫害防治工作，防止园林植物病虫害发生和蔓延。四是在公园、广场内明显的位置设置游人须知、引导标牌、警示标志等设施。保洁员夏季工作时间8:30—13:30，16:00—9:00，进行公园清扫保洁工作，每日清理垃圾量约4吨。（彭艳）

【城市环境卫生保洁管理】 2021年，若羌县实行环卫一体化作业模式，用机械代替人工，人机结合，服务人口4万人，清扫保洁面积244.89万平方米，服务行政村23个，垃圾清运86吨/日。新增面积经测算从飞机场路至2号检测点全长19.2千米，面积80.64万平方米。火车站前广场及周边道路15.4万平方米，共计96.04万平方米。清扫保洁时间三级街道实行两班制，四级街道实行一班制，每天9:00—13:30，15:30—20:00保洁在岗。

（王建丽）

【城市垃圾清运与处理】 2021年,若羌县城镇生活垃圾实施"户投放、集中转运、统一进行无害化处理"模式。城镇共建垃圾分类收集屋75座,配套收容器186个,果皮箱296个,垃圾车3辆,洒水车1辆,吸尘车1辆,多功能清扫车1辆,电动保洁三轮车14辆,餐厨垃圾车1辆。全年清运处理城镇生活垃圾1.67万吨,餐厨垃圾2555吨,隔离垃圾1515吨,无害化处理率98%。若羌县城区垃圾处理厂位于若羌县县城西315国道南10.3千米处,垃圾采用填埋处理方式。 （王建丽）

【城市市容管理】 2021年,若羌县更换全县老旧小区及县城主干道垃圾箱为地埋式垃圾箱共更换21个,累计投资150万元。生活垃圾填埋场二期采购配套吸污车1辆,轮胎式装载机1辆,轮式挖掘机1辆,推土机1辆,自卸车1辆,垃圾消毒车1辆,国六起重车1辆。新增密闭式垃圾船77个,摆臂式垃圾船17个,更换维修果皮箱50个。 （王建丽）

【城市执法管理】 2021年,若羌县城市管理执法局推进州城市管理执法体制改革试点县工作,建立健全日巡、周巡、月巡制度。加强执法队伍建设,新增协管人员2名,购置执法对讲机20台。

2021年10月20日,环卫工人在楼兰文化公园开展水池清理工作

（县住建局 供稿）

若羌县城市管理执法局开展各类非法占道经营、餐饮和流动摊贩提升服务整治工作,共取缔占道经营、出店经营4300余次,出动人员2300余人次,出动执法车辆1200余次,治理乱象400余处,拆除乱搭乱建12处。规范车主违法行为,共检查车辆500余次。规范门头整治工作,拆除烂牌子56块,烂布条132条,门头牌匾整治75块。 （赵雪清）

【巴州垃圾分类试点县工作】 2021年,若羌县作为巴州垃圾分类试点县,推进垃圾分类工作。县住建局制定若羌县生活垃圾分类工作实施方案,确定若羌镇红枣园小区、吾塔木乡果勒艾日克村为垃圾分类示范点,投入资金103.75万元。在2个试点完善环卫基础设施建设,购买餐厨垃圾车1辆、垃圾清运车1辆、密封式大垃圾箱35个,新建垃圾收集器13座,投入使用10座。全年,在2个试点清运处理生活垃圾约17.2吨。开展垃圾分类宣传工作,专题集中宣讲3场次1500余人次,发放宣传手册2600余份。 （王建丽）

【共享电动自行车首次投放】 2021年4月28日,若羌县引进"哈啰出行""人民出行"两家企业在若羌县进行投放试点。首批投放500辆共享电动车和1000辆共享自行车至县城人流密集、用车频繁的工作区、住宅区以及生活消费场所等200个试点区域,服务范围覆盖整个县城。居民用车只需扫码,完成实名注册后,点击"立即用车"即可解锁骑行。 （杨召雄）

乡村振兴

综 述

【乡村振兴局组建成立】 2021年5月31日，若羌县乡村振兴局（简称县乡村振兴局）正式挂牌成立。7月，县委编办印发《关于若羌县乡村振兴局机构编制有关事宜的通知》，将原若羌县扶贫开发办公室职责整体划转至县乡村振兴局，主要负责巩固拓展脱贫攻坚成果，统筹推进实施乡村振兴战略有关具体工作。核定行政编制2名，参照公务员管理事业编制1名，全额预算管理事业编制17名，配备班子成员6名，在职干部19人。若羌县认真贯彻落实中央、自治区、州关于巩固脱贫攻坚成果全面推进乡村振兴安排部署，全面推进巩固脱贫成果同乡村振兴有效衔接，扎实推进“十大巩固拓展工程”和“八大示范引领行动”，牢牢守住不发生规模性返贫底线，各项工作取得扎实成效，农牧民人均收入较2020年增加1017元。 （龙胜）

【乡村振兴战略规划】 2021年，县乡村振兴局印发若羌县《关于实现巩固拓展脱贫攻坚成果同乡村振兴有效衔接的实施方案》和《关于全面推进乡村振兴加快农业农村现代化的实施方案》等县级政策文件6个，完成《若羌县乡村振兴战略规划（2021—2025年）》编制工作，启动实施5个乡镇20个行政村村庄规划编制工作。加快农业产业结构调整，持续推进农牧业增效行动。持续发展高效节水农业和设施农业；抓好粮食安全，实施“种子工程”；做大做强特色林果业，接续实施红枣产业提质增效，实施优质红枣标准化工程、有机示范工程；加快推进“兴猪、扩羊、增牛”战略，抓好现代畜牧业发展；适度发展特色农畜产品，促进“高端、小众”特色农业发展；支持发展庭院经济、林下经济，建设田园综合体、农家乐、采摘园。推动巩固拓展脱贫攻坚成果同乡村振兴有效衔接，激发乡村发展活力。持续推进农村人居环境整治行动，改善乡村发展面貌。

（龙胜）

【自治区乡村振兴示范引领县建设】 2021年7月，若羌县被自治区列为全疆20个乡村振兴示范引领县之一。8月29日，县乡村振兴局制定《若羌县关于巩固拓展脱贫攻坚成果全面推进乡村振兴责任分解方案》，以“城乡融合”为核心、以“一、二、三产融合发展”为支撑；拓宽“一主三副”农业发展路径（红枣、畜牧业、设施农业、特色种养业），科学有序推动产业、人才、文化、生态、组织“五大振兴”，深入推进自治区“八大示范引领行动”示范创建工作稳步开展。 （龙胜）

【乡村干部队伍建设】 2021年，若羌县委组织部累计选派106名基层干部赴上海、广州、深圳、江苏和河北等省市考察学习。通过高清云视系统、集中轮训等方式，对乡镇分管领导、党建干事和“两委”成员、村级后备力量以及换届后新进村（社区）“两委”成员共计340余人进行轮训。结合县、乡两级换届工作，86名乡镇党政班子全部配备到位。其中，调整的30岁及以下青年干部14人，35岁以下乡镇党政正职3人，女干部12人，少数民族干部38人。制定并下发《若羌县村级组织“一支部三中心”运行规范》和《若羌县社区组织“两中心两站（室）”运行规范》，制定“一支部三中心”人员配备图模板，若羌县20个行政村、6个社区，全部挂图上墙公示并实体化运行。落实关心关爱激励措施。注重将具有村党组织书记任职经历的优秀公职人员、在村任职的优秀年轻干部选拔进乡镇党政领导班子，累计提拔使用、职级晋升6人。

落实村干部报酬增长机制，农牧民身份的村“两委”正职“一肩挑”工资报酬6481元，村“两委”其他成员按照正职报酬的80%确定，激励村“两委”干部担当作为。设立发展壮大村级集体经济效益奖励，组织开展村集体经济“创收之星”评选活动，当年经营性收入增收的20%用于奖励工作成绩突出的个人村干部。加强村级后备力量队伍建设，重点从18周岁以上、45周岁以下人员中选拔，每村按4—6名标准，储备104名村级后备力量，有9名后备干部进入村“两委”班子任职，村级各类组织使用56人、发展党员储备13人，乡镇党委每年开展1次帮带评估，将帮带工作纳入帮带责任人日常评估和年度考核内容，并作为评先评优、提拔使用的重要依据。

（苏立群）

2021年12月22日，新疆工程学院与若羌县人民政府举行战略合作签约仪式举行，挂牌成立新疆工程学院乡村振兴学院（若羌分院） （张达 摄）

【新疆工程学院乡村振兴学院（若羌分院）成立】 2021年12月22日，新疆工程学院与县政府战略合作签约仪式举行，挂牌成立新疆工程学院乡村振兴学院（若羌分院）。双方代表现场签署《新疆工程学院与若羌县人民政府战略合作协议》，共同为新疆工程学院乡村振兴学院（若羌分院）揭牌。学院将在后期选派相关人员围绕若羌县高质量发展战略部署，抢抓乡村振兴示范引领机遇，构建“共建共赢”合作交流机制，在全疆率先打造院县合作新典范。全力支持学院更好更快发展，把新疆工程学院乡村振兴学院（若羌分院）办出特色、办出水平，有效促进农业治理、经营等适用性技能人才发展，打破农村人才发展瓶颈，使新疆工程学院乡村振兴学院（若羌分院）成为发展职业教育的“主阵地”，培育各类人才的“孵化器”。同日，新疆工程学院领导班子成员前往对点联系的铁木里克乡、祁曼塔格乡开展调研。

（陈远磊）

【乡村振兴重点项目】 2021年，若羌县投入支农资金3.59亿元，其中投入乡村振兴衔接补助资金3138万元。完成乡村振兴重点项目建设21个，总投资15380.32万元。其中，衔接资金项目16个(中央2752万元、自治区26万元、州360万元、县级配套242.32万元)、地债资金项目5个1.2亿元。产业类项目10个，涉及资金2906.5万元；小型手工业工程项目3个，涉及资金226.5万元；基础设施类项目8个，12247.32万元。共发放小额信贷56户187万元，落实贴息资金7.94万元。 (龙胜)

脱贫攻坚成果巩固

【概况】 2021年，若羌县累计落实雨露计划、河北助学金等补助资金90.07万元，帮助脱贫户及监测户家庭学生744人，小学入学率100%，初中纯入学率99.82%，残疾儿童少年入学率100%。抓好医疗保障巩固提升。城乡居民基本医疗参保率98.39%(其中：低保、脱贫户和“监测户”参保率100%)。低保、脱贫户和监测户享受各类特殊慢性病、大病门诊待遇1245人次，享受住院待遇915人次，无因病返贫致贫现象发生。抓好兜底保障巩固提升。7月，若羌县在巴州率先实现统一城乡低保标准并进行调标，由每人5004元/年统一提高至8100元/年。全县127户187名农村低保人口及39名农村困难人口实现应保尽保。 (龙胜)

【防止返贫监测机制】 2021年3月，县乡村振兴局印发《关于进一步完善防止返贫动态监测和帮扶机制实施方案》，建立200万元防返贫风险基金，进一步兜牢返贫底线，巩固脱贫成果。5月7日，县乡村振兴局组织县、乡、村三级200余名工作人员，对若羌县1.59万的乡村人口开展“两不愁三保障”集中排查和信息采集，对低收入群众坚持每月研判，坚决防止返贫致贫现象和“两不愁三保障”不达标的问题出现。识别“监测户”24户80人，落实“一户一策”及帮扶措施。 (龙胜)

【巩固脱贫成果长效机制】 2021年6月，若羌县成立县委农村工作领导小组暨乡村振兴领导小组，组建县农业农村工作专班及10个专项组，6名县级领导干部专职抓巩固脱贫成果和乡村振兴工作，建立乡村振兴联系点制度，严格落实三级书记抓巩固拓展脱贫攻坚和乡村振兴责任。严格落实“四个不摘”“八个不变”“八个衔接”要求，将巩固拓展脱贫攻坚成果同乡村振兴战略实绩考核纳入各乡镇、村和部门班子年度绩效考核内容，全力做好巩固脱贫攻坚成果同乡村振兴有效衔接各项工作。 (龙胜)

【社会帮扶】 2021年，若羌县持续抓好扶贫产品认定，持续发挥消费扶贫专区、专馆、专柜“三专”建设作用，完成扶贫产品认定2个、带贫益贫企业2家，设立扶贫专柜12个、专区5个、专馆1个，销售农产品1164.87万元。开展支援帮扶，落实支援项目17个、支援资金1750.95万元。组织引导县域企业开展“百企兴百村”行动。用好“企业+合作社+农户”模式，羌都、福润德畜牧等龙头企业与养殖合作社、农户签订“企业+合作社+农户”帮扶协议书，带动200余户脱贫户增收。 (龙胜)

【发展产业扶持】 2021年，若羌县累计到位中央、自治区各类产业发展及补助资金1.43亿元，实施产业类项目19个，支持高标准农田建设、农机购置补贴、农产品仓储保鲜冷链设施等，受益群众达到5000余户1.59万人。 (龙胜)

【转移就业扶持】 2021年，若羌县先后组织“春风行动”“民营企业招聘周”等招聘会17场次，发放创业担保贷款50笔508.8万元。投资2800万元打造若羌县双创中心，落实高校毕业生基层就业创业政策，吸纳155名高校毕业生就业创业。组建若羌县技工学校，累计开展城乡劳动力培训8371人。9060名农村劳动力实现全就业，比2020年增长14%，其中脱贫劳动力实现高质量全就业。（龙胜）

【生态补偿扶持】 2021年，若羌县累计到位国家重点生态功能区转移支付资金、草原、湿地生态奖补资金、林业草原生态保护恢复等中央专项资金2.13亿元，推进国土绿化，开展森林、草原等生态保护修复工作。实施国家公益林管护项目，总面积198666.77公顷，吸纳公益林管护队伍160人，选取60名脱贫户组建生态护林员队伍。落实草原生态奖补政策，兑现草补资金4510.77万元，受益1116户3298人，其中脱贫户452户。（龙胜）

【巩固脱贫攻坚成果同乡村振兴有效衔接考核】 2021年10月，县乡村振兴局向若羌县各单位转发《国家巩固脱贫攻坚成果后评估工作方案》《20个乡村振兴示范引领县乡村振兴战略实绩考核指标体系》。11月22日，县委召开若羌县迎接自治区乡村振兴战略实绩考核工作部署会议，县委书记黄新平作动员部署讲话。11月26—28日，自治区乡村振兴战略实绩交叉考核组一行16人对若羌县乡村振兴战略实施情况进行为期三天的考察。（龙胜）

镇村规划与建设

【镇村发展规划】 2021年，若羌县加快示范引领乡村建设，完成《若羌县乡村振兴战略规划（2021—2025年）》编制工作，启动实施5个乡镇20个行政村（社区）、住房设计及基础设施建设规划，做到定位准确、格局合理、特色突出、产业鲜明，避免“千村一面”，完成6个村庄规划设计。（龙胜）

【农村集体产权制度改革】 2021年，若羌县农村集体产权制度改革工作，涉及5个乡镇、20个行政村。3月，20个行政村完成《农村集体经济组织登记证》领取，完成刻章、银行开户、股权证打印及发放等工作。（潘存东）

【农村宅基地】 2021年，若羌县开展宅基地调查工作。经统计，共有宅基地及集体建设用地6231宗（其中，宅基地6126宗、集体建设用地105宗）；通过村“两委”公示确认，村、乡（镇）两级审批，不动产登记中心受理、审核，完成宅基地及集体建设用地登薄数共4108宗（其中，宅基地4108宗、集体建设用地37宗）。共发放宅基地及集体建设用地不动产权证书4108本；按照“一户一档”要求整理归档4108本。（潘存东）

【土地流转】 2021年，若羌县涉及农村土地流转的3个乡（镇），12个行政村，40个村民小组，农民集体所有耕地2433.33公顷，其中，实行家庭承包经营耕地面积2153.33公顷，家庭承包经营农户2123户。全县农村承包耕地经营权流转总面积680公顷，流转出承包耕地经营权的农户数1173户，其中全部流转出承包耕地经营权的农户数524户，家庭承包耕地经营权流转率31.58%。流转期限5年以下（不含5年）的承包耕地面积337.66公顷；流转期限5—10年（不含10年）的承包耕地面积1公顷；流转期限10年以上的承包耕地面积340.9公顷。（潘存东）

【农村住房安全工作】 2021年，若羌县开展危房改造与安全等级评估，集中排查房屋安全隐患4次，共排查农村房屋5011套。其中，用作生产经营性自建房329套，一般自建房4562套，非自建房120套。未检查出住房不安全问题。（张雪）

【农村饮水工程建设】 2021年，若羌县累计投入专项资金2021.32万元。实施依吞布拉克镇供水工程、塔什萨依村农村供水管网维修改造工程和英苏牧业村塔河游牧民定居农村供水工程，进一步补齐农村供水设施短板，农村集中供水率、水质合格率100%。县水利局争取中央财政衔接推进乡村振兴补助资金234.16万元，实施若羌县铁干里克镇英苏牧业村塔河游牧民定居农村供水工程和若羌县塔什萨依村农村供水管网维修改造工程，解决铁干里克镇英苏村塔河游牧民定居点供水人口22户(110人)，牲畜26400头的饮水安全问题和塔什萨依村313户(2400人)农村人口的饮水安全问题。（龙胜、张沅溪）

【农村道路及桥梁建设】 2021年，若羌县农村公路总里程1695.819千米。其中，县道183.514千米，乡道101.146千米，村道1411.159千米，桥梁25座809.02米。全年实施农村公路建设项目6个，建设农村公路73.35千米。（左森磊）

【乡村交通+旅游战略】 2021年，若羌县交通运输局投入项目资金849.39万元，改善县城周边三个农业乡镇安全生命防护设施200.74千米，拓宽乡村主干道4千米，建设县域内景区停机坪1处。根据群众旅游出行新特点、新趋势，投入乡村新能源公交车8辆，投入资金379万元。探索提高乡村旅游景点通达度，完善“建”“运”“游”一体化服务设施。（周晓宇）

强农惠农政策

【养殖业保险补贴】 2021年，自治区财政厅《关于印发〈新疆维吾尔自治区农业保险费补贴管理实施办法〉的通知》，规定养殖业保险补贴中央财政补贴50%、自治区财政补贴30%，投保农户或农业生产经营组织自行承担20%。奶牛每头保险金额10000元，保险费率6%，保险总额600元。其中，中央补助300元，自治区补助180元，养殖户承担120元。能繁母猪：每头保险金额1000元，保险费率6%，保险总额60元。其中，中央补助30元、自治区补助18元、养殖户承担12元。以上保险中，养殖户承担部分由县财政承担，补贴方式采取个人先缴纳，根据投保票据，经畜牧兽医局、保险公司、乡镇人民政府共同确认后，由县财政将补贴资金通过一卡通发放至养殖户。（杨瑞东）

【基层动物防疫补助】 2021年，巴州畜牧局《关于转发〈畜牧厅财政厅关于印发基层动物防疫工作经费补助实施方案的通知〉的通知》。根据规定，每个乡镇按照存栏数配备村级防疫员，建立疫情监测和应急防控体系、强化动物疫病“防、检、监”工作。按照“政府保密度、乡镇保质量、部门强监管”的要求，推行重大动物疫病强制免疫动态监管和免疫抗体水平逐级考核管理机制，确保免疫密度100%，免疫抗体效价常年保持在80%以上。加强动物检疫监督工作，全面实施产地检疫和定点屠宰检疫，确保检疫率100%。免费帮助群众打疫苗，强制免疫疫苗对脱贫户不收取任何费用。村级防疫员工资由县财政承担，绩效由自治区财政承担。（杨瑞东）

【强制免疫过敏性死亡补助】 2021年，若羌县根据《巴音郭楞蒙古自治州2021年动物疫病免疫工作实施方案》，采取畜禽强制免疫中出现疫苗应激副反应死亡的畜禽，由疫苗供应厂家按照畜禽市场价格的一定比例进行赔付。（杨瑞东）

【牧业贴息贷款】 2021年，若羌县根据自治区党委办公厅《关于促进新疆畜牧业高质量发展的意见》和自治区党委农办《关于印发〈自治区农区畜牧业振兴三年行动方案(2020—2022年)〉通知》,对规模养殖企业(场、合作社)用于购买饲料、畜禽等方面的流动性资金银行贷款给予补助,贷款规模100万元以上的,在全国养殖场直联直报系统备案的规模养殖企业(场、合作社),并于规定期间完成结息。年度贴息比例不高于贷款市场报价利率LPR的50%(财政按银行贷款贴息比例1.8%给予贴息补助)。每个申报主体最多贴息100万元。补助对象,购买畜禽、饲草料等生产流动性资金(具体补贴标准以当年项目实施方案为准)。 (杨瑞东)

【优良品种引进奖励】 2021年,若羌县根据自治区党委办公厅《关于促进新疆畜牧业高质量发展的意见》和自治区党委农办《关于印发〈自治区农区畜牧业振兴三年行动方案(2020—2022年)〉通知》实行,若羌县在国家和自治区供种名录单位购进种畜,农区以引进达到1级标准种公羊每只补贴1000元、多胎生产母羊500元/只的政策(具体奖励标准以项目实施方案为准)。

(杨瑞东)

【生猪无害化处理补助】 2021年,若羌县根据新疆维吾尔自治区动物防疫补助经费管理办法等,对生猪死亡进行无害化处理,按照每只80元标准进行补助,国家补贴60元、自治区级财政承担20元。 (杨瑞东)

【红枣产业政策扶持】 2021年12月,县委、县政府印发《若羌红枣进一步提质增效的实施意见(试行)》《若羌县红枣提质增效冬春季管理工作实施方案》,按照若羌县红枣专家顾问团制定的《若羌县密闭枣园简优化关键技术改造流程图及技术规程》,指导基本农户进行枣树科学管护,解决枣园"四过一缺失"问题,合理枣树疏密,按照永久株、临时株管理,使枣园达到"行间能行车,株间可过人,枝枝都见光"的通风透光条件,减少病虫害发生,提高果品质量。由乡镇负责组织人员验收(乡镇农业发展中心、村委会)并张榜公示,经乡镇人民政府审核后,报县红枣科技服务中心抽查核实通过,经若羌县红枣提质增效工作领导小组审批后,疏密奖励补助300元/亩;枣树间移并种植的奖励补助550元/亩;修剪奖励补助200元/亩。实现管理简约、作业简便、投入减少、品质优良、效益增加。提倡增施农家肥、生物有机肥、生物菌肥和绿肥翻种,推广绿肥(油菜、苦豆子、豆科类)种植,经红枣科技服务中心验收后,给予种子补贴;对基本农户施农家肥达到4吨/亩以上,并经县红枣科技服务中心验收后,以实际验收合格面积为准,每吨农家肥给予50元奖励,每亩施农家肥达到4吨给予200元奖励。石硫合剂喷洒全覆盖。每年春、秋两季持续开展石硫合剂喷洒活动,由县供销社负责县域内石硫合剂的熬制和销售;县市监局负责质量监督;各乡镇、村安排专人负责监督、统计辖区基本农户、种植大户等购买石硫合剂数量,国有土地种植大户购买石硫合剂需经乡镇、村出具有效证明,上报县供销社。县供销社负责若羌县购买石硫合剂数量、农户审核,并将购买石硫合剂农户名单报县红枣中心,由县红枣中心负责抽查核实后,按照石硫合剂原料成本补贴50%。 (杨瑞东)

产业兴农

【农村特色主导产业发展】 2021年,若羌县坚持以红枣为主导产业发展不动摇。红枣种植面积15586.67公顷,红枣产量9.25万吨,干枣为6.48万吨。面积和产量分别占巴音郭楞蒙古自治州的37.3%和47.4%。引导枣农间伐、间移、科学修剪,创新实行"五统一"(统一组织、统一时间、统一药剂、统一配制、统一施药)管护模式,推进红枣标准化管理。推进红枣地有序流转,推广“公司(合作社)+农户+基地”以及合作社对红枣地经营代管等发展模式,让各村富余劳动力转移发展农区畜牧业和外出就业。以《若羌红枣标准体系》为指导,研究完善通俗易懂、简单实用、便于操作的红枣种植“口袋书”,推广普及红枣标准化种植各项举措,引导枣农提升红枣种植全过程管理能力。

加大标准化厂房、企业水电气暖等方面优惠政策支持力度,出台红枣空运、加工、销售补贴政策,打造全疆红枣加工价格洼地,吸引新疆果业、好想你、羌都林牧、米掌柜等龙头企业入驻。组织县域内红枣企业、合作社参加疆内外林果展销推介活动,推介若羌红枣,并与客商洽谈签订订购合同。重点引进红枣精深加工企业,通过探索研发红枣醋、枣饮料、枣红色素、枣片等精深加工产品,消化县域内红枣,提高红枣附加值。通过“线下销售+线上网销”模式,培养本土特色农产品“推荐官”,与网红主播为“若羌红枣”代言,通过直播互动,大力推介若羌红枣,让消费者了解若羌红枣,变流量为销量,推动红枣销售。培养一批红枣期货交易经纪人,运用期货平台套期保值实现稳收益,促进农民群众多渠道增收。发挥河北省邢台市对口支援机制作用,用好“百城千店”市场开拓工程,探索建立果品门店、产品仓储和网络平台,加强与河北省崔尔庄市场的点对点对接,不断扩大红枣销售市场和规模。 (何洋)

【庭院经济发展】 2021年,若羌县结合庭院经济投资小、见效快、风险低等特点,因地制宜、因户施策,科学制定庭院经济发展计划,合理布局生活区、种植区、养殖区、仓储区,通过由村庄面上清洁向屋内庭院拓展,发展庭院经济3088户102.93公顷,占若羌县农户的76.7%,拓宽广大农民增收致富渠道。 (段进仁)

【城乡产业融合项目】 2021年,若羌县探索建立农副产品生产、加工、流通、销售全程生态化,以龙头企业、农民专业合作社、种养大户为平台,以生产基地为主体,推进种养加、贸工农、观光游、展销售一体化,不断优化产业结构,推动一、二、三产业融合发展,带动本地群众就业,激发群众内生动力。建设若羌县产业融合发展示范园。示范园由新疆果业集团投资2.5亿元,总占地面积20公顷,主要建设10万平方米标准化厂房,及1万吨冷链仓储库房、1.3万平方米中转库房、1.4万平方米办公服务及污水处理、蒸汽锅炉等附属配套设施。一期项目完成投资1亿元,建成45231平方米标准化厂房(配套服务),办公楼及供排水管网等设施。

园区采用EPC+O招商引资新模式,依托园区农副产品加工产业扶持政策,将园区水电费分别降至2.5元/吨、0.2元/千瓦时,并专门为园区精深加工项目配套建设直供气站,气价低至2元/立方米。通过一系列降低企业运行成本的措施,吸引红枣加工、枣泥枣酱加工、馕食品加工、核桃加工等一批农副产品加工企业入驻园区。其中,果业集团建成红枣加工生产线2条,采用国内先进的光电色选技术,日加工红枣能力72吨。园区与江苏唯一佳公司等红枣精深加工企业进行合作,进一步延伸农产品精深加工产业链。江苏唯一佳公司规划建设2条日加工能力40吨的枣泥精深加工生产线,两台6吨天然气蒸汽锅炉及枣泥速冻库和包材辅料库等设施。

2021年10月3日,园区内若羌县供销社楼兰农投农业公司与民营企业共同出资建设馕产业项目开工,总投资1800万元,主要用于购置馕产业自动化生产线及厂房装修。生产线设备涵盖蛋糕自动化生产线设备、和面机、电热式隧道炉、包装机、装盒机等生产加工设备。12月,该项目完成立项和备案申请。

(田海洋)

【农村电商网点建设】 2021年，若羌县农村电子商务网络服务体系逐步完善，有乡村电商服务站点22个，其中县级服务站点3个，乡级电商服务站5个，村级电商服务点14个。 （田海洋）

【新型经营主体】 2021年，若羌县有农民专业合作社158家。其中，国家级农民专业合作社示范社2家（若羌县罗布庄子红枣合作社、若羌县塔里木红枣专业合作社），自治区级12家（其中红枣示范社3家：若羌县金丝路养殖专业合作社、若羌县祁曼畜牧养殖专业合作社、若羌县塔什萨依红枣专业合作社）。自治区级以上农业产业化龙头企业3家。其中，国家级1家（新疆羌都林牧科技股份有限公司），自治区级2家（新疆羌都枣业股份有限公司、若羌县好想你枣业发展有限公司）。州级1家（新疆海辉畜牧有限责任公司）。登记在册的家庭农场33家（红枣种植销售）；农民专业合作组织有156家。其中，红枣种植销售82家、畜禽养殖46家、蔬菜种植销售类9家、服务类5家、种植业10家、其他类5家，若羌县紧紧围绕红枣产业、设施农业、现代畜牧业、特色种植业，重点培养有基础、有特色、有前景的龙头企业、专业合作组织、专业大户，逐步达到规模化、集约化经营。 （潘存东）

人才兴农

【人才培育】 2021年，若羌县按照“培养农村实用人才、传播林果业，农业，畜牧业实用科技、提升农牧民综合素质”的工作要求，为农村培养实用人才。县委组织部研究制定《关于建立乡村人才工作室助推乡村振兴的工作方案》，建立5个乡村人才工作室，组织93名农技人员下基层服务农村农民，助力乡村人才振兴。县农业农村局开展农业科技人才服务促进乡村振兴活动，建立农业农村局技术人员、乡级技术人员和村级“土专家”一起包村开展技术指导工作的技术人才“包村”工作机制，采取线上线下、现场会等多种方式，全面开展农村“一户一个明白人”培训，开展种植、养殖、林业等方面的技术指导工作，提高科普工作的整体水平，使科普工作制度化、规范化。2021年，完成人才培育97名，实有农村实用人才2145人。 （於丽）

【农民科技培训】 2021年，县农业农村局派出17名专业技术人员，以种植、畜牧养殖、红枣产业为重点，与若羌县农牧民技工学校联合开展第三十一届“科技之冬”“巩固拓展脱贫攻坚成果同乡村振兴有效衔接种养技术培训”“电商专题培训”等农牧民科技培训工作，主要内容包括种植业专题课设农业相关法律法规解读、农作物栽培、病虫害防治、土壤测土配方施肥技术、设施农业（蔬菜种植技术）、特色作物关键栽培技术、种植业惠农政策解读、农机具保养维修和操作技能、农机安全常识等；红枣产业专题课设红枣栽培技术、红枣病虫害防治技术、打草积肥技术、红枣提质增效技术、枣树整形疏密修枝技术措施、节水灌溉技术等内容；畜牧养殖业专题课设包虫病防治技术、人畜共患病的防治、常见疾病治疗、牛羊品种改良技术等实用知识的培训。全年，培训356场次8880人次，发放技术资料明白纸2095份，种养技术宣传手册1115册。

（阿依古丽·托合提尼亚孜）

【高素质农民培训】 2021年，县农业农村局按照“若羌县2021年度高素质农民培育项目”工作要求，培育高素质农民150人。其中，新型农业主体带头人、养殖业致富带头人畜牧养殖培训班50人；专业生产型种植能手培训班50人，技能服务型农机操作人员技能提升培训班50人。按照“关于2021年新疆维吾尔自治区高素质农民青年农场主、农业经理人培训开班通知”，选派5名种养大户、农业经理人前往昌吉市参加新疆农业职业技术学院开办的“青年农场主”“农业经理人”培训，为种养大户提供自我发展的技术支撑。

（阿依古丽·托合提尼亚孜）

【农民科技致富工程】 2021年，县农业农村局加强畜禽科学养殖业防控技术培训。以开展“冬季攻势”活动为契机，组织龙头企业和散养户举行科学饲养防控技术培训，举办各类技术培训班7期，参加人数200余人次，受教育人数65人次，进一步增强企业和散养户对科学饲养及非洲猪瘟的防控意识和能力，使若羌县养殖业逐步朝着“四良一规范”方向发展。以“请进来走出去”“线上线下”等模式，提高村级防疫员、技术人才等基层干部的业务水平能力，组织培训重大动物疫病防控、科学养殖、品种改良等12次，参加人数252人，促进农业增效，农民增收。（杨瑞东）

美丽乡村建设

【农村人居环境整治】 2021年1月，若羌县获评2021年全国村庄清洁行动先进县。若羌县将全面推进人居环境整治工作作为“一把手”工程，县、乡、村三级书记抓村庄清洁行动。县委书记担任人居环境整治工作领导小组组长，成立专门机构，安排专人，集中办公。乡党委书记指挥，乡镇班子成员包村、一般干部包村民小组、巷道，完善定期与不定期抽查制度；村支部书记（驻村第一书记）依托网格化管理，通过无职党员岗位认领，发挥村“两委”干部、党员作用，常态化开展人居环境整治。坚持月评比、公示制度，设立红黑榜，将农村人居环境整治纳入村规民约。（段进仁）

2021年7月21日，干净整洁的吾塔木乡尤勒滚艾日克村

（吾塔木乡 供稿）

【农村垃圾清运与处理】 2021年，若羌县按照“户投放、村收集，乡收运、县处理”模式，实现农村生活垃圾收运处理一体化。有农村生活垃圾收集屋143座、垃圾桶891个、垃圾清运车6辆。日清理垃圾8吨，全年清运处理农村生活垃圾1.46万吨，实现城乡环卫一体化、规范化，农村生活垃圾收处率100%，无害化处理率98%。开展果勒艾日克村、果勒吾斯塘村、乌都勒斯塘村垃圾分类试点，做到生活垃圾分类处置，减少浪费和二次污染。（王建丽）

【“厕所革命”】 2021年，县乡村振兴局以巩固提升农村粪污、污水治理为主攻方向，深入推进农村厕所革命。成立若羌县改厕专班和技术指导小组，组织召开“厕所革命”现场推进会2次，打造农村改厕示范点3个、示范户30个，开展改厕培训265场次3083人，完成5053户5360个农村厕所的建档、摸排工作。截至年底，若羌县农村卫生厕所达标率93%，全县村庄基本实现干净整洁有序。（龙胜）

【农村生活污水一体化处理】 2021年，巴州生态环境局若羌分局建设生活污水处理项目，通过实施若羌县农村生活污水一体化处理设施建设项目，实现农村生活污水无害化处置，改善农村人居环境，促乡村振兴。铁干里克镇、瓦石峡镇、吾塔木乡3个农区乡镇新建25个小型农村生活污水处理站，对原有排污管网全面进行维修和改造。该项目3月5日开工建设，分三个标段。一标：一体化处理设施设备全部完成安装，项目总进度完成100%。二标：总工程量为DN300排水管2000米，DN200排水管13000米，排水井614座。三标：安装完成配电变压器10台（总量10台，占总工程量的100%）、新架设输电线路2063米（总量2063米，约占总工程量的100%）、完成全部高压线路安装，电力总工程量完成100%。10月9日，县环保局对项目进行初步自验，监督该项目所有站点进行试运行，经初步自验该项目所建设施站点均可对污水进行处理，全面进入试运行阶段，11月12日至13日通过验收。按照“就近入网、集中处理”原则，完成农村排水管网铺设。全县农村生活污水管网覆盖率92%，合理处理若羌县农村生活污水污染问题。

（阿孜古丽·阿力木）

【农作物秸秆综合利用】 2021年，若羌县主要农作物有小麦、玉米、棉花，农作物秸秆产生量50821.63吨，秸秆主要用于饲料化、肥料化，秸秆利用率88.98%。

（苏勇宏）

【农民精神文化生活】 2021年，县委宣传部持续开展送文化、送精神活动，举办大型群众文化活动55场次，参与人数5000人次，观众人数2万人次；开展大型展览活动共10场次，参与人数200余人次，观众人数2万人次。非物质文化传承人130人，其中，州级19人、县级111人；组织开展手工艺品、传统刺绣等各类展示活动共10场次，参与人数1000余人次。农牧区维护村村通、户户通设备47套，对4个乡镇66套农村大喇叭进行维护，保证广播电视正常播出，电视人口覆盖率99.13%。

（刘向玉）

乡村公共服务

【乡村医疗】 2021年，若羌县在5所乡镇卫生院配备18名合格助理医师，在13所村卫生室配备33名合格村医开展医疗服务工作，在定点医疗机构实行“先诊疗后付费”和“一站式”结算服务，保障村民健康。

（王兆琴）

【农村综合服务社（中心）建设】 2021年，若羌县供销合作社联合社采取社有资本独资、吸收社会资本合作发展方式，建设农村综合服务社（中心）。该服务社以铁干里克镇果勒吾斯塘村为试点，按照“党建带社建、村（居）社共建”的基层组织建设模式，与基层党组织建设、村集体经济发展有机结合。

（韩浩）

【快递下乡】 2021年，若羌县不断完善县乡村电子商务服务站点建设，实现邮政快递在内各乡镇设立服务点，实现除罗布泊镇以外的行政村服务点覆盖率98%。将快递（空运）费用从每千克26元降至3.5元，同时提供上门收货服务。

（熊静）

生态环境与保护

综 述

【若羌县环保局机构改革】 2021年6月15日，州委办公室、州政府办公室印发《巴音郭楞蒙古自治州生态环境局派出机构职能配置和人员编制规定》的通知，州各县市生态环境部门对应州生态环境局相应划转职责，管理体制由分级管理调整为州以下垂直管理，作为州生态环境局派出机构，在若羌县成立州生态环境局若羌县分局（若羌县生态环境保护综合行政执法大队），核定行政编制4名，全额预算管理事业编制3名（参照公务员法管理）。在职行政编制6名，事业编制2名。新建州生态环境局且若联合监测站，核定全额预算管理事业编制3名。（阿孜古丽·阿力木）

【环境准入】 2021年，巴州生态环境局若羌县分局（简称州生态环境局若羌分局）按照《建设项目环境保护分类管理名录》和要，建设《项目环境影响评价分类管理名录（2021年版）》要求，确定项目的环境影响评价等级，不随意降低评价等级。严格按照国家产业政策执行，对不符合国家产业政策的项目，一律不予审批。符合《巴音郭楞州生态环境准入清单》要求，对污染重、能耗高的项目和环保投资无保证、治污工艺不成熟的项目一律不予审批或呈报，执行更加严格的环境准入标准，严禁不符合产业政策和高排放项目准入。

（阿孜古丽·阿力木）

【环境质量监测】 2021年，州生态环境局若羌分局开展若羌县国家重点生态功能区县域生态环境质量每月（季度）各项监测工作，完成若羌县若羌河地表水监测断面、若羌县县城区集中式饮用水水源地、若羌县城镇生活污水处理厂等各项水生态环境监测任务。持续推进农村生态环境质量每月各项监测工作，完成若羌河、瓦石峡河地表水监测断面和瓦石峡镇饮用水水源地各项环境质量监测任务。开展医疗机构污水环境监测，监测若羌县医疗机构污水水质。若羌县所有监测均达标。

（阿孜古丽·阿力木）

【环境影响评价管理】 2021年，州生态环境局若羌分局执行建设项目环境影响评价、环境保护竣工验收和“三同时”制度，行政审批21个（其中批复5个，初审意见16个），环境影响评价建设项目备案登记268个。

（阿孜古丽·阿力木）

【国家重点生态功能区建设】 2021年，若羌县不断加强国家重点生态功能区建设，着力提升阿尔金山草原荒漠化防治生态功能区整体生态环境保护与基本公共服务能力。不断加大污水处理、垃圾填埋等环保措施投入，减少和遏制污染物排放。实施城乡环卫一体化，全面改善城乡卫生环境。持续做好国家重点生态功能区县域生态环境质量考核工作,保障环境监测监察执法专项工作经费,科学论证布设环境监测点位(断面),委托第三方环境监测机构组织实施地表水、地下水、农田灌溉水、饮用水源地、医疗污水、城镇生活污水、土壤、环境空气、重点污染源企业例行环境质量监测任务,强化生态功能区日常督察巡查和宣传,巴州生态环境局若羌分局编制完成年度监测报告汇编;建立日常考核机制,制定并印发《若羌县国家重点生态功能区县域生态环境质量考核工作方案》,组织安排部署国家重点生态功能区县域生态环境质量考核工作,编制完成年度自查报告,经县政府分管领导审核,按时报送至上级生态环境部门。

(阿孜古丽·阿力木)

【建设项目环境管理】 2021年,若羌县推进造林绿化,提高森林覆盖率。加快推进“380”工程、315国道绿化,持续推进村庄美化绿化项目,围绕乡村振兴战略和人居环境整治,着力推进绿色发展。完成造林584公顷,实施村庄绿化美化20公顷。三北防护林五期建设项目实施人工造林133.33公顷,封山育林2666.67公顷,退化林修复533.33公顷。

(刘新)

【环境执法监管】 2021年,州生态环境局若羌分局发现60家县域汽车修理行业存在危险废物环境安全问题,完成整改60家。发现企业危险废物环境安全问题15条,完成整改15条。若羌分局组成执法检查组进行“回头看”,督促有关产废单位在日常生产作业过程中逐项落实整改措施,确保闭环管理。制定《若羌县环境保护局危险废物处置环境安全集中攻坚大检查、大排查工作实施方案》。4月12日,联合县交通运输局、县市场监督管理局摸排检查县域内汽车修理行业危险废物产生单位共60家,重点企业产废单位4家。

(阿孜古丽·阿力木)

防沙治沙

【概况】 2021年,若羌县完成人工造林567.93公顷,固沙压沙105公顷。其中,新造经济型生态林216.89公顷,新造防护林面积351.05公顷(农田防护林21.83公顷)。新造人工林:铁干里克镇人工新造林面积138.71公顷(其中,新造经济型生态林73.29公顷,新造防护林65.42公顷);吾塔木乡新造林面积55.89公顷(其中,新造经济型生态林38.39公顷,新造防护林17.47公顷);瓦石峡镇人工新造林面积109.18公顷(其中,新造经济型生态林50.53公顷,新造防护林58.65公顷);全县义务植树完成人工造林和补植197.33公顷,参与植树造林人数4087人;米兰水库人工新造林面积66.85公顷。其中,新造经济型生态林54.68公顷,新造防护林12.17公顷。(刘新)

【若羌县瓦石峡国家沙化土地封禁保护区建设】 2021年8月,若羌县瓦石峡国家沙化土地封禁保护区2020年度二期方案的批复实施建设完成。项目在紧邻瓦石峡河边缘及和若高速南侧流动沙丘区域完成105公顷草方格沙障设置,项目资金为600万元,建设资金来自中央财政资金。该项目于4月开工建设。

(刘新)

【若羌县2021年中央财政林业改革发展资金项目】 2021年,若羌县培育胡杨林引流灌溉项目建设完成。根据巴州林业和草原局《关于对尉犁县、轮台县、若羌县、新疆塔里木胡杨国家级自然保护区管理局2021年中央财政林业改革发展资金(森林生态效益补偿——公益林资源培育胡杨林引洪灌溉项目)实施方案的批复》,若羌县引洪灌溉6666.67公顷。项目完成投资200万元。(刘新)

林草资源保护

【森林资源】 2021年，若羌县林地总面积455994公顷。其中，林地面积42017公顷，占9.2%；疏林地面积19943公顷，占4.4%；灌木林地面积378398公顷，占83%；未成林地面积5811公顷，占1.30%；宜林地面积9765公顷，占2%。其他林地面积60公顷；森林覆盖率2.07%。（刘新）

【国家公益林保护】 2021年，若羌县纳入中央财政森林生态效益补偿的国家级公益林面积19.872万公顷，管护资金1788.48万元，涉及106个林班4137个小班，主要分布在塔里木河下游、车尔臣河下游和若羌、瓦石峡、米兰绿洲外围的天然荒漠林区。设8个中心站、17个管护站，管护人员169人。其中，监管员13人，站长15人，护林员141人（应急分队6人）。

2021年，县政府与县林业和草原局，县林业和草原局与胡杨林管护站，胡杨林管护站与各监管员、护林员签订管护责任书和劳动合同书。签订《劳动合同书》和《国家级公益林管护责任书》283份，签订率100%，明确管护职责，将国家级公益林管护任务落实到人头、林班、小班，切实保证国家级公益林管护质量，与林区农牧民、施工队签订防火责任状1328份，野生动植物责任状856份。

根据若羌县森林草原资源分布，若羌县委办、县政府办联合印发《若羌县森林草原火灾应急预案》，进一步落实护林防火责任制，健全完善各项护林措施，并与有关单位签订护林防火责任状，提高防范意识。按照自治区要求，组建森林防火应急小分队，保障经费20万元。上半年，县林业和草原局组织参加州级、自治区级护林防火培训2次21人。每月各管护站定期开展一次森林草原防火应急演练。全年，累计开展演练100余次，参与演练510余人。组织开展护林防火集中体能强化培训1期，参与人数30余人，提高森林防火专业队伍的实战水平、应急战备、快速反应和现场处置能力。

（刘新）

【重点公益林建设和管护】 2021年，若羌县国家级公益林面积24.09公顷。其中，林地2.54万公顷，疏林地553.33公顷，灌木林地13813.34公顷。通过落实公益林管护制度，制定护林员巡护计划，确保管护不留死角。加强林业法律法规、森林防火宣传，做到家喻户晓，保证森林资源的安全，发放各类宣传6000余份，口头宣传8000余次。通过加强管理与管护，使若羌县森林资源得到有效保护，国家级公益林管护区域未出现特大森林火灾、滥伐林木、乱捕滥猎野生动物、滥

2021年6月28日，县应急管理局组织开展森林草原防灭火综合演练

（县应急管理局　供稿）

采乱挖野生植物、非法征占用林地和破坏基础设施等现象。
（刘新）

【草地资源保护】 2021年，若羌县天然草原毛面积304.2万公顷，可利用草原203.44万公顷，落实草畜平衡草场面积123.25万公顷，无人区草场面积（未承包面积）123.27万公顷，理论载畜量为45.09万个绵羊单位。现载畜量7.044万个绵羊单位。实施退牧还草工程毒害草治理2000公顷，草原上生态修复治理项目围栏封育7333.34公顷、补播改良666.67公顷。随着退牧还草工程和草原生态修复治理项目的实施，使草原生态环境质量得到明显改善，提高植被覆盖度，增加优良牧草数量，恢复草原植被种群，给草原植被以休养生息。（刘新）

【湿地保护】 若羌县主要有湿地台特玛湖区域、塔里木河下游及两岸地区、车尔臣河下游及两岸地区、瓦石峡河、若羌河及两岸地区和山区湿地。湿地主要野生动物有马鹿、鹅喉羚、野猪、子午沙鼠等兽类，大白鹭、黑鹳、斑头雁、赤麻鸭、针尾鸭、绿头鸭等鸟类，两栖类有蟾蜍，爬行类有山地麻蜥、沙蟒等；主要野生植物有麻黄、莎草、芦苇等。为做好野生鸟类流感疫情监测防控，2021年3—5月，县林草局多次组织开展对湿地区域野生动物、鸟类繁殖栖息地进行巡护及排查，严厉打击非法猎捕活动，确保野生动物资源安全。218国道各管护站对台特玛湖湿地鸟类、野生动物栖息地进行巡查，并向218国道修路的施工单位和其他人员发放森林草原资源保护方面的宣传单，发放宣传资料100余份。野保办和森林资源管理科工作人员重点对车尔臣下游尾闾湖水域野生鸟类不定期进行观察，出动10人次，出动车辆6次以上。
（刘新）

【野生动物保护】 2021年，若羌县林草局充分利用国家级公益林各管护站管护人员力量24小时全天候对野生动植物资源进行巡护。5月1日、5月14日、5月21日，与公安局森林派出所到车尔臣下游尾闾湖区域、英苏牧区等林区进行联合执法，发放森林资源保护、森林防火等宣传资料，公安民警向牧民详细地解释《中华人民共和国野生动物保护法》，非法猎捕、猎杀国家保护野生动物，破坏栖息地承担的责任等，国家级公益林各管护站利用巡护时间，与林区周边施工队和其他人员签订野生动植物保护管理责任书的同时发放森林资源保护和“野生动植物保护”有关的宣传单，签订责任书100多份，发放宣传单200多张。组织开展“爱鸟周”活动，救护国家一级保护鸟类1只。
（刘新）

【胡杨林区保护】 2021年，若羌县胡杨林管护站辖区有林地270134.50公顷。其中，公益林地270124.59公顷，分国家级公益林124611.49公顷和地方公益林

塔里木河下游胡杨林 （县融媒体中心 供稿）

145513.1公顷；商品林9.91公顷。森林抚育作业任务面积3333.34公顷，林种为护岸林，优势树种为胡杨，起源为天然。森林抚育作业区为塔里木河两岸的天然林，位于若羌县城以北100千米，阿拉干区域以南。抚育作业区涉及铁干里克镇8个林班的368个小班。通过抚育措施，有效保护和提高了现存天然林的生态环境，通过修枝、剩余物处理、林地清理等抚育措施，提高林木生长率，降低和减少树木病虫害、火灾的发生，实现提高林分林木保存率，保存林地面积，提高林木利用价值，提高森林的稳定性和抗逆性，保证林木生长发育。

（刘新）

【林草资源执法监管】 2021年关于自治区森林督查、打击毁林专项行动及自治区审计组下发，若羌县完成疑似违法问题图斑222个。按照国家级公益林管护办法，县林草局与160名护林员签订安全生产目标责任书，各护林员每月巡护不低于25天，确保不留死角。对林区周边农牧民群众加强宣传森林生态保护、森林防火等方面知识，共发放护林防火、野生动植物保护等宣传材料1800余份，与林区农牧民、施工队签订防火责任状500余份。处理行政执法案件3起。

（刘新）

污染防治

【净土保卫战】 2021年，若羌县根据《若羌县土壤污染治理与修复规划（2018—2022年）》科学开展土壤治理与修复，切实解决土壤污染问题；结合自治区、州《土壤污染防治工作方案》，巴州生态环境局若羌分局制定印发《若羌县土壤污染防治工作方案》，明确工作职责，确保土壤污染防治工作达到监管全方位、全覆盖、无缝隙；与重点企业签订《土壤污染防治责任书》，压实责任，保护土壤环境、促进土壤资源永续利用。配合州做好重点行业企业用地土壤污染状况调查。按照州生态环境局关于转发《做好2021年重点行业企业用地土壤污染状况调查基础信息工作的通知》要求，对县域8家重点行业企业土壤用地开展调查。64家危险废物产生单位和4家经营单位备案成功，实现危险废物平台管理全覆盖。全县8家公立医疗机构、13家村（社区）卫生室（服务站）、1家民营医院、4家诊所全部实现医疗垃圾规范化处置。（阿孜古丽·阿力木）

【蓝天保卫战】 2021年，若羌县空气质量明显改善，优良天数明显增加。2021年，若羌县空气质量监测站有效监测天数为352天，数据有效率为96.44%；优良天数为201天，占有效天数的57.1%，轻度污染天数为63天，占有效天数的17.9%，中度污染天数为33天，占有效天数的9.4%，重度污染天数为13天，占有效天数的3.7%，严重污染天数为42天，占有效天数的11.9%。施工扬尘和道路扬尘实行综合治理，建立扬尘控制责任制度，建成区建筑工地全部做到工地周边围挡、物料堆放覆盖、土方开挖湿法作业、路面硬化、出入车辆清洗、渣土车辆密闭运输“六个百分之百”。（阿孜古丽·阿力木）

【碧水保卫战】 2021年，若羌县以地表水水质断面达标为底线，持续开展碧水攻坚战。严格落实水资源保护制度，实施取水许可制度，建立重点用水监控单位名录，严控地下水超采狠抓工业污染防治。罗布泊盐化工工业园区污水处理厂建成并投入使用，完成国家地表水“塔里木河下游入台特玛湖”水质监测断面桩埋设，主要是通过对台特玛湖及其主要入湖河流的水资源、水环境和水生态进行调查，掌握台特玛湖生态环境本底状况，识别水资源、水环境和水生态存在的问题，诊断导致问题的因素，并在研究分析的基础上，从水资源、水环境和水生态等方面提出对台特玛湖保护的目标和管理修复的措施，为自治区此类型湖泊的管理提供依据。

若羌县集中式饮用水水源地规范化建设综合评估达到优秀，集中式饮用水水源地地下水水质达到Ⅲ类以上。根据若羌县日常环境执法监察和各类水体监测情况显示，县辖区内无劣于Ⅴ类水体，辖区内未出现黑臭水体。（阿孜古丽·阿力木）

【固体废物处置】 2021年，州生态环境局若羌分局根据若羌县安全生产委员会下发的《若羌县安全生产全覆盖、拉网式大检查实施方案》要求，认真梳理摸排汽车修理、重点企业等危险废物产生单位环境安全隐患大排查、大检查，摸清若羌县产废单位；制定《若羌县环境保护局危险废物处置环境安全集中攻坚大检查、大排查工作实施方案》，组织开展危险废物产排单位大排查，确定监管对象名录和整治范围。

2021年4月12日，巴州生态环境局若羌县分局依据《国家危险废物管理名录（2021年版）》，联合县交通运输局、县市场监督管理局组织开展若羌县城周边及偏远乡镇和山区危险废物产排单位摸排工作，建立《若羌县环保局危险废物环境安全监管企业名录》，经摸排检查县域内汽车修理行业危险废物产生单位共60家（均属废机油产生单位），重点企业产废单位4家。不定期检查危险废物产废单位的收集、储存、处理等情况环境监督管理，督促产废单位加强危险废物污染防治措施落实，并建立固体废物规范化管理台账、固体废物经营许可和转移联单制度落实等情况的监督管理。

（阿孜古丽·阿力木）

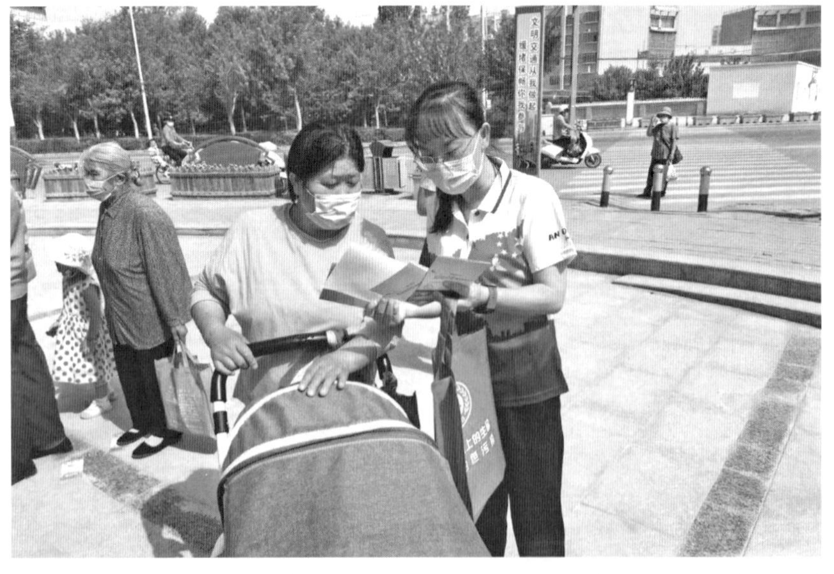

2021年6月3日，州生态环境局若羌县分局在财富广场开展世界环境日宣传活动（张达　摄）

【矿山恢复治理】 2021年，若羌县完成自然保护区内矿业权清理及矿山生态环境恢复治理、废弃矿山地质环境恢复治理工作。其中，罗布泊野骆驼和阿尔金山两个自然保护区共清理探矿权398个、注销采矿权14个，拆除矿山地表附着物6.04万平方米，填埋矿坑360万立方米，恢复治理6.12平方千米；白石滩锰矿区采坑回填15.79万立方米，废渣堆平整7985立方米，场地平整11.28万平方米。城镇周边及废弃矿山恢复治理面积25.61万平方米。（张磊）

【环保监管与宣传】 2021年，若羌县实现环境监管网格化全覆盖，健全若羌县5镇3乡、工业园区、4个社区的环境监管网格体系。对28名网格员进行1期专项培训，引导网格员在基层发挥环保宣传员、执法监督员的作用。6月3日，州生态环境局若羌县分局联合县自然资源局、县农业农村局等8个环委会成员单位，在若羌镇财富广场开展主题为“人与自然和谐共生”第50个世界环境日宣传活动，向群众宣传环保政策，普及环保知识，详细讲解生活中遇到的垃圾分类、生态环境保护、生物多样性、相关政策法规等,提高公众环境意识。现场发放宣传资料和宣传品1000余份。

(阿孜古丽·阿力木)

节能减排

【概况】 2021年,若羌县按照州节能减排工作的总体部署和要求,做好"十四五"时期全县单位生产总值节能耗降目标分解,结合若羌县实际,进一步细化全年能源消耗综合和强度"双控"工作方案,推动全县节能工作再上新台阶;水资源管理不断优化,25个农村生活污水处理站和3个垃圾填埋场建成投用,生活垃圾和污水处理率达到100%。持续加强大气污染综合整治,加大重点行业污染物稳定达标排放监管力度,坚决遏制污染增量、消减污染存量。围绕碳达峰、碳中和目标,统筹有序做好节能降碳工作。以节能宣传周和低碳日活动为契机,加大节能减排宣传力度,开展低碳生活、循环利用、绿色消费等活动。严格执行《固定资产投资项目节能评估和审查暂行办法》,建立健全固定资产投资项目节能评估与审查体系,从源头上杜绝能源浪费,提高能源利用效率。发挥光热资源优势,加快推进新能源基地建设步伐。围绕"十四五"时期3380万千瓦新能源预期装机规划,在罗布庄、若羌河、金雁山、祁曼风力发电产业园建设,打造地区清洁能源供应保障基地。

(张忠敏)

【节水型社会建设】 2021年,县水利局根据《若羌县县域节水型社会达标建设实施方案》,开展节水器具调查、节水载体现场考察、节水载体创建培训会,通过抽查部分机关单位和企业,若羌县节水型社会创建工作初见成效,城镇综合节水器具普及率100%,新建民用建筑节水器具率100%。若羌县38个公共机构、4个小区、5个企业被纳入2021年创建节水型载体范围,均达到节水标准并在县人民政府网站予以命名公示。

(张沅溪)

【公共机构节能创建】 2021年,若羌县机关事务中心印发《2021年公共机构节能暨节约型机关创建工作方案》,县法院、县检察院等16个单位自治区级公共机构节能示范创建工作通过州初验。开展节能减排宣传周活动。完成2020年度若羌县公共机构能耗数据统计、自治区2020年度公共机构节能考核工作。

(管君)

新疆阿尔金山国家级自然保护区

【概况】 新疆阿尔金山国家级自然保护区(简称阿尔金山保护区)地处中国东昆仑山中段,在若羌、且末两县境内,属藏北高原山区。东部与青海柴达木盆地相接,南接西藏羌塘高原,西连中昆仑山,北临塔里木盆地,保护区总面积4.5万平方千米,平均海拔4580米。与青海三江源国家公园、西藏羌塘保护区共同构成总面积达54.3万平方千米的中国西部高原最大自然保护区群,被誉为亚洲淡水"水塔"、气候的"空调",少有的地理空白区,天然的野生动植物基因库,具有极高的科研和保护价值。作为中国成立最早的高原生态类型保护区,主要保护对象为原始状态高山湖泊、高原岩溶及冰川地貌、高寒草原、野生动物在内的高原生态系统。2021年,阿尔金山保护区内湿地、冰川、湖泊面积较2011年前都有较大增幅。

阿尔金山保护区内共有冰川388条,面积982.90平方千米,其中,保护区木孜塔格峰和新青峰是现代冰川最为集中的地域,占全域冰川总面积的77.47%,冰川厚度在100米以上。根据计算流向保护区内的冰川总储水量约为678.19亿立方米，是保护区和青藏高原乃至中国重要的淡水资源。阿尔金山保护区内主要有8条河流与众多的时令河组成高原盆地中的“大动脉”流域，面积2万平方千米，滋润高山草场。阿尔金山保护区内面积1平方千米以上的湖泊有140余个，湖泊总面积2084.84平方千米。阿尔金山保护区内拥有面积广袤的湿地，按类型分为湖泊、河滩地、沼泽地及河流4种，总面积3365.66平方千米(336566公顷)。国家级公益林面积1446.67公顷。

阿尔金山保护区，分布着近11万头高原珍稀大型有蹄类野生动物，如藏羚、野牦牛、藏野驴等，还分布着雪豹、棕熊、盘羊、岩羊、雪鸡、兀鹫、胡兀鹫等珍稀野生动物。其中国家一类保护动物17种、国家二类保护动物31种。保护区内发现高原植物387种，动物204种。

阿尔金山保护区内拥有被称为“千眼泉”的孟布拉。夏季形成美丽的沼泽湿地，冬季形成“冰塔林”。保护区内有鲸鱼湖(4718米)，库木库里沙漠(面积1662平方千米)，直径最大的沙子泉(约200米)，蔚为壮观。拥有以木孜塔格峰(6973米)、新青峰、求勉雷克峰为代表的海拔5800米以上的山峰11座，鸭子达坂、阿布拉西罕达坂、布喀达坂、风尘口达坂等海拔达5000米以上。阿尔嘎山的喀斯特岩溶地貌，有“老头山”“猿人头山”“玫瑰山”“骆驼山”等奇山怪石，横贯阿尔金山保护区中部延绵100余千米。鲸鱼湖火山口，是不可多得的高原地质博物馆。

(李欢)

【保护区项目工作】 2021年，巴州阿尔金山国家级自然保护区管理局(简称巴州阿管局)结合“十四五”规划要求，将巴州阿尔金山保护区长远发展规划与州林草系统“十四五”规划相结合，为保护区编制上报项目6300万余元，谋划好保护区长远发展。争取到中央财政林业改革发展专项资金843万元。专项资金全部向一线各站倾斜，用于完善一线各站基础设施、聘用管护人员、维持一线运转等工作。

(李欢)

【巡护执法】 2021年，巴州阿管局根据自治区林草局和州林草局要求，结合局党委2021年保护区重点工作部署，制定《巴州阿尔金山国家级自然保护区管理局开展打击自然保护区违法违规专项行动方案》，开展打击阿尔金山保护区违法违规专项行动，加强阿尔金山保护区管理。年内，累计执法巡护100余天，出动人员120余人次，行程2万余千米，查获非法入区、非法采石共11起案件(移交若羌县生态环境局案件1起，移交若羌县自然资源局案件1起)，行政处罚65人。在重要新闻媒体、阿管局微信公众号发布《禁止非法穿越阿尔金山国家级自然保护区声明》；协调巴州、若羌县网信部门和巴州公安局食药环分局阿尔金山大队，对涉嫌违规在互联网发布保护区的信息进行查处，撤销相关违规视频、文章。探索形成“固定驻守、季节性管护、流动巡护”三者相结合的保护管理模式。 (李欢)

【保护区生态环境恢复治理】 2021年，巴州阿管局根据自治区林业和草原局和自治区生态环境厅点位核查的要求，组织相关人员分别对2处保护区地点、13处问题线索点、9处恢复治理矿点开展实地核查工作，上报相关核查情况。保护区内9处恢复治理矿点未发现重新开采情况。

(李欢)

【科研监测】 2021年，巴州阿管局持续开展阿尔金山保护区依协克帕提区域全年常规气象观测，不断充实气象监测数据库，将该区域近10年的气象资料汇总整理；持续开展红外相机架设监测工作。重点开展雪豹的持

2021年12月8日，阿尔金山保护区内雄性藏羚羊　　（依协克帕　摄）

续监测，通过选择不同点位布控红外相机20台，收集到雪豹视频、照片40余段（张），结合拍摄到的资料，初步绘制出阿尔金山保护区雪豹分布图；在依协克帕提区域架设4台红外相机对黑颈鹤孵化情况进行拍摄，通过对红外相机视频资料整理编辑后，在中央电视台央视综合频道《秘境之眼》等栏目连续播出报道。持续开展依协克帕提、卡尔墩、兔子湖等区域的三大有蹄类物种的数量、分布监测，完成兔子湖藏羚羊产羔地调查、东部野牦牛、藏野驴数量统计等工作，通过样线计算保护区全域藏羚羊近4.9万只，藏野驴5万余头，野牦牛1.2万头；开展植物标本、图片数据库建设工作。5—7月，对阿尔金山保护区植物进行标本采集，利用各类相机，对保护区内植物生长期的花、叶、枝、生境等情况进行拍照，通过数据整理，初步建立阿尔金山保护区植物数据库。　（李欢）

【科研合作】 2021年，巴州阿管局与中国科学院西高所、昆明植物所，在保护区西部开展藏羚羊产羔地调查，对保护区西部藏羚羊产羔地种群数量、产羔行为、生态环境进行研究；联合北京林业大学开展黑颈鹤研究工作。年初，巴州阿管局2名干部到北京林业大学生态与自然保护学院进行学习、交流，促成《新疆阿尔金山国家级自然保护区管理局—北京林业大学野生动物研究所郭玉明教授团队共同开展鹤科鸟类监测研究的合作协议》，共同向巴州、自治区、国家林草局完成黑颈鹤猎捕的行政许可逐级申报工作。进入保护区开展黑颈鹤数量统计和监测工作2次；对保护区东部大型有蹄类物种分布和数量进行样线监测，监测表明，样线内的野牦牛、藏野驴的数量与往年同期相比有一定程度的增长；东部高寒荒漠草原植被覆盖率及分布与往年同期相比，也有一定程度的增长。　（李欢）

【科普宣传】 2021年，巴州阿管局利用平面媒体、宣传栏、网络媒体等手段，在中央综合频道《秘境之眼》栏目播放7期，在《新疆日报》连续发表40余篇保护区的相关报道。阿尔金山保护区微信公众号、微博、新疆卫视、“学习强国”学习平台等多家媒体和报刊转载播放70余篇相关新闻；结合“3·3”世界野生动植物日、“5·22”生物多样性日、“6·5”世界环境日等节目，组织开展以“呵护自然人人有责”“人与自然和谐共生”为主题的宣传活动。12月3—14日，巴州阿管局联合中央电视台新疆站，在保护区东部首次开展直播采访活动。在央视新闻频道、财经频道和央视新闻客户端完成3天6场次的新闻直播活动。完成《飞跃阿尔金山》等3篇新闻短片的拍摄，并在央视新闻频道、财经频道、中文国际频道，中国国际电视台相关等频道滚动播放。

（李欢）

【黑颈鹤迁徙路线卫星跟踪】 2021年,巴州阿管局联合北京林业大学野生动物研究所郭玉明教授团队共同开展鹤科鸟类监测研究。经监测,2只亚成体黑颈鹤在亲鸟带领下从中心站出发,迁徙至青海省错仁德加湖附近。11月11日迁徙到西藏安多县附近过夜。11月2日迁徙中途在乃日平措湖附近稍作停留,到门曲库村附近湖泊过夜。11月3日,在强嘎乡内稍作停留,最终抵达黑颈鹤的传统越冬地——西藏拉萨市林周县。它们历经4天,行程约957千米,完成秋季迁徙。通过卫星跟踪,首次展示阿尔金山保护区黑颈鹤的秋季迁徙路线与越冬地,该研究填补了新疆黑颈鹤迁徙研究空白。 (李欢)

【黑颈鹤新疆越冬地】 2021年,巴州阿管局工作人员首次在阿尔金山国家级自然保护区与中昆仑自然保护区交界处的巴州且末县吐拉牧场发现留在新疆越冬的黑颈鹤。经阿尔金山保护区工作人员拍摄统计,在吐拉牧场越冬的黑颈鹤数量超过200只,这是新疆首次发现黑颈鹤规模比较大的越冬地。 (李欢)

【藏雪鸡卫星跟踪】 2021年,巴州阿管局联合北京林业大学首次开展保护区藏雪鸡佩戴卫星跟踪器工作。科研组在保护区共考察3条样线,记录14只暗腹雪鸡和10只藏雪鸡;对4只藏雪鸡进行卫星追踪器佩戴工作,了解藏雪鸡分布特点,为研究藏雪鸡的栖息地差异和共存机制打下基础。 (李欢)

【植物新纪录种发现】 2021年8月1日,巴州阿管局联合中国科学院西北高原生物研究所在阿尔金山保护区东部开展动植物调查,首次发现“三脉梅花草”,为新疆的植物新纪录种。它的出现,表明阿尔金山保护区生态环境持续向好发展。 (李欢)

新疆罗布泊野骆驼国家级自然保护区

【概况】 新疆罗布泊野骆驼国家级自然保护区(简称野骆驼保护区)位于新疆的东南部,以中国的“大耳朵”海拔780米的罗布泊干涸湖泊为中心,地跨巴音郭楞蒙古自治州哈密市和吐鲁番市,与甘肃、青海的部分地域毗邻,总面积6.12万平方千米。其中,哈密辖区面积1.79万平方千米、吐鲁番辖区面积0.32万平方千米、巴州辖区面积4.01万平方千米。保护区是以保护野骆驼等珍稀野生动植物为主的极旱荒漠类保护区,是国家一级保护动物、世界极度濒危物种野骆驼的主要分布区之一,也是世界上野骆驼的模式产地和纯血统种群分布区。

保护区分布的野骆驼数量约680峰,约占世界野骆驼总数的2/3,保护区的野骆驼种群整体上处于稳定状态。保护区分布有脊椎动物45科261种。其中,国家一级保护动物8种,有野骆驼、藏野驴、雪豹、胡兀鹫、黑颈鹤、黑鹳、金雕、玉带海雕等;国家二级保护动物43种。植物有28科130种,其中,国家二级保护植物裸果木,国家三级保护植物塔克拉玛干沙拐枣、梭梭、白梭梭、肉苁蓉、沙生柽柳、胡杨等。

野骆驼是世界上仅存的骆驼科真驼属野生种,是世界上极度濒危珍稀物种。全世界的野骆驼仅存于中国西部和蒙古国,数量不足1000峰,处于濒临灭绝。世界自然保护联盟(IUCN)将野骆驼作为极度濒危物种列入红皮书,国际贸易公约(CITES)将其列为Ⅰ级濒危物种,中国把野骆驼列为国家一级保护动物。 (萨根古丽)

【保护区科研合作】 2021年,新疆罗布泊野骆驼国家级自然保护区管理局(简称野骆驼保护区管理局)与科研院所开展多项科研合作,为加强野骆驼保护区生物多样性保护注入科技动力。保护区管理局与中国林业科学院合作开展保护区综合科学考察项目，查清保护区内的生物多样性和自然资源现状，掌握保护区物种资源、生态系统情况及社会经济状况等，尤其针对濒危物种野骆驼的分布、种群数量、迁徙规律进行专项调查。

为科学研究掌握保护区及周边区域野骆驼的家域范围和迁徙习性，管理局与中国科学院空天信息创新研究院合作，利用北斗卫星对野骆驼进行遥感定位跟踪研究，前后成功为保护区内十多峰野骆驼佩戴北斗卫星定位颈圈，以掌握野骆驼迁徙活动的第一手科学资料。

开展保护区生态环境监测大数据系统项目。项目在保护区野生动物主要活动区域阿尔金山区域建设水质、气象、土壤、沙尘暴监测站点，实现自动获取保护区水质、气象、土壤、沙尘暴数据，全面了解保护区阿尔金山区域的水文、气象等生态特征。在保护区水源地、野生动物主要通道设置多部红外摄像机对前来饮水的野骆驼等动物的活动情况进行拍摄、观测。

野骆驼保护区管理局编制完成保护区总体规划，从体制机制、建设与管理、科研监测与宣传教育、能力建设等方面进行全面布局和规划，包括保护区项目储备库编制，为保护区今后的建设发展奠定基础。11月，新疆维吾尔自治区罗布泊野骆驼国家级自然保护区管理局管护人员在保护区的三角滩区域观察到60多峰大群野骆驼。（萨根古丽）

【保护区执法巡护】 2021年，野骆驼保护区管理局为全面贯彻落实《中华人民共和国自然保护区条例》及党中央关于生态文明建设的重要决策部署，履行好管理责任，依法加强保护区监管，依据保护区管理局巡护执法工作计划，联合自治区森林公安、三州市管理站、地方有关部门加强保护区的巡护检查，严厉打击偷采、非法穿越等破坏生态环境行为；建立保护区巡护执法报告等制度，在“五一”“十一”等旅游高峰期联合辖区公安部门开展专项打击查处穿越保护区违法行为。（萨根古丽）

【保护区宣传工作】 2021年5月22日国际生物多样性日，新疆野骆驼保护协会到国投新疆罗布泊钾盐有限责任公司开展以“呵护自然，人人有责”为主题的野骆驼科普宣传活动。在道路进口等人类活动频繁处、保护区部分拐点及水源地设立28个宣传警示牌；制作各类宣传材料、板报海报、宣传品，开展保护区宣传教育工作，提升公众生态环境保护意识。（萨根古丽）

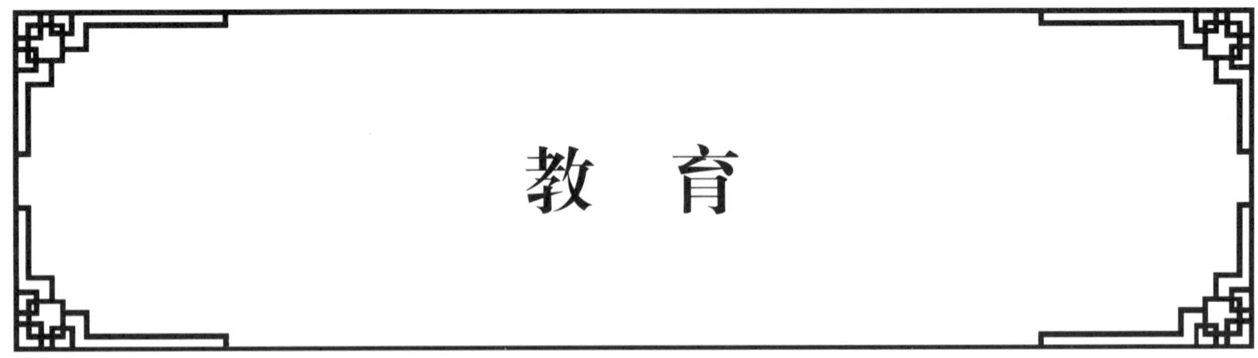

教育

综述

【概况】 2021年,若羌县有中小学校5所。其中,中学1所,小学4所;有幼儿园10所。其中,城镇3所,乡镇中心幼儿园3所,村级幼儿园4所;托育所9个,入托育幼儿34名。学生6643人(不包含职业技术学校及成人教育)。其中,高中生611人,初中生1375人,小学生3274人,幼儿园儿童1383人。学校教职工668名。其中,中学178人(高中部62人,初中部116人),小学311人,幼儿园179人,比2020年减少4人,下降0.6%。小学升学率100%,初中升学率97%,专科升学率98.02%,本科升学率80%。2021年,若羌县创建国家级文明校园1所、自治区级文明校园3所、州级文明校园5所;自治区级党建示范校1所;自治区级德育达标(示范)校2所,州级德育达标(示范)校2所,县级德育达标(示范)校1所。创建州级民族团结示范校2所,县级民族团结示范校11所,为实现若羌县义务教育优质均衡创建奠定基础。 (杜学义)

【县委教育工作委员会工作】 2021年,若羌县委教育工作委员会以“每课三分钟”为载体,持续推动习近平新时代中国特色社会主义思想“四进”活动,评选出精品课件2220件。加强对学校党建工作分类指导,大力加强党员队伍管理,发展党员94人。优化组织设置,完成6所幼儿园支部书记选举工作。制定完善《党组织下的校长(园长)负责制实施意见》,确定党组织议事范围、规范议事决策程序。推进党建带群团“每课三分钟”党支部标准化建设实施,推进与党校、支部、思政课一体化建设、家庭教育深度融合。将第三次中央新疆工作座谈会精神纳入学校思想理论课、形势与政策专题授课内容以及“每课三分钟”授课内容。组织第三次中央新疆工作座谈会“每课三分钟”精品课件350件,打造资源共享平台。推进“自治区级党建示范校”和“自治区级德育示范校”申报工作。选派3名骨干党支部书记、校长参加线上党支部书记培训班,选派12名教育工作者到红色教育基地参观学习。开展研学旅行实践活动8场次,开发研学旅行线路8条,面向全县各中小学招募500名学生组织研学。先后到甘肃、贵州、云南等地高校开展宣讲招聘会12场,报名参加招聘人员200余人,签约32人。

(唐振宇)

【控辍保学】 2021年,若羌县巩固提高中小学适龄少年入学率及中小学巩固率,坚决杜绝适龄儿童失学、辍学、留级等现象的发生。县教科局印发《关于印发若羌县中小学学籍管理办法和管理职责的通知》《关于调整若羌县中小学、幼儿园学区划分的通知》《若羌县控辍保学管理办法》《若羌县中小学严格学生休学、留级管理的通知》《关于进一步做好流动人员随迁子女平等就学管理工作的通知》等文件，将普及程度纳入党政主要领导教育目标责任制年度考核范畴，同时，县政府与各乡镇人民政府、各有关单位，县教育行政主管部门与若羌县各中小学校层层签订控辍保学责任书，实现控辍保学责任制“横向到边、纵向到底”全覆盖。2020—2021学年，若羌县小学、初中入学率均为100%，小学、初中户籍巩固率分别为99.3%、99.4%。三类残疾适龄少年、儿童入学率均为100%，学前三年入园率100%。

（胡小兵）

【教育资助】 2021年，若羌县在全面落实国家补贴的基础上，县财政承担学前至高中阶段的建档立卡学生意外保险金100元，春秋季校服款不超过600元补助，解决瓦石峡、英苏牧业村、祁曼区两乡一镇寄宿制学生寒暑假来回交通费用。全县困难寄宿生生活补助费政策覆盖率100%，义务教育阶段学生享受免学杂费、免教科书费政策覆盖率100%，杜绝适龄儿童失学、辍学等现象的发生。（胡小兵）

【教育经费投入】 2021年，若羌县公共财政教育经费拨款数为24720万元（一般公共预算教育经费23696万元，含教育费附加12177万元、206类科学技术支出122万元、208类收入19904万元、210类15.26万元、229类12.98万元，彩票公益金12.98万元），公共财政教育经费拨款数为27678万元［一般公共预算教育经费23661万元，含教育费附加1600万元，教育事业费22061万元（不包含教育附加）］。其他一般公共预算安排的教育经费14048万元。其中，科研经费2044万元，其他941万元，彩票公益金4000万元，与2020年公共财政教育经费持平。（钟静）

【落实教育惠民政策】 2021年，若羌县始终坚持教育优先发展战略，贯彻落实十五年免费教育政策和各项教育补助政策，实现家庭经济困难学生应助尽助，不断促进教育公平。落实学前保障资金1536人次，资金410.98万元；落实家庭经济困难生活补助161.6万元，保障学生1287人次；发放普通高中家庭经济困难学生助学金163人次，资金32.43万元；免除普通高中学杂费39人次，资金5.48万元，支援助学资金13.8万元，受惠学生23人。中央专项彩票公益金教育助学项目资助困难学生9人，资金0.5万元；资助困难教师3人，资金5万元。落实“雨露计划”资助金11.25万元，惠及学生75人，为7名家庭困难学生办理生源地信用助学贷款6.4万元，为616名脱贫户和31名三类户学生落实学生意外伤害险和校服置装费18.62万元。（李晓娟）

【产教融合试点】 2021年，若羌县教育系统持续推进“互联网+教育”“信息技术2.0工程”，以此提高教师信息技术素养，为产教融合奠定坚实基础。对专职教师进行信息技术课程集中培训，在日常课程中开设、开足信息技术课程，以电子文本、动画、虚拟仿真、技能流程视频等多种风格的讲课，激发学生学习主动性和积极性，吸取翻转课堂的思想精髓，开展信息技术观摩课6次。

（叶帅）

【校园安全管理】 2021年，若羌县教育和科学技术局（简称县教科局）成立安全领导小组。落实“党政同责，一岗双责”责任，明确责任，建立健全校园安全生产工作长效机制，落实校园安全工作，营造良好的育人环境。加大宣传教育，联合市监、交通、卫生、公安等部门对校园安全常态进行专项检查督导，开展安全知识“珍爱生命，远离毒品”等专题教育宣讲工作。进校园讲座17次，建立校园安全隐患台账，发现校园安全隐患764条，整改安全隐患759条。（阿力普·吾普尔）

【教师队伍建设】 2021年，县教科局合理配置若羌县教师队伍力量，确保各学校教师队伍均衡，配齐配全学校师资力量，落实校长、书记、园长轮岗交流，根据各学校各学科需求，通过招聘自治区中小学、学前“特设岗位教师”和编外事业性岗位教师的方式，缓解专任教师紧缺、结构不合理的问题。累计招聘教师90人。其中，招聘特岗教师37名，调入1名，编外教师52名。新增教师优先考虑农村学校和薄弱学校，开展教师轮岗交流工作，交流教师44名。配齐教辅工勤人员，组织教辅人员定期培训，必须持证上岗。选派教师参加继续教育和“国培”计划，实施“走出去，请进来”教师发展规划，选派业务领导、骨干教师到外地学习，教师校外交流培训，以县中学与华山中学开展联合办学为契机，不定期邀请华山中学的名师或管理骨干到若羌“传经送宝”；选派优秀教学骨干到华山中学开展学习交流活动。县教科局制定《若羌县教育教学质量奖励办法（试行）》，县财政每年安排150万元作为教育奖励专项资金，用于奖励对教育事业作出突出贡献的单位和个人、全县各阶段品学兼优的学生。（康洁）

【思想政治教育】 2021年，若羌县教育系统以培养具有创新精神和实践能力的学生为目标，不断探索学校、家庭、社会共同参与的协同育人机制。以铸牢中华民族共同体意识为主线，以党史学习教育为抓手，以“每课三分钟”为载体，不断加强课程思政的实效，充分利用校内外各种资源，广泛组织开展“五爱”主题教育活动。扎实开展“建党100周年”系列活动，未成年人思想道德建设宣讲活动128次，受教育人数63210人次。开展培树“美德少年”“优秀少先队员”“新时代好少年”等先进典型100余人。组织开展共青团爱心生日会60场，实现若羌县中小学生全覆盖，开展民族团结融情实践活动研学营11场次，组织开展“小手牵大手”系列主题教育活动10场次，参加人数1390人，与社区联动开展活动2场次，选树典型学生190人，典型家庭130个。开展立德树人根本任务“大学习、大讨论、大落实”，强化思想政治工作。加强民族团结进步示范校创建，成立志愿服务队16支，建立新时代文明实践站点16个，17名公检法司等部门的专职工作人员担任学校的法制副校长，在开学、学期末及特定节假日对中小学生进行法治宣传教育，促进未成年人健康成长。（安莪颜）

【教育系统人事制度改革】 2021年，县教科局深化学校内部管理体制改革，建立充满生机活力的用人机制，调动广大教职工的积极性，促进若羌县教育均衡发展，全面提升教育教学质量。结合若羌县教育工作实际，根据《关于州乡村中小学教师职称评审和中小学及农村双语幼儿园岗位设置职称聘任有关问题的通知》要求，制定《若羌县教育系统人事制度改革方案》《若羌县编外事业性岗位教师管理办法》《若羌县教育系统退休教师返聘工作实施意见》，初步研究制定《推进若羌县各学校管理岗位县域内职级制度改革试点工作实施意见》，推行若羌县教育系统人事制度，推动各学校教育教学工作有序开展。（康洁）

【比赛成果】 2021年，县教科局加快推进教育教学质量，激发教师专业潜力，组织教师参与自治区优质课大赛，5名教师获得自治区一等奖、5名教师获得二等奖，参加州第二届青年教师教学竞赛活动，4名教师获得州级三等奖；协助美术兼职教研员组织若羌县小学美术教师现场课件制作大赛，2名教师获得一等奖，4名教师获得二等奖；申报15个“以校为本”小课题，报送州局推选3个，其中2个课题被巴州推选到自治区小课题。县级班主任和思政课教师教学基本功展示比赛，思政教师2人获一等奖，

1人获二等奖；班主任1人获一等奖，1人获二等奖。1名思政教师获得州级比赛三等奖。参加巴州“我爱家乡”地理研学精品课程和路线设计评比活动及中小学信息技术微课比赛，其中地理研学精品课1人获州级三等奖；中小学信息技术微课1人获州级一等奖、3人获州级三等奖。州党工委组织的“党的光辉照我心——庆祝中国共产党建党100周年”青少年书画作品展中，县中学获优秀组织奖；20名学生获奖。（刘舒冰）

【高中阶段教育联盟】 2021年，若羌县为提高教育质量，实行教育联盟，共享教学成果，在前三轮与华山中学联合办学的基础上，组织选派初三、高三师生代表团队72人赴华山中学进行为期一周的学习体验，激发斗志、充满信心、迎接挑战、全力备考。主动参与三十六团中学、三十七团中学、三十八团中学、且末县第二中学初三年级中考备考连片教研，2021学年高质量完成塔东南片区五校联考6次。县中学与三十六团、米兰中学签订结对互助协议，并常态化开展教研互访活动。（刘舒冰）

【推广国家通用语言文字】 2021年，县教科局发动若羌县各部门、单位、学校开展丰富多彩的宣传活动，利用夜校、农牧民技工学校、教师培训、民族团结活动、家庭教育等载体在若羌县范围内普及宣传《中华人民共和国国家通用语言文字法》《新疆维吾尔自治区语言文字工作条例》，宣传19场次，惠及9000余人。利用内容健康的推普宣传资源，开展公益性推普宣传活动。制作宣传册100张、横幅23条。发挥广播电视、公众号、小视频等各类媒体开展政策宣传及活动内容传播，在巴州电视台宣传1次，在若羌县融媒体平台用视频宣传1次，在“若羌县零距离”微信公众号宣传1次。在若羌县基础教育范围宣传32次，共有6000余名学生参与宣传活动。开展“中华优秀传统文化润校园、中华民族共同体意识润心田”活动，组织师生广泛开展“双读”活动，参加巴州“经典诵读”“中华诗词大会”等活动；通过“图书漂流”开展“亲子阅读”“书香校园”等活动。配合县委组织部每月开展村级后备干部国家通用语言能力测试工作。

（热娜古丽·苏来曼）

基础教育

【学前教育普惠发展】 2021年，若羌县共有幼儿园10所。其中，城镇3所，乡中心幼儿园3所，村级幼儿园4所。在园幼儿1383人，学前教育毛入园率100%。若羌县人民政府高度重视学前教育发展，把学前教育列入重要工作日程，以“学有优教”为目标，坚持“应建尽建，应入尽入”原则，加大学前教育投入，深化教育体制改革，制定专任教师、保育员、后勤人员充实完善机制，通过设立县域编制、特设岗位招录等形式，实现保教队伍满

2021年6月1日，若羌县中小学生参观楼兰博物馆（艾山江 摄）

足学前教育发展需求。坚持城乡均衡,强化城乡幼儿园捆绑发展,强化轮岗交流,加强内引外联,推进邢台市第一幼儿园、第四幼儿园与若羌县一幼、二幼签署协作办园协议,实现优质资源共享。

若羌县为落实托育教育,解决低龄幼儿家庭早期教育指导的困惑,投入近30万元,依托城乡幼儿园设立9个托育点,最大限度满足群众的婴幼儿照护服务需求。组织开展河北名师支援行,在若羌设立河北名师工作站,充分发挥支援教师桥梁纽带作用。（热娜古丽·苏来曼）

【义务教育均衡发展】 2021年,若羌县作为创建县域义务教育优质均衡发展试点县,实现国家级县域义务教育优质均衡发展。2020—2021学年,若羌县小学、初中入学率均为100%,小学、初中户籍巩固率分别为99.3%、99.4%,三类残疾适龄少年、儿童入学率均为100%,学前三年入园率100%。（胡小兵）

【学籍管理】 2021年,县教科局分别在3月份和9月份对若羌县中小学幼儿园学生的学籍重新进行审核、录入。对新生学籍进行网上信息比对、采集、录入。指导各学校幼儿园认真处理学籍问题,包括查重、学生转学学籍还在原学校等。不定期深入各学校对工作的开展进行督察指导5次。（王莉）

【中小学教学质量提升工程】 2021年4月,若羌县牵头举办第四届塔东南兵地基础教育校际交流活动。该活动由农二师教育局和若羌县教科局主办、若羌中学和农二师三十七团中学承办,覆盖19所成员学校,12名专家列席活动,180余名教师参与活动。该活动以同课异构、评课议课、班会课、专家讲座等形式,多维度多方面地进行深入的教学研讨交流。4月,县教科局先后选派34名幼儿教师赴河北邢台6所幼儿园观摩学习;9名中小学体育教师赴库尔勒市八小观摩学习足球特色活动;11名德育工作者赴华山中学观摩高中部首届“班主任节”;10名县级骨干校领导参加4期华山中学骨干校长研修班。县教科局组织校长沙龙7期、校级特色亮点现场会5场。提升若羌县教师队伍素质,组织3054人次参加各级各类培训。其中,县级培训4次覆盖114人次、书记校长读书班2期覆盖51人次。3月底,县教科局组织教师业务水平考试,参加考试的教师有418人,共测试18门科目,每个教师报考一个科目,合格率85%,优秀率30%。2020—2021学年,组织音体美、实验教学抽测2次、中小学教学质量监测工作2次。（刘舒冰）

【校外培训机构专项治理】 2021年,若羌县有证照齐全的非学科类校外培训机构4所,青少年活动中心1所。8月,到家“双减”政策出台,若羌县所有的学科类机构进行精减和转型。县教科局对4家机构进行督察20余次,在督导检查过程中,未发现重大违规行为;联合若羌县市场监督管理局定期对若羌县校外培训机构进行大清查9次。4所机构教师共7名,均有教师资格证,其他工作人员1名。（王莉）

【招生考试】 2021年,若羌县初中毕业生总数451人,参加初中毕业学业水平考试451人。其中,报考内职、内高103人,报考普通高中348人。6月20—22日,若羌县组织自治区初中毕业学业水平考试。考试成绩公布后,考生根据《州2020年初中学业水平考试与高中招生实施方案》的通知要求,在网上统一填报志愿,最终301名考生升入高中。全年,若羌县报名新疆区内初中班测试共122人。经全疆统一测试预录学生13名。通过体检和思想政治考核的学生9名。申报新疆高中班共54人,参加自治区初中毕业学业水平考试后预录24人,组织参加体检并进行思想政治考核后,22名考生被录取。（卡依尔·吾布力）

【青少年校外活动中心】 青少年校外活动中心是若羌县唯一的一所综合性、公益性青少年校外教育机构，隶属县教育局，股级建制。2021年，该活动中心编制4人，为全额事业拨款单位，将河北援建塔东幼儿园作为专用活动场所，校园占地5786.96平方米，建筑面积2200.09平方米，共有13间教室。青少年活动场所建设整体规划到县市民服务中心二区。新馆建筑面积约4000平方米，设功能室23间，有器乐、声乐、舞蹈、书法、绘画、科技、茶艺、棋艺、语言9类功能室。按照功能设定、专业培养、功效使用的原则，对其进行改造，保障每间教室的多功能化和服务最大化。接待学生近3万人次，活动经费保障8万元，坚持“培养兴趣、启迪智慧、彰显个性、发展潜能”的培训理念，一年开设四期特长班，包含舞蹈、绘画、书法、体育、声乐、器乐、科技、语言、益智启蒙等特色课程，开设各类班次150多个，培训学生2500余人。聘请在职专业教师、退休教师、社会人士15人，形成校外教育特色化、校内外衔接常态化。“诗画润疆”项目的引进，通过诗词融入歌曲、舞蹈、书写、绘画、戏曲、写作、沙画等多个艺术手段，本期课程涉及4所学校3000余人，共开设课程224节次，参与班次3649次，助学教师37位，诗词作品展示5次。（刘兆霞）

【教育基础设施建设】 2021年，若羌县投入义务教育薄弱环节改善与能力提升项目资金1110万元，建设完成若羌县第四小学学生餐厅4663平方米。该项目为地上三层框架结构，中央投资内预算下达资金838万元，支付838万元。中央投资内预算下达资金100万元，建设围墙1111米。采购完成教学设备136万元。实施完成县教育系统下达的维修改造项目，共计36万元。

2021年，若羌县新建若羌县第四小学综合教学楼项目，总投资1300万元，建筑面积4262.95平方米，地上三层框架结构建设完毕。总投资1300万元，完成投资600万元，支付300万元。

2021年，若羌县新建若羌县第四幼儿园项目，总投资1200万元，建筑面积3516.31平方米，地上三层框架结构建设完毕。总投资1200万元，完成投资1000万元，支付300万元。（吴晓勇）

【若羌县中小学及幼儿园简介】

若羌县中学：2021年，若羌县中学占地面积9公顷，校舍建设总面积4.78万平方米。教职工213人，其中教师175名（河北邢台支援教师11人，华山中学选派教师1人）。专任教师、新任教师学历合格率均为100%；全校有教学班44个（初中部30个，高中部14个）。在校学生1984人（初中部1374人，高中部610人）。

2021年，若羌县中学深化兵地融合联合办学实效，抢抓志愿政策机遇。2021届高三学生在经历两次疫情的网课情况下，实现本科上线率连续六年稳定在80%，理科实验班本科上线率连续两年100%。

若羌县城西新区学校：2021年，有在校生804人。其中，少数民族学生381人，汉族学生423人。21个教学班均为民汉学生混班教学；有学生宿舍30间，铺位210个，住校生208人。其中，男生123人，女生115人。

若羌县第一小学：2021年，有教职工118人，专任教师94人，在编93人，编外教师22人，保洁3人。有教学班33个，在校学生1390人。学校总面积2.9万平方米，校舍绿化面积7387平方米。学校设有党建办、行政办、教务处、德育处、总务处、少先队、教研室等部门。

若羌县第二小学：2021年，在校生460人，住宿生72人，共有教学班16个；有教职工56名，专任教师45人。学校有音乐室、美术室、舞蹈室、图书阅览室、科学实验室、学生公寓、教师周转房、食堂、电教室、实验室、卫生室、广播室、心理疏导室等。

若羌县第三小学：2021年，有教师54人，支教大学生5人，配备校车司机1人、专职保安9人、公益性岗位12人。教学班20

2021年10月1日，县第二小学学生与国旗合影　　（县第二小学　供稿）

个（含学点），在校学生674人。学校位于瓦石峡镇弩城大道171号，学校占地面积19379平方米，内设教务处、德育处、总务处、工会、财务室等部门。

若羌县第一幼儿园：2021年，有教职工67人（少数民族教职工31人，汉族教职工36人）。其中，专任教师43人（少数民族专任教师9人，汉族专任教师34人）；公益性岗位24人（少数民族23人，汉族1人）。配置18个班，有17个教学班，幼儿541人（其中汉族342人，少数民族199人），落实学前三年全免费教育政策，免费项目包括保教费用、伙食费用和书本费。幼儿园教学楼面积6584.27平方米，旧教学楼面积481平方米，建筑面积合计6080平方米。

若羌县第二幼儿园：2021年，有教职工32人。其中，汉族20人，维吾尔族12人。高级教师1人，中级教师3人，初级教师23人。有幼儿300人，设12个教学班。其中，小班4个、中班4个、大班4个，配置有大型玩具2个，小型玩具若干，室外有橡胶地垫，能满足幼儿各项户外活动。

若羌县第三幼儿园：2021年，开设6个班，小班2个、中班2个、大班2个；幼儿人数146人。其中，男生84人，女生62人，汉族学生105人，少数民族学生41人。在岗教职工26人。其中，在岗教师17人，公益性岗位9人。有大型活动室、淘气堡、教研室、美术室等，配备音乐教学设施12种；体育器材设备20种、教学玩具设备7种。新老教学楼每个班级都配备电子白板、电视、空调、电子钢琴、直饮水、录音机、储物柜、书柜、消毒柜等配套设施，有充足的室内及户外幼儿活动场地。

若羌县铁干里克镇中心幼儿园：2021年，有教职工12人，在编教师9人（其中1人转岗到食堂），3名公益性岗位均是保育教师；幼儿42人。共开设3个教学班，其中小班1个、中班1个、大班1个。园内有大型玩具1个、沙坑1个。各班配有班班通、电子钢琴、直饮机、图书柜。

若羌县铁干里克镇托格拉克勒克村幼儿园：幼儿园位于铁干里克镇托格拉克勒克村先锋巷6号，原先锋教学点距离县城3千米，占地面积1.05万平方米。新建两层框架结构1999平方米（使用面积1500多平方米）幼儿园新楼，配备6套幼儿教室，可容纳180名幼儿学习和生活。2021年，幼儿园共有3个班级43名幼儿。其中，小班12人、中班15人、大班16人。共有教职工14名，平均年龄31岁。编办核定编制数8个，实有人数14人。其中，在编教师5人；特岗教师1人，编外教师3人，公益性岗位5人（保育员3人，食堂人员2人）。

若羌县瓦石峡镇中心幼儿园：幼儿园位于若羌县瓦石峡镇315国道弩城大道乌都勒斯坦路021号，总占地面积8461.58平方米。其中，新教学楼建筑面积3775.18平方米，旧教学楼建筑面积1018平方米，绿化面积1734.4平方米，运动场面积1934平方米。2021年，幼儿园有教职工35人。其中，在职在编、编外教师17人，公益性岗位12人，实习生4人，南疆务工人员2人。有7个教学班，幼儿169人。

若羌县瓦石峡镇新建村教学点：学校下设小学和幼儿园，是一所全日制公办学校，对小学一年级和二年级进行教育及学龄前幼儿实施保育和教育的综合教育机构。在校孩子91名，设教学班5个（小学2个，幼儿园3个）。共有教职工26人，其中专职教师14人。若羌县塔什萨依村幼儿园位于若羌县瓦石峡镇塔什萨依村。有教职工10人，有2个教学班，1个托幼班，共有17名幼儿。

若羌县吾塔木乡中心幼儿园：幼儿园位于若羌县吾塔木乡尤勒滚艾克日村，东距县城约3千米，北距乡政府约0.6千米。学校占地面积1286.79平方米，校舍建筑面积1012平方米。2021年，在园幼儿56人，共开设3个班，其中小、中、大各1个班；有教职工23人，专业教师12人。教师中，高级职称教师1人，中级职称教师5人，初级职称教师11人。

吾塔木乡依格孜吾斯塘村幼儿园：2021年，学校有3个教学班，在园幼儿24名。其中，小班5人，中班7人，大班12人。教职工13人。园长1人，副园长1人，专任教师6人，保育员3人，食堂人员2人。该幼儿园占地面积1.98万平方米，由教学区和活动区两部分组成，建筑面积969.59平方米，共使用资金255万元（其中土建资金200万元），教学仪器设备资金55万元，可容纳4个教学班120余名幼儿。（杜学义）

职业教育与成人教育

【概况】 2021年，若羌县有职业学校2所，分别为若羌县技工学校、邢台技师学院若羌分校；成人教育学校1所，为巴音郭楞蒙古自治州开放大学若羌分校。若羌县技工学校与河北邢台技师学院签订合作办学协议，从人员、资金、机制等多方面开展全面合作，2所学校共享生源。巴州开放大学若羌分校具有成人教育办学资质，为若羌县技工学校分部。技工学校另设职业技能培训中心，承担县域内18—59周岁农村劳动力的技能培训，同时涵盖城乡劳动力、返乡农民工、退役军人等人员综合素质培训和专业技术培训等教学活动。

（李学勤）

【若羌县技工学校成立】 2021年2月1日，若羌县技工学校挂牌成立。该校是一所集学制教育、技能培训和成人（电大）教育为一体的现代化综合性技工院校，共设职能科室5个（党政办公室、招生就业科、教务科、后勤管理科、学生科）。学校位于若羌县阿尔金山路200米处，占地面积5.4万平方米，校舍面积1.6万平方米、实习实训场所1.5万平方米。学校有教职工79人，学制教育常设安全保卫与服务、电子商务、旅游管理三个专业，学校有全日制在校生164人。有教学大楼1栋（其中多媒体教室30间）、学生公寓1栋（学生宿舍70间）、食堂1栋（内设食堂1个，学生礼堂1个）。学校投入资金950余万元，对技工学校30间多媒体教室、70间学生公寓进行升级改造，建立网络直播间、餐厅、客房服务、中式烹饪、电工等18个工种的实训教室，配套建设心理咨询室、文体活动室、人力资源市场等，全面提升学校综合培训能力，能同时满足750人的培训实训需求。县级财政投资1.8亿元新建若羌县职业学校及实训基地。项目位于若羌县技工学校，总建筑面积53247.63平方米，框架结构，10月5日开工建设，支付完成4000万元。

2021年，若羌县技工学校引入乌鲁木齐新希望、巴州仕博等5家职业学校机构，开展合作办学，实现资源共享、互利共赢；合并新疆农业广播电视学校若羌分校、巴州广播电视大学若羌县分校、若羌县农业机械化学校；同新疆果业、羌都枣业等12家企业签订“校企合作协议”，确定就业意向，有序推进订单式培训，实现产教深度融合发展。全年，学校举办“爱祖国爱新疆”主题朗诵会，第24届推广普通话宣传，篮球比赛，青年教师书法比赛，开学第一课、青蓝工程、团建

活动、教研组公开课、说课比赛、第二课堂。（李学勤、吴晓勇）

【邢台技师学院若羌分校成立】2021年4月26日，河北邢台技师学院（若羌分校）挂牌成立，结束了若羌县无中职教育的历史，探索并积累职业教育办学经验，为地方培养技能型人才。秋季学期，招生注册164名学生（与技工学校共享生源），生源辐射且末县、和田地区、喀什地区等周边县市。建立健全各项管理制度，成立学术委员会，制定各类专业人才培养方案，规范教育教学的各个环节。利用支援资源，对接邢台技师学院，解决优秀学生升读高级技工、技师的通道。

（李学勤）

【校企合作】2021年，若羌县技工学校挖掘县内三大产业用工需求岗位2962个，召开校内人力资源就业招聘会，为校内学生、校外企业搭建就业平台。职业技能培训中心开展订单式、菜单式培训，全年，培训8371人，实现就业8371人、就业率100%。其中，城镇园区企业就业467人，自主创业81人，灵活就业152人，公益性岗位就业24人，从事农业生产经营684人。（李学勤）

2021年9月12日，巴州开放大学若羌分校揭牌仪式在县技工学校举行

（李学勤　摄）

【高等教育自学考试】2021年，若羌县在4月、10月分别组织高等教育自学考试2次，教育学、心理学考试2次。自学考试参加68人次、182科次，教育学、心理学考试参加86人次、146科次。考点设置在若羌县中学。

（卡依尔江·吾布力）

【巴州开放大学若羌分校成立】2021年3月10日，巴州广播电视大学更名为巴州开放大学。3月14日，县教科局上报《关于将若羌县广播电视大学更名为巴音郭楞蒙古自治州开放大学若羌分校的请示》。4月10日，经县政府第54次常务会议研究，原则同意若羌县广播电视大学更名为巴音郭楞蒙古自治州开放大学若羌分校。9月12日，巴州开放大学若羌分校挂牌成立。秋季学期，在籍学生684人。其中，专科415人、本科269人。开设专业7个课程154门，本科开设法学、法学（试点）、汉语言文学、汉语言（试点，行政管理、会计学等专业；专科开设法律事务、法律事务（试点）、行政管理、汉语言文学、汉语言（试点）等专业。2021学年，毕业101人。组织专科毕业生参加实践人数106人，完成人数75人。组织本科毕业实践人数71人，完成人数59人。组织本科论文答辩：法学40人、行政管理13人、汉语言文学4人、会计学2人，共计59人。毕业审核：专科72人、终审通过67人；本科42人、终审通过36人。

（李学勤）

科学技术

科技活动

【科技经费管理】 2021年，若羌县科技经费预算3000万元，由县委、县政府统筹安排，财政直接拨付，县教科局进行管理，实际拨付并使用科学技术经费3063万元，较2020年增长2.1%。对列入县级重要项目的邢羌科技产业园建设、智能化仓房改造、智慧小区建设等进行资金扶持，由项目责任单位落实管理工作，资金由县财政直接拨付；对列入自治区、自治州的科技项目，由项目承担单位管理，教科局监督。

（张书萌）

【科技人才管理】 2021年，县教科局紧紧围绕《自治州创新驱动发展实施方案》和《若羌县创新驱动发展实施方案》，积极落实《若羌县科技特派员管理办法》，以农牧民科技需求为导向，通过培养和引进相结合，形成县乡两级上下联动，组织、科技、人事、农业部门共同推进的工作局面，确保科技特派员工作任务的具体落实。充分挖掘本地人才，从农业、畜牧、林业、企业等部门选聘一批优秀科技人才。2021年，新选派农村乡土人才为科技特派员5名，全县，15名科技特派员在农村和企业开展创业创新、科技服务、科普宣传等相关工作。通过举办科技特派员座谈会，为科技特派员提供相互学习和交流的机会，全面提升科技特派员的服务意识和服务能力。

（张书萌）

【科技项目】 2021年，若羌县取自治区、州级科技特派员项目2个，分别为若羌县农田防护林吉丁虫防治项目、若羌县塔里木红枣质量精准提升示范建设项目。通过科技特派员指导和项目实施科学管理，示范基地的枣树管理情况普遍较好，示范点产量、产值实现翻番，亩产值超过万元，在若羌县楼兰红枣文化节红枣评比中获得奖项。 （张书萌）

【科技培训】 2021年，县教科局组织科技特派员在庭院经济、红枣种植、恰玛古种植、枸杞种植、电商运营等领域通过培训、考察、观摩、交流等形式，学习先进经验，改进工作方法，丰富知识，提高服务水平；制定科技特派员管理办法，使科技特派员农村科技创业活动得以扎实开展并取得实效。2021年，累计组织科技特派员参加各类培训10期，300余人次。利用报刊、广播、电视、网络等多种媒体，加大对科技特派员在服务农村、服务企业、精准扶贫等方面的培训力度，促进乡村振兴工作开展。 （张书萌）

【科技创新】 2021年，县教科局推荐若羌县3家企业参加州创业创新大赛。县教科局编制《若羌县“十四五”科技创新发展规划（2021—2025）》，提高科技创新发展水平。围绕若羌县经济社会发展需求，推进科技创新与经济工作深度融合。对接自治区科技发展战略研究院的专家，对

2021年10月9日，县气象局技术员在海拔4000米的阿尔金山地区新建气象站（李志南　摄）

若羌县“十四五”科技创新发展规划进行研讨和编撰。通过“专家带团队、结对帮带交流、项目带人才”等形式，在项目实施过程中为若羌打造了一支具备较高水准的专业技术人才队伍。推荐若羌县塔里木红枣专业合作社，新疆羌都业股份有限公司参加创新创业大赛；积极扶持和发展小微企业，培植新的经济增长点，促进若羌县经济的快速发展。支持初创期科技型中小企业发展，鼓励企业开展技术创新和科技研发活动，落实资助和奖励资金。（张书萌）

气象测报

【气象设施建设】 2021年，若羌县气象局(简称县气象局)增建北斗传输站5个，在祁曼塔格乡和红柳沟自动气象站增设称重式降水设备。完成5套DCP、GPRS双通道通信模块区域自动站升级改造和27个区域自动站多通道路由器通信模块的改造，使数据传输更加稳定可靠。9月底，县气象局组织技术人员在平均海拔4000米的山区新建7套区域自动站，进一步弥补南部山区气象资料的空缺。10月中旬，巴州气象局在若羌县召开观测质量管理体系建设现场会，使县气象局在体系建设方面成为巴州标杆，对其他台站起到引导示范作用。11月29日，在中国气象局气象观测质量管理体系外审汇报会上，若羌县气象局“业务制度上墙，及时对照落实”被推选为全国各地亮点工作之一。（郗卉平）

【主要气候事件及灾害】 2021年3月29日夜间至31日白天，若羌县受降水天气影响，平原普遍出现中到大雨，局部暴雨，南部浅山区出现中到大雪，局部大到暴雪。此次降雨天气造成若羌河水库进场砂砾道路冲毁3千米，直接经济损失约200万元；依铁线便道路基冲毁1.5千米、冲毁导流坝930米，直接经济损失约120万元；冲毁315国道K1619—K1620处路基边坡约30米，直接经济损失约10万元。造成依铁线道路中断，对依吞布拉克工业园区运输产生较大影响，需增设宽15米的过水路面410米。

2021年10月2日夜间至3日上午，若羌县出现风沙、降温、降雨天气过程，平原大部普遍风力5—6级、阵风9—10级，局部风力10~11级，受极端天气影响若羌县红枣受灾面积约1988公顷，产量损失1770吨，涉及农户2112户，造成经济损失约885万元，3座大棚严重受损。（郗卉平）

【人工影响天气】 2021年，县气象局完成人影弹药库标准化建设。7月，在若羌县3个乡镇组建培训专业人影队伍。12月，若羌县气象局技术人员在南部山区新建5座智能焰炉，并完成远程遥控人工影响天气烟炉的联网调试工作。该设备是巴州地区正式实现远程遥控运行的第一批智能烟炉，正式投入运行。对缓解牧区干旱气候，充沛水资源，扩大河流面积，促进草场繁茂和农牧业发展，修复阿尔金山生态系统有一定的积极作用。

争取地方人影资金投入382.96万元，开展飞机人影作业2次，地面人影作业累计20次。（鄢卉平）

【气象服务】 2021年，县气象局通过“楼兰气象”微信公众号、若羌气象服务群、电子政务内网、手机短信等渠道共发布各类预警68期，重要天气预报8期，一周天气预报52期，节日预报7期，高考精细化预报6期，春运专项预报43期。每日通过“楼兰气象”微信公众号发布24小时天气预报。在农业生产关键期，及时发布联合会商材料，开展农业气象专项服务，发布农作物专题气象服务21期。9月，县气象局获新疆气象局“集体记功”表彰。

（鄢卉平）

【气象科研与科普】 2021年，县气象局工作人员发表论文6篇，其中《沙尘暴天气下大气颗粒物质量浓度特征研究》发表于核心期刊《环境科学与管理》。成功申报1个州级课题。利用“3·23”世界气象日、“5·12”防灾减灾宣传周、全国科普日等契机，开展线上线下气象科普知识和防灾减灾宣传活动，邀请学生参观气象科普基地，开展气象科普进社区、进企业、进乡村活动，举办气象科普讲座5场，发放科普宣传资料2000多份。6月，县气象局被巴州科协评选为州科普教育基地。（鄢卉平）

【气象防灾减灾】 2021年，县气象局利用安全生产月、防灾减灾日、安全生产咨询日、国际减灾日等契机，开展安全生产法、防灾减灾主题宣传活动6次。每季度对若羌县35家重点企业开展防雷安全检测，下发整改通知单53份，全部整改完毕。持续开展自然灾害风险普查工作，健全完善部门间提前研判会商、信息共享和协调联动工作机制，加强河流、水库水位及地质灾害隐患点监测预警，及时准确发布气象预警信息。（鄢卉平）

2021年若羌县主要气象资料一览表

表8

项目	气温（℃）			降水（毫米）			地温（℃）					风速（米/秒）			日照（小时）
月份	平均	最高	最低	总量	最大日降水	出现日期	地面平均	极端最高	极端最低	5厘米平均	10厘米平均	平均风速	日极大风速	出现日期	合计
1月	−7.9	6.9	−20.0				−8.1	16.5	−23.1	−7.1	−5.9	1.6	12.3	15	198.7
2月	2.4	18.4	−15.6				2.2	28.3	−19.0	2.0	1.6	1.9	17.1	26	194.1
3月	9.4	26.0	−7.1	14.9	11.0	30	10.9	45.7	−10.0	10.5	9.8	2.5	18.7	16	175.4
4月	15.4	32.8	0.1	0.9	0.9	10	19.7	59.8	−1.1	18.7	18	2.6	19.6	23	233.9
5月	20.7	37.8	2.4	3.5	1.8	13	27.5	66.8	2.5	26.0	24.7	2.7	21.5	12	282.1
6月	26.1	38.4	10.3	1.0	1.0	5	33.5	65.8	12.0	32.2	30.5	2.3	23.8	5	214.7
7月	29.0	41.7	13.0	0.4	0.4	20	37.4	71.0	15.7	36.2	34.5	2.5	17.8	31	272.6
8月	25.0	39.1	11.2	1.2	0.6	30	32.9	67.5	13.0	32.5	31.6	1.9	14.9	15	267.7
9月	19.9	36.7	5.0	0.0	0.0	13	25.3	60.3	4.4	26.4	26.3	1.6	16.3	11	288.6
10月	8.9	30.6	−4.1	0.7	0.7	3	11.7	46.0	−6.6	13.2	14.1	2	23.7	3	239.2
11月	−1.6	19.4	−15.7	5.0	4.9	5	−0.6	31.1	−16.7	0.5	2.1	1.7	23.4	5	222.5
12月	−7.5	7.6	−17.8				−7.1	20.6	−20.6	−6.1	−4.8	1.4	11.3	10	215.5

（肖莲媛）

文化·体育

文　化

公共文化

【公共文化场馆建设】 2021年，若羌县文化馆、若羌县图书馆根据各乡镇、村文化场馆情况，制定总分馆年度建设计划。每周每村开展2次文体活动，每周开1次总分馆文化活动安排例会，每周出1期文体活动简报，帮助各乡镇分馆解决举办文体活动等问题。每周一，县文化馆、楼兰艺术团到基层各分馆指导演出、培训等。（李慧美）

【图书馆】 2021年，若羌县图书馆年度经费总投入22万元，年度资源购置经费11.25万元。其中，电子资源购置经费1.25万元，纸本资源购置经费10万元；从业人员6人。图书馆馆藏总量4.19万余册。其中，馆藏汉文文献图书总量3.445万册，少数民族文字文献图书总量380册；持证读者1477个，借还文献18773册次，流通6373人次。县图书馆推进县图书馆总分馆建设，制定《若羌县图书馆总分馆制建设方案》，采购图创Interlib区域图书馆集群自动化管理系统，为各乡镇建立图书管理平台，设立馆藏地点，创建管理账号，为8个乡镇配备图书管理计算机各一台，并组织乡镇图书管理工作人员进行培训，详细讲解操作步骤，发放培训文稿及视频课件，提升分馆人员图书管理技能。开展分馆图书录入工作。全年，各乡镇分馆图书录入1104册。其中，吾塔木乡录入848册，若羌镇录入155册，铁干里克镇录入90册，各乡镇图书录入制作完成后可在全县范围内实现通借通还。

（周春丽）

【文化馆】 2021年，县文化馆面积4156.64平方米，隶属于若羌县文化体育广播电视和旅游局，编制5名，实有工作人员7人。

2021年5月18日，县图书馆开展"奋斗百年路 启航新征程"红色图书进景区活动

（县图书馆　供稿）

2021年3月25日，若羌县小小讲解员培训班在楼兰博物馆正式开班

（刘雨娜　摄）

县文化馆按上级主管部门下达的2021年免费开放培训目标任务的要求，坚持免费开放培训，进一步加强文艺人才队伍建设。举办舞蹈、乐器、声乐等公益培训共9个班次，参训人员200余人，场馆免费开放接待人员1500多人次；免费培训还设有成年舞蹈班、美术班等；县文化馆开展非物质文化遗产免费教学常设项目，进行常态化培训和展演，共开展非遗活动20余场，受益观众约2000人次。（李慧美）

【楼兰博物馆】 若羌楼兰博物馆是若羌县文化体育广播电视和旅游局（文物局）下辖副科级事业单位，位于若羌县幸福路团结文化广场，占地面积13762平方米，建筑面积4688平方米。馆内分设丝路楼兰·秘境若羌历史展、考古档案资料展示厅、百年守护·历史有声考古成果展等。全年，游客接待量10.2万人次。12月25日，若羌县楼兰博物馆实施馆藏文物数字化保护项目。项目批复概算280万元。该项目综合应用三维扫描、高清拍摄等数字化信息采集技术与互动技术、移动互联网等新一代通信技术在内的现代先进技术手段，对若羌县楼兰博物馆珍贵文物的数字化采集、加工、存储与管理以及数字资源利用等进行数字化保护，建设满足文物数字化保护要求、贴近观众服务体验需求的，具有可扩展性、可靠性以及可维护性的文物数字化保护应用综合服务体系。实施馆藏文物预防性保护项目。项目批复概算155万元。该项目针对馆内文物展厅和库房珍贵文物的储藏环境，对部分沿墙展柜进行改造，配备温湿度、二氧化碳、紫外光照离线检测设备、小型净化调湿机、台桌面柜、独立柜、多功能储藏柜、抽屉式恒湿储藏柜、隔板式恒湿储藏柜和恒温恒湿储藏柜、文物囊匣、铝合金箱等，运用多种调控手段使文物储藏保存环境达到比较“稳定、洁净”的状态；最终逐步形成馆藏文物预防性风险管理机制，提升馆藏文物预防性保护的综合能力。（徐菁）

【全民阅读】 2021年，县文旅局举办“书香致远中国节金牛迎春享阅读”“追忆红色历史·缅怀革命先烈”“粽情书海走进端午”“迎‘八一’书香进军营”等系列传统文化阅读实践活动32场，参加人数2800余人次；举办展览23场，参加人数2400余人次；举办服务阅读推广活动9场，参加人数400余人次。（周春丽）

文化活动

【楼兰艺术团】 若羌县楼兰艺术团隶属于若羌县文化体育广播电视和旅游局。2021年，有在编17人，事业岗5人、公益性岗位1人、借调2人。该艺术团主要负责文化作品创作、文化下乡（公益性演出）、县内大型活动演出。创作歌曲《阿尔金山》；舞蹈《不忘初心》《鲜红的党旗》《心里话讲给习总书记听》《幸福的生活说一说》《斗牛舞蹈》《石榴红啦》《歌伴舞最美是你》《逆行之路》《春天的芭蕾》《站在草原望

北京》《风花雪月》；戏曲表演《红灯记》；小品《我脱贫》《看病》；改编非物质文化遗产《若羌赛乃姆》共5种版本，打造本土楼兰题材歌舞剧《楼兰千古恋》。开展送文化下乡活动80场，开展枣花节、博物馆日活动、非物质文化遗产展演活动、摄影活动启动仪式、楼兰夜市公益性演出。配合文化馆完成戏曲大赛、广场舞大赛、颂歌献给党红歌大赛、社火大赛、百日文化广场启动仪式、“我们的中国梦”文化下乡活动、若羌县“石榴籽”文化小分队、“我们的节日”非物质文化遗产展演。2021年，楼兰艺术团开展送文化下乡活动80场，惠及各族群众1.1万人次。（陈佳梦）

【文化惠民活动】 2021年，县文化馆、楼兰艺术团、若羌镇、铁干里克镇、吾塔木乡从文艺人才队伍中筛选348人组建19支队伍，创作作品数量140个，演出274场次，受益人数1万余人次。

（李慧美）

【百支优秀文艺小分队建设】 2021年，若羌县充分发挥乡村文艺特色小分队传承中华民族优秀传统文化、助推移风易俗的作用，挖掘348名乡村“草根”文艺能人，成立“枣园戏苑”“石榴籽”等10支特色文艺小分队，通过“我们的中国梦——文化进万家”、万村千乡文化产品惠民活动、乡村大舞台、乡村百日文体活动等群众文化活动载体，编排舞台剧、歌曲、小品等具有本土特色的文艺节目45个，在各乡镇、村（社区）举办文艺演出274场次，宣传教育群众1.5万人次。

（李慧美）

【博物馆日活动】 2021年5月18日，若羌县文博馆在若羌县楼兰博物馆举办“5·18国际博物馆日”活动。该活动以“博物馆的未来，恢复与重塑”为主题，开展情景短剧《永恒的寓言》《建设美丽新疆 共圆祖国梦想——新疆“四史”》和《马克思主义在中国党史教育展》主题展，激发各族干部群众弘扬传承楼兰文化的热情并鼓励和动员更多公众走进博物馆，参与博物馆文化体验，吸引600余人参加。（徐菁）

【非物质文化遗产展演】 2021年，县文化馆免费开展非物质文化遗产教学、非物质文化遗产展演及培训活动20多场，观众约2000人次。5月27日，楼兰艺术团在铁门关举办中国共产党成立100周年文艺演出活动中展演《若羌赛乃姆》。6月，为庆祝第十五个中国非物质文化遗产日，若羌县在吾塔木乡万亩枣园举办第七届“枣花节”之传承文化“枣园赛乃姆”活动，通过展示非遗文化赛乃姆，带动更多的人走进枣园，感受红枣文化。

（徐菁）

【若羌县百日文化广场】 2021年4月30日，若羌县2021年百日广场文化活动正式启动。该活动以“庆建党百年、守红色初心、建大美楼兰”为主题，分“幸福春天和谐若羌”“奋力谱写新若羌”3个篇章，以文艺汇演的形式庆祝中国共产党成立100周年。全年，共演出40余场次，各乡镇文艺小分队参加演出人员200余人次，观看人员25000余人次。

（李慧美）

【“我们的中国梦”文化下乡活动】 2021年，若羌县文化馆、楼兰艺术团建立“一对一”包联村（社区）工作机制，组建10支文艺小分队，每个村（社区）确定一名艺术团人员牵头，组建26支业余演出队伍，实现所有村（社区）演出团队全覆盖。全年，共开展活动108场，观众6187人次。通过编排通俗易懂的歌舞、快板、宣讲等文艺节目的形式，宣传党的政策，丰富农村人民群众文化生活，满足群众日益增长的文化需求。

（李慧美）

【楼兰夜市公益性演出】 2021年7—10月，楼兰艺术团利用空闲时间在楼兰夜市进行公益性演出。演员们在楼兰夜市表演舞蹈《葡萄架下的篝火》《若羌赛乃姆》《吃水不忘挖井人》《麦西莱普》等节目，让现场的游客与居民在夜市就能欣赏专业的文艺演出。演出23场次，参加演员100人次，观看人员1120人次。夜间公益性演出丰富了群众夜间文化生活，打造具有若羌特色的夜间文化，促进夜间经济发展，为美丽若羌建设贡献文化的力量。（李慧美）

【“农信杯”群众性主题宣传戏曲大赛】 2021年5月5日，若羌县文旅局与若羌县农村信用合作联社共同举办的“农信杯”群众性主题宣传戏曲大赛，弘扬中华优秀传统文化，推动戏曲传承发展，让更多的戏曲爱好者走上舞台、秀出风采。全县11个代表队参赛，来自各乡镇文艺团体的参赛队员155人，演唱《朝阳沟选段〈咱们说说心里话〉》《在宫院我领了万岁旨意》《寇准背靴》等戏曲故事，现场观众1500余人次。大赛结合庆祝建党100周年“永远跟党走”群众性主题宣传教育活动，创新宣传载体，为广大戏曲爱好者切磋戏曲艺术交流提供广泛参与了解戏曲文化的平台，意在发掘戏曲人才，传承传统艺术，丰富群众业余文化生活，将传统戏曲文化带入平常百姓生活。（李慧美）

【若羌县第七届“枣花节”】 2021年6月18—19日，为庆祝第十五个中国非物质文化遗产日，若羌县在吾塔木乡万亩枣园举办第七届“枣花节”活动。活动分为线上线下举办，线下观众200余人，全网在线观看和点击量超过6.3亿次。表演“枣花仙子”才艺、“枣园赛乃姆”活动、传统顶碗舞、博物文化展等活动。（董壹）

【新疆若羌云上第十五届红枣节】 2021年11月6日，“新疆若羌云上第十五届红枣节”在若羌县影剧院举办。该届红枣节以“若羌的红枣熟了”为主题，是若羌红枣节首次在网络上举办，通过央视频、腾讯视频、新华网、新浪新闻、新浪微博、网易新闻、搜狐新闻、新疆电视台丝路视听App、“直播新疆”及“直播新疆（维吾尔语）”抖音官方账号、“直播新疆”及“直播新疆（维吾尔语）”快手官方账号、丝路视听及丝路视听维吾尔语，快手官方账号、州广播电视台抖音官方账号、州广播电视台全媒体平台、巴音郭楞蒙古自治州零距离视频号、“楼兰24小时”App，若羌融媒体中心官方抖音账号等20余个直播平台进行直播。若羌县的工作人员和网络直播人员以直播的形式带领全国网友一起云游若羌，走进吾塔木乡楼兰古道、若羌县会展中心及融合产业发展园，开展红枣及农特产品展示展销、“感党恩、庆丰收”幸福乡村游等系列活动。“云上红枣节”全网在线观看和点击量超过3亿人次。（刘倩楠）

【颂歌献给党红歌比赛】 2021年6月28日，若羌县“歌声嘹亮献给党”庆祝中国共产党成立

2021年6月28日，若羌县“歌声嘹亮献给党”庆祝中国共产党成立100周年红歌比赛在楼兰影剧院举行（县融媒体中心 供稿）

2021年5月1日，若羌县“我的中国梦、文化进万家”社火比赛在县城举办

（县融媒体中心 供稿）

100周年红歌比赛在楼兰影剧院举行。该次比赛重唱革命经典歌曲，回顾党的辉煌历史，歌颂党的丰功伟绩，抒发对党的忠诚与热爱，对党的美好祝福，庆祝中国共产党成立100周年。来自全县的23支参赛队以分组大合唱的形式，演唱30余首红色经典歌曲。该次红歌比赛传承了红色经典文化，弘扬了时代主旋律，体现了全县各基层党组织继承和发扬党的优良传统和作风，各族党员、干部和群众以党心落实行动，用行动感怀党恩，同心协力，团结奋进。（程飞）

【社火大赛】 2021年5月1日，若羌县“我的中国梦、文化进万家”社火大赛在若羌镇举办。该次活动起点在县政府综合大楼前，若羌镇楼兰社火队、吾塔木乡社火队、铁干里克镇社火队的三支队伍带来舞龙、耍狮、扭秧歌、跑旱船等各种形式的社火表演。社火巡演融合若羌县历史、文化等特色，以传承特色民俗和弘扬传统文化为重点，结合五一劳动节小长假，推动优秀非遗项目传承发展，打造若羌县文化旅游特色品牌，展示若羌厚重的历史文化和多彩的民俗文化生活，让广大游客们和群众领略到若羌的文化风貌。若羌镇社火表演在比赛中获得第一名。

（程飞）

艺术创作

【歌舞秀《楼兰千古恋》创作】 2021年10月14日，若羌县楼兰艺术团为积极响应文化强国战略目标及第三次中央新疆工作座谈会上提出的文化润疆的新论述新要求，深入挖掘若羌本土文化资源，经过研究、考证，创作歌舞秀《楼兰千古恋》，在若羌县影剧院内首次现场演出。该歌舞秀以楼兰美女为主线，带观众穿越回千年之前，感受千年之前古楼兰鲜活的文化生活。《楼兰千古恋》主要采用歌舞的艺术形式，展现千年古楼兰鲜活的爱情故事。歌舞在造型、结构、工艺设计上紧紧围绕楼兰元素，服装整体设计独一无二，充分展现古楼兰的味道，音乐编曲神秘醉人，主题歌曲《我的楼兰之恋》是昆仑山脉流传的民歌。

（李慧美）

【小品《我脱贫了》创作】 2021年1月，楼兰艺术团演员为表达若羌各族儿女对于脱贫攻坚战全面胜利和全面建成小康社会的喜悦，编排小品《我脱贫了》。该小品主要讲述村干部陈主任与脱贫对象图尔迪和朋友托乎提关于脱贫攻坚的故事。（李慧美）

【舞蹈《石榴花开了》创作】 2021年1月，楼兰艺术团编排《石榴花开了》，并在若羌县春晚表演。该舞蹈由多种民族舞蹈融合而成，用舞蹈凝聚着团结的力量表达各民族之间的友谊和友情，就像石榴籽一样紧紧抱在一起。

（李慧美）

文化遗产保护

【文物保护单位】 2021年，若羌县有楼兰故城遗址、米兰遗址、小河墓地、罗布泊南古城遗址、楼兰墓群全国重点文物保护单位5个；瓦石峡遗址、LE古城遗址、乞尔其都克遗址、英苏居民遗址、墩里克烽火台、吾塔木烽火台自治区级文保单位6个；阿塔伙加遗址、塔提勒克布拉克驿站、库如克托海烽火台、218国道砖窑、罗布泊小河一号墓地、小河二号墓地、小河三号墓地、小河四号墓地、小河六号墓地、小河七号墓地、小河西北古城、小河一号遗址、小河二号遗址、小河三号遗址、小河四号遗址、麦得克古城、小河一号采集点、小河二号采集点、小河三号采集点、小河四号采集点、骑兵团军营遗址等县级文物保护单位23个。若羌县境内文物资源丰富，各类文物古迹点众多，第三次全国文物普查确定的文物点145处。 （徐菁）

【文物馆藏】 2021年，若羌县有各类馆藏文物3113件，以木器、陶器、青铜器、干尸标本等为主。其中，一级文物6件、二级文物17件、三级文物64件，出土于楼兰古墓、楼兰故城、米兰遗址、罗布泊南古城遗址、小河墓地等地。8具成人和儿童的干尸标本为楼兰遗址和小河墓地出土。（徐菁）

【文物保护项目】 2021年，县文旅局争取国家资金435万元，启动实施若羌县楼兰博物馆馆藏文物数字化保护项目和若羌县楼兰博物馆馆藏文物预防性保护项目。争取资金15.6万元，实施瓦石峡围栏保护项目，该项目于4月完成竣工验收。该项目新建安装铁质防护围栏400余米及相关内容。完成若羌县米兰古城遗址旅游基础设施建设项目（一期），楼兰故城三间房和佛塔遗址抢险加固工程建设项目。申报骑兵团旧址革命文物保护、骑兵团旧址全国文物保护项目、楼兰故城、罗布泊南古城、小河墓地三处国家级文物保护单位前期保护规划设计项目、巴州米兰长城国家文化公园建设项目等6个项目。 （徐菁）

【文物遗址挖掘和抢救】 2021年9月，县文旅局开展若羌县米兰古城遗址旅游基础设施建设项目（一期）开工前的考古清理发掘工作，未发现文物。中国科学院和中国地质局地球物理研究所协同若羌县文博馆考察罗布泊区域，新发现两个驿站和一个戍堡、汉晋时期的渠边小居点、东汉—魏晋时期的四间房遗址、汉晋时期的双河遗址以及土垠南遗址、“沙西井”古城、细石器灰堆遗址、陶片遗存区、文物遗存点等文物遗址40余处。 （徐菁）

【不可移动文物联合执法集中整治】 2021年4月29日至10月8日，县文旅局组织联合执法队伍3组9名，每组由乡镇、文旅局、公安局各派1人组成，分别驻守罗布泊南故城遗址、小河墓地、楼兰故城三处遗址。根据相关法律法规，对非法进入不可移动文物保护区的旅游、穿越等人员及团队进行劝返。县文旅局负责后勤保障工作。保障每组有车辆接送、有卫星电话、有执法记录仪、有执法巡护档案、有充足的户外设备和给养保障等。执法队伍在执法过程中对遗址内的垃圾进行清理，提醒保护站安装竖立禁止入内的安全防护设施标识牌；向村民和游客宣传《中华人民共和国文物保护法》《中华人民共和国文物保护条例》等相关法律法规；对保护区内破损的防护栏进行加固修缮。 （徐菁）

【文物保护站】 2021年3月，县政府拨款25万元，对小河墓地实施看护用房基础设施改造，建立小河文物保护站，驻站员4人，实行每月换站制度，小河墓地实现长期建站驻站工作。5月，县政府拨款19万元，对楼兰故城实施看护用房基础设施改造，新设立楼兰故城文物保护站，驻站员4人，实行每月换站制度；保留原有楼兰文物工作站，驻站员4人，实行每月换站制度。米兰古城处建有米兰文物工作站（1998年设立），长期驻站员1人，实行每月换站制度。（徐菁）

【新疆维吾尔自治区楼兰学会】 新疆维吾尔自治区楼兰学会成立于2003年，办公场所位于若羌县若羌镇团结路文化广场。2021年，会员161人，其中，女性会员66人，理事27人，主要从事理论研究、学术交流、人才培训、出版刊物、咨询服务，是非行业主办的综合性学术团体。其业务主管为自治区社科联。新疆楼兰学会的主要职能是团结新疆社会各界有识之士，开展对罗布泊地区的政治、经济、军事、文学、艺术、语言、民族、民俗、宗教、文物、农业、水利、交通、手工业、生态环境、自然地理等方面的研究，以古鉴今，努力弘扬中华民族优秀的历史文化，为新疆的社会主义经济建设和精神文明建设服务。

（徐菁）

【楼兰故城遗址保护】 2021年，县文旅局对7名巡护员开展每周为期半天的巡护员学习培训和交流座谈，填写巡查日志。向村民宣传《中华人民共和国文物保护法》，提升全民文物保护意识。楼兰学会招录野外巡护员，每周组织开展野外巡护员培训，要求巡护员对负责的遗址进行巡查，向村民宣传《中华人民共和国文物保护法》，填写巡查日志，进行汇报。（徐菁）

【楼兰故城三间房和佛塔遗址抢险加固工程】 2021年1月，楼兰故城三间房和佛塔遗址抢险加固工程完工。该工程由县文旅局申报，甘肃中铁建设工程有限公司实施，该工程项目批复概算942万元。2020年5月30日开工。工程主要内容为楼兰故城中三间房和佛塔遗址本体的抢险加固，建设保护性围栏1200米。上半年完成该项目初步验收并通过复检。11月，逐级报至国家文物局申请项目终验。通过抢险加固消除因自然环境影响导致楼兰故城中2处重要遗迹三间房和佛塔遗址濒临坍塌的安全隐患，保障文物安全、延长文物寿命。（徐菁）

【非物质文化遗产保护】 2021年，若羌县广泛开展非物质文化遗产保护、展示、展演、宣传、传播等活动，不断满足人民群众对美好生活的需求，进一步增进文化自信，增强对中华优秀传统文化的认同感，铸牢中华民族共同体意识。县文旅局组织工作人员摸排走访各乡镇、村（社区），上报111位县级非遗传承人，摸排非遗名录11项。截至年末，全县有县级非遗传承人108人。

（徐菁）

党史地方志

【党史资料整理及项目申报】 2021年，县委党史工作委员会办公室协助县委宣传部负责若羌县委党史“奋斗百年路 启航新征程”展览厅内县委重要资料整理及县委大事记文字材料编辑工作。报送若羌县记录小康工程资料1000余条。为新疆军区设立红色展览厅提供若羌县相关资料4卷51件。2021年8月，县委党史工作委员会办公室申报若羌县“共和国脊梁”展览馆项目，完成中央党史和文献研究宣传专项引导资金年度项目（2022年度）资金申报。（李中华）

【志鉴开发利用】 2021年，若羌县地方志编纂委员会委办公室向国家方志馆捐赠《若羌县志》《若羌县志（1986—2015）》及2012年卷至2020年卷《若羌年鉴》，共计46本。与北京市西城区、朝阳区交换县志2本，送出《若羌县志（1986—2015）》到江西省龙南市和疆内哈密市兄弟县区6本。完成《若羌县乡土

2021年若羌县档案馆接收档案情况一览表

表9

序号	单位	永久档案(件)	30年档案(件)	图片档案(件)
1	政协办	715	444	151
2	组织部	923	1460	
3	审计局	162	117	92
4	党校	185	166	
5	群服中心	289	119	
6	统计局	178	135	
7	总工会	80	115	
总计	2532	2556	243	

说明:本表不包含重大事件档案。（常莉）

志》《若羌县兵要地志》《若羌县志》(第一卷)的数字化工作。

（李中华）

【年鉴编纂】 2021年,若羌县地方志编纂委员会委办公室做好《若羌年鉴(2021)》的组稿、初稿编辑和修改工作,完成《若羌年鉴(2020)》印刷出版工作,完成《新疆年鉴(2021)》《巴音郭楞年鉴(2021)》若羌县部分资料上报工作。（李中华）

【《若羌年鉴(2020)》获评全国县级综合年鉴三等年鉴】 2021年,若羌县地方志编纂委员会委办公室主编的《若羌年鉴(2020)》参加中国地方志指导小组、中国地方志学会组织开展的第八届全国地方志优秀成果(年鉴类)评审活动,获评县区级综合年鉴三等年鉴。（李中华）

档 案

【档案管理】 2021年,县档案局围绕文书档案收集整理、档案用房、档案安全等方面开展档案监督检查3轮次,下发整改通知书45份。全年,开展档案业务综合培训、脱贫攻坚及疫情防控专题培训6场次,参加培训的全县各单位、企业档案人员500余人次。接收7个部门单位文书档案永久件2532件、长期件2556件,照片档案243件。收录5个乡镇、32个成员单位脱贫攻坚档案11610件,494卷。收录新冠肺炎疫情防控工作档案2914件。档案馆全年提供档案查询利用服务1025人、2064件(卷)。投入资金44.6万元推进数字化档案馆建设。对3348卷13125件档案进行数字化加工,扫描393170页纸质档案,录入条目16473条,档案数字化率突破馆藏总量88%。

（常莉）

【脱贫攻坚与乡村振兴档案整理】 2021年,若羌县共召开精准扶贫档案业务培训班2期,培训50人次;完成县级2012—2020年度精准扶贫档案收集、分类、归档工作,并率先在全州完成精准扶贫档案数字化归档工作,归档文书档案494卷、11610件。

（龙胜）

新闻出版

【新闻出版工作】 2021年,县委宣传部通过竞争性磋商的方式,以41.8万元为若羌县统一采购正版WPS办公软件,完成通用办公软件正版化替换工作。把打击软件侵权盗版行为纳入2021

年“扫黄打非”工作，开展“正道”“新风”专项行动，加强出版物市场、电子软件的市场监管，每月对图书、报刊、音像制品和软件市场开展2~3次专项检查，查处非法预装和销售盗版操作系统及其他软件及兜售盗版软件的侵权盗版行为，维护好出版物市场秩序和消费者合法权益。

（古尼沙）

【东风工程】 2021年，若羌县图书馆配发东风工程免费赠阅图书11710册、音像制品914册，为26个农家书屋补充包含经济类、科技类、生活类、文化类、少儿类、其他类6类图书2262册，确保农民读到导向正确、品类丰富、优质价廉、适农性强的出版物。开展2次“新时代乡村阅读季”“我的书屋我的梦”等主题阅读活动，完善乡村阅读推广机制，面向农民读者需求，提高各乡镇农家书屋内容的针对性。

（周春丽）

【巴州新华书店若羌分店】 巴州新华书店若羌县连锁分店位于若羌县胜利路713号，营业面积643平方米。2021年，有干部职工4人，销售总码洋403.77万元，政策性销售138.94万元，市场性销售264.83万元。配合县委宣传部、组织部做好党史学习教育系列图书及建党100周年主题出版物等的征订发行工作，确保党员干部群众能及时购买阅读党史学习教育图书，征订发行党史学习教育系列图书1.15万册，码洋32.76万元；发行销售《做一个政治上的明白人》《做一个思想清醒的人》《把信送给加西亚》6800册，总码洋21.05万元。为全县43个赠阅点配送东风工程免费出版物1.34万册，码洋36.13万元，配送农家书屋补充图书0.21万册，码洋5.2万元。为中心幼儿园配送销售分享阅读图书280余套，码洋7万余元。

（魏勇、刘圣超）

融媒体

【融媒体中心建设】 2021年，县融媒体中心奏响内宣外宣“大合唱”，打造线上线下宣传“一盘棋”，不断提高新闻信息生产、传播、服务能力。制作各类专题片、晚会、PPT等，发布短视频563条，浏览量累计1.12亿次，累计点赞量33万，单条浏览量最高达248.8万，阅读量超过10万+的作品50部。协助县教科局、团委、县总工会完成3场网络直播活动，在线观看量1万余人次。

（常小丽）

【互联网公共平台宣传】 2021年，县融媒体中心微信公众号推送图文信息2920条次，制作发布楼兰文旅、若羌红枣、疫情防控、落户政策等H5专题30个，制作相关海报247张，并通过四级微信矩阵进行转发宣传。录制第三次中央新疆工作座谈会精神宣传以及疫情防控、“五个白皮书”、党史故事等音频578条。制作《这里是新疆》专题视频535部，在“网信新疆”、天山网等上级媒体发布385部。在各级报刊、广播电视、网络媒体累计刊发稿9249条，其中“学习强国”学习平台上稿195条，自治区石榴云客户端上稿296条，《巴州日报》《新疆日报》等报纸媒体上稿282条。

制作推出《5·18博物馆日》主题海报《中国农民丰收节》宣传海报，《“十一”去哪玩？一图全知道》旅游宣传长图，车尔臣下游尾闾湖和台特玛湖VR全景等新媒体作品30余部，全方位、多角度宣传推介若羌。在新华社客户端刊播的《瓜果飘香秋之味》浏览量129万次。推出涉及经济发展、社会民生、文化旅游等系列报道，《新疆若羌：塔里木河植被生机勃勃》《新疆若羌：冬枣压枝头满眼丰收景》《新疆若羌县红枣进入“上糖期”》等新闻稿件，在“学习强国”学习平台、人民网、新华网、天山网等媒体刊播，累计浏览量93万次，点赞量19.8万次，转发量6.4万次。

（常小丽）

广播电影电视

【广播电视安全播出与覆盖】 2021年，县融媒体中心制定具体实施方案和应急预案，加强日常应急演练，要求值机员加强监听、监看和做好设备的定期维护。加强对重点区域的安全保护工作，完善安全播出工作人防、技防、联防一体化保障措施，确保安全播出。每天转播传输模拟电视、数字电视节目各16小时；中央电视台及各省台有线数字电视节目均为24小时转播。全年，未发生重大安全播出事故。若羌县共安装66套农村大喇叭，“村村通”2734套，“户户通”2750套。全县广播电视覆盖率99.3%。（常小丽）

【电影放映】 2021年，县委宣传部对农村公益电影3台放映设备进行6次维修维护，累计放映486场次，观众总人数6000余人次，收到良好的社会效果。楼兰影剧院购置小厅放映机一台，大厅氙气灯升级改造为激光灯，2个厅的幕布更换为金属幕布，院线电影保证所有的影片与全国、全疆同步上映，每天安排放映电影至少3场，节假日期间增加放映场次。电影院共放映电影200余部，940场次，观众3529人次。

（古尼沙）

【自治区广播电视局8105台】 2021年，新疆维吾尔自治区广播电视局8105台继续履行“把党和国家的声音传遍千家万户”的光荣职责，主要负责对若羌每日转播中央人民广播电台第一套节目发射639千赫兹21.5小时、新疆人民广播电台维吾尔语节目发射1413千赫兹19小时、新疆人民广播电台汉语节目发射999千赫兹19小时，新疆人民广播电台汉语节目调频92.7兆赫19小时，中央人民广播电台第十三套维吾尔语节目发射206千赫兹18小时，担负着宣传和覆盖的双重任务。（刘晓佩）

体　育

【体育设施建设】 2021年，若羌县加大体育设施投入，发展全民健身运动。全县5镇3乡26个村（社区）体育健身设施覆盖率100%，各村（社区）拥有健身路径26套、20处篮球场地。各乡镇健身步道、台球、羽毛球、足球、篮球等公共体育设施人均使用面积2.85平方米。2021年9月21日，市民服务中心游泳馆和健身房在投入使用，成人泳池300平方米，儿童泳池200平方米，健身服务中心600平方米。（张明明）

【楼兰体育馆】 楼兰体育馆占地面积13726.52平方米，建筑面积7270.99平方米。室内有篮球、乒乓球、羽毛球、健身室等活动场地。开放时间不少于300天，每天开放时长9小时以上。2021年，场馆先后举办篮球、羽毛球、乒乓球等竞技体育赛事以

2021年10月13日，若羌县中学第四届学生自主田径运动会召开。图为初中组女子4×100米接力决赛比赛现场（李太才　摄）

及跳绳、踢毽子、拔河、齐心协力等趣味类的群众体育活动;举办若羌县青少年篮球、羽毛球、舞蹈、乐器、声乐等培训10余班次,培训人数近200人。（张明明）

【全民健身运动会】 2021年5月23—30日,若羌县举办第九届全民健身运动会。比赛共设拔河、跳绳、篮球、乒乓球、羽毛球、象棋、扑克、田径等4个大项40小项,参赛代表队15支、运动员200余人。设优秀组织奖和体育道德风尚奖及团队名次奖,单项比赛获得前三名的给予奖励。

（张明明）

【学校体育】 2021年,若羌县中小学校共有体育教师27人。其中,男教师25人,女教师2人。2021年,各学校共开展体育比赛7场次,参加学生739人次,日常训练项目以田径、乒乓球、拳击、武术、足球、篮球为主,参训学生200余人。（张明明）

【"我要上全运"群众篮球项目选拔赛】 2021年4月12—23日,若羌县举办"我要上全运"群众篮球项目选拔赛,共12支代表队参加70场比赛,参与人数1300人次。12月9日,举办冬季长跑比赛,参加人员400余人,比赛全程7.5千米,设青年男子组、青年女子组、中老年男子组、中老年女子组、学生男子组、学生女子组6个组,对每个组别获得前6名运动员给予奖励。（张明明）

【"丝路楼兰杯"篮球比赛】 2021年12月25日,若羌县2021年"丝路楼兰杯"篮球比赛在楼兰体育馆开幕。来自全县各界各单位的篮球爱好者组成12支代表队,156名运动员教练员参加比赛,经过激烈比赛,决出前三名(第一名:若羌县公安局代表队、第二名:若羌县住房和城乡建设局代表队、第三名:若羌县教育和科学技术局代表队)并给予奖励。该次比赛极大地丰富全县各族干部群众体育生活,营造浓厚全民健身氛围,激发全县各单位"创先争优"精神。

（张明明）

【体育人才队伍】 2021年,若羌县共有裁判员24名,篮球二级裁判员12名,三级8名,乒乓球2级2名,田径2级2名,社会体育指导员23名,国家一级2名、国家二级1名、国家三级50名。

（张明明）

【体育彩票】 2021年,若羌县体彩中心悬挂体育彩票销售横幅,完成体育彩票销售点增机扩点,共开设体育彩票投注站18家。巴州下拨体育彩票公益金12万元,用于若羌县举办群众性体育赛事活动、体育馆免费开放补助和场馆维修。（张明明）

卫生健康

综　述

【概况】 2021年，若羌县拥有各级各类医疗卫生机构32所。其中，县级医疗机构3所(县人民医院、县疾病预防控制中心、县妇幼保健计划生育服务中心)；乡镇卫生院6所；村级医疗机构(村卫生室)16所；乡级计划生育服务指导站(瓦石峡镇计划生育服务指导站)1所；看守所医务室1所，民办医疗机构5所。有床位数353张。其中，县医院床位数299张(实开放数170张)，乡镇卫生院床位数44张(实开放数10张)，民营医院床位数10张(实开放数0张)。若羌县医疗机构共有干部职工536人。其中，卫生技术人员438人，占卫生系统总人数的81.7%；执业医师61人；执业助理医师47人；执业护士181人；药剂人员26人；检验人员37人。　(王兆琴)

【医疗卫生服务改革】 2021年，若羌县完成巴州人民医院托管县人民医院工作。完成河北省眼科医院若羌县分院眼科联盟成员单位标牌，建立眼科专科联盟，填补若羌眼科领域空白。河北邢台内科、外科、妇科、儿科、中医科、手麻科、急诊科、眼科、重症医学科等11名医疗专家到若羌县进行医疗技术支援工作。建立医共体内轮岗交流机制，制定方案。先后选派6名能力强的骨干任乡(镇)卫生院院长(副院长)或书记。面向社会公开选拔副科级事业岗县医院副院长、卫健委副主任各一名，加强行政管理工作。卫生技术人员队伍实施编外事业岗聘用制管理，由人社局、卫健委赴河南、甘肃等省区招聘医护人员65名，统一在县医共体总院培训，因岗分流。

(王兆琴)

【医共体建设】 2021年，若羌县医共体实行党委领导下的院长负责制。卫健委主要领导任医共体总院党委书记、县人民医院院长任总院院长，总院拥有人事管理、岗位设置、收入分配、运营管理自主权，对“三重一大”事项实行医共体党总支会议集体研究决定，并按规定程序执行。医共体党委为加强党在基层管理能力，从县医院、疾控中心选派2名业务骨干分别任铁干里克镇卫生院、瓦石峡镇卫生院党支部书记；建立医共体分院党建召集人制度，定期召开党建会议，研究人事等议题。扎实推进医联体建设。5月，完成巴州人民医院托管县人民医院工作。邀请州人民医院院长、副院长等带队讲《静脉血栓栓塞症(VTE)在基层医院防控及治疗实用技术推广》等课程。邀请州医院眼科、放射科、美容科专家到县人民医院坐诊。医共体总院在州人民医院的指导下开展首例尿道前列腺等离子电切术、腹腔镜下脾脏切除、床旁纤维支气管镜治疗、脾切除手术等。(王兆琴)

【全民健康体检】 2021年5月，若羌县完成全民健康体检工作。体检方式分上门体检、坐诊体检，体检地点在若羌县人民医院、铁干里克镇卫生院、吾塔木乡卫生院、瓦石峡镇卫生院。体检内容包括身高、体重、血压、视力、听力、体格检查、呼吸频率、心率、五官脏器检查、血常规、尿常规、血红蛋白、血糖、肝肾功能、大生化、腹部B超、乳腺B超、前列腺B超、心电图、胸部X片。该轮体检20315人，完成率101.65%。（王兆琴）

【互联网+医疗健康】 2021年，县卫生健康委员会为若羌县各乡镇卫生院配备两卡制系统，购买平板电脑、蓝牙读卡器18台，便于村医入户过程中实时更新居民档案。完善乡村医疗信息化建设工作，为各医疗机构购买全民健康体检系统，规范全民健康体检流程，提高体检效率，便利群众。居民可通过手机App查询自己的体检结果。安装基本公共卫生考核系统，通过此系统可实现动态监测开展情况，发现问题及时反馈解决。（王兆琴）

【基层卫生服务能力建设】 2021年，县卫生健康委员会从县域近郊乡镇卫生院选派2名医务人员与罗布泊镇卫生院2名医务人员进行轮岗，县人民医院为罗布泊镇卫生院增配2名医护人员，县乡双向转诊绿色通道搭建完成。发展中医特色科室，提升中医药服务能力。全县完成2个乡镇卫生院中医馆建设，实现辖区内乡镇卫生院中医馆建设全覆盖。以吾塔木乡卫生院中医馆建设为示范引领，打造中医特色针灸、足浴、推拿等诊疗服务。（王兆琴）

【无偿献血】 2021年10月21日，巴州中心血站到若羌县开展无偿献血活动。该活动共有320名志愿者参加献血，献血量累计95800毫升。（王兆琴）

2021年7月13日，若羌县医共体总院举办河北省眼科医院与巴州人民医院若羌分院眼科专科联盟揭牌仪式（县卫健委 供稿）

【巴州人民医院托管若羌县人民医院】 2021年5月27日，巴州人民医院与若羌县人民医院签署托管协议，选派6名专家团队（1名院长、1名副院长、4名科室主任）进驻医院进行管理及技术帮扶，开展各项惠民工作。托管团队推进医院医疗业务及管理工作、疫情防控工作、经济高质量发展工作、新院区建设工作、公共卫生统筹协调工作、推进县域紧密型医共体工作、绩效考核修订完善等工作。开展“传帮带”，带教科室业务骨干提升自身诊疗水平，根据自己的专业特长和医院的实际情况，对医院相关管理制度规范完善。

（罗亚男）

【河北省眼科医院与巴州人民医院若羌分院眼科专科联盟成立】 2021年7月11日，若羌县人民医院举办河北省眼科医院与巴州人民医院若羌分院眼科专科联盟成立揭牌仪式。河北省眼科医院与县委相关领导为“河北省（邢台）眼科医院眼科联盟成员单位若羌县人民医院”进行揭牌。河北省眼科医院援疆专家杨绍辉在若羌县人民医院开展医疗技术支援。全年，成功开展眼科手术5台，推进若羌眼科业务的发展，为若羌县广大人民群众提供更好更专业的医疗服务。（罗亚男）

【若羌县人民医院新院区建设项目】 若羌县人民医院新院区建设项目位于若羌县塔里木大道，若羌镇人民政府以西100米总投资2.3亿元。2021年，2号住院楼主体结构、二次结构全部完成，室内装饰装修完成35%，外墙装饰完成75%。机电安装地上1—7层完成70%，人防地下室完成20%。3号传染病楼全部完成并交付使用。4号医技楼主体结构二次结构全部完成，装饰完成85%，机电安装完成80%。6号门诊楼主体结构二次结构全部完成，装饰装修完成85%，机电安装完成85%。9号体检中心楼主体结构二次结构全部完成，装饰完成85%，机电安装完成85%。13号传染病楼主体结构二次结构全部完成，装饰装修完成85%，机电安装完成90%，14号能源中心楼主体结构二次结构全部完成，装饰装修完成85%，机电安装完成90%。15—18号附属用房主体结构二次结构全部完成，装饰装修完成85%，机电安装完成90%。消防水池主体结构二次结构全部完成，装饰完成70%，机电安装完成70%。南门卫室主体结构、二次结构全部完成，外网南区完成65%，化粪池土建及安装完成。立项时间为2019年9月。（曹晓磊）

【若羌县医疗垃圾处置项目建设】 2021年8月，若羌县医疗垃圾处置项目完成，投资金额500万元。该项目新建医疗废弃物处置中心1座，购置医疗垃圾转运车2辆。采购医疗垃圾处理设备位于城西新区民丰—若羌高速与315国道交接处，处理方式规划为焚烧。医疗类垃圾清理仍委托库尔勒天达环卫公司处理。2020年9月立项建设。（曹晓磊）

爱国卫生

【爱国卫生月活动】 2021年4月，若羌县开展以“文明健康绿色环保”为主题的第33个爱国卫生月活动，助力新冠肺炎疫情防控。通过在小区、主要街道、商超、酒店宾馆、广场等重要场所悬挂横幅，张贴宣传海报，LED屏幕24小时滚动播放宣传标语，通过微信朋友圈、微信群、QQ群等渠道，转发转载刊播疫情防控科普知识，引导广大群众科学有序应对疫情。通过宣传车、乡村大喇叭播放防疫宣传知识200余次，累计悬挂、张贴各类宣传标语500余条，LED电子屏滚动标语3000余条次，印发各类卫生健康宣传资料3000余份。（王兆琴）

【病媒生物防制】 2021年，县卫健委开展以灭鼠为主的除四害活动，投入4.1万元购买除四害药品发放各乡镇、各行业主管部门；投入4.8万元邀请专业公司开展病媒生物监测以改善若羌县居民生活环境，减少病媒传染病的发生和流行，保障人民群众身体健康。8—9，在月全县范围内统一开展夏季灭蚊蝇活动，有效降低全县蚊、蝇等主要病媒生物的危害，预防和控制若羌县媒介生物性传染病的发生。（王兆琴）

【巩固国家卫生县城创建成果】 2021年，若羌县以巩固国家卫生县城创建成果为目标，开展市场环境整治工作和卫生防病为重点的爱国卫生运动，全县范围内整治环境卫生，加强传染病防治工作。全县1000余名干部职工在重工业园区清扫环境卫生，清理卫生死角300多处，清理乱张贴以及“牛皮癣”1000余处。定期清除道路和居民区内杂草、生活垃圾，清理平方绿化带内的暴露垃圾以及建筑垃圾，对小区内的栏杆、路灯、健身器材等进行维护。开展集中宣传活动4场次，宣传人群800人次，发放宣传材料800余份，制作宣传展板20余块。开展督导检查5次，下发通报7次。申报创建铁干里克镇、罗布泊镇为2021年度国家卫生乡镇。

全县各乡镇为美丽乡村建设提供服务，明确工作专班职责，建立村组户三级网络。形成“政府指导，村组主导，全民参与”的美丽乡村建设工作机制。把握以城带乡、城乡一体的新型城乡关系，乡村风貌在原有基础上升级提升，文化润村、一村一景，大力发展民宿、农家乐、枣园采摘体验游等产业，风貌上结合火车站、现代农产品加工园完善提升。建设“美丽乡村”农民群众是主体，全民参与是关键，最大限度地调动广大群众参与建设的主动性，向村民发放倡议书，签订“门前三包”责任书，号召村民主动参与庭院整治工作，开展评选清洁示范户活动，对整改积极的、经验收达标合格的农户，采取“以奖代补”措施，全面提升村庄品位，使居民生活与自然环境相协调。

2014年，若羌县经过2011—2013年的国家卫生城市创建工作，被评为国家卫生县城，2016年，通过第一轮全国卫生县城复审工作；2019年，通过第二轮全国卫生县城复审工作。（王兆琴）

公共卫生服务

【农村卫生服务】 2021年，若羌县卫生健康委员会建立居民健康档案29500余份，健全若羌县、乡、村三级疫情报告网络，实行24小时监测和报告制度，传染病月报率100%。加强重性精神疾病管理工作，对104名重性精神疾病患者进行定期随访，落实周随访、月评估，将精神病患者药品保障费用纳入部门预算，足额保障患者免费用药。利用村级阵地加强公共卫生业务知识培训和宣传，累计培训人数2620人次，发放宣传资料16680份。（曹晓磊）

【社区卫生服务】 2021年，若羌镇社区卫生室开展基本公共卫生服务工作，对65岁以上老人建档617人，家庭医生签约361人，签约率58.5%；高血压建档629人，随访2230人次，签约590人，签约率89.9%；糖尿病建档290人，随访1004人次，签约274人，签约率92.5%；重性精神病患者36人（新增4人）随访1756人次，签约36人，签约率100%。其中，危险性0级患者35人进行居家随诊，危险性3级患者1人转诊至上级医院住院治疗。随访脱贫户84户214人，办理两病卡10人，办理慢性病卡5人。（王兆琴）

【老年健康服务】 2021年，若羌县卫生健康委员会制定《2021年若羌县医养结合工作实施方案》《若羌县开展60周岁以上失能和半失能老年人随访服务工作实施方案》，组建16支县乡村三级家庭医生签约服务团队，做好家庭医生签约服务，通过下乡义诊、全民体检、志愿服务宣教、夜校宣讲、入户签约随访等形式为老年人提供健康服务。为老年人提供家庭医疗服务1425人次，糖尿病、高血压入户随访613人，门诊就诊9000余人次，住院440余人次，接送行动不便的老年人体检服务101人。对全国健康扶贫系统中315名困难老年人进行评估，确定失能老人19人、失能高风险老人40人。开展老年健康宣传周活动，为老年人提供咨询服务。开展以“关注口腔健康，品味老年幸福”为主题老年健康政策和科普知识宣传活动，设置宣传咨询点4处，制发宣传材料5000余份，制作展板横幅4块，接受健康咨询服务老年人1000余人，累计办理老年优待证55人。（王兆琴）

【家庭医生签约服务】 2021年，若羌县建立县、乡、村三级家庭医生签约团队16支48人，重点做好孕产妇管理、“四种慢病”（糖尿病、高血压、结核病、精神病）患者服务，家庭医生签约服务率100%。（王兆琴）

【落实计划生育奖励扶助政策】 2021年，若羌县卫生健康委员会完成县级各项奖励优惠政策资金享受对象279人(户),共计13.11万元发放工作,兑现2021年度国家、自治区各项奖励优惠政策享受对象145人(户),发放资金24.7万元。完成2021年度县级各项奖励优惠政策上报工作,享受对象96人(户),发放资金12.04万元。(曾亮)

卫生监督

【医疗机构监督管理】 2021年,若羌县卫生健康委员会开展打击非法行医专项整治活动,对县内27家医疗-机构(医院2家、疾病预防控制中心1家、妇幼保健和计划生育服务中心2家、乡镇卫生院5家、个体诊所3家、社区卫生服务站1家、其他15家)预检分诊点的规范建立、疫苗的规范接种、医护人员的防护要求、核酸实验室的规范要求、诊疗范围、使用医务人员资质、消毒管理、医护人员的核酸检测及疫苗接种、制度建设及医疗废弃物处置情况开展经常性监督检查和专项整治。建立医疗机构例会制度,召开例会2次,开展打击非法行医、非法采供血全面监督检查,下达执法文书113份。(周佳璇)

【饮用水水质监测】 2021年,若羌县卫生健康委员会对2家集中式供水单位开展执法检查6次。按季度进行抽检,采集样品24份。其中,水源水8份,末梢水8份,检测合格率为100%。检测结果均符合饮用水卫生标准,结果上报卫生健康监督信息报告系统在县卫健委网站进行公示。(周佳璇)

【职业卫生监测】 2021年4月25日至5月1日,若羌县开展第19个《中华人民共和国职业病防治法》宣传周活动,发放各类宣传资料382份,接待咨询群众295人次。组织全县公共场所充分利用LED显示屏进行广泛宣传,取得良好的效果。对天山水泥、金岳矿业等企业进行宣传培训,各企业自行培训106人次。开展矿山、冶金、化工行业领域尘毒危害专项治理,改善劳动者作业环境,防范遏制职业性尘肺病和化学中毒,落实用人单位尘肺危害防控主体责任,保障劳动者职业健康权益。对4家水泥制造、罗布泊钾盐公司、钢铁冶金企业进行尘毒危害专项执法检查。(周佳璇)

【公共场所卫生监督】 2021年,若羌县卫生健康委员会实施公共场所卫生许可承诺制改革,严把公共场所消毒管理、卫生设施正常运行、健康证管理等各项卫生管理制度落实。对新建、扩建公共场所的设计、审核;对住宿、美容美发等经营单位开展重点监督检查,共检查被监督单位90家,监督覆盖率为99%。对存在问题的单位当场下达卫生监督执法文书94份,限期整改。(周佳璇)

【学校卫生监督】 2021年,若羌县卫生健康委员会对学校传染病防治工作落实情况进行专项检查,联合县疾控中心、县教育部门对学校传染病防治开展监督检查3次,检查学校及托幼机构29家次,检查内容包括:成立传染病防控小组,传染病防控报告、管理及晨午检、预防性消毒等方面工作制度建立及落实情况,对公共用品及空气消毒措施的落实及记录情况,消毒药剂进货索证索票及登记情况,消毒剂是否规范使用及消毒记录、学校教学卫生、宿舍、饮用水安全管理和传染病防控措施的落实情况。重点针对季节交替水痘、猩红热等传染病进行执法检查,指导传染病疫情防控工作,要求学校按照县疾控中心给出的指导意见进行整改。(周佳璇)

【放射卫生监督】 2021年,若羌县卫生健康委员会对2家放射诊疗单位,开展执法检查6次,出动监督员24人次。对一家单位放射诊疗项目进行组织专家现场验收。组织放射诊疗单位放射从业人员开展放射卫生法律法规和放射防护知识培训工作，15名放射工作人员参加培训并取得培训合格证明。 （周佳璇）

【违法生育专项治理】 2021年，未发生违法生育现象，征收历年立案人员社会抚养费1户24.86万元。 （曾亮）

疾病预防控制

【免疫规划】 2021年，若羌县新生儿建卡建证261人，及时审核率100%，全县目标儿童共接种国家一类疫苗5745剂次。其中，乙肝实种562人次、卡介苗实种53人次、脊灰实种1170人次、百白破实种1071人次、白破实种535人次、麻腮风实种560人次、A群流脑实种617人次、A群+C群流脑实种872人次、甲肝（减毒）实种305人次，接种率均在97%以上。接种二类疫苗1936剂次。开展春秋季入托入学查验3899人，补种疫苗58人69剂次。上报1例疑似预防接种反应病例，服苗率100%。经医疗机构常规AFP监测，全县未发现AFP病例和麻疹病例。 （华道媛）

【慢性病综合防控】 2021年，若羌县对65岁以上老年人、高血压患者、糖尿病患者及时记录健康档案，对65岁以上老年人每年提供1次健康管理服务，对所有高血压患者、糖尿病患者每季度提供1次健康管理服务，及时更新相关信息记入患者的健康档案。通过死因监测系统上报死亡人员161例：外地报本地32例、本地报告129例（其中县人民医院报告45例、吾塔木乡卫生院报告16例、铁干里克镇卫生院报告23例、瓦石峡镇卫生院报告27例、疾控中心代报18例），及时审核率100%。与2020年相比，死亡病例上升52例。通过监测分析心血管疾病死亡率偏高，均与健康素养有关。 （华道媛）

【结核病防治】 2021年，若羌县查出活动性肺结核病人16例。其中涂阳肺结核患者11例，涂阴肺结核患者5例。11名涂阳病例均集中隔离治疗，出院10例进行居家治疗管理。涂阳病例密切接触者筛查率100%、肺结核病人系统管理率100%、规范服药率100%。开展重点人群结核病筛查1465人，筛查率100%。督促各村卫生室和社区卫生服务站执行肺结核患者“集中服药+营养早餐”工作，为16例患者免费提供鸡蛋、牛奶等营养早餐，并开展结核病患者家庭医生签约服务，改进基层医疗服务方式。 （华道媛）

【传染病防治】 2021年，若羌县按归属地管理共报告法定传染病病例169例（含兵团），与2020年相比减少11例。无死亡病例报告，无甲类传染病报告，乙类传染病7种115例，丙类传染病5

2021年7月1日，自治区疾控中心鼠防帮扶指导组和县疾控中心工作人员对鼠疫疫源地进行疫区现场处置指导 （县疾控中心 供稿）

种21例，其他传染病23例。食源性病例58例，经分析，无聚集病例。各类传染病患病数与2020年相比有明显下降。传染病网络直报审核人员每日6次登录中国疾病预防控制信息系统，对上报的传染病核实疫情信息，通过浏览报告卡，主动搜索报告病例的聚集现象，及时发现潜在的传染病疫情，并及时报告处理。利用传染病预警信息系统，对传染病预警信息实时监控，对学校、托幼机构发病病例及时进行指导、处置，严防疫情蔓延。（华道媛）

【地方病防治】 2021年，若羌县开展鼠疫、包虫病、布鲁氏菌病、碘缺乏病等防治工作。

鼠疫防治　2021年，若羌县开展动物间鼠疫监测。抓捕活旱獭105只(5—9月)，鼠疫F1抗体检测检验结果均为阴性。县疾控中心在依吞布拉克镇鼠疫监测点鼠疫疫源地阿巴拉西罕发现2只死旱獭，经血清学和病原学检测，其中1只病死旱獭检测结果为阳性(1:1024)。自治区疾控中心鼠防帮扶指导组与县疾控中心派鼠疫防治专业人员前往现场进行调查及处置工作，对疫点进行全面消杀。抓捕活旱獭上检出10匹跳蚤(谢氏山蚤)，病原学检测出的结果均为阴性。5—9月，共采集9只夜行鼠脏器，病原学检测结果均为阴性。

包虫病防治　2021年，若羌县包虫病重点人群筛查6060人，未发现可疑病例。犬粪采样310只，未发现阳性犬粪。摸底家犬总数3375只，登记管理3183只，犬药物驱虫31847次。包虫病学生筛查任务数800人，采血任务60人，完成率均为100%，结果为阴性。

布鲁氏菌病防治　2021年，若羌县自愿咨询和高危人群监测人数324人，经检验布鲁氏菌病虎红平板凝集试验阳性7例、试管凝集试验3例(检出率0.9%)。

碘缺乏病防治　2021年，县疾控中心对若羌县8—12岁200名学生家庭的食盐来源、食盐种类等情况开展调查，做碘盐半定量监测，碘盐使用率100%、合格碘盐使用率92.5%。开展8—12岁儿童甲状腺B超检查200人、未发现甲状腺肿大情况。抽检100名孕妇家庭使用碘盐，掌握孕妇碘营养状况，合格率95%。

（华道媛）

妇幼保健

【卫生健康服务指导】 2021年，若羌县各乡镇应查孕7817人次，实际查孕4776人次，查孕率61.1%。全县16台避孕套IC卡自助发套机正常运行，共使用药具人数706人，避孕套发放58000只。复方左炔诺孕酮片30板，紧急避孕药20板，避孕栓15盒，避孕膜20本，早孕试纸发放3100只。对各乡镇药具管理开展4次督导检查，并对各乡镇存在的问题现场进行指导。（杨霞）

【生育服务】 2021年，若羌县总出生269人，出生率6.58‰。其中，生育一孩次150人，二孩次103人，三孩次16人；生育男孩138人、女孩131人。若羌县育龄妇女人数9183人，占总人口22.52%；已婚育龄妇女人数6361人，占总人口15.6%；出生人口政策符合率100%，出生人口上报准确率100%，生育登记审批落实率100%。（曾亮）

【母婴健康服务】 2021年，若羌县妇幼保健中心深入开展孕产妇系统化管理，加强产前检查、高危孕产妇筛查、监护管理和定期随访，确保孕产妇，特别是边远地区的孕产妇安全住院分娩，加强县级孕产妇急救绿色通道建设。全年，产妇214人，分娩活产数215人。产妇早孕建册212人，产检率97.21%；产后访视率99.07%；产妇系统管理204人，产妇系统管理率94.88%。0—6岁儿童管理工作方面，若羌县0—6岁儿童数2509人，管理人数2322人，管理率92.55%、0—6岁儿童视力检测覆盖率92.47%。0—6岁儿童云平台健康体检录入率

99.3%,其中,0—6岁儿童的基本信息、健康体检和随访均进行系统录入。完成儿童入托体检1400人,体检率93%。（杨霞）

【"两癌"筛查】 2021年,若羌县妇幼保健中心,完成农村妇女"两癌"筛查500例,完成率100%。宫颈癌结案477人,其中,23例患者。（杨霞）

医疗机构

【若羌县人民医院】 2021年,县医院有职工288人。其中,在编人员122人,事业岗74人,自聘92人,卫生专业技术人员261人,其中,执业医师占比50%,医技41人,护理112人(执业护士占比96%),药剂13人。职称结构方面,正高职称12人,副高职称11人,中级职称10人,初级职称228人。学历结构方面,本科50人,大专165人。若羌县人民医院是若羌县唯一一所集医疗、教学、预防、保健、康复、急救为一体的综合性二级甲等医院。编制床位299张,开放床位150张。设内科、外科、儿科、妇产科、急诊科、重症医学科、院办、党办、医务科、护理部、财务科等27个临床、医技、职能科室。全院拥有西门子1.5T磁共振、GE螺旋CT、GE飞利浦心脏彩超、多功能麻醉机、腹腔镜、宫腔镜、数字胃肠机、奥林巴斯电子胃肠镜、白内障超声乳化仪、乳腺钼靶摄片机、碎石航母机、高压氧舱、全自动生化分析仪等大型高新精密仪器设备。

县人民医院承担若羌镇全民核酸采样及若羌县核酸检测工作、新冠疫苗接种工作及5个点位疫苗接种医疗救治工作,贯彻落实新冠疫苗接种相关任务要求,每轮组织16人开展疫苗接种工作。全年,为若羌县接种疫苗21734人。医院定期选派16名优秀业务骨干前往依吞布拉克开展核酸采样、检测工作。

2021年,全院门诊总量124177人次,急诊30868人次,出院病人4798人次;手术人次1711例,医疗业务总收入为3576.72万元,较2020年(3811.05万元)减少234.33万元,下降6.15%。3656名参保人员享受先诊疗后付费政策,新增办理享受慢性病患者341人,享受医疗救助脱贫人员1574人,医疗救助资金35.49万元。巴州基本医疗保险就诊40105人次,支付费用1066.45万元,兵团医保就诊270人次,报销费用33.65万元。

新技术、新项目开展情况 2021年,在支援若羌专家的帮扶指导下,县医院成功开展髋、膝关节的人工关节置换、脊柱侧弯矫形、脊柱骨折椎弓根螺钉固定术、关节镜下交叉韧带重建术、椎间盘摘除术、颈椎前路椎体次全切除、植骨、钢板内固定,颈椎后路椎管减压、侧块钢板内固定,胸腰椎椎体次全切除、植骨、钢板、各种椎弓根内固定、复杂性骨盆创伤前、后路及前后联合入路及骶髂关节脱位空心钉内固定术、游离复合组织移植术修复四肢软组织缺损、神经血管损伤应用显微镜血管神经修补术、腹腔镜下保脾胰体尾部切除术、经尿道前列腺等离子电切术、经尿道膀胱肿瘤等离子电切、腹腔镜下脾脏切除、人工晶体植入术、床旁纤维支气管镜治疗、口腔CT、血管造影等新技术新项目,填补了若羌县脊柱、骨科、泌尿外科、眼科等手术空白。

医疗基础设施及配套材料管理 2021年,医院采购的医疗设备包括迈瑞SV350呼吸机2台、迈瑞N1监护仪1台、荧光免疫定量分析仪1台、迈瑞SV6501台、数字化医用X射线摄影系统、监护仪,PCR仪2台、口腔CT、肠镜、胃镜、等离子空气消毒机、电动手术台、煎药机、无影灯、高频电刀、医疗救护车等,累计采购医疗设备金额595.25万元;医疗耗材累计采购金额193.88万元;检验试剂累计采购金额181.25万元。

人才建设 2021年,县医院选派儿科骨干护士、内科骨干护士、内科骨干医师、妇产科骨干到巴州人民医院学习深造。并选派3名业务骨干前往河北石家庄、河北邢台进修学习,稳步提高医护人员技术水平、操作技能以及干部队伍整体综合素质。全年,共开展现场培训36场次4033人次,网络授课培训288场次31679人次。 (罗亚男)

【乡镇卫生院】 2021年,若羌县有若羌镇卫生院、瓦石峡镇中心卫生院、依吞布拉克镇中心卫生院、罗布泊镇中心卫生院、铁干里克镇卫生院、吾塔木乡卫生院等6个乡镇卫生院。

若羌镇卫生院 2021年,卫生院有工作人员25人,执业助理医师2人,注册护士11人。设3个社区卫生室,为全镇13271常住人口开展基本公共卫生服务工作,居民健康档案建档12767人,建档率96.2%。慢性病患者、老年人、困难人群与家庭医生签约率100%。全年,在人流密集场所、社区农牧民夜校开展“高血压日”“全民健康生活方式月”“艾滋病日”“碘缺乏病防治日”“防治麻风病日”“世界防治结核病日”“儿童预防接种日”等宣传活动8次,各社区分派1—2人参加各类宣传日活动,现场发放各类宣传彩页100余份,各类宣传品400余份。各类宣传日活动图片、小结档案资料齐全。

吾塔木乡卫生院 2021年,卫生院有工作人员39人,临床医生19人,护理人员15人,技师4人。吾塔木乡卫生院设尤勒滚艾日克村卫生室、果勒艾日克村卫生室、西塔提让村卫生室、依格孜吾斯塘村卫生室4个村卫生室,服务于辖区内6个行政村,11个村民小组,总人口3980人。卫生院配备可常规开展DR、多普勒彩色超声检查、心电图、血常规、大生化(肝功、肾功、血糖、血脂)、尿常规、大便常规、血型检测、尿妊娠试验、乙肝两对半、艾滋病初筛试验等10余项实验室检查。全院医疗收入15.80万元,其中药品收入13.90万元、门诊诊查费1.30万元。5月,卫生院打造中医药特色诊疗服务,采购颈腰椎电动牵引床、电脑中频治疗仪、电针温针治疗仪、电磁热治疗仪等中医治疗理疗设备,配备中草药饮片储备240余种。开展中药汤剂、牵引、理疗、针灸、拔罐、推拿、中药熏洗、中药外敷、火针、穴位注射等诊疗服务。

铁干里克镇卫生院 2021年,卫生院有工作人员36人,下属5个村卫生室,负责辖区内基本公共卫生、慢性病管理,免疫规划、孕产妇儿童管理、结核病、重型精神病管理、死因监测、传染病防治和常见病多发病的诊疗工作。公共卫生在管患者5492人,其中,确诊在管的高血压患者368人,确诊在管的糖尿病患者152人,65岁以上513人,孕产妇55人,0—6岁儿童252人,结核病人3人,精神病患者23人。对以上人群提供针对性个性化的服务,可定期随访和干预。全民体检3184人,体检率104.3%。门诊人次6861人,总药费360721元。

瓦石峡镇中心卫生院 2021年,卫生院有工作人员45人,执业医师8人,执业助理医师6人,注册护士在职在编26人。其中,执业医师8人(维吾尔医1人、中医1人、中西医结合1人),执业助理10人。卫生院设乌都勒吾斯唐村卫生室、吾塔木村卫生室、新建村卫生室、塔什萨依村卫生室4所。辖区内常住居民数5784人,建立健康档案5543人,档案中有动态记录的档案4442份,健康档案使用率80%。

依吞布拉克镇中心卫生院 依吞布拉克镇中心卫生院是一所集医疗急救、预防保健、健康教育于一体的乡镇级综合性卫生院。卫生院办公楼占地面积2000平方米,建筑面积900平方米,床位6张,设预防保健科、全科医疗科、内科、外科、妇产科、儿科等科室。配备有X光机、B超、CT、心电图机、吸痰器、心电监护仪、呼吸机、除颤仪等专用设备,2021年,全院有工作人员33名,县医院派遣1名工作人员在依吞布拉克镇协助开展医疗工作。承担着全镇的医疗、预防保健和公共卫生服务。长期派出6名干部坚守进疆防疫卡点核酸采样，每天派出1名医务人员和司机完成每4小时1次的样本转运工作，在疫情卡点车辆往来高峰期，不定时派出医务人员支援卡点。依吞布拉克镇中心卫生院PCR核酸实验室共检测82万人次左右。

罗布泊镇中心卫生院 2021年，卫生院有工作人员12人。其中，临床医生7人，注册护士4人。罗布泊镇中心卫生院建筑面积约500平方米，使用面积300余平方米。卫生院主要承担辖区内国投罗钾公司、罗钾公司附属企业，国防工程施工队等各工矿企业职工群众的基本医疗保障。配备有彩色多普勒超声诊断仪1台，12导同步心电图1台，全自动生化分析仪1台，全自动血球分析仪1台，全自动尿液分析仪1台，DR数字摄影机1台。全院完成门诊就诊人次2573人次，业务收入105256.7元。

（县卫健委）

【民营医疗机构】 2021年，若羌县有民营医疗机构5所，有医疗专业技术人员24人。其中执业医师10人，执业助理医师1人，执业护士10人，检验医师1人，中药师1人。开展内科、外科、儿科、妇科、医学影像科、医学检验科诊疗科目。全县民营医疗机构全年总收入17.15万元。

（刘强）

【医疗垃圾处置】 2021年，若羌县城区医疗垃圾由库尔勒天达环卫有限责任公司进行处置。处置厂位于在新疆巴州库尔勒市建设辖区314国道东三巷28号。处置采用高温蒸汽灭菌方式。全年，处置若羌县各医疗机构产生的医疗垃圾39.3吨。

（曹晓磊）

2021年若羌县医疗机构一览表

表10

序号	单位名称	单位地址
1	若羌县人民医院	若羌县建设路80号
2	若羌宜兴医院(民营)	若羌县胜利路
3	若羌县疾病预防控制中心	若羌县城西新区
4	若羌县妇幼保健计划生育服务中心	若羌县城西新区人民路93号
5	若羌县依吞布拉克镇中心卫生院	若羌县依吞布拉克镇
6	若羌县罗布泊镇中心卫生院	若羌县罗布泊镇政府院内
7	若羌县瓦石峡镇中心卫生院	若羌县瓦石峡镇弩城大道
8	若羌县铁干里克乡卫生院	若羌县铁干里克乡政府旁50米
9	若羌县吾塔木乡卫生院	若羌县吾塔木乡政府旁100米
10	若羌县若羌镇卫生院	若羌县城西新区
11	若羌县瓦石峡镇新建村卫生室	瓦石峡镇新建村居委会
12	若羌县瓦石峡镇吾都勒克乌斯塘村卫生室	瓦石峡镇吾都勒克乌斯塘村居委会
13	若羌县瓦石峡镇吾塔木村卫生室	瓦石峡镇吾塔木村居委会
14	若羌县瓦石峡镇塔什萨依村卫生室	瓦石峡镇塔什萨依村居委会

续表 10

序号	单位名称	单位地址
15	若羌县吾塔木乡果勒艾日克村卫生室	吾塔木乡果勒艾日克村
16	若羌县吾塔木乡尤勒滚艾日克村卫生室	吾塔木乡尤勒滚艾日克村
17	若羌县吾塔木乡依格孜吾斯塘村卫生室	吾塔木乡依格斯吾斯塘村
18	若羌县吾塔木乡西塔提让村卫生室	吾塔木乡西塔提让村
19	若羌县铁干里克乡托格拉克勒克村卫生室	铁干里克乡托格拉克勒克村
20	若羌县铁干里克乡亚喀吾斯塘村卫生室	铁干里克乡亚喀吾斯塘村
21	若羌县铁干里克乡果勒吾斯塘村卫生室	铁干里克乡果勒吾斯塘村
22	若羌县铁干里克乡古力巴格村卫生室	铁干里克乡古力巴格村
23	若羌县铁干里克乡库尔干村卫生室	铁干里克乡库尔干村
24	若羌县瓦石峡镇计划生育服务指导站	若羌县瓦石峡镇
25	若羌李天才口腔诊所	若羌县米兰路 292 号
26	若羌县人民医院驻若羌县看守所医务室	若羌县看守所内
27	若羌县若羌镇文化社区卫生室	若羌县若羌镇楼兰社区居委会院内
28	若羌县若羌镇楼兰社区卫生室	若羌县若羌镇文化社区居委会院内
29	若羌县若羌镇团结社区卫生室	若羌县若羌镇团结社区居委会院内
30	若羌普仁综合门诊部	若羌县米兰路南侧香湖居 15 号门市 2 层
31	若羌县胜利社区卫生服务站	若羌县米兰路与楼兰路交会处 734 号

（县卫健委 供稿）

社会生活

收入消费

【城镇居民收入】 2021年，若羌县城镇居民人均可支配收入38503元，比2020年增加1726元，比2020年增长4.69%。其中，工资性收入15688元，经营性收入10081元，财产性收入360元，转移性收入12374元。

（县统计局）

【城镇居民消费支出】 2021年，若羌县城镇居民人均消费支出24934元。其中，消费支出18660元，生产经营支出1352元，财产性支出38元，转移性支出1705元，购置资产与非经营性转移支出843元，借贷性支出2336元。

（县统计局）

【农村居民收入】 2021年，若羌县农村居民人均可支配收入完成32438元，比2020年增加412元，增长1.29%。其中，工资性收入8476元，经营性收入19329元，财产性收入1126元，转移性收入3527元。（县统计局）

【农村居民消费支出】 2021年，若羌县农村居民人均消费支出30379元。其中，消费支出14446元，生产经营支出5803元，财产性支出155元，转移性支出475元，购置资产及非经营性转移支出1144元，借贷性支出8356元。

（县统计局）

劳动就业

【概况】 2021年，若羌县人力资源和社会保障局（简称县人社局）聚焦稳就业、保就业指标任务，牢牢抓住促进重点群体就业，多措并举服务高校毕业生、城镇劳动力、农村劳动力、困难群体全覆盖高质量就业，确保全县就业形势稳定。累计实现城镇新增就业967人次，实现城乡富余劳动力转移就业6115人次，持续保持“零”就业家庭动态清零，城镇登记失业率2.53%。新增创业81人，带动就业220人，发放创业贷款50笔508.8万元。县属应届毕业生就业率100%。实现困难人员就业51人，失业人员再就业244人。（张瑞）

【就业创业服务】 2021年，若羌县累计发布招聘信息18期，开发就业岗位2946个，举办春季大型招聘会1场，社区招聘会4场，网络直播带岗1场，帮扶581名城乡劳动力转移劳动密集型企业就业。通过甘肃、四川、河南等地人力资源市场“巴州在线”“若羌人社”等网络平台发布招工招才引人信息。进村入户开展招聘活动，深入3个乡镇、7个村（社区）开展就业岗位推荐招聘会，送岗位、送技能、送政策、送服务。推进吾塔木乡、瓦石峡镇就业服务中心建设，完善服务条件，优化县人力资源市场窗口服务，建立若羌县农村劳动力就业动态一户一档，进行动态监测，专人专岗专责包乡包村实施就业服务，聚焦城乡劳动力就业、技能培训、社会保险动态服务。

每周一调度、每月一培训，县乡村就业服务联动机制常态化。落实就业惠企政策。深入新落地企业开展社会保险补贴、岗前培训补贴、新增就业补贴等惠企政策宣传，梳理政策申报清单3个，简化程序，优化环节，做到快办快结。为4家用工企业兑现新招用新疆籍员工社会保险补贴22.38万元。跑办若羌县技工学校落地，配齐配强师资队伍，推进若羌县技工学校规范化建设。与邢台技师学院开展联合办学，密切巴音学院、红旗技校等院校合作，强化天山水泥、新疆果业、羌都枣业等企业合作。组织“大国工匠”职业技能竞赛7次，以赛促培，提高培训质量。累计培训城乡富余劳动力8372人次。其中，创业培训138人，综合素质培训505人，技能培训1109人，基本劳动素质培训6980人，培训后就业率100%。

（张瑞）

【“两后生”技工教育】 2021年，县技工学校累计招收14—22周岁适龄应历届未升学、初中高中毕业生164人，开展为期3年全日制技工教育。其中，安全保卫服务专业83人、旅游服务与管理专业29人、电子商务专业52人。

（张瑞）

【劳务派遣管理】 2021年，县人社局全面落实自治区、自治州“放管服”工作要求，承接劳务派遣行政审批事项，办理劳务派遣行政审批1个、劳务派遣企业备案登记2家。（张瑞）

【农民工返岗就业】 2021年，若羌县工程项目建设领域返岗务工人员2.23万人。（张瑞）

2021年6月30日，县劳动监察大队到建筑工地摸排用人情况

（县人社局　供稿）

【人事流动管理】 2021年，县人社局共受理干部调动申请89人。其中，县域外调动17人（调出若羌县10人，调入若羌县7人），县域内调动72人，均办结。（张瑞）

【专业技术人员管理】 2021年，县人社局创新专业技术人才培养机制，以能力业绩为导向，创新专业技术人才评价机制，服务指导专业技术人员参与职称评审98人。其中，高级17人、中级24人、初级57人。受理副高级职称评审15人，审核批准副高级岗位等级变动53人。共有副高级人才102人。其中，专业技术岗7级58人、6级32人、5级12人。

（张瑞）

【人事考试】 2021年，县人社局共组织人事考试19场，参加考试人数2177人次。命制笔试试题10余套、面试试题20余套，协调公安局、卫健委、教科局等相关单位协助考试顺利进行。

（张瑞）

【职业技能鉴定】 2021年，若羌县技工学校获自治区职业技能鉴定中心批准为社会培训评价组织。全年，组织开展建筑、厨师、美容美发、电商等职业技能等级评价243人。（张瑞）

【劳动监察】 2021年，若羌县劳动监察大队开展“根治欠薪夏季

专项行动”提前预防年底拖欠农民工工资问题，在年底开展根治欠薪冬季专项行动，集中处理一批工程项目建设领域拖欠农民工工资问题，切实维护农民工合法权益。劳动保障监察机构共受理欠薪案件357件，涉及人员3126人，涉及金额5557万元。其中，立案3件，结案3件，涉及57人，涉及金额107.3万元，摸排在建工程项目120个，112个项目缴纳农民工工资保障金2523.12万元，设立农民工工资专用账户120个，开展实名制信息化管理的项目120个，对用工单位遵守劳动保障法律法规情况开展年审工作，检查用人单位95家，涉及劳动者4860人，对用工5人以上70家单位开展诚信等级评价，评出A类66家，B类2家，C类2家，并纳入企业劳动保障守法诚信档案。（张瑞）

【劳动人事争议仲裁】 2021年，若羌县劳动人事争议仲裁机构立案74件，不予受理2件，审结74件，确认劳动关系26件，劳动报酬争议38件，涉及人数225人，金额229.35万元，均结案，其中，调撤案件41件，调撤率55.4%。县劳动人事争议仲裁院与县司法局法律援助中心，在县司法局挂牌成立“若羌县劳动人事争议法律援助工作站”，完善矛盾纠纷调处机制，开辟维权、法律咨询援助“绿色通道”，节省维权时间和成本。（张瑞）

社会保险

【概况】 2021年，若羌县坚持社保惠民，深入实施全民参保计划，全民参保扎实推进，进城务工人员、新就业人员、灵活就业人员等群体应保尽保。城乡特困人员基本生活标准提高至900元/月、城乡低保标准提高至675元/月，处于全州最高水平。逐步完善职工医保普通门诊费用统筹保障机制，确保全县城乡居民和职工医疗保险参保率97%以上。推广全国统一医保电子凭证，扩大普通门诊、慢特病门诊费用跨省直接结算覆盖范围。健全重大疾病医疗保险和救助制度，建设多层次社会救助体系，不断提升基本民生保障水平。全县六项保险参保人数69724人，同比增长2.56%；六项保险征缴金额21863.61万元，同比增长30.18%。（姜艳玲）

【养老保险】 2021年，县人社局做好城乡居民养老保险工作。若羌县城镇企业职工基本养老保险参保9.6万人次，完成州下达任务的100%；机关事业养老参保2.94万人次；城乡居民社会养老保险参保人数为11038人；完成州下达任务的100.46%。城职企业养老保险费征收7846万元，机关事业养老保险费征收5947万元，城乡居民养老保险费征收274万元。城镇企业养老待遇支出3946万元；机关事业养老待遇支出8864万元；城乡居民社会养老待遇支出515万元。（张瑞）

2021年5月22日，若羌县人社局组织就业招聘活动（若羌县人社局　供稿）

【工伤保险】 2021年，若羌县工伤保险参保9.94万人次，完成州下达任务的102.38%；工伤保险费征收259万元；工伤保险待遇支出533万元。 （姜艳玲）

【失业保险】 2021年，若羌县失业保险参保6.42万人次，完成州下达任务的103.06%；失业保险费征收440.93万元；失业保险待遇支出154.42万元。其中，失业补助金支出102.88万元、稳岗返还33.15万元。 （姜艳玲）

【社会保险基金监管】 2021年，县人社局将专项整治作为当前社保工作领域的重要政治任务，全面排查城职、城乡养老保险待遇、工伤保险、失业保险待遇管理环节，严厉杜绝欺诈冒领、套保或者挪用贪占社保基金的违纪违法行为，严肃查处社保腐败不正之风的问题，堵塞管理漏洞，健全基金管理机制。细化分工、明确责任，提升基金管理工作人员的业务素质，强化监督。加强与相关行业部门沟通协调，理顺行政执行与刑事司法衔接机制，打击社会保险基金违法行为。调配监督干部队伍空缺岗位，确保监督干部队伍稳定。

（姜艳玲）

【社会保险待遇调整与兑现】 2021年，县人社局全面落实社会保险待遇资格认证工作，若羌县待遇领取资格认证人员4362名，认证率为100%。县社会保险中心将按照《自治区2021年城乡居民基本养老保险防止贫困人员返贫监测帮扶工作方案》工作要求，脱贫人员城乡居民基本养老保险政府不再代缴，在提高城乡居民基本养老保险缴费档次的同时，对脱贫人口继续保留现行最低缴费档次。县低保对象、特困人员、致贫返贫人员由政府按照100元最低缴费档次进行代缴。县财政为176名低保、困难人员进行代缴，代缴资金1.71万元。实现脱贫人员“应保尽代、应享尽享”。为若羌县60周岁以上享受城乡居民养老保险待遇人员足月按时发放养老金，发放率为100%。若羌县企事业退休人员2536人调整补发养老金305.28万元，其中企业退休1429人调资补发141.3万元，平均每人增资为164.81元；为机关事业退休1107人调资补发163.98万元，平均每人增资246.88元。调整伤残津贴等工伤保险待遇，为领取工伤伤残等待遇27名人员调整补发7.37万元。 （姜艳玲）

【基本医疗保险】 2021年，若羌县基本医疗参保人数29681人。其中，城镇在职职工参保9679人，城乡居民参保20002人。实现基本医疗保障制度覆盖率98.39%以上。基本医疗享受待遇152100人次。其中，城镇职工普通门诊20571人次，门诊大病、慢特病8475人次，药店购药75125人次；住院1991人次；城乡居民普通门诊35039人次，门诊大病、慢特病7736人次，住院3163人次。基本医疗保险待遇支出4018.84万元。其中，城镇职工基本医疗支出2662.59万元，大额医疗保险18.3万元，公务员补助（含补助个人账户）支出494.9万元，城乡居民支出843.05万元。 （洪艳艳）

【生育保险】 2021年，若羌县城镇职工生育保险参保人数为8008人。其中，女性参保人数3808人。审核生育保险医疗费用163人次，基本医疗报销金额143万元；符合发放生育津贴153人次，发放津贴金额552万元。

（洪艳艳）

【医疗救助】 2021年，若羌县医疗保障局（简称县医保局）给予2357名脱贫人员医疗保险个人缴费280元的医疗资助，共计66万元。有效避免因病致贫和因病返贫的情况发生。落实医疗救助政策。对2183人次进行医疗救助。其中，住院864人次，门诊1319人次，共计165万元。

（洪艳艳）

【重特大疾病保障】 2021年，县医保局按照医疗救助政策的要求给予70名患重特大疾病的

普通居民34.72万元重特大疾病救助。（洪艳艳）

【电子医保卡】 2021年，若羌县激活电子医保凭证17808人，实现县内60%以上参保人员激活申领医保电子凭证。（洪艳艳）

【基本医疗保险定点医药机构管理】 2021年，县医疗保障局与7家定点医疗机构和13家定点零售药店签订服务协议。每月，安排专人对辖区内的定点医药机构进行专项检查，对信息系统的安全使用情况、“留压”医疗保障卡情况、医药用品的库存管理情况等进行核查。5月31日，县医疗保障局与第二师三十六团医院签订定点医疗机构协议，相互进行医保结算，保障地方和兵团患者在所有定点医院均能享受医保政策。（洪艳艳）

【打击欺诈骗保】 2021年，县医疗保障局开展打击欺诈骗保专项整治活动，通过日常检查、专项检查、重点核查等一系列活动，加强医保基金监管。查处医疗机构的违规情况38起，对涉及违规的33.2万元通过医保系统智能审核全部扣回。（洪艳艳）

【异地就医管理】 2021年，县医疗保障局落实转外就医政策，推进异地就医直接结算工作，推广手机App备案、电话备案。全年完成异地备案人数323人。异地长期居住的退休人员在居住地就医，常驻异地工作人员在工作地就医，原则上执行参保地政策。（洪艳艳）

【医疗服务智能监控】 2021年，若羌县医疗保障业务系统大力推进数据集中和系统整合，规范院端接口，明确细化与定点医疗机构和零售药店的接口信息规范，提高数据的完整性和规范性，从源头规范就诊结算数据，提高数据交换频度。（洪艳艳）

2021年5月31日，县医疗保障局与第二师三十六团医院签订定点医疗机构协议（县医疗保障局 供稿）

【门诊特殊疾病管理】 2021年，县医疗保障局鉴定城乡居民医保门诊慢性病173人；鉴定城镇职工门诊慢性病85人；城乡居民医保门诊慢性病报销7736人次，统筹基金支付123万元；城镇职工门诊特殊慢性病报销8475人次，统筹基金支付158万元。（洪艳艳）

【药品带量采购】 2021年，县医疗保障局全面落实国家组织药品集中采购和使用试点中选药品、价格及配套措施，全县6家公立医疗机构落实带量采购。集中带量采购药品约定采购量695.65万片（支、袋），合同签订870个，实际采购量645万片（支、袋），实际完成率93%。12月，调度按要求回款医疗机构6家，回款率100%。通过落实带量采购、调整支付政策等措施，实现药价明显降低，减轻患者购药负担，提高群众用药安全。（洪艳艳）

住房保障

【住房公积金管理】 2021年，巴州住房公积金管理中心若羌管理部有职工4名，全县有缴存公积金单位152个5966人（财政拨款单位90个，企事业单位62个）。全年，缴存公积金10833.49万元。截至年底，全县缴存公积金余额为32929.10万元，全年发放贷款212户5651.90万元，累计贷款余额19547.42万元；支取1347户，支取金额6903.67万元。

（马艳梅）

【公租住房建设与保障】 2021年，若羌县实施1000套公租房建设项目，选址位于建设路与枣乡大道交叉处和城西新区南侧，计划总投资1.5亿元。10月，开工建设，截至年末整体完成35%。为规范公租房管理统一采用建设银行建设的公共租赁住房管理系统，科学规范地进行公租房管理。县保障性住房公司对若羌县公租房底数进行全面逐一摸排，清理出长期不缴费、空置的情况，对于恶意欠费的租户申请法院强制执行，并做清退处理，空置的及时收回再分配。全年新分配110户，到期退房124户，收缴租金315.8万元，公租房管理维护费23.3万元。

若羌县城市保障性住房项目投资建设、运营管理任务由若羌县城市保障性住房投资建设管理有限公司负责。该公司由若羌县国资委监管，位于若羌县住建三楼。2021年，公司资产总额43630.28万元，2020年同期35775.41万元，比2020年增长7854.87万元，增长21.96%；负债总额34521.94万元，2020年同期37986.38万元，比2020年减少3464.44万元，下降9.12%；所有者权益总额9108.34万元，2020年同期2210.97万元，比2020年增加11319.31万元，资产负债率79.12%。营业收入1298.57万元，亏损680.69万元。2021年，若羌县城市保障性住房投资建设管理有限公司建成公共租赁住房工程600套，在建公共租赁住房工程100套，完成工程量的40%。（娄坤、周大鹏）

专项民政事务

【婚姻登记】 2021年，若羌县启用全国新婚姻登记管理信息系统，新系统增加在线预约登记、人脸识别、存档扫描、拍照录像等功能，完成“婚姻登记管理信息系统”全面升级。若羌县民政局（简称县民政局）共办理婚姻登记1166对，其中结婚登记278对，离婚登记117对，补发结婚登记757对，补发离婚登记14人次。4月，开展婚姻登记电子档案补录、扫描存档工作。

（努尔古丽·外力）

【勘界】 2021年，若羌县联合铁门关市开展行政区域界线勘界工作，共埋设4个界桩，并与铁门关市签订行政区域界线勘界协议书，做好若羌县行政区域界线自查工作。对界线参照物变化、界桩损坏、跨界放牧、跨界开采等情况进行实地检查，经检查，未发现各级界线界桩损坏、跨界放牧、跨界开采等问题。

（阿布来提·吾布力）

2021年7月23日，县民政局工作人员在塔勒里克路修复地名路牌

（县民政局　供稿）

【区划地名】 2021年，若羌县完成第二次全国地名普查档案归档立卷验收工作；完成不规范地名清理整治、住宅小区（楼）规范命名工作；开展城乡路巷牌修复工作。全年，共修复125块路巷牌，补设4320块城乡二维码门牌。完成乡镇新成立18个行政村提出意见、报批和新版若羌县行政区划图编制工作。

（阿布来提·吾布力）

【殡葬管理】 2021年，若羌县开展整治墓地价格秩序、殡仪馆违法违规牟利行为、殡葬中介服务违法违规牟利行为、未经审批或审批手续不全行为、改变公益用途违规经营行为等5项重点任务。全县，有殡仪馆1座、农村公益性公墓17处。其中，汉族公墓5处（2处停用、1处未使用）、少数民族公墓12处（3处停用、1处未使用）。（阿兴木江·苏来曼）

【慈善事业】 2021年，若羌县开展帮困济困、赈灾救孤、扶老助残等慈善活动。若羌县慈善协会接受新疆天池能源有限责任公司捐煤31.98吨发放至困难人员；国投罗钾公司捐硫酸钾肥10吨，钾镁肥10吨，钾肥610吨；若羌县农村信用合作联社捐款20万元，用于购买吸污车；三峡新能源五家渠发电有限公司奇台分公司捐款15万元，用于巴州地区若羌县农村幸福大院消防改建项目建设。（王少聪）

【社会组织管理】 2021年，若羌县在民政部门注册登记的社会组织共有19家。其中，社会团体14家，民办非企业单位5家。若羌县实有社会团体14个，单位会员数245个，个人会员数664人，在民办非企业单位就业人员28人，总资产31.4万元。从业人员32人。其中，兼职工作人员12人，专职工作人员20人。党员15人，建立党组织4个，覆盖社会组织总数19个，覆盖率100%。核准新成立社会组织1家，注销1家，变更登记1家。（陈聪）

【落实社会福利政策】 2021年，若羌县投入220万元实施福利园区消防提升改造工程。该工程于3月开工建设，7月底竣工，主要对主楼进行消防改造，改善老年人居住环境和消防安全条件。10月，投入25万元为入住老年人配齐配全衣柜、床上用品、沙发、餐桌、鞋柜等，完善棋牌桌椅、健身器材、乐器等设施设备。

（王少聪）

【农村幸福大院建设】 2021年，若羌县共有3个幸福大院（铁干里克镇幸福大院、瓦石峡镇幸福大院、吾塔木乡幸福大院），供养老人17人。7月，县民政局投入120万元对铁干里克镇幸福大院实施消防提升及附属设施升级改造。该工程于12月竣工。改造后房间增设呼叫器、卫生间，设置老年人无障碍扶手等，提升老年人居住环境和安全系数。铁干里克镇幸福大院入住老人11人，吾塔木乡幸福大院入住老人3人，瓦石峡镇幸福大院入住老人3人。（王少聪）

社会救助

【城市居民最低生活保障】 2021年7月1日，县民政局保障困难群众基本生活，落实若羌县政府《关于提高若羌县困难群众基本生活救助标准的通知》，实现城乡统筹，城乡低保标准提高至675元。全县，县城乡低保户234户342人，累计发放低保资金223.65万元。（阿依夏木·阿西木）

【特困人员救助供养】 2021年，若羌县城乡特困人员供养对象共55人。其中，集中农村五保供养37人，人均标准10800元；分散农村五保供养人员2人，人均标准7200元；集中城市特困供养人员10人，人均标准10800元；分散城市特困供养人员6人，人均标准10800元，集中供养率94.87%。（阿依夏木·阿西木）

【临时社会救助】 2021年，县民政局按照审核确认程序办理，全面建立乡镇20%临时救助备用金制度，放宽户籍地申请限制，各乡镇在自己辖区内对遭遇急难事件的申请对象，由急难发生地乡镇或县民政局实施临时救助，临时救助2454人次，累计发放临时救助资金100.4万元。

（阿依夏木·阿西木）

基层治理

【基层治理体系建设】 2021年，若羌县助推乡村减负，规范化建立人民调解室、公共法律服务工作站、公共法律服务工作室，提高法治水平。修订《若羌县村规民约》，有力提升农村基层治理能力和水平。若羌县委赋予若羌镇党委相应职责职权，组织召开城市乡镇政权赋能工作推进会，整合市场监管、文化市场、城市执法、卫生监督等领域共8名执法人员力量到若羌镇组建城市综合执法队伍，由镇党委统一指挥调度，建立综合执法工作运行、管理、考核等制度，组织综合执法人员相互学习执法业务，提升综合执法效能。推进城市基层党建引领基层治理，建立社区居委会与业主委员会、物业公司的三方议事协商机制，共同解决社区治理中的环境卫生、安全防范、设施维修、停车管理等问题。若羌县成立5个社区业主委员会，社区“两委”成员通过法定程序兼任业主委员会成员。将辖区单位参与社区共驻共建等履职情况作为部门单位党组（党委）书记年度述职述德述廉报告的一项重要内容，全面推进和谐社区的建设。（张蓓、苏立群）

【行政村（社区）建设】 2021年，若羌县民政局指导20个村委会、7个社区居委会完成乡镇、村（社区）录入全国基层政权建设和社区治理系统信息，信息录入率100%，指导村（社区）修改完善村规民约、居民公约，确保各村（社区）制定的村规民约、居民公约有效、管用。健全完善社区“大党委”制，推进社区党建、辖区单位党建、行业党建互联互动见成效，以乡镇、社区党组织为主导，建立开放性的互联互动纽带，通过签订共建协议、干部交叉任职、人才培养等方式，形成以社区党组织为核心，辖区内各单位、行业领域党组织等各类组织共同参与的共建共治共享格局。

（阿布来提·吾布力）

【村（社区）“两委”换届】 2021年2月，若羌县成立换届工作领导小组，抽调7人组建村（社区）“两委”换届工作专班，抽调县委组织部、县“访惠聚”办、县民政、县团委、县妇联等单位骨干，分成三个指导小组，定点指导村（社区）“两委”换届工作。落实县乡领导包联责任，全县36名县级领导对8个乡镇、26个村（社区）进行联系指导，各乡镇安排班子成员包联村（社区）常态化指导工作，共提出工作意见83条。各村（社区）经全面摸底、专项审计、集中整顿、动员培训、选民登记、推荐联审、召开换届大会等程序。9月24日，全县20个村、6个社区完成“两委”换届选举工作。选举产生新一届村“两委”班子187人（占职数），社区“两委”班子68人（占职数），村（社区）“两委”班子结构实现平均年龄、党员人数、学历层次、班子结构“一降一增一升一优化”的目标。（苏立群）

民族宗教事务

【概况】 2021年，若羌县坚持以铸牢中华民族共同体意识为主线，全面贯彻党的民族政策，深入开展“民族团结一家亲”和民族团结联谊活动，积极推进民族团结进步创建工作，各民族大团结的基础不断巩固。完成2个州级、5个县级民族团结教育阵地建设，广泛开展民族团结进步创建行动，成功创建自治区民族团结进步示范县。加强党对伊斯兰教中国化工作的领导，加大党的宗教方针政策宣传教育力度，坚持伊斯兰教中国化方向，依法规范管理宗教活动，实现宗教健康发展。（县委统战部）

【民族贸易和民族特需商品生产】 2021年,若羌县深入企业开展民族贸易和民族特需商品生产优惠政策宣传,帮助企业用好、用足、用活优惠政策。给予5家民族贸易企业贷款贴息资金460.62万元。 (阿迪力江·肉孜)

【少数民族发展资金项目】 2021年,若羌县实施少数民族发展资金项目1个,为吾塔木乡旅游专线提升改造工程项目,总金额338万元。 (阿迪力江·肉孜)

【特色村寨建设】 2021年,若羌县有全国少数民族特色村寨1个,为铁干里克镇果勒吾斯塘村。该村位于若羌县城东面,距镇政府0.6千米,距库尔勒市440千米,东与亚喀吾斯塘村相连,南与315国道相连,西与县城接壤,北与古力巴格社区毗邻。平均海拔889米。7月,平均气温为40℃,极端最高气温为42℃,极端最低气温为-23℃,年降水量50毫米。该村行政总面积3.5平方千米,建筑以楼兰文化元素为主,村道两旁建有鲜花与绿色的葡萄长廊。全年,果勒吾斯塘村挑选民宿条件达标、发展意愿强的15家农户作为示范点,采取村"两委"班子成员、"访惠聚"驻村工作队队员、党员致富能手"多对一包联"的方式,从庭院美化、房间布置、菜品搭配等各方面,按照"一户一方案、一户一特色"的布局,打造"乡村旅游+特色民宿",吸引大批游客前来观光游览。 (杜建辉)

【宗教事务管理】 2021年,若羌县坚持保护合法、制止非法、遏制极端、抵御渗透、打击犯罪的基本原则,坚定不移走法治化管理宗教事务的发展道路,利用法治思维、法治方法解决宗教领域深层次问题,坚持宗教中国化方向,引导宗教与社会主义社会相适应。严格落实三个"五统一"要求,加强五时拜、主麻日聚礼、节日会礼等活动的服务管理,落实"四项活动"事前事中事后监督管理服务全覆盖,提升宗教事务管理水平。 (达新强)

【宗教活动场所管理】 2021年,若羌县委统战部持续改善提升宗教活动场所基础设施条件,健全宗教活动场所安防制度,修订完善宗教活动场所消防、疫情防控、突发事件等应急预案,提升突发事件应急处置能力,常态化抓好宗教活动场所安全隐患排查整治,定期查验安防和消防设备设施运行情况。 (达新强)

精神文明建设

【概况】 2021年,若羌县将社会主义核心价值观融入村组、家庭,融入村规民约、基层党组织建设,融入群众性文化活动,融入村容村貌整治等工作中,推进每个乡镇、村组、家庭全覆盖。常态化开展"民族团结一家亲"、"干部下沉基层"、农牧民夜校、文明实践大讲堂等活动,加强社会主义核心价值观宣传。邀请"核心价值观百场讲坛"主讲人赛音·巴依尔在若羌开展红枣有机栽培讲座,积极引导全县枣农讲诚信、种好枣、树品牌,提升红枣品质,生产有机红枣,大力推行"红枣里的核心价值观"。按照自治州党委"三个一百"工作要求,在全县26个行政村新时代文明实践站中重点培育打造8个新时代文明实践示范站,充分运用好"五大平台",开展理论宣讲、教育服务、文化服务、科技与科普、体育健身各类新时代文明实践活动。结合党员"双报到"工作,吸纳党员干部、技术能人、村(社区)居民群众等,形成"三方服务、三方参与、三方联动"的志愿服务新局面。 (刘向玉)

【全国文明城市创建】 2021年,若羌县委多次召开若羌县创建全国文明城市推进会、培训会,对创建工作进行安排部署。细化分解2021年版《全国县级文明城市测评体系》,形成县级领导牵头、部门单位分工协作、干部群众人人参与的良好创建局面,完成年度实地测评工作。持续巩固志愿者队伍,组建173个志愿服务队，5850名志愿者开展主题志愿活动3600余场次，覆盖群众2.07万人次。借助网络、自媒体、户外宣传、广播电视等形式，开展文明创建宣传活动，制作刊播文明城市短视频、动漫、公益广告20余个，发放创城宣传产品3.5万余个，营造人人讲文明、人人践行文明的良好社会氛围。每月召开调度会，听取各实践所、站、点工作开展情况，制定新时代文明实践中心每月活动清单，通过常态化派单实现文明实践活动全面开展、深入人心。

1月，若羌县入选2021—2023年创建周期全国文明城市提名城市。若羌县连续三届入选创建全国文明城市提名城市。全县广泛开展提升社会主义核心价值观示范引领作用、提升居民文明素养、提升未成年人思想道德素养、提升城市功能和品位、提升公共秩序环境、提升各族群众精神文化生活、提升志愿服务活动水平、提升行业服务质量等“八大提升”工程，进一步推动文明城市创建工作。设“道德模范宣传一条街”“讲文明树新风公益广告宣传一条街”“核心价值观长廊”。表彰道德模范、“最美志愿者”、“最美若羌人”等先进典型350余人，选树州和县级“新时代好少年”40余名，营造学习榜样、争当榜样的浓厚氛围。若羌县图书馆被文化和旅游部评为三级图书馆，实行免费开放政策。若羌县文化馆被评为三级文化馆，年度组织文艺活动40场次，惠及群众8500人次。城市社区综合服务设施覆盖率100%。区绿地率36.46%，人均公园绿地面积12.91平方米，道路照明灯率97%，窨井盖完好率98%。城市生活垃圾无害化处理率97%。（刘向玉）

【文明单位创建】 2021年，若羌县有全国文明乡镇1个、全国文明村1个、文明单位1个、文明校园1个；自治区级文明单位20个、文明村镇10个、文明校园3个；州级以上文明单位74个、文明村镇26个、文明校园9个；若羌县8个乡镇、26个村（社区），实现县级以上文明村镇100%覆盖。（刘向玉）

【新时代文明实践活动】 2021年，若羌县构建“3+N”组织架构体系，成立文明实践中心1个、文明实践所8个、文明实践站20个、文明实践点105个，若羌县纵向形成新时代文明实践“中心—所—站”三级联动，横向辐射党政机关、企事业单位新时代文明实践点。有志愿服务总队1个，志愿服务支队8个，志愿服务分队26个，志愿服务小队20余个，特色志愿服务队18个，志愿者3700名。对全县134个文明实践所、站、点挂牌。500名文明实践志愿者每月深入街巷、公共场所，清除乱涂乱画和小广告，清除白色垃圾，清理卫生死角，整治环境脏乱差。发放文明礼仪知识宣传单11万余份，曝光不文明行为115起。

开展理论宣讲6300余场次，惠及群众15万人次；开展教育服务280余场次，惠及中小学生13万人次；开展各类文化活动240余场次，惠及群众6.1万人次；开展科技与科普活动560余场次，惠及群众12.4万人次、建立健身体育服务平台20余个，惠及群众6.4万人次。确定每周五为“文明实践日”，帮助42名孤寡老人、留守儿童解决实际困难，开展爱心帮扶志愿服务活动1321次。（刘向玉）

【新时代文明实践示范站培育】 2021年，若羌县按照州党委“三个100”工作要求，培育打造8个新时代文明实践示范站，充分运用好“五大平台”开展理论宣讲、教育服务、文化服务、科技与科普、体育健身各类文明实践活动2.1万场次、累计覆盖9.6万人次。开展公民思想道德建设。深入挖掘道德模范、最美人物、最美志愿者等先进典型人物，设置“道德模范一条街”“最美婆媳榜”等，综合运用新闻宣传、基层宣讲、公益广告等形式，多角度、多层面地宣传先进典型事迹，营造人人学先进、人人崇尚先进、人人争当先进

2021 年9 月23 日，县财政局文明交通志愿者在十字路口为居民服务

（县财政局　供稿）

的浓厚氛围。推荐选树各级道德模范 29 人、文明家庭 17 个，各类先进人物150余人。

（刘向玉）

【未成年人思想道德建设】 2021年，若羌县加强未成年人思想道德建设，深入推进社会主义核心价值观"五进"工作，广泛开展丰富多彩的道德实践活动，举办"每课三分钟""六点半"小课堂、主题班会等未成年人思想道德教育培训活动276场次，覆盖未成年人5500人次。持续开展文明校园创建，全国文明校园若羌县第一小学顺利通过中央文明办复验；广泛宣传"自治区新时代好少年"先进事迹260余场次；评选推荐出"州新时代好少年"1名，"若羌县新时代好少年"24名，让社会主义核心价值观唱响校园、深入童心。（刘向玉）

【乡村精神文明建设】 2021年，若羌县以抓好文明实践中心建设为基础，加强改进农村基层宣传思想文化和精神文明建设工作，不断强化乡风文明建设，促进乡村文化振兴，动员激励广大基层群众投身社会主义现代化建设，结合"民族团结一家亲"活动，开展政策宣讲、困难帮扶、安全隐患排查、人居环境整治工作累计2200余场次、覆盖群众1.3万余人次。结合党史学习教育，深入开展习近平新时代中国特色社会主义思想进万家活动，组建特色宣讲队7支、基层宣讲队伍37支，走进基层为群众开展面对面宣讲1.74万场次，覆盖群众6.33万余人次。通过举办读书班、依托新时代文明实践站、红色教育长廊、主题党日、"家庭党校"等活动，激发农牧民群众对党的创新理论学习热情，通过微信平台、广播、电视、村级大喇叭等形式宣讲习近平新时代中国特色社会主义思想、党的十九大和十九届历次全会精神、第三次中央新疆工作座谈会精神、惠民惠农政策等内容1.36万次，宣讲"五个白皮书"2036场次，覆盖群众1.19万人次。（刘向玉）

应急管理

综 述

【**应急体系建设**】 2021年，若羌县应急管理局(简称县应急局)完善预案体系建设，修订若羌县突发事件总体预案及7部专项预案；强化应急预案演练，开展地震、森林草原防灭火、防汛、危化品泄漏事故等专项综合演练6场次，优化预案流程提升联动能力；组建危化品堵漏队2支8人，购置90余万元堵漏设备并配齐配强交警部门救援装备；构建立体化救援格局，投入275万元租赁应急救援直升机1架，用于县内突发事件的应急处置救援工作，年飞行任务150小时；建立安全生产和防灾减灾救灾工作对讲机调度制度，29个部门单位和42家企业纳入调度系统，每日由应急指挥部进行通联，及时掌握工作状况，科学处置突发事件。(李娟妹)

【**应急拉动演练机制**】 2021年，县应急局负责组织修订《若羌县突发事件总体应急预案》《若羌县安全生产事故灾难应急预案》《若羌县地震应急预案》《若羌县自然灾害救助应急预案》《若羌县防汛应急预案》《若羌县旱灾应急预案》《若羌县地质灾害应急预案》《若羌县森林草原防灭火应急预案》8个，综合协调应急预案衔接工作。县应急局组织协调开展各类应急演练活动12场次，参与人员2000余人次，其中开展较大型实地应急演练3场次。 (李娟妹)

【**应急救援队伍**】 2021年，若羌县应急救援分队11支322余人。其中，各乡镇8支队伍271人，消防救援大队1支队伍33人，国投罗钾1支队伍11人，森林消防队1支队伍7人。鼓励民间力量建立应急救援队伍，登记道路救援1家，野外救援1家。若羌县消防救援大队定位为应急救援主力军和国家队，承担防范化解重大安全风险、应对处置各类灾害事故的重要职责。依托县消防救援大队努力提升综合应急能力建设水平，推进各乡镇建立应急救援分队。 (李娟妹)

【**应急储备**】 2021年，若羌县有救灾物资储备库1个，占地面积11064平方米，建有3个物资库房，建筑面积796平方米，可用仓容3302.55立方米，库区消防喷淋、烟感报警器、灭火器等消防设施齐全。储备帐篷、折叠床、被褥、手电筒、应急灯等物资8121件。承担自治区救灾物资代储任务，储备帐篷、被褥、折叠床、防潮垫、汽油发电机、应急灯等物资4739件，价值75.05万元。若羌县中心粮库有自治区级储备粮1500吨，申请县财政投资23.2万元，完成对中心粮库智能化升级改造，实现与自治区级粮食管理平台对政策性储备粮食库存的在线监管。 (张忠敏)

安全生产监督管理

【**概况**】 2021年，若羌县成立12个专委会、17个攻坚组，“四套班子”领导包联行业领域安全生产工作。强化隐患排查治理，开展“全覆盖拉网式大排查大整治”行动，排查整改安全隐患4334处，整改自治区三轮督导反馈60项问题。按照《坚决防范遏制事故安全生产严管严控36条措施》要求，加大处罚力度，查处安全生产违法行为155起，实施行政处罚119.85万元。深化三年整治成效，梳理510项攻坚任务由各乡镇部门包联落实，按照自治区“1+N”工作思路（“1”是新疆维吾尔自治区贯彻落实习近平总书记重要论述推进安全生产高质量发展的意见，“N”是自治区安委会2021年配套出台的各项措施性文件），动态更新“一情况三清单”（“一情况”是自2020年起，开展安全生产专项整治三年行动后每月提供的安全生产隐患排查情况；“三清单”是自2020年起开展安全生产专项整治三年行动，每月制定的重大问题隐患清单、制度措施清单和攻坚任务清单）。开展安全调度，将34家县重点企业230个视频点位接入综治视联平台，将29个部门单位和42家企业纳入对讲机调度系统每日进行通联，实现视频互联互通、精准调度。全年发生各类安全生产事故69起，比2020年增加7起，增长11.29%；死亡8人，比2020年减少4人，下降33.33%；受伤26人，比2020年减少9人，下降25.71%；经济损失674.5万元，比2020年增加566.17万元，增长522.63%。

（李娟妹）

【安全生产监督】 2021年，县应急局落实安全生产责任制，与各乡镇、各部门签订安全生产责任书，通过县委常委会、政府党组会议、“四套班子”领导联席会、分析研判会等专题会议研究安全生产工作50余次；组织全县2000余名干部通过观看《生命重于泰山》安全生产专题教育片，准确把握“人民至上、生命至上”的含义；制定印发县乡两级政府领导班子年度安全生产任务清单，厘清政府领导班子成员的安全责任。成立12个安全生产专业委员会，有针对性地开展2次安全生产专题调研，对安全生产领域改革发展任务完成情况进行总结，明确31家单位安全生产工作职责，梳理包含1项行政奖励、4项行政许可、8项行政检查、9项行政强制、77项行政处罚和22项其他行政权力在内的安全生产“权责清单”，按照自治区“1+N”工作思路，把《自治区党委、自治区人民政府贯彻落实习近平总书记关于安全生产的重要论述推进新时代安全生产高质量发展的意见》《全面加强危险化学品道路运输安全管理22条措施》等措施文件实现清单化管理。县安委办与纪委监委形成工作联动，印发督办通知61份、督查专报11份，将反馈问题与若羌县“三创三目标”工作考核机制相结合，每月进行评比打分，形成震慑。先后4次在全县干部大会上对反馈后拒不整改的30余个单位和部门进行曝光，由县纪委监委介入对5个单位进行追责问责。（李娟妹）

【非煤矿山监管】 2021年，县应急局执法检查非煤矿山企业14家90余次，检查工贸企业5家113次，发现安全隐患363条，下发执法文书119份，完成安全隐患整改337条，整改率93%；约谈的矿山、工贸企业负责人9人次，因安全生产主体责任不落实、安全隐患排查工作不落实受到行政处罚的企业6家次。（李娟妹）

【危险化学品监管】 2021年，县应急局组织执法人员对辖区范围内危化品企业进行多次大排查大整治。检查危险化学品企业72家次，查出安全隐患297条，下发整改文书72份。对3家加油站违法违规行为进行立案处罚，罚款14万元。（李娟妹）

【安全隐患排查】 2021年，若羌县根据自治区、巴州党委、政府统一部署，成立若羌县大排查大整治工作领导小组。县“四套班子”22名领导带领17个行业领域督导检查组开展全覆盖、隐患排查，与12个安全生产专委会形成工作合力，每周形成工作报告报县委县政府主要领导审阅。先后召开专题调度会议10余次，组织召开安全生产研判会36次，累计排查安全隐患4334处（一般隐患4330处、重大安全隐患4处），整改一般隐患4096处，未整改234处（4处重大安全隐患均未整改）。根据自治区人民政府3轮安全生产督导检查反馈的共60项隐患问题，若羌县逐项制定整改措施，56项问题隐患按期整改。结合安全生产年度工作要点，开展专项行动，按照《刑法修正案（十一）》与新修订《中华人民共和国安全生产法》要求，持续加大执法处罚力度，对全覆盖拉网式大排查大整治发现的典型违法案件立案查处，倒逼企业责任落实。全年，各负有安全监管职责的部门查处违法行为155起，实施行政处罚119.85万元。（李娟妹）

【安全生产执法】 2021年，县应急局对县域内非煤矿山、工贸企业进行安全生产检查。对发现的隐患问题整改不力的8家企业（矿山企业5家、工贸企业3家）进行立案处罚，共处罚金52.38万元。（李娟妹）

防灾减灾

【灾害预警与防灾减灾宣传】 2021年，县应急局针对极端天气发布气象预警信息63期、安全生产预警信息55期、重要天气预警7期，为农业、旅游业和道路运输业提供安全服务保障。组织开展防灾知识宣传，结合“5·12”防灾减灾日、“安全生产月”和“国际减灾日”宣传活动，大力宣传防灾减灾安全知识，开展若羌县灾害信息员业务培训班6期，受训1800余人次，发放各类宣传资料及宣传品2300余份，印发《应急知识宣传手册》《防灾减灾手册》3000册，接受咨询300余人次，推送各类信息3万余条。（李娟妹）

【防汛抗旱】 2021年3月，县水利局开始做好汛前安全隐患排查，重点对若羌河东西支河道、瓦石峡河东西支河道、塔什萨依河、红柳沟等防洪河沟进行排查治理，落实完成清障任务9处。坚持防汛24小时值班制度，储备防洪物资编织袋15000个、麻袋8000个、格宾网（铅丝笼）500个（20000平方米）、铁丝10吨、强光手电1把、手摇报警器2个、喊话筒4个、雨衣20套。全年，开展防洪应急演练3场，山洪灾害防治演练6场，避免和减轻地质灾害造成的损失。（张沅溪）

【地震监测与管理】 2021年，若羌县有地震基准站2个，地震基本站2个，地震预警系统终端5个，动物观测点3个，村级灾情信息员54名、防震减灾联络员8名，防震减灾综合防御能力初步形成。全年，若羌县共发生地震7次，均为一般地震，其中最大震级3.9级、最小震级3.0级，无人员伤亡和财产损失。12月24日，若羌县应急管理局组织开展地震应急综合演练，在若羌县工业园区楼兰庄园有限公司厂区、若羌县第一小学设置两个会场，共19个单位参与演练，分别组建7支救援队伍、22辆救援车辆，演练模拟县城发生5.9级地震。（李娟妹）

消　防

【概况】 若羌县消防救援大队（简称县消防大队），隶属于巴州消防救援支队，大队营区占地2.07公顷，含执勤楼、食堂、训练塔、小车库、训练厅等附属建筑，建筑面积3200平方米，营区绿化面积1.11公顷。2021年，县辖区新建市政消火栓78个、消防水鹤5个，列管消防安全重点单位共72家。（曾凤霞）

【火灾扑救与抢险救援】 2021年，县消防大队出警58起，出动车辆119辆，出动警力589人次，抢救被困人员4人，疏散被困人员66人，抢救财产价值3123.23万元。其中，火灾出动42起，出动车辆85辆，出动警力404人次，疏散被困人员12人，抢救财产价值1123.8万元；抢险救援16起，出动车辆34辆，出动警力185人次，抢救被困人员54人，疏散被困人员4人，抢救财产价值1999万元；参加县政府组织执勤演练57次，出动车辆57辆，出动人员171人次。（曾凤霞）

【装备配备】 2021年，县消防大队有各类执勤消防车辆10台，总载水量34吨，载泡沫7吨，库存泡沫5.6吨。其中，泡沫消防车2辆，载水6吨，载泡沫2吨；登高喷射消防车1辆，载水18吨，载泡沫3吨；压缩空气泡沫消防车1辆，载水5吨，载泡沫2吨；登高平台消防车1辆，载水5吨；抢险救援消防车2辆；水罐消防车1辆、多功能勤务保障车1辆、宣传消防车1辆、生活保障车1辆、行政业务车1辆；有防护装备、灭火器材、抢修救援器材、装备器材2331件(套)。 (曾凤霞)

【执勤训练】 2021年，县消防大队按照新疆消防总队、巴州消防支队冬训、夏训练兵活动要求，结合大队、消防站岗位练兵实际，紧盯改革转制后“战斗力”建设标准，着重强化指战员体能素质，加强消防员体能、技能科目的训练，在支队全员岗位练兵比赛中，取得快速战斗操第三名；对辖区消防安全重点单位、高层建筑及人员密集场所开展“六熟悉”灭火救援演练，全面掌握辖区单位基本情况，不断提高全体指战员整体实战化水平及应对突发火灾事故的处置能力和协同作战能力。 (曾凤霞)

【思想教育】 2021年，县消防大队切实发挥党组织思想政治工作的引领作用，严格履行党组织生活制度，充分发扬民主集中制原则，坚持党委议事规则和决策程序，严格执行组织纪律和财经纪律；开展“巧手剪纸颂党恩喜迎建党一百年”“永远跟党走，起航新征程”和“学好百年党史·传承红色基因”“百年党旗红，筑梦火焰蓝”等主题教育活动，推进党史学习教育；组织召开“党史学习教育”述学评学会、“学习百年党史，观照现实问题，召开工作新局”交流研讨会、专题组织生活会、党史学习教育座谈会20余次。 (曾凤霞)

【拥政爱民】 2021年，县消防大队在圆满完成各类执勤安保勤务的基础上，凝心聚力为民服务解民忧，并全力解决消防救援人员生活、工作存在困难，提升消防员投身消防的工作热情；慰问帮扶包联困难家庭2次，开展义务植树2次，种植树木1000余棵；开放科普教育基地10次，接待社会群众900余人次到消防队学习，推动全民消防宣传知识普及，提高全民预防火灾能力。 (曾凤霞)

【后勤保障】 2021年，若羌县投入220余万元对大队执勤楼修缮改造，县消防大队提请县政府投入91.6万元，为瓦石峡镇、依吞布拉克镇两个政府专职消防队购置消防装备。开展营区“菜园子”建设工作，丰富指战员餐桌，聘请社会厨师，提高指战员餐饮质量；结合季节变化疾病多发，针对性采购药品，适时开展健康教育，完成大队全体人员健康体检工作；购买防疫物资、药品，开展营区卫生清洁消杀，做好疫情防控工作。开展营区美化工作，对生活设施改造升级，改善指战员、消防文员的办公、生活环境；征集指战员意见，科学制定食谱。配置大队防寒物资、车辆保障器材、战勤保障物资、防暑降温物资等，全力保障人、车安全及执勤状态。为6名已婚消防员家属提供公寓房，购置热水器1台、净水器2台，翻新修缮大队执勤楼，做好后勤保障。 (曾凤霞)

【监督执法】 2021年，县消防大队共检查单位1051家，发现并督促整改火灾隐患588处，下发责令整改通知书497份，行政处罚决定书26份，临时查封11份，罚款7.645万元。开展占用消防车通道夜查106次，处罚物业服务公司3家，当场处罚个人350元，当场警告99人，劝离占用消防车通道车主756名，曝光违规车辆83辆。开展大风天火灾防控、高层建筑隐患综合治理、人员密集场所消防安全专项治理、“打通生命通道”行动、复工复产消防安全检查、物流寄递行业消防隐患整治等专项治理工作，动员部署迎国考、“三化”达标验收等工作。推进消防安全制度运行，按照“双随机、一公开”监管机制，规范执法行为，每月通过政府门户网站，公开消防监督抽查计划及检查结果，接受社会监督。

(曾凤霞)

【宣传培训】 2021年，县消防大队结合消防宣传教育“五进”工作、“中小学生宣传教育月活动”、“防灾减灾周”、“安全生产月”、“119”消防宣传月等活动，联合教科、卫生、文旅、民政、民宗等各个行业部门，对全县企事业单位、学校、宾馆饭店、医院、福利院等人员密集场所开展消防安全教育培训；深入乡镇（社区）、派出所、警务站通过“面对面”和视频会议的形式开展消防培训，通过公安局指挥中心平台集中开展派出所、警务站民警培训两次，推动“九小场所”暨群租房、“三合一”场所专项督导检查。印制并张贴各类消防宣传海报5000余张。开展各类宣传送教240场次，开展派出所、社区培训90场次，消防站对外开放50余次，发放宣传资料10000余份，受教育群众2万余人次。

（曾凤霞）

应急救援

【交通救援】 2021年1月15日20时，315国道石头沟至红柳沟路段突降大雪，导致车辆滞留。县委、县政府召开紧急会议，应急管理、交通、路政等部门的专业救援工作队开展救援。救援出动车辆300余辆次，参加救援人员200余人次。挖掘机、装载机、平地机、清雪车等21辆，融雪剂490余吨，救护车3辆6人，储备急救药品13类500盒，医疗保障服务人员30余次，发放口罩、洗手液等防疫物资500余个，发放保障物资饮用水、火腿肠、面包、馕、方便面、鸡蛋等7.6万余份。移动通信保障车2辆，调配对讲机60部，卫星电话8部，10个短波电台。1月21日上午10时，该路段恢复通行。该次极端天气事件未造成交通事故与人员伤亡。

（李娟姝）

【自然灾害救援】 2021年10月2日夜间至3日若羌出现风沙、降温、降雨天气，平原大部普遍风力5~6级、阵风9~10级，局部风力10~11级。经统计，该次受极端天气造成若羌县红枣受灾面积约1988公顷，受灾产量约计1770吨，累计涉及农户2112户4811人，造成经济损失约885万元。灾害发生后，县应急部门迅速组织领导干部、公安干警、联户长等320人次、车辆22台次，开展救援，及时联系3家企业收购风吹落地的红枣，对受损的3座大棚进行抢修，避免农户损失进一步扩大。

（李娟姝）

【森林草原火灾救援】 2021年2月7日15时36分，若羌县辖区内218国道1033千米处其文阔尔苇区发生森林草原火灾。县人民政府组织由应急管理、林草、消防大队、公安、自然资源、铁干里克镇、若羌镇、吾塔木乡等组建救援队180余人进行灭火。17时，火灾被扑灭。该次火灾过火面积6.7公顷，无人员伤亡。

（李娟姝）

2021年1月17日，县应急救援队伍在315国道红柳沟至石头沟路段开展道路交通抢险救援

（县应急管理局 供稿）

乡镇

若羌镇

【概况】 若羌镇位于218国道、315国道交会处。1984年成立，为若羌县人民政府驻地。2021年，若羌镇下辖5个社区，总面积28平方千米。下辖楼兰、胜利、文化、团结、新城5个社区。共有干部职工154人(借调32人)，在岗122人。其中，行政编(参公编)64人，事业编20人，编外38人(事业岗28人，公益性岗10人)；男60人，女62人。

(陈慧敏)

【基础设施建设】 2021年10月15日，若羌镇楼兰社区综合服务设施建设项目正式开工，项目位于若羌县若羌镇人民政府西侧。建筑面积1000平方米，框架结构，地上一层，主要建设内容为土建施工及附属工程建设。基本框架搭建完成，使用资金87.9万元。

2021年1月，若羌镇建设楼兰社区科普馆。2021年3月29日，该馆免费向大众开放。场馆总面积约120平方米，共投入资金30万元，全部为中央预算内资金。场馆主要以“自然环境与生态环保”为建馆主题，分人体健康、公共安全、科学认知、智慧生活、生态环保5个板块。

2021年6月，若羌镇团结社区公共卫生科普馆开工建设，于10月完工。该馆位于若羌镇团结社区二楼，展馆面积230平方米，框架结构，共投入资金32万元。公共卫生科普馆通过展示与体验的方式，运用现代科学技术。熟悉、处置各类疾病，使群众在参观交流中提高应对突发公共卫生事件的能力。

2021年6月，若羌镇新城社区安全生产体验馆开工建设，于2021年11月建成，免费向大众开放。该馆是若羌县第一个安全生产领域实景模拟体验的教育场馆，占地面积约90平方米，可容纳25—30人同时参观体验，体验馆将安全知识与多种创新科技相结合，融知识性、直观性、趣味性、互动性、操作性于一体，是一个常态化、动态化的智能展馆。共投入资金19万元。

(陈慧敏)

【集体经济】 2021年，若羌镇团结社区和邢羌春丽红枣加工厂合作。该项目位于若羌县靖祥物流园内，面积2000平方米，总投入资金90万元(全部为支援资金)，购买机器设备，用于红枣加工与生产，团结社区每年收取机器设备租赁金9万元。

2021年3月至5月，若羌镇新城社区将空余用房出租给托幼机构，共收益9000元。5月，若羌镇新城社区和万想蔬菜合作社合作，为辖区部队进行蔬菜配送和副食品供应等，利润按五五分成，共计2.5万元。6月，若羌镇新城社区“创业联盟·移动餐车”1辆，共收租金收益3000元。

(陈慧敏)

【基层党建】 2021年，若羌县若羌镇坚持以政治建设为统领，持续推进“两学一做”学习教育常态化制度化，落实“三会一课”、主题党日、组织生活会、民主评议党员等制度，规范发展党员程序，新发展党员11人。创新党史学习教育形式，累计开展党史学习教育259场次，录制系列“党课开讲啦”微视频，打造指尖上的“微党建”，创新开展“群众满意服务窗口”进小区活动。深化“我为群众办实事”实践，为居民群众办实事好事280余件，投入资金109万元。大力开展“大党委”成员单位、在职党员双报到工作，82个单位738名党员到社区报到，认领防疫、维稳、安全生产、党建等各类任务1836次。落实自治区党委“1+2”文件精神和县委“三提升一改革”工作要求，推进党建审批制，实施“党支部领办公司”和“实行社区干部发展壮大集体经济效益奖励”两个试点，探索发展社区集体经济，增强党组织凝聚力。争取住建局项目资金50余万元，在各小区建设、改造党建便民服务站。打造党建引领·红色物业+N网格治理模式，将社区网格服务“搬”到群众家门口，形成“一网格一党小组一阵地”立体式便民服务圈。新调整“两委”班子成员21人，选派30余名后备干部外出学习培训。（李召）

【社会保障】 2021年，若羌镇开展巩固脱贫攻坚后评估，全覆盖走访各类救助人员。动态管理、精准核查城乡低保户65户91人。开展临时救助36户57人，发放救助金8万余元。全覆盖摸排辖区低保户、残疾人、鳏寡孤独等群体，为131户困难群体发放15.72万元暖气补贴。开展助残爱残活动，为49户残疾人发放辅助器具64件，为139名残疾人发放残疾人护理补贴。开展食品药品安全大检查80余次，确保居民群众舌尖上的安全。开展爱国卫生运动，动员小红帽志愿者、居民群众大力开展人居环境整治，巩固全国文明村镇创建成果。持续开展全民免费健康体检，推进计划生育特殊家庭扶助关心关爱活动。（侯仰姓）

【民族团结】 2021年，若羌镇持续开展“民族团结一家亲”活动，推动各族群众广泛交往、全面交流、深度交融。发挥民族团结先进典型的带动和引领作用，以自治区道德模范、自治区民族团结先进个人帕太姆罕·巴拉提为切入点，全方位、多层次挖掘宣传民族团结先进个人和先进事迹，以社会主义核心价值观为引领，用好正本清源“时代记忆”民俗馆，深入开展“五个认同”、爱国主义、民族团结等宣传教育500余场次。深入推进民族团结进步创建工作。推选民族团结好楼栋6个、民族团结先进单元6个、民族团结先进个人12人、民族团结好邻居10对，若羌镇各族干部群众中华民族共同体意识不断增强。（侯仰姓）

【安全生产】 2021年，若羌镇组织安全生产专题学习5次；每日在社会面、居民小区开展隐患排查整治，全年发现隐患问题870余条，全部落实整改闭环；开展防灾减灾日、安全生产月等宣传活动，覆盖群众8000余人次，发放宣传单5000份；开展灭火器进万家、燃气报警器安装2项贯穿全年的大型活动，配套率89%。配合职能部门开展“5·12”全国防灾减灾宣传和第20个安全宣传月活动，开展防火、防洪、防震等应急演练100余场次，覆盖群众2200余人。应对极端灾害天气，清理枯树死树40余棵，镇级微信公众号转载安全提示100余条。投入安全生产经费8万余元，夯实安全生产基础。

（崔海锋）

【党建引领物业服务】 2021年，若羌镇文化社区将党的组织嵌入社区治理及物业服务工作。利用在职党员双报到机制，摸清党员底数，健全组织机构。让党员发挥“红色”作用，带领一般居民群众参与到小区各项事务中来，形成党组织+党员（在职党员、离退休党员）+物业服务+居民参与的机制。并利用多方资源，完善阵地建设。将原党群服务窗口前移至小区，在小区内建

2021年3月21日，若羌镇在楼兰社区召开“板凳会”，面对面收集、解答群众难点热点问题 （若羌镇 供稿）

设文化社区“党建引领·红色物业服务+N”服务窗口阵地，通过精简路程、精简时间，解决群众办事过程中东奔西跑的现状。以党建全面引领“物业+N+服务信息”收集服务。在各社区召开“板凳会”，面对面收集、解答群众难点热点问题，拓宽搜集渠道，通过轮值人员摸排收集、服务热线电话接听、网上微信群反映等方式，对收集的社情民意进行分类，落实“123”工作机制，明确“谁来干、干什么、怎么干”，限时解决、及时反馈，并进行满意度测评和定期回访。依托新时代文明实践站点，借助“大党委”共建单位党组织力量，成立7支志愿者服务队，从环境卫生、医疗卫生、法律援助、关爱老人、留守儿童等7个方面，实现“群众点单，服务周到”的志愿服务。引进若羌镇党委“党建引领·创业联盟”品牌，给辖区无业人员和有一技之长的妇女开办地摊经济，达到增收致富效果。“+文化驿站”向小区延伸的前沿阵地，居民们学习知识、锻炼身体，娱乐、开展志愿服务，留守儿童开展课余文化生活等在家门口就可以实现，建成集宣传文化、党员教育、科学普及、普法教育、农民夜校、体育健身于一体的活动室。 （向晓燕）

铁干里克镇

【概况】 铁干里克镇位于若羌县城东北部1千米处，总面积2.32万平方千米，218、315国道穿越镇境。铁干里克镇属暖温带大陆性干旱气候，四季分明，夏季炎热，冬季寒冷，降水稀少，昼夜温差大。年均气温11.5℃，极端最低温度-23.8℃，极端最高气温42.2℃，年均降水量28.5毫米左右。铁干里克镇下辖12个行政村、2个社区、23个村民小组，由汉、维吾尔、回、蒙古、藏、土家等6个民族构成。（毛鑫海）

【巩固脱贫攻坚成果】 2021年，铁干里克镇印发《铁干里克镇防返贫动态监测和帮扶机制方案》《铁干里克镇巩固拓展脱贫攻坚成果集中排查工作方案》，全面核查存在返贫、致贫风险的农户，确认边缘易致贫户5户19人，通过产业扶持、公益性岗位安置等分类帮扶措施，全部消除返贫、致贫风险。持续开展好消费帮扶工作，县、镇、村各级干部采购脱贫群众农副产品107次。全镇消费帮扶金额84812.2元。

（朱旭）

【基础设施建设】 2021年，铁干里克镇实施衔接乡村振兴资金项目，总投资381.5万元。其中，果勒吾斯塘村畜禽肉制品加工项目，项目总投资26.5万元；品种羊扩繁基地配套设施建设项目，总投资329万元；果勒吾斯塘村排水管网疏通项目，总投资26万元。实施中央预算内项目2个，总投资600万元。其中，铁干里克镇古力巴格社区综合服务设施建设项目，总投资300万元；铁干里克镇物流园社区综合服务设施建设项目，总投资300

万元。

铁干里克镇品种羊扩繁基地配套设施建设项目，总投资329万元。其中，投资90万元对英苏牧业村养殖小区配套设施进行改造，建设3千米青塑高围界（含混凝土筑基高2米，30万元/千米）；变压器一个40万元（电源相数：三相、额定功率：400千伏安、4根12米电线杆，每根1500元、250米铜线，每米160元）；砂石路面5400平方米，每平方米35元，共计18.9万元；修建业务用房300平方米（含配套水电、电暖气），每平方米3150元，共94.5万元；修建库房300平方米，每平方米2300元，共计69万元；投资15万元，修建1座200立方米沤粪池；购买液压升降台1个，1.6万元。产权归村集体所有。该项目立项时间为2020年12月13日，2021年9月竣工验收。

铁干里克镇果勒吾斯塘村排水管网疏通项目，总投资26万元，对果勒吾斯塘村居民区的6.5千米排水管网进行疏通，价格4万元/千米。项目立项时间为2021年1月13日，7月竣工验收。

若羌县铁干里克镇果勒吾斯塘村畜禽肉制品加工项目，总投资26.5万元，购买双室真空包装机（DZ600/2S）1套5万元，制冷机组2套（8.2P、5.2P各一套），冷风机2套及配套设备，合计14万元；不锈钢工作台8张及三星水池3个，合计1.5万元；电采暖改造面积300平方米，合计4万元；水电配套2万元。2021年6月21日项目立项，8月30日竣工验收。（朱旭）

【基层党建】 2021年，铁干里克镇完成镇党委、人大、政府和村（社区）“两委”换届选举工作，选优配强基层党组织书记，完成村级组织“一支部三中心”组织架构建设。开展“三会一课”和“党旗映天山”主题党日及庆祝建党100周年系列活动，落实“召集人”制。优化党组织队伍，全面排查整顿农村违规发展党员问题。深化村（社区）组织“星级化”创建工作，开展村（社区）“两委”、后备干部冬季大轮训，不断提升基层干部能力素质，全年，新发展党员43名。全镇共有党员419名，入党积极分子69名，入党申请人77人。2021年，4名获县级以上表彰的优秀共产党员称号，2名获得优秀党务工作者称号，2个党支部被评为先进基层党组织。在非公有制企业中建立党组织，推进非公企业党组织有形有效覆盖，成立非公企业党支部1个。（杨艳伟）

【美丽乡村建设】 2021年，铁干里克镇党委、镇政府成立人居环境整治领导小组，明确周二、五为环境整治日，每月对各村（社区）卫生情况进行检查通报，下发铁干里克镇“环境整治行动”督察通报19期，大力推进农村环境整治。不断完善和提升基础设施建设，以农村生活垃圾污水治理、“厕所革命”、村容村貌提升为主攻方向，建立健全长效管护机制，确保农村人居环境整治的深入开展。全镇改厕1404个，改厕总覆盖率98.3%。其中，旱厕25个、水冲式厕所1296个、简易式厕所62个。持续巩固庭院整治“四区分离”成果，开展好条田、好林带、好渠道、好公路评比，评出美丽示范户52户，其中州级美丽庭院示范户3户、县级示范户49户。（朱旭）

【乡村旅游】 2021年，铁干里克镇创建果勒吾斯塘村自治区级重点旅游村，打造游客接待中心、星级农家乐，制定旅游路线示意图，引进楼兰羌调民宿，在安居路打造特色民宿一条街，加强与禹龙农旅专业合作社合作，推进“党支部+党员+群众+企业”发展的模式，特色民宿13家，特色农家乐10家，发展乡村特色餐饮5家，带动就业62人，人均增收3000元；发展夜市2家，带动就业28人，人均增收2000元以上。（朱旭）

【民生事业】 2021年，铁干里克镇巩固义务教育控辍保学成果，落实低收入家庭学生教育帮扶机制，对9名残疾学生，送教上门

4人，随班就读5人；申报河北支援助学金6人，每学年每人6000元，共3.6万元；申报享受雨露计划17人，每学年每人3000元，共5.1万元。义务教育阶段适龄学生实现全面保障，无失学、辍学现象。落实社会保障政策应保尽保，为辖区各族群众免费体检2883人，就诊8000余人次，政府补贴10余万元。监测户基本医疗保险缴纳40元，政府补助320元，脱贫户缴纳60元，政府补助280元。确保所有建档立卡脱贫户、边缘易致贫人口应保尽保。及时发放各类民生保障资金。农村低保由每人每月417元提高至每人每月675元，临时救助发放19次，救助18人，发放金额34600元，确保辖区困难群体生活得到有效保障。

联合县住建局对辖区住房进行安全隐患全面排查，一般户A级住房825套、B级住房493套；脱贫户A级住房96套、B级住房58套，监测户A级住房1套，B级住房4套，对发现的问题及时整改，全面实现安全住房保障。安全饮水实现100%，定期由县水质监测中心化验室工作人员到村集中式饮水处发放二氧化氯泡腾消毒片，并对饮用水水塔水质进行检测和清洗消毒，有效保障农民饮水安全。10月份，对安全饮水情况进行再排查，每星期排查一次并进行消毒，未发现安全饮水问题。依托农牧民技工学校，开展建筑、厨师、面点、美容美发、电商等职业技能培训7期300余人，不断提升农牧民群众的就业创业能力，推广地表管道节水培训62场次1300人，开展农牧民夜校学习普通话及各类惠民政策92场次5470人次，帮助就业150人次。（朱旭）

【乡村振兴】 2021年，铁干里克镇以“提质增效”为目标，创建红枣精品园。开展红枣提质增效攻坚年科技培训7次236人，红枣种植面积897.33公顷，每亩产量约320千克，总产量约4307.2吨，价格8—12元。完成土地流转75.26公顷（库尔干村40公顷、果勒吾斯塘村6.63公顷、托格拉克勒克村6.41公顷、亚喀吾斯塘村13公顷、英苏牧业村2.88公顷、古力巴格社区6.33公顷），嫁接改良红枣品种70公顷（冬枣13.33公顷、灰枣20公顷、酸枣36.67公顷）。发展“甜蜜事业”，有蜜蜂养殖合作社1个，私家养殖4个，1300余个蜂群，年产45吨蜂蜜，带动农户就业20人。推动畜牧规模化养殖，全镇共有畜禽存栏5.91万头（只，羽）。其中，羊2.97万只（牧区1.86万只、农区1.11万只）、家禽2.8万羽、牛834头、生猪255头、骆驼100峰。引进羌都畜牧60万头生猪养殖，1.2万头肉牛养殖项目开工建设。依托英苏畜牧养殖专业合作社运行，推行“132”养殖模式（1只种公羊、30只生产母羊、2只奶山羊），改良品种，引导散户牧民托管养殖，解放劳动力，实现集约化经营，持续增加农牧民群众收入，英苏畜牧养殖专业合作社流转农户牲畜2000余只，每户每年收益2000元以上。打造设施农业蔬菜大棚基地，推动庭院化“小众”特色种植、畜禽养殖，全镇大棚种植蔬菜100余座，种植大户242户，养殖大户26户。引导庭院较大的农户发展庭院经济，搭建50个小拱棚种植蔬菜。规划建立直销点，帮助农户打开畜禽肉蛋奶、蔬菜等副食品销售渠道，探索大棚菜、陆地菜与庭院菜相结合，进入本地市场，解决农户庭院种植养殖产品销路，实现农户持续增收。发展林下养殖，引导农牧民充分利用闲置空地、枣园，搭建棚圈舍20座，引进乌鸡、珍珠鸡、红嘴雁、鹅5000羽，形成蔬菜自给、禽类增收的发展模式。推广红枣高效节水林下经济作物，种植西瓜，甜瓜33.33公顷。试种6.67公顷大豆、花生等小众农产品，并延伸豆制品、食用油加工等产业链。开发国有土地，种植甘草6.67公顷，种植玉米、苜蓿333.33公顷，打造饲草料基地。（朱旭）

【平安建设】 2021年，铁干里克镇逐步提高社会治理水平，将辖区划分为核心区1个，居住区8个村（社区），村民小组23个，边远区5个,划分为53个网格,选优配强网格长、联户长,扎实推进平安建设。全镇共设置8个调委会,培养人民调解员37名,成功调解各类矛盾纠纷等事件103起,涉及当事人203人,涉及金额629.42万元。每月至少开展一次法律法规宣传活动,营造和谐文明的乡村,推进民主法治乡村的创建。 (徐富强)

【村集体经济发展】 2021年,铁干里克镇下辖7个村(社区),集体经济收入168.7万元,其中20万元以上的村3个(亚喀吾斯塘村、英苏牧业村、果勒吾斯塘村),10万—20万元的村4个(托格拉克勒克村、努尔巴格村、古力巴格社区、库尔干村),集体土地发包、畜牧业养殖、合作社分红、固定资产收益等收入是主要来源。 (单世昌)

瓦石峡镇

【概况】 瓦石峡镇位于若羌县城以西80千米处,315国道穿越镇境,全镇总面积2.41万平方千米,镇下辖9个行政村、1个社区、21个村民小组。2021年,瓦石峡镇有行政编制27个,实有在职人数84人,其中科级及以下干部人数83人。瓦石峡镇实有事业单位工作人员46人。其中,管理岗位人员14人、专业技术岗位人员30人、工勤人员2人。 (张恒)

【重点项目建设】 2021年,若羌县瓦石峡镇吾塔木村养殖小区建设项目:总投资368.02万元,于8月开始施工,建设总面积3375平方米的彩钢牲畜棚圈(半封闭式)2座及相关配套设施。2021年,完成项目主体设施建设。

瓦石峡镇新建村养殖小区建设项目:总投资243.52万元,于2021年8月开始施工,新建1500平方米彩钢牲畜棚圈(半封闭式)1座及配套设施,2021年,完成项目主体设施建设。

瓦石峡镇瓦石峡社区综合服务设施建设项目:总投资300万元,于2021年9月开始施工,新建地上二层(框架结构),建筑面积约1000平方米及供暖、绿化、美化等配套设施,2021年,进行主体框架结构混凝土浇筑工作。

瓦石峡镇村民服务中心建设项目:项目总投资442万元,于2021年10月开始施工,1617.7平方米。其中,乌都勒吾斯塘村村民服务中心建筑面积391.68平方米,牧业村村民服务中心建筑面积298.68平方米,新建村村民服务中心建筑面积468.54平方米,吾塔木村村民服务中心建筑面积458.80平方米,2021年进行基础承台、基础挡土墙及新建村基础承台混凝土浇筑工作。 (张恒)

【乡村振兴】 2021年,瓦石峡镇累计帮扶困难学生享受雨露计划政策、非寄宿生活补助、高中助学金等政策学生172人,发放补助14.58万元。全面做好住房保障巩固提升工作,对全镇1676套住房每季度进行一次安全排查,全镇农村住房鉴定等级全部B级以上。低保人口67户100人。其中,农村低保55户84人,城市低保12户16人,低保由417元/月统一提高至675元/月,4名农村特困供养人员全部实现应保尽保。对临时生活困难的家庭落实临时救助政策,累计救助34户次,发放救助金8.75万元。全面落实城乡居民基本养老保险待遇和高龄补贴,为年满60周岁以上的556人发放养老金136.78万元,70周岁以上的239人发放高龄补贴17.68万元。持续做好残疾人“两项补贴”发放工作,发放补贴16.34万元。乡村振兴衔接补助资金611.54万元、支援资金100万元。共实施衔接资金和支援项目3个(其中,财政专项资金项目2个、支援项目1个),建成4875平方米的养殖棚圈和美食一条街。加强扶贫资产管理和项目库储备工作,累计登记2013—2020年扶贫资产54个,储备乡村振兴项目13个3599.4万元。全镇农牧民人均纯收入34432.15元,脱贫户人均收入21143.67元。 (张恒)

2022年12月24日，瓦石峡镇邀请畜牧专业技术人员在吾塔木村开展培训
（张恒　摄）

【美丽乡村建设】 2021年，瓦石峡镇政府实施美丽乡村建设工作，完成5个行政村排污管道冲洗、清淤工作，污水管网覆盖率95%。持续推动全镇5个村庄环境整治，共配置环卫人员25人，配置垃圾箱75个、垃圾清运车3辆。瓦石峡镇乌都勒吾斯塘村打造农村改厕示范点1个，塔勒克村民小组示范户10户。完成1379户1671个农村厕所的建档、摸排工作。全镇5个行政村全面实施农村生活污水管网提升改造，农村自来水、天然气、集中排水入户率100%。集体经济发展全镇庭院经济农户数1321户，占全镇农户的78.8%，发展总面积约24.62公顷。（张恒）

【社会事业】 2021年，瓦石峡镇有小学1所，幼儿园3所，配备教职人员138人。完成镇卫生院标准化建设，配备23名医护人员，建成4个标准化卫生室，每个卫生室配备2—3名村医。全镇农村劳动力实现就业3075人，脱贫劳动力实现就业613人。发展劳动密集型企业4家，增加就业岗位200余个，优化落地企业营商环境，吸引企业2家落地，吸收就业120人，带动村民就近就业，增加劳务收入。（张恒）

【平安建设】 2021年，瓦石峡镇共创十星级文明家庭70户，九星级文明家庭320户，八星级文明家庭495户，七星级文明家庭510户，六星级文明家庭310户，五星级文明家庭270户，创建率100%。创建平安站所12个，平安村5个，平安商铺129家，平安学校1所。（张恒）

依吞布拉克镇

【概况】 依吞布拉克镇位于若羌县东南面，处于阿尔金山、昆仑山区域，以及新、青、甘、藏四省交界处，距县城298千米（镇址西距县城256千米），距州府所在地库尔勒市742千米，东至新疆与青海边界2千米，与青海省茫崖镇相邻。总面积370平方千米，315国道横贯全镇，是内地通往中亚和新疆的第二条战略通道，也是从青海省入疆第一镇，是一个新兴的矿业集镇和新疆通往内地的东南大门。依吞布拉克镇平均海拔3138.5米，属典型的高原荒漠干旱气候，多风且干燥。2021年，依吞布拉克镇共有在职在编干部49人，辖区有行政事业单位12家，大小企业6家，各类商业网点46个。依吞布拉克镇下辖2个行政村、2个社区、2个村民小组。（张二江）

【社会事业】 2021年，依吞布拉克镇特色小城镇建设规划修订完善，完成规划报批，全年投资3000余万元，对镇区315国道北侧1.4千米的绿化项目（一期）进行建设，种植青杨5640棵、红柳1.2万棵，改善镇区干部群众生产生活环境，同时对供排水、供暖等基础设施进行改造升级，新建自来水厂和污水处理厂，对315

国道南侧建设3千米的人行道、阿尔金山游客接待中心和古道宾馆外立面进行改造升级，对依铁线、7000平方米商业区进行硬化，新建进出疆两个停车场。

（张二江）

【平安建设】 2021年，依吞布拉克镇创建自治区级平安乡镇。落实重点单位24小时值班备勤工作，充分发挥党政军警民协调联动作用，不断提升快速处置能力。上半年开展实战性全要素演练39次，十户联防演练61次，定期深入工矿企业、高速铁路工区开展流动人口摸底，及时掌握流动人口现实动态，做好流动人口平台人员登记和注销工作，确保做到底数清、情况明。在镇域高寒缺氧地区，进入企业、牧业点开展摸排12次，开展“消防逃生”“应急救援”等应急演练12次。做好群众困难诉求的收集，及时结合群众反映的困难诉求，对辖区摸排出的139条困难问题给予及时解决。在全镇范围内开展法治宣传，结合“法宣在线”App线上组织《中华人民共和国安全法》的考试，累计宣传人数400余人次，定期开展矛盾纠纷排查化解工作，先后化解矛盾纠纷22件次，协调劳资纠纷金额1720万余元。全年，持续开展防范电信网络诈骗知识宣传，累计宣传群众2000人次，在镇区全面推广安装“国家反诈中心”和“慧眼识诈”App，使用率95%以上。

（张二江）

【乡村旅游】 2021年，依吞布拉克镇与青海茫崖市沟通对接，与茫崖市文旅局就两地文旅产业共促共进深入探讨交流，初步达成资源共享、游客互通概念，发布“茫崖人游阿尔金山”“茫崖人游若羌”的招募计划，加大旅游资源整合，新建旗帜博物馆，对76号雪峰、盐湖景区、阿尔金山等区域进行探索规划，先后开展阿尔金山越野首发仪式、旗帜博物馆开馆仪式等宣传推介活动。11月，依吞布拉克镇生态景区成功创建国家AAA级旅游景区。参与青海西宁—若羌文旅资源推介会，通过宣传片推介的方式向外界宣传推介镇区的自然景观，与青海西海遥旅游有限公司等6家公司建立友好合作关系，达成游客输送初步意向。

（张二江）

【乡村振兴】 2021年7月，依吞布拉克镇乡村振兴办挂牌成立，由党委书记和镇长任双组长，分管的党委副书记任办公室主任主持工作，同时下辖依吞布拉克社区设乡村振兴工作站，由社区主任主抓。辖区共有农村户籍人口15户35人，在辖区2户4人。按照“社区不漏户、户不漏人”原则，全覆盖算好农户“六笔账”，对收入骤减或者支出骤增家庭存在的困难情况进行摸排，建立完善台账，加强动态监测，坚决防止返贫和出现新的贫困。推进“厕所革命”，制定专项实施方案，成立工作专班，推进农村厕所摸排工作，辖区7座公共厕所均能正常使用。开展“千村示范、万村整治”工作。以院内院外“六件事”、农村生活垃圾处理、社区村容村貌提升为主攻方向，为辖区各站所配备垃圾收集容器和转运设备。采取群众喜闻乐见、寓教于乐的方式举办爱党爱国、移风易俗主题文艺下乡活动15场次，免费发放科普资料2000余份（册），惠及群众600余人。

（张二江）

罗布泊镇

【概况】 罗布泊镇位于若羌县城东北方向320千米处，距库尔勒市（直线距离）540千米，东与甘肃省相连，西与新疆尉犁县毗邻，北与新疆鄯善、哈密等地接壤。平均海拔780—846米。7月，平均气温为26.5℃—29.3℃，极端最高气温为70℃，极端最低气温为-28℃，年降水量38.5毫米。全镇总面积5.1万平方千米，是国内面积最大的镇，属于大陆性干旱气候，矿产资源和旅游资源十分丰富。2021年，罗布泊镇核定行政编制9人；下设罗布泊镇文体广电旅游服务中心、社会保障(民政)服务中心(退役军人服务站)、经济(统计)发展中心(财政所)、村镇规划建设发展中心(生态环境工作站)、综治中心(网格化和群众服务中心)5个事业单位,核定事业编制17名。罗布泊镇下辖3个行政村、1个社区、3个村民小组。(裴宏俪)

【基层党建】 2021年,罗布泊镇党委紧紧围绕学习贯彻习近平新时代中国特色社会主义思想这条主线,坚持周三夜学、周五政治理论学习和每月不少于一次的党委中心组学习常态化。组织开展党委中心组学习20次,政治理论学习42次,撰写"党费日+"报告221份,下发"学习强国"学习平台在周通报36次,党员干部政治思想素质进一步提升;镇党委把党史学习教育作为党员、干部教育培训重点任务,精心设计课程,组织专题培训。把"我为群众办实事"作为党史学习教育的重要内容,开展"学党史 守初心 担使命"主题党日活动12次,专题研讨交流7次,党史学习教育集中学习37次,开展读书班活动22次,观看党史教育影片16次,党史宣讲20场次,为群众办实事好事70余件。

严格落实党委主体责任,将党的建设纳入重要议事日程,强力推进各项责任制落实,先后召开镇党委会,专题研究党建工作6次,听取党建办专题汇报3次;加强党支部建设,进一步规范党员各项政治生活,严格落实"三会一课"制度、"一会制"、"召集人制"等工作,组织党小组会14次、支委会28次、支部党员大会14次、开展领导干部上党课20次,干部轮流担任召集人组织集中学习37次。不断强化干部的教育培养,参加县委组织主题班培训3人,县直部门、国投罗钾公司跟班学习12人,外出考察学习5人,有效提升年轻干部能力素质。严格党员发展标准,发展新党员6名。(裴宏俪)

【平安建设】 2021年,罗布泊镇做好信访矛盾纠纷排查化解工作,创新建立军地、政企联席会议长效机制,定期组织辖区单位、企业召开联席会议,分析研判矛盾纠纷。全年,排查化解矛盾46起,涉及人员375人,涉及金额2634.16万元。共组织开展"民族团结一家亲"联谊活动7场、文体活动3场,其他各类活动9场,参与群众300余人次。提高各族干部群众道德素养,切实铸牢中华民族共同体意识。

(裴宏俪)

【安全生产】 2021年,罗布泊镇共组织召开12次安全生产专题会议,认真总结经验教训,深入研究和解决安全生产工作中存在的突出问题,与辖区各企业、各单位、商户签订目标管理责任书30份。利用周一升国旗、"民族团结一家亲"走访等形式向辖区企业、商户宣传安全用电、用火、用气、用煤及交通安全知识,共开展各类安全生产宣传宣讲活动24场次,发放安全知识宣传单1200余份。定期深入罗钾公司及下属外包企业、各工程建设单位开展安全生产监督检查,开展各类安全生产检查116次,对辖区20家企业、17家商户安全生产工作进行督促检查,发现安全隐患全部整改完毕。(裴宏俪)

【经济发展】 2021年,罗布泊镇引导和加强监督管理,进行法律宣传,引导辖区企业商户依法生产,合法经营,增强法律意识,维护企业合法权益,确保企业商户合法合规生产运行,对企业和商户进行法律监督管理。协调和热情服务,创新服务形式,为企业提供各种服务和有效信息,加强政企之间的联系与合作,关注政策动向,做好医疗保障、环境卫生、铁路护路等工作,为企业经济高质量发展营造稳定和谐的生产环境。罗钾社区卫生服务室投入使用,极大地方便了群众和职工就医。做好数据统计,掌握辖区经济运行情况。

(裴宏俪)

【环境保护】 2021年,罗布泊镇制订罗布泊区域巡护工作计划,建立联合巡查制度,常态化开展生态环境巡查。联合野骆驼保护区管理局、县自然资源局、县环保局等相关部门对辖区巡查巡护36次,人员108人次。劝返非法穿越人员8起40余人,发现辖区违法盗采盗挖4起,涉案人员34人移交县执法部门,按照“谁破坏谁治理”的原则,要求对盗采区域进行恢复治理2处。开展环境保护宣传48次,不断提升辖区商户主人翁意识,做好垃圾分类,集中收集,统一处理,并与商户签订门前“五包责任书”,坚持每日一小扫每周一大扫,定期开展环境卫生整治活动,及时清理辖区范围内的生活垃圾,不断改善辖区环境质量。 (裴宏俪)

吾塔木乡

【概况】 吾塔木乡位于若羌县城西侧,冬季寒冷,夏季酷热少雨,风大尘多,日温差悬殊,属典型的大陆温带干旱、半干旱气候区。年均气温11.5℃,年平均无霜期197天,是瓜果产品的理想之地。总面积1.17万平方千米。2021年,若羌县吾塔木乡下辖8个行政村、18个村民小组,全乡户籍人口1316户4231人。辖区内有小学1所,幼儿园2所。

(王金尚)

【重点项目建设】 2021年,若羌县吾塔木乡实施重点项目8个,涉及资金1997万元,完工3个,分别是:吾塔木乡品种羊繁育基地建设项目681万元;吾塔木乡品种羊繁育基地配套设施建设项目(二期)180万元;吾塔木乡昆其牧业村肉制品加工项目20万元。在建项目5个,分别是吾塔木乡防渗渠建设项目99万元、吾塔木乡果勒艾日克村文化旅游提升项目(一期)342万元、吾塔木乡果勒艾日克村文化旅游提升项目(二期)157万元、吾塔木乡乡村旅游专线提升改造工程338万元、吾塔木乡微型工厂改造项目180万元;2021年拨付1655.55万元,占资金总额的82.9%。

2021年4月20日,罗布泊镇开展新疆平安E家宣传活动 (罗布泊镇 供稿)

吾塔木乡品种羊繁育基地建设项目 项目投资681万元。在若羌县吾塔木乡新建品种羊繁育基地,总占地面积133094.54平方米。该次建设标准化羊圈6个,每个建筑面积666.6平方米,合计建筑面积3999.6平方米;活动场围栏1386米;库房和加工车间1栋,建筑面积900.45平方米;药浴池1座,27立方米;购置315千伏安变压器1套。项目开工时间为2021年3月15日,于2021年6月15日完工。

吾塔木乡品种羊繁育基地配套设施建设项目(二期) 项目投资180万元。建设有机肥生产线(1台发酵翻抛设备,1台粉碎设备,1台搅拌设备,1台造粒设备,1台烘干冷却设备,1台分筛设备,1台包装称重设备,相关设备根据实际情况可进行增减),用于繁育基地有机肥生产,形成绿色循环网。投资30万元,在品种羊繁育基地内建设消防设施500立方米消防水池1座,投资35万元加装6个羊圈刮粪板,投资16万元建设繁育基地500米围墙，投资25万元建设品种羊繁育基地内500米高压主线以及2.2千米自来水管网。项目开工时间为2021年7月25日，于2021年9月10日完工。

吾塔木乡昆其牧业村肉制品加工项目 项目投资20万元。购置大冰柜，真空包装机，切肉机，不锈钢陈列架，操作平台，室内线路铺设，墙面粉刷，包装盒，冷库，改三相电接冷库，广告宣传，商标注册费，产权归牧业村村集体所有。项目开工时间为2021年6月15日，于2021年8月15日完工。

吾塔木乡防渗渠建设项目 项目总投资99万元，新建防渗渠1060米（设计渠深0.82米，口宽1.2米，壁厚6厘米），新建防渗渠1230米（设计渠深0.7米，口宽1米，壁厚6厘米），修建1个7米过桥水泥涵洞，配套建设节制闸30个、分水闸30个；桥2座，产权归村集体所有。项目开工时间为2021年3月15日，于2021年11月1日完工。

吾塔木乡微型工厂改造项目 项目总投资180万元。改造原教室800平方米，改造内容包含更换门窗，吊顶，内外墙重新铲除刮白，抹灰，铺设室内地胶，清理平整场地，照明用电和三相用电各一路，厂房用电改造：安装250千伏安变压器1台，配套线路改造及配电箱1个以及加装电暖气安装，外设广告牌制作27个，亮光PVC字394个，门牌12个，壁挂喇叭10个，喇叭线4卷，功放设备1个，话筒1个，场地路面硬化，新增4000平方米水泥地坪，15厘米厚，厨房、卫生间改造。项目开工时间为3月15日，于11月1日完工。 （王金尚）

【乡村振兴】 2021年，吾塔木乡有18—59岁脱贫劳动力258人，全部实现稳定就业，其中，从事第一产业的38%；从事第二产业的33%；从事第三产业的5%；其他就业的21%；特殊人员3%。乡劳动保障站和乡村振兴工作站持续为各村推送就业信息10期，提供就业岗位近千个，联系小微企业6家搭建就业平台，提供就业岗位200余个。开展“河北支援助学金”申报工作，申报6人，新申报“雨露计划”申报4人；落实全民健康免费体检全覆盖，开展临时救助16户38人，免费为群众发放冬煤80余吨，持续为6名残疾儿童开展入户教学，调整护林员13人，发动干部群众落户，推动人口增长从而拉动经济发展，累计落户47户59人，帮助落户人群申请兑现落户政策。乡村振兴专干坚持每月督促村级5人联审小组，定期对贷款户进行跟踪走访，确保贷款户按照发展要求规划使用贷款，全乡贷款户从48户涉及资金170.5万元，缩减到还款的10户涉及资金22.9万元，通过常态化跟进监督金融扶贫发展情况，针对疫情带来的影响，为4户贷款户申请贷款展期。 （王金尚）

【美丽乡村建设】 2021年，吾塔木乡加强生态环境保护工作，紧紧围绕防风林建设、草场和湿地保护、农村人居环境整治及农村户厕改造，着力推进生态振兴。全乡完成种植防风林建设任务39.87公顷（新植17.87公顷，补植22公顷）；对英格里克牧区草场、车尔臣下游尾闾湖湿地进行巡逻；开展农村人居环境整治，确定每星期五为“清扫日”，发动群众对公共区域进行清扫，按照人居环境“十个好”标准，打造好条田、好林带、好渠道各5个，全乡打造示范户112户，有效发挥示范引领作用；制定美丽乡村示范村创建方案，创新“五洁净一超市”（个人洁净整治行动、洁净阵地整治行动、洁净村组整治行动、洁净家庭整治行动、全面洁净治理行动、绿色兑换超市）、环境卫生红黑榜、分片包联等常态化措施，对4个村外立面进行提升改造，完善硬化、美化、亮化设施，沿线种植花草。2月，果勒艾日克村成功创建为自治区美丽乡村；全面推进农村户厕改造工作，对辖区户厕现状进行核查摸排，成立工作专班，开展专题培训和交流学习7次，打造户厕改造教学点2个（双坑交替式），打造改厕示范户42户。对全乡1349户1495个厕所进行核查，其中1241个水冲式、69个旱厕、185个茅厕，将改厕工作纳入“十四五”规划。 （王金尚）

【村集体经济发展】 2021年，吾塔木乡集体地承包收入：果勒艾日克村应收127993元，收122896元，未收5097元；尤勒滚艾日克村应收131550元，收131550元；依格孜吾斯塘村应收262078元，收151750元，未收110328元；西塔提让村应收222107.50元，收87450.5元，未收134657元；昆其村应收6150元，收6150元；牧业村应收6790元，收6790元；合计应收756668.50元，收506586.50元，未收250082元。房屋出租收入应收166300元，收163100元，未收3200元。集体羊应收1242660元，收1144910元，未收97750元。 （王金尚）

【适度规模经营】 2021年，吾塔木乡打造卫星工厂产业集群，先后联系服装加工、面点制作、肉类加工等方面6家小微企业，共同搭建小微企业产业园，推动产业带动就业可持续发展。主要采取项目支持、企业互助、用工统筹、房租减免等措施，对产业发展进行扶持，立足当地资源优势，把发展“一村一品”作为调整农业产业结构、壮大规模农业的重要手段，围绕“红枣+电商”、昆仑雪羊、家禽养殖等产业，形成一批具有特色的优质产业。 （王金尚）

【乡村旅游】 2021年，吾塔木乡立足小河墓地、楼兰烽火台、万亩红枣园等地域优势，依托乡村旅游业发展，打造生态宜居且具有楼兰风情特色的美丽示范乡镇，带动乡域农家乐、民宿业、小夜市稳定发展，发展“乡村旅游+”模式，通过创新形式、文旅融合带动乡村旅游健康发展。构建“一线两产三馆”发展模式。其中，“一线”是一条精品旅游线；“两产”是卫星工厂、香菇产业园；“三馆”是果勒艾日克村红色教育主题展馆、尤勒滚艾日克村爱国主义教育中心、依格孜吾斯塘村科普馆。打造楼兰烽火台、特色楼兰文化古街、万亩红枣基地等网红打卡地贯穿全乡的精品乡村观光旅游路线，开发旅居、骑乘、小吃、烧烤等营利类项目。 （王金尚）

【平安建设】 2021年，吾塔木乡开展流动人口摸底活动14场次，共投入力量277人，清查出租房屋396户，发现问题187条，现场整改71条，下发整改通知书116份。矛盾纠纷排查调处录入75条，全部调解完毕。 （王金尚）

【社会事业】 2021年，吾塔木乡落实低保政策，规范管理，完善低保申请，进行家庭经济状况核对、入户调查、民主评议、审核等工作环节和程序。对低保对象因家庭经济状况及共同生活成员发生变化下的有进有出，实现动态管理下的应保尽保。共有低保对象43户70人，其中农村低保共26户47人，城市低保共17户23人，涉及资金422081元。享受若羌县低保（困难家庭资金）10户25人，涉及资金110922元。农村富余劳动力向非农产业转移就业新增1315人次，完成目标任务的101%；城镇新增就业242人次，完成目标任务的121%；城镇登记失业率控制在3%以内；在各村安装平台专用网络，建立实名制动态管理台账；统计报表数据误差率在5%以内；失业人员再就业20人，完成目标的100%；其中，援助就业困难人员就业14人，完成目标的140%；全年累计发布招聘信息18次，开发就业岗位2946个。 （王金尚）

铁木里克乡

【概况】 铁木里克乡地处羌塘高原，东昆仑—阿尔金山与祁曼塔格山相夹的山间盆地间，距若羌县城330千米，距州府所在地库尔勒市770千米，是若羌较为偏远的高原牧业乡，也是典型的少数民族牧业乡，若羌重要的牧业生产基地之一。全乡总面积2.63万平方千米，平均海拔3500米，乡政府所在地海拔3500米，7月份平均气温为13.5℃，极端高温为29.5℃，极端低温为-30.5℃，年降水量41.3毫米。2021年，铁木里克乡人员编制17个，编外事业岗1个，在岗干部11人。铁木里克村“两委”干部7人，1名警务室民警，2人为农牧民；乡派村干部1人。驻村“访惠聚”驻村工作队1支，队员4名，由阿尔金山公路管理分局派驻。铁木里克乡下辖6个行政村、6个村民小组。（王飞）

【畜牧业发展】 2021年，铁木里克乡围绕牲畜品种改良，进一步扩大养殖规模和种类，投入63.6万元，引进青海欧拉种公羊100只，用于提升牧区羊群质量。先后投资88万元新建牲畜育肥基地、颗粒饲料生产线项目，保障畜牧产业稳定发展。9月，举办铁木里克乡2021年生态羊竞拍会，邀请来自和田、喀什、青海等地的收羊企业10余家，现场意向达成收购羊数量2000余只。鼓励牧民群众扩大骆驼、马等畜牧品种养殖规模，增加家庭收入。年末，全乡羊存栏量24341只，骆驼400峰，马300匹。其中，羊存栏量比2020年末增长2000只，增长10%；组建志愿服务队做好牲畜疫病防治工作。结合春季防疫，开展助力畜牧业发展行动，志愿队共为20余户牧民牲畜防疫1300头（只），接羔育幼520余只，牲畜成活率90%以上。

（王飞）

【平安建设】 2021年，铁木里克乡与青海茫崖市茫崖镇建立联控联防体系，把好社会面防控大局。全乡未发生社会治安案件，牧区群众幸福指数逐年攀升。

（王飞）

【基层党建】 2021年，铁木里克乡贯彻落实县委“3+1”工作。强化党建引领，以深化党员干部理想信念教育为主线，持续提升干部能力素质，增强基层党组织执行力、凝聚力、战斗力。开展党史专题学习30次、日常学习20次，将“两学一做”学习教育与党史学习教育有效结合。加强组织领导，从严落实组织生活。发展入党申请人6名，吸收入党积极分子7名，发展对象2名，预备党员5名。选派优秀年轻干部进村“两委”担任重要岗位，优化村组织力量，同时储备村级后备力量4名。充分发挥牧民党员模范带头作用，推进牧区“党员中心户”建设，“党员中心户”作为牧民党员召集人带头开展学习活动、带头联系服务群众、带头参与牧区建设、带头开展致富活动、带头创建和谐乡村，实现党员教育管理全覆盖。择优选派2名留疆战士到村任职，全乡6名年轻干部列入村级后备干部。健全完善组织架构，“访惠聚”、村党支部、村委会等在村各支力量凝心聚力，推动村级各项工作高效运转。落实“召集人制”，乡机关、村“两委”和优秀年轻干部6人纳入党建和业务工作召集人库。乡纪委（监察办）共处置问题线索1件，运用“第一种形态”处理干部2人。

（王飞）

【乡村振兴】 2021年，铁木里克乡进一步扩大牲畜养殖规模和种类，丰富畜牧种类，促进畜牧产业多元化发展，加快推进向现代化牧业转型步伐；发挥党建引领乡村振兴作用，加快产业开发步伐，打造高端特色产业品牌；跑办对接上级部门，争取旅游项目，提升旅游接待能力，加快推进规模AAA级旅游景区建设进度，依托旅游产业发展，带动餐饮、住宿等三产服务业起步，通过畜牧业发展和旅游产业发展拓宽农牧民群众增收致富渠道，推动乡村振兴向纵深发展。分类施策，精准帮扶，促进就业和发展生产脱贫。受疫情影响，部分困难人群失业，乡党委、政府为28人提供就业岗位（特设岗位18人，护林员8人，村干部2人）。

（王飞）

祁曼塔格乡

【概况】 祁曼塔格乡位于若羌县城东南500余千米处，距库尔勒市900余千米，东与青海省相连，南与西藏相接，西与且末县接壤，北与铁木里克乡毗邻。平均海拔4500米，7月份平均气温为16.7℃，极端最高气温为20.5℃，极端最低气温为-10℃，年降水量110毫米。全乡行政总面积6.56万平方千米，草场面积5307.94公顷，是若羌最边远艰苦的高原牧业乡，是典型的少数民族牧业乡，也是若羌重要的牧业生产基地之一。全年，乡党委下设机关党支部、村党支部2个党支部，共有党员25人，在职党员23人、牧民党员2人。乡政府机关下设4个科室，即党政办公室、畜牧业发展服务中心、文体广电旅游发展中心、经济(统计)发展中心。有党员25名；乡下辖3个行政村、3个村民小组，有驻乡单位1个。 （党政山）

【社会事业】 2021年，祁曼塔格乡牢固树立以人民为中心的发展思想，持续推进基础设施、公共环境卫生等惠民工程，坚持以项目引领发展、支撑发展、保障发展，充分发挥基础设施建设对增长的先导作用。全年，基础设施建设不断完善，累计投资约480万元，对祁曼塔格乡政府驻地及群众服务中心进行修缮。种植冰川红叶50余棵、月季100余棵，极大地提升了辖区干部群众生产生活环境；10月1日，移动4G网络覆盖以乡政府驻地为中心的部分区域，结束祁曼塔格乡不通网络的历史。 （党政山）

【平安建设】 2021年，祁曼塔格乡紧紧围绕社会稳定和长治久安总目标，抓好重要场所、流动人口、重点工作。开展“民族团结一家亲”、民族团结“结亲周活动”和民族团结联谊等活动，在民族交往交流交融中实现和睦相处、和衷共济、和谐发展。抓好法治宣传和矛盾纠纷化解工作，在辖区内开展法治宣传，结合“法宣在线”组织《中华人民共和国国家安全法》考试，累计宣传人数20余人次，定期开展矛盾纠纷排查化解工作，化解矛盾纠纷10余件。抓好防电信诈骗的宣传，累计宣传群众30余人次，推广“慧眼识诈”及“国家反诈”App安装使用率90%以上。

（党政山）

【乡村振兴】 2021年7月，祁曼塔格乡乡村振兴办挂牌成立。由党委书记和乡长任双组长，分管领导任办公室主任主持工作，同时下辖祁曼塔格村设乡村振兴工作站1个，由村支部书记主抓，辖区共有户籍人口5户19人。按照“村不漏户、户不漏人”原则，地毯式摸排群众困难诉求，累计帮助群众解决困难30余件。深入推进“厕所革命”，制定专项实施方案，成立工作专班，结合祁曼塔格乡实际有序推进农村厕所摸排工作，辖区1座公共厕所能正常使用。通过周一升国旗宣讲、入户宣传、农牧民夜校等措施，加强群众社会主义核心价值观教育及相关惠民政策的宣讲，让群众听得清、听得懂，坚定感党恩、听党话、跟党走的信心和决心。开展各类宣传宣讲100余场次。 （党政山）

2021年若羌县行政区划一览表

表11

乡镇	面积（平方千米）	村委会（个）	村民小组（个）	社区（个）	村(居)委会及村民小组名称
合计	202300	43	76	11	
若羌镇	28			5	1.胜利社区居委会,2.文化社区居委会,3.团结社区居委会,4.新城社区居委会,5.楼兰社区居委会
铁干里克镇	23200	12	23	2	1.果勒吾斯塘村委会:沙依巴格村、果勒吾斯塘村、博斯坦村,2.亚喀吾斯塘村委会:亚喀吾斯塘村、洛甫村、东塔提让村、亚尔巴格村,3.库尔干村委会:夏普吐鲁克村、英阿瓦提村、兰干村、库尔干村,4.托格拉克勒克村委会:托格拉克勒克村、吐格买里村、布拉克村,5.牧业村委会:牧业村,6.铁干里克村委会:铁干里克村,7.努尔巴格村委会:努尔巴格村、布依鲁克村,8.古力巴格社区居委会,9.物流园社区居委会,10.蒲昌村委会:蒲昌村,11.罗布庄村委会:罗布庄村,12.阿拉干村委会:阿拉干村,13.若水村委会:若水村,14.天泽村委会:天泽村
吾塔木乡	11700	8	18		1.果勒艾日克村委会:提木村、库什艾日克村、果勒艾日克村,2.尤勒滚艾日克村委会:巴格艾日克村、尤勒滚艾日克村、库尔贵村、农科站,3.依格孜吾斯塘村委会:户家村、依格孜吾斯塘村、萨依勒克村,4.西塔提让村委会:吐鲁番村、西塔提让村、吐户村、新村,5.牧业村委会:牧业村,6.康拉克村委会:康拉克村,7.昆其村委会:昆其村,8.英格里克村委会:英格里克村
瓦石峡镇	24100	9	21	1	1.乌都勒吾斯塘村委会:塔勒克村、乌都勒吾斯塘村、阿克塔什村、园艺场、希望村,2.吾塔木村委会:英吾斯塘村、吾塔木村、胡木丹琼库尔村、琼艾格勒村、巴什艾日克村,3.新建村委会:博孜也尔村、新建村、阔那协尔村,4.牧业村委会:牧业村,5.塔什萨依村委会:萨热木墩村、一棵树村、沙子井村,6.瓦石峡社区居委会,7.金胡杨村委会:金胡杨村,8.吐格曼塔什萨依村委会:吐格曼塔什萨依村,9.羌都村委会:羌都村,10.康土盖村委会:康土盖村
罗布泊镇	51000	3	3	1	1.罗钾社区居委会,2.米兰村委会:米兰村,3.雅丹村委会:雅丹村,4.红卫村委会:红卫村
依吞布拉克镇	370	2	2	2	1.依吞布拉克社区居委会,2.阿尔金社区居委会,3.巴什考贡村委会:巴什考贡村,4.昆玉村委会:昆玉村
铁木里克乡	26300	6	6		1.铁木里克村委会:铁木里克村,2.拉配泉村委会:拉配泉村,3.白干湖村委会:白干湖村,4.玉泉村委会:玉泉村,5.丹水村委会:丹水村,6.阳光村委会:阳光村
祁曼塔格乡	65600	3	3		1.祁曼塔格村委会:祁曼塔格村,2.喀拉乔卡村委会:喀拉乔卡村,3.瑶池村委会:瑶池村

（县民政局 供稿）

驻县单位

三十六团米兰镇

【概况】 1965年，为建设新疆通往内地第二条大通道和开发阿尔金山矿产资源，兵团党委在原地方米兰农场基础上创建三十六团。2017年10月，兵团党委决定第二师三十六团由第四师可克达拉市代管。2020年4月30日，三十六团米兰镇挂牌成立。2021年9月9日，三十六团米兰镇第一届人民代表大会召开，选举产生米兰镇第一届人民政府领导班子成员。2021年12月，兵团党委决定三十六团不再由第四师可克达拉市代管，回归第二师铁门关市管理。格尔木—库尔勒铁路在三十六团设米兰站，每周往返3班。315国道、西和高速自西向东横穿团场南部，区位交通条件优越。

2021年，三十六团土地总面积6.68万公顷。其中，耕地面积4154.5公顷，林地面积18586.46公顷（含农田防护林806.53公顷），生态林9223.38公顷，其他天然林16857.65公顷，草地面积10312.41公顷。下辖农业连队6个、社区1个。三十六团人均生产总值109804元，比2020年增长6.4%，团场职工年末平均收入为81398元。（三十六团）

【经济建设】 2021年，三十六团地区生产总值10.69亿元，增长5.6%。其中，第一产业增加值5.02亿元，增长6.8%；第二产业增加值1.7亿元，增长2.41%；第三产业增加值3.97亿元，增长5.3%。三次产业结构比47∶16∶37。全社会固定资产投资9.85亿元，下降2%。实现财政收入2.03亿元，比2020年下降12.54%；税收收入1127万元，比2020年增长241.52%。（三十六团）

【管理体制改革】 2021年9月9日，三十六团米兰镇第一届人民代表大会召开，大会选举李富强为镇长，曲新泓、蒋文丽、周杰、黄卫华为副镇长。为进一步履行政府职能、承接兵师行政授权打下基础。承接师市授予团镇各项行政职能，稳步落实各部门权力承接，全面加快政务大厅建设，推进行政审批制度改革。三十六团幼儿园10名幼儿教师完成纳编，解决幼儿教师编制遗留难题。团场财政体制改革全面推进，预算制得到全面落实。

（三十六团）

【招商引资】 2021年，三十六团米兰镇招商引资签约项目20余个，签约金额57亿元，完成招商引资实物量5.83亿元。青松牧业生猪繁育项目、阿尔金种猪繁育项目建设加速，珈蓝环保农地膜回收加工、纳康曼钢结构加工等项目全面推进。中科华投智慧分子开发、垚尚置业为农服务中心、枣上好农产品深加工、乾一源物流园等项目相继签约落地，为三十六团招商引资和经济高质量发展提供坚强动力。

（三十六团）

【基础建设】 2021年，三十六团国拨资金在建、续建项目16个，

2021年9月9日，米兰镇第一届人民代表大会召开　（三十六团　供稿）

其中新建项目6个，总投资7568万元。完成总投资1.59亿元的骨干输水管网一、二期项目；完成总投资1.47亿元沉沙池工程；加强重大民生项目建设，完成总投资6140万元米兰花苑400套保障房建设项目，完成276套安居房改建、新建。完成投资1500万元666.67公顷高标准农田建设项目。加强重大电力设施建设，建成总投资5700万元110千伏二线农网改造工程。加强重大交通项目建设，加快建设总投资5.27亿元的218国道—三十六团—315国道公路项目，并规划新建、扩建、改建团场道路10条。加强重点生态工程建设，完成植树造林面积105.33公顷，总投资1320万元阿尔金山北麓生态保护工程稳步推进，全面实施。

（三十六团）

【文化建设】 2021年，三十六团综合文化活动中心1个，连队综合文化活动室6个，农家书屋6个，储藏书籍19834本（册），广播电视站1个。有线电视入户率100%。开展文体活动18场次，参与职工群众4000人次，外发网络刊稿417篇，省级报刊19篇，兵团电视台28篇，师市电视台94篇，师级报刊34篇，团广播站播出广播稿413篇。（三十六团）

【社会保险】 2021年，三十六团参加基本养老保险人数5567人，新增基本养老参保277人。其中，职工4486人、个体601人、居民养老保险493人、执行机关事业单位养老保险制度480人，覆盖率97.35%。参加基本医疗保险人数6876人。其中，职工4110人、个体200人、居民2566人。参加失业保险3877人，工伤保险2489人。完成退休审批130人。其中，农牧一线职工91人，企业职工18人，灵活就业21人。死亡视同养老认定2人，参保信息更改1人，中断补费5人。

（三十六团）

【人居环境整治】 2021年，三十六团牢固树立“绿水青山就是金山银山”理念，统筹规划连队布局，整体推进环境整治，将6个连队基础设施纳入城镇统一规划，作为发展特色林果、乡村振兴、生态建设的产业支点，创建环境整治的典范。常态化开展环境治理，把连队清洁行动作为深入推进连队人居环境整治的重要内容，明确责任、划分重点、层层严抓落实、上下联动共推进，督促指导连队开展20次人居环境整治活动，督导规范城镇生活污水、垃圾集中转运处理5905吨。加大项目争取力度，推进连队基础设施提档升级，争取项目资金5208万元，在环卫设施、垃圾处理、排污设施、道路硬化、连队绿化、环境美化等方面不断加大投入，投资2019万元建设4连、6连276套“安居工程”住房项目全面完工；投资1367.21万元实施连容连貌整改项目，铺设2连、4连、6连污水管网8270米，实施6连围墙改造5600米，绿化17091平方米，新增垃圾收集点5个。推进污染防治攻坚战，投资521万元，完成合兴电力公司2台硫化床锅炉除尘设备、脱硫设施和在线环境监测设施安装。深入开展世界多样性日、“六五环境日”环保宣传活动，各单位悬挂宣传横幅20条，全团900余人开展捡拾垃圾清扫卫生活动，发放宣传手册200余册，评选出5个优秀主题。加强团域地下水、土壤、饮用水、大气、噪声监测，完善污水和废气集中排放污染源在线监测设备，实时掌握污染排放信息。开展涉污企业场所检查整治，对全团重点环保区域热电厂、污水处理厂、垃圾填埋场、猪场、施工企业开展环保检查72次，检查整改10条问题，确保团镇环境保护持续好转。

（三十六团）

【兵地融合发展】 2021年，三十六团坚持兵地“一盘棋”思想，不断完善三十六团与若羌县兵地融合发展机制。推进年出栏100万头生猪繁育项目发展，与若羌县羌都猪业形成经济联合体，成为兵地项目共建典范。建立完善兵地产业互学互助机制，以保护若羌红枣地理标志为抓手，加强在优势树种、先进种植技术方面共享，推进若羌红枣品牌化建设。兵地携手推进划界工作。4月9日，三十六团和若羌县完成区域界线联合确权勘界。三十六团与若羌县人民政府签署合作框架协议。根据协议规定，双方兵地融合产业园区、矿业加工区共同建设，全域旅游共同推进方面达成一致，共同发力促进地区繁荣。三十六团驻若羌县亚喀吾斯塘村访惠聚工作队以“八项任务“为引领，学习、完善制度、创新方法，推动驻村工作见实效，被兵团师市授予优秀访惠聚工作荣誉称号。（三十六团）

【民生帮扶】 2021年，三十六团坚决贯彻“以人为本、人民至上”的执政理念，办好为民利企实事。落实就业优先政策，新增就业385人，稳定就业128人，灵活就业257人。向1872名职工发放减负资金1731.88万元。向531名灵活就业人员发放社保补贴86.43万元，组织7679人参加全民免费体检。落实低保救助政策，为97户123人发放低保金89.01万元，向107户137人发放临时救济金17.58万元，向264人发放高龄补贴17.22万元。落实残疾人“两项补贴”政策，为139名残疾人发放“两项补贴”15.26万元，安排32名残疾人到公益性岗位就业。落实退役军人优抚政策，向42名“两参”人员发放优抚金44.01万元。（三十六团）

【支援项目】 2021年，三十六团是河北省邢台市和江苏省镇江市双对口援建团场，团党委倍加珍惜“双重”支援机遇，主动作为，努力推进产业支援、项目支援、智力支援取得新成效。2021年3月，河北支援投资1100万元的河北幼儿园建设项目投入使用。年内，江苏支援投资1000万元的三十六团医院住院部建设项目全部完工。邢台市专派1名支援医生、1名支援干部到三十六团支持工作，三十六团选派2名医疗人员到邢台市交流学习。与邢台市签订“关于进一步深化邢台对口支援三十六团框架协议”，争取15万元用于医疗、电商、园区等方面的交流交往。

（三十六团）

巴州祁曼管理委员会

【概况】 巴州祁曼党工委、管理委员会属中共巴音郭楞蒙古自治州委员会、巴音郭楞蒙古自治州人民政府的派出机构，于2007年9月挂牌成立。祁曼地处巴州若羌县东南部，昆仑山东部与阿尔金山山区。西接若羌、且末，北邻罗布泊地区，东与甘肃、青海两省交界，南与西藏自治区接壤，行政面积9.19万平方千米。管委会所在地依吞布拉克镇，海拔3200米，下辖1镇2乡，即依吞布拉克镇、铁木里克乡、祁曼塔格乡。拥有全国最大的野生动植物保护区——阿尔金山野生动植物自然保护区。2021年，管委会有党工委委员3人，管委会副主任1人，党委员2人，一般公务员3人。（张二江）

【基础设施建设】 2021年，祁曼管委会在辖区放置生活垃圾船20个，配备移动垃圾车1个，生活垃圾定点存放清运率80%，生活垃圾无害化处理率70%以上。加快依吞布拉克旅游探险小镇建设步伐，依托315国道与库格铁路、中交高速专线，加快依吞布拉克镇生态旅游探险小镇建设，配套高端旅游景点选择、旗帜博物馆、游客接待中心、房车营地、宾馆等观光、服务场所建设，为依吞布拉克镇生态景区成功创建国家AAA级旅游景区打下基础。 （张二江）

巴州罗布泊地区管理委员会

【概况】 巴州罗布泊地区管理委员会属于巴音郭楞蒙古自治州人民政府的派出机构，管委会位于若羌县东北部的罗布泊地区，拥有全国最大的野骆驼保护区——新疆罗布泊野骆驼国家级自然保护区。2021年，管委会内设综合办公室、社会事务办公室、经济发展办公室、规划环保办公室4个科室，核定行政编制15名。 （裴宏俪）

【维护稳定】 2021年，罗布泊管委会紧紧围绕社会稳定和长治久安这个总目标，贯彻新时代党的治疆方略，结合罗布泊地区偏远散的实际，认真贯彻落实各项工作部署和要求。定期开展流动人口排查。全年，共开展流动人口清查12次，清查登记流动人口2719人次。抓好盗挖盗采、非法采矿整顿治理，打击非法穿越、非法旅游探险活动，与辖区企业、野骆驼保护局建联防联动机制，定期开展联合巡查行动，派驻2名干部长期驻守在野骆驼保护局三垄沙管护站，与野骆驼保护局三垄沙管护站干部联合对保护区开展巡查，并与辖区企业、野骆驼保护局做到工作信息互通、管控结合。 （裴宏俪）

【经济发展】 2021年，罗布泊管委会按照州委、州政府要求，面对复杂多变的社会形势，沉着应对，不断开拓进取，真抓实干，狠抓服务企业各项制度落实，建立政企协调联动机制，为企业提供各种服务和有效信息，常态化开展企业、工业经济运行态势的检测工作，认真做好企业生产发展中问题的收集与整理，并及时帮助协调解决。努力加快企业发展和园区建设，辖区经济不断快速发展取得新突破，为巴州和若羌县经济发展作出贡献。（裴宏俪）

【规划环保】 2021年，罗布泊管委会按照环境保护与总目标、安全生产、食品药品安全、“民族团结一家亲”等工作统筹安排，并结合垃圾分类、“6·5”世界环境日、“节能降耗”、“美丽中国、我在行动”、普法等活动，以贴标语、宣传栏、发放宣传资料、设立宣传牌等多种形式，广泛宣传环境保护的法律法规和知识，提高辖区群众环境保护意识。公众环境保护意识和环保法治观念明显增强。严格落实环境影响评价，以降低污染排放为目标，对辖区企业进行监管，发现问题立即上报县直单位，并配合县直相关部门进行处理，确保企业环保职责履行到位，政府监管到位，生态环境管控到位。

罗布泊管委会配合上级部门启动《若羌县罗布泊盐化工业园区总体规划（2018—2030年）》编制工作。协助上级部门推进污水提标改造项目和园区集中供暖设施建设，有效减少污染物的排放量，提升辖区大气质量。制定巡山计划，每月开展不少于2次的巡视工作，对生态保护及时了解掌握，协助县自然资源局对矛头山金矿、三峰山铜金矿、八一泉金矿、红十井金矿历史遗留矿洞再次封堵回填，对保护区内恢复治理的矿区全面加以巩固，严防盗采盗挖违法行为，巩固矿山恢复治理成果。打击非法盗采盗挖现象，建立《罗布泊区域巡山巡护工作机制》，开展巡查工作30次，加快推进环境污染防治工作进度。 （裴宏俪）

先进集体·人物

先进集体

若羌县获自治区级及以上荣誉一览表

表 12

序号	奖项名称	颁发单位	获奖单位
1	全国乡村建设评价样本县	住房和城乡建设部	若羌县
2	全国村庄清洁行动先进县	农业农村部	若羌县
3	2021— 2025 年度第二批全国科普示范县(市、区)创建单位	中国科学技术协会	若羌县
4	集体一等功	公安部	若羌县公安局依吞布拉克公安检查站
5	2021 年第二届“中国文化百强县”	第二届中国文化百强县评选组委会	若羌县
6	国家级节约型机关	国家机关事务管理局 中共中央直属机关事务局 国家发展和改革委员会 财政部	若羌县自然资源局
7			若羌县审计局
8			若羌县财政局
9			若羌县人大常委会办公室
10			若羌县政协办公室
11			中共若羌县委员会办公室
12			若羌县人民政府办公室
13			若羌县发改委
14			若羌县统计局
15			中共若羌县委员会编办
16			中共若羌县委员会组织部

续表12

序号	奖项名称	颁发单位	获奖单位
17	国家级节约型机关	国家机关事务管理局 中共中央直属机关事务局 国家发展和改革委员会 财政部	中共若羌县委直属机关工作委员会
18			若羌县商工局
19			若羌县农业农村局
20			若羌县水利局
21			若羌县司法局
22	《若羌年鉴(2020)》获得第八届全国地方志优秀成果(年鉴类)三等年鉴	中国地方志指导小组 中国地方志学会	中共若羌县委员会办公室
23	全国“五好”县级工商联	全国“五好”县级工商联	若羌县工商业联合会
24	2021年第二批全国绿色食品原料标准化生产基地	中国绿色食品发展中心	若羌县全国绿色食品原料(红枣)标准化生产基地
25	自治区优秀平安乡镇	自治区平安建设领导小组	依吞布拉克镇
26	自治区级公共机构示范单位	自治区机关事务管理局 自治区发展改革委 自治区财政厅	若羌县党政联合办公大楼
27	自治区脱贫攻坚先进集体	中共新疆维吾尔自治区委员会 自治区人民政府	若羌县人民政府办公室(扶贫办)
28	自治区乡村振兴示范引领县	中共新疆维吾尔自治区委员会 自治区人民政府	若羌县
29	自治区民族团结进步示范县	自治区民族事务委员会	若羌县
30	自治区第八次民族团结进步模范集体	中共新疆维吾尔自治区委员会 自治区人民政府	中共若羌县委员会
31	自治区模范会员单位	自治区红十字会	若羌县人民医院
32	2020年度自治区“民族团结一家亲”和民族团结联谊活动先进集体	自治区“民族团结一家亲”活动领导小组	若羌县税务局
33	2021年度自治区“民族团结一家亲”和民族团结联谊活动先进集体	自治区“民族团结一家亲”活动领导小组	若羌县财政局
34	自治区先进基层党组织	中共新疆维吾尔自治区委员会	若羌县卫生健康委员会驻若羌铁干里克镇托格拉克勒克村“访惠聚”工作党支部
35			中共若羌县瓦石峡镇塔什萨依村党支部
36			若羌县公安局依吞布拉克派出所党支部
37	全民阅读优秀组织单位	新疆图书馆学会	若羌县图书馆

续表 12

序号	奖项名称	颁发单位	获奖单位
38	自治区便民服务先进集体	自治区平安领导建设小组	瓦石峡派出所吾塔木警务室
39	自治区优秀公安基层单位	自治区公安厅	若羌县公安局网安大队
40	自治区第七次全国人口普查先进集体	自治区第七次人口普查领导小组	若羌县统计局
41	人影工作先进集体	自治区气象局	若羌县气象局
42	自治区人居环境整治“美丽乡村”	自治区农业农村厅	吾塔木乡果勒艾日克村

若羌县获州级荣誉一览表

表 13

序号	奖项名称	颁发单位	获奖单位
1	州先进基层党组织	州党委	中共若羌县祁曼塔格乡委员会
2			中共若羌县公安局米兰便民警务站支部委员会
3			中共若羌镇委员会
4			中共若羌县市场监督管理局支部委员会
5			中共吾塔木乡果勒艾日克村支部委员会
6			中共若羌米兰水利水电有限责任公司支部委员会
7			中共若羌县若羌镇楼兰社区支部委员会
8			中共瓦石峡镇乌都勒斯塘村支部委员会
9	州第十一次民族团结进步模范集体	州民族团结进步创建工作领导小组	若羌县税务局
10			瓦石峡镇人民政府
11			若羌镇文化社区居民委员会
12	2021 年度第一批州民族团结进步示范区	州民族团结进步创建工作领导小组	若羌镇
13			吾塔木乡
14			瓦石峡镇
15	2021 年度第一批州民族团结进步示范单位	州民族团结进步创建工作领导小组	若羌县委宣传部
16			若羌县人民检察院
17			若羌县税务局
18			若羌县教育和科技局

续表13

序号	奖项名称	颁发单位	获奖单位
19	2021年度第一批州民族团结进步示范单位	州民族团结进步创建工作领导小组	若羌县交通运输局
20			若羌镇胜利社区
21			吾塔木乡尤勒滚艾日克村
22			若羌县第二小学校
23			若羌县农村信用合作联社
24			若羌县瓦石峡镇团结清真寺
25	2021年度第二批州民族团结进步示范单位	州民族团结进步创建工作领导小组	铁干里克镇
26			罗布泊镇
27			依吞布拉克镇
28			若羌县纪委监委
29			若羌县委组织部
30			县委政法委若羌
31			若羌县发展和改革委员会
32			若羌县人力和资源社会保障局
33			若羌县水利局
34			若羌县城西新区小学校
35			若羌县消防救援大队
36			铁干里克镇果勒吾斯塘村
37			吾塔木乡果勒艾日克村
38			瓦石峡镇乌都勒斯塘村
39			若羌镇文化社区
40	州级民族团结进步教育基地		若羌县楼兰博物馆
41			吾塔木乡尤勒滚艾日克村爱国主义教育基地
42	州新时代文明实践站示范站点	州委宣传部	若羌镇

人 物

自治区级及以上荣誉获得者一览表

表14

序号	获奖名称	颁发单位	姓名	职务
1	全国优秀河(湖)长	水利部	艾斯卡尔·买买提(维吾尔族)	若羌县委常委、政协党组副书记、县委统战部部长
2	全国司法所模范个人	司法部	乃比江·热依木(维吾尔族)	若羌县司法局四级主任科员
3	新疆维吾尔自治区第七次全国人口普查先进个人	新疆维吾尔自治区第七次人口普查领导小组	徐小琴(女)	统计局干部
4			杨小强	
5			马淑林(女,藏族)	
6	自治区优秀党务工作者	中共新疆维吾尔自治区委员会	童琪轶	若羌县罗布泊镇党委书记
7	自治区优秀共产党员	中共新疆维吾尔自治区委员会	才吾克加甫(蒙古族)	阿尔金山公路管理分局党组副书记、局长
		中共新疆维吾尔自治区委员会	潘永堂	国家税务总局若羌县税务局党委书记、局长
		中共新疆维吾尔自治区委员会	代小虎	依吞布拉克镇派出所所长
8	自治区“民族团结一家亲”和民族团结联谊活动先进个人	自治区“民族团结一家亲”活动领导小组	刘泽海	若羌县审计局党组副书记、局长
9	自治区税务局减税降费专项工作先进个人	国家税务总局新疆维吾尔自治区税务局	闫东	国家税务总局若羌县税务局副股长、三级主办
10	2020年度自治区驻村工作先进个人	自治区“访民情惠民生聚民心”驻村工作领导小组	张占武	国家税务总局若羌县税务局四级高级主办
11	自治区第八次民族团结进步模范个人	中共新疆维吾尔自治区委员会 自治区人民政府	帕太姆罕·巴拉提(女,维吾尔族)	若羌镇胜利社区居民

续表14

序号	获奖名称	颁发单位	姓名	职务
11	自治区级个人一等功	自治区人民政府	杨松涛	巴州祁曼公安分局局长、若羌县公安局党委副书记
12	自治区便民服务先进个人	新疆维吾尔自治区平安领导建设小组	库尔班·亚库甫（维吾尔族）	瓦石峡派出所所长
13			张仁杰	瓦石峡派出所民警
14	全疆优秀人民警察	自治区公安厅	张丞钰	若羌县公安局巡逻防控大队民警
15	新疆气象局专业气象服务先进个人	自治区气象局	任伟	若羌县气象局局长
16	自治区脱贫攻坚先进个人	中共新疆维吾尔自治区委员会 自治区人民政府	支素锋	若羌县塔里木红枣专业合作社理事长
17			热娜古力·库尔班（女，维吾尔族）	若羌县吾塔木乡农业发展服务中心下派尤勒滚艾日克村原扶贫专干

州级荣誉获得者一览表

表15

序号	获奖名称	颁发单位	姓名	单位及职务
1	州优秀共产党员	州委	帕太姆罕·艾合麦提（女，维吾尔族）	祁曼塔格乡祁曼塔格村村支部委员
2			李宾	吾塔木乡果勒艾日克村第一书记、工作队队长
3			李光明	吾塔木乡乡党委书记
4			艾尼·艾合麦提（维吾尔族）	依吞布拉克镇人民政府干部
5			陈旭续	若羌镇文化社区党支部书记、居委会主任
6			韩红琼（女）	若羌镇卫生院干部
7			艾热提·阿布都力（维吾尔族）	铁木里克乡铁木里克村党支部副书记
8			游小林	铁干里克镇库尔干村村委会书记、主任
9			张少伟	若羌县委组织部一级科员
10			姚远	国家税务总局若羌县税务局机关党委副书记

续表15

序号	获奖名称	颁发单位	姓名	单位及职务
11	州优秀共产党员	州委	阿同古丽·斯迪克(女，维吾尔族)	铁干里克镇人民政府铁干里克镇农发中心主任
12			骆勇	若羌县中学校教师
13			蒲鸿翔	楼兰投资经营有限责任公司联合党支部副书记
14			于婷婷(女)	瓦石峡镇人民政府瓦石峡镇党委副书记
15			朱革新	若羌镇团结社区党支部书记、居委会主任
16			朱俊峰	吾塔木乡依格孜吾斯塘村第一书记
17	州优秀党务工作者	州委	哈生高娃(女，蒙古族)	库尔勒公路管理局若羌分局政工干事
18			金玉琦(女)	若羌县卫生系统党委书记、卫健委副主任
19			李松	瓦石峡镇新建村党支部副书记
20			阿布力米提·热扎克(维吾尔族)	瓦石峡镇人民政府副镇长
21			范新坤	若羌县公安局巡逻防控大队事业岗
22			玛伊努尔·图尔迪(女，维吾尔族)	县住房和城乡建设局园林处党支部组织委员
23			热比古丽·尤努斯(女，维吾尔族)	若羌县工商联非公党委委员、工商联党支部组织委员
24			赵银娟(女)	依吞布拉克镇人民政府一级科员
25			邓太明	若羌镇胜利社区党支部书记、居委会主任
26			张德萍(女)	若羌天山水泥有限责任公司职工
27	州第十一次民族团结进步模范个人	州民族团结进步创建工作领导小组	韩世杰	依吞布拉克镇人民政府三级主任科员
28			吕永军	吾塔木乡人民政府一级科员
29			阿娜尔古丽·艾比布拉(女，维吾尔族)	若羌县人民政府办公室四级主任科员
30			任玲(女)	若羌县财政局四级主任科员
31			艾米拉罕·艾则孜(女，维吾尔族)	若羌镇楼兰社区居民
32	州“民族结一家亲”和民族团结联谊活动先进个人		胡玉玲(女)	若羌县统计局干部
33			刘学文	若羌县人大办一级科员
34			谷婷婷(女)	政协办四级主任科员

续表15

序号	获奖名称	颁发单位	姓名	单位及职务
35	州先进爱国宗教人士	州委统战部	伊力·麦麦提(维吾尔族)	若羌镇清真寺宗教人士
36	州劳动模范	州总工会	辛建国	天山水泥有限责任公司党支部书记
37			王杰	国投新疆罗布泊钾盐有限责任公司职工
38			韩玉鹏	若羌县爱健康红枣专业合作社理事长
39			孙娟(女)	新疆羌都枣业股份有限公司经理
40	州先进工作者		海力且木·斯马义(女,维吾尔族)	若羌县住建局党委委员、园林处处长
41			奥布力·吐尔迪(维吾尔族)	若羌县第三小学校副校长
42			阿力甫·喀斯木(维吾尔族)	若羌县市场监督局党组副书记、局长

若羌县“光荣在党50年”纪念章获得者一览表

表16

序号	姓名	性别	民族	入党时间	党龄	所在党组织
1	木沙·斯迪克	男	维吾尔族	1963年7月	57年	中共若羌县公安局机关第一支部委员会
2	热合木·库尔班	男	维吾尔族	1964年6月	56年1月	中共若羌县自然资源局总支委员会
3	图尔迪·阿塔伍拉	男	维吾尔族	1969年1月	50年6月	中共若羌县疾控中心支部委员会
4	闭运金	男	汉族	1961年2月	59年5月	中共若羌县驻库干休所第二支部委员会
5	靳大积	男	汉族	1960年3月	60年4月	中共若羌县驻库干休所第一支部委员会
6	麦麦提·巴可	男	维吾尔族	1967年3月	53年4月	中共若羌县吾塔木乡果勒艾日克村支部委员会
7	吾斯曼·布拉	男	维吾尔族	1966年1月	54年6月	中共若羌县吾塔木乡依格孜吾斯塘村支部委员会
8	麦热木罕·索皮	女	维吾尔族	1961年3月	59年4月	中共若羌县瓦石峡镇牧业村支部委员会
9	卡德尔·木萨	男	维吾尔族	1960年12月	59年7月	中共若羌县吾塔木乡果勒艾日克村股份制经济合作社支部委员会
10	周洪才	男	汉族	1965年11月	54年8月	中共若羌县驻库干休所第二支部委员会
11	麦麦提·托胡提依明	男	维吾尔族	1963年9月	56年10月	中共若羌县公安局机关第一支部委员会
12	舒世涛	男	汉族	1965年12月	54年7月	中共若羌县市场监督管理局支部委员会
13	姜祥	男	汉族	1959年11月	60年8月	中共若羌县驻库干休所第一支部委员会

续表16

序号	姓名	性别	民族	入党时间	党龄	所在党组织
14	冯国安	男	汉族	1960年12月	59年7月	中共若羌县驻库干休所第一支部委员会
15	艾比布拉	男	维吾尔族	1967年8月	52年11月	中共若羌县吾塔木乡尤勒滚艾日克村支部委员会
16	王洪秀	男	汉族	1969年12月	51年7月	中共若羌县驻库干休所第一支部委员会
17	斯迪克·吐逊	男	维吾尔族	1970年10月	50年9月	中共若羌县瓦石峡镇乌都勒斯塘村支部委员会
18	玉素甫·艾合麦提	男	维吾尔族	1970年7月	51年	中共若羌县自然资源局总支委员会
19	吐迪·苏莱曼	男	维吾尔族	1970年8月	50年11月	中共若羌县人大常委会机关退休支部委员会
20	麦麦提·玛木提	男	维吾尔族	1970年1月	51年6月	中共若羌县人民检察院支部委员会
21	张运传	男	汉族	1971年7月	50年	中共若羌县驻库干休所第二支部委员会
22	刘桂芳	女	汉族	1971年5月	50年2月	中共若羌县驻库干休所第一支部委员会
23	吾加布拉·卡德尔	男	维吾尔族	1971年1月	50年6月	中共若羌县吾塔木乡尤勒滚艾日克村支部委员会
24	热依木·托乎提	男	维吾尔族	1971年5月	50年2月	中共若羌县若羌镇团结社区支部委员会
25	马正甫	男	汉族	1970年7月	51年	中共若羌县若羌镇楼兰社区支部委员会

2021年若羌县高级专业技术任职资格人员一览表

表17

姓名	单位职务	资格名称	类别	授予文件发放时间	职称
徐忠	若羌县第三小学校专题教育教师	中小学高级教师	教育	2021年1月23日	副高
李希波	若羌县第二小学校体育教师	中小学高级教师		2021年1月23日	
艾力·吾斯曼(维吾尔族)	若羌县中学校体育教师	中小学高级教师		2021年1月23日	
李晓兵	若羌县中学校数学教师	中小学高级教师		2021年1月23日	
刘燕(女)	若羌县中学校生物教师	中小学高级教师		2021年1月23日	
杨志文	若羌县中学校体育教师	中小学高级教师		2021年1月23日	
李永红	若羌县中学校老师	中小学高级教师		2021年1月23日	
李俊杰	若羌县城西新区学校体育教师	中小学高级教师		2021年1月23日	
康洁(女)	若羌县城西新区学校教研室 干部	中小学高级教师		2021年1月23日	
候秀月(女)	若羌县人民医院副主任医师	副主任医师	卫生	2021年5月19日	

先进集体

铁肩担使命忠诚守关卡
——记依吞布拉克公安检查站获公安部集体一等功

若羌县公安局依吞布拉克公安检查站地处315国道新疆境内，海拔3200米的青藏高原边缘，辖区与青海、甘肃、西藏四省区交界，一衣带水，地盘交错。“一年一场风，从春刮到冬，无风三尺土，风起沙满天”是对检查站所处自然环境的真实写照。常年气候干燥、高寒缺氧、风沙冰雪灾害频发，是出入新疆的第二条咽喉要道。检查站现有警力91名，党员13人，平均年龄26岁。该站自2011年5月建站起，与依吞布拉克派出所实行“站所合一”模式，发挥“一警多能”作用，常态落实一级查控勤务，时刻秉持“海拔高、工作标准要更高，氧气少、奉献精神不能少，环境苦、更要苦干不苦熬”高原精神，聚焦落实总目标，守好新疆东南大门，坚决打赢“维护稳定、疫情防控”两场硬仗。

该站为全疆一级公安检查站，曾先后荣立集体二等功三次、集体三等功三次。2017年，荣获“全疆最美警队”“全疆公安基层单位”称号。2019年底，作为全国六支先进典型队伍之一，以站长杨松涛为代表参加“全国公安机关70周年大庆安保维稳工作先进事迹报告团”巡回宣讲。自2011年检查站组建至今，先后有一人荣立个人一等功、三人荣立个人二等功、四人荣立个人三等功、一人荣获自治区优秀共产党员等荣誉称号。

以党建促队建，打造一流警队。危难之时“我是党员让我来”、险重之际“谁是党员跟我上”是依吞布拉克公安检查站党员队伍始终坚守的信念。这样一支年轻的队伍以“公安心向党、护航新征程”的实际行动，用忠诚信念和无悔担当谱写了一曲曲感人的乐章。为进一步增强“四个意识”、坚定“四个自信”、做到“两个维护”，提高队伍整体素质，自2016年起，检查站在原有基础上先后制定完善“上岗交接班”“勤务轮岗”“查控细则”“备勤流程”“内务管理”等相关制度。特别是检查站的“主厨制”和“五个一”活动更是亮点纷呈，即每天由备勤组轮岗三人按照标准负责全体人员的一日三餐，要求人人动手、人人会做，达到了战友间的相互配合、理解和交融。同时，在队伍建设中以开展“不忘初心、牢记使命”主题教育、政法队伍教育整顿和党史学习教育活动为载体，要求全站每名民辅警每月读一本书、写一篇心得体会，每次轮休时给父母上交2000元工资，为父母洗一次脚、洗一次衣服、给家人做一顿饭。通过这些活动，民辅警素质不断提高，队伍凝聚力、战斗力进一步增强。

无私奉献，守护安全。“群众安危长存于心、群众利益长守于行”是依吞布拉克公安检查站始终秉承的职责使命。2019年10月3日11时45分，检查站接报警：“两名游客在阿尔金山被困，其中一人已出现休克。”警情就是命令，一场与“死神”的赛跑随即展开。此时的阿尔金山早已冰封雪裹，求助地点位于海拔4880米的无人区，救援途中遍布河流、山谷、悬崖，艰难的搜寻一直持续到次日凌晨6时34分，救援民警才辗转找到两名被困者。168千米，19个小时，平均时速9千米。没人知道救援民警随时面临陷车、翻车，甚至坠崖的危险，更没人能想到，最艰险的25千米路段是救援民警用双脚踏开一米厚的积雪，为救援车辆引导的前行方向。自2012年以来，检查站共组织实施各类救援任务120余次，解救被困群众13500余人，无一人伤亡。

忠于职守，无悔选择。2020年新冠肺炎疫情发生后，按照上级党委的安排部署，检查站提出“一个党员就是一面旗帜，一个支部就是一座堡垒，一支警队就是一道疫情阻击线，一处卡点就是一条生命防护线”的作战口号，狠抓党建引领，将政治建警与日常维稳安保及疫情防控等勤务工作有机结合，通过重温入党入警誓词、创建先锋岗、组建突击队等方式，切实做到了一线警力部署在哪里，党建就部署在哪里，勤务工作延伸在哪里，党旗就飘扬在哪里，党徽就佩戴在哪里。针对安保查控及疫情防控工作带来的大批量车辆人员长时间等候待检等问题，2020年3月，检查站根据实际工作需求自行研发留存车辆、人员信息的核验程序“E警通”，实现“零接触式”多通道同步录入，车辆及人员信息动态掌控、县域内无缝衔接、录入信息全程可溯，使车辆通行速度提高5倍，做到“维稳”“防疫”工作两不误，受到社会各界的一致好评，并得到自治区相关部门及中国科学院专家的高度认可。

2021年7月，羌县公安局依吞布拉克公安检查站荣获公安部集体一等功。作为维护稳定和疫情防控的主战场和前沿阵地，依吞布拉克公安检查站全体民辅警将把使命牢牢记在心上，把责任始终扛在肩上，以党的政治建设为统领，以推动公安工作高质量发展为主题，不断推进全面从严治警、锻造“四个铁一般”的公安队伍，实现新疆社会稳定和长治久安总目标。

（县公安局）

优秀的人民调解员

——记全国司法所模范个人乃比江·热依木

乃比江·热依木于2010年11月参加工作，2018年8月加入中国共产党，任若羌县司法局吾塔木司法所所长。他不负组织的重托，带领全所干部，忠实履行职责，以务实创新的精神按上级要求落实完成各项司法行政工作，充分发挥司法所在人民调解、社区矫正、安置帮教、法治宣传、法律服务等方面的职能作用，为确保一方平安、促进社会和谐，作出积极贡献。

*化解民间矛盾纠纷，筑牢平安建设第一道防线。*在人民调解这个普通岗位上，乃比江·热依木兢兢业业、无私奉献，多年如一日，积极主动开展工作。几年来，由他亲自调处的邻里、土地、赔偿、农民工拖欠工资等矛盾纠纷就达507件，成功率达98%以上，解答法律咨询4230余人次，避免经济损失十几万余元，所在乡连续多年无群体性上访事件发生，做到“小事不出村，大事不出乡”，为维护基层社会稳定做出突出的贡献。在他的带领下，全所干部职工以高度的责任感和使命感，积极主动地履行职责，根据民间纠纷发展的新情况、新特点，积极扩大调解工作领域，及时妥善处理好人民内部矛盾纠纷，把大量的矛盾纠纷化解在基层，消灭在萌芽状态，充分发挥人民调解在维护社会稳定中第一道防线作用。

*开展法治宣传教育，提高公民法律素质。*乃比江·热依木带领全所同志始终抓住普法宣传教育不放松。认真按照县依法治县委员会制定的普法工作要点、方案，结合本乡实际制定《依法治乡工作要点》《普法依法治理工作实施方案》等，确保“七五”普法依法治理工作顺利进行。利用综合治理宣传月、宪法宣传教育月等有利时机，在农牧民夜校等地，周一升国旗、“巴扎日”等活动进行广泛宣传，大力宣传《中华人民共和国宪法》《中华人民共和国刑法》《中华人民共和国反恐怖主义法》《中华人民共和国民法典》等法律法规，“七五”普法开展以来共开展法律咨询、法治讲座205场次，增强全乡各族干部群众依法维护自身合法权益的意识。乃比江·热依木还担任县小学校的法治副校长，每学期为在校学生讲法治课。深入宣传学习《中华人民共和国义务教育法》《中华人民共和国未成年人保护法》《中华人民共和国预防未成年人犯罪法》等法律法规，对预防青少年违法犯罪起到积极的作用。

随着依法治理进程的不断加快，各族群众对法律的渴求与日俱增，需要法律服务的范围和要求不断提高，对新形势下法律服务工作提出新的标准。为此，乃比江·热依木带领司法所一班人，紧紧围绕经济建设中心工作，充分发挥直接面向基层、业务综合全面、服务方便及时的优势，针对基层广大群众的需求，不断拓宽基层法律服务领域。法律服务人员本着“热情、便民、高效、负责”的态度，为广大群众提供优质高效的法律服务，积极维护当事人的合法权益，把矛盾纠纷化解在最基层。通过各项法律服务工作，既宣传党的各项政策和法律法规，又使矛盾纠纷得到及时化解，为维护社会政治稳定，促进民主与法治建设和群众学法用法活动的开展，发挥积极的作用。

以人为本严管理，实现管理手段精细化。乃比江·热依木高度重视“两类人员”工作，充分认识到对社区矫正和刑释解教人员的安置工作是一项确保社会稳定、体现以人为本的重要工作。积极带领乡司法所对辖区内的“两类人员”进行摸底调查，登记造册，建立详细的档案卡，成立帮教小组，制定帮教计划。社区服刑人员进行分类管理。根据社区服刑人员的犯罪原因、犯罪类别、危害程度、悔罪表现、家庭及社会关系等情况进行综合分析和风险评估，分别采取严管、谱管和宽管等3种类别监管和相关的措施。按照安置帮教人员类别严格执行周联系、月走访、季考核制度，每月摸底排查辖区内的刑满释放人员，每月走访帮教成员了解情况，不定期实地见面谈话开展思想教育和帮教管理工作，了解困难诉求，并及时反映相关部门，帮助他们解决生活困难。

2021年10月，乃比江·热依木荣获全国司法所模范个人称号。几年来，风里来，雨里去，他跑遍全乡的每个角落，哪里有纠纷，哪里有案情，他就会出现在哪里。星月当头，留下他的身影；拂晓鸡鸣，伴随他的脚步。为百姓头上的那片晴空，他勤政为民的情怀永不满足。他将继续以自己的实际行动为“优秀人民调解员”的称号添光彩。（县司法局）

文献辑存

重要文献

巴音郭楞蒙古自治州红枣产业促进条例

（2020年9月28日由巴音郭楞蒙古自治州第十四届人民代表大会常务委员会第二十六次会议通过，2021年3月25日新疆维吾尔自治区第十三届人民代表大会常务委员会第二十四次会议批准）

第一章　总则

第一条　为了促进自治州红枣产业高质量发展，推动乡村振兴，带动农民增收，根据有关法律法规，结合自治州实际，制定本条例。

第二条　在自治州行政区域内从事红枣种植、加工、经营以及为其提供相关服务活动，适用本条例。

第三条　红枣产业应当坚持科学规划、绿色发展、优质高效、龙头企业带动、品牌引领的原则，增强核心竞争力，实现生态效益、经济效益和社会效益相统一。

第四条　若羌、且末区域是自治州优势红枣产区，红枣树是防风治沙的优质树种，自治州人民政府和优势红枣产区县级人民政府应当将红枣产业发展纳入本行政区域国民经济和社会发展规划。

第五条　自治州人民政府应当加强红枣产业发展工作的领导，建立健全红枣产业发展协调和区域联动机制，统筹协调解决红枣产业发展中的重大问题。

自治州林业和草原部门和县（市）人民政府确定的红枣产业主管部门（以下统称红枣产业主管部门）负责本行政区域内红枣产业管理工作。

自治州和县（市）农业农村、自然资源、生态环境、市场监督管理、财政、发展和改革、水利、商务、交通运输等有关部门，按照各自职责，负责做好红枣产业相关工作。

第六条　红枣产业行业协会应当加强行业自律，发挥协调、监督作用，依法依规为红枣生产经营者提供服务。

第二章　规划与扶持

第七条　自治州人民政府应当制定红枣产业发展总体规划，将红枣作为营养优质的木本粮食，重点扶持优势红枣产区红枣产业。优势红枣产区县级人民政府应当制定红枣产业发展规划并组织实施。

红枣产业发展规划应当与国土空间规划、生态环境保护规划、用水总量控制方案等相衔接。

第八条　自治州人民政府和优势红枣产区县级人民政府应当加强红枣标准化种植基地和产业园区基础设施建设，制定促进红枣产业发展优惠政策，并在资金安排、土地使用、供水供电、品牌宣传等方面给予支持。

第九条　自治州人民政府和优势红枣产区县级人民政府应当加强红枣产业专业人才队伍建设，培养引进技术人才和经纪人。

第十条　自治州人民政府和优势红枣产区县级人民政府应当建立和完善红枣产业发展风险防范机制，加强风险预测和风险提示。

第十一条　自治州人民政府和优势红枣产区县级人民政府应当培育自主创新能力强、生产加工水平高、示范引领效果显著的龙头企业，推进红枣生产经营专业化、标准化、规模化、集约化。

第十二条　自治州人民政府和优势红枣产区县级人民政府应当支持农民专业合作经济组织开展成员培训、农业生产基础设施建设、农产品质量认证、优势产品品牌培育、市场营销、技术推广等服务活动。

第十三条　自治州人民政府应当支持优势红枣产区县级人民政府建设专业市场、贸易集散中心和电子交易平台，完善仓储、运输、质量检测和信息管理等配套服务。

支持红枣生产经营企业和个人利用互联网、大数据、区块链等现代信息化技术开拓国内外市场。

第十四条　鼓励和支持下列事项：

（一）有机红枣规模化种植、标准化基地认定和产品认证；

（二）培育红枣新品种，研发新产品、新技术；

（三）推广应用生物有机肥和移栽施肥、病虫防治、枝条粉碎清理等新型机具装备；

（四）采取林牧结合型生态养殖方式和种养结合循环利用模式，发展林下经济。

第十五条　鼓励金融机构提供适合红枣产业发展的金融产品和服务，增加对红枣产业项目的信贷投入。

第三章　种植与加工

第十六条　优势红枣产区县级人民政府应当执行红枣标准化种植、加工等技术规程，实行标准化生产。

第十七条　红枣种植应当按照国家有关规定使用农药、肥料等农业投入品，遵循科学、安全、高效的原则，防止影响红枣品质和污染环境。

第十八条　在红枣种植过程中禁止下列行为：

（一）未按照农药的标签标注的使用范围、使用方法和剂量、使用技术要求和注意事项、安全间隔期使用农药；

（二）使用禁用的农药；

（三）使用剧毒、高毒农药；

（四）法律法规规定的其他行为。

第十九条　优势红枣产区县级人民政府应当鼓励和引导有机红枣种植，划定有机红枣种植保护范围，划定的保护范围应当向社会公示。

第二十条　红枣生产企业和农民专业合作经济组织应当建立种植管理记录，如实记载下列事项：

（一）红枣的品种、数量、来源；

（二）肥料、农药等农业投入品的名称、来源、用法、用量和使用、停用日期；

（三）有害生物的发生和防治情况。

种植记录保存期限不得少于二年。禁止伪造种植管理记录。

第二十一条　鼓励和引导种植者进行绿色食品、有机食品、良好农业规范、地理标志保护产品等认证、注册登记。

第二十二条　鼓励和支持红枣企业和个人按照相关技术标准从事红枣贮藏、加工和综合开发利用。

第四章　产地保护

第二十三条　优势红枣产区实行产地保护，稳定红枣种植面积，推行产地标记管理，建立枣园登记制度。

第二十四条　禁止侵占或者损坏优势红枣产区红枣种植区域内的基础设施。

因工程施工影响基础设施功能正常使用的，建设单位应当采取相应的防护措施，并在施工结束时恢复原状。

第二十五条　禁止违反法律、法规的规定向优势红枣产区红枣种植区域内排放、倾倒、堆置、处置废水、废气、固体废物或者其他有毒有害物质。

剪除的病虫枝(皮)应当作无害化处理。

第五章　质量监管

第二十六条　红枣产业主管部门应当加强种植技术指导和农药、化肥等投入品的监督管理,开展测土配方施肥,推广使用高效生物有机肥和病虫害生物、物理以及其他综合防控技术。

第二十七条　红枣产业主管部门应当加强红枣种苗生产、检疫、运输和使用管理,规范红枣优良品种繁育、示范和推广。

第二十八条　红枣及其产品实行质量安全可追溯制度,红枣产业有关部门应当建立健全产品追溯与查询系统。

第二十九条　红枣产业有关部门应当对红枣及其产品定期抽样检验,并依据有关规定向社会公布检验结果。

第三十条　红枣产业主管部门应当建立健全红枣及其产品综合信息发布平台,定期向社会发布相关信息,提供资讯服务。

第三十一条　鼓励和支持红枣企业、行业协会制定高于红枣质量安全国家标准或者地方标准的企业标准、团体标准。

第六章　品牌建设与保护

第三十二条　红枣品牌建设实行政府引导、行业指导、诚信为本、质量优良、企业主导的原则。自治州人民政府应当建立红枣品牌发展、推介、保护和利用的运行机制,围绕发展红枣区域公用品牌,加强原产地保护和品牌建设,培育红枣区域各级各类子品牌,扶持企业产品品牌。

第三十三条　红枣区域公用品牌所有者应当依法依规生产经营。红枣区域公用品牌应当制定并严格实施品牌授权管理办法,品牌授权管理办法应当包含质量安全可追溯、监督检查等内容。

红枣区域公用品牌授权使用者应当执行品牌授权管理办法。

第三十四条　县级以上人民政府应当加强“若羌红枣”“且末红枣”等获得国家产地证明商标、地理标志产品和红枣区域公用品牌的保护。

第三十五条　红枣交易不得有下列行为:

(一)侵犯地理标志产品保护专用标志或者证明商标的商标专用权;

(二)在标注地理标志产品保护专用标志或者证明商标的红枣中掺杂非本产区红枣;

(三)法律法规禁止的其他行为。

第七章　法律责任

第三十六条　违反本条例第十八条第一项至三项规定的,由县级人民政府农业农村部门责令改正,农药使用者为单位的,处五万元以上十万元以下罚款;农药使用者为个人的,处一千元以上一万元以下罚款;构成犯罪的,依法追究刑事责任。

有第十八条第二项行为的,还应当没收禁用的农药。

第三十七条　违反本条例第二十条规定的,由县级人民政府农业农村部门责令限期改正;逾期不改正的,可以处二千元以下罚款。

第三十八条　县级以上人民政府红枣产业主管部门和其他有关部门的工作人员违反本条例规定,玩忽职守、滥用职权、徇私舞弊的,依法给予处分;构成犯罪的,依法追究刑事责任。

第三十九条　违反本条例规定,应当给予处罚的其他行为,依照有关法律法规执行。

第八章　附则

第四十条　本条例自2021年4月15日起施行。

在中共若羌县第十一届委员会第二次全体会议第一次全体会议上的讲话(摘要)

若羌县委书记　黄新平

(2021年11月27日)

今天,我们召开中国共产党若羌县第十一届委员会第二次全体会议,主要任务是,以习近平新时代中国特色社会主义思想为指导,深入学习党的十九届六中全会,学习贯彻自治区党委十届二次全体会议、自治州党委十一届二次全体会议精神,切实把全县各级党组织和党员干部群众的思想和行动统一到党的十九届六中全会精神上来,把智慧和力量凝聚到实现新时代党的治疆方略特别是社会稳定和长治久安总目标确定的各项任务上来,把全会精神转化为推动全县稳定改革发展的强大动力,以优异成绩迎接党的二十大胜利召开。

同志们,学习宣传贯彻党的十九届六中全会精神,是当前和今后一个时期的重大政治任务。近日,自治区、自治州党委陆续召开全体会议,就学习贯彻工作进行安排部署,并讨论通过《关于认真学习宣传贯彻落实党的十九届六中全会精神的意见》。县委在认真学习的基础上,研究制定了具体分解方案,提交这次会议审议讨论,希望大家认真思考,积极提出意见建议。下面,我代表县委常委会,讲几点意见。

一、充分认识重大意义,在学懂弄通做实上持续用力,坚决把思想和行动统一到党的十九届六中全会精神上来

党的十九届六中全会是我们党百年华诞的重要时刻,在"两个一百年"奋斗目标历史交汇关键点上,召开的一次具有里程碑意义的会议,对于推动全党进一步统一思想、统一意志、统一行动,团结带领全国各族人民夺取新时代中国特色社会主义新的伟大胜利,具有重大现实意义和深远历史意义。我们要增强"四个意识"、坚定"四个自信"、做到"两个维护",不断提高政治判断力、政治领悟力、政治执行力,切实把思想和行动统一到党中央决策部署上来,不断从党的奋斗历程中汲取智慧和力量,坚定不移紧跟以习近平同志为核心的党中央奋勇前进。

*一是切实强化对党的十九届六中全会重要历史地位的认识把握。*以史为鉴,方能开创未来。我们党历来高度重视总结历史经验,每到重要历史时刻和重大历史关头,党都要回顾历史、总结经验,从历史中汲取智慧和力量,不断把党和人民的事业推向前进。党的十九届六中全会深入研究党领导人民进行革命、建设、改革的百年历程,全面总结党的百年奋斗的重大成就和历史经验,对于我们更加坚定自觉地践行初心使命,在新时代更好地坚持和发展中国特色社会主义,具有重大而深远的意义。会议审议通过的《中共中央关于党的百年奋斗重大成就和历史经验的决议》(以下简称《决议》),在坚持1945年党的六届七中全会制定的《关于若干历史问题的决议》、1981年党的十一届六中全会制定的《关于建国以来党的若干历史问题的决议》以及党的一系列重要文献的基本论述和结论的基础上,结合40年来党和国家事业大大向前发展、党的理论和实践也大大向前发展的新形势新变化,结合改革开放以来党和国家事业发展是顺利的、前进方向是正确的、取得的成就是举世瞩目的这一客观实际,突出中国特色社会主义新时代这个重点,着重阐释新时代党和国家事业取得的历史性成就、发生的历史性变革和积累的新鲜经验,对实现第二个百年奋斗目标提出明确要求,体现了一脉相承和与时俱进,进一步深化了对共产党执政规律、社会主义建设规律和人类社会发展规律的认识,是马克思主义中国化的最新理论成果。我们要加深对党的十九届六中全会历史地位的领会把握,从更深的层次把握"中国共产党为什么能、马克思主义为什么行、中国特色社会主义为什么好"的历史逻辑、理论逻辑、实践逻辑,聚焦我们正在做的事情,以更加昂扬的姿态

奋进新征程、建功新时代。

二是切实强化对党的十九届六中全会重大政治意义的认识把握。历史和现实充分表明，全党有核心，党中央才有权威，党才有力量。在新时代中国特色社会主义事业砥砺奋进中，习近平总书记以马克思主义政治家的恢宏气魄、远见卓识、雄韬伟略，运筹帷幄、统揽全局，充分发展了大党大国领袖的政治智慧、战略定力、使命担当、为民情怀、领导艺术，赢得了全党全军全国各族人民的衷心爱戴和高度信赖。党的十八大以来，正是因为确立了习近平同志党中央的核心、全党的核心地位，党的面貌、国家的面貌、人民的面貌、军队的面貌、中华民族的面貌才发生了前所未有的变化。《决议》深刻指出："党确立习近平同志党中央的核心、全党的核心地位，确立习近平新时代中国特色社会主义思想的指导地位，反映了全党全军全国各族人民共同心愿，对新时代党和国家事业发展、对推进中华民族伟大复兴历史进程具有决定性意义。""两个确立"是历史和时代的选择，是深刻总结党的百年奋斗、党的十八大以来伟大实践得出的重大历史结论，是体现全党共同意志、反映人民共同心声的重大政治判断。实践充分证明，有习近平同志作为党中央的核心、全党的核心领航掌舵，有习近平新时代中国特色社会主义思想科学指引，有全党全军全国各族人民团结一心、顽强奋斗，我们就一定能够战胜前进道路上出现的各种艰难险阻，一定能够在新时代把中国特色社会主义更加有力地推向前进。

三是切实强化对党的十九届六中全会重大理论意义的认识把握。我们党的历史，就是一部不断推进马克思主义中国化的历史，就是一部不断推进理论创新、进行理论创造的历史。在长期奋斗历程中，我们党坚持解放思想和实事求是相统一、培元固本和守正创新相统一，不断开辟马克思主义新境界。党的十九届六中全会科学阐明了确立习近平新时代中国特色社会主义思想指导地位的重大意义，明确指出："习近平新时代中国特色社会主义思想是当代中国马克思主义、二十一世纪马克思主义，是中华文化和中国精神的时代精华，实现了马克思主义中国化新的飞跃。"表明了这一重要思想在马克思主义发展史、中华文化发展史上的重要地位，为进一步增强全面贯彻习近平新时代中国特色社会主义思想的政治自觉、理论自觉、行动自觉提供了重要指引。作为马克思主义中国化的最新成果，习近平新时代中国特色社会主义思想对马克思主义哲学、政治经济学、科学社会主义各个领域都提出了许多标志性、引领性的新观点，开辟了管党治党、兴党强党的新境界，为在新时代坚持和发展中国特色社会主义提供了科学理论指导，引领党和国家事业取得历史性成就、发生历史性变革。只要全面贯彻习近平新时代中国特色社会主义思想，用马克思主义的立场、观点、方法观察时代、把握时代、引领时代，继续推进马克思主义中国化，我们党就一定能够始终坚持正确的前进方向，科学把握发展规律，牢牢赢得历史主动，不断开创中国特色社会主义和中华民族伟大复兴事业发展新局面。

四是切实强化对党的十九届六中全会重大事件意义的认识把握。党的十九届六中全会明确指出："过去一百年，党向人民、向历史交出了一份优异的答卷；现在，党团结带领中国人民又踏上了实现第二个百年奋斗目标新的赶考之路。"越是在这样的历史时刻，越是要以史为鉴，从宝贵历史经验中汲取智慧和力量，遵循历史经验中蕴含的"赶考之道"，传承和弘扬以伟大建党精神为源头的中国共产党人的精神谱系，继续考出一个好成绩。新的征程上，我们必须把握正确的前进方向和历史发展大势，始终用党的重大成就和历史经验来鼓舞斗志、明确方向、凝聚力量、坚定信心，始终掌握新时代新征程党和国家事业发展的历史主动，发扬斗争精神，增强斗争本领，不为任何风险所惧，不为任何干扰所惑，推动中国特色社会主义事业航船劈波斩浪、行稳致远，奋力夺取全面建设社会主义现代化国家新胜利。

五是切实强化对党的十九届六中全会重大世界意义的认识把握。一百年来，我们党既为中国人民谋幸福、为中华民族谋复兴，也为人类谋进步、为世界谋大同，以自强不息的奋斗深刻改变了世界发展的趋势和格局。党的十九届六中全会阐明了中国共产党对全球的重大历史贡献，明确指出党领导人民成功走出中国式现代化道路，创造了人类文明新形态，拓展了发展中国家走向现代化的途径。党的十八大以来，以习近平同志为核心的党中央推动构建人类命运共同体，为解决人类重大问题，建设持久和平、普遍安全、共同繁荣、开放包容、清洁美丽的世界贡献了中国智慧、中国方案、中国力量，成为推动人类发展进步的重要力量。马克思主义中国化、时代化不断取得成功，使马克思主义以崭新形象展现在世界上，使世界范围内社会主义和资本主义两种意识形态、两种社会制度的历史演进及其较量发生了有利于社会主义的重大转变。今天，中国人民在历史进程中积累的强大能量充分爆发出来，焕发出前所未有的历史主动精神、历史创造精神，正在信心百倍书写着新时代中国发展的伟大历史。只要我们坚持从人类发展大潮流、世界变化大格局、中国发展大历史正确认识和处理同外部世界的关系，坚持和平发展道路，就一定能够不断为人类文明进步贡献智慧和力量，推动历史车轮向着光明的前途前进。

二、领会精神实质，把握核心丰富内涵，真正做到入脑入心、见行见效，以史为鉴、开创未来

全县各级党组织和广大党员干部要深入学习贯彻党的十九届六中全会精神，原原本本学、融会贯通学、联系实际学，深刻领会要点要义，做到知其言更知其义、知其然更知其所以然，真正用全会精神统一思想、凝聚共识、坚定信心、增强斗志，自觉做远大理想和共同理想的坚定信仰者和忠实实践者。

一是深刻理解总结党的百年奋斗重大成就和历史经验的重大意义。站在新的历史起点上，党中央决定召开党的十九届六中全会，全面总结党的百年奋斗重大成就和历史经验，是在建党百年历史条件下开启全面建设社会主义现代化国家新征程、在新时代坚持和发展中国特色社会主义的需要；是增强政治意识、大局意识、核心意识、看齐意识，坚定道路自信、理论自信、制度自信、文化自信，做到坚决维护习近平同志党中央的核心、全党的核心地位，坚决维护党中央权威和集中统一领导，确保全党步调一致向前进的需要；是推进党的自我革命、提高全党斗争本领和应对风险挑战能力、永葆党的生机活力、团结带领全国各族人民为实现中华民族伟大复兴的中国梦而继续奋斗的需要。这“三个需要”，充分体现了党中央关于确定党的十九届六中全会议题的郑重考虑，体现了我们党重视和善于运用历史规律的高度政治自觉，体现了我们党牢记初心使命、继往开来的自信和担当。

二是深刻理解习近平总书记在全会上的重要讲话精神。习近平总书记在全会上的重要讲话，回顾总结了一年来党和国家工作，科学分析了国内外形势发展变化，深刻阐明了制定《决议》的战略考虑，对贯彻落实全会精神提出了明确要求。讲话要求全党同志从党的奋斗历程中汲取智慧和力量，强调坚定历史自信，自觉坚守理想信念；坚持党的政治建设，始终保持党的团结统一；坚定担当责任，不断增强进行伟大斗争的意志和本领；坚持自我革命，确保党不变质、不变色、不变味，以伟大自我革命引领伟大社会革命，以伟大社会革命促进伟大自我革命，确保党在新时代坚持和发展中国特色社会主义的历史进程中始终成为坚强领导核心。

三是深刻理解党的百年奋斗的初心使命和重大成就。一百年来，我们党团结带领人民进行的一切奋斗、一切牺牲、一切创造，都是在践行为中国人民谋幸福、为中华民族谋复兴的初心使命。在新民主主义革命时期，党领导人民浴血奋战、百折不挠，夺取新民主主义革命伟大胜利，实现了中国从几千年封建专制政治向人民民主的伟大飞跃。在社会主义革命和建设时期，党领导人民自力更生、发奋图强，完成社会主义革命和推进社会主义建设，实现了一穷二白、人口众多的东方大国大步迈向社会主义社会的伟大飞跃。在改革开放和社会主义现代化建设新时期，党领导人民解放思想、锐意进取，进行改革开放和社会主义现代化建设，推进了中华民族从站起来到富起来的伟大飞跃。在中国特色社会主义新时代，党领导人民自信自强、守正创新，创造了新时代中国特色社会主义的伟大成就，中华民族迎来了从站起来、富起来到强起来的伟大飞跃。我们党的100年，是矢志践行初心使命的100年，是筚路蓝缕奠基立业的100年，是创造辉煌开辟未来的100年，党和人民百年奋斗书写了中华民族几千年历史上最恢宏的史诗。

*四是深刻理解中国特色社会主义进入新时代的历史性成就和历史性变革。*党的十八大以来，以习近平同志为主要代表的中国共产党人，坚持把马克思主义基本原理同中国具体实际相结合、同中华优秀传统文化相结合，坚持毛泽东思想、邓小平理论、“三个代表”重要思想、科学发展观，深刻总结并充分运用党成立以来的历史经验，从新的实际出发，创立了习近平新时代中国特色社会主义思想。《决议》在党的十九大报告的基础上，用“十个明确”对习近平新时代中国特色社会主义思想的核心内容作了进一步概括，即明确中国特色社会主义最本质的特征是中国共产党领导，中国特色社会主义制度的最大优势是中国共产党领导，中国共产党是最高政治领导力量；明确坚持和发展中国特色社会主义，总任务是实现社会主义现代化和中华民族伟大复兴；明确新时代我国社会主要矛盾是人民日益增长的美好生活需要和不平衡不充分的发展之间的矛盾；明确中国特色社会主义事业总体布局是经济建设、政治建设、文化建设、社会建设、生态文明建设“五位一体”，战略布局是全面建设社会主义现代化国家、全面深化改革、全面依法治国、全面从严治党“四个全面”；明确全面深化改革总目标是完善和发展中国特色社会主义制度、推进国家治理体系和治理能力现代化；明确推进全面依法治国总目标是建设中国特色社会主义法治体系、建设社会主义法治国家；明确必须坚持和完善社会主义基本经济制度，把握新发展阶段，贯彻新发展理念，加快构建新发展格局，推动高质量发展，统筹发展和安全；明确党在新时代的强军目标是建设一支听党指挥、能打胜仗、作风优良的人民军队，把人民军队建设成为世界一流军队；明确中国特色大国外交要服务民族复兴、促进人类进步，推动建设新型国际关系，推动构建人类命运共同体；明确全面从严治党的战略方针，提出新时代党的建设总要求，以伟大自我革命引领伟大社会革命。这些战略思想和创新理念，是党对中国特色社会主义建设规律认识深化和理论创新的重大成果。

以习近平同志为核心的党中央，以伟大的历史主动精神、巨大的政治勇气、强烈的责任担当，统筹国内国际两个大局，贯彻党的基本理论、基本路线、基本方略，统揽伟大斗争、伟大工程、伟大事业、伟大梦想，坚持稳中求进工作总基调，出台一系列重大方针政策，推出一系列重大举措，推进一系列重大工作，战胜一系列重大风险挑战，解决了许多长期想解决而没有解决的难题，办成了许多过去想办而没有办成的大事，推动党和国家事业取得历史性成就、发生历史性变革。《决议》从坚持党的全面领导、全面从严治党、经济建设、全面深化改革开放、政治建设、全面依法治国、文化建设、社会建设、生态文明建设、国防和军队建设、维护国家安全、坚持“一国两制”和推进祖国统一、外交工作13个方面进行了系统阐述，体现了这个阶段的原创性思想、变革性实践、突破性进展、标志性成果。这些历史性成就、历史性变革，彰显了中国特色社会主义的强大生机活力，党心军心民心空前凝聚振奋，为实现中华民族伟大复兴提供了更为完善的制度保证、更为坚实的物质基础、更为主动的精神力量。

*五是深刻理解党的百年奋斗的历史意义和历史经验。*100年来，党始终践行初心使命，团结带领

全国各族人民绘就了人类发展史上的壮美画卷,中华民族伟大复兴展现出前所未有的光明前景。党的百年奋斗,从根本上改变了中国人民的前途命运,开辟了实现中华民族伟大复兴的正确道路,展示了马克思主义的强大生命力,深刻影响了世界历史进程,锻造了走在时代前列的中国共产党,为中国人民、中华民族、马克思主义、人类进步事业作出了卓越贡献。100年来,党领导人民进行伟大奋斗,在进取中突破,于挫败中奋起,从总结中提高,积累了宝贵的历史经验:一是坚持党的领导,二是坚持人民至上,三是坚持理论创新,四是坚持独立自主,五是坚持中国道路,六是坚持胸怀天下,七是坚持开拓创新,八是坚持敢于斗争,九是坚持统一战线,十是坚持自我革命。"十个坚持"的历史经验,是相互贯通、相辅相成的整体,是党百年奋斗理论和实践的科学总结,揭示了党永葆先进性和纯洁性、始终走在时代前列的根本途径,是党和人民共同创造的精神财富。我们要加深对党的百年奋斗历史经验的领会把握,与《决议》概括的"十个明确"、习近平总书记"七一"重要讲话提出的"九个必须"结合起来完整贯通理解,把党的历史经验作为正确判断形势、科学预见未来、把握历史主动的重要思想武器,作为想问题、作决策、办事情的重要遵循,作为判断重大政治是非的重要依据,作为加强党性修养的重要指引,不断增强赢得主动、赢得优势、赢得未来的定力魄力能力。

六是深刻理解以史为鉴、开创未来的重要要求。总结历史是为了开辟未来。全会指出,全党必须清醒认识到前进道路上仍然存在各种风险挑战,清醒认识到我国的基本国情和社会主要矛盾,牢记中国共产党"是什么、要干什么"这个根本问题,把握历史发展大势,坚定理想信念,牢记初心使命,以咬定青山不放松的执着奋力实现既定目标,以行百里者半九十的清醒不懈推进中华民族伟大复兴。必须坚持马克思列宁主义、毛泽东思想、邓小平理论、"三个代表"重要思想、科学发展观,全面贯彻习近平新时代中国特色社会主义思想,坚持党的基本理论、基本路线、基本方略,统筹推进"五位一体"总体布局,协调推进"四个全面"战略布局,立足新发展阶段、贯彻新发展理念、构建新发展格局、推动高质量发展,全面深化改革开放,促进共同富裕,推进科技自立自强,发展全过程人民民主,保证人民当家作主,坚持全面依法治国,坚持社会主义核心价值体系,坚持在发展中保障和改善民生,坚持人与自然和谐共生,统筹发展和安全,加快国防和军队现代化,协同推进人民富裕、国家强盛、中国美丽。必须永远保持党同人民群众的血肉联系,站稳人民立场,着力解决发展不平衡不充分问题和人民群众"急难愁盼"问题,不断实现好、维护好、发展好最广大人民根本利益,团结带领全国各族人民不断为美好生活而奋斗。必须铭记生于忧患、死于安乐,常怀远虑、居安思危,继续推进新时代党的建设新的伟大工程,坚持全面从严治党,坚定不移推进党风廉政建设和反腐败斗争,敢于斗争、善于斗争,做到难不住、压不垮。必须抓好后继有人这个根本大计,源源不断培养选拔德才兼备、忠诚干净担当的高素质专业化干部特别是优秀年轻干部,源源不断把各方面先进分子特别是优秀青年吸收到党内来,源源不断培养造就爱国奉献、勇于创新的优秀人才,把各方面优秀人才集聚到党和人民的伟大奋斗中来。党中央号召,全党全军全国各族人民要更加紧密地团结在以习近平同志为核心的党中央周围,全面贯彻习近平新时代中国特色社会主义思想,大力弘扬伟大建党精神,勿忘昨天的苦难辉煌,无愧今天的使命担当,不负明天的伟大梦想,以史为鉴、开创未来,埋头苦干、勇毅前行,为实现第二个百年奋斗目标、实现中华民族伟大复兴的中国梦不懈奋斗。

三、以高度的政治自觉、思想自觉、行动自觉,抓好党的十九届六中全会精神的学习宣传贯彻落实

全县各级党组织和广大党员干部要把学习党

的十九届六中全会精神特别是习近平总书记的重要报告、重要说明、重要讲话和《决议》精神，作为当前和今后一个时期的重大政治任务，不断提高政治判断力、政治领悟力、政治执行力，全力抓好学习、宣讲、培训、宣传、普及、研讨六项举措，在全县上下迅速形成学习贯彻热潮，真正把学习成果转化为奋进新征程、建功新时代的实际行动。

（一）抓好学习。县“四套班子”要充分发挥表率作用，带头开展学习，坚持集体学习与个人自学相结合、通读文件与专题研讨相结合、学习理论与思考工作相结合，通过入脑入心学、原汁原味学、慎思笃行学，切实做到领会精髓、吃透精神、把握实质。各级党组织要将学习党的十九届六中全会精神纳入党委（党组）理论学习中心组学习，制定学习计划、列出学习专题，扎实开展集中学习，真正做到学懂弄通做实。各基层党组织要广泛学习，依托“三会一课”“党旗映天山”主题党日活动、“党校到支部”“一会制”等载体，认真组织学习，推动学习贯彻全会精神往深里走、往心里走、往实里走。广大党员干部要加强自学，明确学习目标、学习方式、学习要求，细化学习安排，列出自学清单，切实做到学有所思、学有所悟、学有所得。学习中要运用好《习近平谈治国理政》、习近平《论中国共产党历史》等重要著作，运用好《〈中共中央关于党的百年奋斗重大成就和历史经验的决议〉辅导读本》《党的十九届六中全会〈决议〉学习辅导百问》等辅助教材，提升学习实效。

（二）抓好宣传。以学习宣传贯彻党的十九届六中全会精神为主线，精心制定宣传方案，统筹各级各类新闻媒体力量和资源，充分发挥新闻网站、“两微一端”等各类宣传载体优势，积极开展网络宣传。充分发挥主流媒体的作用，利用重点时段、重要版面，多种形式、多层次、多角度地宣传党的十九届六中全会精神，深入宣传全县各级各部门学习贯彻成果，积极转载刊播上级主流媒体，有分量、有深度地报道、综述、评论和理论文章，把学习宣传贯彻习近平总书记重要讲话精神不断引向深入。坚持网上网下相结合，迅速在全社会形成宣传声势，把全县各族干部群众的士气鼓舞起来、精神振奋起来，汇聚起建设新时代中国特色社会主义新疆的强大动力。

（三）抓好宣讲。全县各级各部门要牢牢把握正确政治方向和舆论导向，精心组织党的十九届六中全会精神宣讲活动，抽调骨干力量组成宣讲团，充分发挥宣讲团、基层党组织、驻村第一书记、驻村工作队以及驻村管寺干部、便民警务站党员干部、结亲干部、“双联户”作用，采取专题访谈、面对面宣讲等方式，全方位、多层次宣传解读全会精神，采取通俗易懂的语言和各族群众喜闻乐见的方式，深入开展面向基层、面向群众的对象化、分众化、互动化宣讲，推动党的十九届六中全会精神进机关、进企业、进农村、进校园、进社区。县级领导干部要深入分管领域亲自宣讲，各部门单位负责同志要带头宣讲，政协和县委统战部要做好面向党外人士的宣讲工作。要注重增强宣讲的针对性、生动性、思想性，切实把全会精神讲清楚、讲明白、讲透彻，让干部群众听得懂、能领会、可落实，进一步凝聚各族群众感党恩、听党话、跟党走的坚定信念，确保宣讲取得实实在在的效果。

（四）抓好培训。县委党校要充分发挥理论培训主阵地作用，要把党的十九届六中全会精神作为教育培训的重要内容，集中时间对全县科级以上党员干部进行集中轮训，分领域分系统分批次对党员干部进行系统培训，形成密集、系统、全面的学习态势。县级领导干部要带头在所在支部讲专题党课，各级党组织要用好“学习强国”、巴州党员网上活动室等学习平台，借助新疆干部网络学院等网络载体，用通俗易懂、易于接受的电视理论节目、微视频、小故事等形式，帮助党员学深悟透、融会贯通。

（五）抓好普及。精心组织面向基层、面向群众的普及，用好党的十九届六中全会精神“口袋书”，结合干部下沉基层、“民族团结一家亲”和民族团结联谊等活动，面对面地向群众宣传在党领导下各族人民越来越美好的幸福生活，推动全会精神走进千家万户、在若羌落地生根，凝聚起强大精神力量。

（六）抓好研讨。围绕习近平总书记提出的新思想、新论断、新要求，县级干部带头参加集中学习、带头开展学习研讨、带头撰写学习体会和理论文章，为全县广大党员干部作出表率。县委宣传部、党校要围绕党的百年奋斗目标的重大成就特别是中国特色社会主义进入新时代的历史性成就和历史性变革、党的百年奋斗的历史意义和历史经验等重大问题进行深入系统研究和解读，推出一批有深度、有水平的研究成果。各级党委（党组）理论学习中心组学习要深入开展专题研讨，组织党员干部谈认识、谈体会、谈收获，推动学习入脑入心、走深走实。

四、坚持全面系统、统筹兼顾，全力推动党的十九届六中全会精神落细落实

全县上下要全面贯彻习近平新时代中国特色社会主义思想，把学习贯彻党的十九届六中全会精神与学习贯彻党的十九大和十九届二中、三中、四中、五中全会精神结合起来，与学习贯彻习近平总书记在庆祝中国共产党成立100周年大会上的重要讲话精神结合起来，与学习贯彻中央民族工作会议精神和第三次中央新疆工作座谈会精神结合起来，与贯彻新时代党的治疆方略特别是社会稳定和长治久安总目标结合起来，与扎实开展党史学习教育结合起来，按照自治区第十次党代会、自治州第十一次党代会部署，进一步坚定理想信念，牢记初心使命，践行党的宗旨，扎实做好各项工作，切实把思想和行动统一到党中央关于新疆工作的决策部署上来。

（一）坚定不移加强党的政治建设。政治建设是党的根本性建设，加强党的领导，必须以党的政治建设为统领。要坚定不移把政治建设摆在首位，推动各级党组织和广大党员干部进一步增强“四个意识”、坚定“四个自信”、做到“两个维护”，不断提高政治判断力、政治领悟力、政治执行力，坚定坚决地做到在思想上认同核心、政治上维护核心、组织上服从核心、行动上紧跟核心，坚定捍卫核心、衷心爱戴核心、绝对忠诚核心，把对党绝对忠诚体现在贯彻党中央决策部署的行动上，体现在履职尽责、做好本职的实效上，体现在日常言行上，做到平常时刻看得出来、关键时刻站得出来、危难关头豁得出来，特别是在维护祖国统一、维护民族团结、反对民族分裂等重大政治原则问题上，始终做到旗帜鲜明、坚定立场，敢于发声、敢于亮剑，认识统一、表里如一，态度坚决、步调一致。

（二）持之以恒加强党的思想建设。思想建设是党的基础性建设，理论创新每前进一步，理论武装就要更进一步。要坚持把学习贯彻习近平新时代中国特色社会主义思想作为首要政治任务，把新时代党的治疆方略作为重要内容，把深化党史学习教育作为重要抓手，完善落实常态化学习机制，持续深入学习领会习近平新时代中国特色社会主义思想的时代背景、科学体系、精神实质、实践要求，努力掌握贯彻其中的政治品格、价值追求、精神境界、作风操守、为民情怀，把握核心要义、领会精神实质、感悟思想伟力、做到融会贯通，不断增强政治认同、思想认同、理论认同、情感认同，融入血脉、铸入灵魂、化为行动，自觉做习近平新时代中国特色社会主义思想的坚定信仰者、忠实实践者。

（三）保持社会大局持续稳定长期稳定。

（四）以人民为中心推进经济高质量发展。发展是实现社会稳定和长治久安的重要基础。统筹发展和安全，统筹常态化疫情防控和经济社会发展，立足新发展阶段、完整准确全面贯彻新发展理念、服务和融入新发展格局，坚持稳中求进工作总基调，充分发挥若羌区位交通、文化旅游、矿产资源等优势，用活用好党中央赋予新疆的特殊政策，充分释放稳定红利，在全州发展大局中找准定位，紧紧围绕自治区规划的“十大产业”，全面融入自治州党委“一区一中心一枢纽五基地”的发展布局，开启全面建设社会主义现代化新征程，走出一条具有若羌特色的高质量发展路子。加快农业产业结构调整，持续推进农牧业增效行动。持续发展高效节水农业和设施农业；抓好粮食安全，实施“种子工程”；做大做强特色林果业，接续实施红枣产业提质增效，实施优质红枣标准化工程、有机示范工程；加快推进“兴猪、扩羊、增牛”战略，抓好现代畜牧业发展；适度发展特色农畜产品，促进“高端、小众”特色农业发展；支持发展庭院经济、林下经济，建设田园综合体、农家乐、采摘园。推动巩固拓展脱贫攻坚成果同乡村振兴有效衔接，落实“五大振兴”，实施“八大示范行动”，激发乡村发展活力。持续推进农村人居环境整治行动，改善乡村发展面貌。深入实施文旅兴县战略，打响“丝路楼兰·秘境若羌”旅游品牌，将若羌建成进疆旅游第一站、南疆旅游集散地和新疆高端特种旅游目的地。抓好农副产品加工，打造特色农产品、林果产品、肉制品加工产业链，推动就地加工转化增值。全力推进新能源产业发展，抢抓环塔750千伏输电线路和新疆与西北电网联网，以及“第四条疆电外送”通道规划建设机遇，打造千万千瓦级新能源产业基地。大力发展商贸物流产业，深入推进自治区物流集散枢纽中心建设，加强航空港、铁路港、公路港建设，加快推进现代工贸物流园建设，申报综合保税区，打造综合性区域物流枢纽。加快新材料加工产业发展，加大可控区域矿产资源勘探，围绕优势矿产资源，加快下游产业建链工程。统筹山水林田湖草沙一体化保护和修复，抓好车尔臣下游尾闾湖和台特玛湖周边绿洲等重要生态系统修复工程，加强荒漠化治理、沙源地治理、引洪抚育、植树造林等工作，持续深入打好污染防治攻坚战。深化改革扩大开放，深化国资国企改革，抓好有利于增强民生福祉和治理现代化的各项改革。持续深化“放管服”改革，激发市场活力，优化营商环境。充分发挥主体作用，继续深化城建、教育、医疗、文化、产业、人才及智力共享等领域合作，切实提高对口援疆综合效益。

（五）大力保障改善民生、提升各族群众福祉。民生连着民心，民心汇聚民力。要坚持紧贴民生推动高质量发展，践行以人民为中心的发展思想，紧紧围绕各族群众安居乐业，办好利民惠民实事，让各族群众的获得感成色更足、幸福感更可持续、安全感更有保障。突出抓好城乡富余劳动力、高校毕业生、退役军人、困难群体就业，不断提升保就业、稳就业工作成效，动态消除城镇零就业家庭。发展劳动密集型企业、卫星工厂，支持马路经济、夜间经济、跳蚤市场，带动更多就业创业。全面贯彻党的教育方针，坚持兵地融合、联合办学、区域协作办学，健全托育、学前、基础教育、中职教育有序衔接、相互补充的教育体系，加快职业高中建设，不断扩大办学规模，稳步提升教育综合实力。推进县域内医共体建设，完善县、乡、村三级医疗卫生服务网络，深化区内外医疗合作，借助巴州人民医院托管、河北眼科医院专科联盟优势，推进医疗卫生人才队伍建设，提升基础医学专业能力，全力打造区域医疗高地。持续深化全民参保工作，重点将进城务工人员、新就业形态人员、灵活就业人员等群体纳入社会保障范围，稳步提高保障水平。

（六）持续铸牢中华民族共同体意识。

（七）扎实推进（略）。

（八）深入做好意识形态工作。意识形态工作是为国家立心、为民族立魂的工作。要坚持以社会主义先进文化为引领，大力弘扬和培育社会主义核心价值观，坚定不移举旗帜、聚民心、育新人、兴文化、展形象。牢牢掌握意识形态工作领导权，确保意识形态工作的正确政治方向。深入实施文化润疆工程，坚持“润”字当先、以文化人、以文育人、以文培元，用中华优秀传统文化、革命文化和社会主义先进文化滋养润泽各族干部群众的精神世界。研究建立楼兰文化素材库，探寻中华民族共同文化基因，让历史发声、文物说话，成为“文化润疆”的重要支撑。推动中华文化元素和标志性符号进文化馆、科技（普）馆、博物馆、图书馆等公共文化机构，建设一批具有中华文化特征和中华民族视觉形象的重点工程和项目。实施文艺精品战略，推出一批正确反映新疆历史、具有中华文化底蕴、彰显优秀民族文化特色、符合现代文明理念、反映各族群众现实生活的精品力作。多层次、全方位、立体式讲好新疆故事、若羌故事，理直气壮宣传社会稳定的大好形势、人民安居乐业的幸福生活。

（九）促进兵地军地融合发展。兵团是实现新疆工作总目标的重要战略力量。要牢固树立兵地"一盘棋"思想，完善落实组织领导、统筹协调、现场办公、督查指导、宣传引导等5个方面机制，重点推进战略规划、产业发展、国企改革、交通体系、水力资源等15个方面融合，积极推动兵地优势互补、设施共建、资源共享，实现融合发展。做好家属随军就业、军人子女上学、退役军人安置等工作，加强国防教育，在全社会营造关心、支持、参与国防建设的浓厚氛围。通过"储一扩四"代储模式，加快建设粮油储备库、中央厨房配送中心。

（十）坚定不移加强党的作风建设。党的作风是党的形象，是观察党群干群关系、人心向背的晴雨表。要坚定不移全面从严治党，坚定不移推进党风廉政建设和反腐败斗争，持续深化中央八项规定精神及其实施细则，持之以恒整治"四风"，持续为基层减负，真正管出习惯、抓出成效、化风成俗。坚持挺纪在前，综合用好"四种形态"、特别是"第一种形态"，教育引导党员干部时刻自重自省自警自立，慎独慎初慎微慎友，做政治信念坚定、遵规守纪的明白人。坚持利剑高悬、震慑常在，重点严查政治问题和经济问题交织的腐败案件，深入查处群众身边的不正之风和腐败问题，持续巩固发展反腐败斗争压倒性胜利，让党在新疆的执政基础牢牢夯实、坚如磐石、稳如泰山。

同志们，新的号角已经吹响，新的征程已经开启。让我们更加紧密地团结在以习近平同志为核心的党中央周围，坚持以习近平新时代中国特色社会主义思想为指导，深入学习贯彻党的十九大和十九届二中、三中、四中、五中、六中全会精神，坚决贯彻落实以习近平同志为核心的党中央决策部署，完整准确贯彻新时代党的治疆方略，按照自治区党委十届二次全体会议、自治州十一届二次全体会议作出的具体部署，不忘初心、牢记使命，保持定力、敢于担当，脚踏实地、艰苦奋斗，全力推进社会稳定和长治久安，确保各项事业始终沿着正确方向前进，为建设团结和谐、繁荣富裕、文明进步、安居乐业、生态良好的新时代中国特色社会主义新疆作出若羌贡献，以优异成绩迎接党的二十大胜利召开！

若羌县人民政府工作报告（摘要）

——2022年1月3日在若羌县第十八届人民代表大会第二次会议上

若羌县人民政府县长　热依木江·克里木

2021年工作回顾

过去的一年，面对艰巨繁重的稳定发展改革任务，全县上下在习近平新时代中国特色社会主义思想指引下，全面贯彻党的十九大和十九届历次全会精神，深入贯彻第三次中央新疆工作座谈会精神，贯彻落实新时代党的治疆方略，牢牢扭住社会稳定和长治久安总目标，坚持稳中求进工作总基调，立足新发展阶段、贯彻新发展理念、构建新发展格局，紧紧围绕自治区第十次党代会、自治州和县委第十一次党代会确定的目标任务，统筹推进"稳增长、促改革、调结构、惠民生、防风险、保稳定"各项工作，全县呈现出社会和谐稳定、人民安居乐业的良好局面，为迈向长治久安奠定了坚实基础。

三项重点工作取得标志性成果。一年来，我们倍增信心的是，社会大局更稳了！我们坚持警钟长鸣、警惕常在，持续打好"三场硬仗""一场人民战争"，为庆祝建党100周年营造了良好环境。市域社会治理现代化积极推进，扫黑除恶专项斗争进入常态。全县2036名干部职工常态开展结亲走访，成功创建“自治区民族团结进步示范县”。持续推进伊斯兰教中国化，坚决铲除宗教极端思想滋生蔓延和传播土壤。落实“四个不松”，用好“八项监测预警”机制，牢牢守住“三道门”，构筑抵御疫情反弹的严密防线。筑牢“四层”安全防护体系，阻断疫情输入和扩散，探索实施“三通道一闭环”管控措施，230余名党员干部常态驻守依吞布拉克卡点，确保了新疆东南大门绝对安全。完成35批4.93万人次疫苗接种，全面构筑全民免疫屏障。建设隔离方舱500间、附属用房410间，储备集中医学隔离观察点1562间，县域防控能力大幅提升。坚持发展新时代新疆特色“枫桥经验”，稳妥化解疑难信访案件16件，信访积案和历史遗留问题全部清零。坚持人民至上、生命至上，持续抓好安全隐患和应急处置，实现了重大安全生产事故零发生，人民生命财产安全得到有效保障。

综合经济实力实现大幅提升。一年来，我们倍感振奋的是，综合实力更强了！2021年预计全县地方生产总值60.19亿元，同比增长8.1%；一般公共预算收入8.29亿元，同比增长6.5%；地方固定资产投资23.22亿元，同比增长28.7%；规模以上工业增加值29.29亿元，同比增长10%；社会消费品零售总额3.93亿元，同比增长8%，主要经济指标增幅领跑全州。新疆工程学院乡村振兴学院若羌分院揭牌；粮食安全得到有效保障，种植面积稳定在5万亩以上、产量稳定在3.5万吨左右。持续实施红枣提质增效，完成枣园疏密6500亩、有机肥积造16万吨、高效节水灌溉2万亩，建成高标准农田5万亩，若羌红枣荣获“国家地理标志产品”称号。积极培育新型农业经营主体，创成州级以上农民专业合作社示范社18家。充分利用110座日光温室大棚，实现年供应蔬菜3100吨。镶产业园、小微产业园、产业融合发展示范园建成投产。畜牧业加速发展，羌都畜牧10万只肉羊、140万头生猪繁育基地项目持续推进，羌晟牧业和福润德恒畜牧养殖及深加工项目落地，阿尔金生猪核心种源场、活畜交易市场项目即将投产。在全疆率先建成非洲猪瘟无疫小区，并顺利通过国家评估验收。国投罗钾水溶肥项目建成投产，10万千瓦光伏发电、100万吨高纯硅、10万吨多晶硅项目加快推进。编制完成若羌氟硅锂新材料产业发展规划，河北巴州（邢羌）科技产业园、电子装配产业园项目投入使用。楼兰之星、楼兰印象、楼兰壹号商业综合体项目加快推进。招商引资持续加强，4个中心11个驻外招商组实体化运行，落实招商引资项目64个，引进到位资金36.25亿元。成功举办“云上红枣节”，米兰古城国家AAAA级旅游景区创建通过验收，依吞布拉克特色小镇成功创建国家AAA级旅游景区。全年累计接待游客突破90万人次，荣获“中国文化百强县”称号。

基础设施建设实现重大突破。一年来，我们深受鼓舞的是，发展后劲更足了！累计实施道路交通、水利、能源等基础设施项目119个，有力支撑了经济社会建设。35团至若羌、若羌至民丰高速公路及胜利路拓宽改造项目建成通车，和若铁路、若羌至依吞布拉克高速公路、315线岔口（瓦石峡）至瓦石峡牧业村（康图盖）资源路项目加快建设。农村公路路网逐步完善，新建农村公路51千米。若羌河水库、若羌干渠向建材园区供水项目、若羌河东支下游东塔提让村段防洪工程完工投用，瓦石峡河水库前期、城乡居民饮水第二水源地、依吞布拉克农村供排水工程、若羌河西支生态治理项目加快推进。稳步实施“电气化若羌”，城市亮化提升21.5万平方米，新建改建10千伏配网线路39千米。有序开展国省道路通信补盲工作，新建通信基站389座，实现红柳沟、阿拉干通信全覆盖。加快推进城市更新工程，市政基础设施日益完善，实施胜利花园等4个老旧小区改造，建成公租房600套。

改革开放创新取得明显成效。一年来，我们倍增干劲的是，改革创新成果更多了！“放管服”改革稳步推进，79项改革措施全面落地，营商环境持续优化。政务服务事项实现全流程网上办理，重点民

生政务服务事项实现跨区域办理，“12345”非紧急类政务服务热线直通乡镇，企业群众办事更加方便快捷。“国企改革三年行动”深入实施，国企改革“宝塔式”模式初步成型，采取国有资本投资、运营公司合并、重组，组建交通、城建、文旅等八大集团公司，逐步实现从“管资产”向“管资本”转变。大力开展专项“清欠”行动，维护民营企业权益和市场秩序。持续实行十五年免费教育、药品“零差率”制度和“先住院后付费”服务。

生态文明建设取得重大成果。一年来，我们满怀喜悦的是，美丽若羌颜值更高了！山水林田湖草沙系统治理深入实施，“四场标志性战役”稳步推进。河湖长制、林长制责任体系逐步健全，节水型社会建设初见成效，台特玛湖综合治理项目积极推进，地下水超采区治理持续深入，368个取水口突出问题完成整改，332.25平方千米超采区、36.68平方千米水土流失得到有效治理，25个农村生活污水处理站建成投用，实现农村生活垃圾和污水处理率达100%。编制完成《若羌县依吞布拉克镇石棉尾矿历史遗留环境恢复治理综合整治方案》。县域内生活垃圾填埋场二期、瓦石峡镇生活垃圾填埋场、罗布泊盐化工工业园区生活垃圾处置场二期建成投用，农用地和建筑用地土壤环境风险得到有效管控。三北防护林五期、荒漠化土地保护修复、引洪灌溉、植树造林等工程深入实施，20万亩环城生态屏障逐步构筑，新增造林面积1.2万亩。

融合发展形成共建共享合力。一年来，我们充满欣慰的是，融合发展更实了！兵地融合全面推进，全力支持36团深化改革、向南发展，签订《兵地融合发展框架协议》，塔东南兵地基础教育交流论坛成功举办。积极做好后勤供应和服务保障，军政军民更加团结。援疆工作务实推进，教育、医疗、人才援疆等12项合作机制持续深化，河北养老院附属工程、双创中心、县乡村三级卫生服务站点项目加快建设，“智慧红枣”云平台和购销“两张网”项目稳步推进，邢台技师学院若羌分院开班，新疆农特产品旗舰店、新疆特色馕品牌店落户邢台。全方位拓展同铁路、民航、金融、电力、通信等驻县单位合作交流，形成了边疆同守、团结联创、资源共享、优势互补、文化交融、共同发展的生动局面！

民生社会事业取得全面进步。一年来，我们倍感欣慰的是，群众获得实惠更多了！坚定不移保障和改善民生，持续推进以就业、教育、医疗、社保等为重点的惠民工程。城乡居民人均可支配收入分别达到36995元、32147元。统筹做好城乡富余劳动力、高校毕业生、困难群体等就业创业工作，若羌县技工学校开班招生1731人次，累计新增城镇就业700人，转移农村富余劳动力6115人次，城镇登记失业率控制在3%以内，零就业家庭保持动态清零。持续巩固国家通用语言文字教育教学成果。积极实施“310”星火计划，第四轮兵地联合办学深入推进，高考成绩连续七年稳居巴州前列。第四小学、职业学校加快建设，教育教学基础设施逐步完善。巴州人民医院全面托管县人民医院，眼科、骨科等一批医学人才队伍入驻若羌，医疗服务水平显著提升。县人民医院项目加快建设，医疗信息化和互联网+医疗健康服务持续推进，免费健康体检惠及各族群众。全民参保扎实推进，进城务工人员、新就业人员、灵活就业人员等群体应保尽保。最低生活保障、特困人员供养、受灾人员救助及教育、医疗、住房等救助制度和社会力量参与的政策措施不断完善，城乡特困人员基本生活标准提高至900元/月、城乡低保标准提高至675元/月，处于全州最高水平。殡葬管理服务逐步规范。编制完成妇女儿童（2021—2030年）发展纲要。撤县设市积极推进。

政府治理能力和水平显著提升。一年来，我们充满自信的是，政府效能更优了！我们坚决履行管党治党政治责任，增强“四个意识”、坚定“四个自信”、做到“两个维护”，认真开展党史学习教育，广大党员干部政治判断力、政治领悟力、政治执行力持续提高。切实加强法治政府建设，严格按照法定程序履行职责，“三项制度”改革纵深推进，依法行政水平不断提升。自觉接受各级各类监督，办理人大代表议案、建议和政协委员提案80件，代表、委员满意率和基本满意率达100%；坚决按要求完成巡视巡察和国务院大督查、审计督查反馈意见整改任务。扎实推进党风廉政建设和反腐败斗争，严格落实中央八项规定及其实施细则精神，持续整治群众身边的腐败问题和不正之风，形式主义、官僚主义集中整治取得实效，基层减负各项措施有序落实，坚决防范和惩治统计造假、弄虚作假行为，干部作风明显改进，政治生态持续向好，干事创业氛围日益浓厚。

过去的一年，全县各级各部门团结一心、开拓奋进，在平凡的岗位上做出了不平凡的业绩。新闻出版、广播电视、气象服务、应急救援、食品药品、工青妇等各项事业都取得了新的成绩！

各位代表！一年来的成就，成之惟艰、来之不易。这是以习近平同志为核心的党中央领航掌舵、关怀厚爱的结果，是习近平新时代中国特色社会主义思想科学引领的结果，是自治区、自治州党委和县委坚强领导、正确决策的结果，是河北邢台无私援助、社会各界大力支持的结果，是县人大监督支持、政协参政议政的结果，是全县各族干部群众苦干实干的结果。在此，我代表县人民政府，向全县各族人民表示崇高的敬意！向县人大代表、政协委员，向无党派人士、各人民团体和各界人士，向驻县人民解放军、武警官兵、公安干警和消防救援指战员，向广大医务工作者以及援疆干部，表示衷心的感谢！向所有关心支持若羌稳定发展改革和现代化建设事业的同志们、朋友们表示最诚挚的问候！

在取得成绩的同时，我们也清醒地认识到：经济发展方式较为粗放，经济结构不优、自我发展能力不足的问题依然突出；城乡区域发展不够平衡，基础设施体系不够完善；社会事业发展相对滞后，基层公共服务仍有短板，巩固拓展脱贫攻坚成果、全面推进乡村振兴还需下大功夫；生态环境仍然脆弱，节能减排压力增大，资源环境约束趋紧；形式主义、官僚主义仍不同程度存在，政府治理效能仍需进一步提高；部分党员干部对若羌工作全面进入新时代、站在新的历史起点上认识不足，思想观念、工作作风还不适应新形势新任务新要求；等等。我们将本着对人民高度负责的态度，以不畏艰难的勇气、坚韧不拔的意志，全力以赴克服困难、解决问题、做好工作，决不辜负党和人民的重托！

2022年重点工作

2022年是党的二十大召开之年，也是“十四五”规划全面落实、新发展格局全面布局的一年，政府工作的总体要求是：坚持以习近平新时代中国特色社会主义思想为指导，深入贯彻落实党的十九大和十九届历次全会精神，完整准确领会新时代党的治疆方略，牢牢扭住社会稳定和长治久安总目标，坚持稳字当头、稳中求进工作总基调，完整、准确、全面贯彻新发展理念，服务和融入新发展格局，在新的征程上实现若羌经济社会发展新跨越、新突破。

经济社会发展的预期目标是：全县地区生产总值同比增长8%左右，规模以上工业增加值同比增长8.5%左右，固定资产投资同比增长48%左右，一般公共预算收入同比增长20.6%左右，社会消费品零售总额同比增长12%左右，城乡居民人均可支配收入分别增长1000元和1500元以上。

实现上述目标，我们将全力抓好以下工作：

一、聚焦“三件大事”，全力营造安全稳定环境

一是全力以赴抓好社会稳定。

二是慎终如始抓好疫情防控。始终绷紧疫情防控这根弦，强化“外防输入、内防反弹”各项措施，压实“四方”责任，做到“四个不松”，守好“三道门”，严格落实“八项监测预警机制”，抓好“五支队伍”建设，强化重要关口、关键部位和重点人群精准防控，坚决守住新疆东南大门。健全完善全覆盖做好新冠疫苗接种工作，加强公共环境采样检测、寄递货物核酸检测、预防性全面消毒，严格发热门诊设置

管理和预检分诊，有效发挥“哨卡”功能。完善平战结合的疫情防控、医疗处置、物资保障、监测预警“四位一体”公共卫生应急管理体系，持续提升应急处置能力水平。坚持预防为主、防治统筹，深入开展新时代爱国卫生运动，广泛普及疫情防控和传染病防护知识，提倡文明健康、绿色环保生活方式，推进城乡环境卫生整治，夯实社区、农村防控基础，增强各族群众科学防护和自我防范意识。

三是毫不放松抓好安全生产。严格落实“党政同责、一岗双责、齐抓共管、失职追责”，坚决做到“管行业必须管安全、管业务必须管安全、管生产经营必须管安全”。强化安全生产风险防控能力，组建航空应急救援队伍，建成应急指挥中心、应急救援物资储备库、安全生产教育培训基地。深入推进安全生产专项整治三年行动，拓展发挥12个安全生产专业委员会作用，抓紧抓实安全生产严管严控36条措施，持续推动企业双重预防机制和标准化建设，深化重点领域风险隐患排查治理，积极邀请专家对危险化学品、非煤矿山、煤矿、消防安全、建筑施工、道路交通等重点领域把脉会诊，推动安全生产责任到位、措施到位、制度到位、监管到位，坚决遏制重特大事故发生，确保安全生产形势良好，保障各族群众生命财产安全。强化气象服务水平、提升防灾减灾能力。牢牢守住食品药品安全底线，努力确保各族群众“舌尖上的安全”。

二、聚焦稳中求进，全力推动经济高质量发展

（一）全力抓好农牧业生产。全力保障粮食安全。坚决完成自治州党委涉粮问题专项巡视反馈的43个问题整改工作。严格落实粮食安全党政同责，坚持“藏粮于地、藏粮于技”，种植小麦、玉米、棉花各3万亩，逐步形成优质化、规模化、区域化的生产格局。积极争取上级资金支持，推动县级粮食储备库项目建设。转变粮食经营思路，推行粮食“订单收购”，提高农户种粮、售粮积极性。探索建立成品粮油委托代储管理模式，优化粮食供应网点布局。建立健全粮食市场监测预警机制，及时准确化解粮食领域风险隐患。全力推进红枣提质增效。把红枣提质增效纳入全县干部绩效考核，制定到人、管用、有效工作措施，进一步压实县乡村工作责任，力促党员领导干部带头到田间地头学习红枣管护技术，实现各村组建1支林果技术服务队，各村民小组培养3户红枣科技示范户，全力推进密植低产低效枣园改造工作。全面实施23.38万亩红枣地有机肥替代，规模畜禽粪污（沼渣沼液）综合利用率达90%以上，确保基本农户施农家肥达到每亩4吨以上。启动新一轮疏密改造工程，采取“一定二疏三提四放五压六移”六大措施，逐步调整为4×4米、6×2米、6×3米、6×4米模式，打造“阳光健康枣园”，建成全国最优红枣种植基地。全力推进若羌红枣区域品牌打造，加快若羌红枣有机产品认证，新建红枣标准化生产示范基地0.7万亩，建成绿色有机红枣基地4个，发展绿色红枣“优等区”10万亩。构建楼兰红枣、羌都参枣等“若羌红枣”品牌体系，完成若羌红枣绿色食品认证5个，全国绿色食品原料标准化生产基地10万亩。创建若羌红枣国家特色农产品优势区。全力发展畜牧业。加快推进“兴猪、扩羊、增牛”战略，构建现代畜禽养殖、动物防疫和加工流通“三大体系”，实现标准化、规模化、品牌化，打造高标准现代畜牧业示范区，培育形成5亿产值的畜牧产业集群，向“全国生猪养殖大县强县”目标迈进。稳步发展山区畜牧业，推动铁木里克、祁曼塔格区域阿尔金羊、雪鸡规模化养殖。以促进农区畜牧业振兴为抓手，力争140万头生猪、20万只肉羊、1.2万头肉牛养殖项目，2000峰骆驼、2000头肉驴养殖及深加工项目建成投产，开工建设果勒艾日克村畜牧养殖基地。实施禽类振兴计划，发展庭院养殖、林下养殖，确保户户有畜禽。依托福润德、羌都等畜牧业龙头企业，建立“农户+合作社+企业”利益联结机制，实现农牧民稳定增收。稳步实施品种改良工程，改良羊5万只、牛3000头，确保良种率达到90%以上。坚持防疫先行方针，全面做好重大动物疫病防控工作，建成南疆活畜交易市场，启动动

物防疫社会化服务，巩固非洲猪瘟无疫小区成果，推进畜牧业高质量发展。全力推动产业结构优化。打造“乡字号”“土字号”小众特色高端农副产品加工产业集群，引进1—2家果蔬（桃子、冬枣、甜瓜）冻干产品企业，落地3个枣酒、枣醋、枣饮料等红枣精深加工项目。以自治区“四个百万亩”制种基地项目为抓手，全年完成特色作物制种400亩以上。优化设施蔬菜区域布局，引进设施蔬菜企业1家，成立果蔬合作社4家以上，建成光伏农业大棚132座、庭院小拱棚1000个，实现年供应蔬菜总量1万吨以上，农牧民蔬菜自给率达100%、城镇居民蔬菜供应有保障。大力推广应用先进农业机械，力争大宗农作物综合机械化水平达90%以上。

（二）全力抓好乡村振兴。全力健全防止返贫致贫长效监测帮扶机制。严格落实“四个不摘”“八个不变”，设立200万元防止返贫致贫风险基金，对因病因灾或重大变故等造成返贫致贫风险的脱贫户和一般农户进行生活救助或资助发展生产，最大化发挥救助效果，确保脱贫人口无返贫，贫困发生率动态清零。全力推进乡村振兴示范引领。围绕自治区乡村振兴示范引领县，突出抓好20个示范引领村，坚持先行先试、示范引领，加快实施农业产业链现代化、人才服务乡村振兴、乡风文明提升、美丽乡村建设、乡村治理能力现代化、农民共同富裕、基本公共服务优质共享、城乡融合发展“八大示范行动”，推动乡村全面振兴。全力推进乡村建设。完成20个村庄规划编制、20个村庄风貌提升，完成古力巴格社区和库尔干村污水管道升级改造项目，加快推进瓦石峡镇乌都勒斯塘村2022年美丽乡村重点村建设。大力实施农村电网改造升级和农村“煤改电”项目，实现天然气管网入户全覆盖。推进农业休闲旅游，进一步提升吾塔木乡乡村旅游整乡推进工程、铁干里克镇果勒吾斯塘村“酒店+民宿”，及依吞布拉克镇景区景点硬件设施，积极开发塔什萨依沙漠旅游，提高乡村旅游文化服务质量，2022年新增民宿50家以上，争取把吾塔木乡、铁干里克镇打造成全域旅游示范乡镇。全力开展人居环境整治行动。扎实做好院内、院外“六件事”，确保吾塔木乡牧业村、瓦石峡镇牧业村顺利通过自治区农村人居环境整治重点村考核验收。常态化开展“卫生庭院”“美丽庭院示范户”评比，改造提升1185户农村厕所，全县美丽庭院示范村创建率达90%以上，创成自治区农村人居环境整治先进县。全力推进庭院经济发展和村庄绿化。开展庭院集中整治和“四区规划”，实现所有农户庭院都发展果树、蔬菜种植或家禽养殖。做好房前屋后绿化和春季造林工作，重点抓好乡镇村道路沿途、新居民点绿化工作，见缝插绿、见空种花，让乡镇村美丽变身。支持农户以土地、资金、产权、产品、劳动、技术为纽带开展多种形式的合作，推进农业适度规模经营。有序推进土地流转1万亩，不断形成聚合效应，提高农民收入。

（三）全力构建现代产业体系。全力抓好农业全产业链培育和发展。围绕农区3个乡镇积极创建国家级农业产业强镇，支持瓦石峡镇争创全国“一村一品”示范村镇。充分发挥现代农业产业园与现代工贸物流园产业互补优势，积极培育红枣全产业链，引入年产值亿元以上的规模化农副产品加工企业2家。全力打造畜产品加工产业链，加快建设福润德恒30万只肉羊、2万头肉牛加工生产线；推进肉制品低温处理中心建设、农副产品储备库建设。依托羌都140万头生猪养殖项目，积极争取中央预算内投资项目，加快羌都1万吨自治区级猪肉储备库申报工作。加快推进香菇全产业链建设，力争建成5000万瓶香菇酱厂、4000万棒菌棒厂，年产新鲜香菇3万吨。全力推进优势矿产资源转化。推动米兰洼地钾盐、瓦石峡南锂铍勘查列入国家地勘基金计划。加快推动5000吨溴素提取项目前期工作。完成阳光煤矿年产90万吨改扩建，完成砂梁西铁矿、黄土泉铁矿开采前期手续，划定康图盖石英岩矿矿区范围，力争托盖里克石英矿实现开采。加快上海华欧和北京蓝海新能源萤石矿、新疆有色集团锂铍矿勘探开发利用，力争完成对拉配泉区域保护区优化调整后的喀腊大湾铁矿、喀腊达坂铅锌矿等矿权的恢复。加大吐格曼稀有金属矿（锂铍）、皮亚孜达坂萤石矿等矿产的勘查力度，积极推动实现探转采。全力构建新材料产业体系。围绕萤石、石英石等优势矿产资源，加快形成氟基、硅基、锂基“三大新材料产业”发展格局。重点做好道路、电力、通讯服务保障工作，支持企业申报“源网荷储示范项目”，开工建设年产20万吨高纯硅项目。招引新材料生产企业聚集发展，1—2年初步打造形成新疆新材料产业发展聚集区，力争培育出一批疆内国内新材料龙头企业。全力壮大新能源产业体系。深化国企、央企合作，高位推进若羌千万千瓦级基地、输电第四通道纳入国家规划。抢抓环塔750千伏输电线路和新疆与青海电网联网，开工建设库尔勒—若羌750千伏输变电工程，启动若羌河180万千瓦抽水蓄能电站前期工作。积极申报特变电工、猛狮科技源网荷储一体化国家试点项目落地。加快布局以光伏、风能发电为主，光伏、风电设备组件、装配、制造、储能等协同发展的新能源产业，积极拓展延伸新能源产业链，打造清洁能源供应保障基地。全力发展区域通道经济。围绕自治区定位若羌商贸物流节点城市和区域冷链物流中心，聚焦商业、交易、生产、流通“四大环节”，加快构建南疆商贸物流圈。积极谋划“中欧班列”海关临时监管区，逐步打造区域经济通道。推动靖祥新丝路公路物流港（二期）、新疆能源公铁联运、新疆四运物流服务等项目建成投运，依托仟佰汇疆仓储物流和北方冷库集团等品牌连锁配送企业，构建区域集散批发销售中心。依托物流园区“3个产业集群、10个产业板块”，加快布局装备制造、电子机械组装、农副产品加工等产业，实现产业集聚发展。围绕高速、国道通勤保障，新建16座加油加气站和中石化3.5万立方米油库。

（四）全力抓好基础设施建设。围绕“东联西出、多点扩线、内部通达”，建设南疆交通枢纽。加大重点项目服务保障力度，推进若羌至依吞布拉克高速公路项目完工投运；开工建设罗若铁路、若羌工业园区铁路专用线，完善园区配套基础设施。聚焦矿产、水利等资源优势，积极推进S336巴什考贡—拉配泉—阿克塞项目前期，申报S235罗布泊—若羌高速公路纳入国防公路，推进315线岔口（瓦石峡）—瓦石峡牧业村（康图盖）资源路项目建成通车，推动315线岔口（巴西买里村）—英格里克村—白干湖、白干湖—英格里克村—苏吾其等资源路开工建设。若羌河西支生态治理项目、城乡居民饮水第二水源地引水工程建成投用，瓦石峡河水库开工建设。

（五）全力抓好招商引资。大力开展营商环境专项整治，强化减税降费政策落实，精准实施助企纾困，持续开展专项清欠行动。深入实施中小微企业培优工程，鼓励各类民营企业整合重组，支持发展一批有实力、上规模、成长好、带动强的民营企业。依托红枣、生猪、矿业等优势资源，围绕“农副产品加工、氟基、硅基、锂电池、新能源组件”等重点产业，突出建链、延链、强链，以“1+N”招商模式实施精准招商。继续强化驻外招商组和自治区厅局跟班干部能力建设，积极依托援疆省市，通过建立招商联盟，常态化开展驻地招商，争取项目落地、产业谋划取得新成效。完善驻外招商组考核机制，构建招商竞争新格局。建立“事前介入、事中帮办、事后跟踪”的全程“保姆式”服务机制，完善“一企一策三人小组”的全程服务制度，实现投资项目全流程代办，切实提高招商履约率、落地率、转化率、投产达产率，促进招商引资和项目建设齐头并进。力争完成招商引资到位资金40亿元。

（六）全力抓好新型城镇化建设。全力优化城市空间布局。开展城市风貌规划编制，统筹划定产业布局、功能定位。实施城市更新行动，完善城市功能，推动红枣博物馆建设，改造提升楼兰博物馆、图书馆。加快楼兰印象、楼兰壹号、楼兰之星等多功能城市综合体项目完工投用；实施若羌东互通至

315国道、G218、G315进出县城段道路提升改造工程，建成1000套公租房，加快城东新区基础设施建设，新建青新互通物流园综合停车场，增强人口聚集能力。全力实施城市双修工程。提升城市品质，实施楼兰小区改造提升工程，完善楼兰文化公园、楼兰生态广场、百日文化广场、主次干道等座椅、步栈道、照明等基础服务设施，新增500个停车位，新建10座公共卫生间；完成胜利路沿街风貌改造，实施弱电入地工程，加快森林公园、穆王大道生态建设步伐，完成建设路、团结路、金山路街头游园建设，全力构建城市生态骨架。全力提升城市精细化管理水平。推进智慧城市建设，打造城市运行管理服务平台，实现视频监控、环境监测、交通运行、供水供气供热生命线保障等城市运行数据综合采集、管理分析，形成感知、分析、服务、指挥、监察“五位一体”。治理城市乱象，规范城市执法。提升物业服务质量，完善红枣园小区、团结小区停车场、照明、管网基础设施，提高整体保洁水平，打造宜居生活环境。

（七）全力抓好深化改革开放。全力深化重点领域改革。全面推进国有企业改革三年行动，完善薪酬分配制度和国有企业法人治理结构，健全市场化经营机制，实施企业经理人市场化选聘。持续深化教育、医疗领域综合改革，全面推进教育评价，实施职工门诊统筹和职工个人账户改革。全力深化“放管服”改革。全面实施涉企经营许可事项全覆盖清单管理，推进电子营业执照应用，深化投资建设领域审批制度改革，精简审批环节、实施并联审批，激发市场主体发展活力。持续推进“最多跑一趟”“最快送一次”改革，继续推进疆内通办、跨省通办，实现更多政务服务事项“网上办、掌上办、一次办”。

（八）全力抓好生态文明建设。坚决守住生态保护红线、环境质量底线、自然资源利用上线和生态环境准入清单，严格国土空间规划和用途管控，科学布局生态、农业、城镇空间。全面落实河湖长制、林长制。持续加强大气污染综合整治，加大重点行业污染物稳定达标排放监管力度，坚决遏制污染增量、消减污染存量。加快推进依吞布拉克镇石棉废渣环境恢复治理工程。实行最严格的水资源管理制度，严守“三条红线”，大力实施河湖整治，加大地下水超采区治理，加快1608眼机电井“井电双控”信息化建设，加强饮用水水源地保护，持续推进节水型城市建设。加大农业面源污染防治力度，开展食用农产品“治违禁控药残促提升”三年行动。深入开展国土绿化行动，系统推进荒漠植被保护、退耕还林、退牧还草、防护林建设和植树造林工程，加快实施荒漠化土地保护修复、引洪灌溉等项目，健全耕地休耕轮作制度，有效管控农用地和建设用地土壤环境风险。制定出台国有土地管理办法，提升国有土地节约集约利用水平。有序推进生活垃圾分类，逐步提高生活垃圾减量化、资源化、无害化水平。围绕碳达峰、碳中和，统筹有序做好节能降碳工作。全面落实领导干部生态环境损害责任终身追究制度。做好迎接第二轮中央生态环境保护督察准备工作。

（九）全力抓好兵地军地援疆融合发展。牢固树立“一盘棋”思想，统筹推进军兵地援各方力量融合发展和互利共赢。围绕产业发展、交通体系、电力网络等15个方面，全力推进融合产业园建设、石棉尾矿整治综合利用等衔接协调，共同挖掘米兰文化、军垦文化旅游景点，推动形成兵地发展共同体。深化12项合作机制，加强教育、医疗、经济人才引进和培养；加快搭建产业援助交流合作平台，建立邢台市财政局、西杜村等部门单位及县乡村与果勒吾斯塘村、果勒艾日克村等村（社区）结对帮扶机制，全方位加强项目、产业、文化交流合作，不断提升对口援助综合效益。

三、聚焦民生改善，全力提高人民生活品质

（一）坚持就业优先。突出抓好城乡富余劳动力、高校毕业生、困难群体就业。注重扶持民营企业、小微企业、卫星工厂等劳动密集型企业，带动一批农村富余劳动力转移就业。全力推进产教融合，办好新疆工程学院乡村振兴学院若羌分院、邢台技师学院若羌分校、县技工学校，针对县域内企业、电商、快递、休闲农业、餐饮服务等开展“订单式”培训，提高就业创业能力。扩大“春雨行动”实施范围和覆盖人群，加大企业稳岗扶持力度，拓宽灵活就业渠道，规范公益性岗位开发管理，完善就业援助措施，确保零就业家庭动态清零。实现城镇新增就业800人，转移农村劳动力7000人。

（二）坚持教育惠民。持续落实十五年免费教育，全面加强国家通用语言文字教育。继续深化与华山中学深度联合办学，实施联盟捆绑发展，打造优秀教育品牌。加大城乡教育资源均衡配置力度，积极推进“学前教育补齐短板、义务教育巩固提升、高中教育普及攻坚”。完善教师待遇保障和评价激励机制，探索推行中小学、幼儿园教师“县管校聘”改革。加快教育教学配套设施提档升级，完成第四小学建设、扩建吾塔木乡中心幼儿园，加快建设职业高中。落实“双减”政策，在全疆率先推行免费课后服务，减轻家长和学生负担，提升学校教育教学质量。

（三）坚持医疗惠民。完善突发公共卫生事件监测预警处置机制，切实提高重大疫情应对能力。加快县人民医院整体搬迁，依托巴州人民医院托管和河北眼科医院专科联盟优势，建成兼具综合性与品牌专科类的大型医院，完善紧密型医联体、医共体机制，带动区域医疗共同发展，形成区域医疗专科中心。扎实推进“一老一小”照护服务和妇幼健康工作。提升城乡居民免费健康体检质效，加强全民健康信息化建设，为各族群众提供全方位全周期健康服务。优化生育政策，促进人口长期均衡发展。

（四）坚持文化惠民。深入推进文化润疆工程，市民服务中心布展提升完工投用，实现楼兰博物馆申报国家三级馆。深入挖掘和有效运用若羌各民族交往交流交融的历史事实、考古实物、文化遗存，让文物说话、让历史发声，使民族团结的思想基石更加坚实。完善文化服务网格，申报创建楼兰博物馆国家AAAA级、米兰古城国家AAAA级、果勒吾斯塘村、果勒艾日克村和羌河景观带国家AAA级景区，开工建设米兰国家长城文化公园，提高公共文化服务水平。深化拓展新时代文明实践中心功能，加快推进媒体深度融合发展，推动文化惠民工程扩面增效，广泛开展群众性文体活动。积极推动《楼兰千古恋》全国巡演，围绕红枣产业发展历程编排《若羌红枣熟了》，开设“楼兰礼物”旅游纪念品专区。与青海花土沟、甘肃敦煌等兄弟省市合作开发精品旅游路线，实施“引客入疆、送客出疆”工程。完善旅游配套基础设施，加快打造依吞布拉克旅游小镇，依托阿尔金山、车尔臣下游尾闾湖、台特玛湖等自然人文景观，加快依吞布拉克—盐湖—76号雪峰—英格里克牧场—巴什考贡等特种旅游、穿越探险线路开发，积极申报塔什萨依村胡杨林景区基础设施项目。

（五）坚持社保惠民。深入实施全民参保计划，逐步完善职工医保普通门诊费用统筹保障机制，确保全县城乡居民和职工医疗保险参保率97%以上。推广全国统一医保电子凭证，扩大普通门诊、门诊慢特病费用跨省直接结算覆盖范围。健全重大疾病医疗保险和救助制度，建设多层次社会救助体系，不断提升基本民生保障水平。加快养老服务体系建设和老龄化事业发展，加强60岁以上农牧民关心关爱，实现家庭签约医生全覆盖，坚持每月遍访解民忧，在5个社区建设日间照料中心、20个村建设幸福互助院，让老年人幸福感更强。推进红十字事业、残疾人事业、慈善事业、社会福利和优抚安置，健全完善公益资金筹措支出管理机制，保障妇女儿童权益。

（六）坚持实事惠民。坚持以人民为中心的发展思想，围绕自治区“10项惠民工程”，启动实施“20项民生实事”，着力解决好群众的操心事、烦心事、揪心事，一件事接着一件事办，让各族群众切身感受到稳定发展的成果，不断增强获得感、幸福感、安全感。抓好市场调控，稳住“米袋子”、守好“菜篮子”、端好“果盘子”，加快推进餐饮服务多样性、优质性发展，积极引进品牌连锁店，让群众吃得开心。积极推动保障性住房、商品房建设，促进二手房交易市场发展，完善排水、供气、供电等管网建设，让群众住得安心。规范公交车、出租车、共享单车等公共交通运营管理，提升城乡照明系统，让群众行得放心。加快引进各类商超、酒店、娱乐场所等服务项目，大力发展早市、夜市、跳蚤市场，鼓励个体工商户延长营业时间，发展夜间经济，让群众玩得舒心。

四、聚焦为民奉献，全力打造人民满意政府

我们将把政治忠诚作为首要品质。在学懂弄通做实习近平新时代中国特色社会主义思想上持续用力，增强“四个意识”、坚定“四个自信”、做到“两个维护”，全面锻造对党绝对忠诚的政治品格。始终胸怀“两个大局”、心系“国之大者”，谋事多想政治要求，干事多想政治影响，成事多想政治效果，切实提高政治判断力、政治领悟力、政治执行力，始终沿着习近平总书记指引的方向坚定前行。

我们将把依法行政作为履职准则。认真学习贯彻习近平法治思想，忠实履行宪法法律赋予的职责，全面推进法治政府建设。自觉接受人大法律监督、政协民主监督、纪委监委监督、社会舆论监督，深入推进政务公开，让权力在阳光下运行。坚持崇尚法治、敬畏法律，善于用法治思维和法治方式推动工作、解决问题，真正让厉行法治涵盖每一项行政行为，成为每一个政府工作人员的自觉习惯和主动追求。

我们将把团结干事作为成事之要。坚持党对政府工作的全面领导，坚决执行县委决定，始终做到同心同力同向。自觉贯彻民主集中制，坚持科学、民主、依法决策，认真听取人大代表、政协委员意见，广泛听取民主党派、工商联、无党派人士和各人民团体意见建议，努力把各方面的“金点子”转化为推动发展的“真招数”。尊重基层和群众首创精神，充分激发和调动基层干部群众积极性、主动性、创造性，形成同频共振的干事合力。

我们将把真抓实干作为鲜明底色。大力发扬“为民服务孺子牛、创新发展拓荒牛、艰苦奋斗老黄牛”精神，当事不推责、遇事不避难，抓工作能在现场就绝不在会场，尽心竭力为民谋利，锐意探索破解难题，脚踏实地埋头苦干，不断提高应对复杂局面、防范化解风险、创造性抓落实的能力，在变化变局中努力做到准确识变、科学应变、主动求变，以过硬本领育先机、开新局。

我们将把廉洁从政作为永恒信条。坚持一手抓反分裂斗争、一手抓党风廉政建设和反腐败斗争，深入贯彻全面从严治党要求，认真履行党风廉政建设“一岗双责”，守好重点领域、重要部门、关键岗位廉政底线。坚持“两个务必”，牢固树立“过紧日子”思想，精打细算做好预算安排，严控一般性支出，建设节约型机关，将更多财力用在保稳定、促发展、惠民生、补短板上。锲而不舍落实中央八项规定及其实施细则精神，力戒“四风四气”，特别是形式主义、官僚主义，落实为基层减负要求，永葆为民、务实、清廉的政治本色，切实打造人民满意的廉洁政府。

各位代表！初心如磐，使命在肩。我们要紧密地团结在以习近平同志为核心的党中央周围，在习近平新时代中国特色社会主义思想的科学指引下，紧紧围绕新时代党的治疆方略，牢牢扭住社会稳定和长治久安总目标，认真落实自治区、自治州党委各项决策部署和县委工作要求，始终知责于心、担责于身、履责于行，以干部的“担当指数”提升富民强县的“发展指数”，以政府的“辛苦指数”换取各族群众的“幸福指数”，为夺取全面建设社会主义现代化若羌新胜利、谱写好中华民族伟大复兴中国梦的若羌篇章而努力奋斗！

调研报告

关于加快红枣产业提质增效，促进农业增效、农民增收、农村稳定的调研报告

到若羌县任职以来，采取蹲点调研、实地考察、座谈交流、走访入户等方式，到瓦石峡镇、铁干里克镇、吾塔木乡3个乡镇，塔里木合作社、羌都枣业、新丝路物流园等4个合作社、企业，同乡镇、村干部、村民群众代表、企业负责人等进行座谈，并深入田间地头、生产车间，就加快红枣产业提质增效，促进农业增效、农民增收、农村稳定进行调研。

一、基本情况

自2000年开始，按照自治区建设环塔里木盆地1200万亩特色优质林果产业带部署，若羌县委、县人民政府决定实施“枣业富民”战略。经过多年持续发展，全县红枣种植面积从2008年的5.7万亩增加到23.38万亩，其中绿色食品原料供应基地认证10万亩、有机红枣基地认证10万亩。若羌县也先后被授予“中国红枣产业发展龙头县”“中国红枣之乡”等百项殊荣称号，若羌红枣先后通过国家“地理产品证明商标”“地理标志产品保护”，以及“新疆著名商标”“中国驰名商标”认证，成功入选中国特色农产品优势区。

与此同时，我们也必须看到，若羌红枣树树龄普遍都在15年以上，实际上已经形成郁闭，通风透光条件变差，修剪难度大，结果枝条无法充分展开，红枣产量品质都呈下降趋势，越来越难以适应目前红枣市场的激烈竞争。

二、主要做法

（一）坚持高位推动。多年来，若羌历届县委、县政府高度重视红枣产业，充分发扬“功成不必在我”的精神，一届接着一届干，形成“主要领导带头示范，全县上下齐抓共管”的局面，涌现出“红枣书记”张亚平等一批先进模范党员领导干部。自治区第九次党代会以来，若羌县紧紧围绕社会稳定和长治久安总目标，把红枣产业作为实现乡村振兴、促进农村稳定、助力脱贫攻坚的重要抓手，坚持“人无我有”“人有我优”“人优我特”，持续狠抓“保品质、创品牌、拓市场”等工作，红枣产业在逆境中实现持续发展。

（二）坚持政策保障。为推进红枣产业做大做强，县委、县人民政府及时制订出台一系列政策措施。在红枣品质提升方面，下发《若羌红枣简约化栽培技术规程》《若羌红枣进一步提质增效的实施意见》等文件，从2017年开始，县财政每年安排800万元专项资金，积极引导枣农间伐、间移、科学修剪，创新实行“五统一”（统一组织、统一时间、统一药剂、统一配制、统一施药）管护模式，推进红枣标准化管理。在红枣产业发展方面，加大标准化厂房、企业水电气暖等方面优惠政策支持力度，出台红枣空运、加工、销售补贴政策，打造全疆红枣加工价格洼地，吸引红枣生产加工企业落地若羌，有新疆果业、好想你健康食品、羌都林牧、米掌柜等龙头企业入驻。在宣传推广方面，坚持“走出去”战略，连续在广州、成都举办楼兰文化红枣节，在北京、上海等13个省（市、区）开展打假维权活动，若羌红枣的知名度、美誉度不断提升，成为若羌三张名片之一。

（三）坚持群众受益。始终坚持以人民为中心的发展思想，定期组织红枣管护技术、期货交易、电子商务培训，2021年举办各类讲座、培训班286场次，培训3.3万人次；加大农机具、石硫合剂、绿肥、农家肥等生产资料补贴力度；支持各族群众成立红枣专业合作社、企业，提高红枣附加值，增加收入。在红枣产业带动下，人民群众的生活水平不断提高。红枣产业已真正成为若羌农民增收致富的“绿色银行”和“摇钱树”。随着收入的不断增加，人民群众安居乐业，农村供排水、燃气、环卫等公共服务

实现城乡一体化，社会治安持续向好，处处呈现出一派繁荣景象，盼稳定、促和谐、谋发展、思富裕成为全县各族群众共同的心愿。

三、存在的主要问题

当前，国内红枣产业整体处于小、散、乱的格局，面临着集中度低、市场缺乏统一的标准化的红枣品级等一系列问题，价格波动剧烈。从2011年开始，由于红枣种植面积迅速扩张，原本供不应求的红枣市场逐步转向供大于求，价格也连年走低，枣农持续增收压力巨大，红枣产业发展形势严峻。在产能过剩的情况下，红枣产业正面临着恶性循环。市场越下跌，枣农就越想提高产量，以此对冲风险，后来价格逐步跌破枣农的心理防线，枣农就开始减少投入，以便控制成本。投入跟不上，质量因此下降，如此循环，已经对红枣产业的健康发展造成实质性损害。当前红枣产业亟顺进行供给侧结构性改革，从种植端提高红枣生产品质，从而保证高品质红枣的价格，红枣提质增效势在必行。调研中发现红枣产业提质增效中存在着以下突出问题：

（一）红枣田间管理不到位，投入严重不足。一是红枣疏密进度迟缓。2000年红枣栽植初期，为确保枣树成活率，基本上按照4×1米模式种植，株距小，短期看影响不大，随着树龄增大，枣园密闭，通风透光性差，严重影响红枣产量和品质。虽然县委、县人民政府积极引导枣农合理疏密枣园，在走访中了解到相当一部分枣农担心枣树疏密后产量下降、影响收入，对间移间伐仍持观望态度。二是枣农投入积极性不高。近年来，红枣市场低迷、价格持续下滑，枣农对红枣地的管理积极性下降，有机肥投入量严重不足，造成土壤有机质含量下降，成为对红枣品质影响最大因素。在实地走访库尔干村、托格拉克勒克村、尤勒滚艾日克村红枣种植户的过程中了解到，由于若羌当地农区畜牧业发展滞后，有机肥市场供给严重不足，农户多从库尔勒、焉耆等地购买农家肥。三是抵御灾害能力不强。由于投入不足，树势偏弱，自身抗病能力下降，有害生物防控的压力逐年增大，红蜘蛛、枣壁虱等病虫害防控形势严峻。加之县域科技支撑能力不足，基层技术服务队伍薄弱，各类风险防控的隐患较大。

（二）红枣产业发展层次较低。一是种植、初级加工主导产业发展。农民群众以红枣种植为主，通过“种植—销售”的经营模式获利，产品附加值低。县域红枣企业、合作社的红枣加工，以清洗、筛选、烘干、包装等粗加工为主，同时生产加工设备落后，规模小，生产加工能力严重不足，产品大都为初级加工的红枣原果和枣片等。此外，红枣企业、合作社基本依托自营的红枣地生产经营，对农民群众的红枣加工消纳能力差。若羌红枣大部分还是被作为原料运输到内地，加工销售、提升价值，绝大部分利润被中间商获取。二是生产组织方式落后。若羌的红枣种植、生产、销售基本上以家庭为单位组织，随意性强，难以实现种植的标准化、机械化和营销的专业化。在外部市场冲击下，县域部分红枣企业、合作社等普遍存在收购量小，应对市场变化能力不足等问题，在全县红枣产业格局中并未起到中流砥柱和“稳定器”作用。三是“红枣产业+”模式探索创新不足。若羌的枣花蜜、恰玛古等一大批农副产品在外有良好的声誉和较好的市场，同时若羌的肉禽蛋奶、蔬菜等农副产品供给能力严重不足。全县大部分农户红枣地仅仅用于红枣种植，除部分乡镇农户在林下小面积种植恰玛古、规模化饲养家禽、种植蔬菜以及养蜂外，林下种植、林下养殖基本处于空白。此外，在旅游业大发展的背景下，红枣与旅游产业的结合不足，红枣产业的综合优势没有充分发挥。四是若羌红枣的品牌效应发挥不明显。若羌红枣的“地理产品证明商标”“地理标志产品保护”“新疆著名商标”“中国驰名商标”的品牌宣传、推广力度不够，价值尚未被完全挖掘。同时，县域拥有羌都、楼兰村尚等诸多品牌，但相较于“好想你”等知名品牌，受众少，价值低，知名度和影响力都不大。

（三）红枣市场开拓能力不强，议价能力弱。一是展会参展主体单一、推广效果差。为引导企业、合作社参加展会，出台补助奖励政策，并由县级领导带队积极组织企业、合作社参加中国—亚欧博览会、北京世博会等全国各大展销会、博览会，但参展的企业、合作社单一，以县供销社、羌都、塔里木合作社等为主，主要展销本企业产品，宣传推介效果不明显。二是电子商务发展缓慢。电商产业示范园示范引领作用不突出，特别是部分农村电子商务服务点作用发挥不明显。农民群众的电子商务主要集中在微信、抖音以及少量的淘宝网店等初级形态，自发性随意性强、运作不专业，电子商务红枣销量占红枣销售总量的比重小。三是产地交易市场、外销平台建设滞后。全县没有形成统一上规模的红枣集散交易市场，南疆红枣主产区红枣大量通过若羌外运，本地红枣主要依靠大小枣商上门收购，价格形成机制不健全，供求和价格信息不对称，枣农议价能力弱，处于绝对劣势，严重影响红枣产业的健康发展。

（四）枣农自我发展和抵御市场风险能力不足。一是在红枣产业的强势带动下，广大枣农实现增收致富，也对红枣产业产生很强的依赖性，大部分群众把单纯种植红枣所得作为家庭唯一的经济来源，对其他业态参与积极性不高。走访中了解到，红枣期货上市后，大部分枣农对红枣期货相关知识知之甚少，通过加入合作社主动参与的意愿不强烈，仍然满足于“田间地头、树下交易”的传统销售方式。二是部分枣农红枣管护水平低。面对逐渐长大的枣树，有相当数量的农户对枣树修剪、施肥种类和时机等把握不准，存在着不会剪、不愿剪、不敢剪以及不顾土壤养分实际盲目施肥的现象。其中维吾尔族枣农种植管理技术普遍较低，产量低，品质差，红枣价格高时还能坚持自己管理种植。近年枣价持续下跌，自己种植几乎无利可图，便一包之，不闻不问，个别村枣园外包比例甚至达到60%。而承包户往往为追求短期利益，大量施用农药化肥，对枣园进行掠夺式管理，枣园土壤有机质减少，红枣树长势进一步弱化，陷入恶性循环。

四、对策及建议

（一）在产业发展谋划上再用力。紧紧围绕自治区党委、政府的决策部署，把红枣产业发展与脱贫攻坚相结合、与乡村振兴相结合、与人民群众对美好生活的向往相结合，用好产业基础扎实的优势、用活交通区位的优势、用足基础设施完善的优势，坚持红枣产业发展中好的经验做法，领导带头示范，加强学习研究，进一步提升“三农”政策运用、红枣营销的能力和水平，紧紧围绕平台搭建、期货交易、电子商务、红枣加工等谋划好项目，引导农民群众积极主动参与，力促红枣产业发展再上一个层次、枣农收入水平再上一个台阶。

（二）在健全工作机制上再用力。进一步健全会商工作机制，创新形式，定期在田间地头、生产车间召开联席会，现场办公，研究解决枣农、企业、合作社存在的困难和问题。进一步健全工作推进机制，重点围绕枣树疏密、农家肥施用、病虫害防治、物理防治设施维护等重点工作，组织专业力量，下沉到基层一线，确保各项工作稳步推进。进一步健全宣传动员机制，用好“访惠聚”、“驻村管寺”、下沉干部等力量，走村入户，加大宣传的力度和频次，确保政策人人懂、技术人人会，不断夯实提质增效的工作基础。

（三）在促进农村稳定上再用力。始终坚持一切工作都要紧紧围绕总目标来谋划推进，正确认识发展和稳定的关系，发挥好红枣产业增收致富的示范作用，通过农牧民夜校、周一升国旗等活动载体，积极引导各族群众收回承包枣园自己管理，把思想、精力放到红枣种植、销售上，把收入投入扩大生产、提高生活水平上，形成发展的良性循环。坚持一视同仁，加大对有发展意愿重点人员的技能帮扶、产业带动力度，鼓励积极参与红枣产业发展，不断形成人人讲发展、谋发展的氛围，实现增收致富，促进社会和谐稳定。

（四）在重点工作推进上精准发力。

1.打好红枣管护“四张牌”，提升红枣田间管理水平。一是打好枣园疏密改造牌。调研中发现，间移间伐较早的枣园产量与未间移间伐的红枣地在产量上基本持平，但是质量大幅度提升，部分枣园特级一级枣果比例达到50%以上。具体操作中要依据树龄、株行距，按照“不密不疏、密再疏、该疏则疏、应疏尽疏”的原则，继续大力实施间移间伐奖励政策，引导枣农按照标准进行红枣合理间伐或间移，改善枣树通风透光环境，力争基本农田达到100%。二是打好有害生物防控牌，加强疫情防控检测和气象灾害防御，继续推行红枣“五统一”管护模式，坚持联防联控、统防统治，推广太阳能杀虫灯、黄板等枣树病虫害物理防治措施，用好有害生物飞机防治项目，坚决杜绝红蜘蛛等病虫害蔓延。三是打好技术服务培训牌。依托红枣科技服务中心，按照绿色、有机生产要求，深入田间地头“一帮一、手把手、面对面”开展科技培训，提高枣农枣树管理技术水平。四是打好科技示范带动牌。健全领导干部、技术人员、示范农户“三位一体”管理机制，打好疏密改造、科学修剪、配方施肥、病虫防治等“组合拳”，把示范园打造成为学习“样板田”、果农“田间课堂”、红枣技术培训基地、观摩学习基地和推广服务基地。

2.坚持产业融合发展，推进红枣产业转型升级。一是提升红枣精深加工能力。落实塔东综合物流园区产业聚集、培育红枣加工产业发展优惠政策，积极引进品牌影响力强、有实力的企业，重点支持企业采用新工艺、新技术、新设备，增强红枣就地就近加工能力。大力扶持合作社发展，提高农民组织化程度，充分发挥合作社在田间管理、技术指导、收购加工等方面的示范作用。积极与河北农业大学、新疆大学等科研机构、院校合作，研发生产多糖、加硒等科技含量高、经济效益好的红枣产品，不断提升产品附加值。二是做大做强“红枣+蜂蜜”的“甜蜜产业”，充分利用若羌丰富的红枣、沙枣、油菜花粉资源，大规模发展蜜蜂养殖，一方面大幅度提高红枣自然坐果率，另一方面通过销售蜂蜜多渠道增加收入。充分利用稳定释放的红利，抢抓旅游产业发展机遇，加大基础设施投入力度，探索发展“红枣+旅游”等业态。三是充分放大若羌红枣的品牌效应，着力建设区域公共品牌、产品品牌和企业品牌协同发展的红枣品牌体系，保护利用好现有价值高的，整合重塑价值低的，着力提高各类品牌知名度和影响力，打响若羌红枣的“金字招牌”。四是推进红枣地有序流转，推广“公司（合作社）+农户+基地”发展模式，研究制定针对红枣种植大户的扶持政策，走集中联产和集约化发展之路。

3.突出平台、市场建设，切实提升市场开拓能力。一是认真落实陈全国书记提出的“织好两张网”重要指示要求，用好政策红利，积极融入“两张网”建设，依托县域两个红枣期货交割库，加快促进塔东综合园区红枣加工产业集聚，打造新疆（南疆）红枣（干果）交易集散中心。二是充分发挥对口援疆机制作用，用好“百城千店”市场开拓工程，在河北推进市场开拓，探索建立果品门店、产品仓储和网络平台，扩大红枣销售规模。三是用好全国电子商务进农村示范县国家支持政策，依托若羌（兵地）电子商务产业园、红枣专业合作社和电商网店，加强与阿里巴巴、京东、唯品会、深圳百果园等国内知名电商平台合作，全力构建若羌红枣网上销售平台。四是加强冷链仓储物流基础设施建设，支持红枣企业、合作社，建设一批有一定规模的储藏保鲜设施，延长产业链。探索在北京、上海等城市建设集仓储保鲜、物流配送、品牌展示等功能于一体的销售地交易配送专区，减少中间环节，降低流通成本。

4.加强完善服务管理，提升农民增收致富能力。一是充分用好科技之冬等活动载体，有针对性地加大优惠政策、管护技术的宣传力度，培养一批红枣种植管护的各民族"土专家"，不断提升农民群众自我发展能力。二是充分用好红枣期货上市等历史机遇，发展壮大一批红枣专业合作社、企业，培养一批红枣期货交易经纪人，促进农民群众多渠道增收。三是以《若羌红枣标准体系》为指导，研究完善通俗易懂、简单实用、便于操作的红枣种植"口袋书"，加大宣传力度，推广普及红枣标准化种植各项举措，引导枣农提升红枣种植全过程管理能力。

加快红枣产业提质增效，关系着农业产业结构的优化调整、关系着各族群众的增收致富和农村的和谐稳定。今后，若羌县将在自治区、自治州党委、政府的坚强领导下，认真贯彻落实习近平新时代中国特色社会主义思想，紧紧围绕社会稳定和长治久安总目标，凝心聚力、团结奋进，推进红枣产业健康发展，打牢农牧民群众持续增收致富的基础，助力脱贫攻坚、乡村振兴、社会稳定各项事业取得更大成效。

（黄新平）

关于若羌县农村人居环境（庭院）整治、发展庭院经济、推进乡村治理情况的调研报告

实施乡村振兴战略，是以习近平同志为核心的党中央立足新形势新要求作出的重大决策部署，是新时代做好"三农"工作的总抓手。改善农村人居环境、发展庭院经济、推进乡村治理，是实施乡村振兴战略的重点任务。7月4—6日，带队赴铁干里克镇、吾塔木乡，采取听取汇报、实地查看、召开座谈会方式，对若羌县农村人居环境（庭院）整治、发展庭院经济和推进乡村治理情况进行调研。调研组深入7个村委会和31户农户庭院进行实地查看，乡（镇）主要领导、乡（镇）干部，村党支部书记、主任，脱贫户，"四老人员"和村民代表召开座谈会7场次，座谈干部群众200余人次，广泛听取相关意见建议，并在此基础上认真分析研究，形成以下调研报告。

一、主要做法和成效

（一）紧紧围绕生态宜居和民生优先，大力推进农村人居环境整治。一是各乡（镇）积极贯彻县委决策部署，把抓党建促乡村振兴摆在更加突出位置。围绕贯彻实施《若羌县关于进一步推进乡村振兴战略的实施意见》和《若羌县抓党建促乡村振兴战略1+X系列实施方案》，召开乡（镇）、村两级动员部署会，签订《若羌县抓党建促乡村振兴战略试点工作目标责任书》，为乡村振兴提供坚强的政治保障和组织保障。二是坚持将农村人居环境整治作为抓党建促乡村振兴战略的重要抓手。根据《若羌县农村人居环境整治三年行动实施方案》，成立乡（镇）、村两级农村人居环境整治工作领导小组，制定乡（镇）、村农村人居环境整治三年行动计划，明确目标任务，落实工作责任，充分发挥基层党组织的引领作用和党员干部的先锋模范作用，强力推进农村人居环境整治工作。三是坚持将生态宜居和民生优先贯穿农村人居环境建设始终。近年来，若羌县围绕城乡一体化发展要求，实施自来水水质提升工程，实现城乡生活饮用水同网同质同价；完成农村供水、排水管网铺设，城乡污水处理厂提升改造EPC项目按期投用；实施村通燃气工程，农牧民用上干净清洁能源；实施农村美化、绿化、亮化、硬

化工程，引导农民自己动手开展美化家园活动。吾塔木乡把乡村街巷和农户田间地头划分卫生责任区，由村民分片包干并挂牌公示；果勒艾日克村先行先试开展的“四洁净一超市”（洁净阵地、洁净村组、洁净家庭、洁净公共场所评比，开办绿色兑换超市）环境卫生整治行动，在全县推广取得一定成效；实施城乡环卫一体化，实现城乡环卫服务工作规范化、科学化、标准化；建立若羌县幸福乡村建设长效管护机制，持续长效服务基层群众。

（二）紧紧围绕脱贫攻坚和农民增收，大力推进庭院经济发展。一是统筹规划，积极引导群众实施庭院改造。按照“四区分离”模式，科学布局生活区、种植区、养殖区、仓储区，倡导“减支就是增收”理念，使农户房前屋后多年闲置土地得以开发利用，种上瓜果蔬菜，为农民持续增收打下基础。二是因地制宜，积极引导群众多元发展庭院经济。铁干里克镇果勒吾斯塘村充分利用城乡接合部优势，立足本地资源和文化特色，盘活闲置农房资源，积极打造“少数民族特色村寨”，引导村民积极推进“民宿一条巷”建设。吾塔木乡结合市场需求和农民意愿，提出“一村一品”规模化推进庭院种植、养殖。依格孜吾斯塘村成立肉鸽养殖专业合作社，采取村民托养、村集体收益分成措施，大力发展特色肉鸽养殖项目，在增加村集体收入的同时，带动农民脱贫增收。瓦石峡镇提出以双联户为单元发展蔬菜种植，既避免农户种植千篇一律，又防范农产品出现“卖难”问题。塔什萨依村积极谋划“药桑一条街”和“楼兰百枣巷”，并以农村一、二、三产业融合发展示范园建设为契机，大力发展田园综合体。

（三）紧紧围绕促进和谐稳定和村民依法自治，大力提升基层治理水平。一是坚持把抓基层打基础作为实施乡村振兴战略的固本之策，以政治建设为统领，以提升组织力为重点，突出政治功能，扎实推进抓党建促稳定、促脱贫、促乡村振兴，切实把农村基层党组织建设成为领导基层治理的坚强战斗堡垒。二是坚持把维护农村社会稳定和长治久安作为实施乡村振兴战略的基础和前提。吾塔木乡采取下发庭院整治告知书和在乡、村主要道路灯箱上张贴“红榜”宣传庭院整治先进示范户的方式，激励先进奋力前行，鞭策后进迎头赶上。三是强化村规民约的引导约束，发挥村规民约在深化村民自治实践中的重要作用，切实维护村民合法利益，提升乡村治理水平。

二、存在问题

（一）思想认识还不到位。改善农村人居环境，建设美丽宜居乡村，是实施乡村振兴战略的一项重要任务，事关全面建成小康社会，事关广大农民根本福祉，事关农村社会文明和谐。一是个别乡（镇）、村领导对乡村振兴战略重大意义理解还不够深刻，对自治区启动实施“千村示范、万村整治”工程认识还不够到位，工作压力传导还不到位，庭院整治和发展庭院经济推进不够均衡，存在上边热、下边冷现象。二是部分乡（镇）、村农牧民群众思想因循守旧，没有养成健康文明生活方式，简单认为庭院整治就是打扫卫生，没有对庭院进行彻底整治；个别农牧民甚至认为搞庭院整治、发展庭院经济没有必要，主动参与庭院整治的积极性没有调动起来，“等靠要”思想严重。三是各乡（镇）、村虽然打造一些示范户和亮点，但都是近两年幸福乡村建设整治改造提升的亮点和示范，缺少在2021年庭院整治中集中连片打造的新亮点，党员、干部带头示范作用还需进一步彰显。特别是集中连片和整村推进环境污染整治示范村（点）进展缓慢。

（二）农村污水和垃圾治理中存在的问题亟待解决。农村生活污水有序排放、垃圾集中处理，是“千村示范、万村整治”的重点任务。虽然若羌县2014年至2016年启动实施的幸福乡村建设工程完成农村排水管网铺设，但在建设过程中部分村排污主管道设计标高、角度不规范,使用过程中维护不到位,造成排污不畅、管道堵塞、污水翻涌现象屡屡发生。根据住建部门提供的数据,85%的农户家庭下水道没有接通排污管网。在调研中群众反映最多的就是污水处理和排污管网维护问题。一是县域内除铁干里克镇生活污水处理纳入城镇污水处理管网外,吾塔木乡和瓦石峡镇均为各村建有的化粪池处理污水,完全依靠县住建局安排吸污车抽取生活污水,工作效率低,80%以上化粪池存在污水溢漏问题。二是若将85%农户下水道接入排污管网,则可能产生超出现有农村排污管网承载能力的问题。三是"户集村收、乡镇转运、县级处理"的城乡统筹垃圾处理体系只能覆盖县城和铁干里克镇、吾塔木乡,相对独立的瓦石峡镇等边远乡镇生活垃圾处理设施建设迫在眉睫。虽然通过城乡环卫一体化由桑德公司负责农村垃圾清运外包服务,但因为垃圾清运车、垃圾箱等环卫设施配备不足,特别是随着当前各乡(镇)、村庭院整治工作的深入推进,短时间内突击整治造成大量垃圾堆积,影响村容村貌。四是各乡(镇)、村在庭院整治中,扶贫特设援助岗位中从事卫生清洁、道路维护等人员的作用没有得到充分发挥。

(三)农村"厕所革命"任务艰巨。"厕所革命"是农村人居环境整治重点之一,是实现"生态宜居、乡风文明"的关键一环,对有效控制农村生活污染,预防疾病传播,全面建成小康社会具有重要意义。但"厕所革命"实施过程中,一是大部分农户家庭下水道没有接通排污管网和部分村管道排污不畅,是当前制约若羌县"厕所革命"实施的现实困难。二是近几年幸福乡村提升改造中,村民室内卫生间安装马桶的不到50%(主要原因是农户下水道与排污管网未接通),也有部分村民由于排污管道不通畅没有使用马桶,继续使用院外旱厕,而90%以上的旱厕不防渗,对地下水体造成污染隐患。

(四)农村基础设施建设及长效管护运营机制不够完善。一是存在农村排污管网破损、窨井渗漏、管道堵塞、绿化带和人行道维护、太阳能路灯更新管护不到位等问题,住建部门和乡(镇)、村、农户之间维护责任不明确,公共部分和农户院内维护责任不明确。二是各乡(镇)缺乏专业技术人员和专门维护资金,各村因集体经济基础薄弱,也无力承担各种维护费用,造成维修维护不及时,群众对此问题反映较为强烈。三是在调研中据群众反映,吾塔木乡库尔贵、巴格艾日克和瓦石峡镇新建村民小组部分村民还存在饮水困难问题。

(五)农村"四区分离"推进缓慢。一是村民住宅与畜禽圈舍混杂,饲草料乱堆乱放和牲畜粪便污染,是造成多种人畜滋生传染病的主要来源,也是庭院环境"脏乱差"的直接根源。二是若羌县农区维吾尔族群众大部分有养殖传统,无论宅基地大小都养有牲畜。由于前几年各乡(镇)、村建成的养殖小区距离生活区远,不方便群众养殖并存在一定的安全隐患,造成大畜集中养殖农户仅为极少数。三是当前各乡(镇)、村干部对"四区分离"特别是人畜分离的重要性理解不深刻,简单把"四区分离"理解为打扫卫生,对此项工作的难点——人畜分离谋划考虑和推进不足。

(六)庭院经济发展质量和水平不高。发展庭院经济是增加农牧民收入、巩固脱贫攻坚成果、减少生活开支、提高生活水平的有效手段。特别是在红枣效益逐年下滑形势下,发展庭院经济尤为重要。但在此项工作推进中,一是各乡(镇)、村干部和农户发展庭院经济增加收入的主动意识需要增强。二是部分农户在庭院整治中,对宅基地旧房、旧物拆除和垃圾清运等,投工投劳投资缺口较大。双联户在发展庭院经济和污染防治中的作用没有得到充分发挥。三是各乡(镇)、村对庭院经济种植、养殖品种,没有切合本地实际进行深入思考谋划，缺乏整体发展思路，对农户发展庭院经济的有效引导不足，相当一部分农户对后期庭院农产品“卖难”问题产生担忧。四是各乡（镇）、村保障庭院经济发展的措施不到位，没有把农户庭院蔬菜、果树浇水按照大田地用水进行保障，蔬菜、果树种上却无水可浇，影响农户进行庭院种植的积极性。五是农户市场意识不强，学习种植、养殖、手工制作等技能的热情和积极性不高。

（七）乡村治理体系仍存在薄弱环节。乡村治理是实现国家治理体系和治理能力现代化的基础和重要内容，治理有效是乡村振兴的基础。一是乡（镇）、村推进庭院整治、发展庭院经济、推进“厕所革命”与抓党建促乡村振兴有效衔接还不够，与提升乡村自治融合不足。二是村规民约引导村民开展庭院整治、发展庭院经济的措施手段不够有力有效。

（八）舆论引导和宣传氛围营造不够浓厚。一是农村人居环境整治宣传工作力度不够到位，舆论氛围还没形成。各乡（镇）、相关部门对庭院整治和发展庭院经济缺乏针对性、接地气宣传，宣传氛围不够浓厚。二是对示范典型培树不到位，没有及时跟进，典型引路的作用发挥不够。村民自觉性、积极性、主动性没有得到全面激发。

（九）政策投入和资金保障等配套措施不够到位。一是县委、县人民政府虽然下发《若羌县农村人居环境整治三年行动方案》，但对农村垃圾、污水治理、“厕所革命”和村容村貌提升、庭院经济发展等工作，缺乏财政资金有效支持，对中央、自治区和自治州项目资金申报、争取力度不够。二是县级财政在本级预算中缺乏对农村人居环境整治、发展庭院经济项目资金的专项安排。三是至今尚未出台对各乡（镇）、村庭院整治、发展庭院经济和实施“厕所革命”的优惠政策和以奖代补等政策。

三、对策和建议

（一）进一步提高政治站位。改善农村人居环境工作，是党中央作出的重大决策部署，是实施乡村振兴战略的重要基础，是缩小城乡差距、补齐全面建成小康社会短板的重要举措。自治区党委下发《关于贯彻〈中共中央、国务院关于坚持农业农村优先发展做好“三农”工作的若干意见〉的实施意见》提出增强按照中央的部署要求，2019年启动实施自治区“千村示范、万村整治”工程，以“千万工程”引领自治区农村人居环境整治工作。一是乡（镇）、村干部必须牢固“四个意识”、坚定“四个自信”、做到“两个维护”，更加重视“三农”工作。要深刻领会实施乡村振兴战略的重大意义，牢牢把握实施乡村振兴战略的总体要求，按照中央部署和自治区“千村示范、万村整治”工程要求，全力推进若羌县农村人居环境整治三年行动，各级领导特别是乡（镇）、村主要领导高度重视是关键。要明确目标，压实责任，理清思路，学习吸纳外县成功经验和有效措施，提升乡（镇）、村干部执行力，尤其要发挥好村干部、党员的模范带头作用，团结带领各族群众扎实推进农村人居环境整治工作。二是坚持把农村污水处理、垃圾整治、“厕所革命”、村容村貌提升和庭院整治“四区分离”、发展庭院经济作为抓党建促乡村振兴战略的重要内容，以“党建+”引领农村人居环境整治三年行动目标任务顺利完成。三是各乡（镇）集中财力人力物力打造集中连片的庭院整治和发展庭院经济示范村民小组，按照“典型引路、示范带动，突出重点、全面推进”的工作思路，以生态宜居乡村建设为目标，借鉴浙江“千村示范、万村整治”经验做法，集中打造一批符合国家、自治区、自治州级标准的示范村、生态宜居乡（镇）。四是有效激发广大村民内生动力，变“要我干”为“我要干”，真正发挥村民在人居环境整治中的主体作用，让村民不做旁观者，争当主人翁。

（二）进一步推进农村垃圾和污水治理。农村生活垃圾、污水处理和村容村貌提升是农村人居环境整治三年行动的主攻方向。一是建议启动若羌县农村排污管网改造项目，分期、分批逐年解决部分村委会排污管道设计标高、角度不规范，排污不畅、堵塞、污水翻涌问题。二是建议在吾塔木乡和瓦石峡镇启动实施污水集中处理设施项目，彻底解决污水长期得不到有效解决的问题。三是统筹考虑乡（镇）、村分布、经济条件等因素，建立符合农村实际的垃圾收集、转运和处理模式，建议启动实施瓦石峡镇垃圾处理厂建设项目。四是政府进一步加大投入，对各乡（镇）、村增加吸污车、垃圾清运车，增设农村街巷垃圾箱点位，确保乡（镇）、村污水和垃圾能够及时有效清理。

（三）集中力量推进“厕所革命”。“厕所革命”对改善乡村人居环境，提高人民生活品质具有重要意义。2021年国务院明确将农村生活垃圾、污水处理和“厕所革命”作为农村环保大督查的重点内容。一是切实把“厕所革命”作为乡村振兴战略的一项具体工作来推进，接通农户下水道与排污管网的“最后10米”，以“小厕所”实现农村人居环境改善的“大突破”，努力补齐这块影响群众生活品质的短板。二是明确目标任务，按照自治区、自治州关于推进农村“厕所革命”的具体要求和建设标准，尽快出台若羌县农村卫生厕所改造实施方案，尊重群众意愿制定具体奖补政策，按照群众接受、经济适用、维护方便、不污染公共水体的要求，下大力气完成农村厕所改造任务。三是积极引导各族群众改变生活观念、培养健康卫生习惯，提高室内卫生厕所使用率。对不愿意使用室内马桶而继续使用旱厕的农户，要求其旱厕必须做防渗防污处理，确保农户旱厕改造一户达标一户。四是建议结合乡村旅游规划实施农村公厕建设改造项目，建立健全农村公厕管理制度，明确管理人员责任和监督检查等，并接受公众监督。

（四）进一步健全完善农村基础设施管理体制机制。建立村庄道路、供排水、垃圾和污水处理等公用设施的长效管护制度，逐步实现城乡管理一体化，是持续推进农村人居环境改善的具体要求。一是以保证农村基础设施和公共服务设施正常运转并长期发挥作用为重点，健全完善农村基础设施监管长效运营机制。二是健全农村基础设施管理机构，配齐人员，明确主管单位、实施主体、乡（镇）、村和农户责任，做到权责明确。三是坚持属地管理，按照“谁使用、谁受益、谁负责”原则，结合“费随事转”办法，制定实施财政补贴和乡（镇）、村、农户付费合理分担机制，发挥群众智慧力量建设维护美丽家园。四是对群众反映的部分村民小组农户饮水困难问题要高度重视，采取措施尽快认真予以解决。

（五）持续推进“四区分离”促农户养殖增收。发展农区畜牧业是促进若羌县农牧民持续增收、巩固脱贫攻坚成果的重要渠道。一是要采取积极措施，制定优惠政策，鼓励各乡（镇）、村有畜无圈的农户到已经建好的养殖小区发展畜牧养殖，提高现有养殖小区的利用率。二是各乡（镇）、村要结合实际制定人畜分离中长期计划，进一步加大规模化标准化产业化养殖小区建设，采取有效管用措施引导庭院养殖户大畜养殖分期、分批向养殖小区集中。三是制定出台相关奖补优惠政策，鼓励有条件的乡（镇）、村为农户集中规划修建养殖小区，采取政府负责水、电、路等基础设施，养殖户自筹资金建暖圈等方式，提高农户到养殖小区进行集中养殖的积极性。四是庭院整治“四区分离”要因户制宜，“访惠聚”工作队、村干部和下沉干部要积极帮助指导农户制定“一户一策”方案，由村委会审定后确定落实责任干部和期限，并挂牌公示。五是鼓励引导农户根据各自院落布局和庭院现状进行改造建设，不搞“一刀切”，不搞大拆大建。突出实用原则，制定标准以奖代补，激发鼓励引导农户充分利用院内闲置木头、红枣树枝、旧砖块、废旧物等修建圈舍栅栏和庭院篱笆、花墙,对庭院活动区进行硬化。

(六)坚定不移推进庭院经济发展。发展庭院经济是乡村产业振兴、促进农民增收、实现脱贫户精准脱贫的重要途径。一是加大组织领导力度,按照宜种则种、宜养则养、宜加工则加工原则,树立“一亩园、一亩红枣地”观念,让农户结合自身需求利用庭院空地、闲地发展特色种植养殖和加工,引导农民的思想观念活起来,发展庭院经济的意识强起来。二是建立乡(镇)牵头抓总,村委会组织实施,公司(农民专业合作社)+农户的庭院经济发展模式,通过有效对接形成“产、供、销”一体的特色农产品产业链,解决农产品“卖难”问题和农牧民“后顾之忧”。三是发展庭院经济要和精准扶贫有效结合,用好、用活各项扶贫项目资金和优惠政策,使庭院经济成为脱贫户脱贫增收的有效途径。四是借助自治区全力把旅游业打造成战略支柱产业的利好政策,把发展庭院经济和发展乡村旅游、民宿旅游有机结合,让农村的环境“美起来”,更让农民的钱袋“鼓起来”。五是建议启动实施若羌县农贸(活畜交易)市场项目,为农民进入市场自由交易庭院农产品提供便利。

(七)促进“三治”融合,提升乡村治理水平。党的十九大报告提出,要健全自治、法治、德治相结合的乡村治理体系,提升基层治理水平 。一是坚持把抓党建促乡村振兴与庭院整治、发展庭院经济和推进乡村治理有机结合,加强农村基层党组织建设让基层党组织真正强起来、壮起来,切实成为领导基层治理的坚强战斗堡垒。二是健全完善村规民约。各乡(镇)、村要以升国旗微宣讲、农牧民夜校、道德讲堂、法制讲座等活动为载体,广泛开展庭院整治和发展庭院经济宣传,引导村民树立良好道德风尚,养成科学健康文明生活方式,提炼总结形成村民认可的村规民约,不断充实完善村规民约内容。

(八)进一步加大舆论宣传力度。一是采用村民喜闻乐见、通俗易懂的方式,通过广播电视、网络媒体宣传推广各地在庭院整治、发展庭院经济中的经验做法,在选树各乡(镇)、村示范典型和总结经验做法、特色亮点上狠下功夫,让群众可感、可看、可学,营造全社会关心支持农村人居环境整治的良好氛围。二是宣传部门和各相关单位、各乡(镇)加大中央、自治区、自治州和若羌县《农村人居环境整治三年行动方案》的宣传,开展农村文化科技卫生知识教育,引导农牧民养成健康文明的生活方式,追求更好的环境、更美的人生,做新时代、新思想、新形象的新农民。

(九)加大政策支持和财政投入保障力度。一是加大项目资金争取力度,多渠道积极争取中央、自治区和自治州财政有关农村人居环境整治项目资金。二是健全资金保障机制,县本级财政预算中要增加对农村人居环境整治项目资金的专项安排。三是尽快研究制定若羌县庭院整治、发展庭院经济和实施“厕所革命”的优惠政策和以奖代补办法,利用好政府发行乡村振兴债券用于农村庭院经济发展优惠政策,最大限度地调动乡(镇)、村干部和农牧民积极性。

(十)形成庭院整治和发展庭院经济工作合力。农村人居环境整治不是朝夕之功,坚持常抓不懈,方可久久为功。一是要建立农村人居环境整治工作例会、定期督导评估、情况通报等工作机制,确保工作健康有序推进。二是要按照庭院整治和发展庭院经济目标任务,明确牵头单位、相关部门和各乡(镇)、村的具体任务,建立健全县直部门、乡(镇)、村(组)、农户责任制,形成层层有任务、人人有压力的工作格局。三是将庭院整治和发展庭院经济、“厕所革命”纳入各乡(镇)、各单位绩效目标责任考核范围,作为年度绩效考核的重要内容。县委督查办进行督导检查,对工作推进成效突出的,进行通报表彰;对工作推进不力的,限期整改并通报批评;对工作不落实不作为的,严肃追究相关责任。

(热依木江·克里木)

科研文章

气候因子对灰枣品质的影响(节选)

肖莲媛 黄玖君 刘长墉 昝永黎(通信作者)

基金项目:若羌红枣气候品质认证模型研究(202005)

(1.若羌气象局,新疆若羌,841800;2.巴州气象局,新疆巴州,841000)

本文选自:《湖北农业科学》第61卷第1期,收稿日期:2021年7月

摘要:为探究影响若羌灰枣品质的关键气候因素,以2019年新疆若羌和河南新郑气候数据为基础,利用试验对比的方式,分析和探究气候因素对灰枣外观、糖分含量、酸、维生素C、蛋白质及矿物元素的影响。结果表明,气象因子对灰枣不同品质指标的影响不同且差异较大,其中,对灰枣单果重、蛋白质、果形指数和可溶性总糖影响最大的气象因子分别为平均温差、平均气温、平均最高气温、日照时数和降水量;镁含量的主要影响气象因子为最大湿度;维生素C和可溶性总糖的主要气象影响因子为平均最低气温和平均湿度。

关键词:灰枣品质;气象因子;回归分析

中图分类号:S665.1;S162.5+6 文献标识码:A

灰枣因富含氨基酸、维生素C、类黄酮、三萜类化合物、矿物质等,被称为“维生素丸”和“矿物质元素库”,具有较高的药用价值、营养价值和经济价值。灰枣自20世纪80年代引入新疆以来,凭借其耐盐碱、抗干燥、抗虫害等特点,被大面积种植,并创造出世界最大的枣果基地。在新疆灰枣产业的蓬勃发展下,人们对新疆灰枣进行大量研究,如灰枣的遗传变异、植株修剪、滴灌灌溉、栽培技术、配比施肥等,然而受制于新疆气候条件、生态环境等因素的影响,灰枣品质也不完全相同。对此,针对灰枣品质问题,哈地尔·依沙克等研究在不同土壤条件下灰枣叶片与果实营养品质的相关性,得出灰枣叶片中的营养元素含量与果实营养品质指标间呈现一定相关性。根据以上相关性,提出在不同土壤类型条件下,应根据土壤肥力制定科学、合理的施肥方案;杨磊等分析环剥对灰枣果实中糖积累及蔗糖代谢相关酶活性的影响,得出环剥有利于果实果糖、葡萄糖和蔗糖的积累;林静等从贮藏时间的角度对新疆干制灰枣品质进行研究,得出新疆干制灰枣的最佳商品期为入库贮存30-60日。本研究认为,影响灰枣品质的因素很多,不仅包括植株种植树水平、栽培技术、灌溉技术、施肥方式,还与当地的气候因子有很大关系。因此,本研究以新疆若羌和河南新郑的灰枣种植地区为研究对象,通过对比两地气象因子对灰枣品质的影响,探究气候对灰枣品质的气象因子,从而为新疆灰枣种植和产业发展提供新的思路。

1.材料与方法

1.1试验地概况

若羌县位于新疆巴音郭楞蒙古自治州,属典型的暖温带大陆性沙漠干旱气候,年平均气温11.8℃,年平均降水量28.5毫米,年平均相对湿度39%。若羌全年以东北风和正东风为主,全年平均日照时数为3103小时,年平均风速为2.7米/秒。综上看出,若羌具有气候干燥、日照时间长、降水稀少的特点,适宜灰枣种植。

河南新郑为灰枣的原产地,位于北纬34°16′~34°39′,东经113°30′~113°54′的区域。该区域以季风气候为主,其中秋冬季主要为冬季风,春夏主要为夏季风。全年冷暖适中,四季分明,年平均气温14.5℃,最高温度42.3℃,最低温度在-17.8℃,年平均日照数在2114.2小时,年平均风速在2.1米/秒,平均降水为676.1毫米。

1.2试验材料

试验选用的灰枣树分别来自若羌和新郑的灰枣种植基地。灰枣树均为在相同栽培技术和管理

技术下的砧木嫁接苗。若羌灰枣树和新郑灰枣树的株行距分别为0.8米×3.0米和0.5米×2.5米;浇水方式统一采用大田漫灌,每月浇1次水;施肥方式相同,均为灌水前施腐熟羊粪,且以坑施方式施入20千克/株。新叶旺盛时追3次肥,以喷施速效氮方式施入二胺1.5千克/株;开花坐果时每株施1千克磷酸二氢钾;果实膨大期每株施硝酸铵和磷酸二氢钾混合肥1千克。施肥时间略有差异,其中考虑到若羌气候原因,若羌灰枣园基肥施入在每年的10月下旬到11月上旬,追肥时间分别在4月中旬、6月上旬和7月下旬到8月上旬;新郑枣园基肥施入在11月中旬,追肥时间在4月中旬、6月中旬和8月上旬。待灰枣全部变为深红,且枣果开始萎蔫,枣叶变黄掉落时采摘。试验在每株枣树上随机采摘10颗灰枣,用冰冻箱带回实验室进行果品检测。

1.3试验方法

1.3.1试验思路是在采集调查期内基本气象特征和灰枣相关指标的前提下,运用单因素方差分析(SPSS 19.0 OneWay ANOVA)对若羌和新郑两地枣果品质指标的差异性进行比较。最后,建立品质指标与气象因子的回归模型,从而分析影响灰枣品质的主要气象因子,并确定各气象因子的临界值。

1.3.2灰枣相关指标的测定

A.基础指标测定。采用型电子天平(0.01克)对采摘回实验室的灰枣称重,得到单果重、百粒重、百粒果核重、百粒果肉重,计算得平均值。

灰枣可食率=(单果重—果核重)/单果重×100%

用游标卡尺测量灰枣的纵径和横径,然后计算出灰枣果形指数。

灰枣果形指数=平均纵径/平均横径

B.营养元素含量的测定。营养指标主要选取蛋白质、维生素C、总酸、可溶性总糖和还原糖。用去离子水清洗灰枣,擦干表面的水分,去除灰枣内核后,用打浆机将灰枣打成匀浆,然后根据GB5009.5-2010对灰枣的蛋白质进行测定,根据GB5009.86-2003对维生素C含量进行测定,用氢氧化钠滴定法对灰枣的总酸含量进行测定,用直接滴定法测定灰枣中的可溶性总糖和还原糖。

蔗糖含量=(可溶性总糖含量-还原糖含量)×0.95

糖酸比=可溶性总糖含量/可滴定酸含量

C.矿物元素含量的测定。矿物元素的测定采用原子吸收光谱法,具体测量步骤为:首先灰枣去核切片,然后置于60℃的烘箱中烘干,烘干后粉碎,并用60目筛网过滤,过滤后精确称取5.000克枣粉放入消化管中,然后加入5毫升的硝酸溶液后轻摇,最后经过170℃的高温消煮,得无固形物后,加3毫升高氯酸,继续煮至无色,最后冷却至室温,并用去离子水定容至50毫升,取出进行测定。

D.葡萄糖和果糖的测定。将灰枣洗净切片,打成果浆,精确称取0.500克放入离心管中,加入超纯水,然后在80℃下加热10分钟,超声提取1小时,待可溶性总糖能充分浸出,冷却后在5500转/分钟离心20分钟,滤取上清,然后定容到50毫升待测。其中,葡萄糖的测定采用邻甲苯二酚比色法,果糖测定采用间苯二酚比色法。

1.3.3气象因子的选取关于气象因子对果实品质的影响,学者们进行大量的研究,主要集中在温度、光照度、土壤养分、水分、风速、蒸腾耗水等方面。借鉴以往的研究成果,试验通过气象台官网获取2019年3—10月若羌和新郑的气象数据,具体观察气象因子见表18。

主要观察气象因子表

表18

编号	气象因子	编号	气象因子
Z1	平均气温	Z9	平均相对湿度
Z2	平均最高气温	Z10	最小相对湿度
Z3	平均最低气温	Z11	平均风速
Z4	平均温差	Z12	极大风速
Z5	平均大气压	Z13	最大风速
Z6	日最高气压	Z14	日照时数
Z7	日最低气压	Z15	蒸发量
Z8	总降水量	Z16	平均水汽压

2.结果与分析

2.1 若羌、新郑气象因子差异

2.1.1 若羌与新郑的经纬度不同，且海拔高度差异较大，再加上地域环境的差异，最终造就两地迥然不同的气候条件。若羌、新郑的温度差异如图所示。从图中可以看出，若羌、新郑的平均最高气温之间并无显著差异，而其他三项温度指标均存在显著差异。首先，若羌、新郑的平均气温分别为18.04±0.55℃、20.87±0.65℃，后者显著高于前者；若羌、新郑的平均最高气温分别是29.14±0.46℃、24.64±0.32℃，若羌的略高于新郑；若羌、新郑的平均最低气温分别是10.14±1.16℃、16.79±1.95℃，前者显著低于后者；正是由于若羌的高温更高而低温更低，这才导致其平均温差（17.33±1.20℃）显著高于新郑的平均温差（9.94±0.64℃）。

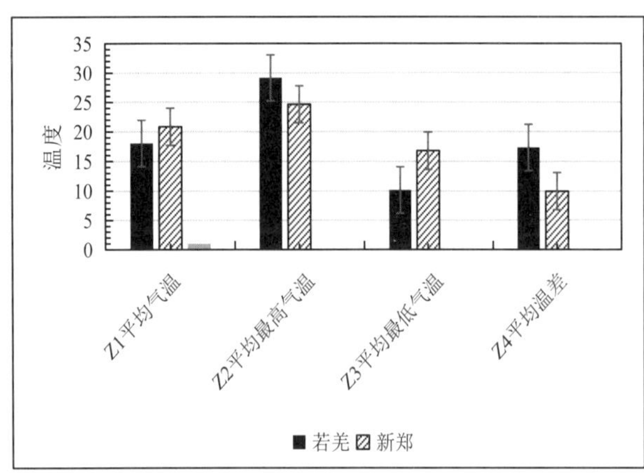

2.1.2 因为若羌的海拔高度大于新郑，因此若羌的大气压强低于新郑。若羌、新郑的平均大气压强分别是910.38±2.46百帕、999.79±3.22百帕，二者之间差异显著，此外，两地的日最高气压和日最低气压之间也存在显著差异。

2.1.3 若羌和新郑的总降雨量、相对湿度。若羌、新郑的平均总降水量分别是45.03±0.26、385.87±3.03毫米，新郑的降水量显著高于若羌。在此降水条件下，若羌、新郑的平均相对湿度存在显著差异，前者是40.17±6.19%，后者是62.3±5.84%。

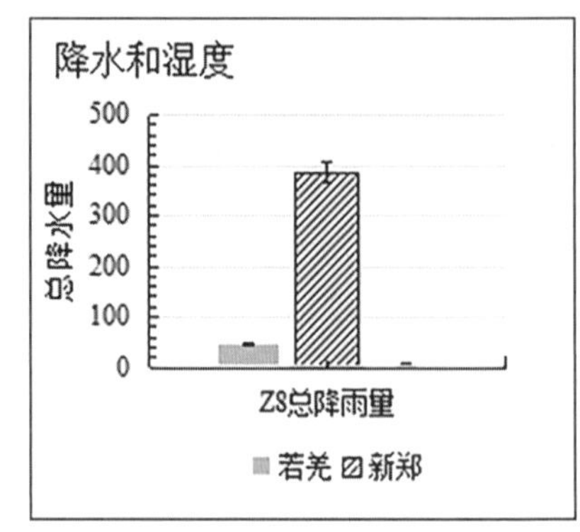

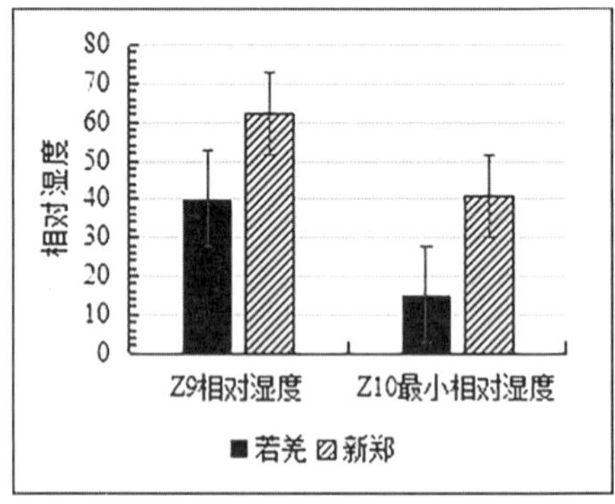

2.1.4 风速过大会造成枣果脱落而影响产量。若羌、新郑的平均风速分别是1.79±0.18米/秒、1.87±0.17米/秒，可见，若羌、新郑的风速并无显著差异，风速指标都未超过10米每秒。

2.1.5 其他气象因子若羌的纬度大于新郑，其日照时数大于新郑，前者是1373.97±3.08小时，后者是2211.33±11.05小时，但两地的日照时数并不存在显著差异。若羌、新郑的蒸发量分别是872.17±11.48毫米、1242.63±22.73毫米，这主要是因为若羌存在极端高温。若羌、新郑的平均水汽压分别是8.77±1.65百帕、16.21±1.28百帕，两地的平均水汽压存在显著差异，这是两地湿度、降水、大气压等多种气象因素共同作用的结果。

新郑和若羌的光照时数和蒸发量

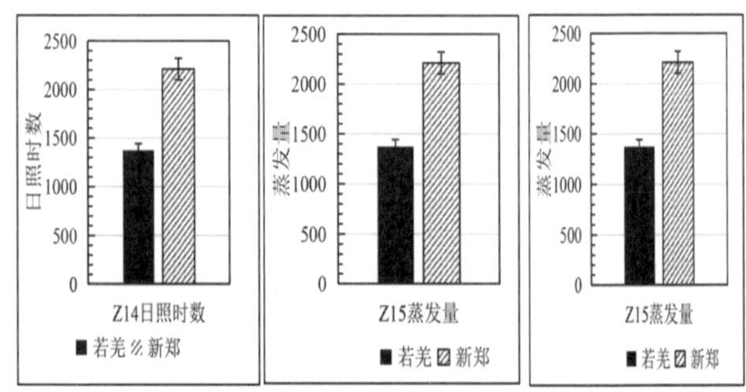

2.2 若羌和新郑灰枣品质差异

2.2.1 若羌和新郑灰枣单果重、果核重、可食率、含水率若羌、新郑的枣果单果重均值分别是6.77±0.06克、5.55±0.04克，二者之间存在显著差异，且若羌枣果单果重的标准误差最小，说明若羌枣果不仅单果更重，而且单果重量相对均匀。另外，若羌、新郑的枣果果核重均值分别是0.29±0.01克、0.39±0.02克，若羌枣果的果核重明显小于新郑，而且其标准误差更小。由于若羌枣果的单果重更大而果核重更小，因此若羌枣果的可食率高于新郑，若羌、新郑的枣果可食率分别是96±0.01%、90±0.02%，两地的枣果可食率均超过90%，两地之间并不存在显著差异。本次试验所用样果均为成熟果实，枣果存在少许萎蔫的现象，其含水率相较于市场上出售的鲜果更低。若羌、新郑的枣果含水率均值分别是34±0.01%、25±0.01%，两地的枣果含水率存在显著差异。

若羌和新郑灰枣单果重、果核重、可食率、含水率、果形外形指数

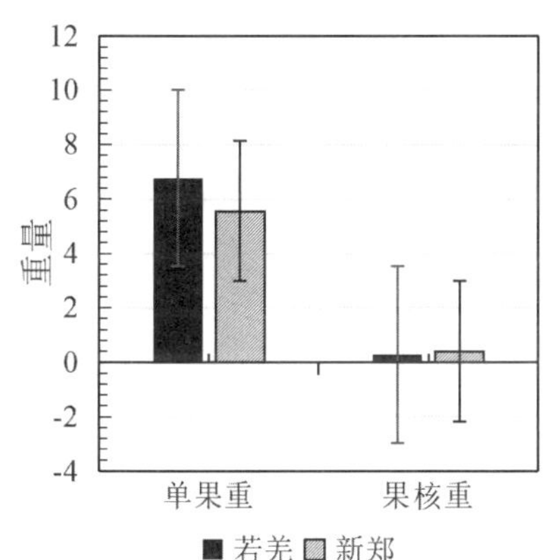

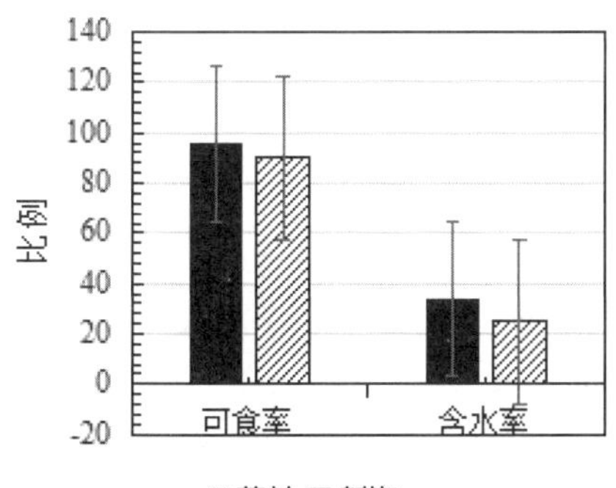

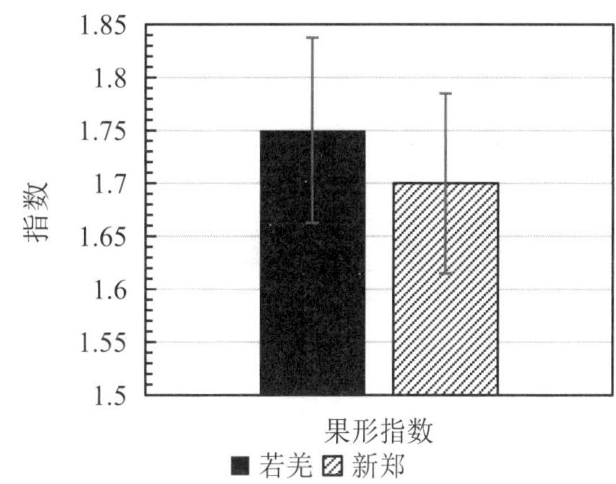

2.2.2 果实果形指数反映枣果的扁圆程度，该值越大意味着枣果越长，该值越小意味着枣果越圆。其中若羌和新郑枣果的纵径均值分别是36.14±0.48毫米、34.28±0.41毫米，横径均值分别是23.22±0.03毫米、22.33±0.32b毫米，若羌枣果纵横径均值显著大于新郑。若羌枣果果形指数大于新郑，若羌枣果偏向于长卵圆形，新郑枣果偏向于卵圆形。

2.2.3 糖组分及含量是评价枣果品质的重要指标。若羌、新郑灰枣果实中的糖组分及含量，排序为：可溶性总糖>还原糖>蔗糖>葡萄糖>果糖。其中，可溶性总糖包括还原性糖和非还原性糖；还原糖是由全部单糖和部分双糖构成的；蔗糖是非还原性的双糖，其含量略低于还原糖。若羌、新郑枣果中的可溶性含糖量分别是52.51±0.61毫克/克、44.18±0.78毫克/克，二者之间的差异不显著，若羌枣果中的蔗糖含量亦大于新郑，但二者的差异性较小，而若羌枣果中的还原糖含量高达61%，这一水平显著高于新郑枣果中的还原糖含量。此外，若羌、新郑枣果中的葡萄糖含量分别是16.97±0.16克/100克、14.32±0.17克/100克，以及果糖含量分别是4.68±0.11克/100克、3.87±0.08克/100克，葡萄糖、果糖含量均较低。人们在评价灰枣果实口感时总是会提及“酸味”，总酸含量直接影响枣果的糖酸比。若羌灰枣的可溶性总糖含量较高，而总酸含量较低，因此若羌灰枣果实的糖酸比高于新郑，其口感更佳。

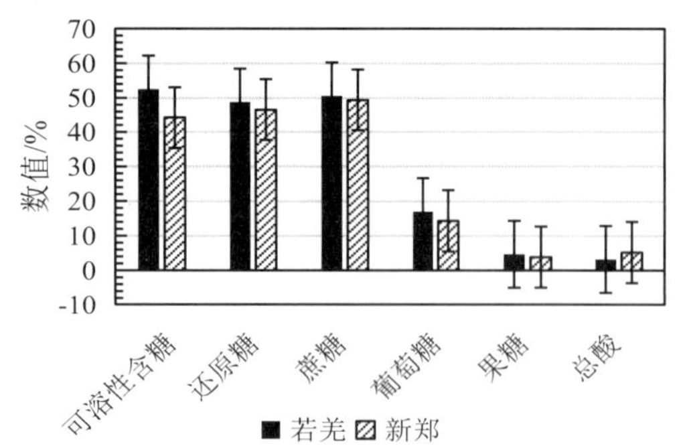

2.2.4矿物元素灰枣之所以受消费者的青睐，一个重要原因是灰枣中含丰富的矿物元素。如锌直接参与基因表达、蛋白质合成、生物膜维护等生理过程；铁是人体合成血红蛋白的补血成分，对于血氧含量、细胞代谢等具有重要作用，若是人体中的铁含量不足，将会阻碍正常的生命活动；锰参与多种酶的合成过程，对于蛋白质、维生素C的合成以及脂肪氧化具有促进作用。若羌、新郑两地灰枣中的矿物元素含量排序均为：钙>镁铜>铁>锌>锰。若羌枣果中的钙、镁、铜含量均高于新郑，但两地之间的差异性并不显著；此外，若羌、新郑枣果中的铁含量分别是0.1973毫克/千克、0.195毫克/千克，锰含量分别是0.0075毫克/千克、0.0076毫克/千克，锌含量分别是0.30毫克/千克、0.35毫克/千克，两地之间均无显著差异。

2.3气象因子与灰枣果实品质指标的相关关系

2.3.1外观指标单果重与日照时数、平均温差、蒸发量呈显著正相关，并与最小相对湿度、总降水量具有负相关性。果核重与平均相对湿度、最小相对湿度、总降水量、平均气温呈显著正相关，并与平均温差、蒸发量、日照时数呈显著负相关。含水率与平均温差、日照时数、蒸发量呈显著正相关，并与日照时数、总降水量、最小相对湿度呈显著负相关。可食率与平均温差、蒸发量、日照时数具有正相关性，并与降水量、平均相对湿度、最小相对湿度呈显著负相关。

2.3.2枣果糖组分气象因子对于灰枣果实中的糖含量起到关键影响，并且气象因子对于灰枣果实中不同种类的糖含量的影响程度存在差异。其中，可溶性总糖含量与日照时数、平均温差、蒸发量呈显著正相关，并与总降水量、最小相对湿度、平均相对湿度呈显著负相关；还原糖含量与平均温差、蒸发量呈显著正相关，与降水量呈显著负相关；蔗糖含量主要受到降水量、平均温差、蒸发量等气象因子的显著性影响；灰枣中果糖、葡萄糖含量较低，主要受到蒸发量的显著性正向作用；甜度值与蒸发量、平均温差具有正相关性。

2.3.3矿物元素枣果中的总酸与锌的含量显著相关。钙与还原糖、葡萄糖、果糖的含量显著相关；蛋白质含量与单果重、还原糖等显著相关。

2.4气象因子与灰枣品质指标的回归分析

基于气象因子与灰枣果实品质的回归模型进行分析，结果见气象因子与灰枣果实品质的模型分析表。根据上述结果看出，若羌、新郑两地的风速差异较小，所以对灰枣果实品质的影响是一致的。在灰枣果实品质指标中，维生素C和5种矿物元素（钙、镁、铁、锰、铜）的含量与气象因子的相关性并不显著（$p>0.05$），其余灰枣果实品质指标均与气象因子存在显著相关性（$p<0.05$），其中对灰枣果实品质产生主要影响的气象因子包括：降水量、最小相对湿度、平均温度、日照时数、平均温差、蒸发量、平均最高温度、平均相对湿度。

表中的判定系数都大于68%，各项指标的F值都超过F(0.05)，这证实各项灰枣果实品质指标都受到气象因子的显著影响。如94%的单果重与平均温差具有显著正相关性，71.7%的蔗糖积累受到平均温差的影响，同时甜度值、还原糖也受到平均温差的重要影响。降水量对于甜度值、蔗糖产生显著的负向作用，93.8%的蛋白质和90.4%的可溶性总糖也受到降水量的负向影响。延长日照时数会显著抑制果核生长，但却不利于枣果中锌的积累。

3. 小结与讨论

灰枣因营养丰富、可补气血而受到消费市场的青睐，但灰枣品质受到栽培地域环境条件的重要影响。为此,本文选定地域环境条件迥然不同的若羌、新郑进行比较,以揭示气象因子与灰枣果实品质之间的关系。新郑地处温带季风性气候区,夏热冬冷,日照稀薄,季风显著,降水充沛;若羌地处温带大陆性气候区,夏短冬长,四季分明,日照充足,降水稀少。虽然若羌、新郑的地理间距并不算远,但两地灰枣的营养品质却存在明显差异。

3.1 温度

灰枣树喜好温热气候,灰枣果实品质受到环境温度的重要影响,灰枣树的生长过程和灰枣果实的品质形成受到温度条件的关键影响。若羌、新郑两地的平均温差存在显著差异,而平均温差对于单果重、甜度值以及还原糖、蔗糖含量具有显著的正向作用。甜度是评价灰枣果实品质的重要指标,而灰枣的甜度取决于枣果中糖分的种类及含量。新郑的平均温度较高,有利于锌的积累以及果核的生长,同时对于44.5%的总酸含量起到抑制作用。甜酸比例直接影响灰枣果实的口感,由于可溶性总糖的含量相对稳定,因此总酸含量就成为影响枣果甜酸比例和口感品质的关键因子。由于枣果中总酸的形成受到平均温度的显著性影响,并且新郑的平均温度高于若羌,因此新郑灰枣果实的总酸含量更低。46%的维生素C与平均最高温度具有负相关性,而新郑的平均最高温度略低于若羌,因此新郑灰枣果实中维生素C含量更高。

3.2 降水量、湿度

虽然若羌和新郑同处于新疆地区,但两地的气候条件存在明显差异,尤其若羌降水稀少,相对湿度较低,而新郑降水丰富,其平均相对湿度是若羌的1.5倍。灰枣果实的甜度值以及可溶性总糖、蛋白质、蔗糖的含量与降水量具有负相关性,而可食率受到最小相对湿度的负向作用。新郑的降水量、平均相对湿度较高,灰枣树的生长环境更加湿润,能够获得更加充足的水分来供养树木生长,但由于蒸腾耗水相对减少,蒸腾拉力有所降低,从而导致营养物质积累减少。可见,若羌地区降水稀少,本地产出的灰枣果实中却包含相对丰富的可溶性总糖、蛋白质及蔗糖,并且枣果的可食率、甜度值等更高,因此若羌灰枣果实的整体品质更优。

3.3 风速

新郑地处温带季风性气候带,但新郑位于新疆内陆地区,虽然季风吹拂但风速较小,且季风持续时间较短,不会对枣树、枣果生长造成影响。若羌靠近于塔克拉玛干沙漠,春季频发沙尘暴,可是,果园栽植区域栽种大片防护林,能够有效阻隔沙尘,而且成林枣树能够有效抵御3级以下的大风,从而消除风速对于灰枣品质的影响。基于以上原因,若羌、新郑两地的风速并无显著性差异,风速对于灰枣果实品质的影响较小。

3.4 日照时数

若羌的纬度大于新郑,其日照时数也更多,若羌的平均日照时数超过2200小时,而新郑仅有1374小时。枣树喜好光亮,尤其在生长期内至少要保证1200小时的日照时数,若羌、新郑两地均能满足这一要求。另外,若是能够在生长期内保持日均光照时间大于10小时,将会为枣果生长提供有利条件,若羌能够满足这一需求,因而若羌灰枣的单果重以及可溶性总糖、蛋白质含量均较高,整体品质较高。此外,日照时数与其他多个气象因子(蒸发量、平均水汽压、大气压、相对湿度等)之间存在相关性,提高日照时数能够带动其他气象因子而对于锌的积累和果核生长起到综合作用。

3.5 蒸发量

枣树蒸发量同时受到多项气象因子的共同影响,比如,日照时数和平均温差对于枣树蒸发量起到正向作用,降水量和相对湿度对于枣树蒸发量起到负向作用。蒸发量与平均温差的相关性极为显著,平均温差越大,越能够加快枣树的水分散失,表现为枣树蒸发量升高,这加速枣树的新陈代谢过程,驱动着枣树内部物质转换过程,最终提高灰枣果实的单果重、含水率以及可溶性总糖、蔗糖、还原糖、蛋白质的含量,尤其灰枣果实的含水率受到蒸发量的关键影响。

气象因子与灰枣果实品质的模型分析表

表19

品质指标	气象因子	P值	R2拟合优度值	残差	F
单果重	平均温差Z4	0.97	0.94	1.755	110.357
果核重	日照时数Z14	−0.99	0.979	1.644	329.695
可食率	最小相对湿度Z10	−0.828	0.686	2.637	15.274
含水率	蒸发量Z15	0.861	0.741	2.179	20.024
可溶性总糖	总降水量Z8	−0.951	0.904	1.832	66.045
蔗糖	平均温差Z4	0.847	0.717	1.559	17.713
还原糖	平均温差Z4	1.67	0.958	2.279	68.055
葡萄糖	平均相对湿度Z9	0.965	0.956	2.693	65.414
果糖	平均相对湿度Z9	0.983	0.953	2.43	61.318
甜度值	平均温差Z4	1.793	0.96	2.205	72.253
蛋白质	总降雨量Z8	−0.968	0.938	2.377	105.263
锌	日照时数Z14	0.733	0.933	2.095	42.105

罗布泊盐湖区深部钾盐找矿:理论、勘查、进展及前景分析(节选)

张华[1],刘成林[1],焦鹏程[1],颜辉[2],张凡凯[2],李文学[2],于咏梅[2],马宝成[2],王江[2],王露莎[2],胡宇飞[1],沈立建[1],姚佛军[1],郭城[1],上官栓通[3],苏野[3],张云[3]

1.中国地质科学院矿产资源研究所,自然资源部成矿作用与资源评价重点实验室,北京,100037;

2.国投新疆罗布泊钾盐有限责任公司,新疆哈密,839000;

3.河北煤田地质局第二地质队,河北邢台,054001

本文选自:《地质学报》第95卷第7期,2021年7月

内容提要:本文对近年来罗布泊深部钾盐成矿规律研究及找矿进展进行了梳理总结。将其大致归纳为“上升卤水补给”及“含水墙”等成钾理论/模式,为罗布泊后备钾资源找矿提供了新的方向和思路,预测了有利成钾靶区。建立以遥感地质解译、高精度重力剖面测量、EH4连续电导率成像以及氡气剖面测量为主的勘查技术体系,实现了盐湖区深部钾盐找矿靶区高效、经济圈定以及钻孔定位。实施深部钾盐科学钻探验证工程,揭示罗布泊深部赋存有丰富、可采的卤水钾盐资源,取得了找矿突破。罗布泊深部钾盐找矿是理论指导找矿取得突破的又一案例,其成矿理论和勘查技术体系可为其他盐湖及古代盐盆地深部卤水钾盐找矿提供借鉴和参考。鉴于罗布泊卤水钾盐的高强度开发态势以及深部找矿的良好前景,有必要进一步加强深部富钾卤水成因机理研究,重点摸清200~500米层段资源、研发相应开采技术,为罗布泊钾盐基地可持续发展提供后备资源和技术储备。

关键词:深部地层;成钾机理;富钾卤水;盐湖;罗布泊

罗布泊是世界上较大的干盐湖之一,蕴藏着丰富的盐类矿产资源。自1995年发现罗布泊罗北凹地超大型卤水钾矿以来,经过十余年的勘查和研究,该区浅部钾盐资源已基本查明,并在钾盐成矿规律研究和找矿方面取得了重要进展。目前,罗布泊已建设成为全球最大的硫酸钾生产基地,在维持我国钾肥供给、保障国家粮食安全中发挥了重要作

用。罗布泊卤水钾资源主要开发利用对象为浅部(0-100米)钙芒硝岩晶间富钾卤水。近年来随着大规模开发利用,要维持目前的产能规模,预测浅部钾盐资源服务年限可能仅15-20年,后备资源保障问题亟待解决。进一步深入研究成钾规律,指导发现新区域、新层位、新类型的钾盐资源,完成资源战略接替,是解决上述问题的重要途径。

基于长期钾盐找矿实践和罗布泊深部成钾规律研究,笔者团队预测罗布泊盐湖深部具有找钾前景,率先提出罗布泊深部钾盐找矿工程,圈定深部钾盐成矿靶区。2009—2011年、2016—2019年,由国投新疆罗布泊钾盐有限公司出资,笔者团队负责,在前期圈定靶区内先后实施2口深部钾盐科学钻探工程(LDK01、LDK02井),证实罗布泊深部赋存有丰富的钾盐资源,取得了该区深部钾盐找矿的重要突破。本文对近年来取得的深部钾盐成矿理论、勘查方法及找矿突破进展进行梳理总结,进一步探讨深部钾盐成矿远景,以期为后续深部找钾提供更多科学依据。

1.区域地质概况

罗布泊位于我国塔里木盆地的东端,有“死亡之海”“地球旱极”之称。作为塔里木盆地的最低洼处,罗布泊夹持于东天山、北山及阿尔金山之间,与其周缘山脉构成典型的“高山深盆”地貌环境。控盆构造上,罗布泊北为库鲁克塔格南麓大断裂,南为阿尔金北部山前断裂,西临南北向的七克里克断裂,东接达罗布泊东断裂。阿尔金山及库鲁克塔格走滑断裂系统对罗布泊地区新生代以来构造演化控制明显,与呈左行走滑的阿尔金山断裂伴生的若羌断层和与右行走滑的库鲁克塔格断裂伴生的孔雀河断层,在罗布泊地区形成一个近东西向的拉张背景,罗布泊即是产生于这一拉张背景下的箕状凹陷。在印度—亚洲碰撞远距离效应叠加影响下,库鲁克塔格山沿着孔雀河断裂向南逆冲压制,导致罗布泊湖区呈现“北深南浅”的地势,成为一个封闭良好的次级深盆;与此同时,受北北东—南南西向主压应力作用,产生了一系列相同方向的张性断层或地堑式断陷带,构成罗布泊地堑式断裂构造系。这些构造活动不仅控制着罗布泊晚新生代盐湖形成与演化,同时对该区卤水形成、迁移和聚集产生了深远影响。

2.罗布泊盐湖深部成钾理论/模式

一般而言,盐湖的物质补给主要包括三种方式:①周缘岩石经风化、淋滤后以河流/地表径流方式搬运至盐湖;②深部流体(油田水/地层水/热液等)因压力释放沿断裂通道向上补给盐湖;③前两者混合补给。深部流体上升补给活动广泛存在现代盐湖中,典型的范例如中国的柴达木盆地察尔汗盐湖,美国南加利福尼亚的索尔顿海、死谷及布里斯托干盐湖,智利的阿塔卡玛盐湖。尽管深部流体来源和成因仍具争议,但其对盐湖演化过程中盐湖水体化学性质、析出盐类矿物组合以及各种有益矿产元素的富集具有重要影响且已被广泛接受。

2.1上升卤水补给成钾模式

基于区域构造应力、盐类矿物组合、水—盐反应以及水文循环等方面研究,提出上升卤水流体补给成钾模式,认为罗布泊盐湖深部存在“富钙”卤水,在罗布泊古湖蒸发至石膏析出或接近石盐结晶时,沿断裂等通道向上持续补给古湖,致使盐湖卤水结晶路线发生变化,沉积了世界上第四纪盐湖独一无二的巨量钙芒硝,并得到了卤水蒸发析盐的物理化学模拟试验的验证。一方面,大量钙芒硝的析出抑制了盐湖析盐矿物向更高阶段转化,在大量析出钠、钙、硫酸根的同时,促进了卤水中钾元素的不断富集、成矿;另一方面,在这种补给条件下,钙芒硝交代石膏的以及成岩过程中钙芒硝重结晶作用得以加强,形成钙芒硝蜂窝状孔隙,为富钾卤水提供了良好的储集空间。上升卤水补给成钾模式的提出,不仅解释了罗布泊盐湖浅部钾盐储卤层孔隙的发育和卤水中钾元素富集成因,同时指示了深部存在卤水资源。上升卤水补给成钾模式也得到大量野外实地验证。调查发现,罗布泊盐湖区断陷带边界附近广泛发育黏附沙丘、落陷坑等与深部流体补给有关的地质记录。如,在断陷带与雅丹群组成的台地交界处,分布有众多潮湿的黏附沙丘[罗布泊深部补给的地质记录图(a)],高出地表约0.2米至数米,直径1米至数百米甚至上千米不等。其形成可能由构造导致的断裂活化过程中,深部高矿化地下水因压力释放,沿着张性断裂通道上升、与周围软岩层相遇致使其液化,并涌出地表;在后期由于自身含水和含盐量较高,不断吸附地表风沙粉尘等壮大,并在罗布泊干旱条件下析盐结晶,形成现在所看到的黏附沙丘地貌及其间的光卤石沉积。而当动力不足时,深部流体上涌作用仅到达地表,对地表盐壳等进行溶蚀,因压力骤减,形成落陷坑[罗布泊深部补给的地质记录图b],具有"负地形"特征。

2.2含水墙成钾模式

研究发现受NNE—SSW向主应力影响,在罗布泊广泛发育一系列走向相近的张性断层或地堑式断陷带,形成了诸如罗北凹地、铁南断陷带等一些次级成钾区。这些断陷带内的钻孔揭示,地层岩性从下至上依次为(含石膏)碎屑岩、石膏岩、钙芒硝岩/石盐岩等,显示沉积环境经历了从微咸到咸水最后发展为盐湖的演化过程。但这些钻孔中卤水盐度、氯化钾含量等则在总体上表现为"下高上低"的趋势,其与地层岩性揭示的析盐顺序明显不同甚至相反,指示了断陷带内的深部卤水较浅部卤水盐度和钾含量更高。一般而言,卤水储层通常以(似)层状或透镜体状的形式呈水平分布。基于罗布泊盐湖可能存在深部补给以及区域构造特征等认为由于断裂带破碎减压,罗布泊深部卤水、周缘补给水体(包括深循环的大气降水)以及第四纪水平含矿卤水层卤水等将向断陷带富集,在蒸发作用的影响下发生蒸发–对流循环,造成卤水盐度及钾含量呈现出现今观察到的"下高上低"的态势。由于这些断陷带向下延长深度较大、近直立产出、形态类似墙体,故将这种成钾模式称为"含水墙"模式。罗布泊盐湖区这种垂直储卤模式,打破了传统的水平储卤的认识,指示这些断陷带既是卤水运移的通道又是良好的卤水储集体,为后续深部钾盐找矿提供了新的思路。

3.深部勘查技术方法体系

基于"上升卤水补给成钾"以及"含水墙成钾"等成钾理论/模式,结合罗布泊构造地质背景,建立了以遥感地质构造解译先行,叠加重力、EH4、氡气地球化学剖面测量的盐湖深部富钾卤水的勘查技术体系。基本流程为:①查明相关断陷带基底形态(沉积中心);②水平和垂向延伸范围("含水墙"储集体规模);③断陷带地表出露位置;④靶区圈定及钻探孔位的定位。目前该勘查技术体系已在新疆罗布泊及柴达木盆地马海深部卤水找钾工程中发挥了重要作用。从目前的研究结果来看,基于遥感地质解译获取罗布泊盐湖区广泛发育北北东—南南西向的张性断裂,盐湖区大致存在7条类似的地堑式断陷带。区域重力资料分析及高精度重力剖面测量表明,罗布泊盐湖西部第四系沉积厚度大于1000米;在铁南等断陷带开展EH4连续电导率测量,结果显示这些断陷带深部存在明显的低阻区,指示存在卤水。断陷带长30-60千米,宽数百米至千米,向下延伸近千米;氡气剖面测量揭示,由于断陷带是深部流体向上运移的良好通道,其地表出露区存在氡气异常高值。

4.深部钾盐找矿进展

在上述理论的指导下,结合前期地物化遥勘探结果,2009—2011年、2016—2019年笔者团队在前期圈定的断陷带内实施2项罗布泊盐湖深部钾盐科学钻探工程(LDK01、LDK02),首次揭示了罗布泊盐湖区深部赋存有丰富、可采的卤水钾资源以及新类型的固体钾盐资源,即碎屑岩型低品位钾资源,取得了罗布泊盐湖深部钾盐找矿的重大突破。

4.1深部富钾卤水

LDK01、LDK02两口钻孔均揭示在罗布泊盐湖蒸发岩地层中,除目前主要开采利用的浅部富钾卤水外，之下100~205米仍发育以多孔钙芒硝岩为储卤层的富钾卤水。同时，在深部碎屑层段同样发育水量丰富、可采的卤水钾资源(200~800米)，其氯化钾平均含量均大于0.5%的工业开采品位，证实了罗布泊深部具有广阔的找钾前景。LDK01孔揭示深部碎屑层段(338.37~700米)卤水氯化钾含量(平均为1.50%)大于蒸发岩储层卤水氯化钾含量(平均1.33%)；LDK02孔揭示100~200米蒸发岩层段卤水氯化钾含量(平均为1.47%)大于0~100米层段(1.32%)。这种深浅部卤水对流循环，导致的卤水盐度和氯化钾含量呈现"上低下高"的演化趋势，进一步证实了前期提出的"含水墙"成钾模式，但其循环的深度下限及其对深部富钾卤水的影响仍值得进一步研究。此外，在500~1200米碎屑层段中揭示发育有钙Cl2型卤水，在水化学类型上与罗布泊盐湖浅部卤水以及周缘河流等硫酸盐型水体明显不同(表2 0)，证实了前期提出的罗布泊深部具有富钙流体的推测，也为巨量钙芒硝沉积以及罗布泊断陷带光卤石沉积提供了地质证据。

4.2深部低品位固体钾矿

蒸发岩系中固体钾盐资源通常形成于封闭盆地水体蒸发浓缩的后期阶段，伴随着大量盐类矿物的析出。罗布泊深部钻探工程揭示，在罗布泊深部碎屑岩系中发现钾石盐、光卤石等次生钾盐矿物，地层中氯化钾含量高达2.86%，预测资源量约1亿吨。由于这种碎屑岩系的钾盐成矿作用有别于"常规的"的钾盐成矿作用，是一种新类型的钾盐资源，可称之为"非常规、低品位"钾盐资源，其可能是在波动气候条件下，湖泊边缘浅水/暴露区因持续的毛细管蒸发作用，导致固体钾盐析出。这种碎屑岩型钾矿的发现，进一步拓展了罗布泊深部或者其他盐湖区深部钾盐找矿方向和空间。

5.罗布泊盐湖深部找钾前景

重力剖面测量结果显示，罗布泊盐湖北部第四系沉积厚度大于100米，为深部钾盐成矿提供了巨大的可容纳空间。同时，遥感、二维地震剖面、EH4勘探结果表明罗布泊发育一系列断陷带，其在作为卤水运移通道的同时，也是卤水的良好储集体，这已得到了深部探矿工程LDK01、LDK02孔的验证。目前，在罗布泊盐湖区已发现7条类似的断陷带，其长度为30-60千米，宽度数百米至数千米，向下延伸近千米。依据LDK02钻孔储卤层划分结果，结合不同层段氯化钾含量、孔隙度、密度等实测数据的平均值，对罗布泊盐湖铁南、罗东1号、罗东2号、罗北、罗西1号、罗西2号以及罗西3号断陷带卤水钾资源进行预测。其中，东部断陷带(铁南、罗北东1号、罗北东2号断陷带)第四系埋深较浅，仅选择200~500米作为卤水钾资源预测层段，西部断陷带第四系厚度较大，选择200~500米、500~800米层段计算得出氯化钾预测资源量总计上亿吨。这些证据表明，罗布泊深部具有广阔的找钾前景。

6. 结论

(1)深部成矿理论研究："含水墙"以及"上升卤水补给"等成钾模式的提出，为罗布泊盐湖区深部钾盐找矿工作提供了重要的理论指导。

(2)勘查技术方法：以遥感—EH4—重力测量—二维地震—氡气测量为主的盐湖区深部卤水勘查体系，可快速、经济、高效地实现靶区圈定和钻孔定位并获得钻探工程的验证，实现了找矿突破。

(3)深部找矿突破：罗布泊盐湖200~500米层段卤水氯化钾含量较高(均大于1%)，富水性中等以上，可作为下一步勘探和开发的主要目标。深部碎屑岩型低品位固体钾盐的发现，进一步拓展了深部钾盐找矿方向和空间。

总之，罗布泊盐湖经历从浅部到深部构造卤水找钾，再到低品位固体钾盐找矿，是盐湖钾盐找矿工作与开发利用所要经历的阶段。继续加强深部钾盐成矿理论创新研究，拓展找矿的方向，同时开展开采技术革新，对保障罗布泊钾盐生产可持续发展具有重要的理论和实践意义。

(a)罗北西断陷带边界发育的黏附沙丘;(b)铁南断陷带边界发育的落陷坑

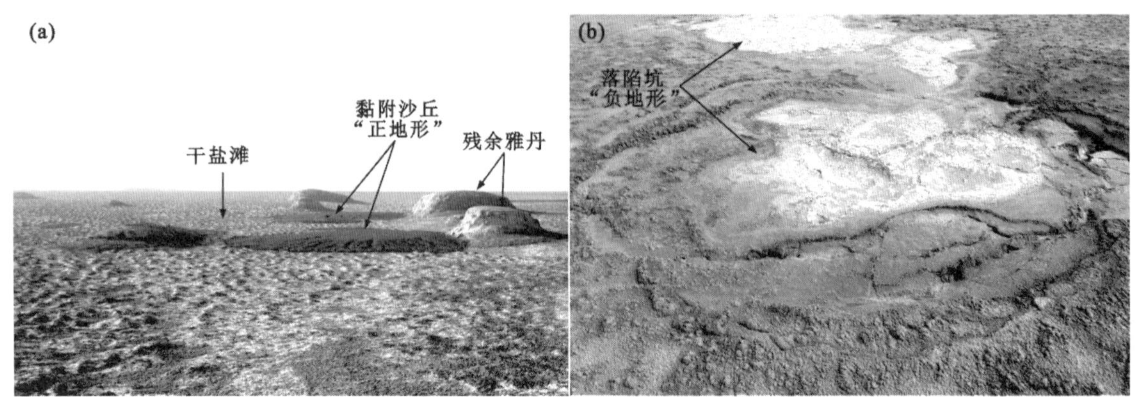

罗布泊深部补给的地质记录图

罗布泊盐湖LDK02孔不同层段卤水元素平均含量表

表20

深度(米)	样品数(个)	钾离子(克/升)	钙离子(克/升)	氯离子(克/升)	硫酸根离子(克/升)	碳酸氢根(克/升)	氯化钾(克/升)	水化学类型
0~105	8	8.53	0.11	183.39	63.55	0.18	1.32	硫酸盐型
105~205	9	9.13	0.17	182.19	58.10	169.50	1.47	硫酸盐型
205~500	14	8.63	0.12	181.42	55.31	149.50	1.34	硫酸盐型
500~800	20	4.02	4.36	167.46	3.00	0.13	0.66	二氧化钙型
800~1200	20	0.27	8.34	107.18	1.95	0.16	0.05	二氧化钙型

统计资料

若羌"十四五"经济社会发展主要目标

表21

类别	指标	2020年	2025年	年均/累计	属性
经济发展	1. 地区生产总值增长(%)	4.4	—	保持在合理区间、各年度视情况提出	预期性
	2. 全员劳动生产率增长(%)	—	—	高于地区生产总值增长	预期性
	3. 常住人口城镇化率(%)	45	>65	—	预期性
创新驱动	4. 研发经费投入占地区生产总值比例(%)	0.8	1.0	—	预期性
	5. 每万人拥有发明专利数(件)	0.15	0.3	—	预期性
	6. 规模以上工业企业生产设备数字化率(%)	—	45	—	预期性
民生福祉	7. 居民人均可支配收入增长(%)	—	—	与地区生产总值增长基本同步	预期性
	8. 城镇登记失业率(%)	2.68	≤4.5	—	预期性
	9. 学前教育毛入园率(%)	100	100	—	预期性
	10. 义务教育巩固率(%)	99	100	—	预期性
	11. 高中阶段毛入学率(%)	98	98	—	预期性
	12. 每千人拥有3岁以下婴儿托位数(个)	0.03	1.25	—	预期性
	13. 每千人拥有执业(助理)医师数(人)	3.4	3.5	—	预期性
	14. 基本养老保险参保率(%)	96	96	—	预期性
绿色生态	15. 单位地区生产总值能源消耗降低(%)	〔15〕	控制在州下达指标内		约束性
	16. 单位地区生产总值二氧化碳排放量降低(%)	〔13〕	控制在州下达指标内		约束性
	17. 城市空气质量优良天数比率(%)	48	50	〔2〕	约束性
	18. 河流水质达到或好于Ⅲ类水体占地表水比例(%)	100	100	—	约束性
	19. 森林覆盖率(%)	2.27	2.27	—	约束性
安全保障	20. 粮食综合生产能力(万吨)	8920	20000	—	约束性
	21. 能源综合生产能力(亿吨标准煤)	—	≥0.045	—	约束性

若羌县2021年国民经济和社会发展统计公报

一、综合

据初步核算，全县地区生产总值573521万元，比上年增长9.1%，两年平均增长7.08%。其中，第一产业增加值121169万元，比上年增长18.4%；第二产业增加值317108万元，比上年增长8.8%；第三产业增加值135244万元，比上年增长2.0%。第一产业增加值占国内生产总值比重为21.13%，第二产业增加值比重为55.29%，第三产业增加值比重为23.58%。第一产业较上年同期增长13.3个百分点，第二产业较上年同期增长19.8个百分点，第三产业较上年同期下降3.4个百分点。

二、农业

全年实现农业总产值158247.20万元，同比增长19.17%，其中：实现种植业产值118028.37万元，同比增长7.49%；实现林业产值5696.19万元，同比增长3倍；实现牧业产值27877.49万元，同比增长52.78%；实现渔业产值38.51万元，同比增长13.32%；实现农林牧渔服务业产值6606.64万元，同比增长2.37%。

全年农作物种植面积15.08万亩，比上年增加0.97万亩，增长6.87%，其中：粮食种植面积5.33万亩，比上年增加0.06万亩，增长1.25%（小麦面积2.24万亩，比上年减少0.69万亩，下降23.55%；玉米面积3.05万亩，比上年增加0.77万亩，增长33.96%）。经济作物面积9.75万亩，比上年增加0.9万亩，增长10.19%，其中：棉花种植面积5.58万亩，比上年增加1.66万亩，增长42.22%；中草药种植面积1.4万亩，比上年增加0.17万亩，增长14.02%；蔬菜种植面积0.25万亩，比上年减少0.019万亩，下降6.86%；瓜果种植面积0.40万亩，比上年增加0.002万亩，增长0.56%，其他作物种植面积2.12万亩，比上年减少0.87万亩，下降29.18%。

全年红枣种植面积23.38万亩，比上年减少0.2万亩，下降0.83%。

全年粮食产量21358.54吨，比上年增加2270.44吨，增长11.89%，其中：小麦产量5214.82吨，比上年减少3315.88吨，下降38.87%；玉米产量15724.2吨，比上年增加5224.1吨，增长49.75%；棉花产量6802.41吨，比上年增加2096.41吨，增长44.55%；瓜果类产量5387.31吨，比上年增加195.9吨，增长3.77%；蔬菜产量4309.59吨，比上年增加464.59吨，增长12.08%；红枣产量92543吨，比上年减少24801吨，下降21.14%。

全年年末牲畜存栏32.3万头（只），同比增长73.47%，其中：牛存栏0.3万头，同比下降13.42%；生猪存栏10.18万头，同比增长1倍；羊存栏13.27万只，同比增长1.53倍；活家禽存栏8.35万只，同比增长62.68%。期内牲畜出栏23.47万头（只），同比增长77.26%。其中，牛出栏0.1万头，同比下降37.5%；猪出栏10.77万头，同比增长68.18%；羊出栏6.52万只，同比下降1.66%；家禽出栏6.04万羽，同比增长8.87%；全县肉类总产量9979.82吨，同比增长62.43%。

三、工业

全年规模以上工业企业15家，其中：在库观察企业2家，正常报送企业13家，规模以下工业企业168家。

全年规模以上工业企业实现总产值520660万元，同比增长24.87%。按行业分：采矿业实现总产值788万元，同比下降85.52%；制造业实现总产值492014万元，同比增长28.10%；电力、热力、燃气及水的生产供应业实现总产值27858万元，同比增长1.55%。

全年规模以上工业企业实现销售产值519863万元，同比增长14.79%。按行业分：采矿业实现总产值1980万元，同比下降53.42%；制造业实现总产值490025万元，同比增长16.34%；电力、热力、燃气及水的生产供应业实现总产值27858万元，同比增长1.55%。

全年规模以上工业企业实现增加值315706万元，同比增长8.6%；按行业分：采矿业实现增加值193万元，同比下降85.3%；制造业实现增加值303404万元，同比增长45.4%；电力、热力、燃气及水的生产供应业实现增加值12109万元，同比下降0.2%。

全年主要工业品：生产硫酸钾863613吨（折纯），同比增长21.53%；生产硅锰合金8875吨，同比增长25.53%；生产水泥664831吨，同比下降34.84%；生产混凝土211645立方米，同比下降58.45%；生产道砟石67266立方米，同比下降84.81%；能源企业完成发电量41656万千瓦时，同比下降3.79%。

全年全社会用电量118775.90万千瓦时，同比增长32.45%，其中：第一产业用电量8384.61万千瓦时，同比增长63.14%；第二产业用电量81010.53万千瓦时（含罗钾用电量59701万千瓦时），同比增长9.06%；第三产业用电量26154.54万千瓦时，同比增长244.74%；城乡居民生活用电3226.22万千瓦时，同比增长20.92%，其中：城镇居民生活用电1078.97万千瓦时，同比增长14.30%；乡村居民生活用电量2147.25万千瓦时，同比增长24.54%。

四、服务业

全年规模以上服务企业2家，（交通运输、仓储和邮政业1家，租赁和商务服务业1家）。实现营业收入6019.70万元，同比增长49.59%。其中：交通运输、仓储和邮政业实现营业收入4840.20万元，同比增长68.95%，租赁和商务服务业实现营业收入1179.50万元，同比增长1.73%。

全年共有营运汽车226辆，比上年减少62辆，下降21.53%，其中：载运汽车116辆，载货汽车110辆。全县客运总量46918人，比上年减少6245人，下降11.75%。客运周转量1546万人千米，比上年减少286万人千米，下降15.61%。

全年航空运输旅客吞吐量14.59万人次，比上年增加4.41万人次，增长43.32%；货邮吞吐量12.85吨，比上年减少5.08吨，下降28.33%；飞机起降2480架次，比上年增加170架次，增长7.36%；铁路旅客发送量4.9045万人次，旅客下车4.4917万人次；铁路发送货物3003辆，92380.4吨；到达货物5388辆，318747吨。

全年邮路总长800千米，年末共有邮政所9个，全年邮政业务总量65865件，比上年增加11475件，增长21.10%；邮政业务收入318万元，比上年减少19.40万元，下降5.75%。

全年电信业务收入总量5022万元，比上年减少38万元，下降0.75%。年末共有固定电话用户3142户，固定电话业务收入55万元；移动电话年末用户数46691户，移动电话业务收入3526.81万元；年末互联网用户20081户，专线用户342户。

五、批发零售业和住宿餐饮业

全年限额以上批发企业1家，零售企业3家，住宿餐饮企业2家，实现社会消费品零售总额40892.80万元，同比增长12.32%，其中：限额以上企业实现社会消费品零售总额6826.80万元，同比增长72.82%；限额以下企业实现社会消费品零售总额34066万元，同比增长4.96%。

按消费所在地划分：城镇实现社会消费品零售总额28131.50万元，同比增长1.97%；农村实现社会消费品零售总额12761.30万元，同比增长44.72%。

按行业分类：批发业实现社会消费品零售总额5096.80万元，同比增长5.05%；零售业实现社会消费品零售总额30056.30万元，同比增长15.47%；住宿业实现社会消费品零售总额1847.9万元，同比下降1.71%；餐饮业实现社会消费品零售总额3891.80万元，同比增长6.74%。

六、固定资产投资

全年开工项目86个，同比增长24.64%；完成全社会固定资产投资233822万元，同比增长29.65%。其中：500万—5000万元项目开工53个，同比增长12.77%，完成固定资产投资31382万元，同比增长2.98%，占投资总量的13.42%；5000万元以上项目开工33个，同比增长57.14%，完成固定资产投资

202440万元，同比增长35.07%，占投资总量的86.58%。

按隶属关系划分，完成中央、自治区、州固定资产投资15277万元，同比下降75.91%；完成地方固定资产投资218545万元，同比增长86.91%。

按产业划分，完成第一产业固定资产投资29819万元，同比下降1.79%，占固定资产投资的12.75%；完成第二产业固定资产投资116187万元，同比增长55.49%，占固定资产投资的49.69%；完成第三产业固定资产投资87816万元，同比增长16.66%，占固定资产投资的37.56%。

按登记注册类型划分，完成政府投资155329万元，同比增长13.75%，占投资总量的66.43%；完成社会投资78493万元，同比增长79.23%，占投资总量的33.57%。

全年房地产开发企业8家，完成固定资产投资2717万元，同比增长321.90%。商品房销售面积5422平方米，同比增长13.95%；商品房销售额1647万元，同比增长31.34%；销售房屋41套，同比增长2.50%。

全年共洽谈签约招商引资项目69个，比上年增加45个，增长187.50%，项目开工率100%。签约项目总金额15.51亿元，比上年增加3.54亿元，增长29.57%；实际到位资金36.25亿元，比上年增加14.03亿元，增长63.14%，到位资金率为50.55%。

七、财政、金融

全年完成全县全口径财政收入150257万元，同比增长2.96%，完成地方财政收入94538万元，同比增长1.25%，完成公共预算收入82915万元，同比增长6.51%，完成税收收入60298万元，同比增长5.52%，其中：增值税15285万元，同比增长7.55%；企业所得税7275万元，同比增长12.11%；资源税28415万元，同比增长12.91%。完成基金预算收入11547万元，同比下降25.32%。完成国有资本经营预算收入76万元，同比增长26.67%。

全年完成地方财政支出279098万元，同比增长20.17%。完成公共预算支出198411万元，同比增长13.88%，其中：教育支出23661万元，与上年同期持平；社会保障和就业支出14190万元，同比增长14.02%；卫生健康支出17571万元，同比下降4.99%；农林水支出37481万元，同比增长6.91%。完成基金预算支出80611万元，同比增长39.04%。国有资本经营预算支出76万元，同比增长26.67%。

全年金融机构各项存款余额436905万元，同比下降4.96%，降幅较上年同期下降5.57个百分点，其中：城乡居民储蓄存款余额217179万元，同比增长9.63%；企业存款余额219726万元，同比下降16.02%。全县金融机构各项贷款余额443641万元，同比增长20.67%，增幅较上年同期提高12.3个百分点，其中：短期贷款余额119675万元，同比下降5.70%；中长期贷款余额304566万元，同比增长40.99%；贴现余额19400万元。

八、居民收入、社会保障和人民生活

全年城镇居民可支配收入完成38503元，比上年增加1726元，同比增长4.69%。农村居民人均可支配收入完成32438元，比上年增加412元，同比增长1.29%。

全年新增实现就业人数967人，同比下降1.23%，其中：城镇新增劳动力450人，下岗失业人员260人，大中专毕业生64人，技校毕业生63人，就业转失业人员再就业130人。年末城镇登记失业率2.75%。完成农村富余劳动力技能培训1569人。享受小额担保贴息贷款36人，全年发放小额担保贴息贷款303.3万元。

全年六项保险参保人数69724人，同比增长2.56%，其中：参加城镇职工养老保险12590人，同比增长0.85%；参加失业保险7115人，同比增长8.54%；参加工伤保险9300人，同比增长2.94%；参加城镇职工医疗保险9679人，同比增长3.64%；参加城乡居民医疗保险20002人，同比增长1.62%；参加城乡居民养老保险11038人，同比增长1.36%。

全年六项保险征缴金额21863.61万元，同比增长30.18%，其中：征缴城镇职工养老保险基金13792.42万元，同比增长26.56%；征缴失业保险基金440.93万元，同比增长29.46%；征缴工伤保险基金259.27万元，同比增长265.17%；征缴城镇职工医疗保险6457万元，同比增长38.68%；征缴城乡居民医疗保险640万元，同比增长7.74%；城乡居民养老保险273.99万元，同比增长16.47%。

全年六项保险支付金额17137.87万元，同比增长10.27%，其中：支付城镇职工养老保险12810万元，同比增长8.95%；支付失业保险金154.42万元，同比下降19.08%；支付工伤保险532.88万元，同比增长88.97%；支付城镇职工医疗保险2283万元，同比增长20.38%；支付城乡居民医疗保险843.04万元，同比下降10.49%；支付城乡居民养老保险514.53万元，同比增长9.02%。

全年享受城市居民最低生活保障家庭数107户，同比增长11.46%；享受城市居民最低生活保障人数155人，同比增长9.93%；全年发放城市低保资金109.38万元，同比增长26.30%；享受农村居民最低生活保障127户，同比增长35.11%；享受农村最低生活保障人数187人，同比增长23.84%。全年发放农村低保资金114.27万元，同比增长51.81%。

全年优抚补助对象52人，发放抚恤金141.77万元，同比增长26.11%，其中：发放义务兵优待金10.8万元，退伍军人一次性安置费30.2万元，优抚对象医疗救助3.74万元。

全年临时救助3290人次，同比增长66.92%；支付社会救助资金98.41万元，同比下降13.30%；救助困难大学生11人，同比增长22.22%；支付救助资金2.6万元，同比增长30%；救助五保户55人，同比下降6.78%，其中：城市集中特困人员10人，城市分散特困人员6人，农村集中五保老人37人，农村分散五保户老人2人。

全年重特大疾病医疗救助2183人次，资助资金165.8万元，资助城乡居民医疗保险2683人次，支付救助资金66.46万元。

全年出生269人，比上年末减少2人，人口出生率6.60‰；2021年死亡107人，比上年减少27人，人口死亡率2.62‰；人口自然增长率3.97‰（不含三十六团）。

九、科学技术和教育

全年共有中小学及幼儿园15所，其中：幼儿园10所、小学4所、中学1所，和上年同期持平。在校学生6643人（其中：高中611人，初中1375人，小学3274人，幼儿园1383人），比上年减少22人，下降0.33%。招收学生1588人（其中：高中239人，初中492人，小学499人，幼儿园358人），比上年减少94人，下降5.59%；毕业学生1135人（其中：高中166人，初中453人，小学516人），比上年增加80人，增长7.58%。共有教职工668名（其中：高中62人，初中116人，小学311人，幼儿园179人），比上年减少4人，下降0.60%。小学升学率100%，初中升学率97%，专科升学率98.02%，本科升学率80.00%。

全年有科研机构1个（若羌县枣树科学研究所），各类科技推广单位16个，科学技术示范基地10万亩，科技培训人员2.24万人，专业技术人员15人。

十、文化旅游、卫生健康

全年有博物馆1个，艺术表演团1个，文化馆1个，乡级文化站8个，公共图书馆1个，影剧院1个，放映10场。图书馆藏书37538册。文物保护点185处，其中：国家级5处，自治区级10处。

全年有电视发射转播台1座，广播发射转播台1座，调频发射台1座，乡广播站3个，村广播站51个，通有线电视村31个。年末广播综合人口覆盖率100%，电视综合人口覆盖率98%。有线广播电视光纤传输网络主干线总长180千米，有线电视用户1198户。

全年接待游客总数89.72万人次，比上年增加41.86万人次，增长87.46%，其中：宾馆普通30个，接待游客19.67万人次，同比增长11.07%；星级宾馆2个，接待人数6.20万人次，同比增长33.91%；农家乐10个，接待人数9.31万人次，同比增长168.20%；博物馆接待人数10.20万人次，同比增长340.38%；新业态接待人数21.82万人次，同比增长10.58%；旅游企业就业人数380人，同比下降84.12%。旅游总收入50000万元，同比增长302.72%，其中：旅游直接收入25419.98万元,同比增长250.80%;旅游间接收入24580.02万元,同比增长375.50%;旅游企业总收入4019.54万元,同比增长9.88%,其中:普通宾馆营业收入2446.70万元,同比增长0.15%;星级宾馆营业收入817.73万元,同比增长1.37%;农家乐营业收入755.11万元,同比增长84.81%。

全年共有各类卫生机构27个,其中:医院2个,乡镇卫生院6个,村卫生室16个,卫生监督所1个,疾病预防控制中心1个,妇幼保健站1个。拥有病床353张,其中:县医院309张,乡镇卫生院44张。共有卫生技术人员438人,其中:执业医师61人,执业助理医师47人,注册护士181人,药剂人员26人,检验人员37人,其他人员86人。

十一、资源、环境和安全生产

全年县城建成区面积7.46平方千米,建成区绿地率36.71%,建成区绿地覆盖率39.79%,人均公园绿地面积12.90平方米。

全年水资源总量25.34亿立方米,其中:地表水24.23亿立方米,地下水1.11亿立方米,农业灌溉总用水量1.31亿立方米;自来水受益村26个。年末有效灌溉面积24.50万亩;机电井排灌面积14.61万亩,旱涝保收面积24.50万亩(含林地及园地),配套机电井1608眼。

全县行政辖区面积20.23万平方千米,发现矿产58(亚)种,开发利用11种,主要矿产品有:钾盐、铁、煤、石棉、黏土、建筑用砂石、玉石、东陵石、片石等。

全年林业用地面积683.64万亩,其中:天然林面积606.05万亩,其他林地48.86万亩,人工林28.73万亩(防护林3.21万亩,其中:新增防护林0.49万亩,经济林25.53万亩,新增经济林1.45万亩),森林覆盖率2.07%。

全年规模以上工业企业综合能源消费量初步核算为432023吨标准煤,同比增长6.43%;实现工业增加值315706万元,同比增长8.60%;单位增加值能耗1.6280吨标准煤,同比下降1.98%。

全年废水排放总量1456350吨,同比增长2.03%;其中:工业废水排放总量288700吨,同比增长3.20%;城镇生活废水排放量1167650吨,同比增长1.75%;工业废水处理量288700吨,同比增长3.20%。

全年化学需氧排放量485吨,其中:工业化学需氧排放量98吨;城镇生活化学需氧排放量387吨。

全年工业废气排放量320345万立方米,同比增长27.99%。全县工业固体废物产生量18988吨,同比下降4.99%;工业固体废物处理量18988吨,同比下降4.99%。

全年二氧化硫(SO_2)排放量92.01吨,其中:工业源二氧化硫(SO_2)排放量91吨,生活源二氧化硫(SO_2)排放量1.01吨。

全年污水处理厂3座,城镇生活垃圾填埋场3座。

国家级自然保护区2个,自然保护区面积8.6万平方千米。

全年浮尘天气117次,比上年减少6次,下降4.88%;扬沙天气35次,比上年减少1次,下降2.78%;沙尘暴天气5次,比上年减少12次,下降70.59%。年平均气温11.7℃,夏季35℃以上高温日达58天,年平均降水量27.6毫米,年合计日照时数2805小时,≥10℃积温4454.3℃,年平均无霜期203天,年平均相对湿度43%。

全年发生各类安全生产事故69起,比上年增加7起,增长11.29%;死亡8人,比上年减少4人,下降33.33%;受伤26人,比上年减少9人,下降25.71%;经济损失674.5万元,比上年增加566.17万元,增长522.63%。

全年共发生道路交通事故31起,比上年增加4起,增长14.81%;受伤31人,比上年减少4人,下降11.43%;经济损失0.73万元,比上年增加0.09万元,增长14.06%;火灾事故42起,比上年增加7起,增长20%;经济损失774.89万元,比上年增加667.2万元,增长619.56%。

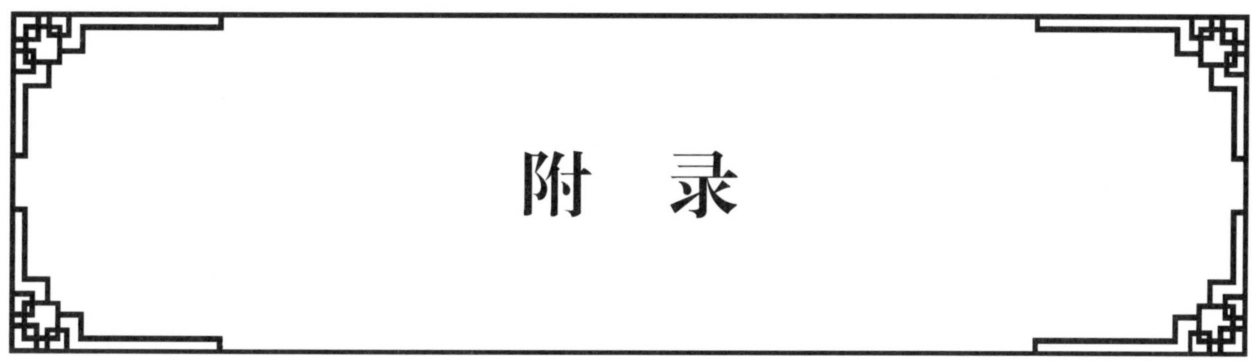

附　录

各级组织及机构负责人名录

中国共产党若羌县委员会

中共若羌县委第十届委员会委员

书　记:李绍忠

副书记:艾山江·艾塔洪(维吾尔族,6月离任)

热依木江·克里木(维吾尔族,6月任副书记)

林小彬(4月离任)

艾克来木·阿不来提(维吾尔族,6月任职)

周文辉(4月任副书记)

孔军峰(援疆)

高志勇(挂职)

常　委:李绍忠(11月离任)

艾山江·艾塔洪(维吾尔族,6月离任)

热依木江·克里木(维吾尔族,6月任职)

林小彬(4月离任)

艾克来木·阿不来提(维吾尔族,6月任职,12月离任)

周文辉

孔军峰(援疆)

高志勇(挂职)

刘文春(4月离任)

张未爱(4月离任)

周　政(4月离任)

刘志庆(4月离任)

汪树洪(3月离任)

司永辉(援疆)

郝智(挂职)

朱皓亮

吕振江(3月任职)

梁国泉(4月任职)

张子扬(4月任职)

艾斯卡尔·买买提(维吾尔族,4月任职)

刘红(女,8月任职)

中共若羌县委第十一届委员会委员

书　记:李绍忠(11月离任)

黄新平(11月任职)

副书记:热依木江·克里木(维吾尔族)

艾克来木·阿不来提(维吾尔族,12月离任)

周文辉

孔军峰(援疆)

高志勇(挂职)

常　委:李绍忠(11月离任)

黄新平(11月任职)

热依木江·克里木(维吾尔族)

艾克来木·阿不来提(维吾尔族)

周文辉

孔军峰(援疆)

高志勇(挂职)

司永辉(援疆)
郝智(挂职)
朱皓亮
吕振江
梁国泉
张子扬
艾斯卡尔·买买提(维吾尔族)
刘红(女)

若羌县人民代表大会常务委员会

若羌县第十七届人民代表大会常务委员会

副主任:李占举
吐尔逊·马木提(维吾尔族,3月离任)
杨永江
雷海军(7月离任)

委　员:蒋建英(女)
阿力甫·肉孜(维吾尔族)
宋振军
艾合买提·斯迪克(维吾尔族)
林小彬
屈兴茂
艾麦尔·奥斯曼(维吾尔族)
宣德刚
范云孝
克日木江·吾拉依木(维吾尔族)
曹振亚
杨萍(女)

若羌县第十八届人民代表大会常务委员会

主　任:库德来提·托乎提(维吾尔族,9月任职)

副主任:刘文春(9月任职)
杨永江
阿力木·艾尼(维吾尔族,9月任职)
帕提古力·铁米尔(女,维吾尔族,9月任职)

委　员:宣德刚
蒋建英(女)
何文生
谭永泉
萨迪克·托合提(维吾尔族)
于晓东
吐尔洪江·贺加布拉(维吾尔族)
杨贵龙(回族)
石国宇
玉苏甫江·吐尔逊(维吾尔族)
曹振亚
杨萍(女)
克日木江·吾拉依木(维吾尔族)
马丽红(女,回族)
努尔曼古力·吾布力(女,维吾尔族)
热孜艳·吾斯曼(女,维吾尔族)

若羌县人民政府

若羌县第十七届人民政府

县　长:艾山江·艾塔洪(维吾尔族,6月离任)

副县长:周文辉(常务副县长)
刘志庆(4月离任)
司永辉(援疆)
郝智(挂职)
艾尔肯·达曼(维吾尔族,5月离任)
黄涛(4月离任)
左勇(6月离任)
党国军(7月任职)
周宇翔(7月任职)
买迪妮耶提·阿布力克木(女,维吾尔族,7月任职)
马广利(8月任职)
刘兴忠(8月任职,挂职)

若羌县第十八届人民政府

县　长:热依木江·克里木(维吾尔族,9月任职)

副县长:周文辉(常务副县长)
司永辉(援疆)
郝智(挂职)

党国军
周宇翔
买迪妮耶提·阿布力克木(女,维吾尔族)
吾斯曼·吐尔地(维吾尔族,9月任职)
马广利
刘兴忠(挂职)
李蔚然(援疆,12月任职)

中国人民政治协商会议若羌县委员会

政协若羌县第十届委员会

主　席:姜华(1月离任)

副主席:吐尔逊·努尔东(维吾尔族)
库德来提·托合提(维吾尔族,4月离任)
王连河
曲新泓(9月离任)

常　委:吴志强
孙小妍(女)
艾合麦提·艾麦尔(维吾尔族)
金玉琦(女)
马丽红(女,回族)
李扶果(1月离任)
阿不力孜·阿不拉(维吾尔族)
卡合曼·托胡提(维吾尔族)
克热木·吐尔逊(曾用名克热木·依斯拉木)(维吾尔族)
艾力·麦麦提明(维吾尔族)
昝永黎(女,藏族)
刘振山

政协若羌县第十一届委员会

主　席:林小彬(9月任职)

副主席:吐尔逊·努尔东(维吾尔族)
艾尔肯·达曼(维吾尔族,9月任职)
王连河
李瑛(9月任职)

常　委:孙小妍(女)
韩松江
雷宇航
吴晓林(回族)
杜占伟
秦晓燕(女)
刘振山
热娜古丽·阿不力孜(女,维吾尔族)
阿布力孜·阿布拉(维吾尔族)
伊力·麦麦提(维吾尔族)
帕提古丽·苏来曼(女,维吾尔族)
热合米图拉·苏来曼(维吾尔族)
贡其克索荣(蒙古族)
迪力米拉提·木萨(维吾尔族)

县委办公室(县档案局、县委机要保密局、县国家保密局、县密码管理局)

州罗布泊地区党工委委员、管委会副主任,县委办公室代理主任　张志全

县人大常委会办公室(党组)

主任　宣德刚

县人民政府办公室(县信访局、县外事办)

县人民政府政府党组成员,政府办公室党组书记、主任,信访局局长　高志强

县政协办公室(党组)

主任　孙小妍(女)

县纪委监委

纪委书记、监委主任　吕振江
纪委副书记、监委副主任　雷宇航
纪委副书记、监委副主任　艾麦尔·艾克木(维吾尔族)

县委组织部(县委老干部局、县公务员局)

县人民政府副县长，县委组织部副部长（援疆）　李蔚然
副部长　马丽红（女，回族）
　韩松江
副部长、县人社局党组副书记、局长，县技工学校党委副书记、校长（兼）　曾新江
副部长、编办主任　任红领

县委宣传部（县新闻出版局、县委文明办、县政府新闻办公室）

部长　刘红（女）
副部长、四级调研员　张根涛
副部长、网信办主任，县公安局副局长　段德成
副部长　周凤娟（女）
　钟岑岑（女）

县委统战部（县民族宗教事务局、县民亲办、县驻村管寺办、县政府侨务办）

副部长，县工商联党组书记、常务副主席　关建华
副部长，兼侨联主席　热比古丽·尤努斯（女，维吾尔族）

县委政法委

党委书记，县委政法委副书记　王伦青
副书记　苏强
　张朝

县网络安全和信息化委员会办公室

县委宣传部副部长、网信办主任，县公安局副局长　段德成

县委机构编制委员会办公室

县委组织部副部长、编办主任　任红领

县委直属机关工作委员会

书记　张东凯
副书记　杨央（女）
　乔梁

县委巡察办

县纪委常委、县委巡察办主任　冯彦涛

县委党校

校长　张子扬
党支部书记、常务副校长　马宏伟

县群众工作委员会办公室（县群众工作服务中心）

主任　胡凤军

县人民法院

党组书记、副院长　施凌云（女）
党组副书记、院长　吐尼亚孜·马木提（维吾尔族）

县人民检察院

党组书记、副检察长　阿不来提·尕依提（维吾尔族）
党组副书记、检察长　代俊山

县发展和改革委员会（县粮食和物资储备局）

供销社党组书记、副主任、监事会主任　卢宁海
副书记、主任、一级主任科员　关文凯

县教育和科技局（县民族语言文字工作委员会）

党组书记、副局长　管文华（女）
党组副书记、局长　曹志强

县商务和工业信息化局

党委书记、副局长、一级主任科员　吴国良

党委副书记、局长　翟鹏甲

县公安局

县人民政府党组成员、副县长，县公安局党委书记、局长、督察长　党国军

巴州公安局祁曼公安分局局长，若羌县公安局党委副书记　杨松涛

巴州公安局祁曼公安分局政委，兼任县公安局党委委员　张志勤

县公安局党委副书记、政委　程俊洋

县民政局

党组书记、副局长　殷莉静（女）

党组副书记、局长　何华兵

县司法局

党组书记、局长　吴晓林（回族）

县财政局（县国资委）

党委书记、副局长　艾力·依达依提（维吾尔族）

党委副书记、局长　谢小东

县人力资源和社会保障局

党组书记、副局长　李团（女）

县人社局党组副书记、局长　曾新江

县自然资源局

党组书记、副局长　石治江

党组副书记、局长　刘智育

县住房和城乡建设局

党组书记、副局长　韩勇孟

党组副书记、局长　许海强

县交通运输局

交通运输局党组副书记、局长　梁启文

县水利局

党组书记、副局长　艾尼·热合曼（维吾尔族）

党组副书记、局长　王强

县农业农村局（县畜牧兽医局）

党组书记、副局长　张炯

党组副书记、局长　石国海

县文化体育广播电视和旅游局（县文物局）

党组书记、副局长　杜占伟

党组副书记、局长　李义宏

县卫生健康委员会（县卫生系统党委）

县卫生系统党委书记、卫健委副主任　金玉琦（女）

县卫生系统党委副书记、医共体总院党委书记、卫健委主任　魏江龙

县退役军人事务局

党组书记、局长　梅腊梅（女）

县应急管理局

党委书记、副局长　李艳阳

党委副书记、局长　普拉提·麦麦提（维吾尔族）

县审计局

党组书记、副局长　杨谨

党组副书记、局长　刘泽海

县市场监督管理局（县知识产权局）

党组书记、副局长　黄柯翔

党组副书记、局长　阿力甫·喀斯木（维吾尔族）

县统计局

党组书记、副局长 周长琴(女)
党组副书记、局长 张志国

县医疗保障局

党组书记、局长 周长江

县乡村振兴局

农办副主任、农业农村局党组成员、乡村振兴局党支部副书记、局长 高明

县机关事务中心

党组书记、主任 从小军

县疾病预防控制中心

县医共体党委副书记,疾控中心党支部书记 赵惠玲(女)
主任 巴吐尔·麦麦提(维吾尔族)

县妇幼保健和计划生育中心

县卫生系统党委委员,妇幼保健计划生育中心主任 张振西

县供销社

县发改委党组负责人,供销社党组书记、副主任、监事会主任 卢宁海

县驻库库尔勒办事处(县干休所)

驻库办主任、四级调研员 许永忠
县人大常委会办公室四级调研员 王炜(女)

县总工会

党组书记、主席 冯新涛

县团委

书记 秦晓燕(女)

县妇联

党组书记、主席 杨艳玲(女)

县工商业联合会(商会)

党组书记、常务副主席 关建华

县残疾人联合会

党组书记、副理事长 吴娜(女)
党组副书记、理事长 麦力克木·哈斯木(女,维吾尔族)

县科学技术协会

主席 费晓峰

县红十字会

常务副会长 李占宏

县招商服务中心

主任 马小虎

县园区办

县商工局党委委员、副局长,园区办主任 马军(回族)

县技工学校

县委组织部副部长,县人社局党组副书记、局长,县技工学校党委副书记、校长(兼) 曾新江

县融媒体中心

副主任 古力亚·卡海曼(女,维吾尔族)
孙娟(女)

新疆广播电视局8105台

8105台党支部书记、台长 吾甫江·肉孜(维吾尔族)

州阿尔金山国家级自然保护区管理局

党委书记、副局长 孟凯

州若羌河米兰河流域管理处

处 长 张海生

州生态环境局若羌分局

党组书记、副局长 艾麦尔·麦麦提明(维吾尔族)
党组副书记、局长 韩大林

国家税务总局若羌县税务局

党委书记、局长 潘永堂

县气象局

党支部书记、局长 任伟
气象台台长 王爱华(女)

库尔勒公路管理局若羌分局

党组书记、副局长 艾尔肯江·买买提(维吾尔族)
党组副书记、局长 吴金涛

库尔勒公路管理局阿尔金山分局

党组书记、副局长 张宝刚
党组副书记、局长 才吾克加甫(蒙古族)

县路政管理局

党支部书记 李义刚
若羌执法大队党务负责人 刘春刚
若羌执法大队大队长 黄强龙

河北邢台援疆前方指挥部

县委副书记、河北邢台援疆前方指挥部指挥长 孔军峰
县委常委、副县长,河北邢台援疆前方指挥部副指挥长 司永辉

罗布泊地区管委会

县委副书记、常务副县长,州罗布泊地区党工委书记、管委会副主任 周文辉
党工委副书记、管委会主任 买买提·米吉提(维吾尔族)
党工委委员、管委会副主任 张志全
李辉
王鹏

祁曼地区管委会

党工委副书记、管委会主任 刘志庆
党工委委员、管委会副主任 张晓轩
党工委委员 杨松涛

若羌镇

党委书记 王喜强
党委副书记、镇长 凯合日曼·麦麦提(维吾尔族)
党委委员、人大主席 吐尔洪江·贺加布拉(维吾尔族)

铁干里克镇

党委书记 曹振亚
党委副书记、镇长 肉孜·尕依提(维吾尔族)
党委委员、镇人大主席 阿卜力克木·奥斯曼(维吾尔族)

吾塔木乡

党委书记 李光明
党委副书记、乡长 凯赛尔·库尔班(维吾尔族)
党委委员、乡人大主席 玉斯甫江·吐尔逊(维吾尔族)

瓦石峡镇

党委书记 李黎明

党委副书记、镇长 依利江·吐尔逊(维吾尔族)

党委委员、镇人大主席 杨贵龙(回族)

罗布泊镇

党委书记、妇联主席 童琪铁(女)

党委副书记、镇长 吴志强

党委委员、镇人大主席 时文波

依吞布拉克镇

党委书记 石国宇

党委副书记、镇长 艾麦尔·外力(维吾尔族)

党委委员、镇人大主席 孙军

铁木里克乡

党委书记 赵一霖

党委副书记、乡长 阿布力米提·依达依提(维吾尔族)

党委委员、乡人大主席 单子钊

祁曼塔格乡

党委书记 张红卫

党委副书记、乡长 玉素甫·艾麦尔(维吾尔族)

党委委员、乡人大主席 王伟

县消防救援大队

党委书记、政治教导员 单新涛

救援大队大队长 舒凡

文件制发

2021年中共若羌县委员会制发文件一览表(部分)

表22

发文字号	文件名称
若党发〔2021〕2号	关于表彰若羌县经济高质量发展先进集体和先进个人的决定
若党发〔2021〕5号	关于表彰若羌县抗击新冠肺炎疫情先进个人、先进集体、优秀基层党组织、优秀共产党员的决定
若党发〔2021〕20号	关于印发《若羌县关于全面推进乡村振兴加快农业农村现代化的实施方案》的通知
若党发〔2021〕25号	关于表彰若羌县劳动模范和先进个人的决定
若党发〔2021〕27号	印发《关于实现巩固拓展脱贫攻坚成果同乡村振兴有效衔接的实施方案》的通知
若党发〔2021〕28号	关于表彰第一季度“三创三目标”工作机制先进单位的决定
若党发〔2021〕34号	中共若羌县第十届委员会第十五次全体会议 关于同意撤销若羌县设立县级楼兰市的决议
若党发〔2021〕35号	转发《关于深入开展法治宣传教育的第八个五年规划(2021—2025年)的通知》

2021年若羌县人民政府制发文件一览表(部分)

表23

发文字号	文件名称
若政发〔2021〕19号	关于印发《若羌县〈自治州政府工作报告〉重点工作责任分工》的通知
若政发〔2021〕30号	关于做好2021年国防动员工作的通知
若政发〔2021〕31号	关于新建依吞布拉克林业检疫检查站事宜的通知
若政发〔2021〕61号	关于印发《撤销若羌县设立县级楼兰市组织实施总体方案》的通知
若政发〔2021〕76号	关于废止部分规范性文件的通知

2021年中共若羌县委员会办公室制发文件一览表(部分)

表24

发文字号	文件名称
若党办发〔2021〕2号	关于印发《若羌县招商引资优惠政策》的通知
若党办发〔2021〕5号	关于印发《若羌县招商引资实施意见》的通知
若党办发〔2021〕6号	关于印发《若羌县应对国道极端天气(含大风、冰雪)处置预案(试行)》的通知
若党办发〔2021〕7号	关于进一步规范领导干部外出报批报备工作的通知
若党办发〔2021〕10号	关于印发《关于贯彻落实〈关于巩固深化“不忘初心、牢记使命”主题教育成果的实施意见〉的实施方案》的请示
若党办发〔2021〕11号	县委办公室印发《关于深入落实第三次新疆工作座谈会精神的实施方案》的通知
若党办发〔2021〕12号	关于印发《若羌县委管理的党政主要领导干部和国有企事业单位主要领导人员经济责任审计工作规划》的通知
若党办发〔2021〕17号	关于印发《若羌县党员干部理想信念提升工程实施方案》《若羌县基层党组织建设提升工程实施方案》《若羌县干部素质提升工程实施方案》《若羌县编外事业岗队伍改革方案》的通知

续表24

发文字号	文件名称
若党办发〔2021〕18号	关于印发《若羌县推动高质量发展重点工作部署会议任务责任分解方案》的通知
若党办发〔2021〕22号	关于印发《若羌县驻外流动人口服务管理站工作管理办法(试行)》的通知
若党办发〔2021〕24号	关于印发《关于进一步加强若羌县考古和文物保护利用工作的实施方案》的通知
若党办发〔2021〕26号	关于印发《若羌县第七届"枣花节"活动方案》的通知
若党办发〔2021〕27号	中共若羌县委员会办公室《关于建立若羌县县级领导干部乡村振兴联系点制度》的通知
若党办发〔2021〕28号	中共若羌县委员会办公室 若羌县人民政府办公室《关于调整若羌县乡村振兴领导小组》的通知
若党办发〔2021〕29号	中共若羌县委员会办公室 若羌县人民政府办公室印发《若羌县关于2020年国家脱贫攻坚成效考核反馈问题的整改方案》的通知
若党办发〔2021〕30号	关于印发《2021年若羌县委巡察工作要点》的通知
若党办发〔2021〕31号	关于印发《若羌县第二十三个党风廉政教育月活动实施方案》的通知
若党办发〔2021〕34号	关于印发《若羌县公务接待管理办法(试行)》的通知
若党办发〔2021〕35号	关于印发《若羌县学习贯彻习近平法治思想深入推进全面依法治县实施方案》的通知
若党办发〔2021〕39号	关于印发《2021新疆·若羌红枣产销对接暨营销推广活动实施方案》的通知
若党办发〔2021〕40号	关于印发《进一步推进减轻义务教育阶段学生作业负担和校外培训负担工作实施方案》的通知
若党办发〔2021〕41号	关于印发《若羌县促进红枣产业深加工、聚集培育发展若干措施(试行)》的通知
若党办发〔2021〕42号	关于审议《若羌县开展生产、供销、信用"三位一体"综合合作试点的实施方案》的通知
若党办发〔2021〕45号	关于印发《若羌县进一步深化拓展村(社区)级组织"星级化"创建工作实施方案》的通知
若党办发〔2021〕46号	关于印发《若羌县"科创中国"试点城市建设工作方案》的通知
若党办发〔2021〕47号	关于印发《若羌县红枣进一步提质增效的实施意见(试行)》《若羌县红枣提质增效冬春季管理工作实施方案》的通知
若党办发〔2021〕50号	关于转发《若羌县工商联(商会)2022年换届工作方案》的通知
若党办发〔2021〕51号	《关于各级党组织、领导干部及时报告有关事项》的通知

2021年若羌县人民政府办公室制发文件一览表(部分)

表25

发文字号	文件名称
若政办发〔2021〕1号	关于印发《若羌县幸福大院管理运行实施方案》的通知
若政办发〔2021〕3号	关于规范若羌县机关事业单位工作人员县内公务活动差旅费执行标准的通知
若政办发〔2021〕4号	关于印发《若羌县进一步调整完善人口和计划生育利益导向机制的实施意见》的通知
若政办发〔2021〕5号	关于兑现疫情期间停业歇业个体工商户租房补贴事宜的通知
若政办发〔2021〕6号	关于印发《若羌县残疾人联合会改革实施方案》的通知
若政办发〔2021〕7号	关于印发《若羌县网络市场监管工作部门联席会议制度》的通知
若政办发〔2021〕10号	关于开展若羌县"迎新春送温暖 稳岗留工"工作的通知

续表25

发文字号	文件名称
若政办发〔2021〕11号	关于调整若羌县春运领导小组成员及工作职责的通知
若政办发〔2021〕12号	关于成立若羌县中衢物流港项目筹建工作领导小组的通知
若政办发〔2021〕13号	关于印发《若羌县2021年深化"放管服"改革和优化营商环境79项措施责任分工方案》的通知
若政办发〔2021〕14号	关于印发《若羌县自然资源同意确权登记工作实施方案》的通知
若政办发〔2021〕16号	关于印发《若羌县加快推进石棉尾矿环境恢复治理前期工作实施方案》的通知
若政办发〔2021〕17号	关于印发《若羌县推进"12345总客服"实施方案》的通知
若政办发〔2021〕19号	关于调整若羌县公务员(参公)、事业单位工作人员工资审批程序的通知
若政办发〔2021〕20号	关于2021年部分节假日放假调休的通知
若政办发〔2021〕21号	关于做好若羌县2021年人大代表议案、建议、批评、意见和政协委员提案办理工作的通知
若政办发〔2021〕22号	关于印发《若羌县促进服务业发展工作方案》的通知
若政办发〔2021〕23号	关于印发《关于为重点项目开展前期工作提供住宿用房的工作措施》的通知
若政办发〔2021〕24号	关于印发《若羌县计划生育协会改革实施方案》的通知
若政办发〔2021〕25号	关于印发《若羌县创建自治区级健康促进县工作实施方案》的通知
若政办发〔2021〕26号	关于印发《若羌县2021年度地质灾害防治方案》的通知
若政办发〔2021〕28号	关于开展全县行政规范性文件清理工作的通知
若政办发〔2021〕29号	关于印发《若羌县2021年全民健康体检工作实施方案》的通知
若政办发〔2021〕30号	关于印发《若羌县县域节水型社会达标建设实施方案》的通知
若政办发〔2021〕31号	关于深入推进若羌县托幼事业发展的实施方案
若政办发〔2021〕32号	关于印发《若羌县行政服务中心窗口工作人员考核办法(试行)》的通知
若政办发〔2021〕33号	关于印发《若羌县关于促进现代商贸服务业发展二十一项优惠政策(试行)》的通知
若政办发〔2021〕34号	关于印发《若羌县招商引资"123"工作机制实施方案》的通知
若政办发〔2021〕35号	关于印发《若羌县人民政府专家顾问聘用管理办法》的通知
若政办发〔2021〕36号	关于印发《若羌县声环境功能区划实施方案的通知》
若政办发〔2021〕37号	关于印发《若羌县进一步规范国有农用土地管理工作的实施方案》的通知
若政办发〔2021〕38号	关于印发《若羌县坚决遏制耕地"非农化"专项行动工作方案》的通知
若政办发〔2021〕39号	关于印发《若羌县城区防汛应急预案》的通知
若政办发〔2021〕40号	关于印发《2021年若羌县实施农业节水灌溉水费计征办法》的通知
若政办发〔2021〕41号	关于印发《2021年若羌县融入丝绸之路经济带核心区建设中巴经济走廊承载中心工作要点》的通知
若政办发〔2021〕42号	关于印发《关于提高若羌县困难群众基本生活救助标准实施方案》的通知
若政办发〔2021〕43号	关于印发《若羌县落实义务教育教师工资待遇工作实施方案》的通知
若政办发〔2021〕44号	关于协助开展"青藏高原北部关键地区深地震反射剖面野外数据采集"的函
若政办发〔2021〕45号	关于印发《若羌县政务服务能力国家评估指标提升工作方案》的通知
若政办发〔2021〕46号	关于印发《若羌县玉石管理实施意见》的通知

续表25

发文字号	文件名称
若政办发〔2021〕47号	关于印发《若羌县2021年国家重点生态功能区生态环境质量考核工作方案》的通知
若政办发〔2021〕48号	关于印发《若羌县促进3岁以下婴幼儿照护服务发展实施方案》的通知
若政办发〔2021〕49号	关于印发《若羌县2021年度无偿献血活动方案》的通知
若政办发〔2021〕50号	关于成立楼兰玉都项目协调小组的通知
若政办发〔2021〕51号	关于印发《若羌县推进义务教育优质均衡发展实施方案》的通知
若政办发〔2021〕53号	关于印发《若羌县委托招商工作实施办法(试行)》的通知

媒体报道题录

《人民日报》刊载关于若羌的重要报道一览表(部分)

表26

序号	时间	标题	作者
1	2021年1月20日	铁路货运装卸线侧移式移动接触网在全国首次投用	穆志鹏、袁文浩
2	2021年3月16日	探秘塔克拉玛干沙漠N40°首次穿越之旅发车	记者阿比拜 通讯员刘倩楠、曹玥、阿迪力
3	2021年10月2日	高原花(遇见)	郭华
4	2021年10月2日	新疆若羌县:手拉手,心连心,我带亲戚游家乡	周海霞、郭宇晴
5	2021年12月28日	新疆若羌县:政府引导企社农联合村民共同富裕感党恩	周海霞
6	2021年12月30日	尉犁至若羌、若羌至民丰高速公路通车南疆高速(一级)公路圈即将形成	石榴云/《新疆日报》记者逯风暴

《新疆日报》刊载关于若羌的重要报道一览表(部分)

表27

序号	时间	标题	作者
1	2021年1月19日	农技送"上门"冬闲人不闲	石榴云/《新疆日报》记者夏青
2	2021年3月25日	科技大餐送下乡农民耕种乐开怀	石榴云/《新疆日报》记者夏青
3	2021年4月14日	若羌县塔什萨依村:易地搬迁,搬出幸福生活	石榴云/《新疆日报》记者杜建辉
4	2021年6月3日	事实胜于雄辩,公道自在人心	若羌县副县长艾尔肯·达曼
5	2021年6月17日	若羌县:建立保育区打造生态名片	若羌县融媒体中心张达、吐逊阿依
6	2021年7月1日	若羌探索县域经济高质量发展之路——创新引领集聚发展新动能	文/曹玥、李晓茹图/王勇强
7	2021年8月2日	若羌县税务局精细服务为纳税人办实事	通讯员罗美营、张朋举
8	2021年8月18日	若羌县税务局紧盯纳税人需求办实事	通讯员刘锐、蒋亚南
9	2021年9月13日	阿尔金山保护区里的年轻人:守护高原绽放青春	石榴云/《新疆日报》记者赵梅

索　引

说明：

1.本索引采取主题分析法编制。特载、大事记、先进集体·人物、文献辑存、统计资料、附录内容不在标引范围内。

2.本索引基本按汉语拼音音序排列，汉字打头的标目按首字的音序音调依次排列，首字相同时，则以第二字排序，依此类推；以阿拉伯数字打头的主题词，排在最前面；以英文字母打头的主题词，列于其后。

3.本索引的文字部分为标目，标目之后的阿拉伯数字表示该标目所在正文中的页码（地址项），其后的小写英文字母（a、b、c）表示正文中的栏别（从左至右）。

文字索引

A

B

C

D

E

H

J

K

N

P

Q

R

S

T

W

X

Y

Z

插图索引

E

K

L

M

R

T

W

Z

表索引

E

L

Q

R

X

Z